The General History
of the World

最新整理图文珍藏版

世界通史

图文再现世界"四史" 温故知新人类文明

中国书店

美国的三K党崛起

美国的三K党是一个臭名昭著的种族主义恐怖组织，它成立于美国的内战之后，其宗旨就是不择手段地维护白人至高无上的地位，阻止黑人或其他种族获得平等权利。当时，美国社会、政治、经济都面临着空前的巨变，战后退伍的黑人奋起抗争，不愿继续被看做二等公民；大批移民由世界各地涌入美国；工人运动蓬勃发展；无政府主义者也策划了几次爆炸事件，使美国朝野大为震惊。在这风云激荡之中，三K党乘机招兵买马，扩展势力，到20世纪20年代初，其成员已达400万之众。

在街头的三K党党徒

1923年7月4日，正当美国人在庆祝147年国庆之际，三K党就在印第安纳州的一个小镇上举行了有史以来最大型的集会，参加的人数足有数万人之多，其中包括妇女和儿童。他们身穿白色长袍，头戴尖顶头罩，欢快地参加野餐、演讲、表现恐吓黑人和天主教徒的花车游行，并焚烧了几个巨大的十字架，以示罪恶的行动即将开始。

麦克唐纳当选英国首相

英国工党成立于1906年，但1924年以前的英国一直是由自由党和保守党轮流执政。1923年大选中保守党失败，工党获得比自由党更多的席位。

1924年1月22日，工党领袖麦克唐纳组成英国历史上首届工党政府。麦克唐纳任首相兼外交大臣，内阁成员多数是工人出身。工党执政期间，对内通过了"惠特利住宅计划"，增加国家补助金用于住宅建设，还改善了保障制度，增加养老金和失业补助，废除了保护关税的原则。在外交上，1924年2月同苏联建立外交关系并签订贸易协定。1924年的伦敦会议上麦克唐纳从中调停，使法德接受道威斯计划。工党政府执行的这些较激进的政策受到保守

最新整理图文珍藏版

党和自由党的攻击，他们抓住"坎贝尔案"反对麦克唐纳，说他有同情共产主义的嫌疑。麦克唐纳被迫于1924年10月辞职，第一届工党政府结束。

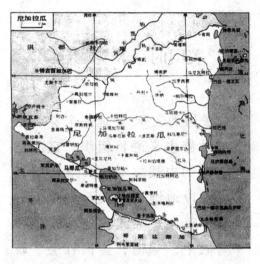

尼加拉瓜地图

桑地诺起义

沧桑的历史

尼加拉瓜位于美洲中部，是中美洲面积最大的国家。它西临太平洋，东临加勒比海，1502年哥伦布曾航行至此，1524年沦为西班牙殖民地。1821年，尼加拉瓜宣布独立，从此摆脱了西班牙的殖民统治，此后又建立了共和国。

中美洲地区一直都是美国垂涎的对象，尼加拉瓜早就被美国视为囊中之物。1909年，美国策动了一场政变，把尼加拉瓜总统赶下了台，同时又以保护侨民的借口，派出了海军陆战队进驻，开始了蓄谋已久的阴谋。1926年初，由于尼加拉瓜当局不再唯命是从，美国又策动了尼加拉瓜政变，并组建了一个亲美的傀儡政权。同年年底，美国又派出了由两千人组成的海军陆战队进入尼加拉瓜，目的是帮助傀儡政权镇压不断掀起的人民起义。

国家遭到美帝国主义的侵略让身在国外的桑地诺忧心忡忡。

入侵尼加拉瓜的美国海军

桑地诺出身低微，20多岁时就去国外打工谋生了，外面艰苦的生活逐渐磨练了他的意志。美帝国主义对各个小国家的欺诈，令桑地诺十分憎恨。当他身处墨西哥时，就参加了墨西哥的反美斗争。此刻自己的祖国正遭受美帝国主义的蹂躏，他决定回国参加斗争。

发动起义

1926年，桑地诺从墨西哥返回尼加拉瓜。他首先来到北部的圣·阿尔比诺金矿，并深入到工人生活中去了解他们的情况。桑地诺对工人的同情和关心，使他在工人中树立了威信，他趁机鼓动金矿工人起义，组织大家反抗美帝国主义的侵略行为。他非常坚定地说："一个民族要赢得自己的主权，仅仅靠言辞是不行的，必须要拿起武器来捍卫它。"很快，他就建立了一支由29名矿工组成的小游击队，并制定了起义

桑地诺的婚礼

的日期。

起义的当天，工人们纷纷举起自制的红黑两色旗，庄严宣誓：为祖国的自由而战！随后，他们开始了行动。先是用炸药炸毁了矿场，随后又用自制的手榴弹和一些简陋的武器装备对美军驻兵和独裁政府的警察发动了袭击。

金矿工人的起义惊动了当局，大批美军和政府军闻讯赶来，但他们扑了个空，桑地诺已经带领29个伙伴撤到了山区。这支游击队成了后来尼加拉瓜保卫民族主权军的核心。

桑地诺建立队伍之初就树立了一个目标：将外国侵略者赶出去，争取民族独立。但他们现在的力量毕竟有限，必须号召更多的人加入反抗斗争的队伍。于是他们又提出了将外国资本家的土地没收，分给尼加拉瓜人的口号。各界民众听到消息后，纷纷响应，八百人的骑兵队伍迅速组建起来了。此后，这支保卫民族主权军的队伍不断壮大，他们以拉斯赛戈维亚斯山区的大森林为根据地，经常对美国侵略军发动突然袭击。

英勇奋斗

桑地诺虽然招集了大批人马进行斗争，但落后的武器装备让他十分担心。不过，看到游击队

员们的机智表现，他才知道自己的担心是多余的。游击队员隐藏在莽莽的大森林中，他们把每一棵树都作为了自己的掩护，把所有的山坡沟壑都变成了侵略者的葬身之地。有一次，游击队将河水引入到与地图标志相反的方向，敌人被这一假象所迷惑，很快便进入到游击队的包围之中。只听一声号令，寂静的森林立刻被密集的枪声打破，木头石块径直飞了下来，那些具有韧性的大树也成了弹弓，敌人惊叫着纷纷倒下。

虽然美军在武器装备和数量上远远超过了保卫民族主权军，而且他们还动用了近七十架飞机进行轰炸，当时全世界也只有约六百架飞机，但仍然没有带来大的成效，自己的有生力量反而越来越少。

在尼加拉瓜保卫民族主权军中，还有一支特别游击小队，他

桑地诺（中）和他的参谋们

们都是由十三岁到十六岁的孩子组成的，称为"天使合唱队"。他们经常深入到敌人的内部刺探军情，同时还积极开展各种斗争，有时甚至勇敢地袭击美军驻地。这些花样百出的打法，让美军惶恐不安，这些少年英雄群也在尼加拉瓜威名远扬。

1931年，保卫民族主权军已经控制了全国八个省的农村地区，一些城市也逐渐被他们攻占。由于桑地诺的出色领导，人们都非常尊敬地称他为"自由人的将军"。尼加拉瓜人民抗击侵略者的英勇斗争，给周边国家的人们带来了巨大的鼓舞，一些兄弟国家的志士也纷纷投入到尼加拉瓜的抗战中，甚至有很多人直接参加了桑地诺的部队。同时，还有很多人组织成立了"不许干涉尼加拉瓜委员会"，他们号召人们进行募捐，支援尼加拉瓜人民的斗争。在美国国内，很多工人也自行组织游行、示威和罢工，表达他们对侵略尼加拉瓜的强烈不满。

面对这种情况，美国执政者陷入了内外交困的境地。1933年，美军被迫撤出了尼加拉瓜。游击队战士们在苦战了七年之后，终于赢得了反对美军侵略斗争的伟大胜利。他们放下武器，拿起了

劳动工具，开始疏通河渠，建立新的种植园。

英雄被谋杀

尼加拉瓜人民终于把美帝国主义侵略者赶跑了，他们欢呼着，憧憬着，认为自己将迎来幸福的生活。然而，美军的撤离是不甘心的，他们在走之前扶植了部分傀儡政权。为了完全掌控尼加拉瓜，这些亲美人士首先要除掉桑地诺。

桑地诺与索摩查

保卫民族主权军

1934年2月，桑地诺被邀请至总统府谈判一些有争议的问题。尼加拉瓜国民警卫队司令索摩查·加西亚在总统府举行了盛大的宴会，对桑地诺进行了热情招待。他恭敬地举杯向桑地诺敬酒，还说了一些吹捧赞扬的话。酒宴结束后，索摩查·加西亚又恭敬地将桑地诺送到门外，目送桑地诺慢慢远去。就在桑地诺返回途中，冲出的国民警卫队不由分说就逮捕了他。然后他们把桑地诺押往首都东郊，没有经过任何询问，就处决了桑地诺。听到桑地诺身亡的消息，索摩查·加西亚露出了得意的笑容，正是他同美国驻尼加拉瓜大使阿尔杜尔·波里斯·列恩策划了杀害桑地诺的阴谋。1937年，索摩查·加西亚成为尼加拉瓜的总统，这个国家再次被美国掌控。

尼加拉瓜反美游击战争爆发

1926年5月，尼加拉瓜爆发护宪战争。美国以保护美国侨民的生命财产安全为借口，派海军在尼加拉瓜登陆。10 月 26 日，桑地诺率领矿工，炸毁美国资本家矿场，宣布起义。1927 年 2 月，起义军人数逐渐增多。4 月，桑地诺起义军与自由党蒙卡达军队会师。5 月，蒙卡达放下武器，与美谈判，签订《黑山植条约》。12 日，桑地诺发表宣言，揭露美国的阴谋和蒙卡达的背叛。美军和政府军开始联合围剿桑地诺部队。7 月 1 日，桑地诺在北部塞戈维亚山区发表《圣阿尔宾诺宣言》，宣布保卫民族尊严和拯救被压迫者，并随即整顿军队，采取游击战术，有效地打击敌人，同时在游击区实行系列改革，给农民以实惠，得到人民的广泛支持。

1928 年，美国总统胡佛提出与桑地诺谈判，遭到拒绝。至 1931 年，起义军发展到 3 千多人，占领全国一半以上的土地。1932

年 11 月，萨卡沙当选尼加拉瓜总统并继续围剿游击队。12 月 23 日，萨卡沙以美军已撤走为由呼吁与桑地诺和谈。1933 年 1 月 2 日，美海军撤出尼加拉瓜，2 月 2 日，游击队与政府签订和约，政府承认游击队是为祖国自由而战，保证维护国家主权和独立，游击队则有步骤地放下武装，反美战争取得胜利，但桑地诺在 1934 年 2 月 21 日被谋杀，游击队及其根据地遭到摧毁。1937 年索摩查出任尼加拉瓜总统，开始建立其亲美独裁政权。

毕苏斯基在波兰建立独裁政权

1926 年 6 月 13 日，波兰元帅约瑟夫·毕苏斯基发动军事政变，夺取大权。总统与内阁被迫接受毕苏斯基的条件，同意任命他为军队的终身司令官，地位不受政府变动的影响，不受内阁和议会限制。

毕苏斯基夺取政权的最初举动是率军将农民党领袖维托斯驱逐下台。他以受贿、滥用政府资金为由，指控维托斯腐败，并伙同激进党派将这一事实刊登在报纸上。当维托斯得知此事后立即

手拿队旗的尼加瓜拉起义军

约瑟夫·毕苏斯基

将刊登这些内容的报纸全部查封，这激怒了激进派。就在维托斯派武装警察袭击毕苏斯基住宅时，忠于毕苏斯基的部队举行暴动并进逼华沙。维托斯于5月14日被迫辞职。

英美日海军会议在日内瓦开幕

1927年6月20日，英、美、日在日内瓦召开海军会议。海军会议上英美讨论限制海军军备意见分歧很大。美国策划把华盛顿会议所规定的5：5：3的比例原封不动地应用于辅助舰只。英国则坚持由于它海岸线长，必须拥有70艘各种类型的巡洋舰。它还提出，万吨级的大型巡洋舰，可按5：5：3的比例建造，小型的则不按此比例。这样，英国的舰队就超过了美国舰队。美国表示反对，因小型巡洋舰对它毫无用处，它希望建造更多的大型巡洋舰，以弥补其海外基地不足。日本站在英国一边。英美各持己见，会议最终未达成什么结果。

共和党人胡佛当选美国总统

1928年的美国总统竞选，共和党候选人胡佛轻松击败民主党候选人，当选美国第31届总统。

胡佛（1874－1964）生于艾奥瓦州西布兰奇。1917年美国参战后任美国粮食署署长，战争结束后受命在欧洲组织大规模粮食救济事业。他以粮食为手

戈培尔向纳粹军队作宣传

段，破坏欧洲各国的革命运动，援助俄国白匪军及外国对苏维埃政权的干涉。1921年任哈定政府商业部部长。1925年任柯立芝政府商业部部长。1928年参加总统竞选。至此，胡佛不是由律师、政客或军人的身份登上这一宝座，而是以矿业工程师、国际救济者的身份被推入白宫成为美国第一位商人总统。

纳粹主义煽动者戈培尔的竞选政见

从1928年3月15日开始，纳粹党在德国巴伐利亚开始展开竞选活动，宣传部长戈培尔在《进攻报》上发表竞选政见："我们之所以要进入德国国会，是为了从民主的武器库中，取得自己的武器。我们之所以要成为国会的议员，是为了借助魏玛政府的体制，压制魏玛思想。如果民主是如此的愚蠢，对我们而言，所有能够变革现状的合法手续都是正确的。"5月20日，德国国会大选揭晓，纳粹党由原有的14席减为12席，在国会中仍处于无足轻重的地位。

印度甘地领导非暴力不合作运动

20世纪20年代末30年代初，资本主义世界发生经济危机，波及印度，反英斗争再起。1930年1月，甘地提出"十一点要求"，包括减收土地税、减少军费和英国官员的薪金、实行保护关税政策、禁酒、取消食盐专营和释放政治犯等。要求遭总督拒绝后，甘地选定以破坏食盐专营法作为运动的开端。3月12日，他率领79名信徒，从阿默达巴德出发，前往西海岸，徒步426千米，沿途成

饱经忧患，历尽坎坷的甘地

群农民随行。4月5日，队伍抵达丹迪海滨，甘地亲自动手煮盐，持续3周。当局闻讯后，大肆镇压。5月4日，甘地被捕，全国抵制斗争发展成革命形势。4月至6月，在吉大港、白沙瓦和绍拉普尔相继发生反英起义，结果近3万人被捕。1931年3月5日签订《甘地欧文协定》，双方妥协，国大党同意停止运动，总督则放弃镇压。9月，甘地赴伦敦参加第二次圆桌会议，因英国缺乏诚意，会议中断。在群众的压力下，国大党恢复非暴力不合作运动。英印当局也恢复大规模镇压。直到1934年4月7日运动才停止。

英国代表团团长贝尔福

英国通过威斯敏斯特法案

1931年12月11日，英国议会正式确认各自治领地法律即威斯敏斯特法案。当时的自治领地有加拿大、澳大利亚、新西兰、南非、爱尔兰共和国和纽芬兰。

第一次世界大战后，英国力量削弱，自治领地的离心力加强，英国与各自治领地关系的法律已不适应现实的需要。于是在1926年的帝国会议上，英国代表团团长贝尔福（1848－1930）提出自治领地的定义，它们"是英帝国内的自主实体，地位平等，在其对内或对外事务的任何方面，一个绝不从属另一个"。1931年12月11日，英国议会通过本法确认此定义。根据本法，联合王国与当时仅有的白人占优势的加拿大、澳大利亚、新西兰、南非联邦、爱尔兰共和国和纽芬兰组成英联邦；自治领地为独立和平等的主权国，共拥戴英王为国家元首。主权国议会与帝国议会平等，自治领地议会具有废止或修正与英国法律相抵触的法律、命令、规则或规章的权力。

威斯敏斯特法案规定英联邦是一个自由、平等国家的松散联合，肯定了各自治领地的独立地位和与宗主国的平等立法权，成为现代英联邦的法律基础，被称为《英联邦的大宪章》。

泰国政变

1929 至 1932 年世界经济危机爆发，暹罗（泰国）深受其害，从而导致各阶级矛盾升级。人民党提出"推翻贵族专政"、"建立君主立宪政体"的口号，于 1932 年 6 月 24 日凌晨发动政变。政变军队占领了王宫，逮捕了各部大臣、陆海空三军和警察要员，解除了御林军的武装，控制了曼谷的许多重要据点，接管了兵工厂，并宣布成立军政府。军政府立即向国王拉玛七世呈递奏章，欢迎国王返回首都。国王宣布接受立宪政体，于 6 月 " 日在曼谷签署了人民党起草的临时宪法。

宪法总纲规定："国家最高之权力为人民所有"。国家由"皇帝、人民议会、人民议会之议员、法庭"执行政权。国王是国家最高的领导，人民议会有权制订一切法律，经国王颁行后即生效力。如国王不承认，则议会审查后认为应颁布者，也成为有效力之法律。

这次政变的结果，削弱了王室贵族垄断权，把国王权力置于宪法之内。一批受西方教育的新人登上了政治舞台。这是暹罗历史发展过程中的一个重大转变。

罗斯福新政

1920 年，资本主义世界爆发了第一次世界大战后首次经济危机。经济危机是资本主义经济发展到一定程度的必然产物。最大的一次经济危机发生在 20 世纪 30 年代，那次危机导致了第二次世界大战的爆发。但是美国在罗斯福总统实行新政以后，逐渐摆脱了困境，成为第二次世界大战反对纳粹胜利的重要保证。

事件概况

1929 年 10 月开始，美国等资本主义国家爆发了一场世界规模的经济危机。从美国纽约股票市场开始，此次经济危机很快波及了欧洲、日本等主要国家，还影

世界装饰艺术建筑之最——纽约克莱斯勒大厦

响了很多殖民地和半殖民地国家的经济。

从19世纪末到20世纪初，垄断成为主要资本主义国家全部经济生活的基础，各国也相继进入了帝国主义发展时期。从此，资本主义经济处于迅速发展时期，促使整个社会的生产盲目扩大。而社会财富则更加集中于几个大的财团中，洛克菲勒、卡内基、

摩根等大家族的财富迅速增长。而在经济繁荣的后面，则是贫困人口的增长。1929年，占美国人口数量5%的富人的收入几乎占全部个人收入的1/3，全年收入低于两千美元的贫困家庭占了全部家庭的60%。

此外，股票市场已经开始成为生活中的重要部分。由于经济发展势头非常猛，股票市场的投机非常严重，股票价格和公司价值之间的差距越来越大，很多股票的价格高出价值几十倍。整个资本主义世界都认为经济会朝着更好的方向发展，从不怀疑经济会崩溃。因此，他们还是大量买进各类股票，期望通过股票价格的再次提升而获得收益。

美国政府大部分经济学家也对这种经济形势过于乐观。总统胡佛甚至说："美国已经达到了历史上最舒适的程度，接近于消灭贫困的最后胜利。"美国财政部长安德鲁·W·梅隆也于1929年9月向公众保证："现在没有担心的理由。这一繁荣的高潮将继续下去。"

但是在1929年10月24日（星期四），发生了人们怎么都不会相信的事实。美国纽约证券交易所的开盘锣刚刚敲过，就有人

大量抛售股票，一天之内转手的股票超过了 1300 万股，超过了平常的 100 万股。随着股票的大量抛出，股票的价格也迅速降低。整个交易所大厅内好像成了疯人院，一大批绝望的投资者在看到自己的财富一天之内化为乌有而发出了绝望的吼声。

这个"黑色星期四"致使投资者损失了原来辛辛苦苦赚来的财富，很多投资者承受不了这个刺激而跳楼自杀。花旗银行、摩根财团等几个华尔街财团的总裁们在摩根大厦策划买进 2.4 亿美元的股票进行市场干预，期望能够阻止股市的下滑，但是无济于事。到 12 月底，纽约股市的股票价值缩水了 40％，达到 450 亿美元左右。

股票市场的缩水，带来了整个经济领域的衰败，一场空前的资本主义经济危机开始了。由于股票市场的波动，动摇了企业界的信心，阻碍工、农业发展，缩小海外购买和投资，使经济陷入停滞状态。

仅美国而言，从 1929 年至 1932 年，银行破产 101 家，企业破产 109371 家，全部私营公司的利润从 1929 年的 84 亿美元降为 1932 年的 34 亿美元；工业生产指数下降了 53.8％；农业总产值从 1929 年的 111 亿美元，降低到 1932 年的 50 亿美元；进口总值从 1929 年的近 40 亿美元，降低到后来的 13 亿美元，出口总值则从 53 亿美元降低到 17 亿美元。1929 年，通用汽车公司生产了 550 万辆汽车，但在 1931 年，它们仅生产了 250 万辆。

经济的萎缩，导致大量工人的失业。到 1933 年 3 月，美国完全失业工人达 1700 万，失业率达到 25％；约有 101.93 万农民破产，许多中产阶级也纷纷破产；1933 年的商品消费额，下降到 1929 年水平的 67％。

危机期间，出现了历史上从来没有过的一个经济现象：一方面企业的生产过剩，造成商品积压，最后不得不销毁大量农产品和牲畜；另一方面广大劳动人民却又缺少足够的食物和衣服。

美国全国有 3400 万成年男女和儿童，即约占全国总人口的 28％无法维持生计，这还不包括 1100 万户农村人口；200 万人到处流浪。尤其是在早期阶段，由于当时受托负责救济的是一些资金不足的私人机构和地方机构，工人们的生活条件更是差。这是一个排队领救济面包、寻找施粥

1929 年 10 月 24 日，美国经济大萧条那天清晨的华尔街。

所、退役军人在街角卖苹果的年代。成千上万的男人，甚至还有些女人，从东岸到西岸来来回回地"偷乘火车"，希望找到工作。更多的人则离开了得克萨斯和俄克拉荷马的干旱尘暴区，前往加利福尼亚州，期望获得工作。

有一段描述当时美国煤矿工人生活的对话，展示了当时下层劳动人民在大萧条期间的贫困生活。

一个小女孩瑟瑟发抖地问她的妈妈："妈妈，天气这么冷，咱们为什么不生起火炉呢？"

妈妈叹了口气说："因为我们家里没有煤。你爸爸失业了，我们家没有钱买煤。"

小女孩又问："那爸爸为什么会失业呢？"

妈妈无奈地说："因为煤太多了。"

这就是当时工人的生活状况。

和工人没有足够的食物和生活来源形成对比的是，农场主们把一桶桶的牛奶倒入河中，把一车车的大肥猪倒进河中。仅 1933 年，就有 640 万头猪被活活扔到河里淹死，有 5 万多亩棉花被点火烧光。此外，整箱的桔子、整船的鱼、整袋的咖啡豆被倒进大海。从北卡罗来纳州到新墨西哥州，地里的棉花没有人摘，果园

罗斯福（1882～1945）

里则是挂在枝头、没有采摘而烂掉的葡萄、苹果。而没有东西吃的贫苦群众，却不能进去吃这些东西。

从美国开始的经济危机很快就波及了世界其他各国。德国的股票指数在危机期间下降了32%，日本下降了45%。1931年5月，奥地利维也纳最大的、最有声誉的奥地利信贷银行宣布它已无清偿能力，随之引起了银行挤兑风潮，从而在整个欧洲大陆引起了一片恐慌。7月9日，德国丹纳特银行也遭受了挤兑风波，随后两天里，德国所有银行都被命令放假；柏林证券交易所被迫关闭了两个月；7月13日，德国四大银行之一宣布破产。1931年9月，英国放弃了金本位制，两年后，美国和几乎所有大国也不得不这样做。

英国的经济似乎受到了更大的打击。由于在整个20世纪20年代中，英国就长期存在着失业，因此这次大萧条更是给英国带来了致命的打击。整整一代人中，相当大一部分人是在几乎没有生活机会、没有希望找到工作的情况下成长起来的。更有一些人痛苦地将他们无目的的生活称作"活地狱般的生活"。另一些人则放弃了希望，变得听天由命："任何人现在找到工作的机会都不会比爱尔兰抽彩中奖的机会要高。"

1930年，美国宣布提高关税税率，限制国外商品的进口。此后，英国、法国和意大利等76个国家也都相继提高税率。此外，为了更好的销售本国的商品，几十个国家实行货币贬值，导致国际金融体系更加混乱。

世界著名经济学家凯恩斯曾这样描述这场经济大危机："今年我们正处于现代历史中一次最严重经济灾难的阴影之中，而世人对此却感觉迟钝。现在几乎每一个人都清楚地明白正在发生的一切，但是他不理解其原因所在，于是同以前风波乍起时的情形一样，内心充满了事实证明是过分了的恐惧心理，同时，还存在一种缺乏理性控制的焦躁情绪。"

1930年美国的失业者

伴随着经济危机的出现，整个资本主义世界出现了混乱，社会主义思潮迅速在各个国家兴起，大规模工人运动此起彼伏，各国面临着严重的经济危机。

1930年3月6日，美国爆发了有125万工人参加的游行示威；1931年，俄亥俄州和宾夕法尼亚州等各地工人提出"不要饿死，起来罢工"口号，和工厂主、政府发生冲突，导致几千名工人受伤、被捕；1932年，美国两万名退伍军人向华盛顿挺进，遭到政府武力镇压。在英国，几万水兵发生暴动。在法国，仅1930年就有1700次罢工。在西班牙，发生了民主革命。

经济危机还带来了法西斯在各个国家的兴起，以德、意、日尤为明显。在日本，军国主义者发动"二二六事变"，建立了法西斯政权；并于1931年9月18日发动"九一八事变"，在亚洲形成了第二次世界大战的战争策源地。在德国，以希特勒为首的纳粹分子于1933年控制了政府，并逐步建立法西斯专政，最终走上了发动第二次世界大战的道路。在法国，火十字团、法兰西行动等法西斯右翼极端团体在1934年发动武装示威游行，妄图发动武装政变，实行法西斯专政。

与此同时，美国垄断资本家企图利用组建法西斯政权来遏制工人斗争，以挽救经济危机带来的后果。美国当局还建立了"非美活动调查委员会"，以迫害共产党和进步力量。因此，美国的法西斯势力开始抬头，出现了大批法西斯团体。美国黑色军团、三K党、德美联盟等法西斯团体经常出来鼓吹战争，破坏工人运动，屠杀工人领袖。

为了更快脱离这场经济危机，各个资本主义国家还倾向于向殖民地国家转嫁经济危机，本来可以最大限度避免这场资本主义经济危机的殖民地国家由此也遭受了一定程度上的经济损坏。由于世界市场的商品价格大为降低，使那些以原料和食品为主要出口物的殖民地经济受到沉重打击。例如，糖的价格下降了74%，橡胶价格下降了93%。

除了对经济、政治造成影响外，大萧条还对国际政治形势造成了很大的影响。在大萧条爆发后不久，各国政府由于被经济衰退推到崩溃的边缘，已不能履行几年前所做的承诺。1931年7月，在美国总统胡佛的提议下，各强国同意延缓偿付所有政府间的债务。

另外，在大萧条中，各国为了提高经济而各自采取了诸如提高关税等措施降低进口产品、严格结算协定、采用货币管制条例和双边贸易协定之类的形式，引起各国间的经济摩擦和政治上的紧张关系。

此外，1929 年～1933 年经济大萧条还使得各国为裁减军备所做的种种尝试逐渐停止，取而代之的，是各国大规模重整军备的计划。1932 年 8 月，几个军事大国召开了裁军会议，但是这个会议断断续续开了 20 个月，最后以没有任何结果而结束。

事实上，各国将扩张军备作为解决经济衰退和降低失业率的重要措施。德国的希特勒正是因为实行了庞大的重整军备计划，才迅速解决了德国所面临的前所未有的失业问题，同时使得希特勒获得了德国民众前所未有的爱戴。原因很简单，经济衰退造成很多工人没有活路，因此，各地民众都欢迎新的工作，哪怕是军工厂里的工作。

1929 年爆发的这次经济危机，是世界历史上破坏力最强、持续最久、最为严重的经济危机。在这 4 年中，资本主义国家的经济价值损失了 2500 亿美元，比第一次世界大战所带来的损失还大。此外，这次经济大萧条使得法西斯主义在德国、日本和意大利建立并得到巩固，并最终形成了导致第二次世界大战爆发的战争策源地。由于此次经济危机，凯恩斯主义经济思想开始流行于世界，并马上为美国罗斯福采用。随之，该经济政策成为各国调整经济的主要思想之一。

英国外交大臣奥斯汀·张伯伦将 1932 年的国际形势与前些年的国际形势做了比较，然后说道："我察看了当今的世界，并将现在的情况与那时的情况做了对比，我不得不承认，由于某种原因，由于某种难以确切指出的东西，世界近两年正在倒退。各国相互之间不是更加接近，不是在增进

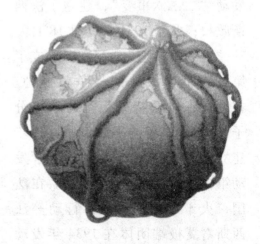

漫画将经济危机比作一只笼罩全球的章鱼

友好的程度，不是在向稳定的和平迈进，而是又采取危及世界和平的猜疑、恐惧和威胁的态度。"

空前的危机

1929年10月24日被称为"黑色星期四"，这一天纽约证券市场在经历了几次小小的预震后出现了坍塌，几十种主要股票价格垂直狂跌，绝望的人们疯狂地抛售，当天就有1289万股易手。崩溃的高潮终于在10月29日来到了：大批的股票涌到市场上来，不计价格地抛售……这一天疯狂交易以1641万股的最高纪录而收盘。根据《纽约时报》的统计，50种主要股票的平均价格几乎下跌了40档。与此同时，在另一些市场——外国股票交易所、谷物市场，价格惨跌也接近恐慌程度。到11月中旬，股票价格又一次惨跌，"柯立芝——胡佛繁荣……处于垂死状态。在这种惊慌的冲击下，许多一向不受人注意或被证券市场乐观情绪掩盖的病害，开始围攻整个经济躯体，好像当某一关键性器官不再起正常作用时，病毒细菌渗入整个人体一样"。

事实确实如此，这次暴跌只不过是经济全面而持续衰退的一个开端。在此后三年多的时间里，金融业、商业、工业的指数依次

成比例地剧烈下降，作为20世纪20年代经济繁荣支柱的钢铁、汽车、建筑等行业的衰退情况更是惊人，许多知名企业在逐渐消失。农民的总收入下降了57%，对外贸易总额下降70%，失业人数最多时高达1320万人。所有这些逐步构成了一次标志着美国经济生活分水岭的大萧条。

人们无法说清究竟是城市失业工人还是广大农民遭受萧条之害更为严重。农民们一如既往地从事长时间的艰苦劳作，但生产出来的东西或者卖不出去，或者所卖抵不上所耗成本。蒙大拿的一位牧场主好不容易赊到一批子弹，将牛羊全部射杀，然后扔进山沟，因为饲料昂贵，而运往市场的运费大大超过了卖掉它们的价钱。从南北卡罗来纳一直延伸到新墨西哥，地里的棉花没有采摘，果园里挂满正在溃烂的葡萄和橄榄。1车小麦卖到城里仅够买一双4美元的鞋，用玉米棒子当燃料比卖玉米买煤还合算，而千百万的城市人却买不起那贱到使农民破产的农产品。没有失业的工人拿的是名曰"饿不死人的工资"。《时代》周刊指出："无法无天的雇主已经把美国工人的工资压低到中国苦力的水平了。""从

来就是最后受雇，最先解雇"的黑人的境遇更坏，中产阶级也因纷纷破产、失业而加入赤贫的行列，朋友和熟人之间都遮遮掩掩地过着窘迫的日子。"那个衣冠楚楚每天按时早出晚归的律师说不准拣个偏僻地方去挨家推销低档大路货，甚至说不准干脆换一套破衣服，在另一个市区向路人行乞"，其实他的邻居境况也好不到哪里去。无数的家庭主妇为了省钱度日、细水长流，想出了许多听来让人心酸的绝妙办法。身为一家之长的男人们的浑身打扮竟像歌舞杂耍剧中的流浪汉，他们从前的体面、优雅、财富、尊严，连同道德羞耻感一起都被大萧条的飓风刮得荡然无存，他们在巨大的失落和空洞的绝望中倍感愤怒，最后凝成一个凌驾一切的问题：究竟谁应对这一切负责？

大萧条给美国的人口、家庭、教育、道德、信念、生活水平等方面造成了严重的危害。结婚率和出生率大幅度降低。这期间出生的孩子成为著名的"萧条的一代"，其特征是身材瘦小。"失业与失去收入已经破坏了无数个家庭，使这些家庭成员精神颓丧，失去自尊心，摧毁了他们的工作效率和可雇佣性，夫妻、父母子女暂时或永远地离散。"

胡佛的反危机措施

1929年3月，共和党人胡佛就任总统。胡佛曾以"每家锅里有一只鸡，每户车房里有一辆汽车"作为竞选口号，并以"伟大的社会工程师"自诩。正当垄断资本家们高唱"繁荣"赞歌的时候，经济危机已悄悄地袭击了美国。农业危机从1927年即已发生，有一百多万个农场破产。作为20年代美国经济繁荣三大支柱的建筑、汽车和钢铁工业，从1928年11月、1929年5月和6月，也分别开始出现生产停滞的现象。从1929年9月起股票价格开始下跌，并继续发展，10月21日发生了第一次股票惨跌，股票持有者大量抛售，到10月29日纽约证券交易所仅开盘半小时，股票出售达1600万股，创造了美国证券抛售的最高纪录。股票市场全部崩溃。月底，股票所有人损失已达150亿美元。股票行市是资本主义经济的晴雨表，证券交易所股票市场的崩溃，正是生产过剩危机加深的信号。垄断资本家惊呼："黑色的星期五"又来临了！经济危机立即遍及各部门，美国经济出现了总崩溃局面。

大萧条的严重程度在美国史

上是空前的，1929 年至 1933 年，私人投资由 160 亿美元减至 3.4 亿美元，工业生产在 1929 年夏至 1932 年下降 50%。1929 年至 1933 年，国民收入由 878 亿美元降至 402 亿美元，人均收入由 681 美元降至 495 美元。有 10 万家企业倒闭。1929 年 10 月至 1932 年底，有 5500 家银行破产。1929 年非农业工人失业率为 1/20，1930 年为 1/7，1931 年为 1/4，1932 年为 1/3 以上。在职工人工资低，且只能部分时间做工。1929 年至 1933 年，薪金减少 40%，红利减少近 57%，制造业工资减少 60%。分期付款购买汽车、房屋的人仍需按原价和利率付款，债务沉重。城市中付不起房租的人被赶出住房，拥挤在被嘲讽为"胡佛村"的临建棚中，许多人靠马铃薯，乃至野草度日，死亡相继。农场主同样受到大萧条的打击，农产品价格下降程度比非农产品更甚。1932 年农产品下跌 55%。而非农产品下跌 27%。农场总收入由 1929 年的 120 亿美元降至 1932 年的 53 亿美元。全国至少有 40% 的农场被抵押。1930 年至 1933 年，全国约有 1/3 农场易手。许多佃农的土地被地主收回。最大的现代资本主义国家美国的经济陷于一片混乱。

经济危机爆发后，信奉"自由企业"和"极端个人主义"的胡佛总统，减少私人和企业、公司的所得税，采取扶持私人企业以摆脱危机的政策。1929 年 6 月，通过农产品销售条例，设立联邦农产局，以低息向农场主贷款，收购数百万美元的农产品，以提高农产品价格。一年半内购进 2.5 亿蒲式耳小麦和 130 万包棉花，但并没能改变农产品价格状况，遂在 1931 年下半年抛售存货，使市场更加混乱。1930 年 6 月，胡佛不顾 1000 多名经济学家的反对签署关税法案，对 890 项商品提高进口税率 31% 到 34%，结果影响了必要商品的进口，并引起其他几十个国家采取报复措施，展开了激烈的国际关税战。1932 年 2 月组成以道威斯为总经理的复兴金融公司，以 5 亿美元为基金，发行为期 5 年的 15 亿美元的证券，以便对银行、保险公司、信托公司、铁路公司提供贷款，在流通领域调节和扩大信贷。1932 年 7 月，复兴金融公司的资金增加到 38 亿美元，扩大业务范围到各州政府、政府附属单位和私营机构。

1932 年在救济和货币政策上政府存在意见分歧。国会中的进

最新整理图文珍藏版

步派和通货膨胀派联合起来，组成了跨党派集团，要求通过发纸币，立即支付退伍军人的退伍金；要求联邦实行直接救济计划。但这些建议未能在国会通过。在救济方面，胡佛虽然作了妥协，由复兴金融公司贷给各州3亿美元帮助失业者过冬，另拨给各州15亿美元偿付公共工程的费用。但这些措施只不过是杯水车薪，无济于事。当时胡佛不是大大增加货币供应量，进行大规模的救济活动和扩大公共工程计划，以缓解危机，而是强调平衡预算，奉行通货紧缩政策，削减政府开支10%。1932年的《岁入法》提高了公司税、消费税和个人所得税。而摩根和其他金融家、企业家却利用法律的漏洞在1931年和1932年逃避交付所得税。胡佛不赞成综合开发田纳西河的计划，以防其廉价电力同私人公司生产的电力竞争。这些政策均不利于美国经济的复苏。

胡佛并不恪守传统的极端自由放任主义，主张以"不屈不挠的个人主义"代替极端个人主义。他强调政府通过鼓励和促进"自愿合作"的精神间接地进行干预。政府干预应在放任主义范围之内进行。20年代是美国私人垄断资本主义继续向国家垄断资本主义过渡的年代。胡佛所推行的合作自由主义并不足以对付经济大萧条。他在加强国家对经济的干预这个重大问题上趑趄不前，只是被迫采取了一些小规模的国家干预的行动。比如，他在四年任期中，公共建筑的费用是过去整个28年的费用的三倍，在道路和国家公园上的投资也达到前所未有的程度。胡佛的某些反萧条措施为后来富兰克林·罗斯福总统的"新政"所继承。

胡佛政府的反危机措施虽有利于垄断资本家，但无法阻止危机的进一步发展。1933年3月，美国信用危机总爆发，银行倒闭，整个金融系统瓦解。在经济危机风暴袭击下，美国经济紊乱到了顶点，劳动人民承担危机的恶果，处于饥寒交迫，流离失所的悲惨境地。

罗斯福新政

正当胡佛政府处于困境的时刻，美国举行了新总统的竞选。1932年，民主党人罗斯福（1882～1945）在选举中击败了胡佛，当选为美国的第三十二届总统。1933年3月，罗斯福正式就任。当时，最迫切的要求是收拾经济和政治上的危机，他在就职演说中提出："这个伟大的国家将会坚持下去……它将会复兴，将会繁荣昌盛，"罗斯福在这样的信念下，开始了他的"新政"，即用调整、改良的方法来扭转当时美国的困境。他组织了一批经济学家，即所谓"智囊团"，共同研讨了几百个缓和经济危机的方案，并经国会通过为法案。从罗斯福就任总统至美国1941年参加第二次世界大战的九年，被称为"新政时期"。

"新政"分为两个阶段。第一阶段是从1933年3月至1935年初，目标是力求消弭严重经济危机造成的灾难，提出复兴经济的法案和计划。1933年3月6日，罗斯福发布全国银行休假日的命令，接着国会于3月9日通过了《紧急银行救济法》授权财政部长调查所有银行的情况，有偿付能力的银行尽快复业，对缺乏偿付能力的银行进行改组。该法也禁止囤积黄金和出口黄金。3月12日，罗斯福发表第一次炉边谈话，有6000万人通过收音机聆听了他的讲话。他宣布银行将保证存户储蓄的安全。到仲夏，有4/5的银行营业，恢复了银行的信誉。国会通过的《格拉斯·斯蒂高尔法》是一项改革银行业的措施，

增加了联邦储备委员会对信贷系统的控制，要求商业银行与投资银行分开，以避免把存户的存款用于投机事业。接着成立了联邦储蓄保证公司，保证5000美元以下（现为10万美元以下）存款的安全；要求联邦储备体系的所有成员银行都属联邦储蓄保证公司，其他银行如符合要求也可加入。1933年3月6日，美国废除了金本位制，以便使美元在国际汇兑中贬值。到1933年10月，美元贬值约30%，国内物价上升19%。1934年1月31日，罗斯福根据国会早已授予的权力将黄金价格定为每盎司35美元。美元的含金量为1933年前的59.06%。美元贬值同时未大量增加国内货币供应量和银行信贷，故并未急剧刺激通货膨胀。1933年的《证券真实价值法》规定保险人和经纪人对所售证券的真实价值提供充分情报。按1934年《证券交易法》成立证券交易委员会，以控制和监督股票市场。3月20日，国会通过《节约法》，为平衡预算，削减退伍军人的退伍金共4亿美元和联邦雇员薪金1亿美元。罗斯福政府的另一措施是《啤酒和葡萄酒岁入法案》使销售低度酒精的葡萄酒和啤酒合法化，并对之征

税，以增加岁入。"新政"初期的金融政策是紧缩通货的经济政策，减少而非增加货币流通量，尚未采取大量增加政府开支的办法来刺激经济的恢复。而在"新政"第二阶段时，1935年《银行法》对1913年的《联邦储备法》作了重大的修改，把权力集中于联邦储备体系管理委员会，通过销售和购买政府证券，确定法定储备金比例、贴现率和存款利息率以及存款保证金制度等，直接和间接地把全国绝大部分私人商业银行联结一起，形成一种银行体系。1935年8月的《公用设施控股公司法》规定在五年内解散大的电力控股公司，对小的控股公司实行联邦管理。控股公司的金融活动受证券交易委员会的控制。至此，"新政"的金融改革遂告完成。美国政府通过联邦储备体系控制货币和信贷的供应。同时，国家与垄断资本融合，增加了银行业的集中和垄断。

"新政"的农业政策是国家对全国农产品的生产和销售进行调节。1933年5月通过《农业调整法》，目的是限制主要作物、牛奶和肉类的生产，来克服生产过剩并提高农产品的价格，以期能恢复到1909年至1914年农业繁荣时期的农产品与工业品的有利比价。按该法成立了农业调整署，财政部对削减产量的农场主给予补贴。而补贴资金来自为市场而加工农产品的工业所征的税收。这一农业政策是用数以百万计的美国人忍受饥饿时而限制生产力的办法来削减生产。《农场信贷法》和《紧急农场抵押法》给农场主提供新的信贷。农业改革政策对农业的复苏起了一定作用。

为恢复工业而采取的重要措施是1933年制订的《全国工业复兴法》，并成立了全国复兴署，暂时取消了反托拉斯法对垄断的限制，由政府领导和监督建立"工业卡特尔"，即在工业中成立各种同业公会，制定规约，以协调各工业的企业活动和消灭"不公平"的竞争。实际上，大企业在制定规约中起决定性作用。这是依靠国家和垄断组织联合的力量来规定产量和价格，缓和生产过剩，以使工业摆脱危机。同时，这一法律也是为了缓和劳资矛盾、遏制激进工人运动而制定的。该法第七节规定由国家调节雇主和工人的关系，雇员有组织起来的权利和通过自己选择的代表进行集体议价的权利。新的劳工政策是经济危机时期政府作出的让步。但为执行全国工业复兴法中的劳工条款而成立的全国劳工委员会只是调解机构。许多雇主根本不理睬全国劳工委员会的调解，使它失去应有的效力。

罗斯福于1932年11月竞选总统获胜至1933年3月4日入主白宫的117天中，失业人数由132万人增至150万人，而且有数百万名工人只是部分时间工作。失业问题的严重性迫使罗斯福政府实行联邦直接救济。1933年5月12日，国会通过了《联邦紧急救济法》，成立了联邦紧急救济署。国会向联邦紧急救济署拨款5亿美元，由各州实施救济。1934年2月，又拨款9.5亿美元。到这年年底，有200万个家庭即人口的1/6得到救济。到联邦紧急救济署于1935年结束时，共花了30亿美元。

罗斯福政府也实行了以工代赈计划。"民间资源保护队"是最先建立的公共工程机构，给18岁至25岁之间的25万年轻男子提供工作。1935年它吸收的人数增加了一倍。全国工业复兴法第二节规定庞大的公共工程计划，以刺激工业复兴和让更多的失业者就业。随即成立了公共工程署。

1933年10月罗斯福总统下令成立了民政工程署，开办民用工

程，帮助许多失业者渡过严冬。接着又成立了工程进展署。该署在最初五年中花了110亿美元，雇佣了约800万工人。与此同时，公共工程署也从计划阶段转入实施阶段，每周一般雇佣20万至30万人。最宏伟的公共工程是田纳西流域的水利工程。1933年成立了田纳西流域管理署，改善了田纳西河的航运、控制了洪水和建立了对整个田纳西河流域的电力生产和销售的垄断，促进了这一流域的农业和工业的发展。罗斯福政府的以工代赈局部地解决了失业问题，所办的公共工程改善了美国的道路、机场、电力、供排水系统等基础设施，保护了森林、水力资源，防止了水土流失，提高了防洪能力。但以工代赈并未从根本上解决失业这一根本问题。

第一阶段"新政"取得了一定的成效：失业率有所下降，1934年下降到1140万人，1935年下降到1060万人，1936年下降到900万人；农场净收入由1972年的25亿美元增至1933年的30亿美元，1934年增至35亿美元，1935年增至58.5亿美元；制造业的薪金和工资总额由1933年的62.5亿美元提高到1935年的95

亿美元，1937 年增至 130 亿美元，但离大萧条前的水平仍相差很远。第一阶段"新政"把政策重点放在消除生产相对过剩上，但真正的问题是由于失业、工资下降和农场以及由家庭收入下降而引起的严重消费不足。因此，第一阶段"新政"刺激经济复兴的作用是有限的。

"新政"的实施并非一帆风顺。阻挠首先来自保守的最高法院。罗斯福任总统时，最高法院的 9 名法官多半年逾古稀，被称作"九老院"。他们历来信奉自由放任政策，敌视"新政"立法。1935 年 5 月 27 日，被称为"黑色的星期一"的这天，最高法院在审理一起案件中宣布全国工业复兴法违宪，说什么国家工业复兴法广泛授予立法权力就是"授权胡闹"。1936 年 1 月，又判定农业调整法侵犯了各州政府的权利，因而违宪。

"新政"还遭到来自国内右翼分子的挑战。1934 年 8 月，一批对"新政"不满的大亨们及保守的民主党人，成立了"美国自由同盟"，其目标是阻止"新政"向左转。操纵者是北部工业家，特别是杜邦公司和通用汽车公司的董事和经理们。与企业界反新政浪潮相呼应的是一些右翼分子。

除了上述来自右的攻击之外，"新政"还面临广大工人要求深入改革的压力。"新政"第一阶段，劳工的真正困难远未得到解决。1935 年全国就业工人虽比 1933 年多了 400 万，但失业者仍达 900 万之多。从 1933 年起，工人依靠罢工手段，以进一步捍卫自己的切身利益。1934 年，全美各地罢工持续不断，并以要求承认工会为主要目的。罢工打破了行业的界限，深入到过去很少发生罢工的诸如汽车工业、纺织工业等大批量生产的工业部门。

"新政"第一阶段遇到的日益增多的挑战和不满，推动罗斯福政府深化"新政"改革。1935 年起，罗斯福政府除继续推行"以工代赈"等救济措施外，制定了一些有着深远影响的侧重改革的新的立法，从而把"新政"推进到第二阶段。从 1935 年起，罗斯福政府继续采取救济措施的同时，制定了某些有深远意义的、侧重改革的新立法。

首先是罗斯福于 1935 年 4 月签署的《紧急救济拨款法》。该法授权总统实施大型公共工程计划，给失业者提供就业机会。工程进展署后改名为工程规划署，在总计 140 万个工程中雇佣 850 多万人，到 1943 年，共建设了 105 万公里公路和道路、12.5 万座公共建筑和 8000 座公园以及许多桥梁、机场和其他建筑物。联邦戏剧计划、联邦音乐计划和联邦作家计划等活跃了美国的文化。此外，紧急救济拨款法也给其他救济计划和公共工程提供资金。再安置署进行贫穷家庭和低收入工人的安置工作。农村电气化署给农村输送电力。全国青年管理署实施青年救济计划。不过，工程规划署所雇佣的人数从未超过失业者总数的 40%。

国会于 1935 年 6 月 27 日通过《全国劳工关系法》即《华格纳法》。该法第七条规定：

雇员应拥有为了集体议价或其他互助或保护的目的而自我组织起来的权利，拥有组成、加入和帮助劳工组织的权利，拥有通过他们自己选择的代表进行集体议价的权利，有从事共同活动的权利。第八条规定：雇主不得：1. 干预、遏制和威胁雇员履行第七条保证的权利；2. 控制或干预任何劳工组织的组成和管理或给予它以财政支持或其他支持……；3. 在雇佣或就业期或在就业的条件或情况方面实行歧视，以鼓励或阻碍任何劳工组织的会员……；4. 因雇员根据本法提出控告或作证而被解雇或被歧视；5. 拒绝按第九条（a 项）同雇员的代表进行集体议价。

对于违反该法者处以罚款或监禁，或两者同时并行。根据该法成立的全国劳工关系委员会是调节劳资关系的联邦机构。这一法律适应了劳联的工联主义的主张和要求。而集体议价是工会同资本家或资方代理人之间围绕着提高工资和改善劳动条件而展开的谈判。雇佣劳动者争取到比较有利地出卖自己劳动力的某些条件。这一法律是试图把工人斗争限制在工联主义和法律的范围之内。曾任全国劳工关系委员会主席的劳埃德·加里森称赞这个法令是"一种安全措施，因为我把这个国家的有组织的劳工看作我们反对共产主义和其他革命运动的主要堡垒。"

国会又分别于 1935 年和 1938 年通过了《社会保障法》和《公平劳动标准法》。这两项法律都属于社会改革和资本主义福利主义的范围。社会保障法包括养老金制度、失业保障制度和对盲童、孤儿和其他残废儿童的资助。社会保障法尚不是推行于全国的法律，除养老金外，社会保障均由各州管理，而大多数州只为社会福利提供少量的资金。退休金制度有不公平的地方：一是约有1/4的劳动力不享有这种福利，包括农场工人、家庭仆役和医院、餐厅工人。妇女和有色人种也被排除在外；二是养老金的基金来源是对雇员和雇主的工资征税，实际上这是一种强迫性保险计划，而非由政府保证公民在进入老年时享有一定的生活标准；三是要到1940年才能支付第一次养老金。在此以前，雇员和雇主的工资税贮存于华盛顿，而在急需扩大消费的时候却减少了购买力。这一法律尽管有其缺点，但却是美国历史上福利主义的里程碑。1938年的《公平劳动标准法》（工资时数法）规定自该法律生效之日起的第二年后的工作周不得超过40小时，在生效之日起七年后，每小时工资不少于40美分。这一法律是政府对雇员集体议价的进一步支持。但该法应用范围不包括商店、零售业、商船、运输业、罐头业、农场或办公室的雇员。

1936年的总统竞选中罗斯福再次获胜，而且民主党人在新的国会中控制了3/4席位和参议院中的4/5席位。由于最高法院保守派多数将主要的"新政"法律宣布违宪，罗斯福很担心最高法院会宣布全国劳工关系法和社会保障法为违宪，因此，他于1937年2月5日向国会提出改组联邦最高法院计划即《司法改组法案》，借口联邦法院人手不够，法官年事过高，体力衰弱，不堪胜任工作，要求授权总统让联邦法院的法官中年逾70岁者退休，由总统另外增派50名联邦法官，包括向联邦最高法院增派6名法官。但因其侵犯了司法的独立，遭到共和党人和保守的民主党人乃至自由派的反对，未能在国会通过。该项法案虽未成为法律，但迫使联邦法院退却。原来联邦最高法院九名法官中，对"新政"的态度可分为保守派四名，中间派二名和自由派三名。现在两名中间派法官倒向自由派，保守派有一名自动辞职，总统补派支持"新政"的法官，使联邦最高法院多数法官赞成"新政"。4月，最高法院在一起判决中宣布全国劳工关系法符合宪法。5月，最高法院又宣布社会保障法符宪。

罗斯福实行"新政"使美国经济有所转机，失业率大大下降，但这主要是靠以工代赈，而非经济复兴所造成的。1937年至1938年，经济再次发生衰退，生产下降，失业率增长。这主要是由于罗斯福从未放弃平衡预算的经济思想。1937年他开始削减政府开支。从 1937 年 1 月至 8 月，工程规划署减了一半就业人员，由 300 万人减至 150 万人。政府也削减了其他救济计划。联邦储备体系为降低通货膨胀率 3.6%，要求成员银行增加储备金额。信贷的紧缩造成了经济混乱。失业率由 1937 年的 14.3% 增至 1938 年的 19.1%。由于新的经济衰退，罗斯福政府恢复赤字财政，赤字又增至相当于 1936 年的赤字 440 亿美元的水平。但 1939 年失业率仍有 17.2%。1938 年通过了新的《农业调整法》。它同 1933 年的农业调整法大致相同，不同的是没有征收农产品加工税，也没有直接规定生产的限额。联邦最高法院在一起判例中肯定了这一法律，认为联邦政府有实施州际贸易的管理权，包括管理生产和商品。经过同联邦最高法院的较量，联邦行政权力有了扩大，而行政权力的扩大主要不是通过修改宪法，而是通过对宪法的从宽解释来实现的。

罗斯福从开始实行"新政"起，是持正统观念，依然想保持平衡预算。1936 年英国经济学家约翰·梅纳德·凯恩斯出版了《就业、利息和货币通论》。罗斯福会见了凯恩斯，但并不完全赞成凯恩斯所主张的国家采取干预的政策并把财政赤字政策作为杠杆，以实现充分就业。罗斯福"新政"采取的一些措施却与凯恩斯的主张不谋而合。即使罗斯福要采取庞大联邦赤字政策，也不易说服国会。1939 年美国民意测验表明不到 1/3 的公众相信赤字财政，而国会中赞成赤字财政的人可能更少。更重要的是，在当时资本主义经济中，主要投资决策是由私人投资者和机构决定。投资者在经济萧条时一般不会甘冒风险进行大量投资。赤字财政不可能大大刺激萧条的经济。私人投资的减少会抵消赤字财政对经济复兴的刺激作用。例如 1929 年公司投资 5.46 亿美元于新建筑工程，1933 年降为 1.28 亿美元，1937 年上升到 3.14 亿美元，1938 年又下降到 1.21 亿美元。罗斯福的"新政"是在资本主义范围内对于资本主义的某些弊病加以改革。他于 1938 年谈到"新政"时说："作为一个国家，我们拒绝了任何彻底的革命计划。为了永远地纠正我们经济制度中的严重缺点，我们依靠的是旧民主秩序的新应用。"罗斯福的"新政"开辟了一条通过国家干预经济来缓和危机的暂时出路。但只是欧战爆发，美国依靠增加军工开支，才根本地摆脱了经济危机。到第二次世界大战全面爆发，凯恩斯学说的信奉者才日趋增多，政府管制和大量财政开支才使原来束手无策的失业问题得到解决。

深远的影响

新政刚一推出，就引起美国社会上下的普遍关注，不同政治集团对其给予了不同的评价。罗斯福的坚决反对者、报业大王赫斯特说"新政"就是苛政；不是榨取富人，而是榨取成功者。美国著名新闻记者、作家约翰·根室说他所听到的关于新政的最好定义，是说"那是一些没有骨气的自由派为了那些失魂落魄的资本家而去拯救资本主义的一种企图"。另外还有人谴责新政是披上自由主义外衣的法西斯主义。

罗斯福新政是 20 世纪资本主义发展历程中的重大事件，帮助美国的资本主义制度度过了 1929～1933 年的一场空前大灾难。美国的资本主义制度得救了，世界资本主义体系也缓过气来了。这就使得新政能够在美国历史和世界历史中获得一席之地。

在大危机爆发之前，资产阶级主流派经济学家普遍认为，资本主义经济有一种自我调节机制，它自然会给劳动者提供充分就业的机会。这种良好的结局是由可以平衡供求的工资和物价的自由运动而产生的。大危机的爆发使这一理论受到严峻挑战。危机之初，美国胡佛政府信奉自由放任的思想，对经济采取不干预政策，认为危机很快就会过去。但事与愿违，大萧条日益加剧。严酷的事实证明，自由放任已不符合时代的要求。罗斯福的"政府干预的扩张性"新政策就是在这种背景下产生的。

罗斯福"新政"的实质是在不触动资本主义私有制的前提下，运用国家机器干预社会再生产，对国民收入进行再分配，对发展国民经济的重要环节予以促进，并对不利于总体经济发展的明显弊病进行改革。因此，它的一系列举措使美国原本十分尖锐的社会矛盾得以缓和，社会生产力也得到了一定的恢复和发展。1937 年，美国的国民收入从 1933 年的 396 亿美元大幅增至 736 亿美元，物价从 1934 年起止跌回升，失业率也出现大幅下降。

罗斯福政府推行的"新政"对整个西方国家经济政策的制定

也产生了深远的影响。欧洲主要国家普遍认为，美国实行的政府干预经济的做法是成功的。因此，二战结束以后，"政府干预经济"即按照这一思路进行，到现在已经成了保持经济稳定发展不可缺少的一种手段。而且罗斯福新政挽救了美国经济，使美国避免走上了法西斯的道路，反而奠定了良好的经济基础，为第二次世界大战打败法西斯打下了坚实的基础，美国也成为世界的大工厂。二战结束以后，美国就成为世界上最为强大的国家。

国会纵火案

"千年易过，德国的罪孽难消"，这是第二次世界大战结束不久，原德国驻波兰总督汉斯·弗朗克在纽伦堡就刑前，对曾经煊赫一时铁蹄踏遍欧洲的第三帝国的痛切之辞。至今，人们一想起令整个欧洲战栗十二年的黑暗时期，不禁都会感叹，一个以"理性"自豪的民族怎么会匍匐在一个狂人脚下，一个为世界贡献了康德、歌德、贝多芬、巴赫等许多人类崇高、美好精神代表的民族，怎么会在风景如画的东欧竖起高耸入云的焚尸炉烟囱。德国人民除了在"逃避自由"、自甘为奴这一点上要反躬自责外，还有责任重新审视制造种种罪孽的纳粹是如何在众目睽睽之下堂而皇之地把政权捞到手的。

纳粹党控制政权的关键一步就是在"国会纵火案"上做尽了文章，振振有词地制造了20世纪令人叹为观止的弥天大谎。今天，当我们在自由的空气中翻开德国历史上这不堪入目的一页的时候，我们会发现，正是这一事件，点燃了纳粹党控制德国以至于吞并世界的欲火。

纵火案的发生

1933年2月27日晚，德国国会大厦内有人纵火。来回在议会大厅内散布火种的男子被警察抓获时已累得汗流如雨，警察问他为什么放火，情绪激动的纵火犯竟脱口而出："这是信号！这是革命的烽火！"从他的裤兜里搜出了传单和护照，传单的内容是德国共产党号召进行阶级斗争。从护照上得知，此人名叫马里努斯·范·德尔·卢贝，1909年1月13日生，荷兰布莱登市人。放火的原来是个外国人。

此刻的卢贝欣欣然回味起已完成的神圣使命。昨天，他还和

最新整理图文珍藏版

德国共产党的成员，他在德国新交的朋友瓦钦斯基想象大火烧起来德国工人阶级揭竿而起的壮景。十几个钟头前，他还想："看着吧，到明天，世界就该变样子了，这可是我干的。"如今，兑现了，他的照片出现在报纸上，让那些卢贝看起来畏畏缩缩的荷兰工人看看！让那帮软弱的成不了气候的荷兰共产党看看！当初的那位羞怯、感情细腻、喜欢空想的荷兰布莱登市穷人家的孩子，现在长成了憧憬着成功和冒险的青年，他期待着轰轰烈烈的革命烽火燎原。卢贝退出他不满的荷兰共产党后，加入了一个叫"国际共产主义集团"的左翼团体。也凑巧，受德国一个左翼工人团体之邀，卢贝代替"国际共产主义集团"的负责人来到德国。卢贝对德国工人阶级的政党——社会民主党和共产党——是不抱希望的。法西斯上台的危险是明眼人一望便

熊熊燃烧的国会大厦

知的事实，可是社会民主党和共产党竟以为会通过选举战胜纳粹。在卢贝看来，这是愚蠢的坐以待毙的政策，卢贝坚信他的使命是点燃德国工人阶级反抗法西斯的抗争火种。"最好是放把火把国会大厦烧掉"，卢贝的想法得到了瓦钦斯基和其他几个对党的"老实"政策不满的德国共产党员的支持。

听到有人放火焚烧国会大厦的消息，戈林吃惊不小。

十年内，赫尔曼·戈林已由一个英俊年轻的飞行员变成体态肥胖的德国官员。这位第一次世界大战时的空中英雄、著名的里希特霍芬战斗机中队最后一任队长、德国战时最高奖章功勋奖章获得者，曾几何时已一头扎在希特勒脚下，原来仅仅是在希特勒的打手队——"冲锋队"——里当头，现在他已很风光地作为国会议长和控制着警察的普鲁士邦的内政部长，在普鲁士内务部大楼里加班。听国会大厦的守卫说最后离开国会大厦的是共产党议员恩斯特·托格勒和威廉·凯念两个人时，戈林认为他们是重要的嫌疑分子，下令将他们逮捕起来。戈林对周围人说，可能是共产党想通过纵火造成混乱，乘机搞武装暴动。他命令全体警察立

即进入戒备状态。

不久，上任一个多月的新总理希特勒赶到了现场。听完戈林的报告，他挥动着双手，滔滔不绝地对身旁的人说："非得让他们知道我的厉害不可！谁反对我们，我们就把他们彻底搞掉！德意志国民以前太老实了，共产党的活动家全都要枪毙！今天夜里就要把共产党的国会议员绞死！同情共产党的，要把他们关进监狱里！对社会民主党和国旗团（社会民主党的战斗团体）也要如法炮制！"在元首的亲自过问下，纳粹行动得相当快，案发后不到五小时内就提出了应予逮捕者名单和一项旨在扩大侦察权的法案。

也许是巧合，戈林手下的政治警察（盖世太保）近乎是阴错阳差地把保加利亚共产党人、在柏林工作的共产国际特派员季米特洛夫作为卢贝的同案犯逮住了。季米特洛夫所住旅馆的一个侍役向警察告密说，这个"俄国人"曾和卢贝一起坐在角落里嘀嘀咕咕。于是，盖世太保就找他的茬，说他的护照是假的，逮捕了他。能够把国会纵火案与共产党扯上就很不错了，若能把"共产国际"也扯进来，对于总是叫嚣要消灭"共产主义九头妖"、打翻"赤色恶魔"的希特勒来说，那真是天赐良机。

季米特洛夫作为共产国际和苏联共产党在保加利亚共产党内最信任的人物，当时是共产国际西欧局负责人。他来柏林是搞宣传和搜集情报的，并不是与德国共产党一起行动，岂料被便衣警察候个正着，和他一起被捕的还有另外两个保加利亚共产党人。在此之前，柏林警察局的政治警察就听说有个共产国际派来的外国人，有人看到他在公共场合和共产党员交头接耳。在盖世太保看来，赤色苏联来的人必定是居心不良的阴谋煽动家；何况，现在也正用得着，与共产党不是斗得正欢吗？可以利用这件事来杀杀德国共产党的威风。正因如此，事情变得有意义了。尽管纳粹党一度对季米特洛夫不是个俄国人很失望，然而，只要他是共产党，就够了。也正因如此，侦察工作不是由刑事警察而是由盖世太保来接手。

祸水引向共产党

希特勒和身为盖世太保总监的戈林为侦察工作定了调。希特勒于案发后一个半钟头，在幸免于火灾的议长室里召集了政府首脑会议，他从兴奋得有些失常的

最新整理图文珍藏版

戈林那里听说案犯身上有共产党的党证，便别有用心地断定纵火案是共产党预谋的犯罪行为，他无比愤慨地叫道："这是共产主义者干的勾当，这是天佑，光耀德国历史的伟大转折到来了，诸位，你们马上就会看到的。"

因此，侦察就根据所谓共产国际和德国共产党是卢贝的同谋犯的政治判断而进行。当然，盖世太保为了求证这一点，是会殚精竭虑的。没有事实也不打紧，难道不能制造一个事实吗？"谎言重复千遍，就会成为真理。"何况，现在的新闻舆论都控制在即将成为国民教育和宣传部长的戈培尔手里，这个瘸腿的摇唇鼓舌的天才现在有了攻讦的对象，可以大显身手了。他马上跑到纳粹党的喉舌《人民观察家报》编辑部内命令改版，并跟在希特勒身后气势汹汹地说："应该马上在国会大厦前的广场上把逮捕的犯人处死。"

这些天对于纳粹党来说真是好戏连台。政治警察在案发前三天强行搜查了德国共产党总部"卡尔·李卜克内西馆"，从抄来的文件中，普鲁士内务部以发现了"武装起义计划"为由，向人民发出了共产党"武装起义迫在

眉睫"的警告；他们又耳闻德国共产党领袖恩斯特·台尔曼建议与社会民主党和自由工会建立对抗法西斯的统一战线；现在又出了这码事，天赐良机，有了如此好的借口，纳粹党可以好好地做一番文章了。

为什么德国法西斯这么急于要把共产党和社会民主党搞掉呢？事情很简单，新上任的希特勒要大权独揽，实现他"一个民族、一个国家、一个政党、一个领袖"的愿望。

1933 年 1 月 30 日，对于 20世纪的人类来说，这是一个黑色的日子。"第三帝国"，这个德国动乱政治中的怪胎被纳粹党从肌体衰弱的魏玛共和国体内拽了出来。这一天，希特勒通过无数桩见不得人的幕后交易，获得了他一直呵护得很好的陆军的支持和大垄断企业的撑腰，最后一刻，老朽的总统兴登堡也对任命他以往一直鄙夷不屑的"波希米亚下士"为总理勉强点了下头，于是，希特勒便在喽啰们弹冠相庆的聒噪声中实现了他梦寐以求的愿望——当上了德国总理。

但是，希特勒当了总理并不意味着国家权力就操纵在纳粹党手中。在内阁 11 个职位中，他们

只占三个，而且除了总理外，他们所占职位都不十分重要。弗立克担任内政部长，但因为德国的警察是由各邦自己控制的，所以他这个内政部长等于是个空架子。内阁其他几个重要的职位则都在副总理弗朗兹·冯·巴本的手里。也就是说，希特勒及其纳粹势力的背后，还有总统、陆军、保守分子三股力量的掣肘，不能大权独揽，随心所欲。

希特勒、纳粹党通向独裁的关键就是要从兴登堡总统那里取得宪法第四十条规定的权利：在紧急状态下，只要总统批准，可以不需议会多数支持而仅凭总统紧急法令来行使职权。总理将取代国会获得立法权，也就是说，内阁政府——在希特勒看来，就是纳粹党和他本人了——有制订宪法的权力，把国会抛在一边。要达到这一点，必须修改宪法，需要国会里有三分之二的多数支持才能通过。因此，现在的首要任务是控制国会，争取大多数议员支持。但是，参加内阁的纳粹党和支持巴本的休根堡民族党在国会583个席位中只占247席，尚不足够成多数，因此，还需要至关重要的70票支持。为达此目的，希特勒及其同伙便开始玩弄

政治手腕，诱使其他党派力量领袖同意进行国会重新选举。这是文的一套手法。

当选举逐步展开的时候，希特勒又施展了武的一套手法。他们指使手下那些拳大臂粗的冲锋队员不断制造挑衅行动，目的是引起与共产党和社会民主党的争斗，为政府出面收拾这两个工人阶级政党提供借口。戈培尔在希特勒被任命为总理的次日，就曾在日记中写道："目前我们暂不采取直接的对抗行动。必须先让布尔什维克的革命尝试爆发出来。在适当的时候，我们将要采取行动。"但是他们一直没有动静。这两个工人阶级的政党早就结了冤家。共产党直到不久前才改变与社会民主党为敌的政策。此前，它一直认为希特勒夺权并不可怕，反而会激发无产阶级革命，建立无产阶级专政；而认为"中间派"的社会民主党比起纳粹党对工人阶级的毒害更大。在希特勒纳粹势力崛起后，德国共产党和社会民主党并未建立一个强有力的"反法西斯统一战线"，甚至在对方召开大会时还相互打斗。分裂的状态使他们在希特勒粉墨登场的政治闹剧中无所作为。何况，希特勒一上台后，就取缔了共产

党的集会，封闭了共产党的报纸，社会民主党则由冲锋队的打手来对付，总之，希特勒预计的革命并未爆发。

"国会纵火案"就发生在这节骨眼上。

纳粹党"趁火打劫"

现在，希特勒可以振振有词地跑到总统那儿去要求改变社会的无序状态，再也不能任其他各种力量撒野了。案发的当天，希特勒召开内阁会议后，直奔总统官邸，请总统签署内务部制订的《保护人民和国家法》。在此之前，总统被勃鲁宁、巴本、施莱彻尔三届政府走马灯式的换届搞得很恼怒，希望早日结束政治上的混乱、动荡状态。尽管当初他对任命希特勒这个"啤酒馆政变"中的小丑为总理颇不以为然，说他顶多只能当个邮电部部长，但他现在并未阻拦新总理的应急举措，根据宪法第四十八条行使立法权的权力，批准了该法。第二天（2月28日），《保护人民和国家法》作为《总统紧急法令》颁布了。《法令》暂时停止执行宪法中保障个人和公民自由的七项条款。其主要内容是限制个人自由，限制表达意见的自由，包括出版自由；限制结社和集会自由；对邮件、

电报和电话进行检查；对搜查住宅发给许可证件；发出没收以及限制财产的命令。

除此之外，它还规定中央政府在必要时可接管德意志各邦的全部权力，以恢复那里的公共秩序。

《法令》废除了《魏玛宪法》中对基本人权的规定，希特勒现在能处在合法的地位随意抓人了。不久，约4000多名共产党干部和许多社会民主党及自由主义领袖遭到了逮捕，一些根据法律享有豁免权的议员也照抓不误。国会大厦守卫说2月27日最后离开大厦的是共产党国会党团领袖托格勒，为证明自己的清白，他主动到警察局说明情况，即被逮捕。几天后，德共领袖台尔曼也身陷囹圄。季米特洛夫就是在这种情况下被逮捕的。

在3月5日举行选举之前。整车的纳粹冲锋队员在城市街道上横冲直撞，往往未经许可便破门而入，把人带走。共产党的报纸和政治集会被取缔，其他自由党派的报纸也被勒令停刊。纳粹党人手头掌握了普鲁士政府的权力，大企业纷纷掏钱援助，电台也尽是纳粹的危言耸听和拉拢许诺之言，纳粹的卐字旗在电台的聒噪

声中淹没了大街小巷。

尽管如此，3月5日的选举，纳粹党并未大获全胜。他们得票数只占总数的44%，这表明仍有大多数人反对希特勒。在国会中，即使加上民族党的席位，也并未获得需要的三分之二多数。不过他们另有办法，81个共产党议席可以让它们空着，余下来的，戈林认为，可以用"不让一些社会民主党人入场"的办法轻而易举地解决掉。

第三帝国第一届国会于3月21日在波茨坦的忠烈祠举行。3月21日是俾斯麦主持第二帝国第一届国会召开的日子，而此次会议地址又是普鲁士主义的圣地，霍亨佐伦王朝历代君王都来此作过礼拜。腓特烈大帝的遗体在这里，兴登堡也来此朝过圣。希特勒用意很明显。煽起民族主义的热情，尤其是在众人怒斥的《凡尔赛条约》给德国人民带来的巨大民族创伤的情况下，这一点不会遭众人反对的。效果果然不错。希特勒甚至还煞费苦心地在兴登堡面前深深地鞠了一躬，这可真感动了这位老总统，尽管希特勒此时心里想着的是将这老朽的权力也夺过来。

纳粹控制的国会机器迅速转动起来了。3月23日，在旁听席上冲锋队员一片"交出全部权力"的叫嚷声中，希特勒如愿以偿地看到"授权法"——《消除人民和国家痛苦法》——通过。它规定，把立法权、批准与外国的缔约权、宪法修正权从国会手里拿过来移交内阁；甚至还规定，内阁制订的法律由总理起草，并且可以"不同于宪法"。就这样，希特勒果然实现了他在"啤酒馆政变"后拟定的用和平、"合法"手段夺权的计划。

从此，议会民主制度在德国已不复存在。国会尽管与第三帝国相始终，却只是仰元首鼻息的摆设，是元首声音的传声筒。同年8月，兴登堡死后，希特勒干脆就一身兼任数职，元首兼国家总理，同时又是武装部队总司令。德国从此朝着战争轨道迅跑。完全可以说，国会纵火案给他提供了消灭敌手的契机，难怪当初他接到报案时，大叫这是"天佑"呢。魔鬼撒旦总是要作恶的，多个行恶的借口只不过使他更肆无忌惮而已。

希特勒在德国上台

德国在第一次世界大战中失败，受到了战胜国的压制，丧失了大片的领土，还要付出沉重的赔款，在军事方面，还有苛刻的限制。这给德国法西斯主义的上台提供了借口。希特勒就是在这种情况下登上了德国统治者的宝座。

1889 年，阿道夫·希特勒出生于德奥边境奥地利一侧的布劳瑙镇，他的父亲曾是鞋匠和奥地利一个海关小官员。希特勒从小开始就喜欢美术，曾幻想当一名画家。由于各科成绩太差，他中学没有毕业退学了。18 岁时，他到维也纳报考美术学院，但因成

1933 年，德国东普鲁士举行隆重纪念仪式，纪念东普鲁士解放。

绩不理想而未被录取。

由于缺乏才能，希特勒靠从事各种最卑贱的工作来糊口，过了五年悲惨的生活。在这期间，希特勒曾经靠干各种各样的杂活和绘制拙劣的风景画片来维持生计。也就是在这段期间，希特勒开始仇恨马克思主义者和犹太人，仇恨德国的议会制政体，蔑视富裕的资产阶级及其糜烂的生活。

1913 年，希特勒流浪到了慕尼黑，并于次年加入了巴伐利亚团服役。在第一次世界大战中，希特勒在西线待了四年。在战争期间，希特勒作战十分勇敢，曾三次负伤并荣获令人羡慕的铁十字勋章，但除此之外没有表现出特别的才能，直到 1917 年由最初的传令兵升为下士。

德国在第一次世界大战中作

纳粹头目希特勒

为战败国，不得不接受了协约国提出的苛刻要求。这些要求包括放弃德国在世界上的殖民地，割让大量领土，不得保持军队，付出大量赔款等。虽然德国政府后来不得不签署了《凡尔赛和约》，但是德国人民对此却强烈反对。

充满狂热气氛的纳粹党集会

1919 年 1 月 5 日，慕尼黑铁路工人安东·特莱克斯勒创建了具有复仇主义和反犹太主义的组织"德意志工人党"。9 月，当时作为慕尼黑陆军政治部侦探的希特勒受命调查"德意志工人党"的一次集会。但是希特勒却在这次集会上发表了有关强大的德意志的言论。次日，该党给希特勒发出邀请信，要他加入该党。出于好奇心，希特勒参加了"德意志工人党"的一次会议，并成为其第 55 名党员和主席团的第 7 名

委员。1920 年，希特勒被任命为该党"宣传部长"。

1920 年 2 月，希特勒在一个啤酒馆组织了一次大规模集会。在会上，希特勒具体阐述了"德意志工人党"的党纲，即《25 点纲领》。在这个党纲中，希特勒宣称要建立一个"大德意志帝国"，主张建立一个强大的日耳曼中央集权国家；提出实现"社会主义"，让工人分享企业利润，取消

德国纳粹士兵在列队行进

地租等口号；要求废除《凡尔赛和约》；规定犹太人不能担任德国的任何官职等。应该说，希特勒把民族主义和欺骗广大工人的"社会主义"口号结合起来，期望能够实现他的政治梦想。

1920年4月1日，希特勒将"德国工人党"改名为"国家社会主义德国工人党"。由于该党的德文缩写音译为"纳粹"，因此简称"纳粹党"，并把《二十五点纲领》作为该党的正式纲领。1921年7月，希特勒迫使特莱克斯勒修改了党章，让他自己担任主席，宣布了"领袖原则"，从而当上纳粹党的"元首"。

1921年10月，希特勒正式组建纳粹党的军事冲锋队，他把退伍军人拉拢在自己身边，组织成身穿褐色衬衫的"冲锋队"，"冲锋队员"臂戴"C"标志。希特勒密谋着要发动一次夺权政变。

1923年11月8日，巴伐利亚长官卡尔应邀在慕尼黑一家名叫格勃劳凯勒的大啤酒馆讲述施政纲领。希特勒率领一群纳粹冲锋队员包围了该啤酒馆，把卡尔和另外两名巴伐利亚高级官员押到一间小屋里，要求他们和自己合作组成新政府。但是这3位官员死活不肯答应。这时，德国有名

的鲁登道夫将军也来到了这里，一起劝说。

巴伐利亚官员不得不答应了希特勒的要求，但是马上乘机逃走了。希特勒知晓后马上带领纳粹分子向市政府进发，但是遭到早有准备的政府军的镇压。几天后，希特勒被捕，并被判处5年徒刑。在法庭上，希特勒以他的口才，滔滔不绝地宣扬民族主义，并且宣称"我要做马克思主义的摧毁者"。当时，希特勒35岁。

在关押期间，希特勒在狱中写下了《我的奋斗》——一部夸张的长篇自传体回忆录。在书中，希特勒大肆宣扬日耳曼民族是主宰世界的优等民族，有权统治其他"低等"种族，而犹太人是最劣等的民族；此外，他还极力发泄了对共产主义的仇恨，叫嚣要对外扩张，以求得德国的生存空间；详细说明了战败的德国怎样才能成为"全人类的君主"。

他说："对于形成雅利安这种高等的文化，作为奴隶的其他低等民族要比家畜更加重要"、"世界史是作为征服者的少数民族的历史，而那个少数民族只有一个"、"尤其在第一次世界大战之后，德国人民今天已经破败无奈，国土被瓜分，民族被分裂，生存

空间被堵死，德国被全世界侮辱"。这些言论，使得希特勒在德国有了很大的听众，并且马上扬名德国。

除了完成这本著名的《我的奋斗》之外，希特勒还在狱中认真思考，领悟到不能单靠武力去夺取政权，而应该进入国会，和天主教议员和马克思主义议员打交道。因此，他决定要利用宪法给予的合法权利，争取国会的多数选票而当选政府首脑。

1924年12月20日，希特勒出狱，这时离他入狱才9个月。此时，希特勒被禁止在公开场合发表演讲，其党徒也从原先的5万人减少到了1.5万人。在1924年12月的选举中，纳粹党仅获得14个席位和908000张选票；在1928年5月的选举中，纳粹党获得的席位和票数则更少——12个席位和81万张选票，占总票数的2.6%。

1929年，资本主义经济大萧条开始。在世界经济危机的冲击下，德国工业开始直线下降，其生产资料和消费品的生产指数分别倒退到19世纪末和20世纪初的水平。1931年，德国四大银行之一的达姆斯达特国家银行宣布破产。此后，德累斯顿银行等金融

希特勒和其他纳粹头目在德国群众大会上

机构相继破产。在危机中，德国工人失业人数开始迅速增长，从危机爆发前1929年9月的130万猛升到1932年的800万，占全国工人总数的44%，此外还有27%的工人处于半失业状态。

在经济危机爆发时，当时的政府是一个中间偏左的联合政府，由社会党人赫尔曼·米勒总理领导。同其他国家的社会党内阁一样，米勒内阁也因如何解决大萧条造成的失业和其他问题方面的争论而逐渐遭到破坏。

由于经济政策的分歧，社会民主党人米勒不得不于1930年3月

这幅竞选海报吁请妇女投希特勒一票

辞去总理职务，天主教中央党右翼布吕宁上台组阁。布吕宁是中央党的一位冷酷、严厉但却聪明、正直的成员，他所博得的是尊敬而不是友谊。

经济危机导致工人运动高潮迭起，1932年的两个月内就爆发了900次罢工。垄断资产阶级感到布吕宁政府已经不能有所作为了，他们迫切希望建立法西斯独裁政权，对内镇压人民革命，对外夺取殖民地。

经济危机给纳粹党提供了重整旗鼓、夺取政权的机会。希特勒乘机派出自己的党徒们到中小城市和农村进行宣传，到处散发传单、发表演讲、张贴广告。希特勒本

人也租用了一架飞机，到各城市进行演讲。在上台之前，希特勒曾经3次周游德国，到达了60多个城市。此外，纳粹党还将希特勒和戈贝尔进行竞选演说的电影、唱片和希特勒的照片传播到德国的每一个角落。

在这些演讲和宣传中，希特勒保证在其上台后废除《凡尔赛和约》，取消军备限制，拒绝赔付战争赔款，收回战后失去的土地，并且向民众承诺将德国建成一个强大的国家。同时，他还向工人们保证，纳粹党将取消失业现象；向农民保证，将禁止拍卖土地。

处于绝望中的工人、农民、中小工商业者和学生被希特勒煽动性的言语所蒙蔽，同时也不满魏玛民主政府的软弱无能，积极支持纳粹党的选举。纳粹党徒从希特勒出狱时的1.5万人增加到了1929年的17万人，此后增加到1930年的38万人，1931年则超过了80万。1930年，德国进行国会选举，纳粹党获得了107个议席，从德国第9个小党派跃居为仅次于社会民主党的第二大党。

在拉拢中下层民众的同时，希特勒又积极和垄断资产阶级相勾结，同时获得他们的大量资金支持。1931年8月，希特勒在垄

断资本家的一个别墅向资本家发表演说，其后，希特勒在全国各地游说资本家。次年1月，希特勒在杜塞尔多夫工业家俱乐部向聚会的300名垄断资本家发表演说，向其保证决不触犯私有财产，同时鼓吹日耳曼民族的优越性，攻击马克思主义思想，主张建立军事独裁统治，扩军备战。

布吕宁政府在执政期间，并没有得到国会的支持。因此，他经常利用魏玛宪法第48条所赋予的权利，依靠颁布"紧急条例"来管理国家。这种"紧急条例"在1930年颁发了5次，到1932年的时候就达到了66次。

1932年春天，德国总统兴登堡任期届满。在3月举行的新任总统选举中，兴登堡作为总统候选人参加了竞选。最后，兴登堡再次以多数票当选。

在希特勒的策动下，兴登堡

在布尔诺，一名德国士兵在重新命名的希特勒广场上张贴告示。

逼迫布吕宁递交了辞呈。希特勒以取消先前颁布的对纳粹党冲锋队的禁令和再次举行国会选举为先决条件，答应总统兴登堡自主人选组阁。

6月，兴登堡任命冯·巴布取代布吕宁上台组阁。由于得到德国年轻人、学生、一部分工人和垄断资本家的支持，希特勒在1932年7月的德国选举中获得了1300万选票，纳粹党获得了230个议会席位，成为德国第一大政党。

希特勒这时成为全国第一大政党的首脑。11月，垄断资本家赫特、凯普勒与党卫军头目希姆

希特勒走上纳粹德国的最高统治宝座

莱一起向兴登堡总统请愿，要求任命希特勒为总理。在希特勒和兴登堡总统的谈判中，兴登堡要求希特勒在巴布手下担任副总理，希特勒表示拒绝。当兴登堡问希特勒到底想干什么时，希特勒说希望"得到与墨索里尼在进军罗马后所行使的同样的权力"。兴登堡拒绝了这个要求。

但是兴登堡也知道巴布政府也同样得不到国会的绝大多数支持。于是，兴登堡解除了巴布的总理职务。由于国防军将领施莱彻尔向兴登堡保证能得到国会绝大多数的支持，兴登堡于12月1日任命施莱彻尔担任新任总理。

施莱彻尔上台后，采取了一些代表下层人民利益的措施，例如废除了巴布政府发布的有关降低工人工资和救济金的政策，答应降低有些生活必需品的价格等。垄断资本家和容克地主对施莱彻尔的政策深感不安，兴登堡也对这些政策非常不满。因此，施莱彻尔还是没有得到国会的支持。

希特勒和巴布一起组成联盟，反对施莱彻尔政府。1933年1月4日，巴布和希特勒在科隆举行秘密会谈，商定以"希特勒——巴布"内阁取代施莱彻尔内阁，希特勒为总理，巴布为副总理。同时，这个内阁还吸收其他各派政治力量的代表入阁，纳粹党人在内阁中只能占少数职位，不得担任外交、国防、经济等部门的部长之职。

1月23日，施莱彻尔会见兴登堡，承认自己也不能得到国会支持，希望总统支持他按照宪法第48条的规定发布"紧急条例"，要求解散国会。在这一要求遭到兴登堡拒绝之后，施莱彻尔提出辞呈。

1月30日，兴登堡正式任命希特勒为德国总理，巴布为德国副总理。纳粹正式在德国获得了政权。

此后，希特勒加紧在德国建

1927年，纽伦堡的一次集会上，希特勒和他新招募的冲锋队一起游行。

世界通史

最新整理图文珍藏版

1933 年，在斯图加特的一次集会上，希特勒的得力干将戈培尔（右一）向游行的人们敬礼。

立法西斯专政。1933 年 2 月 1 日，兴登堡宣布解散国会，并宣布在 3 月再次进行国会选举。2 月 27 日，纳粹分子在戈林的策划下制造了"国会纵火案"，然后将之嫁祸给共产党。此后，纳粹党徒带领警察查封了共产党的机关，大肆逮捕共产党人和民主人士。28 日，希特勒政府发布"保卫人民和国

任军队最高统帅的希特勒执掌海陆空三军指挥权。从此，纳粹德国开始兴起。

家令"，取消魏玛宪法中有关新闻自由、人身自由、言论自由和通信自由的条款。

3 月 5 日，继前所未有的宣传和恐怖主义之后，德国新国会选举开始。但是纳粹党人仍然只占总票数的 44%。当议员们聚会时，希特勒宣布共产党人的席位无效，然后，与天主教中央党做成一笔交易，由后者给予他足够的票数。

3 月 23 日，国会在纳粹党的控制下通过了《授权法》，给了希特勒长达四年的以法令进行统治的权力。到 1933 年夏时，纳粹党实际上已经控制了德国的工会、学校、教会、政党、交流媒介、司法系统和联邦各州。此后，德国建立了法西斯专政政权。

1934 年 8 月 2 日，兴登堡年老去世。此后，希特勒把总统和总理的职权合为一体。9 月，纳粹党代表大会在纽伦堡召开，希特勒宣布："德国今后 1000 年的生活方式已被清楚地确定。"

法西斯主义在德国抬头。希特勒上台之后，加紧扩军备战，两年时间，德国的军队就超过了 50 万，完全违反了《凡尔赛和约》。此后，德国取消了一切民主，推翻了魏玛共和国，在德国建立了法西斯专政统治，没有一

种道德规范受到尊重，柏林成为世界罪恶渊薮。这直接导致了德国成为第二次世界大战的主要策源地之一。

日本"二二六事件"

概况

明治维新，使日本迅速走上了资本主义经济的发展道路。但是由于明治维新并没有完全彻底地废除封建主义，因此封建残余在日本演变成封建军国主义，强烈要求日本政府扩大军备，通过战争向外扩张。

法西斯主义在日本早就存在。第一次世界大战刚刚结束，日本法西斯分子大川周明就组建了第一个法西斯组织"龙存社"，此后日本出现了大量的法西斯团体，例如"黑龙会"、"大日本国粹

1923年9月1日，日本发生了强烈毁灭性地震，东京被夷为废墟。

1942年2月19日，日军袭击爪哇一机场，停留机场的B-17式飞机被全部炸毁。

党"等。

1929年的资本主义经济危机，迅速席卷了日本。由于日本是个岛国，资源贫乏，因此对外贸易对它来讲显得尤为重要。由于这次经济大萧条是世界性的，其他资本主义国家也都受到了影响，因此日本的出口受到了很大影响，经济下降非常快。1930年，日本的进出口数量分别比1929年下降了30%和32%，次年再次下降了57%和53%。

从1929年到1931年，日本的工业总产值下降了32.9%，有些工业部门的开工率只有原来的1/2。虽然日本在1929年出现过农业丰收，但是由于世界米市场的价格下跌，导致农业总收入大幅

度下降，部分农作物的价格甚至抵偿不了运输费用。

为了降低经济危机给日本带来的负面影响，日本政府通过法律的形式规定：加强工人的劳动强度，同时降低工人的工资，加紧对外侵略扩张。而广大工人和农民由于生活条件日益下降，也起来反抗政府。1931年，日本共

日本黑龙会创建于1878年，该会是以日本民间组织出现的以极右政治势力为后台的法西斯民族主义政治团体，在日本侵华战争中起了急先锋的作用。图为黑龙会头目。

发生了2415次罢工，同时发生了农民要求减租的斗争3400多起，打破了历史纪录。同时，工会和农会的力量在不断加强。

经济危机的出现，促使日本更多人倾向于法西斯主义。1930年，日本先后成立了"樱会"、"神武会"、"爱国社"和"国家社会党"等右翼法西斯团体。和意大利、德国的法西斯团体不同，这些民间法西斯团体封建性非常强，奉行家族主义和自我个人主义，团体数目最多时曾达到了501个，团体之间的关系松散，而且没有共同纲领。因此，这些团体在日本法西斯化过程中并没有起到很大的作用。

真正对日本的法西斯化起到作用的是日本军部。军部是一个独立于政党政治之外的特殊政治团体。军队中的年轻军官非常不满当时日本政党的腐败统治，对议会和民主政治感到厌倦和非常惊恐。趁着经济危机，法西斯分子提出"打倒财阀和政党"、"重点解决满蒙问题"等口号，鼓吹向国外转嫁经济危机。他们积极要求对日本进行"国家改造"，取消议会制，实行军事独裁统治，进行扩军备战以达到对外侵略的目的。

所以，军部是日本法西斯化的主要决策者和推动者。他们的目标是在天皇的名义下建立法西斯独裁政权，实行对外侵略扩张。为了达到这一目的，军部法西斯分子制造了一连串暗杀、政变等恐怖事件。日本一步步走上了对

内独裁、对外扩张的道路。

从20世纪20年代开始，在民间法西斯分子大川周明等人的影响下，军部内部形成了两个对立的派别，他们分别是"皇道派"和"统制派"。"皇道派"的代表人物包括荒木贞夫和真崎甚三郎等，以陆军中下层军官为主。这个派别形成于荒木贞夫出任陆军大臣之后，由于他们经常口称"皇道"和"皇威"而得名。"统制派"的代表人物包括永田铁山、东条英机等。这个派别以陆军中下级官员为骨干，主要是参谋本部和陆军省的一批上层军官和关东军的一些将领。

在推行法西斯统治、建立法西斯独裁、向外进行军事扩张方面，"统制派"和"皇道派"是没有任何分歧的。但是在某些手段的使用上，这两个派别就存在一定的分歧了。"皇道派"主张通过暗杀、政变等手段进行法西斯化，他们还主张取消朝廷的重臣和元老，实现"一君和万民直接相结合"。"统制派"和老财阀、旧有官僚关系紧密，认为军部的势力已经非常强大，因此不需要使用暴力去改变现状，强调在维护现有天皇统治的前提下，通过合法手段建立法西斯独裁统治。

中国成了法西斯分子对外扩张的首选目标。日俄战争后，东北三省成了日本的势力范围，但是日本还没有拥有对东北三省的主权。中国发生辛亥革命后，以军阀张作霖为首的奉系占据着东

世界通史

最新整理图文珍藏版

1921年年仅20岁的裕仁天皇

1941年日军在各岛进行"蛙跳"式攻击行动

日本空军在侵略战争中空投伞兵

北，而且势力日益强大。鉴于奉系军阀成为日本占领东三省的障碍，日本想方设法炸死了张作霖。

张作霖死后，他的儿子并没有像日本人想象的那样将东北交给他们，而是宣布"东北易帜"，投靠南京蒋介石。同时，张学良计划引入资金和技术，修筑西满铁路，和日本人控制的南满铁路竞争。日本人对此咬牙切齿，准备采取一切措施尽快夺取东北。

参谋部和陆军省制定了攻占东北的计划。1931年9月18日，日本关东军按照计划炸毁了沈阳北部的柳条湖段铁路轨道，然后说是中国军队故意破坏。在此借口下，关东军向沈阳发动突然袭击。由于蒋介石政府采取"不抵抗"政策，关东军在三个月之内就占领了东北全境。1932年3月1日，日本在东北建立了以末代皇帝溥仪为首的"满洲国"，实行傀儡式统治。

在中国政府的多次要求下，国联理事会通过决议，要求派调查团到中国东北调查中日问题。1932年1月，由英、法、美等五

2217

1941年的马尼拉城

国代表组成的调查团开始着手调查"九·一八事变"，以英国代表李顿为团长。经过八个月的调查，这个代表团出具了调查报告，即"李顿报告"。报告声称，中国抵制日货运动是导致这场冲突的重要原因，同时也不承认满洲国的合法性。

日本军国主义者在看到国联的报告后非常不满。因此，虽然国联在1933年通过了这一报告，日本还是拒不接受。1933年3月27日，日本宣布退出国联。

"九·一八事变"之后，法西斯分子在日本的地位得到了很大的提升，同时也鼓舞他们夺取国家政权的野心。1931年10月18日，"统制派"准备发动武装政变以建立军人政权，但是由于军部首脑开始对此次暴动举棋不定，导致阴谋破产，主谋分子被捕。

1931年冬和1932年春天，是日本农村最为贫困的时候。与此同时，由于日本财阀看到英国等先后废除了金本位制而担心日本也会发生类似事情，而发生了财阀抢购美元的事件，群众对此非常愤慨。著名法西斯团体"血盟团"的海军军官决定在此时采取行动，暗杀财阀。从1932年2月开始，前藏相井上准之助、三井

以及日本财界首脑团琢磨等先后被暗杀。但是凶手也很快被捕，"血盟团"的阴谋败露。

1932年5月15日，在"血盟团"的领导下，"皇道派"再次发动武装暴乱。这次暴动的参与者包括海军军官、一些陆军士官和"血盟团"的成员。在这次行动中，法西斯分子分头袭击了三菱银行、警视厅、首相官邸等处，暗杀了首相犬养毅。在《告国民书》中，法西斯分子提出了"打倒政党和财阀"的口号，要求实行"昭和维新"。

由于参加暴动的人随后就向日本宪兵队自首，暴乱当晚就被平定了。但是军部上层军官却利用这次政变向政府施加压力。事后，陆军发表声明，反对继续通过议会进行组阁，要求在日本建立"举国一致"的内阁。日本政府最后接受了这一要求。5月26日，海军大将斋藤实组织了包括军部、官僚和政党代表在内的"举国一致内阁"。在这个内阁中，政党成员只占少量次要职务，军部的势力占了多数。至此，日本历史上短暂的政党政治正式结束。

"五一五事变"发生后，以陆军省军务局局长永田少将为首的统制派核心人物在处理皇道派军

官残余政变的事情上，极力打压皇道派，引起皇道派军官的不满。此后，皇道派和统制派的矛盾日益尖锐，经常排斥异己。

在荒木贞夫卸任陆军大臣之后，军部大权落到了统制派手中。1935年，属于统制派的陆军大臣林铣十郎罢免了皇道派真崎甚三郎的总监职务。皇道派对此十分不满，认为是统制派核心人物永田所策划，因此伺机报复。不久，皇道派军官相泽三郎闯进永田的办公室劈死了永田。

双方的矛盾此时已经到了不可调和的地步。为了进一步打击皇道派，新上任的陆军大臣、统制派代表人物之一的川岛义之下令将以皇道派军官为主的东京第一师团调往满洲。这引起皇道派军官的强烈不满。于是，皇道派决定在东京第一师团调往中国东北之前发动武装政变，夺取以统制派为主的陆军省，建立由皇道派控制的军事独裁政府。

1936年2月26日凌晨，皇道派军官率领1400名士兵发动了政变。政变官兵占领了首相官邸、陆军大臣官邸、陆军省、警视厅、藏相府等地方，杀害了藏相高桥、教育总监渡边锭太郎、首相冈田的妹夫等人。

其实，在皇道派政变之前，就有一名少佐告了密，陆军省知道了这件事情。同时，第一师团的一个小分队竟然集体跑到东京警视厅的门前去撒尿。但是陆军省没有予以足够的重视，只是采取了几项很一般的措施，例如监视嫌疑分子、给政府要员加派应付紧急情况的保镖、用钢筋和铁条加固首相官邸和其他重要机构，在重要办公大楼里面安装直通警视厅的报警器等。

2月26日上午，政变官兵占领了东京市内一平方英里的地方。他们利用山王旅馆作为临时指挥部，在此发表他们的"宣言"。"宣言"声称，政变的目的，是要"清君侧，粉碎重臣集团"，认为"元老、重臣、军阀、财阀、官僚、政党均为破坏团体的元凶"。此外，政变者还提出惩办统制派，任用皇道派军官，充实国防以扩

1941年在日军空袭下的马尼拉海军基地浓烟滚滚

大军备等要求。

由于海军担心军事政变会导致陆军独裁，天皇、财阀和一些官僚也反对皇道派的这次行动，使得政变者非常孤立。在天皇的支持下，首相冈田马上采取措施，于 29 日召集 24000 名政府士兵包围了政变者，不费一枪一弹镇压了政变。

"二二六事变"之后，统制派在军部占了绝对优势，荒木贞夫、真崎甚三郎等皇道派军官被迫退出现役，参与政变的一些下级军官被处死。从此，皇道派一蹶不振直到销声匿迹，以东条英机为首的统制派完全掌握了陆军的主导权。

随后，冈田内阁垮台，原外交大臣广田弘毅上台组阁，内阁官员全部都是能够听命于军部、忠实执行国家法西斯化和对外侵略的人。不久，广田弘毅恢复了军部大臣的现役武官制，使军人控制政府合法化，并废除了议会多数的政党内阁制，取消议会对内阁的监督权，修改选举法等。

此外，广田内阁还接受了陆海军提出的扩大军队预算的要求，军费支出在国家预算中占了 46.6%，而当时保证"国民生活安定费"才占 1.6%。到 1937 年初，日本陆军常备军已经达到了 45 万人，并且大搞军事演习，准备全面的侵华战争。

通过"二二六事件"，日本建立了军事法西斯独裁统治体制，为后来大规模的军事扩张道路奠定了基础，第二次世界大战的亚洲战争策源地在日本最终形成。不久，日军就侵占了中国热河省。1937 年 7 月 7 日，日军发动"卢沟桥事变"，发动了全面侵华战争。此后，日本对亚洲各国犯下了滔天罪行，特别是中国。中国人民此后经历了八年的抗日战争时期，中国经济遭受彻底破坏，人民生活处于水深火热之中。因此，"二二六事件"是日本走向军事侵略扩张、开始法西斯战争道路的开始。

事件始末

二·二六事件，是由日本法西斯军人、皇道派军官发动的一次武装叛乱，它的发生有着深刻的历史背景。

30 年代初，在世界经济危机的冲击下，日本陷入严重的经济危机。工业生产降低 30% ~ 70%，几十万工人失业。加上农村失业者，失业人数高达 300 万人以上。受经济危机影响最深的是农村，全国农民负债累累，总额从 1929

年的 40 亿日元，剧增到 1931 年的 60 亿日元。农民的困难成了严重的社会问题，出现了要求救济农村的请愿运动。

严重的经济危机，加深了政治危机，它不仅使国内阶级矛盾逐步尖锐化，而且激化了日本同朝鲜和中国台湾的民族矛盾。面对如此严重的局势，日本统治阶级力图以扩大军阀势力，对内加强剥削和镇压，对外加速发动侵略战争的步伐，来寻求出路。

1931 年九·一八事变后，日本并没有摆脱危机，相反危机更加深刻了，统治集团建立法西斯专政的步伐更加快了。早在 1930 年 10 月，参谋本部和关东军中的少壮派军官就曾谋划政变未遂。1931 年 3 月，大川周明及桥本欣五郎等"樱会"分子打算举行政变，推倒政党内阁，拥戴陆相宇垣一成组织军部独裁政权，结果因宇垣"中途变心"而流产。10 月，大川周明再度会同桥本等樱会分子及西田税等人筹备发动"十月事件"。面对当时的紧迫局势，政友会总裁、内阁首相犬养毅表示要坚持政党政治，甚而抨击军部的法西斯活动，但并不能阻止事态的发展。1932 年 5 月 15 日，海军军官和陆军士官学校中

东条英机

的一伙人，抱着所谓"对政党及其财阀伙伴予以袭击，促进国家改造的气氛"的目的，闯进了首相官邸，杀死犬养毅，发动了五·一五事件。相继发生的三月事件、十月事件和五·一五事件，都是法西斯右翼军人所为。这几次事件，对日本政治产生了很大冲击。它们反映出政党势力的腐败无力，表明了法西斯势力正在猖獗。五·一五事件后，军部借口"时局非常"，拒绝政党继续组阁，恢复由元老出面商得军部首脑同意，提出组阁人选，由天皇任命组阁。自此，护宪三派内阁以来持续的"政党内阁时代"（1924～1932）结束，军部对政治的影响力迅速加强，它意味着军事法西斯体制正在形成。到 1933

年，日本已有数百个法西斯团体，其中较大的就有80多个。1934年7月，以海军大将斋藤实为首相的内阁辞职，另一个海军大将冈田启介继任首相。其内阁中虽有政党出身的大臣参加，但不过是在军部控制下，装潢"举国一致"内阁的门面而已。

随着国际战争危机的加深，特别是侵略中国华北的步步得逞，日本法西斯势力的气焰更加嚣张。为扩大对外侵略，国内加紧强化战争体制。当时盛行的"非常时期"的论调，就是为了进一步实行高压政策，以便把人民驱赶到战场上去。1934年10月，陆军省发表了一本题为《国防的根本意义和提倡强化国防》的小册子，其基本内容是阐述国防的概念、国防力的构成以及把物质和精神力量集中于国防的必要性。它叫嚣："战争是创造之父，文化之母"，鼓吹法西斯独裁政治，认为日本"必须芟除无视国家的国际主义"，动员建立国防国家的总体战体制，表明了加强军部法西斯独裁的倾向。

在如何建立军部法西斯独裁的问题上，日本法西斯军人内部分成两大派，即皇道派和统制派。两大派系之间的抗争，到三十年代中期激化起来。双方都要建立军部法西斯独裁统治，但皇道派以"新兴财阀"为靠山，强调以天皇为中心的绝对精神主义，认为对政党、重臣的势力必须给予坚决的打击。他们主张用政变、暴力以至暗杀等恐怖手段，来实现这一目标。这一派以荒木贞夫、真崎甚三郎等为中心，在军队青年军官中颇有影响，其成员主要是少壮军人。与之对立的统制派，同旧财阀合作，以树立国家"总体战体制"为其特点。他们主张用合法手段，在陆军中央机关将校的统制下，注意策略，实行"断然改革"。他们强调加强现有国家机关，使天皇制法西斯化。《国防的根本意义和提倡强化国防》小册子，就集中代表统制派的政治军事观点。这一派以永田铁山和东条英机等人为中心。皇道派攻击统制派是财阀的走狗，应予打倒；统制派企图镇压皇道派，加强以它为核心的军队的统一。两派的对立，由于人事上的钩心斗角而变得更加激烈。

1934年11月，皇道派军官策划军事政变未遂。虽因证据不足未予起诉，但第二年，参与策划政变的村中孝次、矶部浅一等仍以乱发怪文之罪被免职。这在皇道派少壮军官中种下了仇恨的种子。皇道派认为这是统制派捏造出来的。1935年7月，荒木贞夫辞去陆相职务，代表统制派的新任陆相林铣十郎，又罢免了在皇道派军官中享有很高威望的真崎甚三郎的陆军教育总监的职务，由渡边锭太郎接任。皇道派认为，这是陆军省军务局局长永田铁山策划的，便散发了攻击永田铁山的秘密文件，使两派的对立更加激化。1935年8月12日，皇道派军官相泽三郎中佐闯入军务局局长办公室，杀死了统制派的核心人物永田铁山少将。这一事件标志着两派的对立已达到顶点。皇道派军官策划把公审相泽三郎的军法会议改变为攻击统制派的舞台。

正当两派斗争白热化的时候，1936年1月，日俄战争后常驻东京的第一师团接到秘密派往中国东北的命令。这个师团是皇道派军官的巢窟。他们认为，正当审判相泽三郎之际，调走该师团，是调虎离山。当时国内形势对法西斯军人集团也极为不利。1936年2月，在冈田内阁之下举行了大选，这次大选中所有的法西斯组织都遭到惨败，它们总共得到26万张选票，在议会中只占有五

个议席。而社会大众党，由于提出了反战、反法西斯的口号，获得52万张选票，在议会中占有18个议席。民政党也由于提出了"反对法西斯主义，建立立宪政体"的口号，而增强了自己的地位。在日本政界影响很大的政友会，由于提出了法西斯口号，一下子失掉了150万张选票。昭和会和国民同盟等右派组织也都遭到失败。大选表明：法西斯军人冒险政策遭到广大群众和社会各阶层越来越强烈的反对。面对如此严重的形势，加上相泽三郎事件的刺激和派往"满洲"的行期将近，皇道派军官决定立即起事，建立以真崎甚三郎为首的法西斯独裁政权。

1936年2月26日拂晓，皇道派军官，以"昭和维新"的目标，发动武装叛乱。晨5时，村中孝次、野中四郎、矶部浅一、安藤辉三大尉和栗原安秀中尉等，率领东京驻军步兵第一师团第一联队、第三联队、近卫师团第三联队和野战重炮兵第三联队的1473名官兵，分几路袭击东京市内的首相官邸、内大臣私邸、教育总监私邸、侍从长官邸、大藏（财政）相私邸、警视厅、朝日新闻社以及在汤河原的前内大臣牧野

伸显所住的旅馆等。冈田启介首相侥幸从官邸逃出。他的妹夫、私人秘书松尾传藏大佐等被杀。内大臣斋藤实、教育总监渡边锭太郎、大藏相高桥是清等均当场被害。天皇的侍从长铃木贯太郎也身负重伤，第一步袭击成功后，叛乱部队迅速占据包括首相官邸和国会议事堂在内的东京政治活动中心——麴町区水田町一带，切断以永田町为中心的麴町区西南部的交通。叛乱者拟就了《奋起趣意书》，包围了《朝日新闻》社等各报社，阻止报纸的正常发行，要各报社发表他们的《奋起趣意书》，并对陆军上层开展政治攻势。

26日晨6时许，叛乱部队的代表会见陆相川岛义之，向他宣读了《奋起趣意书》。该文件阐述了叛乱者对形势的看法、起事的原因以及要达到的目的。其核心是"诛戮破坏国体之不义逆臣、铲除遮蔽皇威、阻止维新之奸贼"，说他们的行动"体现了国体之真姿"，等等。叛乱者要陆相"迅速奏闻陛下，仰待圣上之裁断"。与此同时，还要陆相对统制派以至反皇道派的将军、幕僚们予以"保护性"的拘留，等等。当时任军事参议官的真崎甚三郎

和荒木贞夫大将，都站在叛乱者一边，称颂叛乱部队为"维新部队"，统率第一师团和近卫师团的东京警备司令官香椎浩平，对叛乱者也深表同情。

在真崎甚三郎，荒木贞夫等起草的文件基础上，陆军统帅部于26日午后3时30分，公布了含有五项条款的《陆军大臣告示》，承认叛乱者的行动。《告示》宣称："一、关于起事的宗旨将上奏天皇"；"二、承认各位行动之真意，基于显现国体之深情"。并宣布："五、上述之各项静待圣上之意决"。

此时，日本内阁处于一片混乱状态。后藤新平内相被任命为临时代理首相，因为传说冈田启介首相已在叛乱中被杀。27日晨3时，根据紧急敕令，东京地区宣布实行戒严。叛乱部队在东京警备司令官香椎浩平的指挥下，成为麴町地区的"警备队"，叛乱者所占领的地区成为他们的守备区。

陆军军官的叛乱，极大地震动了日本统治集团。陆军统帅部虽然最初有过动摇，甚至发表了《陆军大臣告示》那样的文件，但很快做出了对叛乱部队进行讨伐的决定。这是多种因素促成的。

首先，具有"绝对尊严"的

天皇，因部队叛乱和亲信近臣被杀，感到十分震惊和愤怒。他曾言道："将朕最信赖之老臣，悉数杀害，如同把绞索套在朕的颈上一样"。故而从一开始就主张坚决镇压。事件发生后，天皇每隔二、三十分钟就召见一次侍从武官本庄繁，要他督促尽快平息叛乱。27日，当天皇知道对叛乱部队尚未采取行动时，愤怒地对本庄繁说："朕将亲率近卫师团，平息叛乱"。这当然要对军队首脑产生影响。

其次，作为日本军队重要组成部分的海军，从一开始就对叛乱部队极为仇视。这不仅因为几个被杀或被袭击的大臣如斋藤实、铃木贯太郎、冈田启介等都是海军大将，更主要的是，他们担心叛乱成功，军政权建立，会导致陆军的独裁。所以他们在军令部总长伏见宫博恭王的主持下，断然采取坚决镇压方针，把正在九州训练的联合舰队开进东京湾和大阪湾，并从横须贺调来海军陆战队为海军省警卫，以此牵制陆军。

政界和财界都反对叛乱，并通过宫廷集团提出了严厉镇压的意见。广大国民也反对这次事件，他们通过这次事件更加感到法西斯和战争的威胁，从而增加了对陆军的反感。

陆军内部意见并不一致。陆军参谋本部次长杉山元和作战课长石原莞尔大佐以及武藤章大佐等军内主流派，坚决主张对叛乱部队实行讨伐。他们掌握着戒严司令部的实权。由于以他们为首的陆军省幕僚层，主要是属于统制派和倾向于统制派的势力，因而对真崎甚三郎等人一贯抱有反感。这些人迅速地集结在一起，实行坚决镇压的方针。上述这些错综复杂的因素，促使陆军省首脑部门迅速地采取了讨伐方针。

从叛乱者来说，其致命之弱点在于，叛乱发动后没有任何明确的行动方针。27日午前9时许，杉山元进宫，接到天皇的敕令。敕令要求"戒严司令官务必占领三宅坂附近，迫使军官以下人等迅速撤离，回归各所属师团管辖之下"。天皇敕令一下，叛乱军官们立刻陷于混乱状态。"归顺"还是"抵抗"？举棋难定。而天皇则再三要求本庄繁严厉下达平息叛乱的命令，不准违抗。

叛乱军官们经过一段摇摆后，决定抵抗。这期间，同情政变的香椎浩平司令官曾向参谋本部提出，如果能得到天皇"昭和维新"

的"圣旨"，就可以使事件和平解决，遭到杉山元的坚决反对。青年军官方面，说是要抵抗，甚至要以"剖腹自刃"向天皇"谢罪"，实际已开始撤退。叛乱部队的这种行动，使香椎浩平极为愤怒，于是决心以武力伐之。

28日下午5时30分，戒严司令官香椎浩平向第一师团和近卫师团下达了如下命令："叛乱部队终于不服圣上之命，故坚决采取武力，以恢复治安"。为执行此项命令，调集仙台的第二师团和宇都宫的第十五师团来东京。29日晨，戒严司令部出动大约2.4万多官兵，包围了武装叛乱部队的驻地。在战斗的态势下，从飞机、战车和"无线电"广播里，发出了《告下级官兵书》，要求叛乱部队立刻放下武器投降，并警告说："凡抵抗者全部视为逆贼，格杀勿论"。本来就不理解这次起事意图、也没有战意的士兵们，在天皇敕令的"召唤"下，很快就"归顺"了。29日下午2时，领导这次武装叛乱的军官们，聚集在陆相官邸。结果，除野中四郎大尉自杀外，其他均被逮捕。这样，经历了四天的武装叛乱，未经任何抵抗就被镇压下去了。他们的法西斯主义的理论指导者、参与策划并进行指挥的北一辉和西田税，也相继被捕。

二·二六武装叛乱失败后，皇道派军官们，曾期待法庭公开进行审判，以便把法庭变成攻击统制派和宣传法西斯主义的讲坛。但是，由统制派控制的陆军首脑部，却策划借机打击皇道派势力，为避开非难，根据天皇的紧急敕令，由非公开的特设军法会议对叛乱的头头们实行强行审判，且实行一审制，不设辩护人。审判从4月28日开始，进行到7月5日才结束。17名武装叛乱的"首犯"被处死刑，北一辉和西田税以"思想主谋"的罪名处死。杀死永田铁山的相泽三郎也同时被处死。另有70名"少壮军人"被判处不同期限的徒刑，很多军人被调充后备役，或被派往边远地区。久原财阀头面人物久原房之助，也曾因与此案有牵连而被"检举"，结果无罪释放。这次事件后，皇道派亦随之瓦解。

二·二六事件的发动者、皇道派军官，是一些狂热的天皇主义分子。当时，在国情恶化、内外交困的形势下，特别是自日本帝国主义发动"九·一八"事变侵占中国东北后，不断扩大侵略，从1935年又以种种借口侵入华北，制造傀儡政权，引起中国人民更加激烈的反抗，到处受到沉重的打击，仅侵占中国东北的日军关东军的死亡人数，到1935年就达到54700多人，连日本统治者都不得不承认："满洲非日'满'提携之国，乃日'满'斗争之国"。由于侵略活动的升级，军费和扶持傀儡集团的费用则不断增加，这导致国内经济状况开始恶化，对国内各方面产生了深刻的影响，致使二·二六事件前，反军反法西斯的情绪不仅在国民中间已相当强烈，就是在政界公开批判军方言行者亦不乏其人。在这种形势下，加之军方内部矛盾的公开化和白热化，他们就产生了一种天皇制军队"势将崩溃"的危机感，认为日本八纮一宇之"国体"已遭破坏，"维新"已被阻止，而"元老重臣军阀官僚政党"则是"破坏国体的元凶"，势应诛灭。这些人也反对垄断，但他们的目的是要使垄断资本和国家结成一体，由绝对主义天皇制机构的核心——军部独揽大权，即由皇道派军人来建立军部的法西斯统治，断然进行"昭和维新"，以打破日本所处的"内外重大危机"的严重局面。叛乱者的目的就在于此。

二·二六事件是日本法西斯化的开始，是日本军部法西斯力量的重新组合和调整，是它逐步上台执政的起点。二·二六事件虽然以失败而告终，但皇道派军官们所要求的，由军部掌握国家大权的天皇制法西斯专政政权，却由统制派法西斯军阀建立起来了。

广田法西斯独裁内阁

二·二六事件后，军部最初曾企图最大限度地利用政变的结果，来成立一个军事独裁内阁。由于种种因素使其未能得逞。但表现在政变上面军部的压力已非常明显，各政党，不待说对于继任内阁人选问题已完全丧失了发言权，元老、重臣和宫廷势力也不得不在考虑军部意图的前提下进行决定继任内阁人选的工作。也就是说，作为继任首相的首要条件，必须是军部所同意的人物。广田弘毅正是在这种形势下，经过军部同意被推出组阁的。军部对组阁进行了露骨的干涉，在它的控制下，寺内寿一大将被任命为陆相。广田内阁一开始就接受了军部提出的"庶政一新"和"广义国防"的要求，开始推行准战时体制。

1936年3月17日，广田内阁

发表政纲，提出了所谓"全面革新政治"的任务。这是以军部提出的加强国防、明征国体、安定国民生活（农村政策）和刷新外交四条大纲为中心的。其实质是要建立用天皇权威来统制一切，以军部为轴心，大力加强军事和国防的准战时体制，为在亚洲的侵略扩张铺平道路。至于陆军提出的充实军备、调整税制、加强国防、明征国体、统制经济机构、振兴民间航空事业、加强情报宣传等项"改革"要求，广田内阁也——予以接受，从而开辟了军部操纵政府干预政治的道路。

广田内阁成立后，陆军内部，特别是陆军的中央层进行了"整肃"。这当然是取得军部的同意、按军部意图进行的。在"整肃"的名义下，统制派排斥和打击皇道派，迫使皇道派的上层支柱、军事参议官真崎甚三郎和荒木贞夫大将等7人引退，一扫皇道派掌握军部高级领导权的形势。对军队实行整肃，本来是二·二六事件后最重要的政治问题。但这种以打击皇道派势力为目的的"整肃"，与当时日本广大民众在二·二六事件后，为杜绝军队干预政治和阻止日本法西斯势力发展而实行肃军的要求，有本质的

不同。实践证明，经过广田内阁"整肃"后的军部，对日本政治的支配力非但没有减弱，反而更加强了。

军队内部清算派系后，寺内寿一陆相以及杉山元、梅津美治郎等为首的新统制派，作为主流派掌握了军部的实权。这一班人趁势要求实现国家全面法西斯化，并且毫不隐讳地要挟政府："政治主导权如不让给军部，就会发生第二、第三个'二·二六'事件"。

通过肃军，军部和广田内阁完全成为一体，推动了广田内阁走向战争和法西斯化的道路，这突出地表现为军部大臣现役武官制的恢复。陆海军大臣现役武官制从明治时期以来就是军阀干预政治的最有力的武器。经过大正初期开始的第一次护宪运动的斗争，于1913年（大正二年）把它废除了，其目的就是力图使内阁摆脱军部的控制。现在，在军部的强烈要求和高压下，广田内阁于5月18日决定修改陆、海军两省的官制，即恢复被一度废除了的军部大臣现役武官制：任命现役的大、中将担任陆、海军大臣，中、少将担任次官，以保障军部特权。从此，法西斯军阀便可以

通过陆、海军大臣左右内阁，从而掌握了后来内阁的存亡命运。他们有了对政府的控制权，即可以对内放手实行法西斯独裁统治，又可以对外随意扩大战争。

广田内阁还顺从军部之命，公布了"危险文件临时取缔法"、"思想犯保护观察法"，解散了军事企业的工会组织，禁止五一国际劳动节的纪念活动，并缩小了议会权限，等等。

这一系列反动措施的制定和实行，反映了二·二六事件后军部的要求和国家法西斯化的政治倾向。

二·二六事件后的广田弘毅内阁，标志着日本军部法西斯独裁政权的确立。这一独裁政权，从一开始就为夺取亚洲和太平洋地区的霸权，建立"大东亚共荣圈"，加紧制定对外扩张的根本国策。

二·二六事件发生前后，日本所处的国际环境发生了重大变化。1933年日本退出国际联盟。1936年6月它又退出伦敦裁军会议。日本的举动严重地打击了凡尔赛—华盛顿体系，也加深了同欧美一些国家之间的矛盾。侵入华北更激化了中国人民的反抗情绪。面对这种纷繁的国际局势，

日本统治集团亟待制定出下一步的行动方针。

如前所述，二·二六事件后，军部同意以天皇为首的政界、财界提出的"整肃"军队的要求。并以此为条件，强化军部政治上的发言权，迫使政府建立战时体制，按照军部的国防方针，来决定国家的国策原则和外交政策。然而关于国防方针，陆军和海军持有不同的修改意见：陆军把对苏作战作为第一目标，海军则把对美作战作为第一目标。双方经过激烈争吵和秘密讨论，意见方始趋于一致。1936年6月，它们共同拟定了《帝国国防方针》第三次修改方案，并据此提出了《用兵纲领》，6月30日又制定了《国防国策大纲》。上述文件，对帝国战略目标、扩军备战、作战方针，以及帝国战时国防所需要的兵力等，都做了新的决策。这是陆军和海军经过长时间的讨价还价，相互妥协的结果。

修改后的《帝国国防方针》，决定"以美国、俄国为目标，并防备中国和英国"，即把苏联和美国并列为第一位的假想敌国，同时准备进攻中国和英国的属地。为实现这一方针，确定国防所需的兵力：常备师团为20个，战争

初期所需兵力陆军为 50 个地面师团，陆军航空兵为 142 个飞行中队；海军对外作战部队，应配备战列舰 12 艘，航空母舰 10 艘，巡洋舰 28 艘，其他舰只 179 艘，海军常备基地航空兵为 65 个飞行队。陆军以此兵力为目标制定了扩充军备的六年计划，海军制定了在五年内充实必需兵力的第三次补充计划。为了实现陆海军的这个扩充计划，必须实行以大规模扩充军需产业为中心的经济战时体制化。这样，日本的国策必须也来个大转变。正是在这种形势下，广田召开了五相会议。

五相会议

1936 年（昭和十一年）8 月 7 日，广田弘毅首相召开了有陆相寺内寿一、海相永野修身、外相（广田兼任）、藏相马场瑛一等参加的五相会议，决定在新形势下实行国策的大转变，五相会议以军部提出的《国防国策大纲》为基础，通过了一个决定日本国策的纲领性文件——《国策基准》。

《国策基准》一开头便提出：日本国的根本国策是"在大义的名分下，内求国基之巩固，外谋

国运之发展，使帝国在名义上和实质上都成为东亚的安定势力……"。一言以蔽之，就是要牢固确立日本帝国主义在东亚的统治地位。从这一点出发，《国策基准》确定的基本国策是，"在外交国防密切配合之下，在确保帝国在东亚大陆地位的同时，向南洋发展。"为此，《国策基准》提出了四项原则性纲要，分别规定了大陆政策和海洋政策的基本方针。大陆政策的基本方针在于："谋求满洲国的健全发展，巩固日满国防，消除北方苏联的威胁，并防范英美，实现日满华三国的紧密合作"。海洋政策的基本方针在于："向南洋，特别是向外南洋方面，谋求我国民族的经济发展，力图避免刺激其他国家，逐步以和平手段扩张我国势力"。

《国策基准》所规定的大陆政策和海洋政策，明确地肯定了海军长期以来所力主的"南进"要求，清楚地表明了侵略南洋，以至进行太平洋战争的计划。实际上，这正是根据修改过的新的《国防方针》，不折不扣地采纳了陆军的"北进"和海军的"南进"，南、北并进的国策方针。

五相会议所制定的《国策基准》，是日本帝国主义总体战的根

本国策。它在规定侵略扩张的基本方针的同时，还提出"以上述根本国策为基础"，"统一调整内外各项政策，以期适应现今的形势而全面革新政治"。《国策基准》在扩充陆海军国防军备、外交和"庶政一新"等方面，提出了八项具体纲要，规定"陆军军备以对抗苏联在远东所能使用的兵力为目标，尤其要充实驻在满洲的兵力，使其能在战争开始时，立即对苏联远东兵力予以痛击"；"海军军备应以对抗美国海军，确保西太平洋的制海权为目标，充实足够兵力"。

日本统治集团在认识到同美英的对立愈来愈尖锐的情况下，仍然这样提出问题，当然不是"出于单纯的军人的征服欲望，而是侵略满洲以来的战时经济的必然结果"。日中战争对于日本来说，不论在军事上还是在经济上都是难以负担的。随着战争的扩大，军需物资需求的迅速增加，和国内经济状况的不断恶化，日本统治集团不能不决定到南洋去谋求"民族经济的发展"以"充实和加强国力"，为此不惜激化同美英法荷等帝国主义各国之矛盾。这正是五相会议决定"防备英美"之原因所在。

《国策基准》提出要在外交政策上"全面加以革新"，其实质就是使外交活动完全操纵在法西斯军阀手中。此外，《国策基准》在行政、教育和舆论宣传等方面也提出了旨在强化军人政权的原则性规定。

在举行五相会议的同一天，还举行了一个四相（首相、陆相、海相、外相）会议。四相会议进一步地确认了《帝国外交方针》。它在把"粉碎苏联侵犯东亚的企图，特别要消除军备上的威胁，阻止赤化的发展"作为当前"外交政策的重点"的同时，还提出了与德意志"相提携"的方针。

五相会议所通过的《国策基准》，是法西斯军人依靠和利用天皇制，推行国家法西斯化的必然产物，它充分暴露了日本帝国主义称霸远东进而向太平洋扩张的狂妄野心。

五相会议标志着日本帝国主义已经走上了国家战争总动员的道路。

五相会议后，日本军部法西斯政权，根据《国策基准》和新修订的《帝国国防方针》等规定的原则，加紧对中国扩大侵略。五相会议后不久，即8月11日，广田弘毅内阁根据《国策基准》

通过了《对中国实行的策略》和《第二次处理华北要纲》，进一步重申要使华北五省"特殊化"，以达到对华北五省实行"政治分治"的侵略目的。《第二次处理华北要纲》还提出了对中国侵略活动的具体方案，规定要在中国华北地区内策划"成立一个牢固的防共、亲日'满'的地带，以便取得国防资源，扩充交通设施，借以防备苏联'侵入'和奠定日'满'华三国互助的基础"。方案规定了扶持"冀察政务委员会"和"冀东防共自治政府"等傀儡政权的"指导方针"，分别规定了对山东、山西、绥远三省的"指导方针"，所有这些都是为了达到"分而治之"和"经济开发"的侵略目的。

五相会议后，为扩大对外侵略，实现《国策基准》的要求，陆军以大力充实与加强空军和在中国东北的兵力为中心；海军制定了包括"大和"号和"武藏"号在内的73艘军舰的庞大造舰计划。军部法西斯政权还制定了惊人的军事预算，提出：1937年度的军事预算将为前一年度的1.3倍，占当年度国家总支出的一半。这些措施使日本在建立高度国防化的国家体制方面又大大前进了一步。

五相会议所确定的基本国策，也使日本军事法西斯主义集团向国际法西斯主义集团靠近了一大步。五相会议后不久，在国际上深感孤立的广田弘毅内阁，为摆脱孤立地位，并在未来的世界大战中实现它的称霸野心，于1936年11月25日，同在欧洲和苏、英、法、美对立的希特勒德国缔结了《日德反共产国际协定》。一个月后，日本和欧洲另一个法西斯国家意大利缔结了承认意大利占有埃塞俄比亚，意大利承认伪满洲国的协定。1937年11月6日，意大利正式加入《反共产国际协定》。这样，日、德、意三个法西斯国家公开结成政治同盟，从而加剧了世界大战的危险。

《反共产国际协定》的签订

1931年"九·一八事变"后，日本帝国主义悍然侵占了我国东三省，并不断扩大侵略战争，企图独霸中国。这不仅激起了中国人民的反抗，也加剧了日本与欧美列强在中国的矛盾。1932年1月，美国国务卿史汀生发表"不承认主义"的声明，表示美国"不能承认"日本侵华所造成的

丘吉尔、斯大林、罗斯福的代表阿佛拉·哈里曼在莫斯科签订了《对俄供应第一友好议定书》

"任何既成事实的合法性"。1933年2月，由英法操纵的国联通过决议，申明不给以伪"满洲国"以事实上或法律上的承认。日本随之于1933年3月27日退出国联，在国际上的处境比较孤立，为了同欧美列强相抗衡，进一步发动全面的侵华战争，日本急需在国际上寻找盟友。其目光投向正在欧洲崛起的希特勒德国，当日本退出国联时，外务省欧亚局长东乡茂德便提议："在日德关系上，利用（德国）极右党掌权的机会，努力使它了解我国在远东的立场……以便把德国引向我方"。1934年3月，日本派出"德国通"大岛浩为驻德武官。临行前，陆军参谋本部情报部欧美课长饭村穰曾指示大岛，要着重探索日德间进行情报合作的可能性。

希特勒德国也有与日本接近的愿望。1933年1月希特勒上台后，德国还受到凡尔赛和约的重重束缚，军事上屡弱，外交上孤立。希特勒还刚刚上台，羽毛未丰，他早在《我的奋斗》一书中将自己对内政策的主要任务规定为"铸造神剑"，对外的任务是"寻觅战友"，所谓"铸造神剑"，就是扩军备战；所谓"寻觅战友"，就是寻找同盟者，组织侵略性集团。1933年初，希特勒曾与后来出任德国外长的里宾特洛甫商讨过与日本结盟的可能性。1933年10月德国退出国联前夕，希特勒在同德国驻日大使狄克森的谈话中表示，德国"要与日本建立更为紧密的联系"。当时，意大利作为第一次世界大战的战胜国，同英法等国还保持着比较密切的关系。意大利法西斯头子墨索里尼向来以奥地利的"保护者"自居，不许希特勒德国染指奥地利，对于希特勒建立"大德意志"的叫嚣很不以为然，1934年7月，当奥地利总理陶尔斐斯被纳粹分子暗杀时，墨索里尼曾下令在勃伦纳山口增兵；德意在巴尔干的南得罗尔和的里雅斯特问题上也有利害冲突，一时还妨碍着德意接近。于是，德日之间首先开始

墨索里尼与希特勒（左）

勾结的尝试。

1935年5月、6月间，日本驻德武官大岛浩同里宾特洛甫的助手哈克就德日结盟问题开始接触。哈克提议在两国间缔结针对苏联的防务协定。大岛向日本参谋部请示后表示，不反对德国的建议，希望就协定的范围、内容和形式作更详细的研究。1935年底，日方派出参谋本部情报部欧美课德国组组长若松前往德国活动，先后与里宾特洛甫和德国国防部长勃洛姆堡进行了会谈。里宾特洛甫提出缔结《反共产国际协定》的建议。若松表示，日本陆军方面亦有同样意图。回东京后，若松向参谋本部汇报了会谈情况。

1936年2月26日，日本发生"二·二六政变"。一小撮法西斯军人集团"皇道派"的青年将校发动叛乱，杀死前首相斋藤等人，

政变失败后，"统制派"在军部占了上风，日本国内政治和社会生活进一步法西斯化。为了发动全面侵华战争，日本与德国勾结的愿望更加迫切。日本陆军主动与外务省联系，以推进与德国的谈判。同军部关系密切的有田八郎于4月2日出任日本外相后，日德之间的谈判便由日本驻德大使者小路和里宾特洛甫通过正式外交途径进行。7月上旬，德方正式向日方提出经希特勒亲自审定的《反共产国际协定》草案和秘密附件。8月7日，日本广田弘毅内阁五相会议通过《基本国策纲要》，确定了"一方面确保帝国在东亚大陆的地位，另一方面向南方海洋发展"的侵略方针。同日，又通过《帝国外交方针》，决定"实行日德合作"。于是，日本对与德国合作表示了十分积极的态度，德日谈判也进展顺利。

1939年11月25日，德国与日本签订《反共产国际协定》。协定包括序言、三项条款和一个附属议定书。规定：双方"相约对于共产国际的活动相互通报，并协议关于必要的防止措施"；双方将邀请"因共产国际的破坏工作而国内安宁感受威胁的第三国"加入协定；协定有效期为五年。

据第二次世界大战后远东国际军事法庭审讯日本战犯时揭露，德日双方同时还签订了一个秘密附属协定，规定缔约的一方同苏联作战时，另一方不得采取实质上会改善苏联处境的任何行动，双方并保证不同苏联缔结同《反共产国际协定》精神相违背的政治协定。

德日签订《反共产国际协定》是双方在侵略道路上开始勾结的一个重要步骤。这一协定显然是公开针对苏联的。同时，也是打着"反共"旗号针对英、法、美等西方民主国家的。里宾特洛甫在协定签订后曾表示："形式上我们还要把俄国作为敌人。然而实际上，我们完全应该把英国作为敌人。"日本驻英大使吉田茂直言不讳地说："尽管军部说防共协定只不过是反共的意识形态问题，但这完全是表面上的借口。骨子里显然是和德意联合起来对抗英法并进而对抗美国"。

在德日进行谈判的同时，德意关系也开始接近。促成这种接近的契机是两个重大的国际事件：1935 年 10 月意大利入侵埃塞俄比亚和 1936 年 7 月后德意共同干涉西班牙内战。意大利悍然入侵埃塞俄比亚后，只有德国对意大利的侵略行径表示公开支持。而英法虽然对意大利提出谴责，却并没有采取有效的制裁行动。这就使素来有"食尸兽"之称的意大利帝国主义窥破英法的虚实，决定更快地与希特勒德国联合起来。1936 年 7 月西班牙内战爆发后，英法采取不干涉政策，而德意法西斯都站在佛朗哥叛军一边进行公开的武装干涉，双方的立场更趋接近。在这种情况下，双方都感到有必要调整在奥地利和巴尔干问题上的利害冲突，以便为发动重新瓜分欧洲和世界的战争而加紧合作。

1938 年 3 月 13 日，希特勒进入吞并后的奥地利

1936 年 10 月下旬，意大利外交大臣、墨索里尼的女婿齐亚诺访问柏林。希特勒在同齐亚诺谈话时表示，意大利和德国联合起

来，不仅可以对付"布尔什维主义"，而且可以同包括英国在内的西方对抗。如果德意联合起来，英国"不仅将抑制住自己不同我们打仗"，"还将寻求同这一新政治体制（指德意联盟）"的妥协。齐亚诺访德期间，于10月25日同德国外长牛赖特签订了一份秘密议定书。其主要内容为：德国承认意大利对埃塞俄比亚的吞并，而意大利在德国吞并奥地利问题上"听其自然发展"，不再干预；德意两国在多瑙河流域和巴尔干划分势力范围；两国在重要国际问题上采取共同方针，并承认西班牙佛朗哥政权，进一步加强对西班牙叛军的军事援助。这个议定书是德意两国建立侵略同盟道路上的重要里程碑。几天后，墨索里尼在米兰发表演说，公然把这个协定称之为构成了罗马—柏林的"轴心"。

德国与日本缔结《反共产国际协定》后，意大利曾表示希望加入。它并为此作出一个重要的姿态：在沈阳开设总领事馆，事实上承认伪"满洲国"。可是，日本有自己的打算。它担心过早与意大利接近会给西方民主国家以不必要的刺激，因而没有立即同意让意大利加入协定，但同意两国于1936年12月订立协定，彼此承认对中国东北和埃塞俄比亚的占领。1937年"七七事变"后，意大利对日本的侵略行径表示声援，不仅在布鲁塞尔九国公约会议上替日本辩解，还停止向中国输出武器。日本为了打破在国际上的孤立处境，终于在10月20日同意接受意大利参加《反共产国际协定》。11月6日，意大利正式加入《反共产国际协定》。

严格地说，《反共产国际协定》还算不上军事同盟，缔约各方尚未承担在军事、经济、外交等各方面合作的义务。但它的签订表明，德日意三个法西斯国家在各自对外侵略扩张的过程中，感到互相接近和联合的必要，并逐步付诸行动。希特勒把这个联盟说成是"伟大的政治三角"，"三个国家联合起来了。起初是欧洲轴心，现在是世界的大三角"。因此，《反共产国际协定》的签订，是德日意侵略同盟初步形成的标志。

西班牙内战

概况

西班牙地处西南欧的比利牛斯

半岛，20世纪30年代前还是一个社会经济落后的半封建君主专制国家。大部分土地掌握在地主手中，天主教会拥有很大的权势，许多重要工业部门则控制在英、美等外国资本手中，而工农大众在政治上处于无权地位，生活极其困苦。此外，国内还有复杂的民族问题。1929年10月爆发的世界经济危机，给西班牙以沉重的打击，失业工人达50万，失业雇农近100万，社会矛盾迅速激化。

1931年4月14日，西班牙爆发资产阶级民主革命，宣布成立共和国，建立了资产阶级联合政府。国王阿方索十三世逃亡法国，在人民群众的推动下，新政府颁布宪法，开始实行民主改革，宣布言论、出版和集会自由，允许共产党合法存在，宣布教会同国家分离，禁止耶稣会活动，在某些地区实行土地改革，降低了一些地租，给予加泰洛尼亚族以一定的自治权等。但是，农民的土地问题、工人就业和工资问题以及民族自治权等重大社会问题并没有真正解决，因而工农运动和民族运动继续高涨。

西班牙资产阶级政府的民主改革虽然不彻底，仍引起了保皇派分子、教权派、大地主大资产

阶级和军队反动将领的仇视。他们策划反对政府的阴谋活动，伺机夺取政权。在共和国成立之初出现的法西斯组织，受到希特勒在德国夺取政权的鼓舞，也加紧活动起来。1933年10月29日，法西斯分子成立"西班牙长枪党"。长枪党鼓吹通过"民族革命"去反对"现行制度"，宣称要"统一被分离运动、党派间的矛盾和阶级斗争所分裂的祖国"，建立"为统一祖国服务的、有效的和有权力的新国家"，次年2月，该党与另一法西斯组织"国家工团主义者进军洪达"联合为统一的法西斯党——"西班牙长枪党与国家工团主义者进军洪达"。西班牙法西斯缺乏群众基础，合并后的长枪党党徒不过三千人，其追随者主要是青年，因而它一成立就同国内的极右派和德、意法西斯建立了联系。军队中的反共和国势力也于1933年成立了一个专事武装政变的秘密反动组织——"西班牙军事联盟"。这些反动势力为了镇压不断高涨的西班牙人民革命浪潮而相互勾结起来。

从西班牙共和国成立起，民主势力和反动势力进行了多次较量，政权几易其手，斗争越来越激烈，其形式从议会斗争逐渐转

最新整理图文珍藏版

化为武力对抗。

1933年11月议会选举，大地主、天主教僧侣、金融巨头等反动势力联合组成所谓"塞达党"。该党通过对选民实行欺骗和恐怖手段取得多数议席，并于12月成立了以亚历汉德罗·勒鲁斯为总理的亲法西斯反动政府。勒鲁斯政府一成立，就着手清除"共和国的遗产"，大赦保皇派叛乱分子，重新允许耶稣会活动，停止进行土地改革，对人民实行独裁统治。西班牙历史进入"黑暗的两年"。

面对反动势力的猖狂进攻，以何塞·狄亚斯为首的西班牙共产党领导工农群众展开英勇斗争，推动了西班牙民主力量的联合。1934年10月初，为抗议三名亲法西斯分子入阁，西班牙爆发100万工人的政治大罢工，许多地方的罢工转变为革命起义。北部阿斯土里亚的矿工在共产党和社会党的共同领导下，坚持战斗了20多天，才被政府军队镇压下去。

十月起义失败后，西班牙共产党被迫转入地下。它在共产国际第七次代表大会关于建立人民阵线和反法西斯统一战线策略方针的影响下，加强了争取工人阶级统一和建立反法西斯统一战线

的工作。同年底，共产党同社会党达成关于共同反对白色恐怖和争取恢复民主自由的协定。1935年6月，西共中央号召西班牙劳动人民成立反法西斯人民同盟。11月，西共领导的"统一劳工总同盟"加入西班牙社会党领导的"劳工总会"，使之成为拥有65万以上工人的统一工会组织。共产党、左翼共产党、共和联盟、工团主义党和马克思主义统一工党的代表们经过谈判，于1936年1月15日签订了人民阵线公约，提出包括大赦政治犯，恢复民主权利，改善工农生活，解散保皇党和法西斯组织等内容的人民阵线纲领。

1936年2月16日，西班牙议会举行新的选举。参加人民阵线的左翼政党击败共和党保守派、教权派和保皇派，取得选举的重大胜利。2月19日，左翼共和党人曼努埃尔·阿萨尼亚组织新政府。5月，阿萨尼亚当选为共和国总统，共和党人何塞·希拉尔出任总理。在人民阵线支持下，左翼共和党人政府采取一系列重要改革措施，释放3万名政治犯，实行社会和劳动立法，恢复在"黑暗的两年"中被解雇工人的工作，重新实施土地改革法，恢复

加泰洛尼亚的自治，对外则同苏联建立了外交关系。西班牙共产党恢复公开活动。

当西班牙人民庆祝人民阵线胜利的时候，反动分子却在策划武装叛乱的阴谋。早在1935年6月，长枪党即在"政治洪达"会议上通过了武装暴动的决议。其他一些反动组织也酝酿同样的计划。只是他们幻想在新的议会选举中合法地攫取政权，才推迟了暴动计划的执行。1936年2月议会选举的结果，打破了反动派通过合法手段夺取政权的幻想，他们决定用武力推翻共和国政府。长枪党的武装集团、传统派分子卡洛斯派的战斗组织以及军事同盟等，对武装叛乱的准备起了特别重要的作用。一些反动将领如何塞·圣胡尔霍、佛朗哥、埃米略·摩拉等，也都参加了阴谋的策划。反动分子凭借他们在国家机关和军队中占据的要职，在大地主大资产阶级、教会和外国势力的财政援助下，迅速建立了遍布全国的秘密组织。他们加紧在军队中特别是在西属摩洛哥的驻军中进行策反工作，并定圣胡尔霍将军为"新国家"的领袖。7月上旬，西属摩洛哥的驻军举行军事演习。许多天主教神父和僧侣脱下长袍，换上普通衣服，参加叛乱的准备工作。一些地区的教堂和寺院变成了暴动的中心。大资本家则把资金转移到国外。大商人哄抬物价，扰乱市场。大地主宁愿不收割庄稼也要解雇雇农，以破坏国家的正常经济生活，损害共和国的威信。

西班牙法西斯分子策划武装暴动阴谋时，直接得到希特勒和墨索里尼的支持和援助。1936年3月，圣胡尔霍将军专程前往柏林，同纳粹头子进行有关德国援助西班牙反革命军事组织的谈判，最后商定向德国"商行"购买大批军事装备。德国在西班牙的间谍直接参与了军事暴动计划的制订。至于墨索里尼，早在1934年3月底就已答应给西班牙反动分子以物质上的援助，许诺在反动分子发难时提供一万支步枪、两万颗手榴弹、两百挺机关枪和150万比塞塔。

1936年7月中，不断传来法西斯即将叛乱的警报，形势危急。7月15日，西共总书记狄亚斯在议会警告说："大家要当心！反动派准备叛乱！"可是，左翼共和党人政府对平定叛乱过于自信，未能采取有效措施来制止叛乱的发生。

7月17日深夜，在位于西属摩洛哥的休达电台播放"整个西班牙晴空万里"的暗语指挥下，叛军在西属摩洛哥、加那利群岛和巴利阿利群岛首先发难，另一叛军将领摩拉则在西班牙北方的纳瓦拉、旧卡斯蒂亚行动。次日叛乱迅速蔓延到西班牙各地的驻军。7月20日，叛乱首领圣胡尔霍从葡萄牙回西班牙途中因飞机失事身死，1935年5月担任西班牙军队总参谋长、1936年2月调任加那利群岛部队司令的佛朗哥便充当了叛军的魁首。当时，共和国军队的80%，约12万名官兵和大部分国民警卫军倒向叛乱分子方面。叛乱头子计划从南北夹击马德里，在几天内夺取政权。但是，佛朗哥的叛乱遭到西班牙人民的迎头痛击。工人、农民、学生、职员和知识分子响应共产党和人民阵线的号召，纷纷拿起武器，奋起保卫共和国。几天之内，就有30多万人报名参加人民警卫队，经过爱国军民的英勇战斗，马德里、巴塞罗那、巴伦西亚等大中城市的叛乱很快被镇压下去。空军和几乎整个海军站在共和国方面，水兵和下级指挥官们把大部分军舰和潜水艇开进了共和国的港口。叛军只控制南方

的加的斯、韦耳发、塞维利亚和北方的加利西亚、维瓦拉、旧卡纳蒂亚及阿拉贡等地区，南、北方叛军被巴达霍斯省隔开。

佛朗哥派人于1936年7月21日、22日到罗马和柏林，请求这两个法西斯国家给予援助。就在叛乱分子面临失败的关键时刻，希特勒和墨索里尼几乎同时作出了援助佛朗哥、对西班牙进行武装干涉的决定。希特勒对里宾特洛甫说："德国无论如何不能容忍出现一个共产主义的西班牙……如果西班牙真的成为共产主义的，法国也将布尔什维克化，那么德国就完蛋了。"除了仇视共产主义和民主共和外，德意法西斯武装干涉西班牙还有其征服全欧的长远打算。他们若控制了西班牙这个地中海的西部门户和直布罗陀海峡这个咽喉，对英法在地中海的战略基地将构成威胁，英国将不能借此要道直达中、近东，法国则将面临腹背受敌的困境。

7月28日，德、意飞机来到得土安，协助佛朗哥把叛军和军用物资空运到西班牙南方。同时，他们通过海路把大批武装弹药和军事技术人员运送给叛军。7月底，德国建立援助佛朗哥的"W"特别司令部。8月，意大利政府设

立"赴西班牙作战委员会"。据统计，佛朗哥叛乱开始后的三个月，德、意空军协助佛朗哥向西班牙前线运送了24000多名士兵、400余吨军用物资，并轰炸西班牙城市462次之多。站在佛朗哥一边的，还有葡萄牙萨拉查独裁政权和梵蒂冈等国际反动势力。

德、意的武装干涉，改变了西班牙内战的性质，使西班牙人民的斗争转变为反对法西斯侵略及其走狗的民族革命战争。

德、意武装干涉西班牙直接威胁到英、法的利益。如果西班牙和西属摩洛哥落入法西斯国家之手，英国通向中东和远东的地中海航线将有被截断的危险，而法国则会腹背受敌，陷于法西斯国家的包围之中。从这个意义上讲，英、法是不情愿让西班牙落入法西斯国家之手的。另一方面，英、法统治集团以为，西班牙人民阵线是受共产党操纵，并得到苏联支持的，怕共产党和民主力量在西班牙执政会引起国内革命力量的高涨，因此，对人民阵线政府非常敌视；英、法政府对德、意还抱有幻想，企图同德意进行交易，把德国的侵略矛头引向东方，更想把意大利拉到自己一边，因此不想同德意进行军事对抗。

英法统治者在这种矛盾心理支持下，决定采取"不干涉"政策。

1936年7月25日，法国勃鲁姆政府宣布停止供应西班牙武器，单方面撕毁《西法通商协定》。8月2日，经同英国政府策划，法国又提出所有欧洲国家严格执行"不干涉"西班牙事务的建议。8月15日，英、法两国互换照会、相互承担义务，不向西班牙或其属地输出武器和军事物资。9月9日，27个欧洲国家在伦敦成立实施关于不干涉西班牙冲突协定的国际委员会。英、法采取的"不干涉"政策貌似公正，其实，正如西班牙共和国外交部长阿尔瓦雷斯·德尔·瓦约后来在国联大会上所控诉的，它是"对叛乱分子有利的、真正公然而直接的干涉"。德、意虽然在不干涉协定上签了字，但根本无意执行协议的条款，相反，在"不干涉"的烟幕下，变本加厉地对西班牙进行武装干涉。8月27日，即德国政府宣布同意"不干涉"协议的第二天，其驻马德里的代办就报告说，容克式飞机刚轰炸了当地的机场。英、法操纵的"不干涉委员会"对德、意违背协议的行为不闻不问，而对西班牙共和国政府却实行严密的封锁和禁运，实际上剥夺了它抵抗侵略者的正当权利。

然而，西班牙人民反对德、意法西斯侵略者和佛朗哥叛乱的斗争，一开始就得到世界无产阶级和进步力量的广泛同情和支持。

佛朗哥叛乱发生后，居住在西班牙的反法西斯侨民和参加国际工人奥林匹克运动会的工人运动员等，就自动组织起来，与西班牙人民一起投入抗击叛乱分子的战斗，世界各地掀起了声援西班牙人民的群众运动。8 月 13 日，在巴黎召开保卫西班牙共和国、民主与和平代表会议，并成立援助西班牙共和国的专门委员会。许多著名的社会活动家、作家和科学家，如罗曼·罗兰、萧伯纳、爱因斯坦、约里奥—居里、毕加索等以他们在国际上的威望，呼吁保卫西班牙共和国。在拉丁美洲、非洲和亚洲的许多地方成立了"西班牙共和国之友协会"。

苏联人民和政府更是在道义上和物质上给予西班牙人民以重大援助。西班牙战争一爆发，全苏联掀起了声援西班牙人民的巨大浪潮，各地开展了募捐活动。苏联参加了"不干涉委员会"，其目的在于揭露德、意和葡萄牙违背不干涉协定的行为，防止帝国

主义国家把该委员会变成反苏集团。10 月 7 日，苏联政府向"不干涉委员会"主席指出："在任何情况下不能同意把不干涉协定变为掩护某些协定参加国向叛乱分子提供军事援助的幌子"，并严正声明：如果这种做法不停止，苏联政府"将认为自己不受协定义务的约束"。10 月 23 日，鉴于英、法操纵的"不干涉委员会"对德、意的武装干涉不采取任何有效措施，苏联驻伦敦全权代表迈斯基通知协定参加国：苏联政府决定"恢复西班牙政府购买武器的权利和可能性"。这样，从 1936 年 10 月起，苏联开始在物质上和军事上援助西班牙共和国，并根据西班牙共和国政府的要求，派出了自己的军事专家和军事顾问。

共产国际是当时世界进步力量声援西班牙人民正义斗争的组织者。共产国际执委会多次讨论了援助西班牙共和国的问题，并采取各种措施在道义上和物质上支援西班牙人民。1936 年 9 月，在征得西班牙政府同意后，共产国际作出了在各国招募受过军事训练的志愿人员的决定。在共产国际和各国共产党的号召下，苏联、法国、意大利、德国、美国、加拿大、中国等 54 个国家的共产

党员和进步人士约四万余人，冒着生命危险，克服重重困难，来到西班牙组成了举世闻名的"国际纵队"，同西班牙人民一起并肩战斗。一百多名中华民族的优秀儿女参加了国际纵队的战斗行列。国际纵队战士的誓言是："为拯救西班牙和全世界的自由而战斗到最后一滴血。"为了加强对国际志愿人员的组织和领导，共产国际和各国共产党派出了许多重要的政治和军事干部。除了共产党人以外，还有许多社会党人、共和派和无党派人士，甚至天主教徒也都参加国际纵队。这充分体现了世界人民反对法西斯的国际团结。

国际和平民主力量声援西班牙人民的斗争，特别是国际纵队战士直接在西班牙战场上参加战斗，其意义远远超过了西班牙战争本身，它是国际和平民主力量与法西斯力量在战场上的第一次较量。

内战背景

1936 年 7 月 18 日清晨，一架事先准备好的英国小型飞机，从北非加那利群岛载着西班牙在该岛的驻军司令弗朗西斯科·佛朗哥将军飞往西属摩洛哥的德土安。他在那里发动了一场反对西班牙共和国政府的军事叛乱。从此就开始了为时达两年多（1936 年 7 月 18 日至 1939 年 3 月 5 日）的"西班牙内战"。由于德、意法西斯很快就给予叛乱分子直接支持和进行公开武装干涉，"内战"也在实际上成为西班牙人民抗击法西斯、捍卫民主和独立的民族革命战争。它的意义远远超出西班牙本身，对当时国际关系产生了广泛而深远的影响，成为第二次世界大战前夕民主力量和法西斯侵略势力斗争的一个重大事件，是 30 年代国际反法西斯斗争的重要组成部分。

这场内战的根源在西班牙社会本身，是它的各种社会矛盾尖锐化的结果。而德、意法西斯的支持和干预，是促使这些矛盾爆发，并使内战得以延续和扩大的重要因素。

近代历史上的西班牙曾经是一个强盛的殖民帝国。它的殖民地遍布世界各地，尤其是占有除巴西外的几乎整个中美洲和南美洲。可是这个显赫一时的殖民强国在 3 次重大的打击下一蹶不振：第一次是 1588 年，西班牙的无敌舰队侵英失败葬身英伦海峡，从此失去了海上霸权；第二次是 1810～1826 年，拉丁美洲西属殖民地人民的独立战争，使西班牙殖民体系摇摇欲坠；第三次是1898年美西战争，后起的美国给予它最后一击，它的势力完全被逐出美洲，失去了最后残存的殖民地——古巴、关岛和菲律宾。

军事失利是国力衰弱的必然结果，它反过来又加剧了内部的矛盾，加速了国家的衰落。20世纪初，正当西方其他大国大踏步前进的年代，古老的西班牙却远远被抛在后面，在资本主义经济政治发展不平衡规律的作用下，被挤出了帝国主义争霸的行列，昔日称霸海上的雄风已经一去不复返。

西班牙社会落后的根源在于其半封建的生产关系。在这个基础上交织着阶级矛盾和民族矛盾。土地问题、工人问题和民族问题构成西班牙社会的根本问题。

半封建生产关系首先表现在土地关系上的大土地贵族占有制。被喻为"西班牙社会的癌症"的大庄园制是其土地占有的基本形式。大庄园往往连田数万公顷，而广大农民则贫无立锥之地。20年代的西班牙是一个农业国家，农业人口约占全国人口的57%。土地分配情况如下：1%的人口占有全国耕地51%，14%的人口占有土地35%，20%的人口占有土地11%，25%的人口占有土地2%，40%的人口根本没有土地。大庄园的土地常常是种不完就任意抛荒也不给农民耕种，由中世纪一直沿袭下来的沉重地租夺去农民收获物的一半甚至更多，把农民压得喘不过气，大批农户完全失去了土地沦为雇农。在30年代初，全国只有40%的土地有人耕作，而这些耕地又有1/4年复一年地荒废着。内战前雇农人数约达250万人，只靠打短工为活。因此，农村贫困，阶级矛盾尖锐，严重阻碍生产力的发展。

与这种半封建的生产关系相适应的是政治上的君主立宪制。20世纪的西班牙正处在波旁王朝末代君王阿方索十三世统治下，虽然有议会之类的资产阶级统治机构，但是政府要员，将军和议员们绝大部分还是大土地贵族，另外就是天主教会高级僧侣和一些大资产阶级代表人物。按其阶级性质来说，这个政权是封建贵族、上层僧侣和大资产阶级的政治联盟。可以说，统治西班牙的主要力量还是贵族大地主。

天主教会在西班牙具有特殊的势力和地位。它深入到城乡社会生活的各个方面。教会拥有全国的 1/3 的地产和一大批企业，高级僧侣本身常常是大地主或大财主，在政治上也有重要的影响，是君主政治的重要支柱。

此外，西班牙还具有一般资本主义社会的阶级矛盾。第一次世界大战期间西班牙是中立国，它利用这一地位和交战双方都发展贸易，经济有所增长。但是重要的经济领域，如冶金、采矿等多为外国资本、尤其是英、法资本所控制。在 20 年代，西班牙现代无产者人数并不多，只有约 40～50 万人。1920 年 4 月，成立了西班牙共产党，党员人数不过 1200 人。大量手工劳动者和农业劳动者以及小资产阶级的存在是无政府主义和机会主义思潮传播的温床，无政府主义的工会——"全国劳工联合会"会员达 100 万人；社会党的工会——"劳动总同盟"会员也达 20 万人。

除阶级矛盾外，西班牙还存在严重的民族矛盾：少数民族处于受压迫的无权地位。由于历史的原因，境内各少数民族：加泰罗尼亚人、加里西亚人、巴斯克人等，都各有其风俗、语言和文化，彼此存在很深的民族隔阂，分离主义严重，20 年代初，在俄国革命和欧洲革命高潮的影响下，西班牙工农运动和民族自治运动高涨，阶级矛盾和民族矛盾尖锐，共和民主思想和社会主义思想进一步发展，这一切都冲击了波旁王朝的统治，产生了君主制度的危机。国王阿方索十三世不得不借助原加泰罗尼亚军事长官普里莫·德·里维拉对全国实施军事专政，暂时压制了各类矛盾的发展。1929 年在世界经济危机的冲击下，西班牙国内各种矛盾迅速激化，国王只得弃车保帅，抛开普里莫·德·里维拉，让他辞职以平众怒，结束了军事独裁专政。但是这阻止不了革命形势的发展。1931 年，西班牙终于爆发了资产阶级民主革命。

1931 年西班牙资产阶级民主革命

普·德·里维拉军事独裁专政结束后，1931 年 2 月，国王不得不宣布恢复宪法，定于 3 月进行选举。全国各政党围绕君主制的存废问题明显分为对立的两大派：共和派和保皇派。大体的划分是；工人、农民、城市中小资产阶级拥护共和，反对君主制；而大庄园主、大资产阶级、上层僧侣和高级军官则是维护君主制度的保皇派。4 月 12 日选举的结果是共和派取得重大胜利，全国各大城市 70% 的人拥护共和制度。加泰罗尼亚也宣布自治。国王阿方索十三世眼见大势已去，只得逃亡国外。4 月 14 日，西班牙宣布成立共和国，史称："第二共和"（"第一共和"存在于 1868～1870 年）。由右翼自由共和党领袖尼·阿尔卡拉·萨莫拉出任临时政府首脑。12 月 9 日通过新宪法，宣布西班牙为一院制的议会共和国。由共和党左派曼努埃尔·阿萨尼亚组织第一届政府。

1931 年革命使西班牙进入共和时代，它在历史上所起的作用是明显的：首先是结束了 2 个多世纪以来波旁王朝的统治，成立了资产阶级共和国。其次是进行了有限的民主改革，试图改变半封建生产关系的大庄园制，限制天主教的特权，宣布政教分离，并且给予人民一定程度的民主自由等。

可是，西班牙共和国所进行的社会民主改革是很不彻底的。主要是：国家机器，尤其是军队没有多少变动。军官绝大部分出身于封建豪门贵族，尤其是高级军官，对新的共和政权充满敌意。共和政府只要求那些公开拒绝宣誓效忠的军官可以在保留军衔薪俸的优厚条件下自愿退职。军权实际上仍旧掌握在那些口头效忠、实则敌对的反动将军们手里。例如，共和国成立的第二年就发动军事叛乱的何塞·圣胡尔霍将军曾被委为国民警卫军司令，戈戴德将军、佛朗哥将军都曾先后担任过总参谋长。另一反动将军华金·范胡尔担任过陆军部副部长。这些人身居要职，心怀不轨。政府机构中的各级官吏，也有很多是土地贵族、保皇分子和教权派。土地问题没有真正解决。1932 年 9 月的一项土地改革法令只规定把所没收的王室土地分给农民，而农民每年要交付 4% 的地价；没有耕种的 56 亩以上的私田收归国有；并且由政府高价"赎买"部分地主"多余的"土地。这些温和的改革还只规定在全国 1/3 的地区先试行（实际上试行过的不过二、三个省的部分地区）。这就远不能满足农民的土地要求，对大庄园制的地主经济也触动不大，农村的统治者照样是贵族地主和天主教会，农民贫困情况得不到改善。这样的土地改革法，被讽刺为"用阿司匹林去治疗阑尾炎"，无济于事。作为君主制度重要支柱的天主教会仍然势力很大。它们利用教坛和所控制的学校等教育阵地，散布反政府的言论，

世界通史

最新整理图文珍藏版

造谣惑众，敌视共和。工人的处境也未能得到改善。8 小时工作制和社会保险的一些法令，由于资本家阳奉阴违，难以兑现，而且一些外国资本控制下的工矿企业更不可能实行。民族问题也没有全面解决。1931 年新宪法规定："任何地区有自愿实行自治的权利"。但只有加泰罗尼亚取得这种权利，巴斯克、加里西亚的自治要求却拖而未决。

总之，西班牙社会这些根本问题未能真正解决，共和的西班牙仍然十分尖锐地存在阶级斗争和民族斗争的问题，埋藏着内战的火种。

从共和国成立之日起，在新的历史条件下，君主派和共和派间复辟和反复辟的尖锐斗争继续存在和发展。不但被迫退位逃亡国外的前国王阿方索十三世公开声称："我不放弃我的任何权力！"依然明里暗里联系和指挥着西班牙国内的保皇派活动；作为君主派另一支的卡洛斯派，又称"正统派"则在北方的那瓦尔省保持了实力，并且拥有自己的军队和武装组织"雷克特"。在复辟君主制的共同目标下，1931 年 9 月 12 日，两派在瑞士结成了同盟。在君主派的活动下，西班牙各地的保皇分子蠢蠢思动，地主资本家负隅顽抗，教权分子猖狂配合，闹得乌云滚滚。地主故意让土地丢荒，制造粮荒；大资本家停工歇业，使工人失业受饥；投机商人囤积居奇，操纵物价，扰乱市场。首都马德里的保皇派公然集会成立"保皇派独立小组"，高唱"国王赞歌"。贵族子弟上街示威寻衅，公然呼叫"打倒共和国"的口号，而路上行人则针锋相对高喊"共和国万岁！"与之对抗。保皇派还利用所掌握的报刊舆论，公开报导各地保皇势力的活动，鼓吹复辟君主制度。天主教会也积极配合，在其所控制的学校中进行敌视共和赞美君主制度的教育。于是，两个对立的政治势力——共和派和保皇派之间的斗争日趋尖锐，冲突也不断升级，尽管共和国政府相当宽大，某些领导人甚至认为民主政府就应该让人民有绝对的自由，"到了 20 世纪，镇压手段已没有必要。"但是工人和农民都自发起来保卫共和制度。各地都发生了反对复辟的示威游行和罢工，愤怒的群众甚至烧毁教堂，捣毁保皇派的报社。双方营垒分明，尖锐对立，暴力事件也不时发生。可是，对于共和国，最大的隐患却是来自未改造好的军队。1931 年夏，揭露了奥尔加斯将军在保皇派支持下谋叛的阴谋，事发后只把他放逐到加那利群岛。1932 年 8 月，已调任宪兵总监的何塞·圣胡尔霍将军发动了军事叛乱，占领了塞维利亚。但是其他卫戍区的军队没有按原计划行动，叛乱旋被镇压下去。圣胡尔霍本人在逃往葡萄牙途中被捕，然而共和国政府并没有从这些事件中吸取教训，引起警惕。1933 年，军队中又出现了图谋叛乱的秘密组织"西班牙军事联盟"。

1933 年，在德国希特勒的纳粹党取得政权的鼓励下，西班牙的反动政治力量进行新的部署。前独裁者普里莫·德·里维拉的儿子何塞·安东尼奥·德·里维拉组织了西班牙法西斯党——"长枪党"。以天主教的"人民行动党"为中心，联络各右派政党组成了"西班牙自治右翼各党联盟"即"西达党"。前者人数虽尚少，但是活动猖獗，并且在德国帮助下建立了自己的武装，气势逼人；后者集结教权派、保皇派等右翼分子，号称人数近 80 万人，形成一股威胁共和制度的巨大政治力量。

1933 年 12 月，以西达党为主体的"右派力量选举联合阵线"在议会选举中获胜，组成以激进党人亚历杭德罗·勒鲁斯为首的新政府，这意味着共和国初年共和党左派执政时期（1931～1933 年）的结束，右派通过合法手段掌握了政权。新政权立即着手逐步取消民主革命的初步成果：停止一切社会改革，包括土地改革；否定民族自治权利；归还被没收的教会财产；大部分宪法保障不再生效。同时赦免和释放大批在逃在押的叛乱分子和保皇分子，其中包括一些重要罪犯，如因 1932 年军事叛乱案被判死刑的圣胡尔霍将军和革命后逃亡国外的保皇派领袖卡尔沃·索特洛等。在右派政权的庇护下，各种反共和制度的反动政治力量大为活跃：在 1932 年被取缔的西班牙行动党恢复了活动；保皇派的西班牙复兴党成为有势力的政治力量；法西斯的"长枪党"和"国家工团主义者进军洪达"在 1934 年 2 月合并称为"西班牙长枪党与国家工团主义者进军洪达"。这些反攻倒算和倒行逆施，使 1934～1935 年成为西班牙历史上"黑暗的两年"。

但是，倒行逆施引起了维护共和制度的人民群众的愤怒。抗议活动遍及全国，尤其是1934年10月，为抗议3个西达党反动人物被任为政府部长，在社会党和共产党等左翼政党的领导下，全国百万工人举行总罢工，继而在首都马德里、重要工业城市比斯开和重要工矿城市阿斯图里亚斯等地迅速发展为武装冲突。尤其是阿斯图里亚斯矿工的武装起义，使斗争趋于高潮，在矿区的主要城市奥维亚多升起了红旗，组织了赤卫队，建立了为时达半个月的革命政权。

面对阿斯图里亚斯矿工英勇的"十月战斗"，勒鲁斯政府调动佛朗哥将军率领的"外籍军团"，以飞机、坦克和大炮进行镇压，起义工人失败，工人战死者达3000人，伤者7000人以上。随后又有约3万人被捕入狱，数百人被处死。这是共和——社会主义左翼力量和右翼反动势力之间的一次严重较量，是阶级斗争的又一次升级。斗争也锻炼了左派的力量，增强了共产党和社会党等左翼政党之间的团结，为以后建立人民阵线打下基础。

西班牙人民阵线

1935年欧洲政局风云变幻，战争威胁逐步逼近。1月，纳粹德国合并了萨尔区。3月，单方面废除凡尔赛和约中的军备条款，重新实行普遍义务兵役制，公开扩军备战。面对法西斯日益猖獗的状况，共产国际在7月提出建立人民阵线的号召，要求无产阶级团结一切民主进步力量，共同抗击法西斯。10月初，法西斯意大利公然出兵侵略埃塞俄比亚，挑起战争，进一步毒化了国际政治气氛。在这样的形势下，西班牙共产党、社会党和其他左派政党于1936年1月签署了人民阵线公约。

人民阵线把工人、农民、绝大部分城市小资产阶级、知识分子以及所有自由民主力量都联合起来，共同反对法西斯及右翼势力的进攻。人民阵线纲领的主要

阿尔方索十三世，被共和党人废除的西班牙君主。

马德里保卫战中的民兵队伍

内容是：大赦1933年11月后被捕的政治犯；恢复"十月战斗"后被解雇工人的工作；恢复宪法规定的民主权利；没收一切人民敌人的财产；解散保皇党和法西斯组织；惩办人民的罪犯；实行国家机关和军队的民主化；减轻捐税和地租；发放农业贷款；提高农产品价格；取缔奸商；消灭失业；实行社会保险和八小时工作制等等。纲领反映了最基本的民主要求，是相当温和的。这一纲领拥护共和民主制度，把反法西斯和维护共和国联系起来，因此受到人民广泛的拥护。

1936年2月举行的议会选举中，人民阵线获胜。2月16日，由共和党左派曼努埃尔·阿萨尼亚组成新的内阁。这是西班牙民主力量的重大胜利。

在阿萨尼亚政府中（他在同年5月当选为总统，由卡萨列斯·吉罗加继任总理），左派虽然占

了优势，但中、右派的力量还很大。在议会的473个席位中，左派得268席，右派加上中派仍有205席，几乎占一半。因而政府在实行人民阵线纲领时遇到很大阻力。即使如此，政府还是着手兑现人民阵线纲领的规定和竞选时的诺言：宣布大赦；恢复加泰罗尼亚自治；恢复被解雇的工人的工作；恢复1932年的土改法；恢复宪法保障的民主权利；解散一些反动组织，逮捕反动分子等等。这些初步的社会改革招致右翼保守势力的激烈对抗，引起国内外一片反"赤化"的叫嚣，迅速激化了原有的阶级矛盾和社会矛盾。也使代表不同阶级的左、右两派政治势力之间的斗争接近摊牌。

几乎所有反共和的右翼党派，从何塞·安东尼奥·德·里维拉为首的"西班牙长枪党与国家工团主义者进军洪达"，到何·卡尔沃·索特洛为首的保皇派"西班牙革新会"，都在秘密策划军事政变。尤其是手中握有军队和武器的反动将军们更是磨刀霍霍，跃跃欲试。他们都积极寻求国外的帮助和支持，和德、意法西斯早就内外勾结。早在1934年3月，保皇派和正统派的代表就在意大利得到墨索里尼关于提供武器援

助的许诺。长枪党的首领何·安·德里维拉也几乎在同时窜往柏林求援，纳粹德国甚至帮助长枪党建立武装，训练军队。1936年3月，已经逃往葡萄牙、被预定充当叛军领袖的圣胡尔霍将军也前往柏林，得到德国支持其武装叛乱，并由德国"商行"供应其军火装备的允诺。1936年5月，墨索里尼摆脱埃塞俄比亚战争之后，转而对利用西班牙局势以实现其地中海战略产生兴趣。于是德、意合伙给西班牙图谋叛乱分子提供物质和军事援助，德、意的谍报人员甚至参与军事叛乱计划的制订，积极偷运武器弹药，为武装叛乱作准备。

从人民阵线政府上台之后，西班牙国内局势一直紧张，尤其是右翼分子公开寻衅，制造事端，加重了社会的混乱。在首都马德里的长枪党徒甚至武装上街示威，枪杀共和派人士，追打贩卖人民阵线报纸的报贩。地主、资本家也乘机破坏，对抗社会改革。另一方面，无政府主义者则焚烧教堂、杀害教士。军队的敌意和谋叛之心更是昭然若揭。"西班牙军事联盟"为武装叛乱做好一切准备，建立了联系全国各地的机构，并在1936年5月于巴塞罗那召开军人会议，不但内定了叛乱时的领袖，而且提出了纲领，要求"取缔和解散一切马克思主义和无政府工团主义的政党和组织"，在各地成立"荣誉法庭"，审讯军队中左翼分子，"整顿"全国政治生活等。对此，人民阵线政府不是毫无觉察，而是囿于法制，软弱无力。总理吉罗加说："没有证据，咱们是不能动的。咱们是民主国家，一定得尊重法制，尊重每个公民的自由。"他所能采取的唯一措施，是将前任右翼政府执政期间，被安插在军政要位的一些明显露出敌意的反动将军调离首都马德里。如原任总参谋长的佛朗哥将军被调往加那利群岛，原任航空管理局局长的戈戴德将军被调往巴利阿里群岛。莫拉将

佛朗哥先在北非的加纳利群岛谋划叛乱

军则远处北方的那瓦尔省。这些做法无异于纵虎归山，留下后患。佛朗哥在卸任前甚至下令把武器发给长枪党的武装。长枪党的武装组织和以北方那瓦尔省为主要据点的正统派"雷克特"武装是图谋叛乱中的两支积极力量，甚至许多神父和僧侣都参与了叛乱的准备工作。但是一切右翼反共和的复辟力量的主要希望还在于军队，也尽一切努力去巩固他们在军队中已取得的地位。为此他们警告说："别触动军队，别让军队介入政治"，十分害怕政府对军队进行整肃和干预。

经过一番内外勾结和紧锣密鼓的准备之后，叛乱已迫在眉睫。7月13日发生的著名保皇派首领、叛乱组织者之一卡尔沃·索特洛被杀事件，催动了内战的爆发。

西班牙内战过程

1936年7月17日，西班牙驻摩洛哥梅利里亚的军队首先发生叛乱，产且立即得到"外籍军团"的响应和支援。第二天一早，佛朗哥将军就从其驻地加那利群岛飞抵摩洛哥的德土安指挥叛乱的军队，迅速攻占了梅利里亚、休达、德土安各城市，叛军宣称他们的目的在于阻止西班牙的无产阶级革命，防止"赤化"。

7月18日，叛乱的讯号"辛诺夫达"传遍整个西班牙本土各地的驻军营房，叛乱到处发生。全西班牙军队中约80%的官兵以及大部分国民警卫军都参与了叛乱，各地的长枪党武装组织和正统派的"雷克特"纷起策应。反对叛乱的人民纷纷要求武装起来，保卫共和国。内战全面爆发了。

然而，阿萨尼亚—吉罗加政府对于武装人民抗击叛乱犹豫不决。当南方一些城市，如加的斯、塞维利亚、赫雷斯、阿耳黑西拉斯、拉利内阿、科尔多瓦相继陷落，告急的电报纷至沓来时，总理卡萨雷斯·吉罗加竟然怀疑地说："半岛上没有任何人，绝对没有任何人会与这样荒谬的阴谋有关"，不同意发放武器给人民。

7月30日，叛军在布尔戈斯成立国防洪达。因原定充当叛军领袖的何塞·圣胡尔霍将军在葡

叛军一部

世界通史

最新整理图文珍藏版

进入马德里的叛军受到部分市民的欢迎

萄牙赶回西班牙的途中死于飞机失事，10日佛朗哥将军就被推为"西班牙武装部队总司令和国家元首"。

叛乱因为早有预谋，而且有德、意法西斯提供的外援，所以开始时进展颇为顺利。佛朗哥率领的摩洛哥叛军自南向北，莫拉率领的保皇党和正统派军队由北而南，戈戴德的军队离开巴利阿里群岛进攻加泰罗尼亚，其他各路叛军都朝首都马德里挺进，气焰极其嚣张。有的叛军将领甚至宣称：将在数天内攻占马德里，消灭共和国。

然而，他们低估了人民的力量。虽然阿萨尼亚—吉罗加政府软弱，害怕革命，不敢武装人民，可是广大劳动人民痛恨君主制度，反对复辟，纷纷行动起来，要求得到武器，平息叛乱。叛乱发生后，全西班牙出现十分感人的场面，几天内就有数十万男人和女

人到集合地点报到，希望得到武器，参加民兵，保卫共和国。在首都马德里的街头，到处是激动的人群，"武装！武装！武装！"的口号声响彻云霄，人们涌向政府大厦，要求分发武器。卡·吉罗加觉得左右为难，下不了决心，只好辞职。由另一名共和党人何塞·希拉尔组阁（1936年7月19日～9月4日）。

何塞·希拉尔政府决定立即把武器发给人民。7月9日一早，满载各种武器的卡车就奔驰在马德里的街道上，为各个工会运送枪支弹药。其他城市也采取了同样的措施。工人们武装起来了，整个西班牙沸腾起来了！广播不停地重复着当年法国凡尔登战役守卫者的誓言："他们绝不能通过！"情绪激昂的人民包围了叛乱的军营，很多地区和城市叛乱刚一露头，就遭到痛击：在巴塞罗那，武装的民兵包围了军营，抢占了机枪火力点，制止了军队的叛乱，并且俘获了叛军将领戈戴德将军。在阿斯图里亚斯，有着光荣战斗传统的矿工们包围了被叛军占领的奥维亚多城。在马德里，武装的人民包围了坐落在市中心战略要地、由叛军将领范胡尔将军及很多长枪党军官们所盘

踞的蒙塔那军营，在一片"处死法西斯匪徒！""保卫共和国！"的呐喊声中，经过5个多小时的激烈战斗，终于占领了这座坚固的军营，平息了叛乱，范胡尔被俘获并被处死。

在保卫共和国的战斗中，不但人民群众战斗情绪高昂，而且军队中也有一部分士兵拥护共和国政府，不愿参加叛乱。尤其是空军和海军，大部分仍站在共和国一边：海军主要的46艘战舰仍效忠政府，叛军只掌握7艘舰艇；空军的大部分飞机仍掌握在政府手中。叛军的主力是佛朗哥手下的外籍军团和摩洛哥士兵，为数不过2.5万人左右，其他叛军实力有限，而且被分隔在各地。在双方力量对比上，优势并不在叛军方面。如果政府能够实施正确政策，建立正规军队，统一指挥，而且坚决依靠人民，武装人民，叛乱是可以平息的。

人民群众浴血奋战，很快就止住了叛乱的蔓延。到7月下旬，除北方原来由莫拉将军所盘踞的布尔戈斯、那瓦尔、萨拉戈萨各省之外，南方被占据的只是塞维利亚、加的斯、格拉纳达和科尔多瓦几个孤立的据点，南、北两路叛军被巴达霍斯省所隔开。这

时，外籍军团的大部分主力还因为无法突破共和国海军严密封锁的海峡而滞留在摩洛哥，未能到达西班牙本土。叛军速胜无望，陷于困境。正是在这关键时刻，德、意法西斯于7月底直接出兵支持西班牙的叛乱者，武装干涉西班牙。

德意的武装干涉西班牙战争

德国和意大利早已是西班牙内战积极的参与者，内战前夕的西班牙更是德、意谍报机关猖狂活动的天地，从偷运武器到参与制订叛乱计划无一不插手。可以说，德、意对叛乱者的支持和援助是西班牙内战爆发的外部因素。

只是在西班牙叛军陷入困境，无法取胜的时候，德、意才在7月底开始对西班牙进行公开武装干涉。

武装干涉开始时，首要的任务是帮助佛朗哥将军外籍军团的主力渡过直布罗陀海峡。德国为此建立了"W"特别司令部；意大利在外交部专设了"西班牙司"，以领导和协调在西班牙的军事行动。最初的一部分外籍军团是由德国"容克"飞机空运去的，随后，大量的军队由德、意战斗机护航渡海。与此同时，大批德、意飞机、大炮、坦克以及各种轻

世界通史

最新整理图文珍藏版

重武器、弹药源源不断地供应叛军。接着，意大利的"萨伏依—18型"和德国的"容克—51型"轰炸机入侵西班牙领空，对和平城市和居民进行狂轰滥炸。德、意正规军也在"志愿兵"名义掩盖下踏上西班牙国土。

德国和意大利之所以要对西班牙进行武装干涉，原因是多方面的：

首先是由于西班牙的战略地位非常重要。从意大利来说，它争霸的重点地区是地中海和亚得里亚海。吞并了埃塞俄比亚，使它在控制苏伊士运河—红海的通道上，也就是在控制地中海的东部出口方面占有了有利地位，如果进一步控制西班牙南端的直布罗陀海峡（和非洲只隔14～20公里宽），再加上控制靠近西班牙东岸地中海上的巴利阿里群岛，就更能控制地中海的西部入口处，确保在地中海的优势地位。这对于一心梦想要把地中海变为"意大利湖"的墨索里尼来说，是一个很重要的战略步骤。从德国来说，希特勒早在《我的奋斗》中就已经提出有朝一日要和法国"算总账"的念头，法国始终被认为是德国最主要的敌人。控制西班牙这块战略要地对于实现这一

战略目标至关重要：在未来对英、法作战时，一来可以切断英、法和它们在亚洲及非洲殖民地之间的交通线，二来可使法国处于腹背受敌的不利地位。

其次，西班牙的战略物资丰富。汞的开采量占世界的45%，黄铁矿占50%以上。此外，还大量出口铁、铜、锰、钨、铝、银、钾盐等军事工业必需的原料。掠夺这些丰富的资源，也是德、意武装干涉的一个重要因素。事实上，德、意的资本是随着法西斯的刺刀渗透到西班牙各个工矿企业的。

再次，从政治来说，人民阵线在西班牙的胜利，不但将使德、意上述企图落空，促使欧洲反法西斯力量的发展，而且也引起了西方国家的"恐共病"。希特勒说："德国无论如何不能容忍出现一个共产主义的西班牙"，墨索里尼也把它们的行动，说成是"反对在西班牙或地中海确立布尔什维主义"，为它们的武装干涉披上反共的外衣，借以掩盖其真实意图，争取英法的支持和谅解。

另外，对希特勒来说，他还有一个企图，即以此转移意大利在中欧的视线，使其兵力陷于西班牙战场而无暇再顾及奥地利，这样，奥地利就会失去靠山，有

利于德奥合并的实现；再说，保持意大利和英法的不和甚至敌对状况，将使意大利决定性地倒向德国一边，巩固德意之间尚不牢靠的友谊。所以，希特勒在1937年11月5日德国高层秘密军事会议上说："从德国的立场出发，也并不期望佛朗哥获得百分之百的胜利，我们感兴趣的是，让战争继续打下去，维持地中海紧张局面。"这真是一箭双雕的鬼主意。

最后，德国还有意识地把西班牙战场作为它的"演兵场"，为未来发动大战作一次"演习"。这是采纳了戈林建议。据戈林在纽伦堡作证说，他曾力促希特勒"无论如何要提供支持，首先是为了制止共产主义在西班牙的进一步蔓延，其次还可以利用这个机会考验一下我们年轻的空军各方面的技术"。出于不急于结束西班牙战争的想法，德国派往西班牙的"秃鹰军团"，主要是空军、坦克兵和技术兵种，"任何时候都远远投超过6000人……其中大约只有10%是地面部队"，任务是试验各种新武器的性能，而且频繁更换，让更多官兵去接受"实战训练"，这和意大利不同，意大利派往西班牙的是整师的"黑衫队员"，最多时（1937年），人数达

到约5万人。

德、意对西班牙直接的武装干涉是佛朗哥得以支持下去，内战得以延续和扩大的重要因素，从而也在一定程度上改变了西班牙内战的性质，使之成为一场抗击法西斯侵略的民族革命战争。

"不干涉"政策

西班牙战争的扩大及其性质的变化，立即产生了深刻的国际影响。当时国际上三种不同的力量对这场战争采取三种明显不同的态度：德、意法西斯对西班牙实行直接的武装干涉；前苏联和共产国际以及全世界的民主力量则坚决支持共和国政府；英、法、美等西方国家则标榜"中立"，实行所谓"不干涉政策"。然而，上述三方都参加了由法国倡导的"不干涉西班牙委员会"。

法国当时也是依靠人民阵线的政策，由社会党人莱昂、勃鲁姆组阁，照理原本是应该支持西班牙人民阵线政府的，可是实际上却不然。

这主要是由于：

第一，法国国内右翼力量的压力，早已使勃鲁姆政府的政策向右转，背离了人民阵线纲领的原则。1934年法国法西斯势力的未遂政变虽然失败，但是在1936

~1937年，这股力量的活动仍然相当猖獗。例如，"法兰西行动"这个组织还曾企图暗杀勃鲁姆，他们的口号是：宁要希特勒，不要勃鲁姆！公开鼓吹暴力行动。如果勃鲁姆政府敢于支持西班牙共和政府，就要冒公开分裂甚至发生内战的风险。

第二，勃鲁姆政府本质上仍然是资产阶级政府，其内外政策都不敢偏离资产阶级的原则，害怕共产主义甚于害怕法西斯。虽然稍微有眼光的人都能看出，德、意出兵西班牙，实际上是"包围法国的战略计划的一个行动"。可是，法国和英国仍然迷惑于德意出兵时所打出的反共旗帜。它们既和法西斯力量有矛盾，怕改变现状，危及它们的利益；又怕西班牙"赤化"，共产主义蔓延欧洲。而害怕后者甚于前者。这就采取了"不干涉"态度，希望西班牙的战火不要扩大。艾登说："如果在那里〔西班牙〕建立了一个共产党或法西斯的政府，我们便再也不能保有通过地中海或取道大西洋的交通安全了。这是实行不干涉政策的一个强有力的理由。"

第三，英、法当时正希望和德国搞缓和，和意大利重修旧好，害怕引起和德、意的正面冲突，卷入一场欧洲战争。因此，宁可退让、姑息，彼此相安。当然还希望能借德、意之手，去扑灭西班牙土地上的共产主义火苗。

1936年7月26日，法国政府在英国支持下宣布在西班牙战争中保持"中立"。8月15日，英法互换照会，约定禁止向西班牙输出武器和军用物资，经过一番酝酿和活动之后，1936年9月9日，由法国总理莱昂·勃鲁姆出面发起在伦敦正式成立了"不干涉西班牙委员会"。有27个国家签订了"不干涉协定"，协定规定：禁止向西班牙输出武器和军用物资；禁止西政策牙所购买的武器过境；由英、法海军和边防警察封锁西班牙的海岸线和法西边境。以后又补充一个禁止派遣外国志愿人员赴西班牙的决定。

国际联盟在意大利侵略埃塞俄比亚时已显得软弱无力，上述"不干涉协定"更是把国联撇在一边。英、法为了尽快息事宁人，抚慰侵略者，还尽量劝说和阻止西班牙把问题提交到国联去解决。

在伦敦的"不干涉委员会"既然包罗了各方面互相对立的敌对势力，就不可能没有斗争。以德、意一方的"干涉"势力虽然也在"不干涉协定"上签字，但始终公开和半公开地向西班牙派遣军队，运送军火，并且通过葡萄牙作为转运站，一切军火和物资在通过葡萄牙港口时都不受检查。佛朗哥的叛军甚至在里斯本设立专门负责转运军火、招募兵员的机构。以前苏联为另一方的民主进步力量对此进行了揭露和斗争。前苏联代表在10月7日向不干涉委员会主席递交了一份声明，提请其注意葡萄牙在提供其领土作为佛朗哥的供应基地，表示绝不能同意"使不干涉协定变成掩盖某些参与国对叛乱分子提供军事援助的烟幕"，要求对葡萄牙的港口实行监督。10月23日，前苏联代表再次发表声明，表示鉴于不干涉协定一再遭受破坏的情况……苏联无论如何，"不应比不干涉协定的任何其他参加国受到更大的约束"，决定"恢复西班牙政府从国外购买武器的权利和机会"，并向西班牙派出军事顾问。

各方都自行其是，不受"不干涉协定"的约束，于是，正如前苏联代表伊·马伊斯基在声明中所说："协定就变成了被撕毁的一纸空文，它实际上不复存在"。但是，虽然如此，由于英、法对德、意、葡等破坏协定的行为视而不见，不加干预，而对西班牙共和国政府的武器禁运却严格执行，毫不放松。所以，在"不干涉"名目下的真正受害者是西班牙共和国政府一边。英、法军舰和法国边防军严密封锁西班牙沿海和法西边境，扣住了一切想运进西班牙的物资和军火。法国政府还单方面废止了按照1935年12月签订的"法西贸易协定"应售给西班牙的价值一亿法郎武器的合同，使西班牙政府在急需的情况下却得不到武器。

与此同时，英国却和佛朗哥的布尔戈斯政权继续维持贸易关系（1936年10～11月）。1937年，叛军占领毕尔巴鄂，佛朗哥允许英国奥康纳公司恢复从这个港口装运铁矿砂，从而获得英国100万英镑的贷款。

1936年，佛朗哥宣誓成为西班牙国家最高元首

美国没有参加伦敦的"不干涉委员会",但罗斯福政府明确支持英法奉行的不干涉政策,以防止战火扩大。1937年1月6日,罗斯福在其致国会咨文中,主张"中立法"也适用于"内战"的国家,争取了国会的同意。1月8日,美国国会参、众两院通过对西班牙禁运武器的联合决议。4月29日,又正式通过对1935年"中立法"的修正案,即"永久中立法"。主要的修正内容就是将军火禁运的规定应用到内战的国家。扩大了"中立法"所适用的范围。但是,美国所标榜的"中立"姿态,同样只使西班牙共和政府受害,而有利于叛军一方。因为公开支持叛军一方的德、意、葡等国仍然可以在"非交战国"的名目下和美国大做军火生意。事实上在西班牙战争爆发后的1年中,美国仅输往德国的武器就达140万美元,这些军火弹药都间接交给了佛朗哥。在美国的禁运物资清单中,卡车和石油都没有包括在内,这就使佛朗哥受益匪浅。在内战的几年中,佛朗哥从美国得到的石油和石油制品数额达到186.6万吨。具体数字是逐年递增的:1936年34.4万吨,1937年42万吨,1938年47.8万吨,1939年62.4万吨。德意在西班牙战场上的飞机、坦克,很多也是靠美国汽油发动的。难怪佛朗哥高兴地称赞罗斯福的行为"像是一个真正的君子",说"他的中立法是我们永远不会忘记的姿态"。

英国一方面通过"不干涉"政策希望能把战火局限于西班牙一国范围,不致影响它和德、意的关系,对德、意明显破坏"不干涉协定"的行为视而不见,不加谴责;另一方面,利用国联宣布撤销对意大利制裁之机,力图和意大利重修旧好,以维持地中海的均势。1937年1月12日,英意签订一项"君子协定",彼此互相承认在地中海有切身利益,宣称两国"无意变更或期待变更地中海区域内关于领土主权方面的现状"。在协定的谈判过程中,英、意双方在1936年12月31日曾互换照会,保证将继续维持西班牙的领土完整不予变更。事实证明,不管是"不干涉协定"或"君子协定",都无法约束法西斯意大利的行动,1月4日,协定的墨迹未干,又有数千意大利正规军踏上了西班牙的国土,公开破坏了上述协定。

不但如此,1937年8～9月间,地中海出现"不明国籍"的潜艇，袭击各国驶往西班牙的商船，活动猖獗。9月初，英国的驱逐舰"哈沃克号"遭到袭击，油船"伍德福德号"被击沉。英、法被迫作出反应。1937年9月10日～17日，在瑞士的小城尼翁召开有关国家的会议，英、法、希、土、南、罗、保、埃及和前苏联等9国代表参加（德、意拒绝参加），缔结"尼翁协定"及其补充协定，规定在地中海遇到潜艇、水面舰艇或航空器袭击不属于西班牙冲突任何一方的商船，应立即反击并予以消灭，并且决定由英、法海军共同负责对地中海主要航道的巡逻，英法为此派出60多艘驱逐舰。尼翁协定一经执行，意大利的海盗行径立即销声匿迹。

由此可见，采取坚决强硬的对策，侵略者还是会被迫缩手的。可是，英、法对西班牙不愿这样做，仍然坚持其"不干涉政策"。

在德、意法西斯的公开侵略的英、法等西方大国所谓"不干涉政策"的配合封锁下，西班牙共和国局势迅速恶化，处境艰难。

国际援助和"国际纵队"

虽然英、法等西方大国对德、意公开的武装行动采取姑息、纵容的态度，但是全世界的进步民主力量坚决起来支持西班牙人民的反法西斯斗争。当时，西班牙反对德意武装干涉的战争和1937年爆发的中国人民抗日战争，在西方和东方形成两道抗击法西斯侵略势力的主要战线。

世界各地纷纷举行集会，谴责德、意的武装侵略，声援西班牙共和国的斗争。共产国际号召各国无产阶级团结一切反法西斯的进步力量，积极行动起来，保卫西班牙，前苏联旗帜鲜明地站在西班牙共和政府一边，在西班牙遭受侵略和封锁的最困难时刻，及时给予道义上和物质上的巨大支持。除了在"不干涉委员会"为西班牙共和国政府购买武器的权利而斗争之外，前苏联人民还捐款捐物支持西班牙人民，到1936年10月，捐款达5600万卢布，以此购买粮食、药品、被服等运往西班牙。第1艘满载粮食和物资的前苏联轮船"涅瓦号"，冲破封锁于1936年9月抵达西班牙的阿利坎特港，受到了热烈的欢迎。随后，武器弹药源源运到。据前苏联国防部军事历史研究所的统计，自1936年10月至1939年1月，前苏联向西班牙提供的武器计有：飞机648架、坦克347辆、装甲车60辆、火炮1186门、机枪2.0486万支、步枪497813万支。其中绝大部分是在 1936 年 10 月至 1937 年 8 月这段时间运到的。此后，由于封锁的加强，西班牙政府能够获得的武器逐渐减少。前苏联还给西班牙共和国派去了军事顾问、飞行员、坦克手及各类专家共约 3000 人，它们的任务是帮助西班牙政府训练军队，建立正规军，但不直接参加战斗。此外，前苏联还接受了数千名西班牙难童，使他们能在前苏联安居并受教育。1936 年 12 月 21 日，前苏联政府在致西班牙共和国总理拉尔戈·卡瓦列罗的信中说："我们认为，我们继续认为，在我们力所能及的范围内，帮助领导着全体劳动者、所有西班牙民主力量为进行反对国际法西斯势力的仆从法西斯军事匪帮而斗争的西班牙政府，是我们的责任"。

当时正在和日本侵略者作斗争的中国人民也以各种形式表达了对西班牙人民的声援，纷纷集会声讨德、意法西斯及佛朗哥的罪行，谴责"不干涉政策"。毛泽东同志代表中国共产党在 1937 年 5 月 15 日写信给西班牙共产党说：西班牙的战争"不只是为了西班牙民族的生命，也是为了全世界被压迫的民族而战……我们相信：中国人民的斗争是不能和你们在西班牙的斗争分开的，中国共产党现在正以反对日本法西斯的斗争来帮助和鼓励你们西班牙人民。"中国人民关切地注视着西班牙人民的斗争，为他们的每一个胜利而欢呼。1938 年 7 月 7 日，中共中央致电西班牙人民，热情地说："同志们，你们每次的胜利都在兴奋着我们，给予我们反对日本法西斯野蛮侵略、争取民族解放的战争以很大的鼓励。……我们与你们都是站在全世界反法西斯蒂的最前线上。……让我们隔着海洋遥遥地紧握着团结的手吧！"11 月 5 日，中国共产党扩大的六届六中全会致西班牙共产党中央的电文说："你们同我们的敌人既是共同的，你们同我们所努力的事业又是同一目的的，因此，你们的胜利就是我们的胜利，我们的胜利也即是你们的胜利。"充分表达了中、西两国人民的战斗友谊。

在共产国际的号召和组织下，来自全世界 54 个国家约 3 万名优秀的反法西斯民主人士，不顾本国政府的阻挠和迫害，克服难以想象的困难，躲过法国边防警察的搜捕，突破海上封锁线，从不同的途径进入西班牙，组成了著名的"国际纵队"，直接参加了反法西斯的战争。这些国际战士既有共产党员、社会民主党员，也有无党派的进步民主人士；既有工人也有知识分子；既有来自西方民主国家的，也有来自殖民地、甚至来自德、意等法西斯国家的。不同种族，不同信仰的人们，在反法西斯的共同目标下奔赴西班牙战场。他们到达以后先集中在阿尔巴塞特接受短期军事训练。第1批650名志愿者到达这个训练基地的时间是1936年10月14日，这一天就成为"国际纵队"的诞生日。先后共组成5个国际旅（第十一——十五国际旅），旅以下再设营或连，都按本民族的英雄命名，如"林肯营"、"加里波的营"、"巴黎公社营"等等，其中有中国旅欧侨胞100多人参加。上述毛泽东同志1937年5月15日致西班牙共产党的信中就说："我们激动地读着由各国人民所组成的国际义勇军，我们很喜悦地知道有中国人和日本人参加其间，中国红军中许多同志愿意到西班牙参加你们的斗争。如果不是我们眼前有日本敌人，我们一定要参加到你们的队伍中去。"1937年秋，朱德、周恩来、彭德怀联名给"国际纵队中国支队"赠送锦旗，旗中题词是："中西人民联合起来！打倒人类公敌——法西斯

蒂！"表达了两国人民的战斗团结和无产阶级国际主义精神。

最后组成的第十一和第十二两个国际旅于1936年11月参加了保卫马德里的战斗。这批有觉悟、有经验、有自我牺牲精神的英勇战士，初战就露出锐利的锋芒，给法西斯军队以意想不到的打击。

西班牙战争与革命

在马德里人民浴血奋战的时候，迁都到巴伦西亚的卡瓦列罗政府却持另一种消极态度。他反对进行激烈的社会改革，拒绝和共产党合作；不去动员和组织全国力量进行抗战以保卫祖国，而且对国内政治、军事涣散的局面听之任之，不愿建立集中领导。在战争初期，西班牙实际存在三个政府：加泰罗尼亚的政府、巴斯克的民族主义政府、西班牙的"中央政府"。不仅如此，每个省、每个地区、甚至每个城市和乡村中各党各派、各个工会、团体都拥有自己的武装，各自为政，互不统属，政令、军令也不统一。甚至出现如此怪异的现象：马德里在浴血奋战，巴塞罗那的驻军却同叛军和睦相处，双方士兵有时还在一起举行足球友谊赛。阿拉贡是无政府主义者活动的主要地区，他们在那里强制实行"集

体化"，把农民的土地连同牲畜、农具、甚至农产品都一律归公；废除共和国的货币，另发行自己的一种毫无价值的货币来剥夺人民。他们控制的工厂，不为支援前线打仗组织生产，而是生产那些被认为是能够提供高利润的产品。1937年5月初，加泰罗尼亚地区的无政府主义者纠合托派的波乌姆党甚至在巴塞罗那发动暴乱，反对政府整顿秩序的措施，流血冲突延续了3天始告平息。

这件事使卡瓦列罗政府发生危机，人民也不满，于是，卡瓦列罗只得辞职。由另一名社会党人胡安·内格林组织新内阁。

胡安·内格林（1937年5月17日至1939年3月28日在任）采取了一些比较积极的措施：他消除了政府内部的无政府主义者和托派分子；宣布托派的"马克思主义统一工人党"（即波乌姆党）为非法组织；与共产党建立较好的合作关系，接受了共产党提出的一些主张；着手实施较为深入的社会改革；统一了军事指挥。这些措施使各方面的情况有了转机。

胡安·内格林执政初期，在政策上也犯了错误。他没有认真清除混入军政机关的敌探，把军

权交给社会党所谓"中派"领袖英达莱西奥·普列托，任命他为国防部长。可是普列托对胜利毫无信心，还反对在军队中进行政治思想教育，认为"最好的兵是被动的，一无所知的，只知道服从命令"，要求取消军队的政委制。普列托还在军队领导中采取"按比例"的原则，并且禁止适龄应征的人担任师以上政委的职务，以此把一大批共产党员从军事领导和政委岗位上排挤出去，安插上追随他自己的人。更令人不能容忍的是，作为军队的最高领导人，他的失败主义情绪竟发展到公开破坏的地步。在他所作的军事报告中，还公然捏造一些地区陷落的消息，以此动摇人心，涣散斗志。这种帮敌人忙的国防部长不下台，只能使共和国在军事上继续遭受损失。

普列托的叛卖行径加深了共和国的危机，引起了人民的普遍不满，内格林只得撤换他，并清洗了一些比较明显的投降分子，改组了政府。

改组后的内格林政府执行了比较激进的方针。1938年4月，他在西班牙共产党提出的《争取自由独立斗争纲领》的基础上，公布了一个重要的纲领性文件。

其主要内容是：重申抗战决心，要求人民团结一致驱逐武装干涉者，保证国家独立和领土主权完整；由人民按自己的意志通过自由选举建立人民民主共和国；尊重各民族平等权利和人民的民主自由；实行彻底的土地改革，制订劳动法规，保证工人福利，建立人民的军队等等。这个文件在一定程度上反映了人民的要求，对增强军民的斗志，起了积极作用。

文件中规定的主要措施大部分付诸实施。在战争的 2 年多中，农村面貌发生了显著变化。土地改革后，把没收的地主、教会所占有的 400 多万顷土地分给了农民，地主的封建特权和教会的专横势力被铲除；政府发给农民生产贷款，组织他们成立农业合作社，帮助发展生产。在城市，原属叛乱分子所有的工厂企业以及一些被资本家抛弃的企业、银行等，都由国家和工人监督、管理，恢复生产和继续营业。当时这一部分工业企业大约占全国企业总数的 30% 左右。此外，政府还尽量提高劳动者的工资，缩短工时，订立劳动保险制度，提高工人生活水平，并开始吸收一些工人参加企业和国家的管理工作。给予人民较多的民主自由。实行男女平等，同工同酬，普及教育，对工农子弟学生给予物质补助。少数民族的自治权利也逐步实现，不仅加泰罗尼亚取得自治权，巴斯克在 1936 年 10 月也成立自治政府；加里西亚准备在战争结束后实行自治。文件中建立人民军队的规定也得到实现，共和国的人民军队在战火中建立起来了。

改组后的政府在本质上虽还不是工农的民主政权，但反映了工农大众的一些要求。应该承认，他们在战争的条件下进行建设和改革，取得这样的成就是了不起的事。当时的西班牙共产党总书记何塞·迪亚士认为："在战争开始时，西班牙还是一个资产阶级式的共和国，可是在战争过程中，它发展成为人民共和国。"

当然，还应该看到，这个政府还不是真正的人民政府，无产阶级并没有掌握政府的实际权力。在这个政府中，由共产党直接领导的只有两个部：农业部和教育部。虽然这两个部的工作都很出色，但不能左右整个政府的工作。可以说，西班牙共产党主要是以其正确的主张和行动去影响政府的决策。人民阵线中无产阶级的革命领导权没有完全确立，因此，国家的性质就不可能发生根本变化，这也是战争终于走向失败的一个重要原因。

但是，应该肯定，西班牙共产党在整个反法西斯的民族革命战争中起了非常杰出的作用，它始终战斗在最艰苦的岗位上。在马德里保卫战中，该地区90%的共产党员都上了前线。共产党领导的"第五团"参加了很多重要战役，哪里危急就奔向哪里，立下了赫赫战功。因此，西班牙共产党在人民群众中的威信迅速提高，组织也不断扩大，到1938年，从原先只有数万党员的小党发展成拥有30万党员的大党。

西班牙共和国的失败

西班牙共产党威信和影响的不断增强，以及人民阵线政府所进行的社会改革，使国内外反动势力极为震惊，于是他们扼杀西班牙革命的步伐也加快了。

德、意法西斯和梵蒂冈教权主义者全力援助佛朗哥。从1936年到1939年间，向共和国进攻的外籍军队达到30多万人，其中德国5万多人，意大利15万人，葡萄牙和其他国籍的法西斯分子2万人，还有摩洛哥籍士兵约9万人。

战争的头两年，德国给佛朗哥叛军派去飞机650架、坦克200辆、火炮700门；意大利提供火炮近2000门、炮弹750万发、步枪24.1万支、子弹3.25万发、汽车7633辆、坦克和装甲车950辆、飞机1000架、炸弹1700枚、潜艇2艘和驱逐舰4艘。意大利耗费资金140亿里拉，德国花费5亿马克，梵蒂冈每天给佛朗哥的钱也达200万里拉。

大规模的外援，使叛军在武器装备上占有很大优势。

1937年夏，叛军在进攻马德里受挫之后，将其主要攻势转向北方，企图占领重要工业区巴斯克和阿斯图里亚斯。整个4月份，巴斯克地区都在发生激烈的战斗，德国飞机猛烈地空袭巴斯克各个城市，尤其是4月26日，对小城盖尔尼卡的野蛮轰炸，使整个城镇成为废墟，引起全世界主持正义的人士的义愤和抗议。6月份以后，叛军进一步加强攻势。6月19日，巴斯克首府毕尔巴鄂失守。

为了牵制叛军在北方的攻势，7月初，共和国军队在马德里附近的布鲁内特方向主动出击，迫使叛军从北方抽调兵力增援。8月份，共和国军在萨拉戈萨地区再次发动进攻，突破叛军防线。这次进攻虽然暂时减轻了北方所受的压力，但未能阻住叛军在北方的进攻。8月26日，意大利军占领桑坦德。9月，叛军在飞机、坦克配合下，猛攻阿斯图里亚斯，10月21日，北方最后一个据点——阿斯图里亚斯的希洪港陷落。从此，共和国失去了最主要的黑色冶金基地。

随后，战局的重心开始向东部转移。

叛军在德、意侵略军的配合下，企图在阿拉贡打通到地中海的出路，切断共和国的交通线，孤立加泰罗尼亚。1937年秋，共和国政府只得从巴伦西亚再次迁都到巴塞罗那。

12月，气温低达零下17度，共和国军队冒着严寒，踏着深雪，出其不意地出击，经过激烈的战斗，于1938年1月初，夺回了东部重镇特鲁埃尔。可是，由于后勤供应不上，武器弹药不足，1个多月之后，特鲁埃尔又重陷敌手。1938年4月，德、意侵略军和叛军又占领了重要城市莱里达，打开了通向加泰罗尼亚的门户。然后直插地中海海边，占领了维纳罗斯城，将共和国政府控制下的领土分割为两半，切断加泰罗尼亚和西班牙中部以及南部地区的联系，完全包围了加泰罗尼亚。

马德里周围的通路被切断了，成了一个"孤岛"。接着，叛军分兵出击，南攻巴伦西亚，北进巴塞罗那，共和国处境危殆。

进攻巴伦西亚的叛军沿着海边向卡斯特利翁—萨贡托推进，一路遭到顽强的阻击，进展缓慢。1938年7月25日至11月16日，双方军队在埃布罗河地区进行了一场大规模的会战。

埃布罗河战役是西班牙内战中规模最大的一次战役。双方都投入了大量兵力：叛军方面集中了摩洛哥兵团和外籍军团的雇佣兵10多万人，还有5万多意大利兵和数千名德国兵，动用了几乎所有的摩托化部队、坦克、炮兵和飞机；共和国军方面，投入战斗的是由共产党人莫德斯托、利斯特等率领的第5团和国际纵队的大部分人马，也有10多万人，但在坦克、大炮以及飞机支援方面处于劣势。在持续3个多月的浴血鏖战中，共和国军队收复失地300多公里，打死打伤叛军和德、意侵略军8万多人，击落击伤敌机200余架。共和国军伤亡也很大。因人力物力的消耗得不到及时的补充，加上混进共和国军政机关的敌特破坏了原定的作战计划，致使埃布罗河畔的战士只能孤军奋战，逐渐支持不住，最后陷于弹尽粮缺的境地，不得不于1938年11月16日撤出战斗。在共和国处境日益险恶的情况下，战士们昂扬的斗志和英雄的业绩曾经振奋过人心，但是，战役的最后失败不免给士气带来了不良的影响。原先预定要在爱斯特利马都拉和其他一些地区进行阻击战的计划未能有效地进行，致使30万叛军和德、意侵略军在飞机、坦克的支援下，以压倒优势长驱直入，进逼加泰罗尼亚。当时防守加泰罗尼亚的共和国军队不足12万人，步枪只有3.7万支，飞机和叛军相比是1:20、坦克1:35、机关枪1:15、大炮1:30，无法挡住敌人的进攻。1939年1月26日，加泰罗尼亚首府巴塞罗那失陷。2月11日，加泰罗尼亚全境被占领。叛军和法西斯军队进抵法、西边境，数十万共和国军民涌进了法国境内。

加泰罗尼亚陷落后，共和国的处境急剧恶化。国际上，"慕尼黑阴谋"之后，英、法对德、意的绥靖政策正处于高峰，它们把西班牙的继续抗战视为进一步和德、意搞缓和的障碍，急于要扼杀共和国以结束西班牙战争。

早在1938年10月，在伦敦的"不干涉委员会"就作出一项决定：要求一切外国军队撤出西班牙。当时在西班牙战场上的意大利军队至少还有4万人，德军也有数千人，它们是不会真正听从这个撤军决定的，可是内格林政府却毫无保留地执行了。1938年10月28日，国际纵队服从西班牙政府的决定全部撤离西班牙。这一天，巴塞罗那举行隆重的欢送仪式，西班牙人民用鲜花与眼泪送走这些并肩战斗过的国际主义战士。两年多来，他们实现了自己的誓言：为了反对法西斯侵略，为了西班牙和全世界的自由，不惜流尽最后一滴血。有5000多人长眠在西班牙的土地上，用生命和鲜血谱写了一曲无产阶级国际主义的凯歌。他们的英雄业绩将永远为人民所传颂。

国际纵队撤出后，共和国方面的战斗力又进一步削弱了。接着，英国和法国就公开出来帮助佛朗哥。1939年2月9日，英国军舰协助叛军占领共和国海军要塞梅诺卡岛。法国政府将逃入法国境内的西班牙军队和难民全部解除武装，关进了集中营，然后交给佛朗哥；还将所冻结的西班牙共和国政府储存的黄金如数移交给佛朗哥。2月27日，英、法政府相继宣布承认佛朗哥政权，而且断绝和内格林为首的西班牙合法政府的外交关系。

在国内外各种反动势力的联合夹攻下，尽管西班牙共和国手里还有首都马德里，还控制着大约900多万人口的地区，拥有一支约70万人的军队，但是处境艰难，被围的马德里严重缺枪少粮，居民每人每天只配给三盎司面包；大批"第五纵队"特务钻进共和国军政机关内部，猖狂活动，煽动不满和失败情绪。内格林虽然最后下定决心继续作战到底，委派坚决作战的共产党将领莫德斯托、利斯特等去替换一些动摇的不可靠的军事将领。但为时已晚，那些投降分子和阴谋分子已经抢先下手。

3月3日，海军基地卡塔黑纳首先发生武装叛乱，虽然共产党领导的军队很快就平息了叛乱，但接着在3月5日，首都马德里爆发反革命武装政变，由中央战区司令卡萨多、马德里城防司令米亚哈和右翼社会党人贝斯泰罗等组成的"国防委员会"宣布接管政权。接着到处搜捕和屠杀抗战派和共产党员。内格林逃往法国。3月18日，所谓"国防委员会"向佛朗哥乞降，要求给予"光荣和体面的和平"，并释放在押的大批法西斯分子，搜捕爱国者，杀害或交给佛朗哥处置。为了配合这场政变，佛朗哥的军队全线出击，牵制在前线的共产党部队，使之无法回师救援。3月28日，马德里终于在内外敌人夹攻下陷落子。这座英雄的城市经历了2年8个月的战斗洗礼，没有被叛军和法西斯军队的炮火所征服，却从内部被攻破，这是一个沉痛的教训。

"国防委员会"的委员们在屠杀大批共产党员，消灭坚持抗战的力量，打开首都马德里的大门，迎进佛朗哥和德、意侵略军之后，便坐1艘英国派来的军舰溜走了。

西班牙共和国终于失败了。据统计，在这场内战中，约有70万人死于战场，3万人被枪决或杀害，1.5万人死于空袭。

从此，在西班牙开始了长达40年之久的佛朗哥独裁统治，而欧洲也面临新的战祸，第二次世界大战已经迫在眉睫了。

马德里保卫战

德、意法西斯的武装干涉，英、法政府的"不干涉"政策，使西班牙战争中双方的力量对比发生了不利于共和国的变化。叛军得以重新集结力量，于7月30

日在布尔戈斯成立了名曰"国防洪达"的政权机构，并开始发动新的进攻。8月5日，叛军占领巴达霍斯，南北方叛军得以汇合。不久，叛军又占领伊伦和圣塞瓦斯提两个据点，隔断了共和国北部和法国的联系。从9月起，叛军开始向马德里进逼。10月1日，佛朗哥被叛军推举为"西班牙国家元首"和叛军最高统帅。

叛军进攻马德里前夕，德、意两个法西斯国家在武装干涉西班牙的过程中实现了新的勾结。10月25日，意大利外交大臣齐亚诺访问柏林，双方达成在西班牙采取共同行动的协议，从而形成了"罗马—柏林轴心"。德、意开始派出正规军团以"志愿人员"的形式到西班牙作战。11月初，拥有一百余架战斗机和五千名士兵的德国"秃鹰军团"开进西班牙，佛朗哥扬言要在十月革命节占领共和国首都。担任进攻指挥的叛军将领摩拉也夸口说：马德里将由四个进攻的纵队在市内"第五纵队"的协助下加以占领。"第五纵队"从此就成了内奸和间谍的代名词。

9月4日，希拉尔政府因无力抵抗法西斯的进攻而辞职，社会党人拉戈尔·卡巴列罗组成新政府。人民阵线各党派，包括共产党代表都参加了政府。为了动员群众保卫共和国，人民阵线政府采取了一系列社会改革措施：实行土地改革，没收参加叛乱的地主近500万公顷土地，无偿地分给无地农民，并废除农民的债务；对企业主离开的工厂企业，由政府代表领导工人监督和管理生产，实行劳保制度，提高工资；改革国家机构，保安、警察和其他机关都补充了人民代表。最重要的是，人民阵线政府建立了正规军。这些措施的实施，增强了人民阵线的基础，激发了西班牙人民群众捍卫民族独立和抗击法西斯的斗争热情。由于马德里局势危急，西班牙政府迁至巴伦西亚。但广大爱国军民万众一心，决心保卫首都。

1月7日清晨，佛朗哥叛军在德国坦克的配合下，对马德里发起总攻，马德里保卫战开始了。共和国刚刚组建的30万人民军投入战斗。马德里凡能拿起武器的群众几乎都上前线，各种党派的人在一条战壕里抗击法西斯。西班牙共产党在这场保卫战中起到了中流砥柱的作用。共产党人参加了"马德里保卫委员会"，实际上掌握了首都军事活动和经济生活的几乎全部领导权。共产党提出了"不让敌人前进"的口号，马德里的 25000 名共产党员中有 21000 人在战壕里战斗，他们所组建的人民军第五团在战斗中发挥了突击队的作用。11 月 8 日，刚刚组成的国际纵队第十一国际旅在战斗最炽烈的时候到达前线，第十二国际旅也于 11 月 17 日投入战斗。战斗进行得残酷而激烈，市郊的大学镇被摧毁，曼萨纳雷斯河的河水被鲜血染红，但法西斯分子未能前进一步。11 月 11 日，马德里的保卫者由守势转入反攻。11 月 25 日，法西斯的进攻被击退。马德里城巍然站立在反法西斯斗争的前哨。

第一次马德里保卫战之后，敌对双方都加紧积蓄力量，准备继续战斗。德国和意大利进一步加强了对叛军的援助，11 月 18 日正式承认佛朗哥政权。11 月 28 日，意大利与叛军达成一项秘密协议，意大利保证继续援助"西班牙民族主义政府"。这时，西班牙的主要反动力量——保皇派、卡洛斯派和长枪党合并为统一的"西班牙传统长枪党与国家工团主义者进军洪达"，佛朗哥正式成了西班牙法西斯主义的领袖，并建立了一支相当强大的、装备精良的正规军。共和国方面继续实行经济、军事、政治和文化的改革，以增强反法西斯的力量。

1937 年 2 月，意大利远征军以四个师的兵力在南线马拉加地区发起攻击，企图合围马德里。意军攻破分散在该地区的共和国部队的抵抗，于 2 月 8 日占领马拉加。随后，法西斯军队在德国坦克、炮兵和航空兵支援下，从马德里以南的哈拉马河发动大规模进攻，再次企图包围和占领马德里。驻守在这里的共和国军队和国际纵队经受住了法西斯的攻击，并在 2 月 18 日转入反攻，把敌人赶回出发地。哈拉马河之战是共和国军队赢得胜利的第一次重大战役。敌人对首都的第二次进攻又归于失败。

3 月 8 日，法西斯军队从北面的瓜达拉哈拉地区对马德里发动了第三次进攻。这次进攻以意大利远征军为主。墨索里尼派遣亲信罗阿塔直接担任指挥。在德国飞机、坦克和大炮的支援下，五万名意军一度突破防线，向马德里推进。共和国军队用顽强的防御消耗了敌人的力量，然后实施反突击，于 18 日攻克瓜达拉哈拉东北的布里乌埃加镇，使意大利法西斯侵略军遭到惨重损失。马德里再次经受了考验。

马德里保卫战从 1936 年 11 月 6 日开始，到 1937 年 3 月 18 日，前后经历了 133 天，谱写了英勇反击法西斯的光辉篇章。

德日军事同盟

1937 年 7 月，日本发动了全面的侵华战争。希特勒在 11 月 5 日召集由纳粹德国军事、外交核心人物武装部队总司令勃洛姆堡、陆军总司令弗立契、海军总司令雷德尔、空军总司令戈林、外交部长牛赖特参加的秘密决策会议上，提出了发动世界大战的战略计划和时间表。德日两国都希望加快相互勾结的进程。

对德国和日本来说，两国在华利益的冲突还阻碍双方进一步勾结。从 20 年代开始，德国便同中国国民党政府保持着较密切关系。德国向中国派遣军事顾问、供应武器装备，德国以此换取所缺乏的工业原料和外汇。日本发动全面侵华战争后，1937 年 7 月，德国国务秘书魏茨泽克对日本驻德大使武者小路指出，德国不能"帮助日本进行可能导致""鼓励中国的共产主义"和使中国与苏联接近的活动，日本威胁说，如果德国不停止向中国提供军用物资，日本准备废除《反共产国际协定》，但并没有起到什么作用，德国仍继续对华提供军事援助。

1938 年 1 月 2 日，里宾特洛甫向希特勒呈送了一份重要备忘录，其中提出，德国以武力改变中欧现状的行动，势必导致与英法的冲突。为了牵制英国的军事力量，使其无法给法国以有效的支持，德国必须同日本和意大利结成紧密的军事同盟。希特勒对这一备忘录极为赞同，并于 2 月 4 日任命里宾特洛甫为德国外长。德国为了维护在华利益和改善同日本关系，1938 年 2 月正式承认伪"满洲国"，7 月停止向中国出售武器，召回军事顾问；另一方

英、法、德、意在慕尼黑举行会议，签订阴谋瓜分捷克斯洛伐克的《慕尼黑协定》

第四编　世界现代史

最新整理图文珍藏版

面，从 1938 年 1 月开始，通过日本驻德武官大岛浩，向日本提议缔结一个既针对苏联，又针对西方列强的德日意三国军事同盟条约，德国提出"缔约双方应当无条件地对进攻缔约一方的敌人宣战。"

接到德方的提议后，在近卫首相、宇垣外相、池田大藏相、板垣陆相和米内海相参加的五相会议上，讨论了有关德日同盟条约的问题，日本统治集团内部产生了严重的意见分歧。外务省和海军认为，日本发动全面侵华战争已深陷于"中国泥淖"，外交上十分孤立，不宜再同西方国家为敌。他们希望同盟条约只针对苏联，不应针对英法。陆军认为，日本要独占中国，必然导致其与苏联及西方国家的矛盾尖锐化。同德国结成军事同盟，利用德国牵制苏联和西方国家，将有助于日本顺利解决"中国事变"，并进而在东亚放手行动。这实际上反映出，日本统治集团在陷入中国人民抗日战争汪洋大海的情况下，战略指导思想上发生了严重的混乱。

经过激烈的争论，外务省等方面的意见占了上风。1938 年 8 月下旬，日本五相会议决定了关于缔结日、德、意军事同盟的方案，其实质内容是：把同盟的目标只限定于苏联，这是日本的保留条件；在德国与苏联或其他国家开战时，日本将不承担"自动参战"的义务，是否提供军事支援，则要"协商决定"。会议还决定由驻德大使而不是武官同德国进行谈判。可是，外务省和陆军在会外各自向驻德大使和武官下达了不同的指令，致使日方未能形成统一的方案，日德谈判也就无法顺利地进行。

这时，欧亚两大洲局势都发生着重大变化。在欧洲，希特勒通过 1938 年 9 月的《慕尼黑协定》，兵不血刃地控制了捷克斯洛伐克的苏台德区，完成了占据中欧战略要地的战略步骤。德国下一步的侵略计划将要在西线同英法正面对峙，以建立在整个欧陆的霸权地位。希特勒清楚意识到，无论德国的下一个具体目标是什么，都必然会导致德国与英国矛盾的尖锐化。再要重演"不流血的征服"也将变得极为困难，因而，希特勒希望利用日本牵制英国。

在亚洲，日本近卫内阁于 1938 年 11 月 3 日发表建立"东亚新秩序"的声明，其独霸亚洲—

太平洋地区的意图暴露无遗。美、英法等国先后发表声明，抗议日本的行动。1939年1月3日，近卫内阁辞职，新首相是平沼，他竭力主张和德、意合作，缔结军事同盟。在这之后，日本对三国同盟的态度有些改变。

早在1938年10月27日，里宾特洛甫为打破德日谈判的僵局，曾非正式地向日本新任驻德大使大岛浩提出德国新方案，在坚持德、日、意军事同盟应针对英法的同时，又在提供军事支援问题上对日本作了让步，同意日方原先提出的视情况"协商决定"的意见。1939年1月6日，德方正式向日方提出这一方案，只是文字上略有修改。1月19日，日本五相会议通过了日方的对策，其主要内容为：三国同盟主要是针对苏联的，但根据情况也可以针对第三国；在针对苏联的情况下，缔约国互相提供军事援助是不成问题的；在针对第三国时，是否互相提供军事援助，则须视情况而定。这表明，德日双方对于条约内容的态度都有改变，但仍存在重大分歧，因而谈判依然进展缓慢。

1939年3月，德国公然撕毁《慕尼黑协定》，出兵侵占捷克斯洛伐克剩余部分，接着又对波兰发出战争威胁。英、法向波兰等国作出安全保证。英、法、苏也开始就制止德国侵略扩张问题展开谈判。在欧洲局势急遽紧张，大战迫在眉睫之际，德国与日本缔结军事同盟的愿望更为强烈。5月，德国外交部条约局局长高斯向日方提出妥协案，其中包括两套供选择的方案。第一套以日方意见为基础，加进一些德方要求；第二套以德方意见为基础，加进一些日方要求。5月7日，日本五相会议基本上同意以第一套方案为谈判基础。

6月5日，日方向德方提出最后提案，其要旨为：如发生德意反对苏联一国或与苏联结合在一起的其他国家的战争，日本将明确地站在德意一边，并提供军事支援；如发生德意反对苏联以外国家的战争，日本将支持德意而不是英法，但在苏联未就此表态前，为有利于阻止苏联参战，日本也可能不表态，并就表态问题同德意协商；在发生德意反对苏联以外国家的战争时，日本无力提供有效的军事援助，但将就此问题同德意协商。

日方的提案显然仍未满足德方的要求，因为德意坚持要求日本无条件加入三国军事同盟。德国对日本加紧施加压力，日本的一些军方法西斯分子催促政府同德国缔结同盟条约，坚决主张满足德意提出的一切要求。直到1939年8月7日，陆军大臣板垣还晋见平沼首相，要求重新考虑三国条约问题，他提出，"军方认为，局势的变化表明有必要缔结进攻和防御条约"，否则板垣将宣布辞职。与此同时，欧洲形势又发生巨大变化。希特勒为了避免发动欧战时陷于两线作战的困境，主动向苏联伸出橄榄枝。苏联为了打破英法挑动苏德战争的阴谋，确保自身安全，于1939年8月23日同德国签订了互不侵略条约。这样，德国暂时已无必要继续与日本的结盟谈判。日本则"像打开信箱却猛地碰上一群黄蜂飞来一样"，不啻挨了当头一棒。平沼政府把苏德条约的签订，看成是

德国对《反共产国际协定》的背叛和拒绝同日本结成军事同盟，社会舆论对该条约表示震惊。8月25日，日本五相会议决定停止三国同盟条约的交涉。德日结盟谈判暂时中断。

德意"钢铁盟约"

就在德日进行谈判的同时，德意之间也在就缔结军事同盟条约问题进行频繁磋商。在慕尼黑会议期间，希特勒曾向墨索里尼提出意大利参加德日军事同盟的问题，墨索里尼原则上表示同意。1938年10月28日，里宾特洛甫访问罗马。他在同墨索里尼会谈时表示，德日意军事同盟缔结后，一旦同西方列强开战，德意两国可投入

1939年9月1日，德军对波兰机场、铁路、港口、弹药库、物资供应中心和坚固防御工事等目标进行狂轰滥炸。

1939年春，德军在奥地利进行军事演习。

奥地利的纳粹分子在德国的支持下刺杀了奥地利总理陶尔斐斯，阴谋夺取政权。

战场二百个师；而日本"即将完成控制中国"，利用它来对西方国家作战将"极有价值"。墨索里尼提出，"我们要建立的决不是一个仅仅防御性的联盟……恰恰相反，我们要建立一个足以改画世界地图的联盟"。

德意两国在推行扩张政策时，互相给予支持。1939年1月1日，墨索里尼对齐亚诺说，他决定接受德国关于把三国《反共产国际协定》变成一项同盟条约的建议，他还提议在1月份就签订这项同盟条约。在里宾特洛甫、齐亚诺和日本驻德大使大岛直接磋商后，还曾草拟了一个三国条约的文本。但由于日本政府坚持三国条约的保留条件，三国条约问题迟迟没有解决。1939年3月17日，齐亚诺对德国驻意大使马肯森表示，

意大利"无保留地同意"德国占领捷克斯洛伐克剩余部分的行动。4月7日，意大利入侵阿尔巴尼亚。希特勒随即表示支持。4月中旬和5月初，德国空军司令戈林和外长里宾特洛甫先后访问意大利，讨论德意两国建立双边同盟的问题。经过一连串幕后交易，5月22日，里宾特洛甫和齐亚诺在柏林签订德意同盟条约。这个被称为"钢铁盟约"的军事同盟条约规定：德意互相承担义务，在涉及它们共同利益和整个欧洲局势的问题上进行磋商，如果一方的安全和其他重大利益受到外来威胁，另一方将给予充分的政治和外交支持；如果一方卷入同一国或数国的军事冲突，另一方将立即以全部军事力量给予援助；双方共同作战时，必须在互相取得完全一致的情

希特勒和墨索里尼在慕尼黑的大街上

最新整理图文珍藏版

在进行外交掩护的同时，纳粹德国步兵借演习名义向波兰边境集结。

况下，才能缔结停战协定与和约。

"钢铁盟约"的缔结，无疑是德意勾结、发动战争的重要步骤，其内容比《反共产国际协定》大大前进了一步，双方都承担了军事义务。然而，德意两国的"团结"并不如他们自己吹嘘的那样"坚如钢铁"。当时，意大利面临的迫切问题是强化对埃塞俄比亚和阿尔巴尼亚的占领。它在军事上、经济上尚未为参加德国所准备发动的欧洲战争做好准备。同时，在争霸斗争中惯于依附强者的意大利帝国主义，并不愿意在欧洲局势发生有利于法西斯国家的重大转折前就把赌注全部押到德国一方。墨索里尼在1939年5月30日的一份备忘录中即表明，由于"需要有一个准备时期"，意大利希望三年以后再打仗。8月下旬，在德国入侵波兰的前夕，意大利又临阵退缩。墨索里尼致函

希特勒说，如果德国进攻波兰，而冲突又保持局部化，意大利将对德国提供政治和经济援助；如果英法向德国展开反攻，意大利由于准备不足，不能在军事上采取主动行动。这样，尽管德意缔结了"钢铁盟约"，但在1939年9月德国入侵波兰、英法对德宣战后，意大利却宣布自己是"非交战国"。

轴心国的形成

德国入侵波兰后，凭借经济、军事装备和战术上的优势，不到一个月便以"闪电战"打垮了对手。随后，它又趁英法对德宣而不战之机，调兵北上，征服了丹麦和挪威，然后于1940年5月，在西线向荷兰、比利时、卢森堡

第三帝国

和法国发动大规模进攻。号称欧陆"第一军事强国"的法国，同德国正面交锋一个多月于6月22日就投降了。20多万英国远征军在敦刻尔克丢盔弃甲，退到英伦三岛。希特勒德国在军事上取得暂时的胜利。

希特勒打败法国后，根据其既定的侵略计划，准备挥戈向东，入侵苏联。7月31日，他在高级军事会议上宣布了第二年春天进攻苏联的决定。于是，对德国来说，同日本缔结军事同盟，利用日本的力量牵制美、英，夹击苏联的问题又提上了日程。意大利看到德国在西欧的胜利，在法国败局已定的时刻，于6月10日匆匆向英法宣战，完全站到了德国一边。

法国败降后，日本对于缔结三国军事同盟问题的立场也发生

墨索里尼到前线部队视察

了重大变化。1939年8月苏德签订互不侵犯条约，使日本外交政策受到猛烈冲击。德国入侵波兰后，日本政府奉行"避免卷入"的政策，实际上是企图等欧洲局势明朗化以后再作决断。随着法国败降，日本统治集团一方面为德国在欧洲发动"闪电战"的战果所鼓舞，认为南洋一带殖民地已由于法国、荷兰等宗主国的败降而成为"真空地带"，因而是实行"南进"、建立"大东亚共荣

充满狂热气氛的纳粹党卫军大会

圈"的天赐良机，另一方面，侵华战争使数十万日本军队被拖在中国战场上，造成日本战略上的严重失调和经济上的沉重负担，日本侵略者又企图通过"南进"，攫取东南亚丰富的战略资源，维持侵华战争，促进"中国事变的解决"。在这样的背景下，日本统治集团内部的"南进"论甚嚣尘上，与德意缔结军事同盟重新成

为紧迫的问题。

1940年7月22日，发动侵华战争的罪魁之一近卫文麿组成第

奥亲德分子，赛斯·英夸特接替许士尼担任总理后的街道一景。

二届近卫内阁。就在受命组阁前三天，近卫同即将上任的外相松冈洋右、陆相东条英机和海相吉田善吾在东京的近卫官邸举行了一次重要决策会议。会议留下了一份题为《组阁中四巨头会议决定》的文件，决定要加强日、德、意轴心关系，实行"南进"方针。7月22日，在日本政府与大本营联席会议上，通过了《适应世界局势发展处理时局要纲》。其中规定："首先要把对德、意、苏三国的政策作为重点，特别要迅速加强同德意两国的政治团结"。

德日之间再次开始关于缔结军事同盟的谈判。7月30日，日本外务省制订了德日合作的新方案："如德意方面要求军事援助以对付英国，帝国将在原则上表示同意"。8月1日，日本外相松冈邀请德国驻日大使奥特参加茶会，围绕同德国结盟问题进行了试探。此后，德日双方在东京和柏林通过外交途径进行了一系列会谈。为了加速谈判的进程。9月7日，德国派遣特命全权代表施塔默尔前往东京，9月9日，施塔默尔和驻日大使奥特代表德国同松冈外

1932年，陶尔斐斯出任奥地利总理。

墨索里尼和希特勒走到一块

相举行会谈。德方的基本立场是：德日缔结军事同盟后，日本应在东亚牵制美国，并阻止其投入欧战，并吸引苏联的几十个师和空军；德国则同意向日本提供武器和军事物资，并承认日本在东亚的"政治领导权"。这是日本方面大致可以接受的。因此，德日谈判进展顺利。9月19日，日本天皇裕仁在全体内阁成员和陆海军最高首脑出席的会议上，认可了施塔默尔—松冈会议所产生的三国同盟议定书。

9月19日至22日，德国外长里宾特洛甫访问罗马，同墨索里尼、齐亚诺举行会谈，就德意双方在政治上和军事上进一步互相支持达成了协议，并说服意大利接受三国同盟条约。

1939年春，德军在奥地利进行军事演习。

1940年9月27日，德、日、意三国在柏林签订了为期10年的同盟条约。其主要内容为：日本承认并尊重德国和意大利在欧洲建立"新秩序"的领导权：在缔约国一方遭受尚未参与欧战或中日冲突的国家攻击时，三国保证以政治、经济、军事之一切手段互相支援。

谈判期间，德、日两国就南洋问题签署了秘密协定，商定一旦日本与英国发生冲突，"德国将尽其可能，以所拥有的一切手段援助日本"。德国同意曾处于日本委任统治下的德国过去在南洋的殖民地，仍由日本管辖，但德国得到一定的补偿。

与此同时，德、日、意三国还签署了建立三个委员会（总委员会、军事委员会和经济委员会）的协议。总委员会的任务在于协调三国的大政方针；军事委员会和经济委员会的任务则是解决三国间协同作战和相互进行经济援助的问题。

这样，德、日、意三国终于在发动侵略战争的道路上全面勾结起来，结成了比较紧密的军事同盟。此后，1940 年 11 月 23 日罗马尼亚安东尼斯库政府签署了罗马尼亚加入三国条约的协定书；1940 年 11 月 20 日匈牙利霍尔蒂政府签署了加入三国条约的协定书；斯洛伐克傀儡政权也于 1940 年 11 月 24 日宣布加入三国条约；1941 年 3 月 1 日保加利亚正式宣布加入；南斯拉夫则在 1941 年 3 月 25 日签署了加入这个条约的议定书，两天后又宣布取消。另外，西班牙佛朗哥政权虽然没有正式签署协定，但在实际上参加了这

1939 年，数千名伦敦妇女和儿童被迫向安全地区转移。

个集团。从而形成了一个以德、日、意为核心的侵略集团。

德、日、意之所以能结成侵略性军事集团，原因是多方面的。

从历史上看，德日意三国走上资本主义道路后，其社会政治制度仍在不同程度上都带有军事封建专制主义的色彩。第一次大战后，法西斯主义与法西斯运动的祸水分别在三国国内泛滥开来。从 20 年代到 30 年代，三国又以不同的方式先后建立起了法西斯专制统治。

从一次大战后形成的国际格局来看，德国是第一次大战的战败国，在战争中失去了全部殖民地和传统势力范围。日本和意大利虽然是战胜国，但在战后对世界的重新瓜分中未能达到自己的要求和目标，自认为吃了大亏。因此，它们在不同程度上对第一次大战后形成的、由英、法、美等国所操纵的凡尔赛—华盛顿体系极为不满。随着法西斯政权的建立，德、日、意三国都把以武力改变世界现状、重画世界地图，规定为自己的基本战略目标。它们因此而成为新的世界大战的策源地。

再从经济、军事潜力来看，德、日、意三国同英、法、美等

国比较起来，它们的财政经济力量有限，军事力量起初也并不雄厚。更何况，它们的侵略行动与战争政策势必使它们遭到全世界一切爱好和平或希望维护和平的力量的反对。这就决定了谁都没有力量单独从一开始就发动一场世界性的全面战争，而需在采取局部性侵略行动、发动局部战争的过程中勾结起来，结成侵略性的政治军事同盟。

如果说，以上所述揭示了德、日、意三国在采取侵略行动、发动侵略战争时结盟的可能性与必要性的话，那么，在历史的实际发展中，这种结盟又并非一下子便由可能变为现实的。这还要取决于诸多的因素，如整个国际局势的发展变化，遭受侵略的弱小国家的抵抗，西方"民主国家"的反应，以及法西斯国家自身各个时期的实际战略需要与内外处境等等。因此，德、日、意三国从最初采取侵略行动时基本上各自为战，然后逐步接近，最终结成了侵略性的政治军事同盟，经历了一个复杂而曲折的历史过程。

三国同盟条约签订的第二年，德国法西斯就悍然发动侵苏战争，接着日本发动了太平洋战争。1942年1月18日，德日意又签订

军事协定，以东经70度为界，划定了各自的作战区域。第二次世界大战的战火终于燃遍了全球。

二战爆发

开战概况

第二次世界大战从1939年9月德国入侵波兰开始，到1945年9月日本签署无条件投降书结束，历时整整六年。它经过法西斯国家的战略进攻、交战双方攻守互易的战略转折、反法西斯同盟国的战略反攻三个发展阶段，最终以法西斯轴心国的彻底失败而告结束。

慕尼黑协定签订不久，希特勒就开始准备侵占波兰。

波兰位于欧洲东部，东接苏

德国扩张范围图

英国首相张伯伦

联，西临德国，南接捷克斯洛伐克，北濒波罗的海，战略地位十分重要。

法西斯德国对波兰的侵略战争，是希特勒妄图称霸世界战争总计划中的一个重要组成部分。波兰是当时英、法在欧洲诸盟国中军事上最强大的一个国家。德国若占领波兰，不仅能获得大量的军事经济资源，而且还能大大改善自己的战略地位。即可消除进攻英、法的后顾之忧，又可建立袭击苏联的基地。

1939 年 3 月 21 日，德国向

波兰发出通牒，要求将格但斯克"归还"给德国，并将在"波兰走廊"建筑公路、铁路的权利也转让给德国。这遭到波兰政府的拒绝。

随着德波关系的日益紧张，波兰加紧向英、法靠拢。3 月 22 日，波兰向英国建议，立即缔结一项英波协定。3 月 31 日，英国首相张伯伦宣布，"如果波兰受到进攻并进行抵抗的话，英国和法国将给予波兰政府全力支持。"这使希特勒大为恼火。4 月 1 日，希特勒发表演说，警告英法，恫吓波兰。4 月 3 日，德国统帅部下达了关于制定对波兰作战计划，代号为"白色方案"，定于 9 月 1 日以前做好一切作战准备。4 月 28 日，德国废除了德波互不侵犯条约，并再次向波兰提出了领土

战时的两大军事集团

要求。

为了进攻波兰，希特勒在大战之前，首先在外交上孤立波兰。从1934年1月与波兰签订互不侵犯条约到1939年以睦邻合作为名义拉拢波兰，破坏波兰与英、法和苏联的关系。与此同时，希特勒大搞军事欺骗活动，使波兰丧失警惕，攻其不备。

"白色方案"制定后，希特勒建立了南北两个集团军群：由伦德施泰特上将指挥的南方集团军群，辖3个集团军共36个师；由博克上将指挥的北方集团军群，辖2个集团军共21个师。这两个集团军群分别由凯塞林将军指挥的第一航空队和勒尔将军指挥的第四航空队担任配合。德军的基本兵力集中在进攻集团的第一梯队。战役预备队是在战局过程中从德国抽调业已动员的师建立起来的。德军用于对波作战的兵力总共有62个师（其中7个坦克师、4个轻步兵师和4个摩托化师），160万人，2800辆坦克，6000门火炮和迫击炮，约2000架飞机。

1939年5月23日，希特勒在总理府召集有14名高级军官参加的会议。会上，希特勒分析了欧洲的形势，提出了发动战争的战略部署。

张伯伦虽然为了应付国内的压力，宣布对波兰的保证，但他还是继续推行绥靖政策，幻想以波兰为筹码，与希特勒会谈达成瓜分欧洲的协议。就在希特勒进行总体战动员之后的第六天，即6月29日，哈里法克斯发表演说，否认英国的对外政策有孤立德国的意图，并说如果德国放弃使用武力即采取和平解决办法，那么"殖民地问题，原料、贸易障碍问题，生存空间、限制军备问题，以及其他影响欧洲各国公民的问题"都可以讨论。接着，英德举行秘密谈判。在谈判中，英国代表向德国代表提出英德缔结互不侵犯协定，这样英国"就能卸脱它对波兰所承担的义务"。这样，就使希特勒看出了英国对波兰保证的实质，于是他就更加放心大胆地对波兰发动进攻了。

波兰各城市、村庄惨遭德国空军轰炸

盖世太保大肆逮捕屠杀波兰爱国者

　　开战前夕，希特勒纳粹党卫队首领海因里希·希姆莱要求德军总参谋部提供若干套波兰军服。尽管疑惑不解，总参谋部仍将这一要求视为圣旨，接受了希姆莱的要求，并以德军素有的高效率很快弄到并交付了这批军服。

　　1939年8月最后两个星期的某一天，13名德国囚犯突然从德国东部的一个集中营押送到了附近的一个学校，关在校舍中。8月的最后一天，除一名囚犯以外，其余12名都被命令穿上波兰军队制服，并给他们注射了一种致命药物。接着，他们被带到靠近德国—波兰边境的一片小树林击毙。他们的尸体被人作了伪装，看上去他们好像是在进攻德国时被打死的波兰士兵。

　　当天晚些时候，13名囚犯中唯一幸存的那位也被匆匆送往格利维策附近的一座小镇。他身着

波兰便服，同随行的其他德国党卫队保安人员一起，占领了当地的广播站。当然，党卫队的成员也作了相应的装扮。他们播送了一纸颇具煽动性的声明书，宣称波兰正在进攻德国，号召所有的波兰人都参加这场战斗。接着，他们演出了一场与广播站工作人员的"搏斗"，扮演广播煽动性声明的"波兰"播音员被当场击毙，死在播音室的地板上。这一切都被一个通电工作的麦克风如实地记录了下来。

　　次日，也就是9月1日上午10点，希特勒在柏林的德国国会大厦前作讲演，他直言不讳的举出了格利维策发生的掩饰得并不高明的"波兰袭击德国"事件，作为波兰侵略德国领土的例证。事实上，就在他讲演的时候，德国向波兰的军事进攻的第一阶段已经开始。9月1日凌晨4时45

德国举行的纳粹军队大阅兵，图为全副武装的纳粹士兵。

分，德国发起了陆、海、空多方面的袭击。

希特勒在国会大厦前发表演说几小时之前，战争便在东普鲁士与德国分界的波兰之角的但泽打响了。此前两天，德海军"石勒苏益格—荷尔斯泰因"号教练舰以所谓礼节性访问名义开进了但泽港。9月1日晨，这艘友好访问的教练舰毫不含糊地将11英寸口径的大炮对准了但泽港的韦斯特普拉特，用炮火袭击了波兰海军基地。

德军在地面部队开进波兰以前，空军出动1400架战斗机和轰炸机对前沿阵地、纵深军事设施和交通枢纽进行破坏性轰炸。开战头两天，德军就掌握了制空权。在空军的掩护下，德军机械化部队越过国境线，很快就突入波境纵深。

德军的快速部队在波兰广阔的国土上到处袭击，很快就把波兰军队打得七零八落。被分割开来的每支部队都面临悲惨局面。波兰人从一开始就与各种困难进行着艰巨的斗争。波兰工业基础薄弱，战前又没有进行充分动员，无法集中展开兵力，武器装备也大大落后于德军。9月1日开战那天，波军可以使用的只有935架

飞机和500辆坦克，而且大部分是过时装备。这样一支军队，却需要坚守连绵1750英里长的国境线，而且没有自然的河流山脉可作屏障。

德军突破波军防线后，以每日50～60公里的速度向波兰腹地突进，从南、北两路向华沙迂回包抄。9月6～7日，南路德军在波克率领下攻占克拉科夫，北路德军在隆斯特德率领下占领波兰走廊，渡过维斯瓦河。9月17日，南北两路德军在布列斯特立托夫斯克地区会师。波兰政府无力挽回败局，于9月16日撤离华沙经罗马尼亚，先到达巴黎，后流亡伦敦。华沙军民拒绝投降，在极端困难的条件下顽强抗击德军。德军直到9月27日才占领这座孤立无援的城市。号称陆军居欧洲

1939年9月1日希特勒命令纳粹军队向波兰发动进攻

第五位的波兰，顷刻之间覆亡了。

在这一战争中，德军投入战斗的陆军共 65 个师（160 万人），1 万多门大炮，2800 辆坦克，2000 多架飞机。德波军力的对比是：德军的步兵为波军的 1.8 倍，炮兵为 5 倍，坦克为 6.5 倍，飞机为 7 倍。波兰政府要求盟国英法立即履行对波的保证，在西线出兵，以减轻德国对波的压力。英法在 9 月 1 日晚向德国提出抗议，警告德国如不从波撤军，英法将出兵。2 日上午，意大利建议：双方军队留在目前原地停火，举行英、法、波、德、意 5 国会议，解决德波争端。法国对此表示赞成，但英国再也不能容忍希特勒破坏慕尼黑会议形成的欧洲格局，提出要以德军撤军作为开始谈判的条件。3 日上午 9 时，英国送给德国一份通牒，提出到上午 11 时，德国如不撤退，"英德两国即

德军武装列车向波兰罗兹城开进

处于战争状态"。11 时 20 分德国复照，拒绝接受英国的最后通牒，随后法国向德国表示，9 月 3 日下午 5 时起，法国政府将充分地履行对波兰的义务。英国的自治领地澳大利亚、新西兰、南非联邦和加拿大也相继对德宣战。这样，欧洲的几个大国全都卷入战争，第二次世界大战终于爆发。

波兰是德国通过战争占领的

意大利军队向埃及发动进攻

世界通史

最新整理图文珍藏版

1939 年 10 月 5 日，希特勒在华沙检阅纳粹军队。

第一个国家，波兰成了德国的"总督管辖区"。德国在波兰，特别是在华沙，进行大规模的报复性屠杀，驱赶千千万万波兰人到德国进行低贱劳役，或迁到贫困地区，为德国移民腾出地方。德国实行种族灭绝政策，对犹太人进行惨无人道的迫害，法西斯暴行特别疯狂。

德国进攻波兰以后，希特勒一面虚伪建议召开和平大会，讨论欧洲和平问题，一面下达秘密指令，准备大规模进攻西欧（"黄色方案"）。但进攻计划的实施一再拖延。英、法虽对德宣战，但对战争并没有充分准备，又指望能引起德、苏冲突。9 月 12 日，英、法举行第一次最高军事会议，由法国甘末林将军担任盟军总司令。10 至 11 月，英、法制定了一个全面进攻德国及其两侧的"D字"作战计划，之后就陷入旷日持久的准备中。因而，除了海上和陆地发生过一些小型战斗外，西线半年多没有大规模战事，被称为"奇怪的战争"。

但泽危机

但泽危机是纳粹德国为了侵略扩张，利用复杂的民族、归属和权益问题而蓄意制造的。

但泽（今称格但斯克），位于波兰西北部，南扼维斯瓦河河口，北濒波罗的海，是一个战略重镇。它早在 12 世纪就已属波兰管辖。以后波兰三次遭到俄国、普鲁士和奥地利瓜分，但泽也屡经战事，归属几经改变，民族构成发生重大变化，渐渐以日耳曼人为主。第一次世界大战前，它匍匐在德皇的脚下。1917 年俄国革命推翻沙皇的统治，1918 年德国在第一次世界大战中失败，被列强瓜分了近 150 年的波兰终于复国。根据凡尔赛和约和波（兰）但（泽）协定，但泽被划为国联保护和监督下的"自由市"，其关税和外交隶属波兰，允许波兰使用港口设施，内政保持独立，由国联派员协助草拟新宪法，并充当波但之间的仲裁者。该地区的东边（东普鲁士）和西边都是德国的领土，波兰只得到一条狭长的地带作为出海口，直通波罗的海，这一地带叫"但泽走廊"或叫"波兰走廊"。

这种处理并没有能防止20年代德波双方在但泽的归属和权益问题上的争执。

到了30年代，但泽的纳粹分子逐步掌握内政大权。那时希特勒德国的羽毛未丰，它的扩张目标首先指向奥地利和捷克斯洛伐克，然后才轮到波兰。所以它采取了安抚波兰的政策，多次保证尊重波兰在但泽现有的民族权利。波兰被希特勒的"和平"言辞所迷惑，而且觉得法国不太可靠，决定调整亲法的外交方针，于1934年与纳粹德国签订互不侵犯条约，德波关系一时趋向缓和甚至亲近起来。1938年捷克斯洛伐克危机中，波兰当局竟在希特勒的拉拢下，对邻国趁火打劫，侵占了捷克斯洛伐克的特申地区，德波关系达到"高峰"。

但是好景不长。经过德奥"合并"和慕尼黑的肮脏交易，希特勒德国占据了中欧战略要地，实力大增，战略地位明显增强。它加快了侵略扩张的步伐。波兰既是东侵苏联的必经之路，又是西攻法国的战略后方，具有重要

的战略价值。但泽是波兰的咽喉，是一个由纳粹掌权、日耳曼人居绝大多数的"自由市"，无论从制服还是侵占波兰的角度考虑，它都是下手的最佳地点。1938年10月24日，即《慕尼黑协定》签订不到一个月，纳粹德国外交部长里宾特洛甫向波兰驻德大使约瑟夫·利普斯基提出，德国要求"收回"但泽，并在但泽走廊修建享有治外法权的公路和铁路运输线，"报酬"是延长德波和约，保证德波边界现状和共同反苏、反犹，这标志着存在已久的但泽问题，已越出德波之间一般的领土和权益纠纷的范围，演变成但泽危机。1939年1月5日，希特勒

德军对南斯拉夫实施地空协同攻击作战

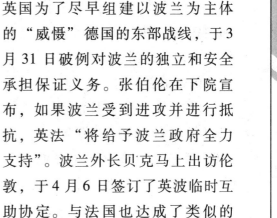

苏联红军坦克部队开进波兰东部

在接见波兰外长贝克时明确说："但泽是德国人的"，"而且迟早要成为德国的一部分"。在希特勒的扩张计划中，宰割的屠刀该指向波兰了。

波兰已故"国父"毕苏斯基曾严肃指出，但泽是衡量德波关系的试金石。波兰政府慑于人民的反对和舆论的压力，拒绝了德国的无理要求，贝克回答说，他"看不出有什么可能达成协议"，此后的几个月，德波要人多次会晤，始终没能达成妥协。德波关系从"合作顶峰"上跌落下来。

1939 年 3 月 15 日，纳粹德国武装占领捷克斯洛伐克的残余部分，开始腾出手来对付不肯让步的波兰。手段也从诱骗转为威逼。3 月 21 日，里宾特洛甫第一次以非常严厉的口气向利普斯基重提 10 月 24 日的要求。高压并没有见

效，反而迫使波兰实行局部军事动员，并加快向英国和法国靠拢。英国为了尽早组建以波兰为主体的"威慑"德国的东部战线，于 3 月 31 日破例对波兰的独立和安全承担保证义务。张伯伦在下院宣布，如果波兰受到进攻并进行抵抗，英法"将给予波兰政府全力支持"。波兰外长贝克马上出访伦敦，于 4 月 6 日签订了英波临时互助协定。与法国也达成了类似的协议。波兰匆匆忙忙地钻进英法的保护伞，这是其外交方针的又一次重大调整。

纳粹德国吞噬整个捷克斯洛伐克以后，抛开了不流血制服波兰的念头，决定一举摧毁主要敌手英法在欧洲大陆的这个战略侧翼。4 月 3 日，希特勒下达了一个代号为"白色方案"的绝密指令。它指出："目的是歼灭波兰武装力量，并且在东方造成一种能满足国防要求的局面"。指令规定德国武装部队的任务是："为达到这一目的，必须准备进行突然袭击。"政治上的任务"是在可能范围内孤立波兰"；军事准备"务须做到能在 1939 年 9 月 1 日以后的任何时间内发动军事行动。"4 月 28 日，希特勒在国会宣布，废除 1935 年英德海军协定和 1934 年德

波和约，并首次公布德国对但泽的要求和准备给波兰的"报酬"。

但泽危机的公开化、国际化和尖锐化，使德波关系也朝着对抗的方向急速滑去。

闪击波兰

1939年9月1日清晨，54个德国精锐师团在2000架飞机和2800辆坦克的掩护下越过波兰边境，自西南和西北两个方向迅速朝波兰内地挺进。第二次世界大战开始了！仓促应战的波兰仅能动员39个师和870辆轻型坦克来对付德国入侵，并在德军锐利的攻势下节节败退。

遭到德国侵略的波兰理应得到它的西方盟国的援助。对此，英法曾作过多次慷慨允诺：1939年3月31日，张伯伦在下院宣布英国将保障波兰的独立；4月6日，英波签订互助协定（不久法国也加入）；8月25日，英波签订同盟条约，答应给波兰"一切可能的援助和支持"；5月，法波军方达成协议，规定一旦德国进攻波兰，法国空军应立即出动支援，至迟在开战后第十五天，法国陆军也应转入进攻。然而在整个波兰战争期间，英法的所谓"援助"却始终停留在口头和纸面上。英国外交大臣哈利法克斯对波兰大使拉钦斯基表示，英国政府"不能分散为采取决定性行动所需的兵力"。法军总司令甘末林于9月3日致电波兰政府，声称将于次日在陆上发动攻势，但9月4日依然是"西线无战事"，这是明目张胆的欺骗。在波兰政府的一再催促下，英国政府竟然回答说，只有到次年春天，英法才能提供有效的援助。但是9月17日，随着波兰政府流亡罗马尼亚，波兰作为一个独立国家已不复存在。这对一向自我标榜为小国保护者的两个西方大国英法来说，该是一个多么辛辣的讽刺。

现在已经有足够的史料表明，就在德国进攻波兰后，英法仍然希望再一次用牺牲小国的办法去制造新的"慕尼黑"。两国政府都曾通过意大利外交大臣齐亚诺和瑞典资本家达列鲁斯祈求德国停止在波兰的军事行动。英国政府为顾全面子，还要求德军全部撤出波兰，然后再开始和平谈判。法国方面连这一点最起码的条件也放弃了。希特勒早在签署《慕尼黑协定》时，就曾恶意讥笑张伯伦和达拉第，现在则更傲慢地声称，假如他们胆敢到贝希特斯加登来，就毫不客气地将他们赶走，还要让尽可能多的记者来看热闹。只有在和谈的大门都已关闭后，英法两国才硬着头皮于9月3日向德国宣战。

英法和德国既已处于战争状态，那么在德军主力投向东线的情况下，自然就为英法在西线发动攻势创造了有利的条件。9月1日驻守在所谓齐格菲防线内的德军一共只有31个师，9月10日才增至43个师，并且几乎一辆坦克都没有。面对着它们的，则是配备有近两千辆坦克的法军90个师。戈培尔大事吹嘘的齐格菲防线尚处于初建阶段，根本谈不上什么"固若金汤"。不少深知内情的德国军官都认为，如果法军大举进攻，"那么，他们几乎毫无疑问会突破边界……可以肯定毫无

希特勒像

困难地推进到莱茵河，还很可能越过莱茵河，以后战争的进程也就会很不一样了"，因而对法军的按兵不动均深感奇怪。即使希特勒身边的高级将领对此也不讳言，如希特勒最高统帅部作战部长约德尔说："我们之所以能摆脱困境，完全是由于在西线没有军事行动"。希特勒最高统帅部长官凯特尔则声称："假如法国进攻，那么他们所遇到的将只会是一道德国的军事纸屏，而不是真正的防御。"

的确，自9月1日后在西线出现了人类战争史上少见的现象：成百万配备精良的盟军稳坐在工事里，面对着近在咫尺的敌人，几个月内几乎一枪不发。英法两国不仅坐视波兰的覆灭，而且在此以后也毫无作为。9月9日，甘末林为欺骗舆论，下令法国在萨尔地区的10个师向前推进了3至8公里。尽管没有遇到任何抵抗，但12日英法最高军事会议还是作出决定，把这次象征性的攻势也中止了。直到12月9日一支英国巡逻队遭到流弹袭击，才开始了联军在西线伤亡的纪录。

曾经到过前线的法国记者多热莱斯对那里的情况作过以下的记述："……我对那里的宁静气氛

耀武扬威的纳粹军队

感到惊讶。驻守在莱茵河畔的炮兵悠闲地观望着德国运送弹药的列车在河对岸来往行驶，我们的飞行员从萨尔区工厂冒烟的烟囱上空飞过也不投掷炸弹。"为了使成千上万的士兵不致在战壕里感到过分乏味，法国政府特地在军队中设立"娱乐服务处"，决定增加士兵的酒类配给，还为他们购买了一万多个足球。于是在德军的炮口下，盟军便以看电影、踢球、进行各种文娱活动来消磨时光。人们唱着"我们要到齐格菲防线去晒衬衣"的轻松歌曲，逐渐对这场战争是否真会继续下去产生了怀疑。这和1941年的边境血战和马恩河上的拼搏恰成鲜明对比，无怪乎大家要用"奇怪的战争"、"静坐战"或"假战争"，来称呼这种微妙的"对峙"了。

不管如何去称呼这场"战争"，它实质上仍是英法战前推行的绥靖政策的继续。绥靖主义者虽已多次碰壁，但在两国统治集团内，妄图用牺牲苏联的办法同德国达成妥协的顽固派确仍大有人在。1939年11月底苏芬战争爆发后，英法掀起了新的反苏浪潮。英法对芬兰慷慨解囊，给予大量经济和军事援助。1940年1月19日，达拉第责成甘末林和达尔朗共同制定袭击苏联油田的方案。2月22日甘末林建议通过黑海进攻苏联南方，并在高加索穆斯林中策动反对苏维埃政权的叛乱。4月5日，法国空军参谋部进一步计划在短期内摧毁巴库等地的炼油设施和码头。1940年2月27日，英法最高军事会议决定组成所谓"援芬志愿军"，打算直接插手苏芬战争。3月12日苏芬和约的签订，导致达拉第下台和雷诺组阁。德国对北欧的入侵，完全打乱了英法的部署。

被纳粹士兵押往集中营的犹太人

英法隔岸观火与苏联趁火打劫

德国军队按照希特勒的计划，在9月1日凌晨出动，一星期内，德军已深入波兰国境，波兰失败的命运已经注定。

波兰政府长期以来奉行均衡外交，对德军的进攻缺乏准备，直到德国入侵的前一天，总统莫希切斯基才宣布总动员，命令6个军和1个后备军分散地防守西郊1600公里的防线。这种错误的战略布局很容易让敌人突破，但波兰政府仍信心十足，相信它的盟友英国和法国不会见死不救。

9月3日，英法分别向德国宣战，波兰军事代表团兴致勃勃地赶到伦敦，请求与英国商议援波计划。万万没料到的是，英帝国总参谋长艾恩塞德将军竟闭门不见。波兰军事代表团多方活动，艾恩塞德将军才在一周后接见他们，但是宣称："英国总参谋部没有任何援波计划，你们还是到中立国去购买武器吧。"

波兰人在英国这位朋友面前碰了一鼻子灰，转而求助于当时号称欧洲一流陆军强国的法国。法国曾在1939年5月19日的法波军事协定中保证：法国将在总动员令下达后三天内逐步对有限目标发动攻势。承诺"一旦德国以

德国当局强迫犹太人戴黄色星徽章

主力进攻波兰，法国将从其总动员开始后第十五天起，以其主力部队对德国发动攻势"。但是，此时，法国却在昔日盟友面前耍手段，法军总司令甘末林将军在9月1日波兰遭到进攻的当天宣称："迅速而有效的帮助波兰的唯一办法是由法军取道比利时去同德国交战，但法国不愿破坏比利时的中立。"

9月6～7日晚，在波兰政府一再的恳求和抗议下，甘末林将军在西线发动了"萨尔攻势"。轻装的法军沿萨尔布吕肯东南的卡登布伦突出部，在一条24公里长的战线上越过边界。法军行动十分谨慎，以营为单位向前推进，兵寡势微的德军掩护部队只好向位于边界以北13公里的齐格菲防

线撤退。

　　呆在指挥所等候好消息的希特勒，接到法国进攻的消息后，顿时绝望地瘫坐在椅子上。他仿佛感到末日的来临，他非常清楚，德军在西线的兵力是不堪一击的：以后备役师占多数的 26 个师要抵挡 85 个装备精良的法国师谈何容易，何况还有德法前线的 1500 架英国飞机相助。

　　但是，希特勒的恐惧没有维持多久。法国人为他解除了困境，9 月 12 日下午，在英法盟国最高军事会议上，甘末林通知英国：鉴于波兰战局的发展，他要取消萨尔攻势。法国自己承认，萨尔攻势不过是装装样子而已。

　　波兰人不得不孤军奋战，但却不是希特勒的对手。9 月 28 日，

华沙陷落。当天，甘末林下令法军全线退却。此后，法军一直躲在钢筋水泥铸成的"马其诺防线"之后，等待末日的来临。而英军直到 10 月 11 日，即波兰灭亡已两个星期之后，才派出四个师在法国登陆。丘吉尔称它是"一种象征性的贡献"。到 12 月 9 日，英国远征军才第一次有了伤亡：一名士兵在巡逻时被打死。

张伯伦

美英两国首脑在纽芬兰阿金厦港军舰上在讨论对德政策

　　西线的这种战争，西方人称为"假战争"，德国人称之为"静坐战"。正如英国将军富勒所说："世界上最强大的陆军，对峙的不过 26 个（德国）师，却躲在钢筋水泥的工事背后静静地坐看一个堂·吉诃德式的英勇的盟国被人消灭了。"

　　德国将领后来承认，在波兰战争期间，西方国家没有在西线

设在波兰的犹太人限制地之一

发动进攻是错过了千载难逢的良机。德国陆军参谋总长哈尔德将军在纽伦堡法庭上承认："对波兰作战的成功，全靠将我国西部边境的兵力几乎全部抽光才办到。如果法国人利用我们几乎全部兵力被牵制在波兰这个机会，本来能够在我们无从防备的情况下渡过莱茵河，而且威胁到鲁尔，这个地区对德国进行战争是有决定性意义的。"

德国最高统帅部作战处处长约德尔说得更具体："如果说我们在 1939 年没有崩溃的话，那是由于在波兰战役期间，西线的法国和英国的大约 110 个师完全没有用来同德国的 23 个师作战。"

静坐战的出现不是偶然的，根本原因在于英法两国的军事战略保守落后，英法人认为：防御优于进攻，进攻一方要突破防御就需要集中大量的兵力和兵器，而防御一方在削弱敌人并耗尽其物资技术资源之后，就可以在关键时刻转入进攻并取得胜利。

其次，英法两个盟友之间彼此缺乏信任，法国人感到英国人在共同的斗争中没有竭尽全力，因此不愿单独打这场战争。他们想拖延时间，等待英国大批部队的到来和美国的参战。

此外，希特勒的和平烟幕也蒙蔽了喜欢玩弄绥靖政策的英法人。9 月 19 日，希特勒在但泽工会厅发表演说时装腔作势地说："我没有要与英国和法国打仗的目的。……我很同情法国的普通士兵。他们不知道为什么要打仗。"

几百万犹太人在集中营被强制劳动，最终被饥饿或毒气杀害。

负责宣传的戈培尔也在9月26日宣称："法国和英国为什么现在还要打呢？没有什么可打的，德国在西方毫无要求。"

在这种情况下，当东边的波兰败亡时，西线竟出现这样的镜头：白天，双方士兵用高音喇叭互相叫喊，双方飞机虽不断飞临对方上空，但不是扔炸弹，而是撒小册子和传单。莱茵河两岸，隔河对峙的双方部队，彼此都看得见，都安然地在野战工事或者炮兵掩体中干活。法国士兵在闲时还兴致勃勃地踢起了足球，隔岸的德国士兵则聚集观看，不时发出喝彩声。夜晚，前线安静如墓地，士兵们睡得像死猪似的。只有偶尔走过的巡逻兵的声音打破夜晚的宁静。有些士兵常常瞒着长官，偷偷跑到对方的防线中交换食品和饮料。一些法国士兵酒过三巡后向德国士兵透露：长官禁止向德国人开枪。

9月17日凌晨5时40分，波兰东部边境突然出现了大批苏军，直接闯入波兰境内，波兰守军命令他们止步。苏军中有人喊："别开枪，我们是来帮助波兰人打德国人的。"这时，波军在德军的猛烈打击下已经成了一盘散沙，失去了统一指挥，守军与最高统帅部联系不上，不知道怎么处理，只好自作主张，将苏军放了进来。

但是，他们很快就发现自己是引狼入室。60万苏军迅速蜂拥而入，越过几乎毫无防备的波兰东部边境，以排山倒海之势向西猛进，攻占城市，解除波军武装。波兰清醒过来后，在维尔纽斯、比亚威斯托克和奥兰纳等地与苏军展开了浴血拼杀，但毕竟势单力孤，很快就败下阵来。

苏联趁火打劫，给了波兰人背后一刀。苏联向世人说明它采取这一行动的"理由"是：由于波兰国家已经归于瓦解而不复存在，因此，同波兰缔结的一切协定也归于无效。第三国可能会利用目前出现的混乱局势。苏联政府认为自己有责任进行干预，以保护乌克兰和白俄罗斯族同胞，使这些不幸的人民有可能在和平的环境中安居乐业。这一"理由"

纳粹士兵正将隔离区内的幸存者押往死亡集中营

犹太人被限制在隔离区

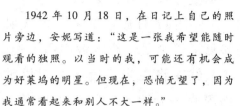

1942 年 10 月 18 日，在日记上自己的照片旁边，安妮写道："这是一张我希望能随时观看的独照。以当时的我，可能还有机会成为好莱坞的明星。但现在，恐怕无望了，因为我通常看起来和别人不大一样。"

是苏联外交部在 17 日凌晨 3 时向波兰驻苏大使格日博夫斯基递交的照会中提出的。

就是这样一个照会，却引起了希特勒的不快，因为照会中所说的"第三国"说明就是指的德国。德国驻苏大使舒伦堡对此提出反对，苏联外交人民委员莫洛托夫急忙解释说，苏联提供的这个理由的确会使德国感到不快，但苏联既要对波兰采取军事行动，又要避免落个侵略者的名声，总得找个借口，只有以"苏联有责任援助受德国威胁的乌克兰人和白俄罗斯人"这个借口最好，请德国体谅苏联政府的苦衷。

希特勒只好忍气吞声，因为是他主动邀请苏联与德国对波兰采取共同军事行动的，只好由斯大林漫天要价了。

原来，在 9 月 3 日英法对德宣战后，为了减轻德国的压力，希特勒邀请苏联出兵，从东面打击波兰军队，与德国对波兰形成夹攻。但莫洛托夫表示行动的时机尚未成熟，如果操之过急，会有损苏联的事业。其实，斯大林是想坐山观虎斗，等到两败俱伤时好坐收渔人之利。同时，他还想看看英法是不是真的会出兵进攻德国，如果德国同时与英、法、波等国进行战争，那苏联就得慎之又慎。

但是，局势的发展使斯大林很快就坐不住了。德军迅速逼近波兰首都华沙，而英法政府继续维持对德国的宣而不战的状态。形势对德国非常有利，如果德军进展顺利，就可能将在苏德条约中划给苏联的势力范围据为己有。9 月 10 日，莫洛托夫向德国人表

最新整理图文珍藏版

示苏联准备出兵。14日和15日，苏联的《真理报》和《消息报》先后发表文章，指责波兰人压迫乌克兰人和白俄罗斯人，开始为占据波兰东部领土找借口。

9月17日凌晨2时，斯大林接见了舒伦堡，他告诉德国大使，苏联红军将在当日凌晨6时沿波洛茨克—卡美涅茨—波多斯基—线全线出击，为避免意外事故，请德国飞机于当日不要飞越比亚威斯托克—布列斯特—里托夫斯克—伦堡的东侧。

德国同意后，苏军迅速采取行动，进展神速。第二天，苏军与德军便在布列斯特—里托夫斯克会师了。人们不会忘记，21年前，苏联人和德国人也在这里见过面，那是刚诞生不久的苏维埃俄国与德国在这里签订了《布列斯特—里托夫斯克和约》，苏俄政府以牺牲大片国土的代价换得了和平。而今天，苏联和德国都作为波兰的征服者在这里握手拥抱。

两个征服者刚刚亲热完毕，接着又在瓜分波兰等问题上展开了较量。斯大林一直怀疑德国人是否会恪守协定而退回到双方原来划定的分界线上去，德国人费尽口舌，总算让多疑的斯大林放了心。

接着，莫洛托夫暗示舒伦堡：斯大林想以皮萨河—那累夫河—维斯杜拉河—散河为界瓜分波兰，并希望就这一问题与德国谈判。

9月25日晚，斯大林在克里姆林宫召见了舒伦堡，提出用已经被德国占领的两个波兰省来交换波罗的海各国。很明显，斯大林觉得他已经帮了希特勒一个大忙，现在该是希特勒作出回报的时候了，他要利用这个机会狠敲竹杠。另外，斯大林还存了一个心眼：让德国人把所有的波兰人都接手过去。他从以前俄国和普鲁士几次瓜分波兰的历史中得出教训：波兰人在丧失独立后决不甘心做亡国奴，必然会给统治者带来麻烦，让德国人去伤脑筋吧。

希特勒再次尝到了斯大林的厉害，但他不能得罪斯大林，那样他就得同时在东西两条战线作战，搞不好前功尽弃，因此只好再次忍气吞声。

9月27日，里宾特洛甫飞赴莫斯科。当晚与斯大林进行谈判，斯大林提出两个方案：第一个方案是接受原先苏德协定中划定的分界线，立陶宛归德国；另一个方案是把立陶宛让给苏联，交换条件是让德国取得更多的波兰领土（卢布林省和华沙以东的土地），这样，全部波兰人就几乎全部归于德国。

斯大林竭力劝德国选择第二种方案。里宾特洛甫在 28 日上午发电报征求元首的意见，希特勒表示同意。

29 日凌晨 5 时，莫洛托夫和里宾特洛甫正式签署了德苏边界友好条约。与上次的德苏之间的交易一样，这个条约也有"秘密议定书"，主要内容是：立陶宛划归苏联，卢布林和东华沙两省划归德国；双方在各自的领土内不得容许波兰人从事影响对方领土的活动，双方将在自己的领土内扑灭此种活动的一切萌芽，并将为此目的而采取的适当措施通知对方。

这样，波兰遭受了同奥地利

捷总理贝奈斯称捷绝不是另一个奥地利

和捷克斯洛伐克同样的命运，从欧洲地图上消失了。

德国进攻丹、挪、荷、比、卢、法

德国灭亡波兰之后，利用"奇怪的战争"时期加紧扩军备战。7 个多月时间，德国武装了 156 个师，制造了 4000 架飞机，并把大批部队从波兰调往西线。

希特勒决定在进攻英法之前，首先闪击北欧，侵占丹麦和挪威。希特勒之所以作出这种决策，其意图是：第一，占领丹麦和挪威，可以打破英法对德国的海军封锁，使德国海军舰艇能畅通无阻地进入北海和大西洋，免遭第一次世界大战被英国海军封锁之苦；第二，占领丹麦和挪威，在挪威西海岸建立海空军基地，可以限制英国海军活动，从北面威胁英国；第三，保证瑞典铁矿砂安全运到德国。当时瑞典是德国铁矿砂的重要供应国。1940 年 1 月 27 日，德国统帅部制定了一个陆海空三军协同作战，进攻丹麦、挪威的军事计划，代号叫"威塞演习"。2 月 16 日，德国供应舰"阿尔特玛克号"装载 299 名被俘英国船员，从南大西洋返航德国时驶入挪威领海，被英国侦察机发现，英海军舰艇进入挪威领海截搜"阿尔特玛克号"，救出被俘英国船员。为此挪威政府向英国提出抗议。"阿尔特玛克号"事件刺激了双方，英、法和德国都把注意力转向北欧，准备采取军事行动。

4月8日，英、法宣布在挪威海域敷设水雷，以阻止德国船只通过。英国本土舰队向挪威出动，以便占领挪威沿海港口，防止德军登陆。

但是，希特勒抢先实施"威塞演习"计划。德国以防止英、法入侵，保卫丹麦、挪威中立为由，提出最后通牒，要丹、挪政府接受"德国的保护"。同时，从

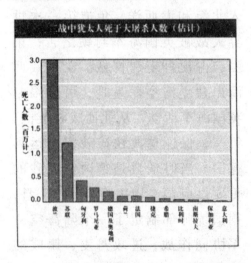

除了犹太人以外，另外还有约700万人死亡，包括330万苏联战俘，300万非犹太波兰人，超过50万的吉普赛人。

海上、空中运送部队，于4月9日清晨5时许，对丹麦、挪威发动了突然袭击。德军一个营登陆丹麦首都哥本哈根，空降部队着陆后立即包围王宫。丹麦国王下令投降，停止抵抗，德军在一天之内就占领了丹麦全境。

挪威国王哈康七世拒绝德国要求，坚持抵抗。挪威前国防部长、民族叛徒吉斯林充当希特勒的"第五纵队"，在国内进行破坏和颠覆活动。德军占领了挪威沿海主要港口和首都奥斯陆。4月10至13日，英国舰队进攻北部港口纳尔维克的德国舰队，击毁击伤德国十几艘军舰，德军损失惨重，仍坚守纳尔维克。4月30日，德军攻占铁路枢纽当博斯，控制了挪威南部，挪军和英军向北部撤退。5月28日，英军攻占纳尔维克。在争夺挪威沿海港口的战斗中，英国虽然给德国海军以严重打击，但未能阻挡住德军的攻势。6月7日，英军从纳尔维克撤出挪威，哈康七世逃亡伦敦建立流亡政府。6月10日，德军占领挪威全境。在德军刺刀保护下，吉斯林组成傀儡政府，从此"吉斯林"成了内奸卖国贼的同义词。德国占领挪威，加强了德国战略地位，取得了从海上进攻英国的

德国纳粹将利迪斯村夷为平地

前哨基地。

未等挪威战役完全结束，希特勒于 1940 年 5 月 10 日在西线对荷兰、比利时、卢森堡三个中立的小国发动了大规模的进攻，即"曼斯坦因"（"黄色方案"的修改物）计划。希特勒进攻荷、比、卢，既是他称霸欧洲计划的一部分，也是进攻英法的序幕。就在德军在西线发动进攻的当天，绥靖政策的代表人物张伯伦被迫辞去英国首相职务，主张对德国采取强硬路线的保守党人丘吉尔出任首相，组成有保守党、工党和自由党人参加的联合政府。1940年 5 月 10 日清晨，德国出动 3280 架飞机、136 个师、2600 辆坦克，从瑞士边境到北海岸边 800 公里的西方战线上，发动了空前规模的"闪电"攻势。首先出动大批飞机猛烈轰炸荷兰、比利时和法国北部的 72 个机场，摧毁了几百架飞机。荷、比两国对德国宣战，并向英、法呼吁求援。英、法联军开入比利时境内，与比军配合作战抗击德军。但英、法联军未及赶到荷兰，德军已进占荷兰主要城市和地区，5 月 13 日，荷兰威廉明娜女王及政府大臣逃亡伦敦，5 月 15 日荷军投降。艰苦作战的比利时军队由于布鲁塞尔于 5 月 17 日的陷落而处境困难，英、法联军被迫西撤。5 月 26 日，比王利奥波德三世突然下令投降，20 万比军成为俘虏，已迁至巴黎的比利时流亡政府谴责比王的卖国行为，宣布停止其国王职权。

5 月 13 日，丘吉尔发表演说，指出德国已威胁到英国的生存，他向全国呼吁奋起打败德国。

北角大海战

德新舰试航

早在 30 年代初，当"德意志"号袖珍战列舰还躺在船坞里加紧建造的时候，德国海军总司令部就已着手酝酿一项新的造舰计划，即新建两艘能与法国"敦克尔克"级快速战列舰相匹敌的战列巡洋舰，并以开创德国现代军队之先河的普鲁士军事家沙恩霍斯特和格奈森瑙作为舰名。

两舰于 1935 年初相继秘密开工，并分别于 1938 年 5 月和 1939 年 7 月下水服役。由于采用了锅炉效率较高的蒸汽轮机，两舰航速提高至 32 节。3 座三联装 280 毫米主炮，分别配置在首部和尾部，12 门 150 毫米副炮布置在上层建筑的两侧。如此有效的装置，使其成为二战开战时德国海军最强大的军舰。但在北角一战中，德国还是输了。这可能是德国海军首脑们所始料未及的。

"沙恩霍斯特"号和"格奈森瑙"号在它们正式参战前，进行了一次不同凡响的海上游猎。此

1943 年 12 月 26 日，德国战舰"沙恩霍斯特"被击沉。图为德国水兵在养护"沙恩霍斯特"号的主炮。

次游猎虽然干得并不出色，但至少说明德国人是极富心机的，对付他们并非易事。

1939 年 11 月 21 日中午 2 时，德国新造的两舰从威廉港起航，在马尔歇尔中将的指挥下向北驶去，正式开始了它们的首次游猎。此次出航的目的在于试探英国海军大西洋防御体系的虚实，所以雷德尔海军元帅只给了两舰极有限的任务。

"沙恩霍斯特"号和"格奈森瑙"号准备先沿挪威水道北上，穿过北海，再折向西北。顺便在舰队驶抵法罗群岛和冰岛之间的英国海军警戒线时，装出要直闯北大西洋航线的样子，趁机捞上一把。狼子野心，何其毒矣！就算英国海军警觉，德舰也可马上转头往北疾驶，进入北极地区长夜的黑暗中躲藏起来，事后再寻找机会，利用速度快的优势，高速南下返回德国。连一次游猎行动都部署得如此严密，德国人的精细也可见一斑。

23 日早晨，"沙恩霍斯特"号和"格奈森瑙"号悄无声息地越过法罗群岛，尔后继续向西北方向前进。此时，英国皇家海军的辅助巡洋舰"拉瓦尔品第"号正在这片海域担负巡逻警戒任务。

世界通史

最新整理图文珍藏版

当日下午4时，"拉瓦尔品第"号突然发现前方冒出了两艘气势汹汹的德国巨舰，当时距离只有8000码。"拉瓦尔品第"号原是条商船，经改造后才用作战船，只装有100毫米大炮，速度慢，而且没有装甲防护。距离如此之近，跑来不及，而战则只有死路一条。"拉瓦尔品第"号舰长没有过多地考虑而毅然选择了后者，既然难免一死，也该死得有价值些。于是，他一边发报报告发现德舰，一边全速冲向前面的两个庞然大物，意欲发挥自己小口径火炮的作用，拖住强敌，争取时间。但毕竟实力相差悬殊，两舰的第一次主炮齐射就使"拉瓦尔品第"号瘫在海上，炮塔被掀翻到海里，两小时后便沉入冰冷的海底。

获悉德舰入侵后，英国海军立刻撒开大网进行围捕。"纳尔逊"号和"罗德尼"号两艘战列舰从苏格兰起航，挺进挪威，以切断德军退路；"胡德"号战列巡洋舰和法国"敦刻尔克"号快速战列舰从普利茅斯起航，驶向北纬60度，西经20度的阵位，以期保卫中大西洋航路。"厌战"号战列舰也离开护航编队，驶向丹麦海峡，以防"沙"号舰由此闯入

北大西洋航线；远在加拿大海岸的"反击"号巡洋舰和"暴怒"号航空母舰也立刻起航东进，构成北大西洋的第7道防线。英国海军部同时下令离出事地点最近的"新卡斯特尔"号重巡洋舰尽量缠住德舰。"新"舰接到"拉瓦尔品第"号的警报后，立刻全速驶向出事地点。当时天正下小雨，能见度很低，"新"号在2小时后发现东方海面上有探照灯光和火炮射击时的闪光。不久又看见10公里处有一艘军舰，2分钟后又看见第2艘，很显然，两德舰是在用信号灯进行联络。"新卡斯特尔"担心距离太近，自己势单力薄无法抗敌而减速转向。但是天不作美，雨越下越大，没装雷达的"新"号舰很快就失去了目标。

事实上，德国两舰也不敢在海面上逗留过久。所以当听到"格奈森瑙"号报告说，附近好像有一艘英国军舰时，不明英军虚实的马尔歇尔害怕被缠住而急速东奔，装出要从挪威海逃跑的样子。午夜之后，两舰转向东北，于次日晚接近北极长夜圈的边缘。在此闲逛12个小时后，马尔歇尔试图以雨雾作掩护，沿挪威海岸回国。但是在接下来的两天里，两舰两次南行都遇上大晴天。马

尔歇尔中将不敢冒险，只好又掉头北上，继续泡在北极圈的黑暗里。27日天气恶劣，在浓雾的庇护下，它们快马加鞭，沿着挪威海岸32公里的水道全速南下，并偷偷越过英国巡洋舰警戒线间的空隙，溜回德国。可怜英国海军部对此浑然不觉，竟还在北极圈附近傻愣愣地部署重兵。德国人实在狡猾！要与这样狡猾的敌人对抗，英国恐怕还得多花些气力。

围猎"沙"、"格"两舰

德国特意建造"沙"、"格"两舰，当然并不仅仅是让他们作几次游猎。对两舰来说，更艰巨的任务还在后面。所以在两舰首次出猎并安全返航5个月之后，它们又结伴出征，前去配合德国陆军在挪威北部战略重镇纳尔维克的登陆。

1940年某日拂晓时分，挪威北部海区狂风怒号，浪涛惊人。正在此地的德两舰发现英国皇家海军中大名鼎鼎的"声望"号战列巡洋舰在数艘驱逐舰的警戒下向它们扑来。"声望"号380毫米的主炮火力凶猛，"格奈森瑙"号连中数弹。德军卢金斯舰长见势不妙，立即下令撤出战斗。

英军虽在此短暂的海战中小胜，但纳尔维克仍未收复，欧洲局势已经大变。

1940年5月10日，西线德军大举进攻，20天内就把英法盟军主力打得丢盔弃甲，落荒而逃，并因此而成全了英法盟军闻名世界的大行动——"敦刻尔克大撤退"。英法盟军从敦刻尔克逃到英国，德军趁机打开了巴黎的大门。由于本土命运危在旦夕，纳尔维克的盟军只得撤退。德国自然不会放弃这有利的时机，正在挪威海执行"朱诺行动"的两舰立即向盟军舰船猛杀过来。这一次，德军可谓是战果累累。很短的时间内，德舰就击沉了一艘油船和一艘运兵船。"沙恩霍斯特"号和"格奈森瑙"号主、副炮联合夹击，迅速解决了时运不佳的英国"光荣"号航空母舰。另外两艘护航驱逐舰也同遭厄运，但其中一艘在沉没之前，成功地向"沙恩霍斯特"号发射了一枚鱼雷。"沙恩霍斯特"号受到重创，只好无可奈何地返回特隆赫姆港。但是这里也并非安全之地。

在挪威海战中吃过大亏的英国海军当然不会对"沙恩霍斯特"号姊妹舰心慈手软。6月13日，"皇家方舟"号航空母舰起飞15架轰炸机，在特隆赫姆港轮番轰炸。一枚230公斤的炸弹准确命中"沙恩霍斯特"舰，只可惜没有爆炸。与此同时，英军还组织起严密的封锁线，监视特隆赫姆港，防止德舰逃回本土。

为解救受伤被困的"沙恩霍斯特"号，雷德尔海军元帅命令"格奈森瑙"号和"希佩尔海军上将"号重巡洋舰向冰岛佯动，以期调虎离山，引出英国舰队以掩护"沙恩霍斯特"舰脱身。但是英国人防卫森严，"格奈森瑙"号刚一出海就遭到英国"克莱德"号潜艇的伏击，身中鱼雷后悻悻而归，不过总算保得"沙恩霍斯特"号乘机溜走。7月，雷德尔以同样的手段，让"希佩尔海军上将"号出港诱敌，从而使"格奈森瑙"号也逃离了英国人的手心。难以想象，英国人居然两次上同样的当，实在让人哭笑不得。

前一时期德国海军的运气非常不错，潜艇作战和水面袭击敌舰均频频得手。袖珍战列舰"舍尔海军上将"号和重巡洋舰"希佩尔海军上将"号从1940年10月份起，在各大洋巡回捕食，硕果累累却毫发未伤。于是，雷德尔的作战激情再次涌起，决定再打一个漂亮的海战。

逃回德国的"沙恩霍斯特"号和"格奈森瑙"号一直在船坞

里呆了半年多才养好伤。1941年1月22日，在吕特晏斯海军上将的率领下，刚刚痊愈的两舰从基尔出发，穿过斯卡格拉克海峡，紧贴挪威海岸北上，花了5天时间到达北纬69°。之后，又转向西南方的冰岛，伺机沿冰岛东海岸南下，闯入北大西洋航线。雷德尔的本意，一是让海战锦上添花，二是策应"舍尔海军上将"号和"希佩尔海军上将"号回国休整。为此，他还特意在大西洋各处预定的海域部署了5艘伪装成中立国货船的补给船。

1月20日，事先就作好准备的英国皇家本土舰队司令托维海军上将乘"纳尔逊"号战列舰，率"罗德云"号战列舰、"反击"号战列巡洋舰及另外8艘巡洋舰和11艘驱逐舰云集卡帕湾，严阵以待。英国情报部门虽未能破译德国海军的密码，但却从近期德军无线电通信活动异常活跃的现象中，推测出两艘姊妹舰可能要出航。果然，几天后，两舰的北行踪迹即让瑞典海岸观察哨发觉。托维海军上将闻讯后率队出发，急忙驶向冰岛以南190公里的截击海域。

1月29日清晨，英方前哨舰"水神"号巡洋舰发现了这两艘大型德舰。托维上将即令巡洋舰全速跟踪，战列舰随后跟进。但是，"沙恩霍斯特"号早在"水神"号发现自己的6分钟之前，就看到了英国舰队的身影，于是马上掉头北进，待英军赶到时，它早已消失在北极冰海的茫茫夜色之中。

2月1日，在补给船给两舰补充了油料之后，吕特晏斯便率军向丹麦海峡进发。德国人这次总算运气好，未遇丝毫意外便顺利通过了海峡。雷德尔闻讯按捺不住心中的狂喜，致电向吕特晏斯表示祝贺。

2月5日，吕特晏斯在格陵兰以南又加了一次油之后，径直南下，开始捕猎英国运输船队。8日晨，南方海面出现大队船只，正自西向东缓缓前进。尽管英军舰队的一艘战列护航舰"拉米尼斯"号是一战前建造的老朽军舰，但吕特晏斯为保存实力根本无意与英国交战，遂放弃了攻击计划。吕特晏斯料定"沙恩霍斯特"号的出现必然会招致更多的英舰，于是西行驶入格陵兰和加拿大之间的戴维斯海峡，与一艘德国补给船会合后，整整避了10天的风头才继续南下捕猎。一支从英国驶来的空船队，在加拿大近海解散，准备分头驶往各自的目的地，

护航战列舰恰巧为接送其他船队而先行离去。也许注定了它们该遭此劫，吕特晏斯刚刚南下就逮住了这支船队。德军两舰如狼入羊群，很快就将5艘货船送入了海底。英国海军部自此方知他们一直防范的两舰已经跑到了北大西洋航线的中间，于是急忙组织围捕。但吕特晏斯如此狡猾之人岂会坐以待毙？他假装要在这片大海继续围猎，一天后却掉头转向西南，直奔非洲海岸的弗里敦。

3月8日，在弗得角群岛以西350海里处为SL67船队护航的英国"马来亚"号巡洋舰的水上侦察机正好从"沙恩霍斯特"号舰头顶上飞过，吕特晏斯立刻掉头向北绕了一圈，最后向西北方向转移。在途中，他还顺手吃掉了一艘单独航行的商船。而此时英国情报部门通过无线电监听，认为这两艘德舰可能会逃回德国，于是英国海军部和本土舰队出动了所有的舰只，在德舰返航路线上层层设防，占领有利的截击部位。非常可惜的是，英军的这些行动对德舰已经构不成严重的威胁。

"沙恩霍斯特"号和"格奈森瑙"号并没打算回国，而是出人意料地再次返回繁忙的北大西洋

航线。3月15日和16日，它们竟一举击沉16艘商船，总吨位达8.2万吨，再次在其功绩册上写下了一笔。16日傍晚，两舰偶遇正为HX—114船队护航的英"罗德尼"号战列舰，吕特晏斯立即开足马力，居然顺利地从英军的眼皮底下钻过去。

英国海军部虽然历经多次失败，但仍未吸取教训。他们又凭经验推测"沙恩霍斯特"号和"格奈森瑙"号接下来会向北航行，通过丹麦海峡去法罗群岛与冰岛之间的洋面，再折回德国，因此加强了这两个海域的巡逻。他们又错了！吕特晏斯此次的目的地是法国的布勒斯特而并非德国，因为他要让两艘德舰开入这个沦陷的法国港口，以吸引英国海军，借以掩护"舍尔海军上将"号袖珍战列舰通过北方航线返回德国。

3月17日下午5时30分，"皇家方舟"号航空母舰上起飞的侦察机发现了德军姊妹舰。但在关键时刻电台却失灵了，飞行员只得飞回母舰报告。吕特晏斯一见被发现，就立刻将航向由东北改为正北，作出要从设得兰群岛以北折返德国的架势，但盘旋的侦察机一走，两舰又直奔布勒斯特。

18日，比斯开湾连续大雾，能见度极低。德舰欲驶向法国的迹象越来越明显，眼看着即将成为漏网之鱼。英国海军部于是急令还在冰岛海域守候的3艘战列舰全速南返，驻防直布罗陀的21舰队则迅速北上拦敌。但英军又扑了空，恶劣的天气加上德舰超常的速度，使英军再次成为这场角逐中的败将。

21日19时55分，英国岸防司令部的巡逻机在布勒斯特以西的320公里处眼睁睁地看着两艘巨舰驶入德国空军的保护圈之内。次日，两舰靠港，结束了它们在1941年春历时两个月的大洋游猎生涯。但令德军没想到的是，这对姊妹舰一生的光辉岁月也随之走到尽头。

被困布勒斯特

1941年5月24日清晨，"俾斯麦"号战列舰一阵排炮把英国"胡德"号战列舰炸断成两截后，马上遭到整个英国海军的围捕。5月27日，"俾斯麦"号一沉没，"沙恩霍斯特"号和"格奈森瑙"号就成了英国海空军关注的焦点，再想闯入大西洋耀武扬威已经不可能了。驶入布勒斯特的"沙恩霍斯特"号和"格奈森瑙"号以及原停泊在港内的"欧根亲王"号很快就成为笼中之兽。英军驻直布罗陀的 H 舰队和驻苏格兰的本土舰队早已作好了一切准备，随时可以出发截击妄图出港的"沙恩霍斯特"号舰。尽管德军有数百门高射炮时刻对空警戒着，上百架战斗机昼夜在港口上空巡逻，还让发烟船布下重重灰色烟幕，但对蜂拥而至的英国轰炸机仍然防不胜防。

德国 3 艘重型舰被困布勒斯特，令希特勒非常恼火，他给了雷德尔及其舰队两条路，让其自行选择，目的当然只有一个：要让 3 艘德舰重返德国。"三头狗"欺敌计划便在这样的背景下诞生了。

7 月 23 日，加装完高射炮，重新换了新型发动机的"沙恩霍斯特"号开出船坞准备试航，立即遭到英军的轰炸。5 枚炸弹钻进船舱，尽管两枚未炸，但另三枚却造成严重破坏，船舱进水 300 吨。"沙恩霍斯特"号带着这 300 吨海水，慌忙返航，途中又遭轰炸，不过，时运不错，这次没被一枚炸弹命中，最后，它如一头受伤的野兽狼狈地返回船坞。

希特勒对三舰的所为非常不满。而此时，德军已大举入侵苏联，希特勒凭直觉判断盟军可能会在挪威登陆，策应苏联战场。为此，他打算将所有的海军力量都集中在那里。于是首先命令 3 艘德舰冲破封锁，返回德国本土基地。

1942 年 1 月 12 日，希特勒给了雷德尔和战列巡洋舰队司令西里阿克斯海军中将两种可供选择的北上航行方案：一是绕过英国、爱尔兰的西航线，一是穿越英吉利海峡和多佛尔海峡的东航线。实际上，选择其中任何一种方案都需要足够的勇气和胆量。西航线航渡时间长，而且得不到德国空军的掩护，易受英国 H 舰队和本土舰队的全力围捕，很可能会落得与"俾斯麦"号相同的下场。而东航线也并不保险，尽管有空军掩护，但是狭长的英吉利海峡和多佛尔海峡遍布地雷，英国一侧的海岸炮台、海空军基地比比皆是，强大的本土舰队又卡在北海出口，风险大得难以设想。但是希特勒只提供了这两种方案，就是风险再大也得择其一而行之。更何况希特勒还送给他们一句鼓励："我一生中大多数决定都是冒险的，好运只跟冒险者走。"军令如山倒，将领们敢不执行？

一番推敲之后，雷德尔和西

里阿克斯选择了东航线，打算从英国海军的鼻子底下突破海峡封锁——也许是那次从英国人眼皮底下逃走的经历给了他们无比的勇气。德国海军将此次行动的代号定为"三头狗"，意即一个人干成众人认为根本做不到的事。

"三头狗"成功的关键在于行动的突然性。德军为了严格保密，制定了欺敌计划。他们首先散布消息说，布雷斯特的舰队要开往大西洋甚至太平洋。德军电台不断拍发假电报，西里阿克斯故意在巴黎预定了大批热带军服和低纬度遮阳眼镜。德国空军也做了大量的空中支援准备，将整个航线划分为三个区段，第2和26两个航空大队全部投入作战。各区段的机场配备了相应的地勤人员和设施，以保证飞机在着陆后半小时内加油挂弹重新起飞。

1942年的1月底和2月初，三舰和战斗机部队进行了8天小规模的配合训练。为扫清航线上的障碍，80艘德国扫雷艇1个月内共扫出98枚锚雷和21枚磁性水雷。鉴于气象情况的重要性，西里阿克斯还专门派出了气象潜艇收集海峡区的天气、水文和潮汐资料。最后，"三头狗"计划定于2月11日付诸实施。那么也就意味着北角海区内将会再次掀起轩然大波。

拼死逃回德境

尽管德军的这次行动布置得甚为周密，但英国皇家海军也并不是好惹的。所以德国的"三头狗"行动最终是以姊妹舰受创逃离而宣告结束，德国仍然没有占到便宜。

1942年2月11日，在戒备森严的布勒斯特，淡水、燃油、弹药和食品被悄悄送上军舰。一大批法国卡车奉命开动发动机，在震耳欲聋的马达声中三舰开始试舰。德国海军军官同时还向布勒斯特市社会名流发出12日举行盛大宴会的请柬。黄昏时分，一大群水兵还在大街小巷装成醉鬼，并大声讲着酒话。夜幕降临，西里阿克斯向设在巴黎、基尔、李托奎特、克恩、西弗尔的海军和空军区段司令部发出密码电报"一切准备就绪。"晚上8时30分，"沙恩霍斯特"号起锚缓缓开出港口，"格奈森瑙"号尾随其后。"欧根亲王"号因多日卧港，锚链起了一半就卡住了，性急的舰长林克曼海军上校下令砍断锚链。由于雾重天又黑，"沙恩霍斯特"号舰出港不久就迷失了方位，也找不到特设的灯标船。舰长霍夫曼海军上校只好靠耳朵听邻舰的发动机声和海岸回声来进行编队。此时，英国轰炸机又来到布勒斯特进行每天例行的轰炸。德舰队立即返回港口，集中大小炮进行对空射击。他们还故意打开探照灯，造成三舰仍在港内的假象。拖延了两个小时之后，舰队才重新出港。经过一番努力，舰队总算克服了初期的混乱，三舰均达到了31节的最高航速。舰队的上空和旁侧，都有德国事先设置的护航队。所有的电台一时间全部保持静默。舰队悄悄航行了一夜，英国人却什么都没发现。

2月12日晨8时50分，德舰队绕过了科汤坦半岛的阿格角。顺风顺潮，竟让舰队把拖延了的两个半小时航程追了回来。德国空军通讯技术部队成功地组织了对英国沿海雷达站网的大规模干扰，致使英军雷达兵对荧光屏上的大片耀斑感到茫然不知所措。10时14分，舰队驶过塞纳河口，接近多佛尔海峡。10时14分，一架英国侦察机发现了舰队的行踪，并马上向基地拍了电报。但是那些愚蠢的英国高级指挥官竟一致以为是侦察员看花了眼睛，他们根本就不相信德舰居然会冒险走这条绝路。德国人可是占了大便

宜，西里阿克斯本以为好运到头了的，谁知在这紧要关头，英军又给了他们绝好的机会。行到海峡水浅处，德舰队被迫减速行进。11时25分，舰队进入多佛尔海峡最窄处，此时天又下起了小雨。途经布格涅附近时，又有15艘鱼雷艇编入舰队。德军的电子对抗也达到了最高峰。

但是没过多久，设在多佛角的英军炮台就发现了德舰，海岸炮开始怒吼。英国5艘鱼雷艇在烟幕的掩护下向德舰队首次发起攻击，但很快就被德驱逐舰所击退。被迷惑了17小时之久的英国人终于清醒过来，英国首批6架鱼雷机马上出现在海峡上空。一时间，空中全是烟团和飞舞的钢铁。不幸的是英机领队皇家空军埃斯蒙德少校指挥的"剑鱼"式鱼雷机还未及投弹便被击落。仅有2架飞机投下鱼雷，但全被德舰躲过。被德军弄得晕头转向的英军司令部最后只好作出痛苦的选择：倾尽一切可用的飞机，全力阻截德舰。于是双方的飞机在空中展开了大战。英军先后共动用各类型轰炸机550架，另有15个战斗机中队为他们提供护航和辅助性攻击。但由于准备不足，云低雾浓，德军海空军阻击凶猛

有效，英军竟然只有 39 架轰炸机对目标进行了实质性攻击；扔下的 4000 余吨炸弹无一命中三舰，全部成为废品。

蒙受了如此奇耻大辱，英国皇家海军自然不肯善罢甘休。德舰突围的消息传来时，驻守在哈里奇港的皮兹海军上校正在指挥 6 艘驱逐舰进行战斗训练。哈里奇距多佛尔海峡北口仅 60 海里，整个皇家海军水面舰艇部队中，只有皮兹上校来得及攻击德舰。尽管这一带水域危险重重，但皮兹上校继承了皇家海军的优良传统，毅然决定向"沙思霍斯特"号挑战。正当西里阿克斯自鸣得意之时，"沙恩霍斯特"号舰底部突然发生强烈的爆炸声。"沙思霍斯特"号触雷了。顿时，舰身剧烈摇晃，舰内灯光熄灭，无线电也失灵了，海面上拖出一条很长的油迹。怒气冲冲的西里阿克斯自觉颜面有损，断然拒绝"格奈森瑙"号和"欧根亲王"号提供的援助。

一番周折后，"沙恩霍斯特"号舰已同舰队拉下半小时的航程。英机发疯似地攻击这艘伤舰，但均让德机和舰炮击退。"格奈森瑙"舰和"欧根亲王"舰边走边用全部炮火回击空中的飞机和海

上的皮兹舰队。英驱逐舰拼命发射鱼雷，但两艘德舰如有神灵护驾，一直安然无恙。日落时，"沙恩霍斯特"号舰修好了主机，以 25 节的航速追了上来。西里阿克斯眼看胜利在望，禁不住露出得意的微笑。但他高兴得太早了！

晚上 19 时 55 分，"格奈森瑙"号触雷，没过多久，"沙恩霍斯特"号再次触雷。经过短暂的抢修，总算又恢复了航行。午夜时分，舰队进入德国水域，西里阿克斯这才长出了一口气。

2 月 13 日黎明，"沙恩霍斯特"号和"格奈森瑙"号开入基尔港的船坞，修补水雷造成的损伤。未受损的"欧根亲王"号则绕道驶往挪威沿海。"三头狗"行动至此宣告结束。

德舰虽然最终突围出来，但战争中的损失还是相当严重的。回到母港的三艘军舰日子也并不好过。可以说，这次突围并未取得实质性的成果。

最终命丧"黄泉"

德舰突围的消息引起英国朝野一片哗然，首相丘吉尔面子上自然也不好过。伦敦《泰晤士报》作了如下报道："在西班牙无敌舰队西多尼业公爵失败的地方，西里阿克斯却成功了。自 16 世纪以

1939 年 12 月 17 日，德国装甲巡洋舰 "海军上将施佩伯爵" 号受伤后自沉。

来，再没有比这更有损于皇家海军尊严的了。"毋庸怀疑，英国海军必定要以牙还牙。

为了挽回面子，英军频繁出动飞机对德舰停泊地进行轰炸。回国后不久，"格奈森瑙" 号便在一次空袭中被炸飞了舰首，并在船坞里度过了余生。"沙恩霍斯特" 号则在船坞足足躺了 9 个月。

1943 年 3 月，失掉姊妹舰的 "沙恩霍斯特" 号只身前往挪威北部的阿尔塔峡湾，与 "提尔皮兹" 号战列舰和 "吕佐夫" 号袖珍战列舰会合。德国海军集中剩余的水面舰只组成一支颇具实力的舰队，妄图重演几个月前消灭盟国 PQ—17 船队的胜利。但此时的英军已今非昔比，由于三舰逃离布勒斯特，大西洋航线已不再受德国大型水面袭击舰的

威胁，英国本土舰队得以集结全部重型舰艇，重点监视挪威北部的德国舰队，并掩护一支支护航运输队往返于苏联。德国军舰在这种情况下不敢贸然出击，只能在港口峡湾里兜圈子。直到 1943 年圣诞节前夕，在希特勒扬言要拆掉所有 "无用" 的重型水面舰只的压力下，才出发去完成它的最后一次征战任务。

而此时，富有进攻精神的弗雷泽海军上将已接替托维出任英国本土舰队司令。他亲自率领舰队出征，为驶往苏联北部的运输船队护航。11 月 15 日，弗雷泽乘 "约克公爵" 号战列舰，率 "牙买加" 号巡洋舰和 4 艘驱逐舰随 JW—55A 船队出航，顺利抵达摩尔曼斯克。12 月 23 日，弗雷泽启程护送回程的 JW—55B 驶返英国。此时，从冰岛起航的 RA—55A 船队，正由贝尔纳特海军中将指挥的 "谢菲尔德" 号、"贝尔法斯特" 号和 "诺福克" 号等 3 艘巡洋舰殿后，驶往摩尔曼斯克。

在接下来的海战中，身负重任的贝依连犯三个错误，致使 "沙恩霍斯特" 号最终成为这次战役的牺牲品。

12 月 25 日，贝依奉新任海

军总司令邓尼兹之命，率"沙恩霍斯特"号和5艘驱逐舰出航北进，企图寻机袭击盟国船队。

26日3时39分，贝依犯下第一个错误，于是厄运便接连而至。他首先打破了无线电的沉默向上级报告了自己的航向和海况。但这个信号却被弗雷泽舰队截获破译。据此，弗雷泽很快就想出一个围捕德舰的绝好计划。他令贝尔纳特的巡洋舰全速西进，逼敌回逃，同时自己率队向东挺进，截断德舰撤回挪威的路线。对此一无所知的贝依还以为是英军失策，当他于早晨7时整到达预定海域而没有发现盟国船队时，接着犯下第二个错误。驱逐舰本该为"沙恩霍斯特"号舰护航的，他却于此时令其向东南方向作扇形侦察，结果是离目标越来越远。8时20分，"沙恩霍斯特"号舰向东北方向搜索，一步步进入贝尔纳特的防卫区。8时40分，"贝尔法斯特"号巡洋舰率先发现西南方18海里外的"沙恩霍斯特"号舰，而德军却全然未觉。9时29分，3艘巡洋舰同时向"沙恩霍斯特"号舰射击，两发炮弹命中目标。贝依断定船队还在东北方，便转向正北。这一来，正好中了贝尔纳特的计。他的本意就是要引诱贝依北上，以便为弗雷泽速度较慢的战列舰切断"沙恩霍斯特"号舰的后路争取足够的时间。于是，贝依犯下第三个错误，把他和他的舰队一起送入了北冰洋的洋底。

12时05分，"沙恩霍斯特"号与贝尔纳特的巡洋舰再次相遇。接着双方开始炮击。但贝依无心恋战，他自知"沙恩霍斯特"号舰没有驱逐舰保护的后果，于是下令掉头向东南撤退。本来，"沙恩霍斯特"号舰的炮火威力远胜于英军3艘巡洋舰，是很有希望取胜的。但由于贝依的连续犯错，最后还企图返回挪威港口，走了英国战列舰出没可能最多的一条航线。于是，"沙恩霍斯特"号便在这条航路上成为贝依的殉葬品。

16时07分，"约克公爵"号发现了22海里外的"沙恩霍斯特"号舰。16时50分，"约克公爵"号10门356毫米的主炮开始向14海里外的目标齐射。"沙恩霍斯特"号很快就被英军舰团团围住，前无进路，后无退路。贝依无计可施，只得试图从中间借自己的速度优势夺路而逃。但是此刻的"沙恩霍斯特"号舰已身受重创，进水严重，速度越来越慢。舰上的炮塔也被击毁，无力还击。贝依临终还向希特勒发电："战至最后一发炮弹。"以示其必死之心。

18时40分，伤痕累累、步履蹒跚的"沙恩霍斯特"号被英国驱逐舰追上，又被"牙买加"号巡洋舰的一排鱼雷打中，即刻瘫痪。19时45分，在英舰的轮番攻击下，"沙恩霍斯特"号终于走完自己的生命历程，翻沉在冰冷的北冰洋中，全舰1839人只有36人幸免于难。至此，德国花尽气力建造的两艘巨舰全部成为海底龙宫的战利品，到另一个世界去耀武扬威了。

一场斗智斗勇的海上大战，给了德国一个下马威，却让英国舰队司令弗雷泽因此而声名鹊起，获得了"北角勋爵"的爵位。

1943年底的"北角大海战"随着德军引以为自豪的"沙恩霍斯特"号的沉没而宣告结束。至此，曾在北极地区嚣张一时的德国海军舰队只剩下正在养伤的"提尔比兹"号战列舰。

德国人自日德兰海战之后，其海军再也无力与英国人一较高下，准确地说，这次北角大海战不是海战，而是一场追逐的游戏。德国人初期凭借缜密的计划和运气而屡屡得手，但一旦幸运之神不在，他们就走到了尽头。就好比他们的侵略战争，最初自以为得计，但终久逃不脱毁灭的可悲下场。

伦敦保卫战

诱　降

自从1939年9月1日，纳粹德国百万大军闪电袭击波兰，第二次世界大战爆发后，紧接着1940年4月25月初，德军又以迅雷不及掩耳之势，使荷兰、比利时、卢森堡、挪威等国相继沦陷。6月22日，法国投降。

这一消息很快传遍整个世界。迅速得手的胜利使纳粹德国元首希特勒的欲望无限地膨胀起来。自从1925年希特勒出版了自己的行动纲领《我的奋斗》一书后，已经整整15年了。这期间，他建立了自己的冲锋队和党卫军，由一个啤酒店暴动的失败者，一跃变成了德国政府的总理和整个武装部队的最高统帅。他的纳粹党党旗已经在差不多整个西欧大陆飘扬。今天，希特勒感到他一生中辉煌的时刻已经到来。在西进占领欧洲一度旗开得胜之际，他开始把注意力转向东方。多少年来，反对布尔什维克的强烈欲望不时地再现在希特勒深思熟虑的大脑中，尤其在这胜利之际。他早已觊觎苏联广袤的领土，准备向苏联发动进攻。

为了避免兵家大忌的两线作战，希特勒希望此时能与英国媾和。他相信，随着法国投降，此时英国人已经吓怕了，只要他做出和平姿态，英国人就会不战而降。于是，希特勒通过瑞典向英国放出了和平试探。万万没有想到，3天后，英国外交大臣哈利法克斯通过广播正式拒绝希特勒的"和平建议"。

希特勒感到有必要进一步明确显示德国的力量，以使英国醒悟过来。他决定首先通过战略轰炸并辅以政治诱降征服英国，英国如不投降便实施登陆。于是，一个代号为"海狮"的进攻英国

1940年7月16日，希特勒作出对英登陆作战的决定，下达了关于"海狮"计划的第16号指令。

的作战计划很快拟制完毕了。

"海狮计划"总的战略意图是：从拉姆斯格特延伸到怀特岛以西的广阔战线上，进行一次奇袭性军事行动。以挪威、荷兰、比利时和法国为基地的3000架飞机去摧毁英国的防御工事，在空战中消灭英国空军，并用火力制止住英国海军，夺取制空权和制海权，派25个至40个师在尽可能宽阔的战线上登陆，一举占领英国。

德国领导人也已经看出，他们能否实现入侵不列颠的计划，完全取决于能否控制英吉利海峡和他们在英国南部海岸选定的登陆地点的上空。完全掌握运输舰只上空和海滩上空的制空权，是实现横渡海峡和登陆的决定条件。因此，必须摧毁皇家空军和伦敦与海岸之间的机场系统。

此时，德国空军的确实力雄厚。德军空军司令戈林对胜利毫不怀疑，他自恃拥有可以实现这一巨大目标的3支庞大的航空队：

第2航空队由凯瑟林将军指挥，驻在荷兰、比利时和法国东北部，指挥部设在布鲁塞尔，前沿指挥部设在灰鼻角。第3航空队在斯比埃尔将军指挥之下，驻在法国北部和西北部，指挥部设

在巴黎，前沿指挥部设在多维尔。这2个航空队是主力，总共有战斗机929架，轰炸机875架，俯冲轰炸机316架。第5航空队在施登夫将军指挥下，驻在挪威和丹麦。第5航空队只有部分兵力参加，它要比第2、第3航空队小，只有轰炸机123架，Me－110战斗机34架。

这3支航空队可对英国形成半月形攻击的态势。而当时英国本土防空只有战斗机约800架，高炮2000余门。德国无疑拥有绝对的数量优势。戈林向希特勒宣称，他的空军"只需4天时间，就可像进犯波兰那样战胜英国"。

德军 Me－110 轰炸机轰炸伦敦

为了迎击德军空军的空袭，英国加强了自己的防空体系。经过努力英国已经构成了2道雷达探测网。第一道为本土防御雷达网，能有效地监视飞行高度4500米以下的飞机；第二道为本土低空搜索雷达网，用于搜索760米以下飞机，并且在主要方向，配置了成千上万的对空观察哨，以弥补雷达情报的不足。

空军当局还在英格兰西南部组建一个新的战斗机大队，即第10战斗机大队。大队部设在巴思附近的鲁德洛。其任务是负责英国西南部的防空作战，截击进入该地区上空的德军飞机。第10战斗机大队的建立，减轻了英格兰南部第11战斗机大队的负担，使之能全力来保卫首都伦敦及其东南地区。可是当时，空军的战斗机数量是严重不足的，战斗机生产成了一个大问题，还有飞行人员的补充，也相当困难。

法国投降时，英军仅有1204门重型高射炮和581门轻型高射炮。这是远远不能满足需要的。因为，飞机生产工厂必须给以坚强的防御，各个机场也应该有严密的防空力量，而西部港口、海军基地以及许多工业区也应增设高射炮。按编制需要，英军应有

世界通史

最新整理图文珍藏版

重型高射炮 2232 门，轻型高射炮 1860 门，可实际拥有的高射炮还不到需要量的一半，真可谓杯水车薪。当时英国高射炮的生产量非常低，每月只能生产大口径高射炮 40 门，并在短时间内不可能有所增加。为此，不得不暂时牺牲对伦敦以及其他一些城市的防御，而把较多的高射炮用来保护飞机制造厂、机场以及其他要害目标。

为了阻止德军飞机对英伦三岛的入侵，尤其是阻止德军布雷飞机的活动，英军在沿海和主要大城市布置了 1450 个防空气球。14 条河流和入海处平均布设了 10 个气球，它们全是水上系留的气球。还有不少防空气球布置在飞机工业和其他目标的防御上。这些防空气球内充氢气，又大又轻，通常升到敌机飞行的高度，可有效地干扰德军飞机的入侵行动。为了使防空气球便于机动和缩短施放的时间，在移动时将球收回距地面数米高，然后系在卡车上转移。他们还使用了一种"伞系拦阻索"的设备。它的一端装有降落伞，而另一端系有钢索。使用时在德军可能来袭的方向利用火箭将此设备先发射到空中。当火箭发射到 200 米高空后，降落伞打开，从而使那些摇晃不定的钢索构成了一道防飞机的低空障碍。

为了统一指挥英国本土的防空作战，在空军部之下设立了防空指挥部，统一指挥皇家空军的战斗机部队、雷达分队、警报观测分队和陆军的高射炮部队。为了指挥方便，又将本土划分为 6 个防空区。每个防空区划分若干防空分区。各防空区驻有 1 个战斗机大队，每个大队负责 3～8 个防空分区，几个防空分区指挥 2～3 个战斗机中队。

英军防空火箭拦截德机

到英伦空战开始时，英国皇家空军战斗机实力稍有所恢复。1940 年 7 月中旬已达到了 650 架左右。它们大多数是"飓风式"和"喷火式"战斗机，其余则是比较老式的飞机。不列颠之战开始不久，英国航空工业随即加紧了作战飞机的生产，几乎每一个成年人，每一分钟都投入到战斗机的生产中，从而创造了飞机制造业上的奇迹。英国上下，不仅工厂生产战斗机，而且一些小车行和车间也都生产飞机零件。在6、7、8三个月中，英国每月生产约500架战斗机，至少比德工厂多生产100多架飞机。空战高潮阶段，皇家空军曾遇到飞行员严重缺乏的危机，但从未有过缺少飞机的时候。为了迎战德国空军，英国积极生产一种叫作"喷火式"的战斗机。这种性能优越的战斗机后来为整个"不列颠之战"立下了汗马功劳，成为英国皇家空军的明星。

为了防备德军的空袭，居民住所的窗户玻璃上都糊上一条条细纸条形成一个米字形，以防炸弹震破玻璃伤人。家家摆满了一桶桶防火用的沙子和水，还要储备好食品和饮用水，以防德军入侵切断补给时，维持一家人的生计。

撤离儿童的工作有条不紊地进行。近5000名5岁～15岁的孩子被船运到大英帝国自治领地；近2000名儿童被撤运到美国，另有2666名儿童等待撤运。英国政府还将全国银行储备的黄金运出英国，转移到加拿大的蒙特利尔

……这笔巨款后来被英国政府用来购买大量美国武器和装备。

6月5日、6日少量德军飞机开始袭扰英国各地，实施分散的空击。后来又加强了对海上英国运输船队的空袭。这就迫使英国当局把抗击德军飞机空袭作为战时问题列为当务之急，从而为通向整个"不列颠之战"奠定了基础。

经过丘吉尔多次与美国总统罗斯福交涉，美国终于同意英国以租让西印度群岛的基地来换取美国50艘驱逐舰。这一交易，与其说使英国得到了军援，不如说是在推动美国参战的路程上所取得的重大进展。7月间，美国大批火炮、枪支和弹药等武器运过大西洋，安全抵达英国。美国于1940年下半年和1941年上半年，给予英国道义上和物资上的援助，这使处于困难时期的孤军奋战的英国得到最有力支援。

1940年7月，英吉利海峡白浪滔滔。在灿烂的阳光中远远望去，海水和天空显现各自深浅不同的蓝色，只是在遥远的地平线上才融为一色。远处德国空军的大批飞机正飞越英吉利海峡……"不列颠之战"从此掀开序幕。

从1940年7月10日至8月12

2318

日为不列颠之战的第一阶段。此间，德军企图攻击英吉利海峡的英国舰船和英国南部诸港口，以引诱英战斗机出战，查明英空军的兵力部署、防空作战能力。

自从 7 月 10 日的第一场大战之后，在随后的 10 天德军不断空袭英国运输船队，使用的兵力也日益扩大，皇家空军损失了 50 架战斗机。7 月 20 日，有 6 位皇家空军的飞行员身亡，这是迄今伤亡人数最大的一次。德国欣喜若狂，英吉利海峡上空的战斗似乎正在按德国人所希望的发展。

此后的英吉利海峡空战几乎每天都有，从 7 月 10 日至 31 日德国损失 180 架飞机，其中 100 架是轰炸机；英国损失 70 架战斗机，约 4 万吨货船被击沉，但是皇家海军的舰艇完好无损。因此，就战斗机的损失而言，双方不相上下，打了个平手。

德国空军在摧毁英国战舰上并没有取得多大进展，同时，它也没能使英国空军战斗机飞行员疲于奔命，因为英国空军有意只派少数飞行员参加战斗，德国空军引诱英国战斗机起飞，想在空中加以消灭的企图也已落空。

英吉利海峡上空的初战失败并未能打消希特勒吞并英国的野心。相反，他希望"德国空军对英国的伟大空战"立刻开始。8 月 1 日，希特勒签署了德军最高统帅部下达的关于加强对英国海战和空战的第 17 号总指令。根据这个总令德军拟制了"鹰日作战"计划，规定共同担负这一任务的第 2、第 3 航空队的首要任务是歼灭敌战斗机，即英国空军的"喷火式"和"飓风式"战斗机，其次是战斗机机场、海岸雷达站以及英格兰南部的所有地面防空组织。希特勒非常希望德国空军能迅速、无情、勇猛地完成消灭英国空军、夺取制空权的任务，以便在不久的将来开始真正的入侵——"海狮"行动。

"鹰日作战"

1940 年 8 月 12 日，星期一，一连几天阴雨后，英吉利海峡上空出现了暂短的好天气，能见度良好。

上午一队德军飞机编队贴着海面向西飞去。当他们的飞机爬升起来后，很快就看到了海峡对面英国海岸的悬崖峭壁。此次飞行的任务不是去空战，而是执行特殊的任务，炸毁英国东部和南部海岸的雷达站。攻击的目标是耸立在英国东部和南部海岸的天线塔。这种高耸的天线塔在法国海岸用望远镜隔着海峡就可以看得清清楚楚。

几个月来，德军一直在有组织地监听英军的无线电通信和雷达使用情况。德军吃惊地发现敌人在组织上正取得新的进步。英国已经在本土的东、南、西部沿海地带部署了许多部雷达，组成了"海岸低空搜索雷达网"。网内各雷达站收到情报送中央指挥所，再经过中央指挥所的分析，就可知敌人飞机出动的情况，从而正确而合理地指挥英军战斗机中队起飞拦截。这一措施使德军丧失了至关重要的突然袭击的法

1940 年 9 月 14～15 日，德 500 架飞机对英工业区突袭，投下 6 万磅燃烧弹，100 万磅高烧弹，致使 1000 多人伤亡。

宝。不用说德军的轰炸机入侵，就是当德军飞行在法国上空集结时，英国人就已经通过雷达探测清楚了。德国空军要想改变同英国皇家空军作战时的不利地位，就必须首先破坏英国沿海雷达站。这就是今天鲁本斯德尔法编队的任务。为此，每架飞机的机翼下都挂了 250 公斤或 500 公斤的炸弹。虽然它们是战斗机，却挂着相当于 Ju－88 俯冲轰炸机 2 倍的炸弹。

这次攻击行动既是为"鹫日作战"准备，也是德军空军在英国本土上空大决战的序曲。

鲁本斯德尔法上尉看了看表，差几分钟 11 时。他简短地下达了命令后，已飞到海岸的各中队立即散开，迅速朝各自的目标飞去。

马廷·卢茨中尉带领第 1 中队从伊斯特本刚进入英国内陆，就发现了佩西文雷达站。德军的 6 架"梅塞施米特式"飞机开始爬高。可是由于 2 个机翼下分别挂着 500 公斤的炸弹，爬高就不那么灵活了。飞机好不容易爬到了所需的高度，接着作了一个大转弯，收油门，呼啸着向目标俯冲。当光学瞄准具对准 4 根天线塔中最近的 1 根时，卢茨中尉第一个投下炸弹。紧接着，机群像一阵

突然刮起的暴风一样，掠过雷达站上空。共有 8 颗炸弹命中了目标，其中 1 颗直接命中了细长的天线塔，还有 1 颗炸断了主电缆……

与此同时，由勒西格中尉率领的第 2 中队正在袭击黑斯廷附近的拉伊雷达站，炸毁了地面上全部建筑。由海因茨中尉率领的第 3 中队袭击了多佛尔附近的雷达站，有 3 颗炸弹落在了天线塔附近。尽管有 2 座天线塔被炸得歪斜，但都没有倒。其他地方的攻击情况都差不多，几乎都报告说完成了预定的任务。

当攻击编队返航时，各目标都冒起了黑烟。可是，透过滚滚向上的黑烟，人们发现绝大多数天线塔依然屹立着。后来查明，经过抢修，袭击 3 小时后，英国绝大多数遭袭击的雷达站又相继开始了工作……

从 11 时 30 分开始，德军第 51、第 54 轰炸航空团的 3 个大队出动了 63 架 Ju－88 式轰炸机，袭击了朴茨茅斯港。这其中的 1 个大队的 15 架飞机袭击了文特油尔附近的雷达站，使那里的雷达站遭到了严重破坏，以致不能修复。英国人为了堵上这个空隙，在怀特岛经过 11 个昼夜施工，又建成一个新的雷达站。

这一天，英国有 6 个雷达站被击中并遭严重破坏，1 个雷达站被完全摧毁。但德国人没有把集中袭击继续下去。而英国人则从被摧毁的雷达站废墟中发出假信号，以使德军误以为他们的轰炸不是徒劳的。德国人果真陷入英国人的陷阱，不久就完全放弃了对英国雷达站的攻击，这就为其最后失败留下了隐患。

尽管袭击雷达站的预期目的未能达到，但是德军同时开始的对肯特州英国战斗机部队前线基地的袭击却取得了很大成功。

9 时 30 分，古茨曼少校的第 2 轰炸航空团第 1 大队的 DO－17 式飞机在强有力的战斗机掩护下，对英国林奈机场进行了一次饱和轰炸。上百枚 50 公斤炸弹，把这个机场跑道炸得坑坑洼洼，连机场的机库也被炸毁。接着遭到袭击的是英国空军战斗机司令部的霍金基地。同时清晨刚遭受袭击的林奈基地又再一次遭到攻击。

13 时 30 分英国战斗机曼斯顿基地也首次遭到了猛烈攻击。实施这次攻击的是上午刚刚袭击了英国沿岸雷达站的鲁本斯德尔法编队。由于此时英国雷达站还如

最新整理图文珍藏版

同瞎子一样瘫痪着，因此，鲁本斯德尔法编队奇袭获得了极大成功。当曼斯顿基地收到警报后1分钟，德军攻击的飞机就飞抵机场上空了。

听到警报时，机场上英国皇家空军第65飞行中队的驾驶员们飞速地跳进"喷火式"战斗机的座舱，启动飞机。12架飞机开始向跑道滑行，最前面的3机编队已经加满油门在跑道上滑跑了。就在这一瞬间，德军飞机铺天盖地飞临机场上空，顿时黑压压的炸弹从空中向下扑来。经过一阵狂轰滥炸，从空中看去，机场上剩下的4架飓风式战斗机和5架其他飞机几乎全部被炸毁了，炸弹也在机库和机场宿舍爆炸，大火吞没了大部分建筑……曼斯顿机场的损失相当严重。

到了傍晚，沿海地区的小型作战已结束。这一天德军的第2、第3航空队在强有力战斗机护航下，投入了300架俯冲轰炸机。英军知道，大规模的空中作战即将来临，因为今天德军空军投入的俯冲轰炸机只是总兵力的1/3。

轰炸伦敦

从1940年8月13日至9月6日是不列颠之战艰难的第二阶段。德军集中突击英空军基地和雷达站，寻歼英空军主力。

德国飞机8月24日开始把那些致命的炸弹投向第11大队的7个扇形站。

虽然英国的扇形站没有一个被完全炸毁，但是受到一连串轰炸，遭到严重破坏，特别是位于比金山和肯利的扇形站损失惨重。这些神经中枢的功能开始萎缩。

此后，英国各前线机场也遭到空袭。8月31日，皇家空军的战斗机指挥部遇到了它最糟糕的一天。一批又一批的德国轰炸机呼啸而来，像月球上的环形山，机场的仓库和指挥大楼被夷为平地，输电线路被切断，飞机被炸毁，地面人员丧生。这一天，德国人总共扔下4400吨炸弹。皇家空军共损失了39架飞机和14名飞行员——这是迄今伤亡最多的一天，自不列颠战役打响以来，德国一天之内被摧毁的飞机头一次

在废墟中生存下来的人

世界通史

最新整理图文珍藏版

少于皇家空军损失的飞机。

在随后的几天里，风暴和阴云再也没有光顾过英格兰上空，接连几天阳光灿烂，万里无云。从8月24日到9月6日接连13天，德军几乎每天组织千机大轰炸，即平均每天出动近1000架飞机对英国南部的机场、空军地面部队及航空工业实施攻击。这些攻击及其由此而引起的空战在此间达到了高潮。不列颠战役已经进入了决定性阶段，英国皇家空军驾驶员1个月以来一直处于高度戒备状态之中，每天要出动好几次，他们已经太疲劳了。尽管他们坚持着进行最后艰苦的努力，但德军方面的数量优势开始发挥效力。

随后，为了迷惑英国皇家空军的雷达监测人员，德国人在空中采取了一种新的战术，即德国空军的机队整天在法国沿岸飞上飞下，正好在皇家空军的雷达屏幕所能看到的范围之内。监测人员根本就无法预测究竟哪一队飞机会突然转向北方，掠过英吉利海峡，对英发动真正的进攻。

第11战斗机大队的5个前进机场和6个战区机场都受到了严重的破坏。在肯特海岸上的曼斯顿和利姆2个机场有好几次接连

几天不能供战斗机使用。保卫伦敦的主要战斗机基地比金山3天内遭到6次轰炸，基地调度室被摧毁，伤亡7名地面人员，以致有1个星期之久只能供1个战斗机中队使用。皇家空军的战斗机防御力量开始变弱了。在这关键性的两周中，英国被击落重创的战斗机有290架；德国空军损失285架飞机，其中战斗机214架，轰炸机138架。

英国面临着灾难性的危险，整个国家也陷入了一片恐慌之中。丘吉尔首相焦虑地说："如果敌人再坚持下去，整个战斗机指挥部的全部组织就可能垮台，国家就有沦陷的危险。"

是的，如果德国的这种打击再持续下去，哪怕只是持续1周，英国的天空就再不会出现有组织、成规模的抵御力量，可以肯定地说，"海狮计划"就能获得进展。

8月24日夜里，德国空军2架飞机突然意外地轰炸了英国首都伦敦市区。几枚炸弹落到了伦敦市中心，古老的圣贾尔斯教堂被夷为平地，附近一个广场上的约翰·密尔顿塑像也从底座上被震下来了。一些住房被炸毁，炸死了若干平民。这一误投立即引起了英国的迅速反应。丘吉尔倒

2323

9月7日下午，戈林亲自指挥空军动用300架轰炸机和600架战斗机，对伦敦进行第一次系统的轰炸。伦敦人民的生命财产受到巨大损失。

情愿认为这是故意的。他认为，最能赢得美国的同情及援助的，莫过于伦敦变成废墟的景象了。

丘吉尔将错就错，下令立即召开参谋部会议研究对策。第二天夜里，一道命令传到了皇家空军轰炸机指挥部：对柏林进行报复性攻击。

8月25日英国皇家空军首次对德国首都空袭。晚上，柏林上空乌云密布。从空中俯瞰地面目标，模模糊糊，若隐若现，大约只有半数的皇家空军轰炸机找到了目标。这次空袭给柏林造成的实际损失很小，但在柏林引起了极大的恐慌。

接着的几日，柏林连遭到数次轰炸。8月28日的夜间轰炸，

第一次在德国的首都炸死了德国人。德国官方宣布，炸死了10人，炸伤29人。希特勒大为震怒，当天下午，希特勒从他的临时大本营伯格霍夫飞回柏林。他命令戈林的轰炸机部队做好夜间空袭伦敦的准备，以此作为对丘吉尔"蠢不可及之举"的惩罚。

就这样，希特勒不是出于军事目的，而是出于政治目的，是为了捍卫他个人的地位和尊严，做出了这一极愚蠢的决定。

8月31日，德国空军统帅部决定，9月7日将攻击重点转向伦敦。

从1940年9月7日至10月31日是不列颠之战转折的第三阶段。德国空军改变了攻击目标，全力轰炸伦敦，英空军得以喘息，战局出现转折。

9月7日19时50分，由625架轰炸机、648架战斗机组成的声势浩大的德军机群从不同航向、不同高度越过英吉利海峡直扑伦敦。英国战斗机部队仍然估计德军要再次袭击他们的战斗机前进基地，因此，主动起飞以保卫空军基地，因此让出了飞往伦敦的可能通道。但是，这一回皇家空军上当了，德军已经改变了攻击目标，他们要大规模闪电式空袭

伦敦。

第一波次德机对泰晤士港、人口稠密的伦敦东区、伍尔威奇军工厂等目标准确投下了高爆炸弹。英国23个飞行中队全部怒吼着向轰炸机群横冲过来。在广阔的伦敦上空展开了激战。但他们来晚了一步。德国成群结队的黑色轰炸机凶神恶煞似的在伦敦上空号叫嘶吼，狂轰滥炸。短短1个小时内，德军就成功地将300多吨高爆炸弹、燃烧弹泻入伦敦。

伦敦顿时成为一片火海。泰晤士河北岸地带被炸成一片长一英里半、宽半英里的燃烧着的废墟，锡尔弗镇完全被烈火所吞没。大大小小的工业设施、交通枢纽、电力网络、平民住宅以及议会大厦相继被毁，爆炸声、坍塌声、呼救声、惨叫声以及警车、消防车的呼啸声伴着黑烟直冲云霄。

城市瞬间化为瓦砾，草木顿时燃成灰烬，整个大地在颤抖。从纯军事角度讲，德国首次大规模空袭伦敦获得成功。

随后数天，德军的轰炸给伦敦带来了空前灾难。德军飞机的轰炸使市区化作一片火海，火光映红了天空，映亮了泰晤士河水……可是没等消防队员们把熊熊的大火全部扑灭，后续的德国轰炸机又在火光指引下，呼啸而来，又投下雨点似的炸弹和燃烧弹。

9月9日下午5时，德国空军200余架轰炸机在强大护航机群的掩护下，第二次前去轰炸伦敦。不过这一回他们不再那么幸运了。英国空军早就作好了复仇准备，严阵以待敌人的再次入侵。

伦敦市区遭德军轰炸后的惨景

就在德国机群刚刚飞越英吉利海峡时，英国"喷火"式和"旋风"式飞行中队就立即奉命起飞至伦敦的重要目标上空警戒。当德军第一批几乎被护航战斗机簇拥着的轰炸机编队飞入多佛尔上空时，早在空中待战多时的2个飞行中队迅速猛扑过去，"旋风"式战斗机中队专门袭击敌人轰炸机，"喷火"式战斗机中队则全力拦截敌战斗机。双方飞机在天空中你追我赶，展开了一场殊死搏斗。

蔚蓝的晴空顿时被画上了一

最新整理图文珍藏版

道道白色的飞行尾迹，令人眼花缭乱。尽管德军最后还是成功地进行了轰炸，但也给他们提出了有力的警告：再也别想在不受攻击的情况下到达伦敦上空了。

其后几天，德国不惜代价继续闯入伦敦地区上空并给伦敦造成了巨大的破坏，市区有1000多处被炸后发生过火灾，市民死亡近万人，市区105的房屋被炸毁，到处是断墙残壁。人们缺水、缺电、缺煤气、缺食物，甚至缺药。

然而纳粹的残忍并没有而且也不可能泯灭这个民族顽强不屈的灵魂。相反，他们的行为更增添了英国平民对纳粹的仇视和憎恨。

在此命运攸关的时刻，英国战斗机司令部的战术作了重大改变。"喷火式"和"飓风式"战斗机不再以零星分散的中队投入

被摧毁房屋的家庭得到邻居的帮助，到公共休息场所领取衣食，等待分配新的住所。

战斗，它们采用能与敌方一争高下的大机群编队形式和德国空军对阵。以"大型飞行联队"作战的日子来到了。几百架"喷火式"和"飓风式"飞机在阳光的照耀下闪着光芒，像一把把利剑横在天空，等待斩下侵略者的一个个魔爪。

9月15日，一个金色的秋日。这一天，德国空军继14日的2次猛烈空袭后，集中最大力量对伦敦再次进行了白天空袭。200多架德国轰炸机在600多架战斗机的层层掩护下，遮天蔽日地向伦敦压来。德国飞行员感到胜利几乎是垂手可得了。

皇家战斗机司令道了上将几乎把所有的部队全都派上了天。第11和第12战斗机大队共有24个中队，近300架飞机，一批一批地腾空。所有这些"喷火式"和"飓风式"战斗机在伦敦以南、以西的空中筑起了一道钢铁防线。

此刻，这些皇家战斗机没等占据有利攻击位置，就迫不及待地在与德机同一高度上，从前方像一把把匕首直插德国轰炸机编队，顿时把德国机群搅成了"一锅粥"。几十架"喷火式"战斗机随即解散队形，各自为战。飞行员猛按射击按钮，枪口狂喷火舌，

德国轰炸机顿时阵脚大乱，几分钟内就接二连三地冒着黑乎乎的浓烟坠毁了。今天双方都竭尽全力，展开了大规模的混乱厮杀。

午后刚过2时，当德国飞机像无边无际的潮水似的再次越过海岸时，英国又有2组结队成双的飞行中队和3个半单独行动的中队迅速飞向敌机。德国飞行员碰上了比以前更为众多的"喷火式"和"飓风式"飞机。空战异常激烈，天空布满了横七竖八的道道白烟。

在地面上可以清楚地看到高射炮群向空中敌机发射出愤怒的炮火，听到炮弹在空中的爆炸声。空中还不时传来飞机扫射声，飞机被击中后发生的爆炸声，引擎加速时的尖叫声和飞机急剧俯冲的尖厉声。这是血的拼杀！这是火的较量！德机狼狈逃窜！在这个具有特殊意义的日子之后，德国空军再也不想找机会和英国空军展开大规模的战斗机交锋了。

在这一天，英国皇家空军大获全胜。第二天伦敦报纸大字刊出"全歼德机185架"。人们欢欣鼓舞，奔走相告。整个伦敦家家户户自发地持起了英国的米字旗，庆贺皇家空军的大胜。丘吉尔称这一天是空战史上前所未有的、最大的一次激战日。后来，英国把9月15日定为"大不列颠空战节"，以示庆祝。

事实表明德军将轰炸目标改变到伦敦，是又打错了算盘，德军轰炸重点的转移拯救了濒临绝境的皇家空军，使几乎无力支撑的皇家空军战斗机指挥部得到喘息之机，使满目疮痍的扇形站得以解脱，从而拯救了英国，标志了历史上的第一次大空战出现了转折点，大空战的天平开始朝有利于皇家空军的方向倾斜。德军统帅部深知，不列颠空战开始以来，英国空军并没有被消灭。对伦敦的轰炸不但德国空军损失惨重，而且炸出个英国上下同仇敌忾。戈林终于感到，他的自负以及无能已使他在希特勒面前失宠，其他各军种也对他怨气冲天。戈林已经孤立了，击败英国的责任已完全落在了他一人身上。

为了尽可能减少损失，德军决定从10月1日开始，对伦敦的空袭改在夜间进行。

2日傍晚，由1000多架飞机组成的庞大机群又起飞了，他们要再次把死神带进伦敦。黑沉沉的夜幕成为德军轰炸机大发淫威的帮凶。一到夜晚，大批德国轰炸机成功地飞抵伦敦和英国其他城市上空。德军飞机在夜空中大摇大摆、肆意横行。前面的轰炸机将燃烧弹投向目标区,后面的轰炸机便寻着烈焰投下各种杀伤弹。在伦敦码头上,在拥挤的贫民窟,在首都的食品店,在这个世界上最大的城市之一,到处都是猛烈的炸弹爆炸声。燃烧弹使伦敦大街小巷变成了一片残垣断壁和玻璃碎片比比皆是。德国法西斯不久前在华沙和鹿特丹制造的恐怖,正展现在伦敦百姓的面前。整个伦敦街区看上去正承受一场空前的大劫难。人类正义又一次遭到摧残和蹂躏。

夜间空战给皇家空军带来了种种新的难题。尽管英国空军全力起飞拦截,但初期的效果不甚理想。皇家空军对夜间城市防空还缺乏足够的经验。当时英国皇家空军战斗机部队的24中队中,只有8个战斗机中队可以用于夜间截击。其中2个"挑战者式"中队和6个"布伦海姆式"中队。这2种飞机的性能不佳,在白天对敌空战都不得力,更不用说用于夜战了。而部署在伦敦附近的高射炮和探照灯等防空武器数量严重不足,其中重型高射炮只有92门。当时,整个英军防空部队中,射高为2.5万英尺的重型高射炮兵连只有32个,而射高为6000英尺的轻型高射炮兵连只有22个,探照灯连仅有14个,光柱只能照到1.2万英尺高。这些防空武器的威力有限,远远不能满足偌大个城市要求。

更困难的是,一直在防空作战中发挥重大作用的"千里眼"雷状网,也爱莫能助。因为英国的雷达站主要部署在沿海地区,内陆地区基本没有。敌机在内陆上空的活动情报应该靠遍布各处的对空观察哨提供,可是在夜间,所有对空观察哨只能望着黑洞洞的夜空,无能为力。

防空陷入了很大的被动。夜间轰炸使德军轰炸取得了成功,德军轰炸机损失也明显降低。10月份被击落的仅为325架,远远低于8月份的662架和9月份的582架。

但是,英国皇家空军很快地吸取了教训,并调整了部署,加强了兵力。特别是指挥防空炮队的派尔将军,迅速地把高射炮从各郡的城市抽了出来,伦敦的高射炮数目在2天内增加了1倍多。为了振奋人心,首相丘吉尔还特意命令把几门高射炮配置到市中心的海德公园内。在一些敌机可能入窜的重要地点上空例如泰晤士河口，升起了防空气球……

此后伦敦防空进入了一个崭新的阶段。每当德军飞机入侵，顿时整个城市响彻了刺耳的空袭警报。灯火管制使街区顿时变成一片黑暗，整个城市隐蔽在夜幕里。突然，为地面防空高射炮和战斗机搜寻目标的探照灯光束，像一把把锋利的宝剑向天空射去，在空中扫来扫去。整个天空又变得如同白昼，甚至比白天更为光亮耀眼。德军飞行员根本看不清下面的目标。

伦敦的地下铁路网被用作防空洞

当探照灯照亮夜空时，展现在伦敦市民眼前的是另一幅空中搏斗的舞台。数百门高射炮轰隆隆地对空齐射，从四面八方带着火光和怒吼，在天空编织出一张张红光闪烁的罗网。尽管有时高射炮夜间射击效果不很明显，但是那种震耳欲聋的炮声使居民们大为满意。个个无不欢欣鼓舞，感到对德国鬼子还击了。随着炮手们射击技术的熟练和提高，德军入侵飞机被击落飞机的数量大大增加了。

有时高射炮队暂停射击，让皇家空军战斗机冲入夜空截击敌机。只见皇家空军的各种飞机冲入被探照灯光柱死死"咬"住的敌机群里，时而俯冲，时而拉升，一股股雾化尾迹在夜空狂奔飞舞，还不时从空中传来咚咚的射击声。偶尔，被高射炮或战斗机击中的德军飞机顿时化作火球，伴随着刺耳的尖叫声从天而坠，爆炸声和冲天硝烟随之而起，在德国空军狂轰滥炸英国各地时，英国皇家空军的轰炸机部队也奉命对德军实施空袭。

9月5日，英国轻型轰炸机攻击了德国在法国的2个基地。

9月7日夜里，英国皇家空军的重型轰炸机首次对德准备发动入侵的港口发起了猛烈的攻击。皇家空军对从勒阿佛尔到安特卫普，从安特卫普到布伦的整个沿海各个港口的攻击，使拥塞在那里的德国船只遭到很大的损失。在敦克尔刻击沉击损84艘驳船；

在瑟堡到登赫耳德，炸毁一座500吨的军火库，焚毁一所军粮仓库，炸沉许多轮船和鱼雷艇。

从9月7日到10月12日希特勒宣布取消入侵为止，皇家空军共击沉击损德国运输舰21艘，驳船214艘，拖船5艘，汽艇3艘，这个数字约占德国入侵英国而集结的船只总数的12%。

9月23日至24日，英国皇家空军轰炸机指挥部派出119架惠特尼、威林顿斯和汉普登斯式轰炸机袭击柏林。其中84架飞机抵达目标区域，唯一最成功的轰炸是在夏洛腾堡，燃烧弹炸燃了一个煤气储存罐。可是也有许多炸弹没有爆炸，包括一枚投到希特勒官邸花园里的炸弹，它把希特勒的卫队吓得魂飞魄散，可最终却是有惊无险。这次轰炸死亡22个德国人。

9月16日，皇家空军的轰炸机空袭了正在进行大规模入侵演习的德国部队，使人员和登陆舰只遭受到惨重损失。运回柏林的被打死和烧伤的士兵整整装了2长列救护火车。结果，在德国以及欧洲大陆许多地方都流传开这样的消息：德国人确已试图登陆，但是被英国人打退了……

在德军还沉浸在失利的沉闷之中时，英国皇家空军借胜利的余威发起了攻击。9月15日晚上，以及16日、17日，皇家空军轰炸机队大规模持续轰炸了准备发动入侵的德军停泊港，使德国海军遭到严重打击。从布洛涅到安特卫普的各港口内的船舶，遭到了猛烈轰炸。安特卫普遭受的损失尤其严重。

海军将领纷纷向元首报告所受损失。9月17日，希特勒不得不同意海军参谋部的意见，认为英国皇家空军仍然没有被打垮，德国空军并没掌握英伦三岛的制空权。纳粹统帅不情愿但只能再次推迟登陆行动。10月12日，希特勒发出了正式指令"海狮"计划推迟。希特勒名为推迟，实际上出于种种复杂原因被迫放弃了对英国本土的入侵计划。就这样罪恶的"海狮"悄悄地遁去了。

"海狮计划"破产

从1940年11月至1941年5月不列颠之战进入最后阶段。

随着11月、12月的来临，大气阴冷，风雨交加。然而，伦敦似乎已经适应了这种特殊环境。

随后而来的德军闪电轰炸，给伦敦带来许多苦难。有时，一夜之间一两万人因房屋被炸或烧毁，顿时变成无家可归；有时，挤满残肢断臂伤员的医院突然遭到德军的轰炸，他们无法逃散只能置身烈火中；有时，下水道被炸毁，照明、动力和煤气供应也陷于瘫痪；有时，成千上万疲惫不堪的人们挤在既不安全又不卫生的防空洞内……尽管如此，整个伦敦的战斗和辛勤劳动的生活仍坚持下去。每天早、晚将近100万人进出伦敦，并能按时上班。

在11月的最后一个星期和12月初，德军空袭重点转移到了英国各港口。布里斯托尔、索斯安普敦，尤其是利物浦，都受到了德军猛烈地轰炸。没过多久，英国的军火生产中心城市，像朴利茅斯、谢菲尔德、曼彻斯特、利兹、格拉斯哥等也都遭到轰炸。这些城市都毫无畏惧地通过了炸弹的考验。

11月14日晚，月光皎洁明亮。毫无防备的考文垂市遭到德军50多架"He－111"轰炸机的毁灭性打击，满目疮痍惨不忍睹。

继考文垂之后，德国空军又如法炮制，对伦敦和伯明翰进行了类似的轰炸。

为了执行德军元首"保持对英国的政治和军事压力"的命令，德国空军几乎每天夜晚都把成百成千吨的炸弹投掷到伦敦和英国其他城市，每一次大规模的攻击都使成百上千的无辜居民丧生，受伤的人数很快地增长5倍，失去家园的人数增长10倍。

12月29日，星期天，德军在伦敦的轰炸达到了高潮。这一天德国人的处心积虑和经验全都用在这次轰炸中了。这已是典型的纵火行为。空袭的重点集中在伦敦中心金融商业区。轰炸的时间正好是泰晤士河河水最低的时刻。德军一开始就使用带降落伞的重型烈性炸弹破坏自来水的主要管道。被炸而起火的地方有1500处之多。火车站和码头遭到了严重破坏，8座"雷恩"式教堂被炸毁或受到破坏，连伦敦市政厅也被毁于炸弹和大火。

至1941年2月，德军共出动飞机2.4万架次，被击落156架；而伦敦则遭受了惨重损失，附近其他城市也受到不同程度的破坏。

英国空军面对这种被动局面想出了各种可行的办法：一方面，他们用飞机装载探照灯配合地面探照灯部队为战斗机照明，并在德机来袭方向大量施放阻拦气球；另一方面，以无线电干扰德国空军的夜间导航设备，破坏德机投弹命中率。他们还及时研制出了炮瞄雷达、战斗机夜航设备和机载雷达系统等一批新武器装备。

最新整理图文珍藏版

到 1941 年后，英国的"伯伦翰式"夜间战斗机和"勇士"式战斗机都装备了名为"AI"的机载雷达。这种雷达能够使飞行员发现数英里以外的敌机，并根据雷达信号的引导追击几乎是毫无防御的德国轰炸机。

英国还将雷达用于防空炮火。10 月份开始装备高射炮指挥射击的雷达，12 月份将雷达装备了探照灯射束。与此同时，英国的高射炮数量也增加到 2400 门，其中重高射炮 1400 门，轻高射炮 650 门。英国电子技术的发明和改进大大增强了防空炮火的威力。在德国夜袭开始后的最初 4 个月里，英国高射炮队一共击落约 70 架德国飞机；到 1941 年 5 月时，仅头 2 个星期，就击落敌机 70 余架。

所有这些措施有效地遏制了纳粹空军的猖獗行动，从而减小了伦敦和其他大城市的损失。

直至 1941 年 6 月 22 日，德国军队突然大举入侵苏联。事实上，直至希特勒下决心入侵苏联后，德军对英国的轰炸仍在持续，但已主要作为掩盖进攻苏联企图的烟幕，空袭规模也逐渐减小。1941 年 5 月，当进攻苏联的准备一切就绪时，德国空军开始大规模转向东线战场，完全停止了对英国的轰炸，不列颠之战结束。

据不完全统计，在 1940 年 7 月开始的"不列颠之战"中，德国空军总共向英国投掷了 6 万吨炸弹，造成 14.7 万平民伤亡，11 多万幢房屋被毁。与希特勒的打算正相反，德国空军恐怖的轰炸非但没有打垮英国民众的斗争精神，反而使全体民众空前团结，同仇敌忾。而且，在这场战争中德国空军损失了 1733 架飞机，近 600 名飞行员；英国损失作战飞机 915 架，飞行员 414 名。英勇善战的英国飞行员给纳粹造成了无法承受的损失，"海狮计划"不得不无限期推迟，并最终化为泡影。

荷兰空降作战

发动西欧战争

1939 年 10 月，德国就开始策划对西欧的进攻，希特勒为此下达了第 6 号指令，陆军总司令部拟定了行动计划，代号为"黄色方案"。这个作战计划，实际上是第一次世界大战"史里芬计划"的翻版，即通过比利时的中部，向法国首都巴黎实施主要突击。1940 年 1 月 10 日，一名携带西线作战计划的德军军官因座机迷航在比利时迫降，使该计划落入英、法手中。德军"A"集团军群参谋长曼施坦因认为，如果再执行这一计划，势必难以实现战略突然性。他在各种场合不断强调：法国阵地的弱点位于马其诺防线的西北端，即马其诺工事与盟军机动地段的接合点。进攻部队的大部分兵力应直奔这个方向。曼施坦因不顾陆军总参谋长哈尔德等高级将领的反对，建议改向阿登山区实施主要突击。希特勒对此本能地感到浓厚兴趣。1940 年 2 月 24 日，德军最高统帅部发布了一道指令，正式采纳了曼施坦因的意见。经过修改后的作战计划，主要进攻方向将通过阿登山区，首先攻占荷兰、比利时、卢森堡和法国的北部，击溃法国北部之英、法军队，尔后再从西、北两个方向进攻巴黎；在马其诺防线正面，开始只以佯攻牵制，待主力攻占巴黎、绕至该防线侧后时，再进行前后夹击，围歼该防线法军主力。

德国占领丹麦，并在挪威取得决定性的胜利以后，希特勒认为进攻西欧的时机已经成熟。到1940 年 5 月初，德军已在从北海到瑞士一线集中了 136 个师（其中 10 个坦克师、6 个摩托化师）、坦克 3000 多辆、飞机 4500 多架，编为 3 个集团军群。具体部署如下：

"A"集团军群由博克上将指挥，辖第 6 和第 18 集团军，共 28 个师，由第 2 航空队支援，配置于荷、比国境线直至亚琛地区，任务是突破德、荷边境上的防线，占领荷兰全境和比利时北部。

"B"集团军群由龙德施泰特上将指挥，辖第 4、第 12 和第 16 集团军，共 44 个师，由第 3 航空队支援，配置在亚深至摩泽河一线，是主要突击集团，任务是经过卢森堡和比利时的阿登山区，向圣康坦、阿布维尔和英吉利海峡方向实施突击，割裂法国北部和比利时境内的英、法军队。

"C"集团军群由勒布上将指挥，辖第 1 和第 7 集团军，共 17 个师，配置在马其诺防线正面，进攻开始时先实施佯动，牵制法军。

德军战略预备队共 47 个师，配置在莱茵河地区。

英、法等盟国在战前均无充分准备。法国认为德国打败波兰后，可能会继续向东进攻苏联，即使要进攻法国，也要在四五年以后；英国则指望地面作战由其盟国承担，自己只负责海上封锁和对德国进行战略轰炸；荷、比、卢三国则抱有严守中立可免遭侵略的幻想。盟军的作战计划直到1940年3月才确定。该计划规定，如德国向比利时实施主要突击，则以两个法国集团军和一个英国集团军向比利时机动，在比利时军队的协助下，将德军阻止在代尔河一线；如德军向马其诺防线实施正面进攻，则以一个集团军群坚守防御，以另一个集团军群进行增援，英国海军从海上封锁德国。

荷、比、卢、法和英国远征军共有147个师（其中3个坦克师、3个摩托化师）、3000余辆坦克、1300多架飞机，还可利用英国本土1000多架飞机。荷兰的10个师、比利时的22个师，均配置在本国东部国境线附近。英、法军队共114个师，编为3个集团军群，分别配置于法国北方各省和德、法边境的马其诺防线及其以东地域。

1940年5月10日，德军向荷兰、比利时、卢森堡、法国展开了全线进攻。荷兰首当其冲。德军在进攻荷兰时，再次使用了空降部队，进行了第二次世界大战中第一个战役规模的空降作战。

空降兵是希特勒的秘密武器

进攻荷兰的德军为"B"集团军群第18集团军，共10个步兵师和1个伞兵师、1个机降师，指挥官是库赫勒将军。德军对荷作战的企图是：以空降兵的突然袭击保障地面部队快速越过荷兰国境，突破哥雷比－皮尔防线的防御，向鹿特丹、海牙两地进击。

保持中立的荷兰是欧洲首批进行战争动员的国家之一。1939年9月，在德军入侵波兰的第二天，荷兰政府就下达了战争动员令，此后一直保持着防御作战准备状态。荷兰的防御计划是根据英、法、荷、比4国联合抗击德军进攻的协议而制定的。计划规定荷兰军队在英、法陆军到达前，只在国境线上和纵深内的筑垒地域进行防御，迟滞德军进攻，保障英、法军队展开。

荷兰兵力有限，不足以防守由马斯特里赫特到北海的400公里边界。为防御德军入侵，他们设有3道防线：在边境地区构筑有一般的筑垒阵地，只部署了少量兵力；而后是哥雷比－皮尔防线，荷兰的10个步兵师主要依托这一防线组织防御；最后是"荷兰要塞"，即鹿特丹、阿姆斯特丹、乌德列支和海牙地区，这一地区有海湾、河流和大面积水域，构成了良好的天然障碍，而且东有北临艾瑟尔运河的格雷伯筑垒地域，南有从瓦尔河到鹿特丹的防御工事作屏障，"荷兰要塞"是荷兰中枢神经所在地。为了能在哥雷比－皮尔防线与德军尽量拖延时间，必要时可把下莱茵河、马斯河和瓦尔河的防洪坝打开，以大水在这一地区构成障碍，并有利于主要港口城市的防御。

德军对于荷兰可能利用水障防御这一点是清楚的。在当时有一个办法可以打破荷军的计划，使德军的装甲部队避免遭受洪水的威胁：在地面部队突破主要防线的时候，同时攻占上述三条主要河流上的要塞桥梁，以保障德军迅速通过。这就是空降作战的主要任务。

早在1939年10月27日，德军第7伞降师师长斯徒登特将军就被希特勒叫到柏林的帝国办公厅密谈。希特勒说，在波兰战役中，我们有意不使用空降部队，为的是避免过早地暴露秘密。但是现在准备立即展开西线的大规模攻势，该是使用空降部队的时候了。于是，斯图登特奉命开始制定作战计划。他将在荷兰的空降作战行动分为夺占海牙和鹿特丹两个重要地域。在海牙，空降作战的部队为第22机降师的两个团和第7伞降师的1个营，由第22机降师师长斯庞尼克将军指挥。其任务是首先以伞降的方法夺占海牙周围的瓦尔肯堡、奥肯堡和伊彭堡3个机场，然后机降两个步兵团，以攻入荷兰首都海牙，俘获荷兰皇室、政府机关和高级指挥部成员，瘫痪其中枢神经，同时阻止这一地区的荷兰部队向受威胁的哥雷比－皮尔防线增援，并使荷兰空军不能使用"荷兰要塞"的军用机场。在鹿特丹，空降作战的部队为第7伞降师的4个营和第22机降师的1个团，由第7伞降师师长斯图登特指挥，主要任务是夺取瓦尔港机场和鹿特丹的维列姆大桥、多尔德雷赫特大桥、默尔迪吉克大桥，为正面进攻的第18集团军打开进入"荷兰要塞"的通路。为了保障夺取和扼守这些桥梁，除使用伞兵直接在大桥附近伞降外，在瓦尔港机场机降1个步兵团，作为预备队，以支援各桥的战斗。参加空降作战的兵力为1.6万人，其中伞降部队4000人，机降部队1.2人，由第2航空队约500架JU－52运输机运送。德国西部的威塞尔、明斯特、利普施塔特、帕德恩博等 9 个机场为空降出发机场。空降纵深 40～100 公里。为了达成最初空降的突然性，规定运输机从北海上空绕道飞行，从西北方向进入目标。

斯图登特的计划在后来的 6 个月中虽然经过修改，但其设想基本未动。希特勒一方面观察西欧事态的发展，与英、法保持着和平信件的互相往来；一方面又寻找实施突然袭击的良机。在此期间，斯图登特曾 11 次接受准备袭击的命令，每次命令都是在临起飞之前被撤销。第 12 次接到袭击的命令是在 5 月 9 日，这一次空降作战计划真正付诸实施。

德伞兵大显神威

荷兰当局根据他们驻柏林的武官从德国最高统帅部谍报局搞到的情报，预料到德军将要进攻。荷军总司令温克尔曼中将对德国空降部队突击"荷兰要塞"的威胁了如指掌，他不断提醒其部下注意防范。因此从 5 月 7 日起，荷兰采取了一些反空降措施：在各机场的跑道上和公路的重要地段上准备了载重汽车，设置了地雷和其他障碍物；加强了机场、城市的警戒和伪装；加强了值班飞机和增加了高射火器；在沿海组织了猛烈的对空火力。但荷军大

多数军官对此并不重视，他们过于相信哥雷比 - 皮尔防线、洪水的威力和法国实施支援的诺言。

5 月 10 日凌晨，德军航空兵袭击了荷兰、比利时、法国的 40 多个机场，夺取了制空权。对荷兰之战来说，最激烈的战斗并不是后来地面军队的突破，而是德军和荷军在"荷兰要塞"内的空降和反空降作战。

凌晨 3 时 30 分，德军对荷兰的瓦尔港、海牙、阿姆斯特丹、希尔维萨姆等地实施航空火力准备。在轰炸海牙兵营时，由于荷军未及时发出空袭警报，约 800 名士兵被炸死在床上。航空火力准备一直持续到运输机进入空降地区。

4 时，运载第一批空降突击部队的运输机开始起飞。5 时 30 分，第 18 集团军向哥雷比 - 皮尔防线发起正面进攻。

在海牙方面，第 7 伞降师第 2 团第 1 营乘坐 65 架 JU - 52 运输机，在战斗机护航下，从夜航机场起飞。他们在越过荷兰国境线，掠过平原，在通过哥雷比 - 皮尔防线以及在飞向海岸时，一直把飞行高度降到 30 米作超低空飞行。当飞到海牙以西的河流交织地区时，才爬升到 180 米，并分

成 3 个突击分队，分别飞向海牙周围的瓦尔肯堡、奥肯堡、伊彭堡 3 个机场。飞临海牙北边瓦尔肯堡机场的伞兵突击分队，看到了德军空军对机场实施航空火力准备时投下的最后一批炸弹。当轰炸机返航时，JU－52 运输机开始进入目标。伞兵降落在跑道上，很快集合完毕，与荷军机场警卫队展开战斗，把荷军驱逐出机场。7 时 30 分左右，德军伞兵完全控制了机场。降落在海牙南边奥肯堡机场和海牙西边伊彭堡机场的两个伞兵突击分队也同时占领了这两个机场。

但是，当第一批德军的其余 100 架飞机运载 1 个步兵营飞抵瓦尔肯堡和另外一个步兵营飞抵伊彭堡、并于 7 时 30 分左右着陆的时候，却遇到荷兰军队的反冲击。伊彭堡周围的高射炮火一直很猛烈，运载步兵的飞机有 12 架被击

德国航空兵轰炸公路和铁路

中。在瓦尔肯堡，沉重的 JU－52 运输机有的在松软的跑道上陷了下去，无法再起飞，结果被炮火击中。

在瓦尔肯堡，荷兰步兵第 4 旅的 3 个营，也在一个炮兵团的火力支援下，对据守在机场上的德军伞兵和步兵实施了反冲击，并将德军从西北方向赶出机场。德空降部队第二批运输机到达机场上空的时候，地面的混乱局面使飞行员不敢冒险着陆。空中指挥官被迫下达了取消在机场着陆的命令。带队长机率领机群飞向附近的海岸，在卡特威吉克附近选了一块海滩当作备降场。然而，这块场地的土质实际上比他预料的要松软得多，因此在这里先着陆的 14 架飞机当中，有 7 架因接地失事，无法再起飞。于是编队向西南转弯，试图在德尔夫特至鹿特丹的公路上着陆。但荷军在此段公路上事先设置了障碍物，因而在降落的 30 架 JU－52 运输机中，有几架由于在着陆时损坏得过于严重而不能再起飞。陷在卡特威吉克附近海滩上的 7 架飞机的机上人员，遭到荷兰步兵第 4 旅第 2 营的攻击，被赶出着陆场。第一批在瓦尔肯堡机场着陆的部队，被荷兰军队赶出机场后，退

至瓦尔肯堡村庄里的防御阵地。荷军炮兵对这些阵地连续轰击了一个下午，但是德军据壕死守，艰难地抵抗荷军的反击。

在奥肯堡和伊彭堡，荷军发动的反冲击也非常积极。荷兰近卫旅派出该旅的第1营，在一个炮兵旅的支援下，对奥肯堡机场实施反冲击。德军伞兵一个连在那里孤立无援，被驱逐出机场，向西南方向退却。荷兰近卫旅第2营和第3营，在海牙仓库守卫部队的支援下，攻击了伊彭堡机场，经过激烈的战斗之后，夺回了机场。荷军经过在海牙周围的一系列协同良好的反冲击之后，将主动权从德军手里夺了过来。

下午4时，第三批运载预备队及补给物资的运输机飞临海牙上空，但是这些飞机只能在海牙几个机场的上空无能为力地盘旋，因为他们眼看着地面仍在进行激烈的战斗，不可能找到一块安全的地方着陆。鉴于这种情况，斯图登特通知第三批所有飞机统统在德军已占领的鹿特丹南面的瓦尔港机场降落。

第22机降师师长斯庞尼克是随着第二批机群飞到伊彭堡机场上空的，由于无法着陆，便飞往奥肯堡机场。然而这里的防空炮火也很猛。突然，斯庞尼克乘坐的那架JU-52运输机被荷军的高炮击中。受了伤的运输机在空中盘旋着，寻找着陆的地点。飞行员看到有的飞机在海岸的沙滩上迫降在松软的沙地里，也有的飞机降落在鹿特丹至海牙之间的公路上。最后，斯庞尼克乘坐的飞机费了好大劲，才降落在靠近森林的一块空地上。海牙周围到处是德军被迫降落的运输机和空降人员，大部分人员被分割在数个地方进行独立的战斗。天黑前，斯庞尼克把各小股部队集中起来，约数百人，在海牙郊外的奥弗赖斯希构筑了"刺猬阵地"。因为兵力太弱，无法向市区进攻，又没有任何控制住的简易机场，斯庞尼克所受领的攻占荷军统帅部的任务无法完成。5月10日傍晚，他通过无线电台和第2航空队取得了联系，接到库赫勒的命令，让他放弃原来的计划，停止对海牙的进攻，向鹿特丹北部挺进。

在海牙落地的德军空降部队在荷军的反攻下大部被歼，有1500人被俘，运输机损失90%，荷军在海牙方面赢得了作战的胜利。

在鹿特丹方面，5月10日凌晨3时，刺耳的汽笛声就开始响

世界通史

最新整理图文珍藏版

彻鹿特丹的街头和港口，这是空袭警报。瓦尔港机场附近的荷军步兵都躲进了机场的战壕和地道里，他们疲惫不堪地守在机枪和迫击炮旁。而这时却有两个预备连的士兵仍在机库的临时宿舍里蒙头大睡。正在他们做着美梦时，死神出现了。无数颗炸弹从天而降，炸弹落到机场边缘的战壕里和高炮阵地上，有一颗重磅炸弹正好命中了那座预备队正在里面酣睡的大机库。机库中弹后，马上燃烧起来，顷刻便倒塌了，不少士兵被压在里边，瓦尔港机场的防卫骨干力量就这样被消灭了。这次极为准确的轰炸是德军向鹿特丹方面实施空降突击的序幕。

就在瓦尔港的爆炸声停止、对空炮火寂静下来的同时，天空中又传来了飞机发动机的轰鸣声。德军第1特殊任务轰炸航空兵团第3大队的运输机，运载着伞兵第1团第3营和第2营的一个连，于5时准时进入了鹿特丹的南部。炸弹坑遍布瓦尔港机场，燃烧着的机库冒出的浓烟使他们在空中很快认出了目标。伞兵们跳出机舱，只见机场上空白点一个接一个地从飞机里飞出来，越来越多。他们在空中飘荡了15～20秒钟，慢慢地接近地面。这时，荷军才

发现这是德军空降伞兵。接着，地面响起了机枪的射击声。不知他们是在打伞兵呢，还是在打飞机？到处都是目标，简直不知该打哪个好，荷军的防空炮火开始也一度打得很猛，可后来逐渐减弱，并且火力也不集中了。伞兵遭受的损失主要是由于自己的过错造成的：1架载着伞兵的JU－52运输机竟然在大火熊熊的机库正上方实施空降，结果，丝绸做的降落伞见火就着，许多伞兵就这样被活活地摔死了。但大部分伞兵是在瓦尔港机场两侧着陆的，并立即投入了战斗。这样一来，荷军就不得不分散火力对付机场外围的伞兵。经过约1小时的激战，伞兵控制了瓦尔港机场。

德军在做好迎接机降部队的准备后，第16机降步兵团开始机降。一个运输机中队首先试图在机场着陆，但他们遭到小口径高炮的射击。有1架JU－52运输机的油箱被打漏，两台发动机起火。这架飞机着陆后，还没等飞机停下来，舱门便打开了，士兵们从里面跳了出来。他们是施维贝克中尉指挥的第16机降步兵团第9连的两个排，是机降部队的先遣分队。紧接着，其他JU－52运输机陆续着陆。该团第3营营长霍

尔蒂兹中校事后曾这样写道："不出所料，这里是一片惊人的轰响。发动机的轰鸣声、机库里弹药的爆炸声和重迫击炮弹的爆炸声交织在一起。敌人的机枪在阻击飞机降落，但我们的士兵早已敏捷地跳出机舱，开始了攻击。"

在德军机降过程中，荷军以密集炮火猛烈抗击搭载步兵的运输机，有几架运输机被地面炮火击中，其中 1 架坠地着火。荷兰海军的几艘小型舰艇也企图轰击着陆的机降部队，但被德国"斯图卡"式俯冲轰炸机所驱逐。此时，荷步兵第 3 营在荷军重迫击炮火力和鹿特丹北部炮兵火力支援下，正在进行反击。突然德军发出了绿色信号弹，这本是荷军停止重火器射击的信号，荷军炮兵误认为这是本军发出的信号，因此停止了射击。机场守军失去了炮火支援，经不住德军伞兵和机降步兵的攻击，最后的抵抗陷于崩溃，瓦尔港机场彻底落到德军手中。

英国皇家空军在 5 月 10 日至 11 日的夜间，曾用轰炸瓦尔港机场、破坏主跑道的办法支援过荷军，但是收效不大，德国 JU－52 运输机仍然继续在机场上不停地起落。

然而，占领机场只不过是战役的开端。德国这次对鹿特丹进行空降作战的主要目的，是夺取市中心马斯河上的几座重要桥梁。他们必须尽快占领并扼守住这几座桥梁。在瓦尔港机场着陆的第 16 机降步兵团第 3 营，要通过鹿特丹南部市区，走几公里才能到达马斯河。为了防止在他们到达之前那几座桥梁被炸掉，德军采取了必要的措施，这就是另两支空降分队的任务。

一支是施勒特中尉指挥的第 16 机降步兵团第 11 连和部分工兵，约 120 人。他们在进攻发起头一天夜里，潜入到奥耳登堡附近的次维舍南浴场。午夜，他们登上了在那里待命的 12 架 He－59 双翼水上飞机。这是一种老式飞机，在它那箱形的机身下，挂着很大的浮筒。这种飞机被海军用来警戒海面和救护，把它用于作战，实在是太笨拙了。可是，就是这样笨拙的 12 架水上飞机，现在却从次维舍南海（实际是一个近似圆形的内陆湖）起飞了，飞机的载重量达到了最大限度。5 月 10 日 7 时，这些飞机沿着新马斯河，6 架由东、6 架由西进入了鹿特丹市中心。飞机以离水面几米的高度超低空进入目标。在维列姆大桥附近，成两列着水，随后驶向大桥。这时，机降兵打开舱门，投下橡皮筏，然后坐上橡皮筏划向岸边。他们从防护堤登岸后，立即向东栈桥突击，迅速占领了旧港附近的莱乌和科依特两座桥梁。紧接着，又夺取了南面最长的维列姆大桥，拆除了荷军设置在桥上的炸药。邻近的铁桥也被相继占领。几分钟内，12 架 He - 59 飞机运来的步兵和工兵，就在马斯河两岸构筑起了桥头堡。荷兰守备部队立即反扑。德军士兵躲在桥下、墙后和建筑物的角落里抗击，死守着他们的桥头阵地，荷军第一次反扑被击退了。

另一支空降分队是第 1 伞兵团的第 11 连，约 60 人。他们在维列姆大桥以北不远的一个运动场上伞降着陆，而后截住几辆市内公共电车，横穿费耶努尔特区，急忙赶到河边。当时，第 16 机降步兵团 11 连正被困在桥头，情况危急，他们的到来，使形势有了好转。伞兵们越过马斯河，来到北面的桥头堡。

不久，在瓦尔港机降的第 16 机降步兵团第 3 营，经过激烈的巷战后，也突到马斯河畔，他们占领了河上的几座小型桥梁和马斯河中的诺德岛，并进一步增强

了扼守维列姆大桥的力量。

荷军被赶出大桥后，从岸边阵地和附近高建筑物上，向维列姆大桥猛烈射击，并出动炮艇对桥头进行炮击，对大桥进行火力封锁。此时再想从桥上通过是非常困难的，真正打通维列姆大桥是在 5 天 4 夜之后。但留在北岸的 60 名伞兵凭借桥头堡，顶住了荷军的猛烈反击，使荷军始终无法利用这座大桥。

从南面通往"荷兰要塞"的唯一道路上，除了鹿特丹市的维列姆大桥外，还有多尔德雷赫特大桥和默尔迪吉克大桥。只有在这些桥梁均未被炸毁时将它们夺到手并能坚守住，等到第 18 集团军的先头部队第 9 装甲师开到，荷兰之战才能稳操胜券。所以斯图登特在鹿特丹方面作战的空降部队，还必须夺取多尔德雷赫特大桥和默尔迪吉克大桥。

夺取多尔德雷赫特大桥是第 1 伞兵团第 3 连的两个排。他们着陆后几分钟就占领了大桥，并拆除了桥墩上安放的炸药。由于大桥周围建筑物布局复杂，荷军利用有利地形，趁德军立足未稳进行反扑。于是德军将布劳尔上校率领的第 1 伞兵团主力和在瓦尔港机场机降的第 16 步兵团第 1

营投入该桥作战。双方进行了持续3天的反复争夺，直到5月间日德军第9装甲师开到，在装甲部队的冲击下，荷军仓皇退却，德军才完全占领了多尔德雷赫特大桥。

夺取默尔迪吉克大桥的是第1伞兵团第2营。该营没有保持完整建制作战，有一个连如前所述，去支援攻占瓦尔港机场。剩下的兵力在德轰炸机对桥旁的碉堡和高炮阵地进行了准确的俯冲轰炸之后，由布罗盖上尉指挥，在桥的南北两个桥头堡附近伞降，对大桥守卫队进行两面夹击。经过短促激战，他们顺利夺取了这座横跨迪普河的长1.2公里的公路桥和长1.4公里的铁路桥，并扼守到正面进攻军队到达。

在鹿特丹和多尔德雷赫特地域空降的德军，不仅击退了荷军的反复冲击，而且还向多尔德雷赫特以南推进，并与在默尔迪吉克大桥附近作战的德军空降部队建立了联系，使荷军未能炸毁任何一座大桥。

10日中午，斯徒登特飞抵瓦尔港，接管鹿特丹、多尔德雷赫特、默尔迪吉克三角地区的防务。

德军正面进攻的第18集团军于5月11日突破了整个哥雷比－皮尔防线。当荷军企图往鹿特丹撤退时，发现德军已占领了构成主要水上障碍的那些桥梁，于是荷军的退却部队更是溃不成军。5月12日晚，德军胡比克少将率第9装甲师先遣营到达默尔迪吉克。13日清晨，装甲车队在空降兵的欢呼声中，通过了默尔迪吉克大桥向北推进。接着占领了多尔德雷赫特。当天傍晚，第一辆坦克开进了鹿特丹。

在维列姆大桥，德军第16机降步兵团第3营仍在拼命固守着。虽然荷兰的重炮和炮艇仍在猛轰维列姆大桥，但无济于事。德方的损失也很大。营长霍尔蒂兹中校奉命撤回坚守在北桥头堡的60名伞兵，但是他们无法撤回来，因为荷军封锁得太严，不管白天还是黑夜，就是一只老鼠也休想活着过去。由于维列姆大桥为荷军封锁，地面进攻军队被阻于桥的南端。

荷军投降

5月13日16时，德军开始敦促防守鹿特丹的荷军投降，经过一天谈判，没有结果。5月14日15时，德军航空兵对鹿特丹市进行了狂轰滥炸，近60架轰炸机一次投弹1300余枚，共重97吨，市中心受到很大破坏，建筑物绝大

德国航空兵轰炸桥梁

部分被焚毁，居民死亡900余人。空袭后，17时整，荷军城防司令斯哈罗上校亲自走过维列姆大桥向德军求降，并于1小时后签署了投降书。

在马斯河岸边阵地上坚守了5天4夜的德国空降部队的幸存者，从建筑物中、地下室和战壕里爬出来。桥头堡里死亡的伞兵很多，活着的都是满身泥土，衣服破烂不堪。紧接着，装甲部队通过公路桥，向北驶去，他们是去接应海牙郊外的第22机降师残余部队的。德军命令荷兰士兵带着武器到集合地点集中。此时，碰巧一支德国党卫军部队通过市区，他们以为突然与"武装"的荷军遭遇，顿时枪声大作。

斯图登特听到枪声，马上跑到司令部的窗口，想加以制止。

就在这时，一颗流弹打中了他的头部。幸亏一名荷兰的外科医生及时治疗，他才得以活命。

5月14日20时30分，荷军总司令温克尔曼将军通过广播命令全军投降，荷兰皇室及政府逃往伦敦。

德军空降部队在荷兰的空降作战并非全部成功。由于荷军战前已有反空降准备，德军空降兵受到重大损失。德军在荷兰共空降1.6万余人，伤亡4000余人，1600名伞兵被荷军俘获并运送到英国。在海牙的空降完全失利，其第22机降师失去了几乎一半的军官和四分之一的士兵。在鹿特丹的空降虽然取得成功，但也伤亡很大。德国空军投入的500架运输机损失了117间架，使德空军的后备力量受到削弱。

德空降兵在海牙、鹿特丹地区突然空降，对荷兰政府构成直接威胁，在关键时刻牵制了荷军统帅部及其预备队，保障了德军正面部队的进攻。"荷兰要塞"的迅速被夺取，不仅对盟国的战术家们产生了很大的影响，而且当训练有素的荷军彻底崩溃的消息传出后，在世界上也产生了很大的震动。

2343

突击比利时

声东击西战略

1940 年 5 月 10 日，在德军"B"集团军群第 18 集团军投入荷兰之战时，该集团军群的第 6 集团军同时开始了向比利时的挺进。希特勒企图以对比利时的进攻来转移盟军对他把阿登地区作为主攻方向的注意。盟军此时确实认为，德军的主攻方向和 1914 年一样，是通过列日攻打布鲁塞尔。德军第 6 集团军的行动就是要使盟军感到自己的预料是正确的。如果希特勒的企图能够实现的话，英国和法国的军队就会向北进入比利时去阻击第 6 集团军。这样，担任西线主攻的"A"集团军群就可以集中兵力，迅速突破阿登地区，突入盟军主力的侧翼和后方。正如希特勒事后所说的："我把攻击的重点放在想要突破的战线左翼，同时在另一翼采取了佯攻。"

第一次世界大战后，西欧各国为防御德国侵略，在与德国相邻的边境上都构筑了坚固的筑垒防线。在荷兰为哥雷比－皮尔防线，在比利时为艾伯特运河防线，在法国为马其诺防线。这三条防线自北而南，互相衔接，连绵数百公里。到 5 月 10 日，比利时共有 22 个师，包括 18 个步兵师（其中只有 6 个是正规师）、2 个摩托化师、1 个骑兵师、1 个重炮兵师。比军没有坦克，防空设备也几乎等于零，只有 1 个战斗机团。其战前的部署如下：4 个师配置在荷比边境一线，6 个师用来保卫安特卫普至那慕尔的"KW 线"，12 个师扼守艾伯特运河。比利时在战争爆发前还未最后确定战争的打法，对于固守哪块阵地也还未做出抉择，要根据德军进攻时的兵力再作调整，因为艾伯特运河防线掩护了整个比利时国土，所以军队重点配置在这一线。

德军利用橡皮舟和木梯渡过马斯河，攻入荷兰边境重镇马斯特里赫特。

当德军"A"集团军群44个师的庞大突击部队，在阿登地区对面的德国边界上停下来，准备进攻的时候，"B"集团军群的博克上将却命令赖歇瑙将军指挥的第6集团军尽量进入靠近艾伯特运河的出击位置。因为博克虽然知道自己的任务是助攻，但他仍希望能以令人吃惊的速度向西推进，以使盟军确信德军的主要进攻力量是从比利时向前推进。而德军进攻比利时的最大障碍，就是艾伯特运河。

由于艾伯特运河是为了防止德国入侵比利时而专门修建的筑垒运河，两岸陡峭，遍布防御工事，尤其还有运河边的埃本·埃马耳要塞扼守着运河，因而构成了被认为可与马其诺防线相媲美的最可靠的反坦克防线。德军要进攻亚琛-马斯特里赫特-布鲁塞尔一线，就必须渡过这条运河。如果德军第6集团军在艾伯特运河受阻，那德军的进攻就会在还没有发挥其锐气之前停滞下来。为此，德军决定首先于1940年5月10日空降突击埃本·埃马耳要塞，并夺取埃本·埃马耳要塞西北部的艾伯特运河上的3座桥梁——坎尼桥、弗罗恩哈芬桥、费尔德韦兹尔特桥，如不能全部攻下，至少也要保证拿下一座。

占领埃马耳要塞

埃本·埃马耳要塞地处荷兰与比利时国境的比利时一侧，位于马斯特里赫特城和维斯城中间。该要塞是艾伯特运河防线的一个重要组成部分，是马其诺防线北面延伸部的强大筑垒和重要支撑点，是比利时东部防御体系的核心。其炮兵火力可控制艾伯特运河和马斯河16公里之内的所有渡口。要塞建筑在一个花岗岩的小高地上，高地南北长900米，东西宽700米。它的东北和西北面是几乎垂直的断崖峭壁，高约40米，水势滔滔的艾伯特运河流经崖下；南面横隔着宽大的反坦克壕和7米高的防护墙。要塞的各个侧面都被所谓的"运河带"和"堑壕带"包围着，并筑有钢筋水泥碉堡，里面配有探照灯、60毫米反坦克炮和重机枪。要塞东面的马斯河与艾伯特运河平行，形成外围障碍。

埃本·埃马耳要塞实际上是一个精心设计建造的堡垒群，是仿照马其诺防线的错综复杂的防御工事构筑的。乍一看，每座堡垒都是零散分布在一块五角形的区域内，但实际上，它是一个把炮台、转动式装甲炮塔、高射炮阵地、反坦克炮阵地、重机枪阵地等巧妙地结合起来的防御体系。各部分之间由长达4.5公里的地下加固坑道和交通壕连接在一起。每件武器都经过精心布设，使之发挥最大效力。要塞对任何方向都便于观察，通入要塞的每条坑道都可以阻止敌人的进攻。在要塞的上面没有暴露的石工痕迹，也没有暴露阵地的建筑物，到处布满了杂草。在顶部有4座暗炮塔，用液压升降机供给弹药，并可随时缩入地下。为了迷惑敌人，比军还在要塞各处设置了假炮塔。要塞是在和平时期由一批专家设计、经过3年精心施工于1935年竣工的。当时被列为欧洲最重要的防御阵地之一和世界上最坚固的要塞，并被形象地比喻为比利时东边的"大门"、艾伯特运河防线上的一把"锁"。人们普遍认为该要塞固若金汤，坚不可摧。在这座近代化要塞的建造上，尽管比利时军队绞尽了脑汁，但因要塞主要是为了防御地面进攻，所以有一点他们没有考虑到，那就是敌人有可能从空中降落在炮台和装甲炮塔之间的空地上。

埃本·埃马耳要塞的防守部队共1200人，由乔特兰德少校指挥，属第7步兵师。全部人员均

可处于距地面25米以下的掩体内，并备有可供长期使用的饮水和食品以及大量弹药。要塞的武器配备齐全，有安装在转动武装甲炮塔上的120毫米火炮2门，其射程对任何方向都是16公里；在要塞顶上的阵地内还有同样射程的75毫米火炮16门，60毫米反坦克炮12门，高射炮6门，轻、重机枪37挺，这些火炮和机枪只是要塞火力的一部分，因为它的火力是同野战工事有机地联系在一起的；沿着要塞的外缘，在壕沟和河旁，还有很多掩体和掩蔽壕，以及互相支援的火力发射阵地。对于一般的炮击，埃本·埃马耳要塞无疑是可以经得住的。实际上，防御计划已将敌人一旦突破山脚下的外围防线时，向要塞顶部实施猛烈炮击的可能性考虑在内了。由于要塞如此坚固和火力如此强大，守卫要塞的比利时第7步兵师接受了19公里宽的防御正面，这要比在其他情况下宽得多。

埃本·埃马耳要塞西北侧艾伯特运河上的坎尼桥、弗罗恩哈芬桥和费尔德韦兹尔特桥，是由东向西越过运河的必经之途。每座桥梁由1个班防守，包括1名军官和12名士兵。桥梁附近戒备森

严，均筑有桥头阵地，在两岸桥头两侧 600 米范围内还筑有水泥地堡。各桥配备有反坦克炮 1 门和机枪等其他轻武器，为防备万一，桥墩上安放了炸药，设置有电子爆破和常用的引信爆破两种爆破系统，后者的延迟时间也只有两分钟，这样随时都可以对桥梁实施破坏。平时这 3 座桥的守备分队属埃本·埃马耳要塞指挥，在要塞炮兵火力的控制之内。在要塞炮火的支援下，守桥分队可以经得起激烈的战斗。而且增援部队相距不远，一旦桥头吃紧，可及时到达。即使桥梁失陷，埃本·埃马耳要塞的大炮也能制止对方的前进，使对方不管夺取哪座桥，都要付出巨大的代价。

德军一直对埃本·埃马耳要塞十分感兴趣。自 1938 年起，就开始搜集有关要塞的资料，1939 年已获得了要塞内部的详细设计图，并悄悄地对这个坚固防御体系进行认真的研究。为了找到摧毁它的特殊方法和为进行袭击作准备，根据情报人员的了解和要塞的设计图纸，德军于 1939 年秋天开始仿造了两个埃本·埃马耳要塞：在格拉芬弗尔军事训练中心造了一个规模完全一样的"复制品"，在希尔德斯海姆空军基地

又造了一个小一点的模型。

希特勒本人对解决如何突袭埃本·埃马耳要塞这个难题也相当关心。出人预料的是，他征求了一个女人的意见，尔后便形成了取胜的方法。被征求意见的人是一位富有朝气的著名女飞行员汉娜·莱契，她是极少数与希特勒保持长久关系的女人中的一个。莱契小姐是一名熟练的滑翔机飞行员，当她听到希特勒说起攻击埃本·埃马耳要塞的困难后，立即建议使用部队乘滑翔机进行无声的突击。希特勒对她的建议发生了兴趣，马上召见了戈林、斯徒登特和航空工程师格哈特·康拉德。希特勒说他已决定把夺取埃本·埃马耳要塞作为一项特殊任务交给空军来担负，并告诉斯徒登特，他想用空降突击攻打埃本·埃马耳要塞，但他又不愿削弱在荷兰进攻的伞兵突击力量，因为那里的伞兵突击力量不足。经过讨论，斯徒登特估计，所需人数最少也得 500 人，而且这些人可以由伞兵和滑翔机配合发动攻击，这就证实了莱契建议的可行性。斯徒登特指定了一名他了解并且深信会完成这种任务的年轻军官担任突击埃本·埃马耳要塞的指挥官。这位年青军官就是他的一名参谋，上尉沃

尔特·科赫。

1939年10月下旬，希特勒亲自召见了科赫。他走到墙下，拉开一张比利时大地图的幕布，指着埃本·埃马耳要塞对利赫说，一定要把这个要塞拿下来，还要夺取坎尼、弗罗恩哈芬和费尔德韦兹尔特等地的艾伯特运河上桥梁。给予科赫的部队只有伞兵第1团的1个加强连。一些工兵和这次进攻所需要的JU－52飞机和滑翔机。希特勒命令他马上就开始准备。于是，由科赫上尉担任队长的专门执行袭击埃本·埃马耳要塞任务的空降突击队就成立了。

针对要塞的地形特点，计划使用滑翔机将突击队直接降落在要塞上面。将要使用的滑翔机是德国空军优良的DFS－230式滑翔机，这是德军为执行空降突击任务于几年之前就研制出来的。

早在1932年，当时设在瓦萨尔库帕的罗恩·罗斯济登公司制造了一架长翼滑翔机，用飞机拖曳，能利用强烈的上升气流上升到高空进行气象观测。1933年，这架能在空中飞翔的气象观测滑翔机随同新组建的德国滑翔飞行研究所迁到达姆施塔特的格里斯海姆。在这里，它首先用作被拖曳飞行的教练机。当时还是德国滑翔飞行研究所飞行员的莱契小姐，就是最早试用JU－52飞机拖曳滑翔机的人。后来任德国航空部长的乌德特听到这个消息后，前来达姆施塔特参观了这架滑翔机。他认为这种大型滑翔机完全能用于军事目的，可以用它把笨重的物资送到前线，也可以用它给被包围的部队运送弹药和粮食，说不定还能把相当数量的兵力悄悄地运到敌后。乌德特曾和一家研究所谈了这些想法。不久，这家研究所接受了制造军用滑翔机的订货，由汉斯·雅克普斯设计制造，并命名为DFS－230型。这种举世闻名的滑翔机就这样诞生了。1937年，DFS－230式滑翔机在哥达车辆厂投入成批生产。这是一种带支架的上单翼机，长方形的机身，机长11.3米，翼展22米，都是用亚麻布蒙着的钢管结构。起飞后扔掉其特大的机轮，着陆时使用一个坚固的金属滑橇。这是采用了乌德特的意见，因为他在20年代就曾冒险用滑橇在阿尔卑斯山的冰川上降落过。这种滑翔机自重900公斤，载重1吨，可以乘载10名全副武装的士兵。由于它的着陆速度低，很受空降部队的欢迎。

从1938年秋开始，在当时还

处于绝密之中的斯徒登特的空降部队里，就成立了以基斯少尉为首的小规模运输滑翔机指挥部。从演练的结果来看，当突击一个守备力量较强的狭窄地段时，滑翔机部队要比伞兵更有把握取胜。因为当运载伞兵的运输机飞抵时，总要先被敌人发现，然后才空降。即使从90米的最低跳伞高度跳伞，伞兵也还要有15秒钟的时间在空中飘荡，处于被动挨打的境地。而且，即使伞兵以最快的出舱速度在7秒钟内全部跳出机舱，一个班也要散落在300米长的地带上。着陆后，伞兵们还必须抛掉伞具、集合、寻找投下来的武器箱，这样就要拖延很多的时间，使敌人有可能对最初的冲击作出及时反应，争取战斗主动权。而运输滑翔机就全然不同了。它可以在黑暗的夜色掩护下，悄悄地进入目标区域，这就使奇袭的效果更为理想。滑翔机驾驶员可以使这些"鸟"降落在目标附近20米之内。士兵们从机身的宽大舱门跳下后，就能够立即投入战斗。现在，这些滑翔机交给了富有雄心的科赫上尉使用。

科赫接受任务后，利用各种有效手段对埃本·埃马耳要塞作了研究。他在格拉芬弗尔对要塞模型进行了详细观察，熟记了各种照片和地图，并利用侦察飞行从空中对要塞进行了实地观察。他深信，在白天进攻要塞，其代价必然很大，用那么一点兵力去攻击，实际上几乎等于去自杀。只有在夜间让滑翔机直接降落在要塞顶部，才能成功地夺取要塞，因为不测的进攻时间和独特的进攻方式，能使他的行动出敌不意。为了提高攻击初期的突袭效果，他计划在攻击之前不实施炮火准备和航空火力准备。

科赫把他的计划呈送给希特勒，得到元首的完全赞同。在斯徒登特正式批准了整个作战方案后，科赫便开始制定具体作战计划。他把部队分成4个分队，每个分队约100人。各分队的任务十分明确，1个分队负责突击要塞，3个分队负责夺占艾伯特运河上的3座桥梁。各分队又进一步区分了任务，有喷火器组（用于致敌惊慌和摧毁地堡）、机枪组、反坦克组、迫击炮组及爆破组。各组都配备了适合于完成任务的兵器，要求通过训练，每个士兵至少能够掌握两种军事技术，以便在战斗中能够代替他人完成任务。如果这些组和他们的分队隔开，他们也可以组成独立的单位继续战斗。

根据这些设想，科赫率领他的部队从 1939 年 11 月至 1940 年 4 月，用半年时间，在靠近捷克旧边界的格拉芬弗尔训练基地，进行了为适应这次作战的极其艰苦和严格的训练。训练先从理论课开始，并利用沙盘和立体模型等形象教具施教，由于希特勒曾要求预行演习和训练要绝对保密，泄密者一律处死。因此，突击部队在希尔德斯海姆空军基地在刚组建起来时，就与外界隔绝了。这里没有休假，不准外出，信件要经过严格检查，禁止和其他部队的人员交谈。此外，每人还必须在一项规定上签名。规定上写的是：凡用书信、绘画或其他方式将本部队的性质及其任务泄露给他人者，不管有意或无意，格杀勿论。为了绝对保密，尽管士兵们都对要塞的内部工事设施了如指掌，但要塞的名字却直到所有训练结束后才告诉他们。继理论训练之后，开始了不分昼夜、不拘好坏天气的外场训练。到 1939 年圣诞节后，他们就以苏台德地区阿尔特法塔的捷克要塞作为假想目标进行实兵演习了。计划最后明确后，科赫又利用模型反复演练达 12 次之多。所有的战斗组都乘滑翔机在狭窄场地上几次练习了夜间着陆。为减少滑翔机的滑跑距离，在滑翔机的滑橇上缠上了带刺铁丝，着陆时后面还可放出小型减速伞。起初，伞兵全都分配在突击埃本·埃马耳要塞的分队里，后来科赫又给每个攻桥分队分配了一个由 13 人组成的伞兵机枪班。为了能摧毁坚固的混凝土地下掩蔽体，还专门研制出一种 50 公斤重的锥孔装药炸药包。

训练卓有成效，各突击分队的战斗能力有了明显提高，而且取得了良好的心理效果。曾经空降到埃本·埃马耳要塞中执行过任务的工兵排长维茨希回忆说："开始，我们对即将发起的进攻有些胆怯。但是，我们逐渐对自己的力量有了信心。不久，我们就确信：从要塞上部发起进攻的一方要比在内部防御的一方安全得多。"

比利时投降

科赫的突击部队于 4 月底结束训练，开到科隆的厄斯特哈姆和布兹韦勒哈尔机场待命。由于保密工作做得很严，就连机场部队的指挥官也不知道为什么有这么多滑翔机要在这两个机场的机库里装配。

斯徒登特最后确定，突击队

共700人，编成两个梯队。第1梯队400人，分成4个突击分队，使用滑翔机机降。第1分队代号"花岗岩"，队长威齐格中尉，兵力85人，配备轻武器和2.5吨炸药，使用11架滑翔机，任务是夺取和破坏要塞表面阵地。第2分队代号"水泥"，队长沙赫特少尉，兵力96人，与科赫突击部队指挥部一起，使用11架滑翔机，任务是夺取弗罗恩哈芬桥。第3分队代号"钢"，队长阿尔特曼中尉，兵力92人，使用9架滑翔机，任务是夺取费尔德韦兹尔特桥。第4分队代号"铁"，队长施勒希特少尉，兵力90人，使用10架滑翔机，任务是夺取坎尼桥。各突击分队夺取目标后，扼守到正面进攻部队到达。第2梯队300人，

1940年5月，德国步兵从比利时工兵破坏的桥梁上越过阿尔贝特运河，进攻比利时。

在第1梯队后乘JU－52飞机伞降，任务是增援第1梯队袭击要塞的分队。"斯图卡"式俯冲轰炸机支援空降兵地面战斗。第1梯队的滑翔机将从荷兰方向进入目标，并在进入荷兰领空前就脱离拖曳机，悄悄地越过荷兰狭窄的领土上空进入比利时，空降距离100公里。

由于德国陆军总司令部将西线战役的开战时间定在凌晨3时，而滑翔机要准确地降落在指定地点，驾驶员必须能看清地形才行，这就是说，滑翔机进入目标的决定性时刻，需要天色微明，所以科赫对此提出了要求：机降突击时间最晚也要和陆军相同，如果可能的话，最好在全面进攻开始前几分钟。但是，必须等到曙光初升的时刻，而凌晨3时天色太黑。为此，希特勒亲自出面干预，把进攻时间定为"日出前30分钟"。这个时间是从无数次训练中总结出来的，这是滑翔机驾驶员能够勉强看清地形的时刻。德国西线部队的这伙"冒险家"，试图以空降突击来夺取这座世界上屈指可数的著名要塞的准备工作就这样一切就绪了。

1940年5月10日4时30分，41架JU－52飞机拖着DFS－230

型滑翔机，从科隆的厄斯特哈姆和布兹韦勒哈尔机场起飞。一次极其大胆的作战行动开始了。跑道上，滑翔机被拖曳着向前滑行，很快，起落架的震动声消失了，眨眼之间滑翔机便一架一架地飞越机场围墙，跟着JU－52飞机不断爬升。大约每隔30秒钟，便有1个三机组拖着滑翔机腾空而起。几分钟后，41架JU－52飞机全部安全升空。尽管天色还是一片漆黑，并且拖曳着沉重的滑翔机，但它们都没出什么问题。这些飞机在科隆南部的绿色地带上空的集合点会齐后，开始向西，沿着一直延伸到国境线的"灯火走廊"飞行。他们眼下是埃佛伦附近的十字路口，在那里可以清楚地看到第一个灯标。接着，在5公里远的费雷亨旁边，又看到了第二个灯标。就这样，当飞机飞过一个灯标上空时，就可以看到下一个灯标，有时甚至能看到第三个灯标。所以，尽管是在漆黑的夜色中飞行，仍能保持正确的航向。这些灯标将一直引导飞机飞到亚琛附近的预定"分手点"。41架滑翔机上的突击队员们都倚在横贯机身中央的大梁上，时而热得出汗，时而冷得发抖。

突然，"花岗岩"突击分队的

1架飞机的机长发现在他的右前方有一缕青烟，这说明在同一高度还有1架飞机，而且眼看双机就要相撞。面对这突如其来的情况，为了避免空中相撞，他不顾后面还拖着1架滑翔机，猛推机头向下俯冲。这时，滑翔机驾驶员感到升降舵变得沉重起来，他拼命想把升降舵保持在原来的位置上，只听叭的一声，座舱的风挡玻璃好像被鞭子狠狠地抽了一下。原来，由于刹那间的压力增加，牵引绳断了。滑翔机在空中倒是又恢复了平衡，但拖曳机发动机的轰鸣声渐渐远去，四周显得格外宁静。这架滑翔机只好载着突击队员又飞回科隆，勉强越过莱茵河，在一块草地上降落下来。糟糕的是，突击埃本·埃马耳要塞的第1分队队长威齐格中尉就在其中。

飞机编队仍在按计划向西飞行。"花岗岩"突击队其他滑翔机上的队员们当然无法知道自己的指挥官已经被甩掉。不过，这关系不大，因为各组都有自己早已确定的任务。滑翔机的每一位驾驶员对于在这宽阔的要塞高地上，在哪座碉堡的后面，或在哪座转动炮塔的侧面着陆最合适都已一清二楚。在周密的作战计划中已考虑到了滑翔机意外掉队的可能。并且在出击命令中明确规定，任何指挥官，在兄弟部队失败或无法着陆的情况下，都有责任带领部下去完成该部未完成的任务。

不幸的是，20分钟后，"花岗岩"突击队又有1架滑翔机掉队了。这是在卢汉贝格的灯标上空。这架滑翔机的驾驶员看到拖曳他的那架JU－52飞机的机翼开始晃动起来，而且它的标志灯不停地闪亮。莫不是脱离信号？滑翔机驾驶员有点不相信自己的眼睛了。几秒钟后，他脱掉了牵引绳，开始滑翔。其实这完全是个误解。刚刚飞了一半路程，高度还不到1500米，从这里滑翔连国境都到不了。最后滑翔机降落在迪伦附近的草地上，队员们跳出滑翔机，他们找到一辆汽车，急速驶往国境，在那里，陆军部队正趁着黎明前的黑暗集结待命，准备发起进攻。

这样，"花岗岩"突击队就只剩9架飞机了。他们终于在亚琛和劳联斯贝格连接线西北的费乔乌山上看见了最后一座灯标，它标志着已经到达"分手点"。为了不让比利时军队发觉飞机发动机的声音，滑翔机将从这里开始单独滑翔，隐蔽地飞越荷兰的马斯特里赫特角。

科赫上尉原先预计，为了克服逆风的影响，总得准备多飞8～10分钟。但没想到恰好这天是顺风，而且风力比气象站预报的要强得多。结果飞到这个地方的时间比预想的要早了10分钟。为使这次奇袭圆满成功，原计划是在发起总攻前5分钟，突击队在埃本·埃马耳要塞开火，可是现在，这种设想已无法实现。

也正是由于风向的原因，飞机的高度过低，只有2000～2200米。原计算，到"灯火走廊"尽头，飞机的高度必须达到2600米，因为只有在这个高度上，滑翔机才能以适当的滑行角度飞抵目标。由于没有达到规定的高度，JU－52飞机把滑翔机向前多拖了一段，跑到了荷兰上空，他们是想帮助滑翔机弥补高度不够带来的问题，没想到却帮了倒忙。因为JU－52飞机发动机的声音等于给荷兰和比利时军队发了警报。当滑翔机刚刚脱离JU－52飞机时，就遭到荷兰军队的炮击。轻型高炮吐出的红色火珠从四面八方向空中飞来。滑翔机驾驶员不时地转弯或作蛇行机动，灵活地躲开了炮火，没有1架飞机中弹。由于这些滑翔机驾驶员全是精选的老手，所以他们仍然按照计划保持着队形，飞到各自目标上空，开始无声地进行大角度俯冲。

10日凌晨3时10分，埃本·埃马耳要塞指挥官乔特兰德少校接到第7步兵师司令部"要严加戒备"的电话，立即命令部队进入临战状态。监视哨不时地从装甲碉堡中向外观察，严密地监视着漆黑的四周。两个小时平安地过去了，天色开始微微发亮。突然，从荷兰国境的马斯特里赫特方向传来了激烈的高炮声。在埃本·埃马耳要塞的碉堡中，比利时炮手已做好高炮的战斗准备。他们以为是德国轰炸机要来袭击这里，可是侧耳细听了老半天，也没有听见飞机发动机的声音。

就在这时，滑翔机利用微明的天色，悄悄地从侧后进入，降落了下来。夺取要塞表面阵地的突击分队的9架滑翔机，一架接一架地在长满杂草的要塞顶部的预定地点滑行着陆。由于带有减速装置，飞机着陆后只滑行了20米。比利时哨兵看着这群幽灵似的"巨鸟"突然降落在他们跟前，个个被惊得目瞪口呆，甚至没有发出警报。突击队员和驾驶员从滑翔机上冲下来，尽管没有指挥员，训练有素的各组按预定计划

立即开始突击。在带着大量炸药的工兵带领下，他们直向爆破目标冲去。为了掩护进攻，有几个人投了发烟手榴弹。顷刻间，第一声爆炸响彻了整个要塞——这是绝大部分守卫部队所听到的唯一警报。紧接着，突击队员们使用手榴弹和炸药包，连续快速地逐个对炮塔、碉堡、坑道口进行破坏，用冲锋枪进行扫射。一门门要塞火炮被摧毁，一些比利时士兵战战兢兢地举起了双手。但有两个突击组此时被迷惑了，他们发现通过空中照相拍摄下来的结构坚固的两座碉堡根本就不存在。这是比利时在要塞建造的假炮塔。德军原先认出了一些假炮塔，并且把这些假炮塔加在训练用的要塞模型上；而另一些假炮塔则愚弄了他们。现在他们才发现"直径5米的装甲碉堡"原来是用薄铁皮伪装的。专门研制的锥孔装药炸药包行之有效，其能量穿透了3米厚的混凝土。突击队经短促战斗，不到10分钟就炸毁和破坏了要塞顶上的所有火炮和军事设施，突击队控制了要塞的表面阵地。看不见外面情况而又被巨大爆炸声搞得晕头转向的守军慌做一团，一筹莫展，只能猜想上面所发生的事情。这时要塞顶上的作战活动就只

剩下突击队的工兵为打通坑道网洞口而进行的有组织的爆破了。

夺取3座桥梁的突击分队的滑翔机均按计划分别在桥的西端着陆，从哨所背后出其不意地向桥梁猛扑过去。费尔德韦兹尔特桥和费罗恩哈芬桥的守卫部队还没有来得及作出反应，德军便迅速、完整地占领了这两座桥。要塞指挥官乔特兰德在滑翔机着陆时，刚好用电话命令炸毁坎尼桥和马斯河上的另外两座小桥。结果坎尼桥在德军袭击时被炸毁。突击队攻取桥梁的战斗，得到德军阿尔登戈高炮营的88毫米大炮以及俯冲轰炸机的有力支援，使突击队在占领两座桥梁后的一整天中，抗住了比利时军队的猛烈炮击，得以坚守下来。

夺取埃本·埃马耳要塞的空降兵还在进行突击的时候，大批德国"斯图卡"式俯冲轰炸机就已到达，它们对通往要塞的道路进行了轰炸和扫射，封锁了通向要塞的所有通路，使其断绝了外援。当乔特兰德发现要塞顶部已被德军占领时，他一方面组织后冲击，一方面要求要塞附近的炮兵进行火力支援。邻近的碉堡立刻作出反应，火炮开始射击。但是"斯图卡"式俯冲轰炸机很快

就发现了这些火炮的炮口火焰，集中全力，迅速摧毁了这些炮兵掩体和火炮。天亮以后，比利时第1军的一个野战炮兵营开到了埃本·埃马耳要塞附近，准备炮击要塞上的德军，但还未来得及进入射击阵地，其大炮就被德军的俯冲轰炸机轻而易举地全部炸毁了。

7时，德军突击队第2梯队到达，300名伞兵成功地空降到要塞顶上，突击力量得到增强。在这些伞兵空降的同时，德军还在阿尔贝特运河西部40公里纵深的广大地区投下了假伞兵。这些假伞兵是穿着德国军服的草人，伞具绑在它们的身上。为了模拟枪声，还在假伞兵身上安装了自动点火炸药。这些假伞兵空降时，确实起到了扰乱比利时军队的作用，他们不得不去迎击这些出现在背后的新敌人；而且使比利时最高统帅部收到的情报真假难分，牵制了向埃本·埃马耳要塞的增援兵力。

乔特兰德少校在要塞里曾组织了几次反冲击，企图把德军从要塞上边赶走，但都没有成功。于是他只好把力量仅限于阻止德军空降兵打进来，要塞尽管失去了大部分火炮，但要塞四周的地

最新整理图文珍藏版

下防御体系和运河堑壕连在一起，德军无法从上面接近，双方处于相持状态。

从8时起，比军第1榴弹炮兵团开到埃本·埃马耳要塞北面，向要塞顶部的德空降兵进行火力袭击。但在"斯图卡"式俯冲轰炸机的攻击下，炮兵团的袭击未能奏效就败了回去。随后，比军第7师又组织了一个步兵营向要塞推进，准备反击。德军"斯图卡"式俯冲轰炸机立即转回来，对该营进行轰炸扫射，使其无法接近要塞。

8时30分，1架滑翔机意外地出现在要塞上空，在要塞上面德军的欢呼声中降落在顶部，从滑翔机上跳下来的是威齐格中尉。原来，威齐格乘坐的滑翔机在莱茵河附近的草地上降落后，他立刻命令部下在这块草地上修出一条跑道来。在士兵们动作迅速地推倒篱笆、清除障碍物时，威齐格在附近的公路上拦住一辆汽车。20分钟后，他回到了科隆的厄斯特哈姆机场。可是，那里1架JU-52飞机也没有了，只好打电话从别的机场调了1架飞机代替。这架飞机顺利地从草地上把滑翔机拖曳起来。这样，威齐格才得以重新返回他的突击部队。

按计划，德军飞机又空投了炸药箱，突击队准备用这些炸药对还没有完全被炸毁的碉堡实施再次爆破。5月10日全天，德军都在埃本·埃马耳要塞进行"拔钉子"战斗，有的战斗小组甚至从高达40米的断崖上把炸药吊下去爆破。时间一小时一小时地过去了，被压制在要塞内部的比军痛苦地忍受德军的折磨。

德军第6集团军在空降突击的同时，从正面向比利时发动了进攻。由于空降兵控制了埃本·埃马耳要塞外部，使要塞的枪炮不能发挥人力去阻止德军的前进，德正面进攻部队顺利突破比军前沿防线，渡过马斯河，于当天黄昏抵达艾伯特运河东岸，并接替了夺取桥梁的突击队。傍晚，一个工兵营企图在埃本·埃马耳要塞前面通过运河，但被一座未被伞兵消灭的暗炮台的火炮所阻止。夜幕降临后，德军派出一个由50人组成的工兵组，用橡皮船偷偷渡过被水淹没的地区，摧毁了那座暗炮台和另几座暗堡。11日凌晨，该工兵营顺利通过了运河，登上要塞，然后在空降兵的协助下，对钢筋混凝土的地下工事、坑道等进行连续爆破。整个上午，埃本·埃马耳要塞一直在爆破的震撼之下抖动，同

世界通史

最新整理图文珍藏版

时陆军工兵手持喷火器和自动武器向纵深推进。守备部队有60人被击毙，40人受伤。13时15分，比利时守军派出了谈判代表，乔特兰德少校请求投降，埃本·埃马耳要塞陷落。

在夺取要塞的战斗中，德军空降突击队以出敌不意的行动获得了巨大战果，以亡6人，伤19人的微小代价，打死打伤比军110余人，俘虏1000余人。德第6集团军从这个缺口向比利时快速推进，于5月17日占领了比利时首都布鲁塞尔。5月28日，比利时宣布投降。

德军空降突击埃本·埃马耳要塞是战争史上第一次使用拖曳滑翔机作战的大胆尝试。埃本·埃马耳要塞的陷落，使德军突破了艾伯特运河的防线，为地面部队打开了通向比利时心脏布鲁塞尔的大门。因此当时有人评论说：任何坚固的要塞都难以抵御来自空降兵的突袭。

敦刻尔克大撤退

敦刻尔克是一个具有一千多年悠久历史的古城堡，滨于多佛尔海峡法国一岸。如今它已发展成为重要的工业中心，而且还是一个拥有现代化设备的优良港口。第二次世界大战中，在这里曾发生过一幕惊心动魄的大撤退场景，至今还使人记忆犹新。

德军绕过法国所谓"不可逾越的"马其诺防线

1940年5月，纳粹德国以迅猛的攻势分别用5天和18天就征服了荷兰与比利时。然后绕过法德边境上的马其诺防线，从防御薄弱的法比边境出其不意地攻入法境。5月14日，德军主力由色当沿圣康坦、亚眠一线直向英吉利海峡扑来。这天下午六点，法国总理雷诺打电话给英国首相丘吉尔，要求英国援助。第二天雷诺又给丘吉尔写了一封充满绝望情调的信。5月16日，丘吉尔亲自飞抵巴黎和雷诺等人会谈。这

法军精心构筑的马其诺防线

时，英、法两国各有打算，双方互不信任，丘吉尔猜疑法国制造走投无路的假象是想放弃比利时和沿海地区，以便撤走部队保卫巴黎，把德国的进攻矛头引向英国方面来，而自己则从战争中抽身出去；法国人怀疑英国一心只想保存实力，正准备将法国出卖给希特勒。从这次会谈中双方都得出各自的结论：法国人认为，英国不想援助法国；英国人认为，应赶快从欧洲大陆撤军。

这一切，都是英法两国在战争前期执行的政策有关。正当德国加紧准备向西方国家进攻时，英法两国都没有采取相应措施，他们还沉醉在绥靖政策的迷梦中，仍然玩弄"祸水东引"的阴谋。在绥靖政策的影响下，英国战争初期的军事战略计划是在1938～1939年根据这样的假想提出来的：战争将是长期的，在战争头几年

英国实际上将不参加积极的军事行动。事实果然如此，奇怪的战争期间，英国本土道路上因车祸而死亡的人数比在前线因战争伤亡的人数还要大几倍。

法国政府长期追随英国奉行绥靖政策，不做临战准备。它一方面封锁了德国的西部边界，另一方面则拿波兰甚至还准备拿匈牙利、拿罗马尼亚为礼物引诱德国，推动德国放弃苏德互不侵犯条约，进攻苏联。就是在大战爆发后，"慕尼黑的精神"仍然没有消失，一方面德国紧急移兵加速准备，一方面巴黎仍然是一派和平景象，法国资产阶级荒淫堕落达到了惊人的程度。同时，在西线上，英法的百万大军数着一列列德国的运兵火车而无动于衷，他们悠然地看着自己的盟国被敌人消灭，看着德国士兵在前线装卸枪炮辎重，丝毫不去打扰他们，这是一幅多么奇怪的战争场面啊。他们唯一的活动就是派出法国第四集团军的兵团于1939年9月在

1940年，敦刻尔克海岸，等待渡海撤退的盟军

萨尔布吕肯地域发动局部出击，楔入德国的齐格菲防线八至十公里。虽然德军在这段防线的兵力并不十分强大，但是法军在10月初竟又撤回到马其诺防线。德国人除了空中侦察外，没有对英国采取其他空中行动，同时对法国也没有空袭。总之，从1939年9月到1940年4月，交战双方都没有在西部战场采取积极的战斗行动，前线异常安然。英法联军司令部的人员在和敌人对峙时，互相争夺巴黎大饭店的名厨师，酒足饭饱之余，则忙于组织部队检阅和战地联欢。巴黎的歌舞明星出奇地活跃在前线。而在另一边，德军只要竖起写着"我方不开枪"的标语牌，就可以不用掩蔽地进行作业。有时德军也寻寻开心，

英法军搭乘准备撤退的船只

在扩音器里喊话："英国人是叫法国人打到最后一个人吧！"然而，英法联军既没有赶走在工事中的德国兵，也没有去打哑使士气低落的扩音器。在战火点燃三个月后，英军才有了第一次伤亡——一个巡逻班长被流弹打死。

好戏到头终有散，7个月的奇怪的战争给希特勒充裕的时间，使他得以武装了146个师，制造了4000架飞机，并把重兵调到西线，一直生活在迷梦中的英法统治者力图避免而没有避免成功的战火首先烧到了他们自己的头上，纳粹德国对法国发动了猛烈的进攻，直到这盆冷水浇头，他们方才惊醒过来，但是为时已晚，法国已走到失败的边缘了。不足6周，法军在德军的强大攻势面前崩溃了。1940年6月22日，希特勒叫法国贝当政府的代表在1918年德国被迫签订停战书的康边森林的同一节车厢里签订了投降书。

奇怪的战争是英法绥靖政策在大战初期的继续。他们玩弄"奇怪的战争"给了德国法西斯向西欧扩大侵略之机，法国不仅由此失败，就是英国也为此遭殃。玩火者落得个自焚下场，张伯伦之流也在万人唾骂声中下台了。

正当英法陶醉在西线的和平

贝当

气氛中时，德国参谋部已在忙于制定西进计划了。波兰战役刚结束，希特勒就力主乘胜挥师西进，达到他独霸西欧的目的。

　　1939年10月19日，德国制定了"黄色计划"的初步方案，打算集中43个师的兵力突破比利时境内的防线，直抵索姆河。这不过是第一次世界大战中"施里芬计划"的翻版。但在德军进攻计划落入英法手中，以及德方不在阿登地区设置重兵后，根据德军A集团军参谋长曼施泰因的建议，果断地改变了这一设想，决定主攻方向改在阿登山区。1940年2月24日，经过修订的"黄色计划"规定，由龙德施泰特上将率领的A集团军群担任主攻，它应越过位于卢森堡和比利时南部

境内的阿登山区，进抵马斯河，并在迪南和色当间强渡，进而突破法军防线。该集团军群由45个师组成，其中有7个坦克师、3个摩托化师，机动性强，战斗力居三个集团军群之首。阿登山区及马斯河虽为天险，但法军在那里的防务特别薄弱，一旦奇袭得手，即可实现将分割开来的敌军驱向海边的计划，以便歼灭英法联军的主力。由包克上将率领的B集团军群共29个师，应占领荷兰，将联军逐过安特卫普及那慕尔一线。而李勃的C集团军群仅有19个师，其任务为牵制坐守在马其诺防线内的英法大军。

　　英法方面的迎战计划纯从防御角度出发，如果说德国的进攻

盟军士兵登上战船，开始撤退。

方案已摆脱了"施里芬计划"的旧模式的话，那么英法的战略思想依然停留在第一次世界大战的水平上。按联军总司令甘末林主持制定的"D"作战计划，英法联军共 103 个师，分三面迎敌。第一集团军群辖法军第七、第一、第九、第二集团军和英国远征军，共 51 个师，配置于法比边境，由布朗夏尔将军指挥；由普雷塔将军指挥的法军第三、四、五集团军组成第二集团军群，共 25 个师，配置在从瑞士到卢森堡的马其诺防线之后；第三集团军群由贝森将军指挥，辖法军第六、八集团军，共 18 个师，配置在瑞士边界。另外还留有 9 个师的预备队。

德国仍把制胜的希望寄托在闪电战上，但在它发起进攻前已有种种迹象表明暴风雨即将在西线来临。1940 年 1 月 10 日，德国空军少校赖因贝克的座机因气候恶劣迫降于比利时境内，从他身上查获未及销毁的"黄色计划"的残片。1940 年 3 月，法国情报机构获悉德军可能选择阿登山区作为突破口，并向法国军方提出过警告。所有这些动向，未引起英法政府的重视。德国一面加紧准备实施"黄色计划"，一面千方百计制造假情报，散布所谓 1940 年"施里芬计划"的谣言，完全迷惑了对方。

1941 年 4 月 20 日，英军开始从希腊撤退。

1940 年 5 月 10 日清晨，在如法炮制了类似格莱维茨事件的丑剧后，德国在西线发动了大规模进攻。数以千计的德国轰炸机发出雷鸣般的轰响掠过天空，把成

在战火中逃难的比利时妇女和孩子

吨成吨的炸弹倾泻在大地上。成百万装备精良、训练有素的法西斯士兵在数千辆坦克的掩护下横冲直撞，践踏着荷、比、卢等国的领土。投入这一战役的德军多达 136 个师，拥有 2580 辆坦克、3824 架飞机和 7378 门火炮；应战的联军共为 147 个师（其中法军 104 个师、英军 10 个师、比军 23 个师和荷军 10 个师），共拥有 3099 辆坦克、3791 架飞机和 14544 门火炮。尽管关于两军的实力迄今仍有着不同的说法，大体上是旗鼓相当，而且联军在人数和准备上还略胜一筹。然而只要对比一下双方的具体部署就可看出，德军在主攻方向上占有压倒优势，而在其他方向上则"以少胜多"。与马其诺防线内 50 个联军师对垒的德军仅有 19 个师。

德军在西线发动攻势有如晴天霹雳，这时英法政府才从迷梦中清醒过来，发现祸水东引未成，反而出现在自己的家门口。长期推行绥靖政策的张伯伦只得下台。匆匆组阁的丘吉尔通过电台向英国人民宣称："我能奉献给你们的只有热血、汗水和眼泪"。法军总司令甘末林在开战后还蒙在鼓里，依然不慌不忙地摆开阵势，命令第一集团军群按原计划进入比利

德军攻入南斯拉夫，路边停满了南军遗弃的运输车辆。

时去迎击来犯之敌。然而从荷兰和比利时很快就传来了令人不安的消息。

5 月 10 日，德军 B 集团军群向荷兰、比利时北部展开进攻；A 集团军群在阿登地区实施突击。在第一天的战斗中，德军虽未能一举占领海牙，却使荷兰政府乱成一团。到处出现的德国伞兵全盘打乱了荷军的部署，使他们无法进行有效的抵抗。英法援军迟

1940 年 4 月，德国军队占领挪威后，纳粹将领飞抵奥斯陆机场。

迟未到，德军锐利攻势导致荷兰防务迅速解体。14日，荷兰女王威廉明娜登上英舰，仓皇避难伦敦。残余的荷军宣布投降。尽管荷兰已停止抵抗，但14日那天，德国仍出动大批飞机，对鹿特丹狂轰滥炸，造成近两千市民死亡。德国法西斯显然企图通过大规模屠杀和平居民的办法来迫使整个欧洲屈服于它的淫威。这样，在既没有出现长期的消耗战，也没有出现开放水闸使全国变成一片汪洋的悲壮情景的情况下，荷兰就退出了战争，这对英法自然是一个沉重的打击。

比利时动员了60多万军队，抵抗的决心比荷兰大。由于英法联军未能及时驰援，它一开始就陷于被动地位。艾伯特运河边上的埃本·埃马耳炮台地势险要，驻有1200余名守军，系比利时边境的著名要塞。10日凌晨，85名德国伞兵乘坐滑翔机出其不意地在要塞区降落，并于次日中午将其全部占领。埃本·埃马耳炮台的陷落迫使比军全线退却。5月13日，德法两军坦克部队首次遭遇。结果法军损失105辆，德军则有164辆被击毁，这是第二次世界大战中第一次大规模的坦克战。

这时，整个战线的中部出现了更紧迫的形势，战局发生重大的转折。龙德施泰特的A集团军群挟其强大的装甲部队，克服重重障碍，迅速穿越阿登山区。亲率坦克先行的克莱斯特将军在其手令中说："不得休息，不得松懈，不得左顾右盼，只得随时警戒，日夜兼程前进，利用首战出

德军通过凯旋门

在挪威奥斯陆峡湾遭英军空袭起火的德军物资船

奇制胜，务使敌人乱作一团……心中只有一个目标：突破"。12日，德军几乎未遇抵抗即抵达马斯河。乔治将军向甘末林报告说："目前马斯河整个战线的防御已有可靠的保障"。但13日深夜，霍特将军和克莱斯特将军的坦克便分批在迪南和色当地区渡河成功。14日，德军继续以迅雷不及掩耳之势向西挺进。这时甘末林才意识到德军主攻的方向原来在战线的中部，慌忙下令进入比境的英法联军向后撤退。遭到突然打击的法军纷纷溃散，同大批被迫离开家园的难民混杂在一起，涌向法国内地。

面对这种局势，法军指挥部顿时惊慌失措。甘末林除责怪乔治将军无能外，竟报告本国政府说防线已被突破，无法对巴黎的安全负责。雷诺急电丘吉尔："……通向巴黎的路已打开。请你们把可以调动的全部飞机和军队都派来。"5月16日发生的两件事可以说对整个战争的进程产生了很大的影响。一是雷诺把年逾八十三岁的驻西班牙大使贝当和七十三岁高龄的驻中近东法军司令魏刚紧急召回。这两个投降派的回国以及他们不久后的独揽军政大权无疑加速了法国的败亡。二

是丘吉尔带着他的幕僚匆匆赶到巴黎。他一方面对法军的迅速溃败和甘末林手中竟然没有预备队深表惊讶，另一方面强调英国为了自身的安全已无兵可派。英法两国本系仓促结盟，除最高军事会议外，连一个统一的指挥部都没有，在法国境内作战的英国远征军事实上只听本国政府的调遣。一旦战局恶化，英法同盟随即出现了裂痕，丘吉尔首先考虑的自然是大英帝国本身的利益。

5月18日，法国政府进行改组。雷诺除总理一职外还兼任国防部长，这似乎表示他要继续抗战的决心，但贝当出任副总理却无疑加强了投降派的势力。5月19日，魏刚奉命取代甘末林，就任法军总司令一职。他立即飞往前线，匆匆制订了所谓反击计划，扬言"德军坦克师已坠入陷阱，只要盖子一关上，它们必将就歼"。然而不到两天，这个反击计划就告吹了，大批联军纷纷向北溃退，很明显，整个战线已被分割为两部分，被逐向海边的英法部队正面临着覆灭的命运。

5月23日古德里安指挥的德军坦克部队进抵距敦刻尔克二十余公里的地方。5月25日和26日，布伦和加莱经过血战相继易

世界通史

最新整理图文珍藏版

1940年5月10日，德国第7空降师于凌晨在荷兰鹿特丹、海牙十几个政治和经济中心空降。

手。敦刻尔克遂成为英法联军渡海北逃的唯一途径。

面对严峻的局势，英法两国矛盾越演越烈，这时德军前锋已逼近海岸，在索姆河以北截断南北交通线，英军进退维谷处境危险。5月18日，英军向伦敦紧急呼救，英国政府闻讯，马上命令海军部拟订一个紧急撤退大量部队的计划，这个计划后来被定名为"发电机"。

正当英法都为自保性命而争得不可开交的时候，德军已经手痒难耐，恨不得一口把盟军生吞下去。5月19日，希特勒发出只许进行"大规模侦察"的命令后，由七个坦克师组成的强大的楔形队伍以轰炸机为先锋，伴随着大炮的轰鸣声，像一群斗红了眼的野牛冲向海岸。英法集团军被分割为南北两段。陷入三面包围的北方盟军，唯一的希望是转向西南，突破海峡沿岸的德军战线与索姆河北面的法军汇合。但是，由于指挥人员无能，错过良时，铸成大错。

德军的胜利使希特勒大喜过望，他调集重兵投入战斗，巩固和扩大坦克部队的战果。德军经过的市镇村庄，如入无人之境。大量法军成了战俘，他们乖乖地把武器交给德国人，眼看着成批的枪支被放在坦克下面压得粉碎。5月22日，德军向海峡挺进，彻底切断了英国远征军与法军之间的防线，盟军处境更加险恶。5月24日，沿英吉利海峡向北多佛尔海峡一岸方向推进的德国部队攻占布伦，包围了加莱，兵临距敦刻尔克仅三十多公里的格拉夫林。被逼到敦刻尔克周围的几十万盟军，挤在一块很小的三角形地带。这个三角形底部是沿多佛尔海峡从格拉夫林到敦刻尔克以北的尼乌波特，顶端在发隆西纳，距离海岸一百一十多公里。英法大军前临强敌，背靠大海；欲战不敢，欲逃无路，面临绝境，眼看成了"瓮中之鳖"。他们唯一的生路就是经敦刻尔克港横渡多佛尔海峡撤退到对面的英伦三岛上去。

敦刻尔克距英国最近处为100公里左右。被围困在这里的英军有22万人，法军20万人。在短时间内要把这样多的部队运过海峡并非易事，英国政府为此伤透了脑筋。最初拼凑起来的可以用于运载部队的船只仅有36艘，难解燃眉之急。最后丘吉尔只好叫海运官员将英国各港口凡是可以适用的船只，即便是游艇也要登记下来，以应"特殊的需要"。

这时，德军的坦克已经望见敦刻尔克，并在盟军前沿阵地摆开架势准备实施最后打击。英国远征军和法国第一军团被围在15里宽，距海岸50多里长的袋形阵地上。如果德军实行左右夹攻，便可一举歼灭盟军。战局的发展使英法军队的命运危在旦夕，在这紧要关头，希特勒突然命令坦克部队停止追击，盟军得到一个喘息之机，从而加强了敦刻尔克外围的防线。两天后希特勒发现海岸附近运输舰只活动频繁，暗叹失策，急忙下令部队从西面和南面恢复进攻，但为时已晚，德军受阻于加莱港，盟军利用洪水泛滥暂时挡住了敌人的坦克。

就在德军恢复进攻的这天，

敦刻尔克也忙成一团。26日晚6时57分，英国海军部下令开始执行"发电机"撤退计划。850多艘船只组成的船队陆续涌到敦刻尔克，从巡洋舰、驱逐舰到内河用的拖船、渔船、驳船和客轮，甚至伦敦码头上的救生艇、汽艇和各种各样的游艇都被搜罗在一起。为了撤退，英国政府也顾不得什么脸面，海军部通过广播呼吁周末业余水手和游艇主人驾船，加入他们撤退的"舰队"行列。在德国飞机和大炮的轰炸下，运载部队的船只艰难地渡过波涛汹涌、水面宽阔的多佛尔海峡，5月27日撤走了非战斗人员和后勤人员7669人。

5月28日，全部英军和大部分法军乘夜色逃出了德军的合围，

比利时第5纵队头子德克尔克指示
第5纵队引导德军攻打比利时要塞。

大批运输车辆和部队涌进了滩头阵地。当他们正庆幸自己虎口脱险时，一支比利时军队投降了，英法联军骤然失去后卫掩护部队，在原比军防守的伊普尔到大海之间一侧露出30多公里宽的空白地带，德军经此可直抵敦刻尔克。在这关键时刻，刚撤下来的英军重新填补了空隙，组成一条所谓"逃避走廊"，与德军展开激战，迫使敌人暂时退却。29日，盟军紧缩防线，并造成一个五里宽的洪水区，水淹德军，挡住了他们的进攻，减缓了阵地的压力。但是，德国空军的飞机整天在敦刻尔克上空俯冲轰炸，严重地威胁着撤退。于是，英国皇家空军把凡是可以动用的战斗机都投入了敦刻尔克上空的战斗，控制了制空权，使德国飞机不敢毫无顾忌地轰炸渡海的船只。

敦刻尔克本来拥有可供巨轮停泊的七个大型船渠、四个干船坞和八公里长的码头，现在已被德军炸成一片废墟，唯一可以利用的是靠木桩搭起的1200米长的东防波堤。这样，撤退不得不在海滩上同时进行。一行行等待撤退的士兵，50人为一组，惊恐地站立着等候上船。最前面的士兵泡在齐下巴深的海水里，飘浮的

尸体不时地撞在他们身上，伤亡数字与日俱增。德军的轰炸还在进行，数万名士兵挤在狭小的桥头阵地里，待待渡船的队列密密麻麻站在海滩上，处境十分困难。英国海军又拼凑了三十多条船只应急。为了尽快撤退，狭小的驱逐舰居然装载七八百人。由于空间小，只好让士兵呆在甲板上，凭借航海技术，摇摇晃晃作"之"字形航行保持平衡，冒着风浪和轰炸驶过海面，有时还遭到德国潜艇鱼雷的袭击。就是这样，到

1940年4月9日，在入侵挪威的同时，德军在哥本哈根登陆，侵占丹麦。

30 日还是只撤退了 12.6 万多人，尚有一多半士兵等待撤退。

5 月 30 日，德军把敦刻尔克围得水泄不通，英军被迫紧缩防线，拼命阻止德军的突破。直到这时，德军统帅部才明白事情真相，希特勒气急败坏地命令继续加强攻势。6 月 1 日，德国空军全面出动狂轰滥炸，海面上到处漂浮着沉船的油污。风浪中运兵船颠颠簸簸地航行，士兵被面前的景象吓得惊恐万状。6 月 2 日拂晓，最后 4000 名英军由 10 万名法军掩护准备撤离。这时，盟军防线越来越小，德军大炮已能打到敦刻尔克，白天的撤退工作被迫停止，全部改在夜间进行。德军的轰炸造成大量重伤员滞留，撤走重伤员的活动陷于停顿。此时，英军指挥部发出命令，规定每一百名伤员留一名医官和十名医务人员，其余的全部撤走。谁走谁留只好听天由命，这就出现了英国陆军史上一次空前绝后的抽签活动。医务人员把自己的姓名写在纸上一起放在帽子里，然后抽签决定去留。这对曾经在世界上煊耀一时的英国军队是个绝妙的讽刺。

到 6 月 3 日晚，剩下的英军和 6 万名法军仓皇撤出阵地逃离欧洲大陆。6 月 4 日，最后一批法军撤离海岸，后卫部队眼巴巴地看着再也不会回来的船只起航伤心不已。经过八天八夜苦斗，总共有 338226 名英法士兵撤退到英伦三岛，其中包括英国远征军 22.4 万人，一部分法军和少量波兰军队。在敦刻尔克被英国抛弃的 4 万名法军全部被俘；700 辆坦克、2400 门大炮、7000 吨军火弹药和全部军械装备都成了纳粹德国的战利品。在撤退过程中，英国 7 艘驱逐舰被击沉，20 艘受到重创，8 艘客轮被毁，另外 8 艘陷于瘫痪。

敦刻尔克撤退是英法长期推行绥靖政策所造成的必然结果。在撤退中，英国为了保全自己，不惜抛弃昔日的盟友。帝国主义国家之间的"友好"关系这时已经一钱不值，历史记下了他们各自的丑态。

英国的首次空降作战

训练空降作战人员

德军自 1940 年 5 月 10 日开始对西欧欧国实施闪击战后，至 5 月底，卢森堡、荷兰、比利时先后投降。盟军 40 个师被德军包围于比、法边境的敦刻尔克地区，开始执行"发电机作战计划"——即从海上撤退。至6月4日，从敦刻尔克撤退到英国海岸的人数为33.8万人，其中英军22万多人、法军8万多人，其余为少数比军。盟军撤退时武器装备丢失殆尽。英军共丢弃2400门火炮、700辆坦克、8000挺机枪，接运盟军撤退的舰船损失226艘，还有302架飞机被击毁。敦刻尔克大撤退后，英国的军事力量一蹶不振，而德军似乎是所向无敌。6月5日德军开始进攻法国内地，14日进占巴黎，22日法国政府投降。

英国首相温斯顿·丘吉尔为了重建英国军队的声誉和英国人的信心，指示英军组建了一支专业袭击分队——第2突击队，该

德国航空兵的袭击重点是英国的空军机场，也不放过交通枢纽。

分队曾以"布尔人"之名而驰名于世。丘吉尔急欲使这支富有神秘色彩的部队在对德作战中创建功勋。当时英国的其他军队正在进行整编，准备迎接可能来临的德军入侵本土的战争，而对其他作战行动则尽量回避。因而"布尔人"突击队实际上只是一支人员、装备和武器都不充足的部队，它受命执行的也都是得不到任何支援的战斗任务。"布尔人"突击队的司令部称作联合作战指挥部，它从陆、海、空三军各部队抽调人员集中训练和使用。在突击队的初期成员中，主要是原来组织起来准备在挪威抗击德军用的10个独立连。1940年6月初开始，突击队一直在分小组悄悄地从英国出发，对德国控制的欧洲海岸军事设施进行袭击。丘吉尔对这些偷袭行动大加称赞，他认为"布尔人"突击队的作战行动尽管规模小、机会少，但这总是在英军遭受一系列失败后，在战略防御阶段中取得的某些战术进攻的胜利。

德国在挪威和丹麦、荷兰、比利时空降突击的胜利，给丘吉尔以巨大震动，他在下令所有沿南海岸德军可能着陆的地方都设置障碍物的同时，指示国防部尽

2369

快组建一支"至少有 5000 名伞兵的部队"。国防部立即给各军区下令，要每个军区选送 1000 名志愿者，与此同时迅速组建了训练机构。在各军区的志愿者到达之前，根据丘吉尔的旨意，"布尔人"突击队成了伞兵部队的首批受训人员。这些人都希望能及早参加空降战斗，而且很喜欢突击队的特殊生活方式。因为突击队不在营区驻扎，每人每天发给 6 先令 8 便士英币，让其自找住处。训练地点附近的居民很快便发现，到他们家里寄宿的不是一般的老百姓。

显然，为了向急于求成的首相表示工作有所进展，国防部必须解决空降部队的训练场地和膳宿问题。为了不让其他的部门插手，他们首先选择了北部工业城市曼彻斯特的林格威民用机场作为空降训练试验中心，该机场位于索尔兹伯里平原陆军训练场的最北面。此地气象条件不利于飞行，因为曼彻斯特是英国著名的多雨区，即使不下雨时，当地的工业烟云也会笼罩整个天空。1940 年 6 月 19 日，空降训练试验中心改称中央空降学校。当时学校没有伞降训练经验，管理人员是从陆军和空军部队抽调来的，彼此之间非常陌生，甚至对自己

到该校的任务也稀里糊涂。首任校长是空军少校路易斯·斯特兰格，他是第一次世界大战中有名的飞行员。斯特兰格少校只有皇家空军在战前训练单个人员跳伞的经验，即跳伞员爬上"弗吉尼亚"式双机翼轰炸机的机翼，用手扶住两翼间的支柱，接到飞行员发出的信号后，打开降落伞，让张开的降落伞把他们拉入空中。这种方式使跳伞人员感到痛苦和恐惧，而且有不少人在开伞时会把机翼支柱拉弯。该校管理人员中的陆军最高官员是少校约翰·洛克，他来自皇家工兵部队，是一个自觉性很强、富有献身精神的人，尽管毫无空降方面的经验，但他立即开始了训练和组织空降部队的研究工作。

训练中首先遇到的是飞机、降落伞的保障和教员的来源问题。在洛克的奔走下，空军部很快给该校调拨了 6 架"惠特利"轰炸机作为伞兵运载机，并配发了 1000 具训练用伞。开始使用的伞还不是采用绳拉开伞，首批受训的学员必须采用类似手扶机翼支柱的方法，从"惠特利"飞机尾部临时装上的平台上跳下。好在这种伞没用几天，带有绳拉开伞装置的背式降落伞就运到了，同

时在"惠特利"飞机的肚子下面开了一个便于伞兵跳出的舱门。但不幸的是，刚使用这种降落伞就出现了亡人事故，一名士兵的伞未开就坠地了。这是一次因操作不当造成的不应有的事故。几年之前，英国降落伞公司便向国防部建议使用他们公司设计的安全可靠的绳拉开伞式降落伞，但被婉言谢绝了。该公司的降落伞与皇家空军的训练伞的不同之处是：跳伞员跳离飞机时，利用人本身的重量就可使伞绳拉出，伞随之张开，这样就减少了拉绳缠绕的危险。这种新型降落伞，以其较好的可靠性很快被部队认可，深受伞兵们欢迎。以后的十几年里，英国空降部队一直在使用这种伞，而且不需要备份伞。

1940年7月9日，洛克起草了一份改革空降部队现行训练制度的报告。他指出，空降部队急需解决的首要问题，是英国到底需要拥有多少空降部队为宜。此外，目前存在的问题还有：空降部队的任何事情都必须经国防部和空军部两个部门批准和作出决定，而他们互不信任；林格威是一个不适合空降部队训练的地方；突击队员自找住处的做法仍没改变，这样容易与当地政府发生冲突；至今没有适合于空降部队训练的运输机。洛克提出，应有一个能满足飞行训练、气象条件好的机场和大的着陆场；要修建营区，强化部队的纪律；要采用专门的徽章，而现在许多人还佩带着他们原部队的徽章。

被英国空军击中的德军军用飞机，此为英军机翼上装置的相机瞬间拍摄。

从8月起，各军区选送的突击队员陆续到达，开始进行伞降训练，这是组建空降部队的第一步。这时有人提出滑翔机比降落伞更易于空降，使用滑翔机，士兵可以集体着陆，并能携带装备和重型武器。8月10日，以滑翔机部队弥补伞兵部队不足的建议呈交给了丘吉尔。鉴于德军用滑翔机夺取埃本·埃马耳要塞战斗的例证，丘吉尔表示完全同意，并指令空军部负责领导和组织生产滑翔机。

9月5日，英空军召开会议，研究未来空降兵的体制编制问题。与会的陆军和空军的将领们坐在

最新整理图文珍藏版

一起，通过解释和谅解，从思想上消除了怀疑和隔阂，形成了工作上的伙伴关系。会议所做出的重要决定是：空降兵部队的兵员来自陆军，滑翔机飞行员由陆军负责抽调，空军负责培训；计划到1941年春培训出一支3000人的伞兵部队，和一次能空运、空降1个旅（3700人）的滑翔机部队，并建议制造能够运载坦克或与其相同重量物品的大型滑翔机。会议还讨论了空降作战的各种形式，例如袭击敌人占领的土地，然后从海上或空中撤出；以空降部队作为进攻的先头部队；甚至讨论了以空降袭击德国内地的重要目标，以引起其惊恐沮丧局面的出现等大胆的设想。会议之后，空降部队的一切工作都按决定迅速展开。中央空降学校改名为中央空降部队，指挥官是空军上校哈维，在其编制内有发展科和伞降训练学校、滑翔机训练中心等。

到1940年9月底，"布尔人"突击队共接受了21名军官和321名士兵，11月完成了第一期跳伞训练后，改编为第1伞兵营，成为英军第一支空降部队。

实施"巨人行动"

1941年初，中央空降部队就将当时还未完全组建齐全的空降

部队的使用原则制定了出来。除了以前就明确的用于袭击敌人和夺取敌机场外，其主要任务还有：配合正面进攻的地面部队，从后方攻击敌防御阵地；空降在敌后，孤立敌方阵地，阻止敌预备队开进；夺取并扼守重要渡口和隘路，防敌破坏，防退却之敌利用；实施侧翼攻击；破坏敌交通运输；实施佯攻，牵制敌预备队等。

至此，英军第一批空降兵部队建成并作好了战斗准备。联合作战指挥部对伞兵的发展非常关切，为了检验第一批伞兵的训练成果，开始寻找战机并计划空降兵初显身手的行动。这时，意大利和德国已结成军事同盟，并对希腊发起了进攻。虽然英国陆军部队在意大利北部和东非取得了一些战果，皇家空军战斗机在英国上空也取得了巨大胜利，但在

1940年9月15日"不列颠战役日"后的伦敦

世界通史

最新整理图文珍藏版

国内影响还不够大。为了打击意大利，警告墨索里尼在阿尔巴尼亚和利比亚的战争升级行动，抵消德军几次空降成功的影响，英国决定使用刚组建起来的空降兵，深入意大利国土，以较小的代价进行一次在民众中能产生良好心理作用的军事行动，以显示自己的力量，鼓舞全国的士气。联合作战指挥部的参谋们在伦敦一家自来水公司的帮助下，寻找到一个作战目标——意大利南部沃尔土诺山上的供水管道。

该供水管道修建于1930年，长期以来为意大利南部的塔兰托、布林迪西、巴里和福贾等重要港口、城镇提供淡水。而现在，这些港口都是向意大利作战部队输送补给物资必经的港口，而且被驻巴尔干的其他轴心国部队所利用。如果这条供水管道被破坏，至少1个月内这些港口将得不到淡水供应，影响面很大。同时，该目标处于农业区，人烟稀少，不会有多大反抗力量，完成任务后便于向海边转移，从海上返回。

联合作战司令部指挥官、海军上将凯斯，挑选了"皇家威尔士明火枪团"的普里查德少校任这支伞降突击队队长，任命克里斯托弗利上尉为副队长，并任命

皇家工兵部队的戴利上尉为爆破组的指挥官。突击队共38人，其中有6名军官、32名士兵。随同突击队行动的还有一名意大利语翻译。使用的空运工具是"惠特利"轰炸机。普里查德少校在判读诺尔土诺山区的航空照片时发现，山腰上有两条平行的导水管，他沿着像是主要导水管的这条线选择了一点，并将其指示给戴利上尉进行爆破。计划于2月10日夜间伞降，任务完成后，伞兵徒步隐蔽地从陆路撤退到塞列河口潜伏，2月18日夜间一艘英国"胜利"号潜艇将在河口露出水面，将他们接走。如果这一次未接到，潜水艇将于25日夜间返回该地再接应一次。

由于是首次空降作战，在联合作战司令部的领导下，进行了周密的组织准备。为了训练战斗人员，在林格威附近的塔顿公园里秘密地修建了模拟目标区域的全部设施，并于2月1日夜间，在有大风的情况下进行了演习。飞行员为了能够在夜间准确航行，使伞兵能在150米的高度准确地降落在目标区，也进行了专门的训练。

与德军在挪威、荷兰和比利时的空降突击相比，英军对一条

供水管道实施一次不足 40 人参加的突击，看来不会对战争进程起到巨大的作用。因此伞兵们以开玩笑的口吻称这次作战行动为"巨人"，于是联合作战司令部就将这次行动命名为"巨人行动"。

2 月 7 日，伞兵突击队乘 8 架"惠特利"轰炸机从英国的北安格列亚转场到马耳他，在马耳他领取了爆破器材和其他作战物资。2 月 10 日 18 时 20 分，8 架轰炸机由马耳他起飞，飞往目标，其中 6 架飞机载运伞兵，其他 2 架则装着炸弹，这 2 架飞机要去轰炸福贾港，目的是转移敌人的注意力。

当飞机进入意大利上空时，月光明亮，天气寒冷。伞兵们打开飞机底舱板上的门，阵阵寒风灌进机舱。他们面对面地蹲在敞开的舱口两侧，做好了跳伞准备。从狭窄的轰炸机机舱地板孔里跳离飞机，的确是一种需要技巧的事情。如果离机用力过大，机外气流会抓住你的身体似的，使你的头部猛撞到与风向相反的一侧舱门上，如果跳离舱门用劲大小，背后的笨重伞包就会挂在舱门的边缘上，使你向前磕碰头部。总之，离机动作稍有不对，极易使头撞舱门口。伞兵们诙谐地把这种情况称为"撞钟"。越过大雪覆盖的皑皑山脉后，飞机上的红灯开始闪烁，这表明 5 秒钟后就要到达伞降地域。伞兵们紧张起来，第一名伞兵向前滑动。接着绿灯亮了，伞兵们一个接着一个跳出机舱。在大雪覆盖的地面辉映下，伞兵在空中摇摆降落时就可以看到供水管道的影像。

23 时，伞兵们准确地降落在距目标不超过 1200 米的地方。然而，普利查德少校在集合部队时发现丢失了一架非常重要的飞机，戴利上尉和几名主要工兵爆破手，连同装在那架飞机上的许多炸药都无影无踪！原来，戴利的爆破组乘坐的飞机因机械故障延迟了起飞时间，在赶队途中又迷了航，将爆破组及大量炸药错投在距目标数公里远的一个山谷里，致使他们无法参加爆破。

除爆破组外，其他人员集合后，迅速运动到供水管道的爆破地点。普利查德少校命令皇家工兵少尉帕特森接替了爆破组长的职务。帕特森发现供水管道的支座不是原先预料的砖石砌筑，而是由钢筋混凝土筑成。由于缺乏炸药，爆破不能按原计划进行，因而他决定利用所带的全部炸药，集中爆破一段供水管和附近的一座小桥。因为这座小桥在修建供

世界通史

最新整理图文珍藏版

水管道时曾被用来输送建筑材料，破坏后意大利人抢修水管时，势必要使用这座小桥。11 日零时 30 分，帕特森指挥工兵小组堆放好炸药后，同时爆破了供水管和小桥。然后，突击队分成两个组迅速进入山区，向塞列河口方向撤退。

巨大的爆炸声招来了当地的警察和农民，他们开始进行搜捕，那些经过紧张的跳伞和爆破行动的伞兵已十分疲乏，此时在陡峭的山路和寒冷的天气中进行越野行军已相当地吃力。尽管他们深入了山区，但为避开居民点，不得不从远路迂回。而白天要不被发现是很难的。

第二天黎明时，因目标暴露，为当地农民和警察俘获。口才流利、精通意大利语的皮基当场被击毙。错降在山谷里的爆破组，未找到目标而单独进行活动，几天以后也被俘虏。

英军这一次空降没有完成预定的任务，破坏点不是要害部位，很快被修复，未起到切断意大利几个港口和城镇供水的目的。然而，这是英军的首次空降突击，也是盟军在第二次世界大战中空降作战的开始，它在空降作战发展史上具有重要地位。这次空降行动隐蔽、突然，未被意大利人发现，只是因运载炸药和爆破手的飞机错投了地点，致使任务未能完成。这次空降突击是在英国为抵消德国一连串的空降成功，正全力寻求哪怕是小的战术胜利的时候进行的，它向意大利政府显示了英国空降兵的潜在力量，并给意大利政府带来了一次心理上的冲击。

贡比涅和约和法国败降

敦刻尔克撤退后，英国在大陆上只留下一支象征性的军队：一个步兵师和一个不满员的装甲师。法国被迫以残存的 71 个师来迎击德国的 140 个精锐师。战局急转直下，所谓"魏刚防线"很

一位法国男子目睹自己国家战败的军队手持法国国旗列队经过时，流下了痛惜的眼泪。

快就被突破。更为严重的是法国统治集团内早就弥漫着失败主义的情绪，高级将领内的投降派比比皆是。战争伊始，普雷塔拉将军就丢下所指挥的四个军，只身逃往尼斯，第一集团军群司令布朗夏尔将军还在 5 月 26 日就公开谈论向德国投降。贝当就任副总理后，露骨地鼓吹必须保留一支军队来"维持内部秩序"，否则"就不可能有真正的和平"。6 月 8 日，魏刚在见到戴高乐时对面临的失败处之泰然。但是却忧心忡忡地说："啊！要是我能有把握使德国人给我留下必要的部队来维持秩序的话，那就好啦！"这位在

前线屡战皆北的败将竟公然散布多列士已夺取爱丽舍宫的谣言。巴黎公社的历史困扰着法国的上层人物，他们宁愿蒙受战败的奇耻大辱，也不愿再看到巴黎落入起义人民的手中，当然也就对法国共产党在 6 月 6 日提出的进行全民抗战的建议全然置之不理了。

德国 B 集团军群司令官贝克向 70 年内第二次占领巴黎的德军敬礼

6 月 10 日，法国政府仓皇逃离巴黎，先后迁都图尔和波尔多。同一天，意大利宣布对法作战。作为法西斯德国的伙伴，墨索里尼一直在窥伺着参战的最好时机。1939 年 8 月 25 日，他感到跟随希特勒进攻波兰会冒过大的风险，便以准备不足为理由拒绝立即卷入战争。在这以后，墨索里尼摆出一副待价而沽的架子。1940 年 5 月 10 日后，英法竞相讨好意大利，向后者建议就地中海地区划

战败投降的比利时军用卡车上都挂着白旗

分势力范围问题进行谈判，并且表示"什么都可以讨论"。丘吉尔也宣称他"从不与意大利的强盛和伟大为敌。"然而这一切都满足不了墨索里尼的贪欲。他认为随着法军的溃败，攫取胜利果实的时机已到，私下对人说："……我只要付出几千条生命作代价，即可作为战争参加者坐到和会桌旁"。为此意大利动员了32个师，计325000余人从勃朗峰到地中海约200多公里的战线上向法国大举进攻。法国只能以6个师，共175000余人来与之相抗。在十多天的时间内，毫无士气的意大利军队竟不能越雷池一步。这更进一步暴露了意大利帝国主义的虚弱。

处于南北夹击中的法国接连向英国告急。丘吉尔曾于6月11日和13日两次来法紧急磋商，并宣称即使在敦刻尔克后也愿与法国共存亡。但他并不增派一兵一

TU88 轰炸机

卒。自6月15日起，又陆续将所有英国士兵全部调遣回国。6月16日，正值法国崩溃前夕，丘吉尔建议英法合并，成立所谓"两元帝国"，遭到法国拒绝。

在车厢内的投降仪式上，法军元帅莱拉克表情木然。

雷诺也曾一再向美国求援。他在6月14日致罗斯福的急电中更是大声疾呼："拯救法兰西民族的唯一希望……是今天就将举足轻重的强大美军投入战争"。美国政府除空头的同情和安慰外，只是再三告诫法国在任何情况下都不得将它的舰队和殖民地交给德国。这事实上也正是英国政府唯一真正关心的事。

尽管孤立无援，法国仍可依靠自己的力量继续为民族的独立和生存而战。著名的抗战派如内政部长芒代尔等便主张将政府迁

至北非继续抵抗。当时法国在北非有 10 个师，国内另有 50 余万后备兵，可以重建一支有战斗力的军队。法国在非洲的殖民地幅员辽阔，资源丰富，又拥有舰队和黄金，完全可以自成一体，凭借地中海的天险与德国对抗。但是投降派越来越占上风。6 月 12 日，魏刚在内阁会议上公开要求停战，并且威胁说："……假如不立即要求停战，对军队以及对老百姓和难民就将失去控制"。次日，贝当

投降仪式结束后，法军代表在一名德军官带领下离开。

向内阁提出一份备忘录，断然反对以任何形式继续抵抗。一向动摇的雷诺虽确曾在 5 月下旬建议退居布列塔尼，并在那里筑垒固

守，以待时机，此时不仅全然放弃这一计划，而且屈服于投降派的压力，于 6 月 16 日宣告辞职。贝当立即就任总理，并在当天晚上通过西班牙大使向德国试探停战条件。17 日，他在电台发表讲话，命令法军放下武器，同时正式向德国求和。

1941 年 4 月 20 日，英军开始从希腊撤退。

贝当的讲话在全国引起极大的混乱，还在各地坚持战斗的法军被迫放下武器。而德国故意不立即作复。直至 20 日，双方才就停战问题进行正式会晤。6 月 22 日，在贡比涅森林的雷通车站，也就是 22 年前德国向协约国投降的地方，在当年福煦所乘坐的同一辆车厢内（由德军特地从历史博物馆内拖出），法国代表亨茨格将军和德国代表凯特尔元帅签订了停战协定。同一地点，同一车厢，只是战胜国和战败国互换了

1940 年 6 月 24 日，希特勒在艾菲尔铁塔下拍照留念，祝贺占领巴黎成功。

位置。停战协定将法国的东部、北部、中部划为占领区；西南部则为非占领区，亦即此后贝当傀儡政府偏安之处。占领区包括巴

1944 年 8 月 25 日，戴高乐走到凯旋门下。

德军在法政府迁都维希并于 12 日宣布巴黎为不设防城后，于 14 日进入巴黎，图为德军通过凯旋门。

黎在内，约占全国总面积的 2/3，集中了 65% 的人口，并是煤、铁、钢、小麦的主要产地。法国的主要工业也都位于这个地区。德军控制整个占领区，强迫法国人民支付沉重的占领费用。除一支"维持社会秩序"所必需的军队外，法国应全面解除武装。即使在非占领区，所有的武器和弹药也均交德国管理。法国政府投降后，7 月 1 日迁都维希，这就是所谓的维希政府，它实际上是德国的附庸。

希特勒没有一口把整个法国

2379

都吞下去，那是由于他认为："假如法国政府拒绝德国的建议，并退到伦敦继续抵抗，那么情况就要糟得多……"通过贝当还可控制住法国的舰队。不占领全部法国对德国有利。从里宾特罗甫的一次谈话中，可以清晰地看到希特勒的想法："领袖希图用这种办法得到用其他手段无论如何也得不到的东西。关键是利用贝当使非洲殖民地不致脱离维希，因而也不致脱离西班牙和德国，因为否则就只有在反对英法军队的苦战中才能把它们重新夺回"。那时希特勒确实想使贝当发挥作用，在"欧洲新秩序"中占一席位。但一年以后，希特勒就恶狠狠地对德国驻巴黎高级专员阿贝茨说，只要一解决苏联问题，他就准备同"那些维希先生们坦率地讲话了。"

6月23日，法国和意大利签订停战协定。墨索里尼想攫取里昂、阿维尼翁等城市，并企图吞并科西嘉、突尼斯和法属索马里，后来只得到法意边境上的一小块土地，面积为832平方公里。这位意大利的法西斯头子懂得，既然在战场上未能前进一步，那么也就休想在和谈判桌上捞到太多的东西。

自由法国组织的领导人戴高乐将军

6月21日，希特勒曾亲自到雷通车站参加同法国代表团会晤的仪式，他在离开时情不自禁地跳了一段小步舞。他为意想不到的胜利而兴高采烈，有点飘飘欲仙了。战胜法国可以说是法西斯德国达到了它势力的顶峰。

塔兰托空战

引"蛇"出洞

1940年6月，随着法国的战败投降，英国所面临的战争局面就显得异常严峻，形势对英国海军极为不利。原来根据英国与法国的协议，英国海军主要负责在大西洋上进行护航作战和封锁北海海域，阻止德国海军主力舰队进入大西洋，而在地中海与意大利海军角逐的使命则由法国海军来承担。但现在，英国海军不得不在大西洋和地中海上同时迎战德国和意大利海军。而且，此时德国海军潜艇在海上的破坏活动非常猖獗，英军需要投入大量的护航反潜兵力，若要再分出部分兵力对付意大利海军，颇有些捉襟见肘。

此时，意大利海军拥有战列舰6艘、重巡洋舰7艘、轻巡洋舰12艘、驱逐舰61艘、潜艇105艘，其他舰艇69艘。地中海的英军则处于绝对劣势，因此英军地中海舰队司令安德鲁·坎宁安海军上将向海军部请求增派舰艇和飞机。

英国海军部根据战场形势，适时调整地中海舰队的建制，将地中海舰队一分为二，一支由坎宁安指挥，仍称地中海舰队，共计航母1艘、战列舰3艘、巡洋舰7艘、驱逐舰26艘，其他舰艇8艘，以埃及的亚历山大港为母港；另一支由詹姆斯·萨默维尔海军中将任司令，称为H舰队，共计1艘航母、1艘战列舰、1艘战列巡洋舰、2艘巡洋舰和11艘驱逐舰，驻直布罗陀。两支舰队的作战区域以马耳他岛为界。

意大利舰队的主力常驻塔兰托港，掌握着地中海中部的制海权。在岸基飞机的掩护下，他们可以随时袭击英国在地中海上的运输船队，使在埃及作战的英军后勤补给陷入困境。为此，英国地中海舰队不得不集中全力为运输船队护航。可是，尽管英国军舰在地中海上疲于往返奔波，运输队仍不断遭受袭击。而且，由于护航舰只较少，运输船队出航的时间间隔被迫拖长，致使运输船的周转率大大降低。因此，削弱意大利舰队，夺取地中海的制海权，以保障运输船队的航行安全，已成为英国地中海舰队的当务之急。

在亚历山大港英国地中海舰队司令部里，一位鬓发斑白、精

最新整理图文珍藏版

神抖擞的军人正双臂交叉在胸前，来回踱步，他就是当时已负盛名的英国地中海舰队司令安德鲁·坎宁安海军上将。坎宁安将军于1898年15岁时就加入了英国皇家海军，40多年的戎马生涯，使他练就了沉着、果断的良好军人素质，战争的烽火将他锻炼成为一名坚定顽强的海军领导人。他一生南征北战，为大英帝国立下了汗马功勋。而今，他怎能在强敌面前畏缩不前呢？丰富的战斗经验使他坚信：战争不仅是双方实力的决斗，更是谋略和智慧的较量。古往今来，以少胜多、智取巧胜的战例何止万千！

坎宁安敏锐地看到自己唯一的优势就是拥有2艘航空母舰，而对手的弱点也正在于此。尽管意大利空军能提供空中保护和远程侦察，但两个军种协同作战毕竟不便。从某种意义上说，在地中海上，英军真正地把握着制空权。只要他一声令下，航母上的舰载机就能立即升空。另外，尽管意舰航速快，大炮射程远，但它们的装甲防护薄弱，以至于有人干脆叫它们"纸板舰队"。想到这里，坎宁安上将已胸有成竹，自信可以击败对手。

然而，事情毕竟没那么简单。

决战只是坎宁安的一厢情愿，意大利海军司令伊尼戈·坎皮奥尼总司令似乎并没有这个想法。因为意大利海岸线长，其海军舰队得时时想着保护本土。所以意大利舰队采取保守战略，平日龟缩在塔兰托港内，从不贸然外出，只是在得到可靠情报后才出海袭击英国的运货船队，完成任务后便匆匆返航。

一连几个月，坎宁安一筹莫展，找不到打击意大利舰队的机会。他也曾派几艘驱逐舰和商船出海，企图诱出意大利主力舰只。但坎普奥尼似乎识破了他的意图，始终闭门不出。

意大利舰队的保守战略激怒了坎宁安。经与航空母舰司令利斯特海军少将研究，坎宁安作出了一个重大抉择：空袭塔兰托！

这一主动出击、打上门去的大胆设想，与1918年第一次世界大战中担任英国海军主力舰队战列巡洋舰分舰队司令的海军上将戴维·贝蒂面对德国海军舰队龟缩在港内的情况不谋而合，只是限于当时的技术条件戴维·贝蒂没能实现他的宏伟抱负。

1935年，意大利入侵埃塞俄比亚时，英国海军地中海舰队司令庞德也曾制定了以舰载机攻击锚泊在塔兰托军港内军舰的计划作为应急的备用方案，后来由于英军没有介入，这一计划也被束之高阁。

拉姆利·利斯特在1938年出任"暴怒"号航母舰长时发现了这一计划，并进行了深入的研究。1940年8月已晋升为海军少将、担任地中海舰队航母部队司令的利斯特随"光辉"号航母到达亚历山大港，并向坎宁安汇报了这一计划。坎宁安正因意大利军舰闭门不出而大伤脑筋，闻听此计划，大加赞赏，并指示他开始进行必要的准备。

目标——塔兰托

"如果把意大利海军比做一柄剑，那么瘫痪了塔兰托，这柄剑也就卷了刃。"有人在分析意大利军事地理时，得出了这样的结论。确实如此，塔兰托海军基地地位的重要，得利于它所处的地理位置和险峻的地形。

意大利半岛就像踏进地中海的一只靴子，塔兰托就深藏于意大利靴形半岛的底部。在这只"皮靴"的鞋跟和鞋掌之间，有一个向内弯曲的鞋弓弧，这就是塔兰托湾。它面对着浩瀚的东地中海，与西西里岛共扼地中海的咽喉。以塔兰托为基地的意大利舰

队，进可以攻，退可以守。难怪英国人将其视为心头之患。

塔兰托分为内港和外港两部分。内港名为皮克洛，完全为陆地所包围，仅有一条狭长的水道与外港相通。外港称格兰德，港阔水深，是大型战舰的主要停泊地，有圣皮埃特罗岛和圣保罗岛，犹如哼哈二将把守住入口。数千米长的防波堤，从这两座岛屿延伸到岸上，像两条玉臂将整个塔兰托港拥入怀中，在外港唯一的入口处，意军已设置了防潜网，岸边有一尊尊巨大的岸炮指向外海。看来，想从海上攻入港内，真是难于登天。

尽管从空中对港湾实施攻击尚无先例，但意大利人也不敢马虎。在开罗，年轻有为的英国情报军官波洛克海军上尉用一种老式的投影放大机，对侦察机从空中拍摄的塔兰托港照片进行了认真判读。他发现港内防御兵力很强，大约有300门高射炮和22个探照灯具。然而，使波洛克迷惑不解的是，所有的照片上都有一些小白点，难道是洗印时出的毛病？或者是相机镜头有污斑？然而，小白点的排列颇有规律性，间距大致相等。这是什么呢？波洛克敏锐地断定：是拦阻气球。

不久前为抗击德机轰炸伦敦，英国就曾使用过这种气球，想不到意大利人这么快也学会了这一手。

拦阻气球是由金属线或钢缆系留于空中一定高度上的障碍物，通常设在港口、舰艇和重要军事目标的上空，以防敌机低空突袭。一旦飞机从低空进入，就有可能撞上钢缆，导致机毁人亡。

塔兰托基地司令阿图罗·里卡迪将军对自己的杰作非常满意，他拍着胸脯对不时来此视察的意大利海军官员保证："我的塔兰托固若金汤！火力、照明、拦阻都已联成网络，任何一架飞机都别想钻进来！"

然而，他做梦也没有想到，英国航空母舰上的舰载机就是要突破他自认为固若金汤的塔兰托。

英国在地中海的两艘航空母

英国"光辉"号航空母舰

舰，一艘是"鹰"号，它跟随坎宁安转战 1 年，曾多次遭到意大利岸基飞机的攻击，已显得老态龙钟；另一艘是"光辉"号，它刚刚服役 4 个月，显得生气勃勃。

"光辉"号航空母舰是皇家海军的骄子，它舰长 226 米，宽29.2 米，排水量为 2.3 万吨，吃水 7.3 米，航速 31 节，载机 36架，其中"箭鱼"式鱼雷机 24架，"管鼻燕"式战斗机 12 架。"箭鱼"式鱼雷机是一种老掉牙的飞机，其最高时速只有 138 海里，和年轻的"光辉"号实在不太相称。让它们在夜间溜进塔兰托港贴着水面低飞，在离目标几百米时投下鱼雷，那无异于去送死。

为此，他们对"箭鱼"飞机进行了改装，领航员被挤在后座上，炮手被取消，空位上加放了 1个 60 加仑的副油箱，以延长飞机的续航力。为完成突袭任务，还从舰队中挑选了一批经验丰富的飞行员，抓紧进行夜间训练。驾驶员练习陡直下降，在快要碰到浪尖时再把飞机拉起来，然后朝模拟目标投雷。

对这样大吨位的航空母舰来说，"光辉"号的载机量也许过少。然而，这正是英国人在设计上的巧妙之处。当时的海军大臣丘吉尔敏感地预见到即将到来的空中威胁，他指示："宁可牺牲载机量，也要加强防护能力！"

于是，"光辉"号和它的几艘姊妹舰就成了与众不同的"装甲航空母舰"，和意大利的"纸板舰队"形成了强烈的反差。"光辉"号的装甲防护能力极强，飞行甲板装甲厚度为76毫米，据称可承受2000米高空投下的225公斤炸弹。它还装有二部792型对空警戒雷达和16门114毫米高炮。通过雷达屏幕上神秘莫测的尖头信号，雷达兵可以昼夜捕捉来袭的空中目标，并及时报告给高炮手。

"光辉"号的舰长是博伊德上校。博伊德绰号为"犟牛"，这不仅因为他体格健壮，性情暴躁，还因为他有一种认准目标便义无反顾的性格。博伊德早年是巡洋舰上的一名鱼雷长，但他却对飞行有着特殊的兴趣。当他还是个年轻中尉时，就私下学会了驾驶飞机。凭着他天生的犟劲，他硬是从一个普通的轻巡洋舰舰长，晋升为皇家海军中为数不多的攻击航空母舰的舰长。

鱼雷长出身的博伊德，对鱼雷感情深厚，当讨论攻击塔兰托是使用鱼雷还是炸弹时，他坚定地选定了前者："从舰底进水比从舰上进空气有效得多"。

博伊德选定鱼雷攻击，也不全是出于感情，更主要的是他对防雷网和鱼雷性能了如指掌。

防雷网是一种用金属制成的防雷设施，设置在大型军舰的周围或侧旁，防护军舰最大吃水线以下的舰舷。所以，即使鱼雷投掷再精确，也只能炸毁一段防雷网，而奈何不了战列舰。为此，博伊德起用了刚刚秘密研制成功的磁性鱼雷。这种鱼雷不同于一般的触发鱼雷，它的引信装有一个感应装置。当鱼雷从敌舰船底下通过时，感应装置受舰船磁场的影响而动作，从而引爆火药，使雷头爆炸。舰船底部比两舷的防护力差，易于损毁，因此，磁性鱼雷的攻击效果比触发鱼雷好得多。更主要的是，由于磁性鱼雷不是直接触及舰舷时爆炸，而是从舰下通过时爆炸，定深可以适当靠下。意大利防雷网的设置深度为8米左右，英军可将磁性鱼雷定深为10米。这样一来，意大利人精心设置的防雷网就根本不起作用了。当然，对于这一切意大利海军当局一无所知。

奇袭计划"搁浅"

11月6日13时，坎宁安将军乘坐战列舰"沃斯派特"号，率领庞大的地中海舰队从亚历山大港起航，浩浩荡荡向西挺进。

坎宁安将军站立在旗舰舰桥上，不时环视四周，脸上露出坚定而严肃的神情。他感到肩上好像压上了千斤重担，心里暗自思忖：这次行动事关重大，可能使他成为在地中海上创造奇迹的人，但弄不好也可能成为永远被耻笑的人。然而，个人的功过在史册上究竟占多大分量倒是区区小事，重要的是，这一仗关系到大英帝国今后在地中海上的命运。

坎宁安将军清醒地意识到，这次袭击成功的关键是出敌不意。可做到这一点又谈何容易！敌人在空中有飞机侦察，水上有潜艇出没，英国舰队的一举一动都在意大利人的眼皮底下进行。在这种情况下，航空母舰要横渡地中海驶抵离塔兰托只有180英里的海域，而又不被发现，这可不是一件轻而易举的事情。如果英军的意图过早地暴露，导致意大利舰队出击，那么，整个袭击计划就会前功尽弃。

为了隐蔽企图迷惑敌人，坎宁安专门组织了一个佯动编队，代号8部队，由3艘巡洋舰和2艘驱逐舰组成。而且，在地中海舰队出航前后，英国还加强了地中海东部南北之间的航运，同时出发的运输船队有4批，希望以此分散敌人的注意。可是，这样一来会不会弄巧成拙呢？坎宁安心里依然没底儿。为预防万一，他加强了侦察力量，并命令由2艘战列舰、2艘巡洋舰和12艘驱逐舰组成的掩护群，随时准备截击离开基地的意大利舰队。

令人庆幸的是，里卡迪将军的确不知道他已面临危险。他的职责就是基地防卫，至于远海侦察，则由空军负责。因此，里卡迪将军手中没有一架飞机。墨索里尼曾自负地断言：意大利海军不需要有自己的飞机，打起仗来海空两军可以协同配合。可他忘了，战争中多少次血的教训已证明：再好的协同也代替不了统一的指挥！

里卡迪得到空军的通报说，他们已向可能威胁塔兰托的海域派出了侦察机，但未得到敌情警报。

是的，没有敌情警报，因为派出的侦察机一架也没有回来。在这个关键问题上，意大利空军向自己的海军兄弟打了埋伏。11月6日至13日，曾有3架意大利侦察机接近过英国航母编队，但未等它们判明企图，就被"光辉"

号上紧急起飞的战斗机击落了。里卡迪急盼的情报也随之被埋进万顷碧波之中。

在意大利海军高级指挥部的作战室里，一张大幅军用地图上密密麻麻地标注着意方和英方舰船的位置。这里是意大利海军的指挥中枢。值日官在11月7日陆续收到侦察报告：英国地中海舰队已驶离亚历山大基地，正在向西航行。

于是，意大利舰队司令坎普奥尼将军通知塔兰托的舰队作好出航准备。可是，次日晨的空中侦察又否定了上述报告。坎普奥尼举棋不定。下午，意方又发现一支运输船队驶往马耳他，在这支船队以南发现坎宁安的战列舰正在向南航行。坎普奥尼命令9艘潜艇开往这一海域，并派出多艘鱼雷快艇到马耳他海峡巡逻。

与此同时，从西西里机场起飞的25架轰炸机前往攻击，但未能发现目标……一连几天，纷芸杂乱、相互矛盾的情报充斥着作战室，英国航母编队所要去的东地中海反而被忽略了。

11月10日傍晚，坎宁安也收到一份侦察报告：大量军舰停在塔兰托港内，没有丝毫离港的迹象，而且又有一艘战列舰驶入港内。

坎宁安情不自禁地吁了一口气，紧锁的眉头顿时舒展开来。

11月11日傍晚，淡淡的月亮刚刚从东方海平面升起，"光辉"号航空母舰在4艘巡洋舰、4艘驱逐舰的护卫下，悄悄出现在意大利东南250海里的水域。丹尼斯·博伊德上校站在铺有海图的指挥台前、不时校正着航向。航向的箭头所指，正是意大利海军基地塔兰托。

预定的出击海域快到了，博伊德的心弦也随之绷紧，即将到来的突击行动使他的表情显得很兴奋。是啊！这一天终于来到了。

坎宁安原定于10月21日发起突袭，他选择这天是颇费心机的，首先21日晚上是满月，皎洁的月光有利于飞行员发现目标，也有利于返航时发现自己的航母；其次10月21日是英国海军的吉日——1805年的10月21日，英国海军名将纳尔逊率领英国舰队，在特拉法尔加海战中击败了法国和西班牙的联合舰队。

可惜，人算不如天算，这个精心安排的时间表不巧被一颗意外迸起的小火星付之一炬。在"光辉"号的机库里，一名地勤人员往"箭鱼"式的后座上装副油箱时不慎滑倒，手中的螺丝刀碰到了一个电源开关，电火花点燃了油箱内漏出的汽油，烈火迅速吞噬了两架"箭鱼"式飞机。虽然机库顶上的灭火器喷出的盐水迅速将火灾扑灭，可是机库和飞机都得用淡水冲洗、干燥和重新装配，这一切都需要时间。

坎宁安只得随机应变，把袭击时间推迟到11月11日，行动代号是"判决"作战。

燃烧的海港

克劳塞维茨曾说过："战争是最富偶然性的活动。"每一位参加过战争的军人对这句话都有深刻的理解。不仅"判决"的时间被推迟了，攻击力量也不得不一而再、再而三地被削减。

由于"鹰"号航母已经服役22年，舰体及内部设施老化严重，加之在最近的战斗中，又多次遭到近距离爆炸冲击，因此输油管线受损严重，航速大减，已无法跟上舰队航行，只得进坞进行大修。由于"光辉"号航母机库容量有限，"鹰"号所载的11架"箭鱼"只有5架转至"光辉"号，其余6架留在了亚历山大，这样出击的飞机就减少了6架。两天前，1架"箭鱼"式飞机从"光辉"号起飞，执行例行的反潜巡逻任务，可刚拉起来不久，便一头栽进大海。紧接着，又有两架也莫名其妙地坠海。飞行长费尽心机，终于找到了事故的原因：母舰上的一个汽油舱内混进了沙子、水和海藻，使航空汽油受到污染。事情倒是不难解决，可攻击飞机又损失了3架。

剩下的飞机分为两个攻击波，第1波飞机12架，其中鱼雷机6架（每机携带1条磁性鱼雷）、轰炸机4架（每机携带炸弹6枚）、照明机2架（每机除携带4枚炸弹外，还携带16个照明弹）；第2攻击波飞机9架，其中鱼雷机5架、轰炸机2架、照明机2架。第1、2波分别由威廉森海军少校和黑尔海军少校指挥。

威廉森和黑尔专门研究过对付拦阻气球的方法。气球间距大约270米，白天飞机完全可以从系留钢缆中间飞过。但是，在黑夜，飞机以130节的速度摸黑飞行，情况就完全不同了，单纯凭借月光根本看不清钢缆。为此，几架"箭鱼"式改挂照明弹和炸弹，在港口东岸投放照明弹照亮目标，让携带鱼雷的"箭鱼"式从西南和西北方向发起攻击。投掷照明弹后，这几架飞机再去轰炸港口设施。

距塔兰托仅 200 海里时，"光辉"号开始减速，并调整到迎风航向，以利于飞机起飞时获得升力。巡洋舰"格洛斯特"号、"伯威克"号、"格拉斯哥"号、"约克"号和 4 艘驱逐舰像忠于职守的卫士一样向 4 个方向散开，以防不测。

海面上微波起伏，月光静静地洒落下来，将"光辉"号的航迹抹上了一层银白色的光亮。12 架"箭鱼"式飞机像整装待发的勇士，威严地排列在飞行甲板上。

伫立在指挥塔台边的博伊德一言不发，像往常一样，他有力地拍了拍中队长威廉森少校的肩膀。威廉森会意，转身跑向自己的座机，并潇洒地用食指和中指打出一个象征胜利的"V"字。

扩音器发出准备起飞的命令。飞行员和领航员系紧降落伞背带，对仪表进行了最后检查，接着启动了发动机。轮挡员趴在甲板上，给飞机塞好了轮挡。螺旋桨开始飞速旋转。在一片轰鸣声中，探照灯将飞行甲板照得透亮。20 时 35 分，舰桥上方的信号台上发出一道淡绿色的光束。飞行长下令抽去轮挡，威廉森少校加大油门，飞机隆隆地滑过飞行甲板，挟风而起，消失在茫茫的夜色里。

几分钟内，12 架飞机依次腾空。有 9 架爬到 2300 米的高度，组成 3 个"V"字形小组，其余 3 架由于被云层遮断，未能加入编队，只好单独飞行。

远道而来的不速之客很快就打破了塔兰托的寂静。

远海的一个音响侦听站报告说，收听到飞机的声音：里卡迪下令发出警报。顿时，塔兰托全城一片漆黑，市民在军警的指挥下匆匆进入防空洞，港湾里的舰只立即做好了起锚疏散的准备。港湾东山头的高炮也许因过分紧张而失控，一串曳光弹射向夜空。但很快一切便平静了，10 分钟后，警报解除。

59 分钟后，再次响起警报，稍后又再次恢复平静。

居民们麻木了，警戒的士兵也疲劳了。只有里卡迪还守在自己的指挥所，他暗自祈祷：但愿永远是误会。

深夜 11 时，沉睡的居民和士兵被第 3 次警报吵醒。当人们还在诅咒这一次又一次的恶作剧时，东南方向的飞机发动机声已由小渐大，值班高炮首先喷出火舌。

这时的威廉森少校还在 50 海里之外，正遇到一股强大的气流，飞机毫无规律地剧烈颠簸着。3 个小编组也像一群晕头转向的鱼群一样到处乱撞。好不容易冲出气流后，威廉森立即调整好编队，加速朝目标飞来。

威廉森的观察员是斯卡利特海军上尉，他第一个看到了前方铅灰色的夜空中出现的桔红色弹道，立即提醒威廉森："那就是塔兰托。"

"嗯，他们好像知道我们要来，在放焰火欢迎呢。"威廉森轻描淡写地说。

"可能是3架没爬高的飞机提前赶到了塔兰托。"斯卡利特马上解释道。

23时2分，机群飞临塔兰托上空。此时，意军21个连的高炮昂着头，正在起劲地射击。两架英机在拦阻气球屏障外投下了照明弹。照明弹由小降落伞悬挂，设定在1370米高度燃烧，把整个军港映照得亮如白昼。这也是命令"箭鱼"式飞机开始俯冲的信号。

7000英尺、5000英尺，四周炮弹爆炸形成一个个巨大的火球，一个个火球又联结成一张火山爆发似的立体火网，飞机在网眼中迅速穿梭，探照灯的强光令驾驶员们睁不开眼睛。4000英尺、3000英尺、2000英尺……飞机在不断地俯冲、俯冲。

威廉森后来回忆说：

我按下LA4飞机机头，和l4、LR4飞机一起从西部向港湾内飞去，5000米以外意大利舰队的"加富尔"号战列舰的庞大舰体已隐约可见。我驾机以小角度高速俯冲，一串串火球从机身下一晃而过，瞬间又飞舞在飞机的上方。突然，前面出现了两个拦阻气球，我赶紧摇摆机身从其中穿了过去，险些撞上右边的那一个，吓出了我一身冷汗。在飞机俯冲到离海面30英尺时，我把飞机拉起，飞越了防波堤。飞机贴着水面飞行。海水像一面硕大的镜子，映出了满天炮弹炸开的火团，像是海底有另外一个世界。

"加富尔"号战列舰特有的上层建筑渐渐清晰起来。舰炮加入了岸炮的行列，朝鱼雷机怒射。"加富尔"和两艘驱逐舰显然是发现了我们，只见它们转动炮口对准了我的飞机。我不顾一切地朝着"加富尔"号直冲了过去。瞄准环里的舰影瞬间胀大起来，宛如一座城堡横亘在眼前。在飞机眼看就要撞上战列舰的时候，我立即按下了按钮，投下了鱼雷。飞机由于突然释重，机首自然抬起。我手拉操纵杆，脚踏舵板，想使飞机向右倾斜转弯，但此时飞机机尾猛地一抖，不好，机尾被击中了。飞机立刻失去了控制，直向海里冲去。

就在这时，我听到了一声剧烈的爆炸声，是鱼雷击中了"加富尔"号……

此时的塔兰托港已到处是冲天的火光和剧烈的爆炸声。昔日安静、整齐的军港一片狼藉，有的舰船东倒西歪，有的则只剩下桅杆露在水面，像是在发出求救信号。

L4 和 LR4 飞机跟随威廉森的 LA4 飞机穿过弹雨，飞越防波堤。它们原计划攻击"维托里奥·维内托"号战列舰，但距离太远。当见到"加富尔"号击落了威廉森的飞机后，它们便朝着"加富尔"号复仇而来。它们投下的鱼雷把"加富尔"号舰首炮塔稍后的地方炸开了一个大洞，海水汹涌而入，这座巨大的庞然大物不久便慢慢地沉了下去。

第 2 飞行小组的 3 架飞机从西北方向进港，3 机进行大角度俯冲，绕到气球障碍的北端掠着水面飞行。小组长肯普海军上尉驾驶 LK4 飞机在徐徐降落的照明弹光亮的映照下，向意大利最新最大的战列舰——3.5 万吨的"利托里奥"号发射了鱼雷，他的观察员亲眼看到一条银白色的航迹如利剑直刺过去，"轰"的一声击中了目标。另两架飞机也尾随而至，又是"轰、轰"两声巨响。这艘比"光辉"号航母还要大的战列舰就这样惨遭重创。

与此同时，4 架轰炸机按预定方案对内港舰艇进行了轰炸。塔兰托像一个被捅翻了的马蜂窝，乱作一团。

一架飞机尖叫着低空掠过里卡迪的指挥大楼，径直朝港湾中的舰群而去。里卡迪一时不知所措，上周的一场暴风，把 90 个防空气球毁坏了 60 个。没想到大胆的英国飞行员竟然敢在气球的钢缆间穿梭往来。尽管地面的 21 个高炮连都开了火，但士兵们大都未经过夜战训练，连目标也捕捉不到，能否击中，就只有凭运气了。更令里卡迪气愤的是，英国第 1 波飞机撤走之后，高射炮火仍在卖力地射击。

里卡迪以为袭击已过去，他操起电话，欲向罗马的海军最高指挥部报告。就在此刻，警报第 4 次响起。第 2 波攻击开始了，塔兰托港又成了一片火海。

黑尔海军少校率领的第2突击波9架飞机是21时20分起飞的。这一次并不顺利，2架飞机在飞行甲板上两翼相撞，幸好没有损坏。起飞20分钟后，又有1架飞机因故障被迫返航。所以只有8架飞机按预定计划飞临塔兰托实施攻击。

这一次，意大利人变得聪明了一点，战列舰、巡洋舰和陆上炮群不再各自为战，而是组成了绵密的交叉火力网。当8架"箭鱼"式进行突破时，有1架飞机被击落。观察员萨顿海军上尉报告说："敌人发现了我们，并朝我们开火。到处是炮火发射的闪光，并且接连不断，我们周围都是从四面八方射来的闪烁的光道……他们用一切可用的武器向我们开火。"

5架携挂鱼雷的"箭鱼"式飞机又故伎重演，再次降下高度贴着水面飞行，直取战列舰。1架飞机的轮子着水，像打水漂似的在浪尖上滑行。萨顿上尉盯住了已受伤的"利托里奥"号战列舰，在距离700码时按动投雷按钮，毫无动静！怎么回事？再来一次！仍然没有反应！这时萨顿不免紧张起来，他发狂般地使劲按动投雷按钮……终于在最后一瞬间，

鱼雷被投落下去，准确无误地冲向"利托里奥"号高高耸起的侧舷。

紧接着，其余飞机投下的鱼雷击中了尚未受伤的"卡欧·杜利奥"号和"维托里·文内托"号战列舰。之后，7架飞机巧妙地规避机动，穿过密集的弹幕和滚滚浓烟，扬长而去。

夺得地中海制海权

坎宁安上将在焦急地等待着博伊德舰长的报告。

博伊德伫立在"光辉"号的舰桥上，更显出焦急的神色。

时间已过午夜，深沉的夜色笼罩着万顷碧波，海面上除了军舰劈波斩浪的哗哗声外，万籁俱寂。此时此刻，博伊德的心绪如汹涌的波涛，翻腾不已。他的目光不停地扫视着茫茫天际，急切期待着战鹰的返航。尽管这次突击绝不是一种毫无希望的冒险，但确实是蕴含着极大危险，需要付出的代价很可能难以估量。

1时12分，雷达荧光屏上相继出现了一个个尖头信号。雷达兵大声报告：飞机归来。不一会儿，飞行甲板上开始忙碌起来，第1波次的11架飞机相继降落。2时整，第2波次的7架飞机也开始降落。

只有威廉森和第2波的1架飞机没有回来。两架飞机的损失是微不足道的，袭击取得了巨大的成功。

12日晨，当绚丽的霞光映照大地时，塔兰托港已失去了往日秀丽的姿色。映入人们眼帘的不再是碧波帆影，而是满目疮痍。水上漂浮着大片大片的油迹，中弹的舰艇还冒着浓烟，救援艇只往来穿梭，港岸堤旁人声嘈杂，人们在呼喊着、哀号着……

在一间宽敞的房间里，里卡迪将军正在主持召开一个紧急会议，查明遭袭击的原因，以便向上司汇报。他脸上那惯常的骄矜之色一夜之间消失得无影无踪。英国人只出动了20架飞机，耗用8条鱼雷和少量炸弹，就在短短65分钟内，击沉、击伤战列舰3艘、巡洋舰2艘、驱逐舰2艘，使意大利舰队折兵一半。损失之巨，甚至超过了日德兰海战中被歼德国舰只的总和！

塔兰托一战，坎普奥尼吓破了胆。他赶紧下令意大利舰队放弃塔兰托港北撤，把地中海中部的制海权拱手让给了坎宁安。

空袭塔兰托使在北非作战的英军时来运转。大约有一个月的光景，坎宁安舰队攻击意大利运

美军航空母舰"黄蜂"号的飞行甲板上，一架B-25型轰炸机升空。

送补给的船只连连得手，英国满载军需物资的船队，也平安开抵埃及。英军在给养充足的情况下发起反攻，将元气大伤的意大利军队打得溃不成军。

电讯将舰载机袭击军港的战况传向世界各地，远在地球另外一边的东京，为歼灭美国舰队而苦寻良策的山本五十六海军大将眼睛为之一亮。

博伊德没有像以往胜利后那样狂欢。他在牵挂着他最得力的部下威廉森。

威廉森并没有死，他受伤被捕，当了战俘。1943年意大利停战前，他又被转送到德国。直到1945年德国投降，他才获得自由。他们再次相会时，是在大战结束后的伦敦。博伊德把一枚女王亲授的"优异服务勋章"挂在威廉

森胸前：

"我替你保管了 5 年，就是那个令人难忘的塔兰托之夜，使你获得了它！"

英国皇家海军在塔兰托港的胜利，使海军中的有识之士认识到海上空中力量的重要性，并开始注重发展使用航空母舰。以坎宁安上将为代表的英军将领，通过 30 年代几次演习和实战，敏锐察觉到航空母舰及其舰载机对于海军决定性的作用，遂大胆决定以舰载航空兵为主力突击锚泊在港口内的意军舰队。这在当时是极为先进的创想，并开创了舰载航空兵攻击停泊在港口舰队的成功战例。这一仗的胜利，实际上是先进军事观念和理论的胜利，意大利海军根本没有料到英军会采取这种没有先例的方式实施突击。尽管意军有防空火力配置，但部署很不完善，加之又没有心理准备，被英军区区 20 架老式双翼机打了个落花流水！

从军事理论上讲，塔兰托之战开创了以航母舰载机袭击敌方海军基地，并取得完全胜利的先河，它证明了航母在现代战争中的重要地位，揭示了舰载机在现代海战中的决定性作用。这一胜利也为日本正在紧张筹划中的偷袭珍珠港计划提供了绝佳的实例，日本海军联合舰队司令山本五十六随即指示驻意大利的海军武官全方位搜集一切相关情报。一年后，震惊世界的偷袭珍珠港简直就像是突击塔兰托的放大版！

不列颠之战

法国的败降使希特勒的冒险生涯达到了顶峰，他已经为德国征服了欧洲大部分地区，现在阻挠他在欧洲建立霸权的只有英国和苏联。苏联是肯定要被消灭的，但必须在对苏动手之前保持西线的平静。办法是利用英国目前的孤立无援处境与英国媾和，条件

丘吉尔

是够优惠的：归还德国的原海外殖民地并让德国在欧洲大陆自由行动。希特勒推测，现在法国是完了，英国当然会明白个中道理，也会承认"一败涂地，绝无希望"而考虑谈判。于是他从6月中旬到7月中旬频频向英国摇晃橄榄枝，还通过瑞典、美国和梵蒂冈教廷向伦敦做出和平试探。但是他听到的回答始终是一个坚决的"不"字。

法国沦陷后，英国的处境确实不妙。英伦诸岛，孤悬海上，岌岌可危。它的各自治领、殖民地和印度都不能给它有力的支援和及时的供应；得胜的德国军队装备完善，后方还有缴获的大量武器和兵工厂，现在又在大批集结准备对英国最后一击；意大利也已向英国宣战；西班牙随时可能与英国为敌；维希法国时时会被迫对英作战；远东的日本居心叵测并趁火打劫，直截了当地要求英国关闭滇湎公路，断绝对中国的物资供应。英国的敌人真是不少，它正遭到有史以来最强大的军事力量的围攻，而自己差不多是在赤手空拳地孤军在欧洲作战。但是英国人明白，现在是在为自己的民族生存而斗争，因此要豁出性命去与纳粹德国决一死

战。这种精神在丘吉尔6月18日的下院讲演中表达得十分清楚："……'法兰西之战'现在已宣告结束。我预计'不列颠之战'就要开始了。……我们英国人自身的生存以及我们的制度和我们的帝国是否能维系久远，也取决于这场战争。……因此让我们勇敢地承担我们的责任，我们要这样勇敢地承担，以便在英帝国和它的联邦存在一千年之后，人们也可以说：'这是他们最光辉的时刻'。"

丘吉尔断然拒绝妥协的态度使希特勒有点进退两难。他念念不忘进攻苏联，对英国既不想打又不能不打，看来还是要先打一下逼它讲和，然后再转身攻苏。7月16日希特勒终于下令准备实施对英登陆作战的"海狮作战计划"，确定8月中旬完成准备工作。该指令称："由于英国不顾自己军事上的绝望处境，仍然毫无愿意妥协的表示，我已决定准备在英国登陆作战，如果必要，即付诸实施。"这其中"如果必要，即付诸实施"几个字，正表明了希特勒没有把握。

的确，"在英国登陆作战"，说起来容易，做起来难。希特勒和最高统帅部以及陆海空三军的

参谋总部从未认真考虑过同英国的仗怎么打和怎么取得胜利的问题，他们不知道如何进攻英国。当然，靠德国现在的陆军力量，他们能在一周之内击溃英国软弱无力的陆军，但他们必须渡过由英国占优势的海军日夜守卫的多佛尔海峡，尽管它的最狭处只有30公里，在万里晴空的秋天里法国的加来和英国的多佛尔能清晰地隔海相望。但是德国不仅海军处于劣势，而且陆海军在水陆两栖作战方面都是既无经验也没受过训练，看来只有先掌握海峡地区的制空权才谈得上登陆作战。希特勒命令空军元帅戈林以猛烈轰炸削弱英国的防务，戈林则夸下海口：只用空袭便可征服英国。

英军飞行员

于是"登陆作战"实际降到了配角地位，空战变成了这一战役的主要特点和唯一特点。

德国的空军在数量上占有2∶1的优势，当时戈林集结了约2660架战斗机和轰炸机，而英国的战斗机起初不到700架，轰炸机仅500架左右。但英国空军的飞机性能更为先进，并拥有约1800门高射炮和沿东海岸线设立的一系列雷达站、观察哨等防空措施，加上全国军民同仇敌忾斗志昂扬地进行战斗，便使德军的优势大打折扣。再加上英国破译了德方的通讯密码，致使德国的"空中闪击战"一开始就未奏效。

8月10日，德空军开始大规模连续不断地空袭英伦本土，进攻目标从海峡舰队、港口到机场和重要军事设施，从而拉开了不列颠之战的第一阶段的战幕。8月15日两国发生第一次大规模空战，戈林派出大约1500架德机实施为消灭英国空军而策划的"飞鹰行动"计划，但英国空军沉着应战，在雷达配合下猛烈反击，双方在长达500海里的战线上进行了5次大战，这一天德军共有75架飞机被击落，英国损失飞机34架。

德国难以忍受这次失败，从8月24日重又开始发动大规模进攻，使战事进入决定性阶段。德军平均每天出动1000多架飞机，集中破坏英国南部的机场和雷达站，几乎摧毁了南方整个通讯系统，英国损失激增，2周之内飞机损失近300架，100多名飞行员被打死。但英国军民靠着非凡的忠勇顽强渡过了这个最艰险的阶段。

德方意识到要在短期内获得全面制空权实为不易，便于9月上旬开始转而对伦敦等城市不分昼夜地狂轰滥炸，企图瓦解英国人民的斗志，逼其就范，不列颠之战进入第二阶段。德国攻击目标的改变，使英国空军得到喘息之机，而伦敦人民则经历了血与火的考验。9月7日德空军出动1000多架飞机对伦敦首次大规模空袭，使不少街区化为灰烬，主要商业区损失惨重，但人民坚忍不拔，妇孺老人撤退秩序井然，国民军警戒救援，对空监视哨坚守岗位……更为重要的是英国空军也从溃败边缘恢复过来，当9月9日第二次大规模空袭伦敦时，便只有不到一半的德机冲过英军防线，而且慌忙投弹后无功而返。15日德空军大举出动，对这个已炸得残破不堪的首都实行最后也是最大的冲击——连续昼夜大轰炸。这一天成为整个战役中战斗

德军飞行员

最为激烈紧张的一天，皇家空军共击落德机60架，自己仅损失26架。几千名英勇无畏的英国飞行员用他们的汗水和鲜血挽救了祖国，难怪丘吉尔赞叹道："在人类战争的领域里，从来没有过这么少的人对这么多的人作过这么大的贡献。"

9月15日的战斗证明了德国无法对英取胜。17日希特勒无可奈何地无限期推迟实施"海狮计划"；10月12日又正式下令把入侵推迟到来年春天；1941年7月元首再次把它推迟到1942年春，以为"到那时对俄国的战争就将结束"，这不过是一个美妙而徒然的幻想；1942年2月整个计划被

完全搁置起来。"海狮"就这样完蛋了，而9月15日正是它的真正断命之日。英国则把这一天订为"不列颠战役日"，每年都举行庆祝活动。9月15日以后，德军仍对英国的一些工业城市实行空袭，并曾把考文垂夷为平地，但这都不过是"海狮"的回光返照而已。

在这场二战史上历时最长、规模最大的空战中，英军以915架飞机的代价击毁了1733架德机，使希特勒的侵略计划第一次未能得逞，在反法西斯的历史上谱写了光辉的一页。

攻英不成，元首西线受挫，只有望洋兴叹。在海军元帅雷德尔的劝说下，希特勒转而考虑打击英帝国最易受攻击的地方——地中海和北非地区，但这时意大利已经在这里惹是生非了。

德国500架飞机对英工业区空袭

征服巴尔干

无论对轴心国还是对同盟国来说，巴尔干都是块必争之地。希特勒始终想控制它，因为它不仅是从南翼包围苏联的进攻基地，从地中海遏制英国的战略要地，也是德国获得扩大战争的战略物资供给地，尤其是罗马尼亚的石

油对德国来说更是不可缺少。

苏联建立东方战线的行动，特别是对罗马尼亚的领土要求使希特勒极为担心，于是他开始插手巴尔干的复杂事务。他先利用匈牙利和保加利亚与罗马尼亚的领土纠纷，支持匈、保向罗提出领土要求，然后以向罗提供安全保证的方法迫其满足匈、保的领土要求，把半个特兰西瓦尼亚给匈牙利，把多布罗查南部给保加利亚。接着他支持罗国内法西斯分子安东尼斯库发动政变，镇压国内不满情绪，终于使德军于1940年10月进驻罗马尼亚的产油区和战略要地。于是罗马尼亚成了德国的一个卫星国。匈牙利的霍尔蒂政权因倚仗德国之势扩大

了领土，保加利亚还想靠德国获得希腊领土，因此两国进一步投靠希特勒，允许德军过境。

然而较为强悍的南斯拉夫人不那么听话，希特勒好容易利用其领导层的软弱和意见分歧使该国依附于己，不料南国内反对势力发动政变，废止德南联盟，并得到丘吉尔的赞扬和支持。希特勒在大怒之下作出推迟对苏战争而进攻南斯拉夫的决定。报复的行动既迅速又残酷，4月6日德军出兵侵南，接连三昼夜对贝尔格莱德的狂轰滥炸使该地成为硝烟弥漫的一堆瓦砾，仅十一天南斯拉夫便被迫投降，国王和首相先逃希腊，后流亡英国，希特勒终于把罗、匈、保、南握在手里。

但是历来把巴尔干视为自己势力范围的墨索里尼，早在1939年4月便出兵侵占了阿尔巴尼亚，现在他对德国势力在该地区的增长十分担心，更对德国不经与他事先商量便进入罗马尼亚深为不满。墨索里尼的虚荣心受到极大伤害，极力要显示实力，于是在德军进驻罗马尼亚后，便于10月28日从阿尔巴尼亚进攻希腊，同样没有向元首先打招呼。但意军失败的消息就像他们突袭的行动一样来得太快。希腊军队不仅把

意军赶回阿尔巴尼亚，横扫阿1/4土地，还以自己的16个师把意军27个师围困数月之久。墨索里尼好不丢脸，不得不再次求助希特勒。

德军在巴尔干节节胜利，图为德机飞越雅典

元首对"领袖"的自行其事大为恼火，但为保住法西斯集团在巴尔干的影响，便答应把准备进攻苏联的主要装甲部队调往巴尔干以助意军，尽管他在背后大骂这个忘恩负义的不可靠的朋友。因此德军在4月6日侵入南斯拉夫的同时，派了另一支部队从保加利亚进攻希腊，实施"马丽他计划"。由于丘吉尔从北非派来的援希英军尚未进入阵地，已开始进攻的德军立即从侧翼对英军实行了包抄，同时切断了仍在阿尔巴尼亚的希腊军队的退路。于是不但雅典城于4月27日失守，威尔逊将军率领的英军也几乎一仗未打就开始连续向伯罗奔尼撒半岛

撤退，并再次重演了"敦刻尔克"一幕，5万英军丢掉装备从卡拉梅撤至克里特岛和埃及。希特勒的坦克部队遂以不可阻挡之势席卷希腊。克里特岛成为希、英军队最后的阵地。

德军利用该岛守军只有军舰掩护而缺少飞机、坦克和其他重武器的弱点，于5月20日上午8时派3000伞兵在克里特岛从天而降，获得巩固的立足地，以后又在不断用空投、滑翔机和运输机空降的增援部队配合下进行海空激战，不但抄了英军后路，英地中海舰队也损失巨大：3艘巡洋舰和6艘驱逐舰被击沉，13艘其他舰只破坏严重，其中包括2艘战列舰和当时该舰队仅有的一艘航空母舰。英军再遭败绩，岛上的2800多守军只有1600百多人仓皇撤出，其余的人或阵亡或沦为俘虏。德国由此获得了在东地中海进一步展开军事行动的基地。

克里特岛之战是二战史上最引人注目最大胆的空降战，并对二战中的空降作战产生了重要影响。希特勒虽取得胜利，但是以德军死4000人伤2000千人为代价换来的，更为重要的是他唯一的一个空降师在这一战役中被歼灭，这使元首痛心不已，并认为伞兵作战的时代已经过去。但对英美军方来说却是个重要启示，他们加强组建自己的空降部队，并在以后的登陆战和近距离地面进攻中不断实施大规模空降作战。

希特勒对南斯拉夫和希腊的胜利，使他最终获得了对巴尔干的全部控制。现在他可以考虑进攻苏联了。但由于南、希人民的英勇抵抗，使他把原计划的5月15日进攻苏联推迟了5个星期，从而在相当程度上决定了对苏作战的成败。

攻占希腊

希腊告急

当德军还在西线作战、其空军正在进攻英国之时，希特勒的视线已经开始转向东线，盯住东欧和苏联的广大国土和财富了。希特勒认为，消灭布尔什维克主义是法西斯主义称霸欧洲和世界的决定性步骤之一。波兰覆灭、法国投降后，他下令立即制订进攻苏联的秘密军事计划——"巴巴罗萨计划"。1940年12月，他批准了该计划。为了执行"巴巴罗萨计划"，希特勒采取了一系列步骤，扩大法西斯侵略集团，并

希腊爱国士兵

进一步加强对巴尔干地区的控制，以保障德国侵苏的南翼安全以及粮食、石油和原料的供应；同时可以利用巴尔干半岛的有利地位，突击英国在地中海、近东和北非的战略要地。

1940年11月20日，匈牙利霍尔蒂法西斯政权加入德意日三国同盟，成为希特勒在东南欧的一条走狗。位于巴尔干半岛北部、盛产石油、并同苏联有几百公里边界的罗马尼亚，是希特勒为发动侵苏战争急于要控制的国家。11月23日，在希特勒支持下通过政变建立的安东尼斯库独裁政权加入三国同盟，被拴到法西斯德

国的战车上。1941年3月1日保加利亚加入三国同盟，德军30万人开进保加利亚，进逼南斯拉夫边境。

1941年3月25日，当南斯拉夫加入三国同盟时，引起了人民群众强烈反对。27日，亲德政府在一次政变中被推翻。南斯拉夫人民的革命行动和希腊军民对意大利军队的英勇抗击，打乱了法西斯的侵略步伐，希特勒不得不把进攻苏联的"巴巴罗萨计划"推迟，先征服南斯拉夫和希腊。

4月6日，也就是在南斯拉夫与苏联签订友好和互不侵犯条约的第二天，德国及其仆从国未经宣战便对南斯拉夫发动了进攻，4月12日贝尔格莱德沦陷。4月18日，南斯拉夫军队投降。

在进攻南斯拉夫的同一天，德军在意军的配合下，从保加利亚向希腊发起进攻。4月9日，德

英国将军韦维尔1941年1月到达希腊

2401

军占领了萨洛尼卡，希腊的精锐部队在东北部被打垮。4月19日，德军进到希腊中部地区，希腊第1集团军已来不及撤退，于23日投降。希腊第2集团军和驻希腊的英联邦军队，一面阻击德军前进，一面有计划地从伯罗奔尼撒半岛等地向南撤退，准备从海上逃往克里特岛和北非。德军为了阻止希军和英联邦军的撤退，决定使用空降兵夺取科林斯大桥，断其后路，以达到围歼之目的。

科林斯城位于伯罗奔尼撒半岛的东北端，为半岛的交通要冲。它的北面是一条5公里宽的狭长沙质地段，是连接伯罗奔尼撒半岛和希腊大陆的地峡。在这个狭长地段上，有一条24米宽的运河，沟通科林斯湾和萨罗尼克湾。距科林斯城北5公里的横架于运河上的科林斯大桥，成为希腊大陆与伯罗奔尼撒半岛之间的唯一通道，也是希军和英联邦军向伯罗奔尼撒半岛撤退的必经之路。

当德军继续向南推进，进入布拉洛斯和塞尔莫皮莱隘路的时候，由亨利·威尔逊中将率领的英联邦军（由英国、澳大利亚和新西兰人组成）已经知道，由于德军已集中兵力，即将包围希腊大陆东、西两侧的港口，拉夫里昂港和拉菲纳港附近的海面是不能再利用多久了，他们唯一的撤退路线就是伯罗奔尼撒半岛南部的纳夫普利昂、卡拉梅和莫内姆伐西亚港口。这就极大地增加了

英军支援希腊的坦克

世界通史

最新整理图文珍藏版

科林斯狭窄地带的重要性。威尔逊下令让澳大利亚军直属炮兵指挥官E·A·李准将负责防守伯罗奔尼撒半岛，直到盟军完成南撤任务时为止。李很清楚，有效阻止德军追击的关键是保住科林斯运河上的桥梁。如果在撤退完成前失掉这座桥，希腊大陆上的盟军部队通往港口的通路就会被切断。为此，他必须努力使这座桥得到严密的守卫。

4月24日下午，李在伯罗奔尼撒半岛的阿尔戈斯登上指挥车，朝北向着科林斯大桥方向驶去。他通过遍布乱石瓦砾的科林斯城后向大桥走去，在大桥附近看到了一些高射炮隐蔽掩体和两辆属于装甲第4团的坦克。坦克手们告诉他，在桥那边还有两辆坦克。除此以外李还看到，有一部分来自澳大利亚第6野战连的工兵正在桥墩上装置炸药，他们的计划是，等到最后一批英联邦军队撤过桥之后，把桥梁炸毁，堵塞运河航道，以阻止德军追击。

李看到这些情况后，感到非常着急。他认为必须把一支比较强的部队配置在科林斯大桥，如果德军运用装甲力量或空降兵对大桥发起攻击，企图突破运河，这支守桥部队要能够坚守到增援

部队到达。这时已近黄昏，澳大利亚第16和第17旅步兵群的卡车，正在通过大桥。李找到过桥部队的指挥官艾伦，告诉他现在这座桥已显得极端重要，请求拨给他1个营的兵力，支援他扼守科林斯大桥。艾伦也认为需要加强大桥的防御，于是命令正在过桥的步兵第6团第2营的两个连退出行军纵队，留守大桥。李将一个连配置在桥北边沿铁路一带，将另一个连配置在科林斯以南约2.5公里的地区。

这样，至4月25日，加上原来的守桥部队，李已在运河地域组建起1个营，他将这个营命名为"地峡部队"，由第19营的戈登少校指挥，主要负责守卫大桥。其兵力部署是：桥北端有两个步兵连和部分工兵及10门高射炮；桥南端有1个步兵连、1个摩托化步兵连及12门高射炮。桥南还驻有装甲第4团司令部，有坦克4辆。守卫大桥的总兵力是4个步兵连及1个坦克团团部。

争夺科林斯大桥

德军空降兵自组建以来就一直把断敌退路当作是伞兵最适宜担负的任务，但以前却没有机会实践过这种典型任务。渴望再一次获得战斗荣誉的斯徒登特为捕

捉有利战机，已在上个月就将他的部队从德国开到保加利亚。4月24日下午，他将空降夺取科林斯大桥的任务交给了空降第7师第2团，该团司令部设在保加利亚中部的普罗夫迪夫，团长是斯特姆上校。斯徒登特命令他在26日进行突击，只给他不到两天的准备时间。空降兵力为第2团的第1、2营，加上工兵、重火器各1个连，共1500人。保障空降的为50架IU－52运输机和12架滑翔机。斯特姆上校接受任务后立即进行准备，他将运输机和滑翔机从普罗夫迪夫地区转场到奥林匹斯山南方的拉里萨，计划用那里的机场作为空降出发机场。德军侦察机对科林斯狭窄地带进行了空中侦察，并对科林斯大桥及其周围地区拍摄了航空照片。斯特姆研究了科林斯大桥的航空照片后，下达了作战计划，规定两个伞兵营乘运输机伞降，工兵连乘滑翔机机降，在大桥的南北两端同时实施着陆。着陆后，对目标形成合围，伞兵攻击守桥部队，并阻击向大桥增援的部队；工兵要尽量靠近大桥着陆，迅速拆除安装在桥上的爆炸物，以防英联邦军破坏大桥。空降战斗中，由战斗机和俯冲轰炸机各1个中队负责

空中掩护和航空火力支援。为了阻止对方增援，德国飞机将封锁桥梁地区的公路，首先要封锁住半岛北面从纳夫普利昂和阿尔戈斯通向科林斯的道路。

25日拂晓，已撤到伯罗奔尼撒半岛上的英联邦部队，继续向南面港口行进。为了防备空袭，车辆都进行了伪装并随时注意隐蔽。德军的轰炸机和往常一样准时赶来，这些日子它们把大部力量集中在从科林斯到南部一些港口的公路上，另外还有Me－110战斗机进行配合。这些战斗机在低空巡逻，并伺机攻击地面目标。德机的轰炸虽不猛烈，但从未间断。在阿尔戈斯附近，英联邦军一些车辆被德国空军飞行员发现，德机随之进行了突击，结果发生了一场大火，燃烧了一天。德军频繁的战术空中攻击，使英联邦军的白天行军遭到阻碍，并使其士气受到挫折。25日这天，科林斯大桥尽管有时遭到攻击，但不是主要目标，而靠近两侧桥头的高射炮阵地却时常成为德机攻击的主要目标。

25日夜，尚在希腊大陆南部的英联邦军步兵第5旅，成为最后一批有计划地从拉夫里昂港乘船撤走的大部队。此时在德军的

强大攻势下，盟军在雅典北部的防线开始瓦解。因此，威尔逊中将不得不作出这样的决定，即英联邦军队再也不能在雅典附近上船。唯一的办法就是通过科林斯大桥向伯罗奔尼撒半岛的南部港口前进。这时他还有两支主力部队仍在运河北侧：一支是在克里克欧希附近与德军装甲兵第9师保持着战斗接触的步兵第4旅，还有一支是正在马拉松地区进行战斗的装甲兵第1旅。威尔逊命令这些部队改变撤退路线，通过科林斯大桥。于是这两支部队利用夜间开始通过科林斯大桥向南撤退。

约在午夜时分，新西兰师骑兵团的1个中队在汉福德少校指挥下，与配属给该中队的步兵第22和第28营一道通过了科林斯大

4月26日早晨5时，德军空降兵登上运输机，开始了两个多小时航程的飞行。还不到7时，德军的战斗机和轰炸机已提前到达，开始对科林斯大桥附近的各个军事目标进行了猛烈的轰炸扫射。先是9架 Me－110 战斗机对英联邦军高射炮阵地实施小角度俯冲轰炸和扫射。然后又有约70架 Me－110 和 Me－109 战斗机进行补充攻击。由于高射炮射击效果不大，难以命中快速机动的战斗机，以致德军飞机在桥梁上空从80架又增到100架。战斗机空中攻击5分钟后，又飞来了20架"斯图卡"式轰炸机，这些轰炸机在飞入英联邦军阵地上空时，根本就没把这些高炮放在眼里，它们的拉平高度仅150米，投下了重型和轻型炸弹，对桥梁地域实

1941年3月，意大利空军轰炸希腊军阵地。

施俯冲轰炸。为了用适量的炸弹发挥最大的作用，这些飞机还进行了许多次不投弹的俯冲。在整个40分钟之内，守桥部队一直处于德军飞机不停的狂轰滥炸之中。由于没有自己的空军进行空中支援，他们根本无力反抗。7时40分，"斯图卡"式轰炸机突然增加了轰炸次数，而且对科林斯大桥的南北两侧进行了集中轰炸。然后，飞机的轰炸又突然停止。原来，运载德军空降部队的运输机已经飞到科林斯湾。

德军运载空降兵的机群从拉里萨机场起飞后，先以三机编队队形在45米的高度上超低空飞行，到达科林斯湾上空后，上升到120米高度，由西向东进入大桥上空进行空降。首先是12架刚刚脱开拖曳索的滑翔机，拖着减速伞无声地在桥的两端着陆。工兵连的100余人迅速跳下滑翔机，冲向大桥，数分钟便夺占了大桥两端的桥头堡，切断了桥上引爆炸药的导电线。与此同时，伞兵陆续在大桥南北两侧附近着陆。在没有损失一架飞机的情况下，至8时10分空降完毕。在首批跳伞的伞兵中，有52岁的斯特姆上校，他亲自带领伞兵并指挥战斗。伞兵第二营在运河北岸着陆，经

短促战斗，击溃了守桥部队。"地峡部队"指挥官戈登少校与各自独立作战的分散的小分队失掉了联系。他试图以他自己的连和所有能找到的士兵，沿运河北岸建立一个环形防御阵地，但被德军击退，并被分割成几个孤立的小组。伞兵第2营在桥的南头着陆，由于飞机飞得有点偏南，结果把伞兵投到一块高地顶部，这块高地位于运河与桥南主要守桥部队所在地的中间。事后据一位英军高射炮兵连连长说，德军伞兵进入战斗时相当密集，当他们的降落伞张开时，相互之间几乎是在碰撞着，"他们仅仅有几秒钟的降落时间，要想在降落中射击他们，是根本不可能的。"伞兵着陆后立即遭到守护大桥的步兵和坦克的攻击。经过激战，他们击退了守桥部队，击毁了4辆坦克，并攻占了利林顿上校的装甲第4团司令部，澳大利亚的工兵在德军的攻击下也已溃散。

正当伞兵转向桥头时，科林斯大桥突然在巨大的爆炸声中腾空而起，桥梁完全炸离桥墩掉入运河之中。究竟是什么原因引起爆炸的，直到战后也未搞清楚。德军认为是一发炮弹偶然击中炸药而引爆的，这些炸药是从桥桁

上取下来堆积在路上准备运走的。英军则有人说是一名英军上尉干的，他在桥附近匍匐前进，并用步枪射击捆扎在桥桁上的炸药包，第二次射击命中，炸药包引起爆炸。从爆炸后的桥梁现场来看，似乎后一种说法更为可信。

对于德军伞兵来说，科林斯大桥的炸毁意味着他们没有完成任务，或者说至少没有完成主要任务。德军现在虽然能阻止住继续向伯罗奔尼撒半岛撤退的盟军，但他们却丧失了向南面港口快速推进的能力。对于英联邦军来说，则使仍战斗在运河北面的第4旅幸存者的退路被切断了，使他们失去了经由半岛乘船撤退的希望。这时，守桥部队已没有能力组织反击了，于是，大桥炸毁后被运河分割成南北两部分的德军伞兵便继续进行扫荡并加强其阵地。

运河北岸的伞兵伏击了一支英军汽车运输队，这支汽车队当时根本不知道在科林斯已经发生的战斗，它正在从雅典向科林斯行驶。在伞兵袭击下幸存的英军士兵丢掉车辆，逃进山区。德伞兵又在附近收集了一些小船，在运河上架起一座浮桥，桥北的伞兵通过浮桥与桥南的伞兵会合。

在运河南岸，斯特姆没有遇到什么大的抵抗，便于下午1时开进科林斯城，接受了市长、城内驻军司令官和警察局长的投降。第2营攻占了科林斯机场，缴获了停在机场上的13架飞机。

当时在比较靠南的纳夫普利昂港口的英联邦军第6旅，也不知道科林斯大桥已被炸毁和德军已控制了那一带地区。旅长费赖伯格少将派第26营营长佩奇中校率领该营，沿公路向北部的科林斯进发，命令他实施反冲击，驱逐德军，守住科林斯大桥。佩奇边走边制订作战计划，他决定用两个连去增援守桥部队，其余各连则向他们能找到的所有德军阵地发起攻击。佩奇在北进途中，遭到德军战斗机的不断袭击，但他还是设法在下午4时到达科林斯。在与德国伞兵警戒部队进行一些小规模战斗之后，碰上一名英军幸存者，他告诉佩奇，科林斯大桥已被炸毁。于是佩奇停止了前进，后来奉命撤退到阿尔戈斯北部高地一线，迟滞德军对纳大普利昂港日的推进。

这时，英联邦军第4旅的主力还没有越过科林斯大桥。26日晚，大桥被炸的消息传到第4旅，旅长普迪克看到已无法按原计划去伯罗奔尼撒半岛的港口乘船撤退，立即决定掉转方向，向东南方向前进，现在这是唯一可取的撤退路线。他可以设法在雅典周围再坚持一天时间的防御，使部队利用这一天时间从拉夫里昂港附近海上撤退。虽然这需要走较长的路程，但普迫克只剩下这个机会了。德军正在南进的地面部队不十分清楚这些情况，他们本来是可以乘第4旅完全处于孤立无援并正寻找新的逃跑路线时奋力推进，将其消灭的，但德军误把第4旅认为是少数后卫部队，没有全力追歼。4月27日夜间，普迪克带领剩下的部队从拉夫里昂港全部撤离。其他已通过科林斯大桥的英联邦军和希军也迅速向莫内姆伐西亚等港口集中，陆续撤离半岛。

27日，德军1个机械化师从帕特雷港登陆，至科林斯城与斯特姆率领的伞兵会合后，即向南面纳夫普利昂、卡拉梅、莫内姆伐西亚等港口追击。但德军晚到了几小时，英联邦军和希军已全部乘船撤走。

此次作战中，德伞兵阵亡63人，负伤158人，失踪16人，运输机无一损失。英联邦军损失近1000人，希腊军损失近1500人。

德军对科林斯大桥的空降突击，由于发起的时间太晚，未能阻止盟军的多数部队向伯罗奔尼撒半岛撤退，而且没有保护住桥梁，使追击的德军受阻，所以这次行动不能算是成功的。但德军极其成功地进行了陆空协同作战，在伞降着陆之前，战斗机、轰炸机给予了密切的支援。而英联邦军由于过高地估计了德军的空降力量，对抗击伞兵失去信心；加上一再撤退的疲劳和不断遭到德军飞机的轰炸扫射而被弄得晕头转向，因而注定了失败的命运。

苏德战争

占领社会主义苏联是希特勒侵略计划的一个重要目标。1939年8月苏德互不侵犯条约的签订，并不意味着希特勒侵苏计划的改变。当时，希特勒决定首先向英

德国外长里宾特洛甫、苏联外长莫洛托夫和斯大林在一起。

法及其盟国开刀，为了避免两面作战，才与苏联签订上述条约，而把对苏联的侵略放在了下一步。希特勒曾明确地指出：他同斯大林结盟，"纯粹是为了取得但泽市和走廊而采取的一个策略步骤"。"只有我们在两线腾出手来的时候，才能够反对俄国"。

法国投降后，希特勒于1940年7月16日下达"海狮作战计划"，企图征服英国。但因英国握有制海权，英吉利海峡是难以逾越的障碍，致使"海狮计划"搁浅。6月和7月，希特勒几次向英国提出和平建议，遭到丘吉尔政府拒绝。8月，希特勒对英国发动大规模空战，遭到重大损失。在这种情况下，希特勒决定暂时放弃征服英国的计划。

1940年11月和1941年3月，德国胁迫罗马尼亚、匈牙利和保加利亚先后加入德意日三国同盟条约，随后又同意大利一起占领了希腊和南斯拉夫，控制了整个巴尔干半岛，形成了对苏联的半月形包围。至1941年6月，德国占领欧洲14个国家，实力大增，基本上消除了后顾之忧。这时，希特勒认为，进攻苏联的时机已经成熟。他指望一举攻下苏联，利用苏联丰富的资源来加强自己，

然后再回过头来攻打英国。

1940年7月21日，希特勒向三军总司令指出："必须密切注意苏联动向，应该考虑制订一个进攻苏联的计划"。希特勒曾打算在1940年秋对苏联发动进攻，但因尚未准备就绪，于7月29日把进攻日期改为1941年春天。7月31日，希特勒亲自向三军总司令和总参谋长宣布了这一决定，特别指出，占领俄国大片领土是不够的，"要消灭俄国生存的力量！这才是目的！"负责制订侵苏战争计划的是陆军总参谋部、最高统帅部的作战局以及经济和军备局。7月中旬开始工作，到11月已基本完成。11月28日至12月3日，

佛朗哥先在北非的加纳利群岛谋杀划叛乱，1939年从北非一路向西班牙马德里挺进。

德军统帅部进行了战役演习，以检验作战计划的可靠性。1940 年 12 月 5 日，希特勒与陆军总司令勃劳希契和陆军总参谋长哈尔德共同解决了制订侵苏计划中出现的分歧意见。希特勒特别强调，进攻苏联时，"计划应该是把苏联战线分割为几段，迫使他们投降当俘虏，因此必须找好可以进行

德国空军狂轰滥炸苏联本土

大规模围剿战的出发位置"。

1940 年 12 月 18 日，德国元首大本营发布 21 号指令，即代号为"巴巴罗沙计划"的侵苏战争计划。"巴巴罗沙"是红胡子之意，是德意志国王、神圣罗马帝国皇帝腓特烈一世（1125～1190）的诨号，用它作为代号，意即要实现腓特烈一世妄图征服周围国家、称霸欧洲的野心。

"巴巴罗沙计划"总的战略目的是："在对英国的战争结束以前以一次快速的战役击溃苏联。"准备工作应在 1941 年 5 月 15 日以前完成。1941 年 5 月中开战。计划规定，"用装甲部队纵深楔入的大胆作战摧毁俄国西部的俄国陆军主力"，攻占列宁格勒、莫斯科和顿巴斯，推进到阿尔汉格尔斯克，囊括伏尔加河至古比雪夫、斯大林格勒至阿斯特拉罕一线，并在那里建成防线，入冬前结束战斗。计划规定在三个方面发动进攻："北方"集团军群自东普鲁士的哥尼斯堡以东向陶格夫匹尔斯、普斯科夫、列宁格勒总方向进攻，歼灭波罗的海沿岸苏军，阻止苏军东撤，在有利的条件下向列宁格勒推进。"中央"集团军群自波兰华沙地区向布列斯特、明斯克方向突击，围歼白俄罗斯的苏军，再向斯摩棱斯克方向进攻，直指莫斯科。"南方"集团军群自波兰的赫尔姆、热舒夫向科罗斯坚、基辅方向进攻，占领基辅和第聂伯河渡口，沿右岸向东南进攻，协同从罗马尼亚开来的军队，消灭右岸乌克兰的苏军，再强渡第聂伯河，进攻顿巴斯。

为了严格保密，"巴巴罗沙计划"只印了九份，三军各一份，其余由最高统帅部保存；对高级战地指挥官，也只能口头传达。

希特勒采取了一系列迷惑手段，以掩护"巴巴罗沙计划"。德军最高统帅部于1941年2月15日下达了《制造假情报欺骗敌人的命令》，执行这一命令的德军总参谋部情报处和反间谍处策划了多种活动，制造入侵英国的假象。完成"巴巴罗沙计划"军事部署的德军大量东调，被说成是"为了隐蔽入侵英国的最后准备工作而采取的有史以来的最大行动"。德国大量出版英国地图。军队配备了英语翻译。到处流传着那个不存在的空降军的消息。海岸上配置了假火箭。军队流传一种说法是，他们正在进行入侵英国以前

1939年，西班牙的逃亡难民。

的休整，另一种说法是军队将经过苏联进攻印度。为了使人相信登陆英国之说，制定了暗号为"鲨鱼"和"鱼叉"的特别作战计划。宣传完全中止了平常那种对苏联的攻击。

希特勒发布消灭布尔什维克政委、苏联国家政治保卫局人员和共产主义组织分子的《政治委员命令》，为发动反苏战争在军队中制造舆论。

希特勒采取了一系列外交和军事措施，创造对苏战争的有利条件。

1940年9月27日，德国同日本和意大利在柏林签订三国军事同盟条约，企图利用这一条约牵制苏联远东军的军事力量。1941年3月5日希特勒签署的《关于同日本合作》的24号指令明确规定："三国同盟的合作旨在促使日本在远东尽快采取积极的行动"。1940年6月至1941年上半年，希特勒与墨索里尼和齐亚诺进行了多次会谈，并在北非、希腊、南斯拉夫和阿尔巴尼亚同意大利采取共同军事行动，帮助意军挽救了败局。这些行动使意大利增加了对德国的依赖，德国则乘机渗透控制，维持德国在北非和欧洲的优势，把意大利的军事行动纳入德国的计划，以保证"巴巴罗沙计划"的实行。

希特勒竭力拉拢苏联的周围国家以孤立苏联。德国挑拨芬兰与苏联的关系，1940年9月，德芬参谋部之间达成协议，共同进行侵苏战争准备，使芬兰成了德国发动反苏战争的伙伴。德国胁

最新整理图文珍藏版

迫瑞典同意将铁矿砂的80%运往德国，允许德军和军用物资过境运入芬兰。德国对土耳其施加压力，迫使其于1941年6月18日与德国缔结《友好和互不侵犯条约》，允许德、意军舰通过黑海海峡。

为了保证"巴巴罗沙计划"的实施，希特勒不顾海空军关于增产飞机、鱼雷和潜艇的强烈要求，给托特下达命令：要千方百计地增加陆军装备的生产，为1941年发动侵略战争作准备。

德国攻占欧洲大片领土后，经济实力大为增强。1941年，德国生产钢1900万吨，生铁1400万吨，煤25700万吨，飞机11030架，坦克4000辆，火炮34000门（比1940年增加2.4倍），冲锋枪325000支（比1940年增加1.9倍），步骑枪1359000支。如果加上已占领的国家的人力物力，就远远超过上述数字。1941年德国

及其占领国共生产钢3180万吨，生铁2430万吨，煤43900万吨。此外，德国从战败的英、法、荷、比、挪等国军队那里缴获的武器装备可装备150个师。德国可从它占领和控制的地区取得它所缺乏的战略物资。德国利用雄厚的经济潜力，为对苏战争作了比较充分的准备。

德国在西线取得胜利后，军事力量大为增强。德国在陆军和空军的人数、装备及作战经验方面，都超过了任何资本主义大国。为了准备发动侵苏战争，德国在1941年上半年又扩建陆军58个师，到1941年6月，德国陆军共214个师又两个旅（其中有19个坦克师和14个摩托化师），约500

盟军撤退时美工兵炸毁桥梁

两名德国军人带着家眷向盟军投降

世界通史

最新整理图文珍藏版

万人；空军有 5 个航空队、国土防空军和空降兵，约 168 万人，海军共 3 个联合编队，约 40.4 万人；此外还有党卫军 15 万人。以上陆海空三军正规军加上党卫军，总计 723.4 万人。如果加上陆军中的 90 万编外人员和 35 万其他部队，德国的武装部队总人数达 850 万人。德军拥有 5639 辆坦克、1 万余架飞机、6 万余门大炮和迫击炮、217 艘舰艇。这就是发动侵苏战争前夕，德国战争机器的实力情况。

希特勒进攻苏联的军事准备，早于"巴巴罗沙计划"的出笼。德军的军事部署有两个阶段：

（1）"巴巴罗沙计划"出笼前的军事部署：

1940 年 8 月 9 日，武装部队最高统帅部发布了"奥托"指令，实际上是为东线作战制定运输和给养计划，其中包括在波兰总督区建立后勤军事设施；开辟训练场地；改进公路网和铁路网；在东普鲁士建立一个指挥作战的总部。1940 年 7 月起德军开始开进东普鲁士、波兰、挪威北部和罗马尼亚等地。至 1941 年 1 月，向东线集中了共 44 个师（其中有 3 个坦克师）和 12 个军的司令部。

（2）1941 年 1 月至 6 月的军事部署：

参加"巴巴罗沙计划"的德军，分为五个梯队调至苏德边境，除第五梯队为预备队外，其他四个梯队都是直接参加进攻的部队。第一梯队有 7 个步兵师和 1 个摩托化师，要在 2 月 4 日至 3 月 12 日集中在但泽、卡托维兹一线。第二梯队有 18 个步兵师，要在 3 月 16 日至 4 月 3 日抵达哥尼斯堡、华沙、塔尔努夫一线。第三梯队有 16 个步兵师，要在 4 月 10 日至 5 月 10 日调至沃耳希廷、腊多姆一线。第四梯队有 19 个步兵师和 28 个坦克和摩托化师，要在 5 月 25 日至 6 月初到达各指定地点，这是实施首次突击的主力。当上述调遣完毕，在入侵苏联前的最后几昼夜，各突击集团才进入进攻出发地区。第五梯队有 19 个步兵师以及 3 个坦克师和摩托化师，6 月 22 日后才开始调集。

6 月 19 日晚，德军共 300 万人进入邻近苏联边界的阵地。

6 月 21 日，德军及其仆从军队全部进入阵地，完成了进攻苏联的军事部署。

德国发动侵苏战争的准备

征服苏联，独霸欧洲，夺取世界霸权，这是法西斯德国蓄谋已久的国策，也是希特勒梦寐以求的目标。早在 1925 年，希特勒在其臭名昭著的《我的奋斗》一书中就写道："当我们今天谈到欧洲的新领土的时候，我们主要必须想到俄国和它周围的附庸国家。"1936 年 11 月 25 日，德国和日本签订了"反共产国际"协定；次年 11 月 6 日，意大利也参加了这一协定。顾名思义，这主要是为了反对社会主义的苏联。1939 年 8 月 23 日苏、德签订互不侵犯条约，但是这个条约并没有改变希特勒的侵略野心。条约签订后不久，他便在一次会议上说道："现在俄国并不可怕，因为我们已同俄国缔结了条约。但是条约只是在对我们有用的时候才有遵守它的必要。一旦我们在西方腾出手来，我们就可以对俄国作战。"

德军突围盟军防线

德国统治集团正是根据这个总的方针，不断加紧发动侵苏战争的准备。

希特勒、凯特尔和杰德尔在研究进攻苏联的计划

1. 拼凑侵略集团，造成有利的战略态势

法国投降后，法西斯德国加紧对苏作战的准备，进一步加强与意大利和日本的勾结，并诱逼与前苏联邻近的国家参加侵略集团。1940 年 9 月 27 日，德、意、日在柏林缔结军事同盟条约。条约第三条规定：德、意、日三国中，如有一方受目前尚未参加欧战或中、日争端之国家攻击时，则三国应以一切政治、经济或军事手段彼此互相援助。显然这一

条主要是针对前苏联和美国的。日本与德、意结成军事同盟，严重威胁苏联远东地区的安全。

希特勒在欧洲采取威胁利诱、挑拨离间等各种卑鄙手段，搜罗侵苏战争的伙伴。芬兰在苏芬战争后对苏联怀有强烈的对立情绪，德国乘机拉拢，将其纳入侵苏战争的行列。1940年9月，德、芬两国总参谋部之间，达成了共同准备和进行侵苏战争的协议。芬兰统治集团倒向德国后，前苏联西北部波罗的海的出海口也随时有被封闭的危险。罗马尼亚自从失去比萨拉比亚和北布科维纳后，对苏联极为不满。希特勒需要罗马尼亚的石油，便积极支持反苏的安东尼斯库上台，在罗马尼亚建立亲德的军事独裁制度。1940年10月，德军进驻罗马尼亚后，

1945年4月3日，"谢尔曼"坦克进入蒙斯特。

苏联的黑海出口受到严重威胁。匈牙利、罗马尼亚、斯洛伐克、保加利亚相继加入德、意、日军事同盟，大大加强了德国进攻前苏联的南翼力量。

至于西班牙、瑞典、土耳其等国，形式上虽保持中立，但实际上都站在亲德反苏的立场上。佛朗哥统治的西班牙，不仅是德国的供应基地，而且还成了德国

巴顿将军视察部队

准备侵苏战争的训练场。由西班牙长枪党党徒组成的志愿军"蓝色师团"，就是在西班牙进行训练后被派去对苏联作战的。瑞典政府从1940年7月起公然允许德国军用物资和军队过境运入芬兰，并向其输出大量战略原料。1940年，瑞典出产的铁矿有80%被运往德国。土耳其虽与英、法结盟，但自法国投降后便开始靠拢希特勒统治集团，并于1941年6月18日与德国缔结了"友好和互不侵

犯条约"，允许德意两国的军舰通过土耳其海峡，并在与苏联接壤的高加索边境集中大量军队。

法西斯德国在入侵苏联前夕已形成很有利的战略态势。波兰灭亡后，德苏之间的"缓冲地带"业已消失，被德军占领的那部分波兰领土，成了德国进攻苏联的军队集结地区。德国占领丹麦、挪威后，不仅改善了对西欧作战的战略态势，同时也有了东侵苏联的跳板。荷、比、卢、法投降，英国退守英国本土，使希特勒基本上消除了东进的后顾之忧。至1941年6月初，法西斯德国占领了希腊等巴尔干国家后，最后完成了对苏联西部月牙形的包围。至此，苏联由远东进出太平洋，由芬兰湾进出波罗的海，由黑海进出地中海的航道，均有被封锁的可能，仅有北方的阿尔汉格尔斯克和摩尔曼斯克尚可用来经巴伦支海与美、英等国保持联系。

2. 加强军事经济力量，不断扩充军队

法西斯德国原为工业化的国家，并在第二次世界大战爆发前早就将国民经济纳入了战时体制。大战爆发后，随着占领地区的不断扩大，德国的经济和军事能力都有很大提高。至1941年6月，德国已控制约90万平方公里的土地和1.17亿人口。希特勒残酷压榨本国人民，掠夺被其占领国的人力、物力资源。1941年德国及其占领国共生产钢3180万吨、生铁2430万吨、煤4.39亿吨、石油480万吨，德国本身生产钢1900万吨、生铁1400万吨、煤2.57亿吨，但石油产量很少，主要靠从罗马尼亚进口。德国的化学、电机、无线电技术工业和机器制造业很发达，拥有大量现代化设备，可以迅速转入军工生产。1940年德国共有机床117.8万台，而当时的美国也只有94.2万台。但是，德国的资源严重不足，一些重要的战略物资大部分依靠国外输入。德国虽然可以进口罗马尼亚的石油，南斯拉夫的锌，波兰的铅、铜，捷克斯洛伐克、丹麦、挪威的木材，匈牙利的铝矿砂，法国的煤、铁矿砂，意大利的汞，以及瑞典、瑞士、西班牙和土耳其的各种各样的原料，但仍难满足军工生产部门对这些物资日益增长的需要。石油、橡胶、粮食等尤感缺乏。人造汽油及各种代用品的生产，也未能从根本上解决供需之间的矛盾。

希特勒为了满足战争的需要，不得不采取削减其他部分开支的办法来不断增加军事拨款。德国的军费开支1941年已增至710亿马克，占整个国民收入的58%。国民经济的高度军国主义化，加速了军事工业的发展，提高了武器装备的产量。1941年生产的飞机为1.103万架、坦克400辆、火炮3.4万门。

此外，法西斯德国还将缴获的大批武器、装备补充部队。德军共缴获了6个挪威师、18个荷兰师、22个比利时师、12个英国师和92个法国师共150个师的武器装备。缴获的汽车足可装备92个德国师。由此可见，法西斯德国在入侵苏联之前已拥有大量先进的武器和技术装备。特别是在飞机、坦克和自动武器的数质量方面已达到当时的最高水平。

1940年西欧战局结束后，德

被炸毁后的德坦克制造厂

德军摧毁了莱茵河上的桥梁阻止盟军行动，英军部队乘水陆两用装甲车过河。

国武装力量在人数、技术装备和作战经验等方面均已超过任何一个资本主义国家。为了进攻前苏联，德国又进一步动员和扩充军队，大力改进武器装备，以提高部队的作战能力。至1941年6月，德国武装力量的总人数已达723.4万人，装备各种坦克5639辆、飞机1万余架、火炮和迫击炮6万余门、舰艇217艘。其中陆军约500万人，共214个师又2个旅（内19个坦克师和14个摩托化师）。空军为168万人，由5个航空队、国土防空军和空降兵组成。海军为40.4万人，编成3个联合编队。此外，还有党卫军15万人。

德国统治集团认为，就其战略态势、军事经济状况和军队的实力来说，已经具备向苏联发起进攻的有利条件，并认为："如果我们进攻他们，斯大林的俄国将在 8 星期内从地图上抹掉。”

3. 确定战略目的，拟制作战计划

希特勒妄图消灭苏联的野心由来已久，但制定侵苏战争的计划还是在法国投降以后。1940 年 7 月 21 日，他要求陆军总司令布劳希奇为此进行准备。10 天以后，希特勒在伯格霍夫举行的一次会议上公开表明了自己主要的战略目的。他说：“如果俄国被摧毁，英国的最后的希望就被粉碎。那时，德国就将成为欧洲和巴尔干的主人。”他设想“最初将发动两个攻势：一个是在南方向基辅和第聂伯河进攻，第二个是在北方通过波罗的海国家，然后向莫斯科进攻。两支军队在莫斯科会师。在这以后，必要时将进行一次特殊的作战，以获得巴库油田。”从这次会议后，拟制入侵计划的工作就逐步展开。

制订计划的工作由陆军总参谋部、最高统帅部的作战局以及经济和军备局负责。陆军总参谋长哈尔德指令第十八集团军参谋长马尔克斯负责草拟作战计划。8 月 5 日，马尔克斯拟就了一份意见书，提出战争的目标是击败红军，夺取西德维纳河—伏尔加河中游—顿河下游一线以西的全部领土。他设想从普里皮亚特沼泽地以北向奥尔沙和莫斯科发起主攻，同时向波罗的海国家和列宁格勒发动攻势，保障主攻的翼侧。他还建议，在南部向基辅和第聂伯河发动辅助攻势，然后使之扩大到高加索地区的巴库。最高统帅部参谋长凯特尔也草拟了一个作战方案，据说是为了对陆军总部的计划进行“评头品足”。9 月拟就的凯特尔方案，设想这次进攻将使用 3 个集团军群，在普里皮亚特沼泽地以北使用 2 个、以南使用 1 个。凯特尔认为，在越过奥尔沙—斯摩棱斯克地区以后，能否继续向莫斯科进攻应视肃靖斐罗的海苏军的情况而定。托马斯领导的经济和军备局，详细调查前苏联的工业、运输和石油中心的情况，作为以后轰炸的目标和统治苏联的指南。8 月 9 日，德

充当德军闪击战先锋的德空军战机

军最高统帅部发布了所谓"奥托"指令，要求在与苏联西部接壤的领土上成立和训练新的兵团、建立后方军事设施、开辟训练场地、改进公路和铁路网、完善通讯线路。

1940 年 11 月 28 日至 12 月 3 日，德军统帅部在措森进行了一次大规模的战役导演，以检查作战计划的可靠性和现实性。这次导演后，德国的高级军事领导人认为自己能取得胜利。与此同时，他们还感到有许多困难，特别是空间和人力上的困难。前苏联西部形若喇叭，突入越深，正面就越宽，除非在贝帕斯湖—明斯克—基辅一线以西将苏军主力歼灭，否则德军就没有足够的力量扼守深入腹地时不断拉长的战线。此外，后备力量不足，现有的后备军不到 50 万，只够补充夏季战役的损失。车辆燃料非常紧张，只有 3 个月的汽油储备。有些高级将领还担心，进攻前苏联可能会重犯第一次世界大战中两线作战的错误，因而企图说服希特勒放弃这种冒险。但是，希特勒认为，除非英国停止抵抗，否则就休想使前苏联永远按兵不动，而要击败英国，首先必须扩充海军和空军，结果势必要削减陆军，但当

所谓"苏联威胁"仍然存在时，这种削减又是不可能的，因此，只有把"海狮"计划暂时搁置，集中力量先击败俄国，然后再解决英国的问题。12 月 5 日，希特勒审定陆军总部的作战计划时，哈尔德主张"中央"集团军群主要突击方向应指向莫斯科。但希特勒认为苏联将死守波罗的海沿岸地区和乌克兰，因为那里有海港，在经济上有重要意义，而夺取"莫斯科倒不是那样重要"。"中央"集团军群的坦克部队应准备向北进入波罗的海沿岸地区，或向南进入乌克兰。布劳希奇支持哈尔德的意见。他指出斯摩棱斯克—莫斯科这条交通要道在历史上的重要性。但结果被认为这是一种"陈旧的见解"。1940 年 12 月 18 日，希特勒发布第二十一

希特勒与凯特尔研究进攻计划

号训令，代号为"巴巴罗沙"计划。希特勒所以要用12世纪神圣罗马帝国皇帝菲特烈·巴巴罗沙的名字来为其反苏战争的侵略计划命名，无非是想给这次战争涂上圣战的色彩。

"巴巴罗沙"计划总的战略目的是：在对英战争结束以前以一次快速的战局击溃前苏联。该计划的制定者企图以大量坦克部队、摩托化部队及航空兵实施"闪电"式的突然袭击，分割围歼前苏联西部苏军主力，尔后向战略纵深发起进攻，攻占列宁格勒、莫斯科和顿巴斯，前凸到阿尔汉格尔斯克、伏尔加河、阿斯特拉罕一线，并于1941年入冬前结束战争。为此，德军最高统帅部集中了152个师又2个旅，连同芬兰、罗马尼亚等仆从国家的29个师又18个旅共181个师又20个旅，约4300辆坦克、4.7万余门火炮和迫击炮、4980架飞机、192艘舰艇，总兵力550万人，编成三个集团军群和三个独立行动的集团军，准备在三个战略方向上实施进攻。

"北方"集团军群，由莱布元帅指挥，辖第十六、第十八集团军和坦克第四集群，共29个师，在第一航空队1070架飞机支援下，自东普鲁士的哥尼斯堡（今加里宁格勒）以东向陶格夫匹尔斯、普斯科夫、列宁格勒总方向实施进攻，消灭波罗的海沿岸地区的苏军，占领沿海的港口，使前苏联舰队失去基地。同时该集团军群应阻止苏军从波罗的海沿岸向东部撤退，以便在有利条件下向列宁格勒推进；

"中央"集团军群，由博克元帅指挥，辖第四、第九集团军和坦克第二和第三集群，共50个师又二个旅，在第二航空队1600架飞机支援下，自波兰华沙地区向布列斯特、明斯克方向突击，割裂苏军防御的战略正面，围歼白俄罗斯境内的苏军，尔后向斯摩棱斯克方向进攻，直指莫斯科；

"南方"集团军群，由龙德施泰特元帅指挥，辖第六、第十七、第十一集团军，罗马尼亚第三、第四集团军，坦克第一集群和匈牙利一个快速军，共57个师又13个旅，在第四航空队和罗马尼亚空军共1300架飞机的支援下，自波兰的赫尔姆、热舒夫向科罗斯坚、基辅方向进攻，夺占基辅及其以南地域内的第聂伯河渡口，然后沿第聂伯河右岸向东南发起进攻，以便协同自罗马尼亚境内进攻的军队，消灭右岸乌克兰的

无精打采的德炮兵人员

苏军，强渡第聂伯河，向顿巴斯发起进攻；

德军的"挪威"集团军以及芬兰的东南集团军、卡累利阿集团军，共21个师又3个旅，在挪威和芬兰境内展开，由德军第五航空队和芬兰空军9000余架飞机进行支援。"挪威"集团军应攻占摩尔曼斯克、波利亚尔内，芬军则应沿拉多加湖两岸进攻，配合德军"北方"集团军群夺取列宁格勒。德军陆军总部预备队由第二集团军组成，共24个师。

"巴巴罗沙"计划规定，各项准备工作"必须在1941年5月15日以前完成"。后来，由于巴尔干战争不可能在5月中旬结束，希特勒决定将原定入侵的日期推迟到6月22日。

4. 进行欺骗和伪装，竭力荫蔽军队的集中和展开

法西斯德国为了荫蔽进攻前苏联的战略企图，对各项战争准备工作，特别是对军队的集中和展开，采取一系列的政治欺骗和战略战役伪装措施。在外交上通过各种形式表示要与前苏联"友好"，主动与苏联政府签订互不侵犯条约，并一再声称要恪守这一条约。1940年2月和1941年1月又与苏联签订贸易协定，并以此作为苏德两国"和平友好的范例"，大肆进行宣传。在"巴巴罗沙"计划签署后，希特勒一反常态，批准出售给前苏联新式飞机和一些先进的技术兵器，因为他很清楚，进攻苏联已为期不远，对方的国防工业来不及利用他们的新技术，而这种表示"信任"的姿态，倒可迷惑一下前苏联。在军事上德军统帅部故意制造准备执行"海狮"计划的舆论。在英吉利海峡东岸的港口，张贴了"打到英国去，活捉丘吉尔"的标语，并给部队大量印发英国地图，配备英语翻译，在海峡沿岸集结大量渡海、登陆器材，配置假火箭，还进行了频繁的登陆演习，以此来掩饰"巴巴罗沙"计划。为了避免苏联对德军东调产生疑虑，希特勒指令德国驻苏的外交人员向苏联进行所谓"解释"：如向波兰调集军队时，德国使馆通

知苏联说这是为了派新兵去接替即将退伍的老兵；当其部队进驻罗马尼亚时，诡称只是派了一些"教官"去协助该国进行军队训练。德军还利用实施"马利他"战役（入侵希腊）和"向日葵"战役（在北非发动战争）的掩护，将"A"集团军群调到东线，并散布假情报，扬言要实施"黑葡萄"战役（占领直布罗陀）、"阿提拉"战役（占领法国南部）和"鱼叉"战役（从挪威入侵英国），企图把人们的注意力吸引到上述地区，以保障德军荫蔽地向东线调集。

法西斯德军进攻苏联的战略集中和展开早在法国投降后就已开始，按其时间和内容大致可划分为二个主要阶段：

第一阶段从 1940 年 7 月至 1941 年 1 月。在这一阶段中，德

英法联军总司令、法军总参谋长甘末林（中）

军掩护梯队向东普鲁士、波兰、挪威北部和罗马尼亚等地开进和展开。向东线集中的部队和司令部有："B"集团军群的司令部，第四、第十二、第十八集团军的司令部，坦克集群司令部，12 个军的司令部，以及罗马尼亚的所谓"军事代表团"，共 44 个师，其中有 8 个坦克师；

准备攻击的德机械化步兵

第二阶段从 1941 年 2 月至战争爆发。在这一阶段中，德军的基本兵力约 113 个师（内 32 个坦克和摩托化师）从德国及欧洲各占领国调至苏德边境。军队的调动分五个梯队依次进行。第一、二、三、四梯队是战争第一天直接参加进攻的部队，第五梯队为陆军总部的预备队。第一梯队 7 个步兵师和 1 个摩托化师，从 2 月 4 日至 3 月 12 日调遣完毕，集中在但泽、卡托维兹一线。第二梯

队 18 个步兵师，从 3 月 16 日至 4 月 8 日到达哥尼斯堡、华沙、塔尔努夫一线。第三梯队 16 个步兵师，从 4 月 10 日至 5 月 10 日调至沃耳希廷、腊多姆一线。第四梯队 19 个步兵师和 28 个坦克和摩托化师，于 5 月 25 日开始调遣和集中，6 月初调遣完毕。第五梯队约 19 个步兵师和 3 个坦克和摩托化师，从 6 月 22 日以后开始调集。第一、二、三梯队的铁路运输仍按平时时刻表运行，第四梯队改用战时时刻表。第四梯队到达预定地域后，实施首次突击的主力集中即告结束。突击集团向进攻出发地域开进，是在入侵前的最后几昼夜。

苏联抗击法西斯侵略的准备

苏联是当时世界上唯一的社会主义国家，它处于帝国主义和资本主义国家的包围之中。早在 1934 年 1 月，斯大林在联共（布）第十七次代表大会上就已说过，国际形势要求党"采取一切措施保卫我们的国家以防备突然事迹，随时准备捍卫我们的国家以抵御侵犯"。1939 年 3 月，在法西斯侵略业已开始的形势下召开的联共（布）第十八次代表大会上，斯大林又明确指出德、意、日结盟的侵略性，以及西方帝国主义国家企图"祸水东引"，怂恿德国发动侵苏战争的危险性，并强调苏联必须从各方面作好反侵略战争的准备。

1. 苏联政治、军事、经济和国防力量的加强

苏联原主张与英、法等国建立欧洲集体安全体系，共同对付法西斯德国的侵略行径。1939 年 8 月，在与英、法关于组织共同抗击侵略的谈判未达成协议后，苏联从自身的安全出发，与德国签订了苏德互不侵犯条约。1941 年 4 月，苏联又与日本缔结了"苏日中立条约"，以消除两线作战的危险。苏联还与土耳其签订协定，规定双方在遭受第三国进攻时保持中立，这对保障南部边境的安全具有重要意义。从 1939 年 9 月至 1940 年 8 月，苏联通过军事、政治、外交等各种途径，将西部国界线向西推移，并认为由于国界线的向西推移，"致使希特勒军队向东进犯时，不是从纳尔瓦—明斯克—基辅一线开始，而必须从更西几百公里的线上开始"。

苏联加快了作为国防基础的社会主义经济建设的步伐，至 1937 年已由一个落后的农业国变成了一个工业化和农业集体化的社会主义强国。苏联的机器制造

对战争充满恐惧的母女

工业、拖拉机制造工业和石油工业的总产量跃居欧洲第一位，世界第二位。1940年，苏联生产钢1830万吨，与德国相接近，生铁1490万吨，比德国多50万吨，原油3110万吨，大大超过德国，但电力为483亿度，比德国少。苏联极为重视在内地建立战略上具有重要意义的工业基地：在乌拉尔建成了第二个煤炭冶金基地乌拉尔—库兹涅茨克综合企业，在哈萨克建立了第三个煤矿基地卡拉干达煤田，在伏尔加河流域和南乌克兰建立了石油基地。1940年，上述工业基地提供了全国煤产量的36%、钢产量的32%、生铁产量的28.5%、石油产量的12%。这些工业基地战时成了苏

军武器和装备的强大供应地。苏联的农业实行了集体农庄制度。至1941年初，苏联共有23.6万个集体农庄，4200个国营农场，7069个拖拉机站。粮食产量逐年提高，战前的储备粮已达600余万吨。农业生产的布局也已发生了很大的变化。在西伯利亚、乌拉尔、伏尔加河流域、哈萨克和中亚等地区建立了谷物、肉品、奶品、羊毛和经济作物的加工厂。这些地区的粮食作物约占全国的25%。1940年集体农庄和国营农场拥有53万台拖拉机、18.2万台联合收割机、22.8万辆载重汽车。几十万名拖拉机手、联合收割机手和汽车驾驶员是苏军坦克兵、机械化兵以及其他部队的重要后备力量。

苏联共产党和苏联政府在制订和执行国民经济发展计划时强调要优先发展重工业，特别是国防工业。因此，军工产品的增长速度超过了民用工业产品的增长速度。按照第三个五年计划（1938～1942年）的要求，整个工业年产量平均增加13%，而国防工业的年产量则增加39%。随着国际形势的变化，一批大型军事工厂开工生产，许多机器制造厂和其他工厂转产国防技术装备。

1940年6月26日，苏联最高苏维埃主席团通过了《关于改行每天工作8小时、实行7日工作周和禁止企业、机关职工任意旷工的命令》，从而提高了劳动生产率。国家机关和工业领导部门进行了机构改革。国防工业人民委员部分成了航空工业、造船工业、弹药、军械等四个人民委员部，进一步加强了对国防生产的领导。苏联人民委员会所属的经济委员会也进行了改组，在它的基础上建立了国防、冶金、燃料、机械制造等经济委员会，具体指导与国防有密切联系的工业生产。1938～1940年，苏联约有3000个新的工业企业和军工企业投入生产。国家的战备物资储备总值在1940年已达40亿卢布，1941年上半年则增至76亿卢布。军事拨款逐年在增加，1939年占国家预算的25.6%，1940年为32.2%，1941年已达43.4%。

随着国防工业的迅速发展，军队的武器装备有了较大改善。从1939年1月到1941年6月22日，苏军获得了7000多辆坦克。至于新型坦克，因设计投产较迟，战前只生产出KB型坦克639辆和T～34型坦克1225辆，实际上从1940年下半年起才开始装备部队。

在此期间，苏联工业部门为军队提供了2.9637万门野战火炮、5.2407万门迫击炮、1.7745万架作战飞机，其中新式飞机为3719架。造船工业加快了舰艇的建造。仅1940年就有各级舰艇100艘下水，还有270艘正在建造。海军的总吨位从1939年至1941年增长了近16万吨。弹药的生产也在不断增长。前苏联在和平建设年代为改善军队的武器装备作了巨大努力。但是，由于对德国发动战争的时间判断不准，对武器装备的大量生产，特别是对新式飞机、坦克和火箭炮的成批生产抓得较晚，致使迅速发展的武装力量在战争开始时未能获得足够的技术装备和新式武器。

苏联在兵员潜力上对德国占有绝对的优势。但是，它横跨欧亚，幅员辽阔，交通不够发达，是个多民族国家，西部部分领土又并入不久，因此对武装力量的动员和扩充仍有不少困难。苏联对动员体制进行了多次改革。1938年废除了民族部队，实行了全国统一的兵员补充制和服役制度。1939年9月颁布了《普遍义务兵役法》，延长了服役期。至苏德战争开始时，苏联的动员体制已日臻完善，从而保证了征召工作的顺利进行。苏联武装力量人数不断增长。1939 年 1 月 1 日，苏军的编制人数为 194.3 万人；1940 年 6 月 1 日，为 360.2 万人；1941 年 1 月，增至 420 万人；到 1941 年 6 月 1 日，已达 500 余万人。苏军根据战时的需要，大规模地组建、改编和改装了几百个部队和兵团。1939 年陆军只有 98 个师，到 1941 年春已增加到 303 个师。机械化军在 1940 年只有 9 个，至 1941 年 3 月决定组建 20 个。但大部分兵团和部队在战前均未达到齐装满员。按 1941 年 4 月实行的战时编制，1 个步兵师应有 1.4483 万人，编成 3 个步兵团、2 个炮兵团、1 个工兵营、1 个通讯营以及后勤部队和机关，应装备 78 门野炮、54 门 45 毫米反坦克炮、12 门高炮、66 门 82 和 120 毫米迫击炮、16 辆轻型坦克、13 辆装甲车、300 多匹马。而在实际上内地军区大多数师仍保持简编师的编制，许多步兵师才开始组建和训练。就是西部边境军区的 170 个师和 2 个旅，也都没有满员。其中 144 个师每师只有 8000 人，19 个师每师只有 600 至 5000 人，而 7 个骑兵师平均每师只有 6000 人。由于武器装备的生产跟不上新建部队数量的增长，步兵

师缺乏足够的火炮、防空兵器和反坦克兵器，坦克部队没有按编制数装备应有的坦克。空军的扩建工作也有进展。1939 年初，苏联空军共有 3 个集团军、38 个旅。在 1939 年至 1940 年期间，为了提高空军的作战能力，航空兵旅改编成航空兵师、团。1941 年 2 月 25 日，联共（布）中央通过了《关于改编红军空军的决定》，计划在 1 年内组建 25 个航空兵师的指挥机关和 106 个航空兵团，其中半数应装备新式飞机。但至战争爆发时，只有 19 个航空兵团完成了改装。前苏联根据未来战争的特点大力扩充空降兵。1941 年 4 月着手组建 5 个空降军。按编制，1 个空降军应由 3 个空降旅和一个个独立轻型坦克营组成。至 6 月 1 日人员已配齐，但技术兵器严重不足，因此新建的兵团大部分人员在战争爆发时被当作步兵使用，苏军进一步加强了防空部队的建设，战前已拥有 3659 门高射炮、1500 具探照灯、850 个阻塞气球。空军还抽调出 40 个歼击航空兵团（1500 架飞机）担任防空任务。全国按军区划分了防空区。但至 1941 年 6 月，新的防空作战体系没有最后完成，装备新式技术兵器的工作也只是刚刚开始。苏联

海军进行了调整和扩充。1939年已建立4个舰队（波罗的海舰队、黑海舰队、北方舰队、太平洋舰队）和5个区舰队。至1941年6月，海军已拥有各种军舰1000多艘，其中包括战列舰3艘、巡洋舰7艘、驱逐舰54艘、潜艇212艘、护卫舰22艘、扫雷艇80艘、鱼雷艇287艘，以及250架海军航空兵飞机、260个海岸炮兵连。苏联海军建设上的严重缺点是：对将要在战争中担负重要任务的北方舰队重视不足，对于海岸防御和对空防御，以及水雷和鱼雷武器缺乏应有的关注。

苏联在大力扩充武装力量的人员和技术兵器的同时，不断加强对军队的战斗训练。1940年3月，联共（布）中央召开了政治局会议，会上总结了苏芬战争的经验教训，指出了军队战斗训练和政治教育中的严重缺点，批评了军事干部理论学习和实际训练脱离现代战争要求的错误倾向，以及在军事训练中严重存在的形式主义、弄虚作假和简单化的作风。4月中旬，总军事委员会召开了扩大会议，确定了从当前需要出发组织部队训练的原则。根据联共（布）中央和苏联政府的决定，组成以日丹诺夫和沃兹涅夫

斯基为首的专门委员会，检查国防人民委员会的工作。接着，铁木辛哥于5月8日接替伏罗希洛夫担任国防人民委员。各级领导根据新的要求加强了对部队的整训。1940年12月底至1941年1月11日，在莫斯科召开了苏军高级指挥人员会议，检查了1940年的军事训练工作，并对军事学术上的一些起理论问题作了探讨。会后又在国防人民委员的主持下进行了战役战略演习，进一步研究军队的作战方针。苏军的军事院校进行了教学改革，根据欧战的经验传授现代军事理论，培训了大批学员。此外，还广泛开展了群众性的国防活动。至1941年1月1日，苏联支援国防和航空化学建设协会已拥有1300万会员。每年有好几万名飞行爱好者、跳伞员、射手在各类俱乐部和航空学校接受训练。总之，战争前夕苏军的军事训练已有改进和加强，但由于对德军"闪击战"缺乏充分的研究，部队的训练未能完全适应未来敌人作战的新特点。

2. 苏军的战略计划和兵力部署

苏军总参谋部在战前制订作战计划时判断，西方的法西斯德国和东方的军国主义日本，虽都

可能成为自己的作战对象，但是，主要的战场在欧洲，主要的敌人是德国。德国可能同芬兰、罗马尼亚、匈牙利、意大利、土耳其相勾结，向苏联进攻。日本可能在德国发动侵苏战争的同时进犯前苏联，也可能先保持中立，待时机有利时才开始行动。因此，苏军的基本兵力应集中在本国的西部，而在远东只需保持必要的兵力。苏军总参谋部还认为，德军的主要进攻方向可能指向西北，所以苏军西部的主力应展开在波罗的海沿岸地区到波列西耶。1940年9月，总参谋部在修改作战计划时对原先的判断有所改变，认为德军的主要进攻方向可能是指向基辅，并确定将苏军的主要力量集中在西南方向。1941年2～4月，总参谋部再次修改作战计划时，仍判断德军的主要进攻方向是乌克兰和顿河流域，以夺取前苏联最重要的经济地区，掠夺乌克兰的粮食、顿涅茨的煤、高加索的石油。

战前，苏军总参谋部对于战争初期新的作战方法，没有进行充分的研究。当时判断，德国进攻前苏联不可能一开始就投入主力作战。可能还像第一次世界大战那样，战争开始后，双方在边境交战几天以后主力才进入交战。敌军主力同苏军主力一样，至少需2个星期才能完全展开。因此，在这段时间里，苏军的掩护部队能够完成抗击敌人首次突击的任务，并保障准备实施反击的全部兵力的集中和展开。

苏联判断战争可能爆发的时间时认为，苏德之间的战争是不可避免的，但是只要行动上小心谨慎，就有可能将战争推迟到1942年。因而它要求苏军加快改装和扩建部队的速度，同时在行动上要极为谨慎，以便在前苏联完成军事准备以前，不给德国以任何挑动战争的借口。

1941年春，德军向苏联西部边境毗连的邻国大量集结军队，形势日趋紧张。苏军总参谋部认为西部各军区兵力不足，必须从内地军区紧急动员和抽调若干集团军去加强西部边境的防御力量。根据国境掩护计划，决定将2个简编的集团军以野营训练为名调往乌克兰和白俄罗斯。5月13日，总参谋部又下令从内地军区向西部增调4个集团军和1个步兵军：第二十二集团军从乌拉尔调往大卢基地区；第二十一集团军从伏尔加河沿岸调往戈梅利地区；第十九集团军从北高加索军区调往白策尔科夫地区；第十六集团军从后贝加尔调往乌克兰的舍佩托夫卡地区；步兵第二十五军从哈尔科夫军区调往西德维纳河一线。同时，令第二十、第二十四和第二十八集团军作好调防的准备。按计划，战略第二梯队应由上述这7个集团军编成。但至战争开始时，除第十九集团军的几个兵团已到达规定地区外，其余大部分兵团还在半路或原地。在从内地向西部调动军队的同时，西部边境军区内部也开始变更部署，各兵团以夏季野营训练为名向掩护计划规定的展开地域靠近。由于缺乏现代化的交通工具，调运的速度缓慢，战争爆发时，只有几个兵团到达指定地域。

至1941年6月，苏联西部边境的5个军区共有170个师又2个旅（其中115个步兵师又2个独立旅、32个坦克师、16个摩托化师和7个骑兵师），约有268万人，1540架新式飞机和大量老式飞机、1800辆重型和中型坦克（其中1475辆新型坦克）、34695门火炮和迫击炮，在北起巴伦支海南至黑海，宽达4500公里，纵深400公里的广大地区进行防御。由于所有的海岸线都只是靠海岸防御的海军负责掩护，所以陆军

占领的防线为3300多公里。西部诸军区的兵力和任务区分如下：

列宁格勒军区（司令员波波夫中将）辖第十四、第七和第二十三集团军，共21个师又1个旅，其任务是掩护苏芬国境从雷巴奇半岛至芬兰湾一线，正面宽1200公里。军区的基本兵力集中在拉多加湖以南。拉多加湖以北的边境只以第十四集团军掩护各重要方向。按照苏芬条约，独立步兵第八旅驻守汉科半岛。军区的预备队由1个机械化军编成。

波罗的海沿岸特别军区（司令员弗·伊·库兹涅佐夫上将）辖第八、第十一和第二十七集团军，共25个师又1个旅，其任务是掩护前苏联与东普鲁士的边境（从帕兰加至立陶宛南部边境），正面宽300公里。从塔林至利耶帕亚的波罗的海沿岸，只有2个步兵师担任防守。独立步兵第三旅防守莫昂宗德群岛。军区的预备队由第二十七集团军（共6个师）编成。

西部特别军区（司令员巴甫洛夫大将）辖第三、第十、第四和第十三集团军，共44个师，其任务是掩护从立陶宛南端至乌克兰北端的国境线，正面宽450公里。军区的预备队由6个独立军

编成，其中 2 个为机械化军。

基辅特别军区（司令员基尔波诺斯上将）辖第五、第六、第二十六和第十二集团军，共 58 个师，其任务是掩护从多玛切夫，经索卡耳、普热米什尔至利朴卡纳的国境线，正面宽 820 公里。军区的预备队由 4 个机械化军、5 个步兵军和 1 个骑兵师编成。从兵力编成来看，这个军区的力量最强大。

敖德萨军区（司令员切列维钦科中将）辖第九集团军、独立步兵第九军，共 22 个师，在滨海方向展开，正面宽 450 公里。第九集团军掩护苏联同罗马尼亚的边境。独立步兵第九军防守克里木。军区的预备队由 2 个步兵军组成。

苏联海军在西部共有 269 艘水面舰艇和 127 艘潜艇，编成 3 支舰队（北方舰队、波罗的海舰队、

苏军向德军发射喀秋莎火箭炮

黑海舰队）和 2 支区舰队（平斯克区舰队和多瑙河区舰队），分别停泊在港口，尚未进入预定的阵地。

西部边境诸军区以 2/3 的兵力，即 107 个师担任掩护任务，并以 1/3 的兵力，即 63 个师为预备队。第一梯队各师的防御正面平均宽达 60 公里，有的师宽达 100 公里以上。而防御的纵深却很浅。预备队配置在距边境 100～400 公里的纵深内。西部边境军区预先均未在国境线展开自己的主力和占领各防御地区。战争爆发时，只有少数师直接在国境线上担负宽大正面的防御。大部分师最多的也只有 1 个团配置在边境工事内，而其主要兵力都驻扎在距边境 8～20 公里的野营或兵营内。驻守在边境军区纵深内的军队，刚开始向边界附近集中，离

德军将领古德里安不赞同希特勒的作战理论

边界还有 150～500 公里。这在很大程度上，造成战争初期在边境一带的兵力、兵器对比上对苏军不利。

1941 年 6 月 13 日，苏联国防人民委员铁木辛哥鉴于战争已迫在眉睫，曾要求下令边境军区部队进入战争准备，并根据掩护计划展开第一梯队。但是，前苏联最高领导人因恐敌人借故挑衅，没有立即同意下达命令。直至 6 月 21 日午夜，当大量的情报和事实业已确证德军将于翌日凌晨发动进攻时，斯大林才指示铁木辛哥下令各边境军区所有部队立即进入战争准备，荫蔽占领国境筑垒地区。但是，这已为时太晚。苏军大部分部队还未接到命令，德军的炮火准备却已经开始了。

苏德战争的爆发

1941 年 6 月 22 日凌晨，希特勒撕毁苏德互不侵犯条约，未经宣战，向苏联发起全面进攻。德方进攻的兵力，有德军 153 个师（其中有 19 个是坦克师），芬、罗、匈三个仆从国家 37 个师，共 190 个师；坦克 3700 辆，飞机 4900 架，大炮与迫击炮 47000 多门，舰艇 193 艘。战争是以突然袭击开始的。在地面部队越过国境之前，炮兵猛轰苏军的工事和

驻地，空军则深入纵深轰炸机场、港口、交通枢纽等战略要地。德机在 3 时零 7 分袭击黑海舰队，3 时 30 分袭击白俄罗斯城市，3 时 33 分袭击乌克兰城市，3 时 40 分袭击波罗的海沿岸的考那斯等城市，在半天之内就炸毁了 66 个机场和 1200 架飞机。4 时左右，在波罗的海到匈牙利的苏联边界线，有多处被突破。24 小时内，德军在不同战线侵入苏联境内 25～50 公里。

6 月 22 日 5 时半，德国驻苏大使舒伦堡才向苏外长莫洛托夫递交宣战书。此后，芬兰、罗马尼亚、匈牙利和意大利相继对苏宣战。6 月 23 日，希特勒到达东普鲁士拉斯登堡以东的大本营（"狼穴"）指挥战争。

法西斯侵略军根据"巴巴罗沙计划"，由北方集团军群、中央集团军群和南方集团军群分三路向苏联领土推进。

北方集团军群由第十八集团军、第十六集团军、第四装甲集群和 3 个保安师组成，共计 29 个师，还有第一航空队 1070 架飞机的支援；冯·李勃元帅任指挥。这一路德军从东普鲁士哥尼斯堡向苏联波罗的海沿岸地区进攻，它的任务是歼灭波罗的海地区的

1944 年 8 月 15 日，第一批由 396 架
飞机运输的空降兵在法国南部跳伞。

苏军，进攻列宁格勒。

中央集团军群由第四集团军、
第九集团军、坦克第二集群、坦
克第三集群（共 50 个师又两个
旅）组成，还有第二航空队 1600
架飞机的支援；冯·包克元帅任
指挥。它的任务是围歼白俄罗斯
的苏军。

南方集团军群由第六、第十
七、第十一集团军，坦克第一集
群，以及罗马尼亚第三、第四集
团军和匈牙利 1 个快速军（共 57
个师又 13 个旅）组成，还有第四
航空队和罗马尼亚空军共 1300 架
飞机的支援；由冯·龙德斯泰特
元帅指挥。它的任务是进攻基辅，
在第聂伯河以西歼灭在乌克兰的
苏军主力。

战争初期的胜利，使希特勒
认为三个月征服苏联的美梦即将
实现。希特勒的得意忘形，使
"狼穴"内充满了欢乐气氛，一些
法西斯将军们一度失去了理智。
哈尔德"甚至认为对苏战争在 14
天内即使不能结束，至少也能胜
利。"7 月 19 日，希特勒成立了新
的"东方部"，专门管辖俄国和巴
尔干地区，任命罗森贝尔为部长。

战局并没有按照希特勒希望
的那样发展。德国进攻开始以后，
以斯大林为首的苏联政府，立即
采取了一系列紧急措施，动员全
国一切人力、物力资源，进行伟
大的卫国战争。

6 月 22 日 7 时 15 分，苏联国
防人民委员发布第二号命令，要
各军区立即用所有的兵力歼灭入
侵之敌。但当时的实际条件已不
可能执行这一命令。上午 10 时，
斯大林提交最高苏维埃主席团批
准动员令：从 6 月 23 日起，除中
亚、外贝加尔和远东军区外，在
14 个军区，对 1905 ～ 1918 年出生
的有服兵役义务的公民实行动员，
并在欧洲部分实行军事管制。12
时，莫洛托夫发表广播讲话指出，
德国背信弃义，撕毁苏德互不侵
犯条约，对苏突然袭击，是侵略
者；他号召苏联全体军民粉碎法西
斯的进攻，将侵略者赶出国土。12
时左右，国防人民委员发布第三号

命令，要求苏军转入反攻，粉碎主要方向上的敌人，并向敌人国土挺进。这一命令当时实际上是办不到的，朱可夫后来说下达这样的命令是犯了错误。12时许，波罗的海特别军区改组为西北方面军，西部特别军区改组为西方方面军，基辅特别军区改组为西南方面军。13时，统帅部派朱可夫到西南方面军任统帅部代表，派沙波什尼科夫和库利克去西方方面军任统帅部代表，以加强方面军的领导力量。

6月23日，组成苏军统帅部：铁木辛哥任主席，其他成员为朱可夫、斯大林、莫洛托夫、伏罗希洛夫、布琼尼和库兹涅佐夫。同日，总参谋部预先制定的动员计划、弹药生产计划开始生效。

6月24日，列宁格勒军区改编为北方方面军。此外，还组建了南方方面军。同日，联共（布）中央和苏联人民委员会决定，建立疏散委员会，领导全部疏散工作，其中包括大企业的东迁。

6月26日，斯大林命令组成预备队方面军。

6月27～29日，联共（布）党中央动员共产党员和共青团员上前线，加强苏军的政治思想工作。

6月30日，成立国防委员会，斯大林任主席，领导战时的全部工作。

至7月1日，已动员了530万人组建新的战略预备队。在列宁格勒、莫斯科等城市建立了民兵组织。在沦陷区成立游击队，开展游击活动。

7月3日，斯大林代表党中央发表广播演说，说明前线情况，号召全国人民立即重新安排全部生活和国家经济，以适应战时要求，号召党和人民奋起保卫祖国，捍卫每一寸苏联国土，为保卫苏联的城市和乡村战斗到最后一滴血。

法西斯德军的突然袭击，使苏联边境线上的防御体系陷于瘫痪。苏军仍然奋战，打击敌人。希特勒的副官尼·冯·贝洛在回忆录中写道："头几天的交战表明，苏联对战争的准备工作比我们预料的要充分"。"苏联人的仗打得很漂亮，有些打得很顽强、很坚决，迫使我军不得不与之激战。""南方的俄国人抵抗是剧烈的，仗也打得漂亮。在那里指挥作战的龙德斯泰特说，在整个战争中还没有遇到如此精良的对手。"战争开始后，西方方面军面对的"中央"集团军群，在所有主要突击方向上，敌人都拥有五至六倍的优势，又不断地得到空中支援。其他方面军面临的敌我力量对比，与此类似。在这样力量对比悬殊的情况下，苏军节节败退。

德军的闪电战在战争初期取得了很大成功。德北方集团军群于 6 月 26 日夺取了西德维纳河的渡口，7 月 1 日占领里加，7 月 5 日攻占奥斯特罗夫。6 月 29 日，德中央集团军群攻占白俄罗斯首府明斯克，合围苏联两个集团军，苏军损失惨重。6 月 30 日，德南方集团军群攻占利沃夫和罗夫诺，7 月 9 日攻占日托米尔，直趋基辅。

6 月 22 日至 7 月中旬，德军的各集团军群推进 300～600 公里不等，占领了拉脱维亚和立陶宛的全部，白俄罗斯、乌克兰、摩尔达维亚的大部和第聂伯河以西的乌克兰地区，威胁着列宁格勒、斯摩棱斯克和基辅。苏军被歼 28 个师，遭受重大损失的 70 个师，30 万人被俘，损失大炮 3000 门、坦克 1500 辆、飞机 2000 架和 2000 车皮的军火。在苏军的反击下，法西斯德军丧失近 10 万人，损失了 1000 多架飞机和 1500 辆坦克。

为了扭转战场的被动局面，苏联当局及时地调整了指挥机构和战略部署。7 月 10 日，国防委员会把统帅部改组为最高统帅部，由斯大林任主席。7 月 19 日，斯大林被任命为国防人民委员。8 月 8 日，斯大林被任命为苏联武装力量最高统帅。国防人民委员部也进行了改组，建立了新的机构。斯大林出任最高统帅，受到了人民和军队的热烈欢迎。

在斯大林领导下，最高统帅部总结了卫国战争开始以后战略策略方面的错误，并及时地予以纠正。6 月 22 日至 7 月 9 日的战斗历程表明，第一线的苏军无法阻止德军的全面进攻，也不能消灭入侵之敌。苏军采用的迅速反攻将战争推向敌国领土上的战略，是不符合卫国战争初期的实际需要的。苏军最高统帅部及时地改变了战略指导思想，由实施战略进攻改为战略防御，彻底地修改了作战计划。新的作战计划是破坏敌军的进攻，进行积极的防御，稳定战线，赢得时间以组建战略预备队，不断地消耗敌人的有生力量，不断地削弱敌人的暂时优势，改变力量对比，夺取主动权，为战略反攻创造条件。

为了适应战略防御的需要，调整了军队的组织结构、后勤机关及其工作，加强了战时生产和政治工作。在斯大林为首的联共（布）中央领导下，这些问题都很快地得到解决。"一切为了前线，一切为了胜利"已成为全体军民的发自内心的呼声和衡量自己工作和思想的准绳。苏联进入了战略防御阶段。在这一战争阶段中，苏军彻底粉碎了法西斯的闪击战，取得了几次重大防御战的辉煌胜利，沉重地打击了敌人，为最后反法西斯战争的胜利奠定了基础。

法西斯德国侵略苏联，遭到了全世界人民的反对和反法西斯各国政府的谴责。苏联的伟大卫国战争，得到全世界人民的支持和反法西斯各国政府的声援。1941 年 6 月 22 日 21 时，英国首相丘吉尔发表声明，支持苏联对德作战。23 日，美国代理国务卿桑奈尔·威尔斯代表美国总统罗斯福发表声明，支持苏联的反法西斯斗争。6 月 23 日，中国共产党发布了毛泽东起草的《关于反法西斯的国际统一战线》文件，提出组织反法西斯国际统一战线，支援苏联的反法西斯战争，号召用将日本帝国主义驱逐出中国的实际行动来支援苏联。

苏德战争使第二次世界大战进入一个新阶段。苏联人民的伟大卫国战争大大地加强了反法西

特遣舰队在行动中

斯阵营的力量，从而使国际反法西斯统一战线迅速形成和加强。

德国进攻前苏联，第二次世界大战进入新阶段

1941 年 6 月 22 日 4 时 30 分，法西斯德国撕毁了苏德互不侵犯条约，未经宣战就向前苏联发动了全线进攻。5 时 30 分，当大批德军已侵入前苏联国境后，德国驻苏大使舒伦堡才向前苏联外交人民委员莫洛托夫宣布德国已开始对苏作战。接着，意大利、匈牙利、斯洛伐克、芬兰追随希特勒德国，相继对前苏联宣战。战争第一天，莫洛托夫代表前苏联政府发表广播演说，号召前苏联军队和各族人民奋起反击侵略者。当晚 9 时，英国首相丘吉尔发表

声明，支援苏联对德作战，他说："任何对纳粹帝国作战的个人或国家，都将得到我们的援助，任何跟着希特勒走的个人或国家，都是我们的敌人。"翌日，美国代理国务卿桑奈尔·威尔斯代表罗斯福总统发表了美利坚合众国支持苏联的声明。各国共产党和工人党纷纷发表声明，动员全世界各国人民支援苏联的反法西斯斗争。苏联的参战，大大加强了反法西斯阵营的力量，使全世界反法西斯国际统一战线迅速形成，鼓舞了世界各国人民为保卫国家和民族的独立自由而顽强战斗。从此，正如周恩来所指出的那样，"世界战争进入到苏德战争的新阶段。"

法西斯德国是以突然袭击的方式开始这场战争的。德军首先以大量的航空兵对苏联西部的重要城市、交通枢纽、军事基地以及正在向国境线开进的军队进行猛烈轰炸，并在苏军防御纵深内空降伞兵，夺占要地，同时以数千门火炮对苏军的边防哨所、防御工事、通讯枢纽和部队集结地域实施猛烈轰击，然后以优势的坦克和摩托化兵团为先导，从波罗的海至喀尔巴阡山宽约1500公里的正面上，发起全线进攻。苏

联西部的66个机场遭到猛烈的轰炸。苏军半天之内就损失了飞机1200架，其中800架未及起飞迎战，即被毁于机场。许多重要城市、通讯设施、交通枢纽和海、空军基地，在德军航空兵和特务分子袭击下，遭受严重破坏。边境军区指挥机构基本上陷于瘫痪，部队出现了混乱。边防值班部队虽也进行了抵抗，但因得不到及时增援，防线迅速被突破。战争第一天，德军就前进了50～60公里。苏联国防人民委员，在战况不明的情况下，于22日7时30分发布了第二号命令，要求边境军区实施猛烈反击，消灭入侵之敌。当时21时15分，国防人民委员又根据所谓"敌人已被击退"这一不确切的战况报告，下达了第三号命令，再次要求苏军转入反攻，粉碎主要方向上的敌人，并向敌国邻土挺进。苏军的反击没有达到预期的目的，损失巨大，前线战况更加恶化。

德军"北方"集团军群，其任务是歼灭波罗的海沿岸地区的苏军，攻占列宁格勒。6月22日，该集团军群在大量航空兵的支援下，从东普鲁士的哥尼斯堡向前苏联波罗的海沿岸地区发起进攻。至黄昏时，坦克第四集群的先遣

部队已前凸到杜比萨河。苏军西北方面军决定对突入第八和第十一集团军接合部的德军实施反突击。6月23日和24日，苏军向施亚乌利亚伊方向实施反突击的3个坦克师，与德国优势兵力遭遇，受损后被迫退却。6月26日，德军一股伪装成苏军的伤员，加入苏军运输队的行列，到达西德维纳河后，夺占了渡口，使德军的机械化部队顺利地渡过了西德维纳河，攻占了陶格夫匹尔斯。6月29日，德军在克鲁斯特皮尔斯地域渡过了西德维纳河，7月1日占领了里加，7月5日攻占奥斯特罗夫。苏军在奥斯特罗夫地区和普斯科夫接近地实施的反突击失利后，于9日放弃普斯科夫。苏军的坦克损失很大，有些新型坦克也落入了德军的手中。苏军红旗波罗的海舰队被迫从利耶帕亚撤至塔林。至此，德军"北方"集团军群在18天内已侵入苏联境内约400～450公里，前凸到列宁格勒州。

德军"中央"集团军群的任务是围歼白俄罗斯的苏军。德军计划分南、北两路实施钳形突击：北路第九集团军和坦克第三集群，从东普鲁士的苏瓦乌基地区发起进攻；南路第四集团军和坦克第二集群从布列斯特地区实施突击。两路德军应在白俄罗斯的首都明斯克会合，并在消灭被围的苏军后继续向斯摩棱斯克挺进。6月22日晨，德军"中央"集团军群以约40个师的兵力向苏军发起攻击。苏军西方方面军右翼第三集团军，被尼维尔纽斯方向上进抵湟曼河右岸的德军坦克第三集群包围后，于6月23日被迫放弃格罗德诺。西方方面军左翼第四集团军，在德军空军和炮兵的袭击下，其第四十二师和第六师未能按计划占领规定的防御地带，并在德军优势兵力的攻击下，开始从科布林撤退。这样一来，西方方面军的两翼就面临被德军坦克兵团深远包围的威胁，而其中央的第十集团军在比亚威斯托克突出部也有被合围的危险。在战争的头几天，西方方面军曾以机械化第十四军、第十一军和第六军分别向布列斯特和格罗德诺方向实施反击，虽取得了一定胜利，但因缺乏空中掩护，油料、弹药得不到补充而告失败。这时，德军坦克第三集群的基本兵力在占领维尔纽斯后，继续向明斯克推进。与此同时，德军坦克第二集群也已逼近期卢茨克。明斯克已危在旦夕。6月25日，西方方面军司令员巴甫洛夫根据统帅部指示，命令第三集团军和第十集团军从比亚威斯托克突出部向东撤至利达、斯洛尼姆、平斯克一线。但由于缺乏车辆和燃料。苏军未能摆脱德军。6月29日，德军第二和第三坦克集群的部队在明斯克会师，在比亚威斯托克和斯洛尼姆地区包围了苏军2个集团军。苏军被合围的部队，在激战中突围，受到很大损失。7月2日，苏军统帅部决定，将统帅部预备队集团军群编入西方方面军，并解除了西方方面军司令员巴甫洛夫的指挥职务，送交军事法庭审判。一起交法庭审判的还有参谋长克里莫夫斯基、通信兵主任格里哥里也夫、炮兵主任克里奇等。国防人民委员铁木辛哥被任命为西方方面军司令员、叶廖缅科为副司令员、马兰金为参谋长。但是，撤换方面军的领导后，该方向上的局势仍在继续恶化。7月3日，德军由明斯克向东和东北发起进攻。至9日黄昏，其坦克部队在从波洛茨克到日洛宾的正面上逼近了西德维纳河和第聂伯河地区，并攻占了维捷布斯克。从6月22日至7月10日，德军在这一方向上深入苏联国境450～600公里，几乎占领了白俄罗斯全部领土，

斯摩棱斯克受到严重威胁。

德军"南方"集团军群，其任务是向基辅总方向实施进攻，把乌克兰的苏军主力消灭在第聂伯河以西。德军的计划是：第六集团军和坦克第一集群从卢布林东南地区向东挺进，攻占基辅后转向东南，沿第聂伯河向黑海方向进军，夺取第聂伯河上的渡口，阻止苏军东撤；第十七集团军向利沃夫、文尼察方向发起进攻；第十一集团军和罗马尼亚军队取道卡缅涅茨—波多利斯基和莫吉廖夫—波多利斯基攻入乌克兰，牵制那里的苏军。德军"南方"集团军群于6月22日发起进攻后进展较慢，直至24日，才有几个师突破苏军西南方面军的防御正面，向杜布诺前进。西南方面军司令员基尔波诺斯为了肃清在第五和第六集团军接合部上突入的德军坦克第一集群的部队，先后以机构化第八、第九、第十五、第十九和第二十二军实施反突击。从6月24日到29日，在卢茨克、杜布诺、勃罗德一带进行了一场战争初期最大的坦克交战。苏军由于缺乏统一指挥，不能协调一致地行动，反突击终于失败。30日利沃夫和罗夫诺失守。德军坦克第一集群激战后调整了部署，

于7月4日突入奥斯特罗格，7月9日攻占了日托米尔。个别坦克部队已进至通向基辅的接近地。德军第十一集团军和罗马尼亚军队也于7月3日进抵莫吉廖夫—波多利斯基。这样一来，不仅基辅受到威胁，而且西南方面军的主力有被德军包围的危险。于是，西南方面军决定将第六、第二十六和第十二集团军撤至科罗斯坚、沃伦斯基新城、舍佩托夫卡、旧康斯坦丁诺夫、普罗斯库罗夫和卡缅涅茨—波多利斯基老筑垒地域一线。南方方面军的右翼撤至卡缅涅茨—波多利斯基以南，至此，德军在西南方向已推进300～350公里。

战争头几天，苏德战场两翼（从巴伦支海到芬兰湾和从喀尔巴阡山到黑海）没有发生激烈的战斗。北翼德军"挪威"集团军于6月底才开始行动，半月后前进25至30公里。南翼德军于7月1日发起进攻，5日开始向基什尼奥夫方向前进。

苏德战争一开始，苏联共产党和苏维埃政府立即采取了一系列紧急措施：在军事上建立和改编军队的组织机构和战略指挥机构。6月22日，波罗的海沿岸特别军区、西部特别军区和基辅特别军区相应改为西北方面军、西方方面军和西南方面军。6月24日列宁格勒军区改编为北方方面军。此外，还组建了南方方面军。6月23日苏联政府决定建立苏军统帅部，6月30日成立以斯大林为首的国防委员会。在全国进行公开动员，至7月1日，共动员了530万人，组建了新的战略预备队。在列宁格勒、莫斯科等城市建立民兵组织。在沦陷区成立游击队，开展游击活动；在政治上确定了伟大卫国战争的政治军事目标，对苏联人民进行政治动员。7月3日，斯大林发表了广播演说，动员全国人民"挺身捍卫自己的自由、捍卫自己的荣誉、捍卫自己的祖国"。加强军队和居民中的群众性政治思想工作，动员共产党员和青年团员参加军队，

1922年，希特勒和墨索里尼一同参观罗马时代的艺术品。

提高苏军的组织性、纪律性和士气。苏联政府还广泛开展外交活动，建立反希特勒同盟；在经济上进行改组，以保障战争的需要。从受威胁的地域向东疏散物资和居民。改组国家机关以保障动员全国的人力物力支援前线作战。

在苏德战争初期，从6月22日至7月9日，德军在西北方向推进约400至450公里，在西方方向推进450至600公里，在西南方向

墨索里尼与德国和解之前到利比亚巡视

推进300至350公里，夺占了拉脱维亚、立陶宛全部，白俄罗斯、乌克兰、摩尔达维亚大部，侵入了俄罗斯联邦西部各州，进抵列宁格勒远接近地，威胁了斯摩棱斯克和基辅。在此期间，苏军遭到重大损失。西部边境军区170

个师中有28个师被歼灭，70个师人员武器损失过半。法国亨利·米歇尔在其《第二次世界大战》一书中指出，经过为时18天的战斗，"俄国人丢掉了2000车皮的军火，30万人被俘，损失火炮3000门、坦克1500辆和飞机2000架。"至于德军在这期间的损失，据前苏联元帅朱可夫在《回忆与思考》一书中记载，"希特勒军队已经丧失将近10万人、1000多架飞机、近1500辆坦克。"

苏联为什么在战争初期遭受如此严重的失利？前苏联有些史学家认为，主要是由于在欧洲没有第二战场；西方国家有人则把它说成是仅仅由于斯大林拒绝了丘吉尔关于德国即将向苏联发动进攻的忠告，没有及时作好迎战准备的结果；赫鲁晓夫则把失利的原因归罪于所谓"斯大林在干预战争进程中所表现的那种神经质和歇斯底里性"，这些说法，有的属于偏见，有的属于别有用心。苏联在战争初期的严重失利。其原因是多方面的。

以马列主义为基础的苏联军事思想，从总体上看，是先进的，但苏军在战前研究战争问题时也有形而上学的东西，在研究战争初期等问题时未能摆脱第一次世

界大战旧观念的影响。苏联元帅朱可夫也承认，当时国防人民委员部和总参谋部认为，"像德国和苏联这样的大国之间的战争，可能还像从前那样开始：先在边境交战几天以后双方主力才进入交战。"认为法西斯德国在集中和展开主力的时间方面将和前苏联一样，需要15到20天的时间。德军在使用兵力上，也只能以50%的兵力用于苏联战场，其余兵力要驻守在西方被占领国。由此可见，苏军根本没有料到德军一开始就投入75%以上的主力，并大量集中使用坦克和飞机这些技术兵器，同时向大纵深实施突击。苏军战前关于战争初期的理论，仅仅研究了实施强大的进攻性回击，忽视了对战略防御问题的研究。至于在强敌突击下的战略退却、反合围战斗和遭遇战等也没有很好

意大利儿童从小被灌输法西斯教育

研究。这些军事理论上的错误，集中反映在前苏联1941年春季制定的国境防御计划中。该计划规定，"如果战略第一梯队不仅击退了敌人的首次突击，并且在主力展开之前已将战斗行动推至敌人领土，那么，战略第二梯队（预计在第聂伯河一带展开）根据总的战略企图应当加强第一梯队并实施反击。"这个严重脱离战争初期实际的计划，导致前苏联领导人在战争爆发的当天两次下令苏军转入反攻，并要求他们向敌国领土挺进，从而造成了严重的恶果。

战前，苏联作了大量的战争准备工作。但是，由于对战争爆发的时间判断错误等原因，未能抢在战争爆发之前准备就绪。例如：苏联没有及时安排武器装备，特别是新式技术兵器的大量生产。部队武器装备陈旧，而且缺额很大。苏军的飞机80%已陈旧，辅助设备很差。坦克大部队也很陈旧，临战前，20%的坦克在大修，47%的坦克正在进行或需要中修。新型坦克数量很少，且刚装备到部队。火炮，特别是防空武器和防坦克武器尤为缺乏。弹药储备不足，只能满足1个月的作战需要。苏军没有独立的国防通讯网，

最新整理图文珍藏版

各种通讯手段的运用和维修均借助于邮电人民委员部，而该部的通讯手段远不能满足战争的需要。平时没有建立紧急报知系统，上级的指令无法迅速传至部队。从1941年6月21日17时斯大林召见铁木辛哥、朱可夫准备下达一级战备的训令，到6月22日4时30分德国发动进攻，中间将近11个小时；但是，由于没有建立报知系统，加上逐级传达训令迟缓，大多数部队均未及时接到进入战备的训令。战场建设的速度太慢。旧国境线上的工事大部分已拆除，新国境线上的筑垒地域尚未构筑完成，原定在西部修建170个机场，到战争爆发时大部分都没有完工。各级领导统率机关均未构筑地下指挥所。西部边境的交通条件差，不能满足调运大量军队的需要。部队的改编抓得太迟，

1922年10月30日，墨索里尼在罗马视察

缺额很大，西部边境军区的170个师和2个旅均不满员，战备训练脱离现代战争的实际，忽视了对预想敌人作战特点的研究。平时缺乏对打集群坦克、反空袭和组织诸兵种协同作战的训练。各级指挥人员和司令部人员指挥能力和文化科学知识较差，大部分还没有具备与其职务相称的战役、战术素养，因而在战争爆发后不能迅速适应德军那套闪击战法，一时找不出相应的对策。

苏联对希特勒的侵略野心虽早有察觉，但对爆发战争的时间作了不符合实际的判断，不相信法西斯德国会背离俾斯麦东方政策的传统，在结束西线战事以前会向东对前苏联发动战争，并指望通过外交活动，使自己不致过早地卷入战争，并认为德国正忙于对英作战，无力在两线上同时打仗。政治局委员和高级将领们与都坚信可以避免在1942年以前卷入战争。他们估计，德国可能要在征服英国，或与英国议和后才会发动侵苏战争。1941年3月以后，苏联从各种渠道获得德军即将进攻苏联的大量情报，但前苏联以为这可能是英国在故意挑拨苏德关系，企图"火中取栗"。希特勒的副手鲁道夫，赫斯于

1921 年 11 月 7 日，反共产主义的独裁者、法西斯头目墨索里尼。

1941 年 5 月飞往苏格兰后，前苏联更加怀疑来自英国等资本主义国家的情报。尽管德国飞机不断侵犯苏联的领空，大量的德军正向苏联的边境集结，满载战争物资的火车夜以继日地向东方开进，但被德国"海狮"计划挡住了视野的苏联领导人，还认为这仅仅是希特勒在向苏联施加压力，不相信德军真的会进攻苏联。1941 年 6 月 14 日，即在战争爆发的前 1 周，塔斯社还受权发表了一项只能是麻痹自己的声明。声明说："德国和苏联一样，也在认真遵守苏德互不侵犯条约，有鉴于此，德国企图撕毁条约和进攻苏联的传闻是毫无根据的。"苏联由于在判断战争爆发的时间上犯了严重错误，临战动员失之过迟，边境军区部队未及展开便遭到德军强大的突然袭击，战争一开始就陷于极为被动的局面。

战前，苏军对德军的主攻方向判断错误。苏军总参谋部认为，"最危险的战略方向是西南方向的乌克兰，而不是西部方向的白俄

2443

游弋在地中海的意大利海军战舰

罗斯。"因而在西南方向上配置了80个师，占西部边境苏军总兵力的47%，而在德军实施主要突击的西方方向上，只部署40个师，占23%。直至战争爆发几天后，苏军统帅部才发现自己判断失误，急忙将战略第二梯队的防线向中央收缩，并将配置在乌克兰地区第十六和第十七集团军转移到白俄罗斯，从而增加了苏军的被动和混乱。

苏联在战争初期虽然遭受了严重损失，但是经受了严峻考验的苏联人民和武装力量，在前苏联共产党的领导下，及时吸取了失利的教训，从政治、经济、军事上全面加强了反法西斯斗争，经过长时间的英勇奋战，终于打破了纳粹德国妄图以一次快速的战局击溃苏联的迷梦。

苏军的战略防御

侵苏战争初期，法西斯德国取得了暂时性的胜利。至1941年7月10日，德军完成了战略突破任务，渡过西德维纳河，进逼第聂伯河。苏军节节后退，遭到重大损失。德军统帅部为其初期的胜利欣喜若狂。苏军在被迫退却的过程中转入战略防御，德军的进攻遭到苏军日益增强的抵抗。

为歼灭向东退过别列津纳河和退向第聂伯河的苏军，德军出动182个师继续在全线进攻，7月8日，希特勒给各集团军群规定的任务是："北方"集团军群继续向列宁格勒方向推进，从东和东南切断该市与苏联内地的联系，夺取列宁格勒，歼灭波罗的海沿岸地区的苏军；"中央"集团军群应合围并消灭斯摩棱斯克地域的苏军，为尔后进攻莫斯科创造条件；"南方"集团军群以主力合围第聂伯河右岸乌克兰地区的苏军，并以部分兵力向基辅方向进攻；芬兰集团军沿拉多加湖两侧进攻，歼灭卡累利阿南部和卡累利阿地峡的苏军，打通从芬兰到列宁格勒的道路。

6月底到7月初，苏军统帅部鉴于苏军在全线失利的情况下已不可能对敌实施战略进攻，因此，决心改变战略指导思想，修改作战计划，由企图实施战略进攻改为实施战略防御，通过战略防御首先迟滞、疲惫和削弱德军，破坏其进攻锐势，稳定战线，赢得组建和集结战略预备队的时间，逐渐改变力量对比，为转入战略反攻创造条件。

自1941年6月22日德国入侵苏联，至1942年11月18日苏军在斯大林格勒胜利结束防御战役，为苏联卫国战争第一阶段。在这一阶段，苏军进行了近17个月的战略防御作战，经受了严峻的考验。

在战略防御开始时，摆在苏联面前的一项重要任务是改组国民经济体制，使之转入战时轨道，动员工业、农业和人力，发展军事工业；为捍卫祖国的每一寸土地而英勇战斗，忘我劳动。

7月10日，苏军统帅部改组为总统帅部，并成立了中间战略领导机关，即西北方向指挥部、西方向指挥部和西南方向指挥部，分别由前苏联元帅伏罗希洛夫、铁木辛哥和布琼尼领导。7月19日，斯大林被任命为苏联国防人民委员，8月8日又被任命为苏联武装力量最高统帅，总统帅部改名为最高统帅部。

苏军最高统帅部判明，德军

希特勒在相机前扮演拿破仑姿态

仍在三个战略方向发起进攻，其主要方向指向莫斯科，因此决定：在受威胁的方向迅速展开战略预备队，建立战略防线，在战略纵深建立坚固的防御，构筑防御地区和筑垒地域；将战略第二梯队转隶给第一梯队各方面军，在普斯科夫、波洛茨克、基辅、赫尔松一线抗击德军；集中主力在西方向阻止德军向莫斯科突进，调用北方面军加强列宁格勒西南接近地的防御；以反突击抗击德军主力的突击，以顽强的防御制止德军快速推进，稳定战局。

至7月10日，苏军共有201个师，其中满员师只有90个。苏军最高统帅部鉴于技术兵器不足，许多预备队部队开始组建，以及军事行动要求部队高度机动和便于指挥等原因，决定逐步改革军队的组织结构。集团军向小型化体制过渡，编5个至多6个师，取消军一级指挥机关，各师直属集团军司令员；撤销庞大的机械化军的编制，组建坦克师（辖2个坦克团）和坦克旅（辖1个坦克团）以及独立坦克营；反坦克炮兵旅改为反坦克炮兵团；缩小航空兵师的编制，由4至5个航空兵团改编为2个，每团飞机由60架减至30架，随后又减至22架。

苏军最高统帅部为改善军队的物资保障，改组了后勤指挥机关。8月1日斯大林签署了组建苏军总后勤部和方面军、集团军后勤部的命令，8月19日又设立了苏军空军后勤部长的职务，并挑选了一大批国民经济部门的领导人和数十名经济工作者，到军队后勤部门工作。此外，苏联国防委员会还决定加速后方建设，建立野战基地，调整陆海空运输网，修复和修建铁路，以保障后勤供应。

8月16日，联共（布）中央批准了由国家计划委员会制定的1941年第4季度和1942年度军事经济计划，规定将一些企业从受威胁地区迁到国家东部，并立即投入生产；在东部地区扩建军工基地，增加武器、弹药、金属、煤、汽油和其他重要产品的生产。

1941年德国空军性能优越的飞机

联共（布）中央有步骤地采取措施扩大各种火炮的生产，战争开始后不久就大量生产了威力强大的"喀秋莎"火箭炮。9月11日，坦克制造从中型机器制造人民委员部领导下独立出来，成立坦克工业人民委员部。以后，军事工业所有主要部门（飞机、船舶、火炮和弹药）都建立了自己的专业领导机构。

工业企业的东迁是在极端复杂的情况下进行的；企业的拆卸、装运经常在德机轰炸下进行。成千上万满载人员和物资的列车，川流不息地驶向东方。从1941年7月至11月，苏联从波罗的海沿岸、乌克兰等地，转运了150多万车厢的物资设备，共有1523个大型企业迁至伏尔加河流域、乌拉尔、哈萨克斯坦、中亚细亚和西伯利亚。仅用铁路就向东疏散了1000多万人。苏联战前在东部建成的工业基地，加上疏散到这里的企业，很快就变成了国家的军工生产基地。到1942年3月，这些地区的军工产品的产量，已达到卫国战争开始前全国的生产水平，成为苏联战时经济体系的重要基础。

苏联共产党和苏联政府在动员国内一切力量抗击德国法西斯

的同时，还广泛开展外交活动，同一切反法西斯国家建立友好合作关系，争取国际援助。1941年7月中旬至8月，苏联先后与英国、捷克斯洛伐克、波兰签订了在反法西斯战争中共同行动的协定。苏联还和英国签订贸易协定，和美国签订军事经济互助协定，与挪威、比利时恢复了外交关系。9月29日至10月1日，苏、美、英3国政府高级代表在莫斯科举行会议，讨论美、英向苏联提供武器装备和战略物资问题。这次会议签订了对苏供货第一号议定书，规定从1941年10月1日至1942年6月30日期间，美国和英国每月向苏联提供400架飞机、500辆坦克以及其他种类的武器装备和军用物资，苏联向美、英提供一定数量的军工生产原料。10月30日，美国总统罗斯福代表美国政府写信给斯大林，宣布给苏联10亿美元的无息贷款，11月7日，罗斯福发表声明将武器和军用物资出借和租让法（即租借法案）扩大应用于苏联。

至1941年年底，美国援助前苏联204架飞机、182辆坦克；英国供给前苏联669架飞机、487辆坦克、301支反坦克枪。

1941年7月中旬至12月，德军继续在西北、西方和西南3个方向展开疯狂的进攻。苏联军民在苏联共产党的领导下，为粉碎德军的进攻进行了艰苦卓绝的斗争。

日本偷袭珍珠港

1941年12月7日，日本对美国太平洋军事基地珍珠港发动了突然袭击，从而揭开了太平洋战争的序幕。

日本在未经宣战的情况下袭击了美海军基地珍珠港

1940年7月22日，日本更换内阁，侵华战争的罪魁之一近卫二次组阁。近卫将英、法、荷、葡在东南亚的殖民地都划入了日本的"大东亚新秩序之内"。近卫抛出的"适应世界形势处理时局纲要"，就是要抓住有利的"形势变化"，实施其"南进"的侵略方针。日本外相松冈，极力鼓吹近卫的侵略计划，并称其为"大东亚共荣圈"。划入这个圈内的有中国、朝鲜、印度支那、印度、马来亚、缅甸、菲律宾、泰国、澳大利亚、新西兰以及西南太平洋上的所有岛屿。

1940年，美国宣布原驻美国西海岸的太平洋舰队将不定期留驻夏威夷。同年冬，日本舰队开进金兰湾示威，英国为了防止发生意外事件，立即宣布马来亚、新加坡处于紧急状态。

太平洋形势一触即发，但日本并不急于马上动手。日本还有许多的准备工作要做，如三国条约签订后，美国对日本实行石油禁运，日本得重新寻找油源，以保障每年180万吨的石油供应。日本为争取时间，在与德意签订同盟条约后，故意散布缓和的空气，制造错觉。日本外务省还通过新闻媒介声称：日美关系仍和往常一样，不会因三国同盟而恶化。

就在日本高唱缓和的时候，日本联合舰队长官山本五十六已把他的偷袭美国太平洋舰队的"关于战略意见"的报告书上交给了海军大臣及川古志郎，并得到了日本军令部的批准。

为了袭击珍珠港，日本在进行海上战斗训练之前，首先将原"赤诚"号航空母舰的飞行队长，现任第三航空舰队参谋渊田美津雄海军少佐调回"赤诚"号，担任空袭珍珠港飞行队的总指挥。

如何空袭珍珠港？在"赤诚"号航空母舰第一航空队的参谋室里，第一航空舰队司令官南云忠一海军中将、参谋长草鹿龙之介海军少将、渊田美津雄海军少佐以及有关人士，围着珍珠港沙盘模型进行了长时间的策划。最后，决定实施鱼雷攻击的同时，还要实施水平轰炸。

当时，在第一航空舰队里，能担负珍珠港作战任务的水平轰炸机和鱼雷机共有90架。从命中率来看，要算鱼雷攻击最好。由于珍珠港的美国太平洋舰队的舰

美国总统罗斯请求国会对日宣战

世界通史

最新整理图文珍藏版

只，是两艘军舰并排停靠在码头上的可能性很大，如果这样，停靠在内侧的军舰，鱼雷就攻击不到，而必须实施水平轰炸。于是，渊田开始进行海上战斗的基本训练再进行浅海鱼雷攻击的应用训练和袭击停泊舰船的训练。为此日本联合舰队特意选中了四面环山、港口狭隘、地势与珍珠港相似的鹿儿岛湾，由渊田率领进行训练和超低空俯冲飞行。

与此同时，袖珍潜艇在四国的中诚湾进行夜袭训练、海上加油等科目训练。

日本军令部还通过日本驻檀香山总领事详细地了解了珍珠港的航空母舰停泊情况，码头、船坞和船舶系缆情况并把珍珠港分为5个区，其他军事情报也一一搞到。

为了掩盖直接的军事企图，山本五十六还精心策划了一系列伪装措施和极其严格的保密措施。在很长一段时间里，山本坚持只让几个少数军官知道攻击计划的细节。至于舰队一般军官，那是在舰队开往珍珠港途中才知道珍珠港作战这一军事行动。

然而，此时的美国却对日本仍抱有幻想。美国认定，希特勒德国是美国最危险的敌人，美国应集中力量对付德国法西斯，"同样也要保卫太平洋"，但首要的应放在大西洋。"在太平洋上的行动要推迟下去"。

美国还确定了对日的四点原则：（1）避免和日本发生冲突；（2）改变以前不与日本对话的态度；（3）保留使用经济压力的权力，以使日本恢复理智；（4）敞开谈判的大门，在远东保持美国现有地位与格局，力求美日协调。

1940年11月12日，美国海军作战部长斯塔克建议采取"大西洋攻势，太平洋守势"的战略方针。这个方针经陆军参谋长马歇尔会同签署，罗斯福总统批准，成为美国在第二次世界大战中的基本作战方针。

尽管如此，美国还是意识到了对日战争已是不可避免，但美

日军袭击爪哇一机场

国仍希望通过谈判赢得时间。

1941 年 1 月 7 日，山本正式提出了偷袭珍珠港的设想。日本以惯用的假谈真打的手法与美国进行周旋。日本在拔剑出鞘之前，先用外交手段——和平方式对付美国，使美国人不在太平洋采取行动。

日本看出了美国极力想避免战争，认为有机可乘。5 月 12 日日本抛出了一个以"以意德不失信义"和"不违背大东亚共荣圈"为前提条件的《松冈修正案》。该修正案认为：（1）关于三国同盟问题。"信守把三个轴心国家（日、德、意）看作为一整体"。（2）关于中国问题，"美国只能全盘接受汪精卫政权和日本之间的既成事实，而对蒋介石则劝其实现和平，并在和平条件上一概不加干涉"。（3）关于东南亚问题删去了"不诉诸武力"这一条。根据这三条，日本可以独占中国，吞并东南亚，而且还不背弃三国同盟。

美国看出了日本决意成为亚洲及太平洋地区霸主的野心，但仍同意以日本方案为基础，继续谈判。

5 月 16 日和 5 月 31 日，美国政府提出了自己的"对案"。

6 月 21 日，美国提出最后一个试案，坚持"三国同盟不适用于自卫行动"的原则。日本代表拒绝了美国的要求。

日本利用美国的绥靖政策，一步步地谋划着它的侵略图谋。1941 年 8 月初，美国对日实行石油禁运后，日本慌了手脚。现在唯一能够取得石油补给和来源只剩下荷属东印度群岛的油田了。日本想依靠爪哇、苏门答腊的石油供应来挽救美国石油禁运造成的困难局面。统治集团打算以速决的方法夺取荷属东印度群岛，摆脱困境。

为了掩饰侵略企图，日本政府于 8 月 7 日提出日美首脑在火奴鲁鲁直接会谈。以解决两国的争端。8 月 26 日，在日本军部的同意下，近卫内阁写信给罗斯福总统，表示"日本渴望维持太平洋的和平"，为清除"相互猜疑和误会"，希望亲自会见美国总统，以便"阐明双方见解"。

9 月 3 日，罗斯福总统亲手将致近卫的复信交给野村大使，提出在举行首脑会谈前，有必要先进行预备会议。

就在近卫向美国总统提出日美首脑举行会谈的时候，9 月 3 日，日本正在召开会议，讨论日

世界通史

最新整理图文珍藏版

本国策实施问题。9月6日御前会议，日本通过了决心对美开战的方案，并决定10月15日结束日美谈判。

10月12日，近卫内阁就日美和战问题进行最后抉择。会上，由于内阁意见分歧严重，近卫被迫提出辞职。10月17日，日本天皇下达谕旨，授命东条英机组阁。

东条内阁是一个地地道道的战争内阁。他上台后，连续召开9天的政府和大本营联络会议，最后确定了新的《帝国国策实施要点》草案。

和平烟幕笼罩下的东京，11月5日的御前会议，决定了开战的时间。同日，日本军令部下达了："大海令第一号"，预计在12月上旬对英、美、荷开战；命令

舰队司令官完成各项作战准备；命令攻击珍珠港的机动部队按所指定的地点及时进入作战开始前的待命区——择捉岛的单冠湾待命。以先遣部队、机动部队、南洋部队、北方部队、主力部队对美国舰队进行作战。

陆军也下达了"大陆令第五五六号"。命令南方军进入战斗序列，协同海军准备进攻南方重要地区，同时下令侵华日军作好进攻香港的准备。但陆军的一切行动，都是配合海军作战，即一切为了偷袭珍珠港。

11月7日，联合舰队发布第二号令，要求完成开战准备，开战日期预定为12月8日。

11月13日，联合舰队举行最后一次碰头会。山本五十六以最

2451

日本航母被美军潜艇击沉

高指挥官身份命令"全军将士与本人同生共死"。

12月6日是夏威夷的周末。晚8时，日本海军特遣舰队在南云忠一的率领下正在全速前进。他们将到达瓦胡岛的正北方，从这里开始转入正南方，驶到瓦胡岛以北230海里处的偷袭起点。

机动部队距离夏威夷已经很近，几乎能听到那里的广播。瓦胡岛上平静，未实行灯火管制，珍珠港美军没有特殊警戒，一切照常。这时，美军太平洋舰队司令金梅尔和陆军司令肖特都去出席各自友人举行的周末晚宴。

午夜过后，南云忠一率领的特遣舰队已经由转折点处向正南行驶，起飞点就在眼前了。6艘航空母舰的甲板上，排列着一架一架的飞机，正做好起飞前的最后检查。……

"虎！虎！虎！"

12月7日早上6时，担任主攻任务的南云机动部队接到了进攻命令，各航空母舰的飞行甲板上的绿灯亮了，飞机一架接一架飞离航母，不到15分钟，担任第一波攻击任务的183架飞机就全部飞离甲板，其中战斗机43架、水平轰炸机49架、鱼雷机40架、俯冲轰炸机51架，在领航机信号灯导引下，迅速编好队形，绕舰飞行一周，然后在渊田美津雄海军中校的率领下扑向珍珠港。

此时美军太平洋舰队停泊在珍珠港内的舰船计有战列舰8艘、重巡洋舰2艘、轻巡洋舰6艘、驱逐舰29艘、潜艇5艘、辅助舰船30艘。岸上机场停有飞机262架，其余的2艘航空母舰、8艘重巡洋舰和14艘驱逐舰分别在威克岛、中途岛运送飞机，以及在约翰斯顿岛演习。

7时57分，日本鱼雷机从几个方向突入珍珠港，在仅仅掠过水面12米的高度上，向福特岛东西两侧的美国军舰发射鱼雷。8时05分，日本水平轰炸机从正西方向进入，再次轰炸了福特岛东侧停泊的战列舰，同时轰炸了高炮火力集中的依瓦机场。大火和爆炸引起的烟雾，顿时遮蔽了整个珍珠港，不少美国军舰来不及作战斗准备就沉入海底。8时40分，第一攻击波攻击结束，日机顺利完成首次空袭任务后安然返航。

8时40分，由78架俯冲轰炸机、54架水平轰炸机和35架战斗机组成的第二波攻击波已在瓦胡岛上空展开完毕。8时42分，167架飞机冒着越来越猛的炮火开始了进攻。水平轰炸机队负责攻击瓦胡岛的机场，俯冲轰炸机继续攻击舰只。两次空袭之间美军只有少数陆军的飞机得以起飞，又全部被零式战斗机击落，继第一波攻击之后，日军继续保持着制空权。

这时珍珠港已经浓烟滚滚，严重妨碍了俯冲轰炸机寻找下面的舰只。99式俯冲轰炸机都采取了根据弹幕轰炸的方式，就是哪里高炮最猛烈，飞机向哪里俯冲。有一架飞机俯冲下去后才发现目标是一座陆上炮塔，又连忙拉起。港内，停在战列舰队末尾的内华达号战列舰离开了泊位，它也是整个袭击过程中唯一开动的战列舰，但也因此多吃了不少炸弹。在第二次袭击的末尾，轰炸机队炸掉了靶船犹他号和其他几艘辅助舰只。

9时40分，第二攻击波大摇大摆地撤离后，渊田又在珍珠港上空盘旋，拍摄着他的胜利成果。而后飞往集结地率领机队返航。渊田的飞机最后一批降落。他强烈要求实施第三次空袭，轰炸油罐场和修理设施。南云认为基本任务已超额完成，不愿再冒更大的风险，10时整，日本舰队迅速地、静悄悄地溜走了。

这是一场海上、水下、空中闪电式的立体袭击战，在短短的1个多小时里，日军共投掷鱼雷40枚，各型炸弹556枚，共计144吨。击沉、击伤美军各型舰船总计40余艘，其中击沉战列舰4艘、重巡洋舰2艘、轻巡洋舰2艘、驱逐舰2艘和油船1艘；重创战列舰3艘、巡洋舰2艘和驱逐舰2艘；击伤重巡洋舰1艘、轻巡洋舰4艘、驱逐舰1艘和辅助船5艘。击毁飞机265架。美军伤亡惨重，总计2403人阵亡，1778人受伤。日军只有29架飞机被击毁，70架被击伤，55名飞行员死亡，5艘袖珍潜艇被击毁，1艘袖珍潜艇被俘。日本联合舰队司令官山本五十六赢得了这场赌博，这是他最为冒险、收益最大的一次赌博，这一赌使他名震世界海战史。

日本偷袭珍珠港，前后历时110分钟，击沉美国太平洋舰队的主力舰4艘、重创1艘、炸伤3艘，此外还炸沉炸伤巡洋舰、驱逐舰和各类辅助舰艇10多艘。空军损失也很大。陆军夏威夷航空部队的243架飞机中有128架被炸毁。海军基地的航空部队也有103架飞机被炸毁，剩下的飞机只有9架。美国陆海军官兵死伤4500多名（死亡3300多名）。美国太平洋舰队元气大伤，几乎全军覆没，太平洋舰队的战斗力下降了80%~90%，超过了美国海军的第一次世界大战中所受损失的总和。

太平洋舰队幸运的是，3艘航空母舰由于偶然的原因全部安然无损地保存下来了。"企业"号在从威克岛返回珍珠港的途中，迟到了10几个小时，从而躲过了这场灾难。傍晚，"企业"号驶入珍珠港。在它经常停靠的泊位上，靶舰"犹他"号被炸沉，无声地沉没在碧波中。"列克星顿"号离开珍珠港去中途岛运送飞机，"萨拉多加"号则在美国的西海岸进行检修。除此之外，还有部分巡洋舰，由于出去护卫舰队和海上运输队，或出外演习及执行特殊任务等，轰炸时不在港内，因此逃脱了这场葬身海底的灾难。

1941年12月7日，美国总统罗斯福签署了对日宣战书，随后，英国等也相继宣布对日作战。

珍珠港事件是日本军国主义策划已久的一个阴谋。美国想通过秘密交易，取得日美两国暂时的妥协。然而珍珠港事件引发了太平洋战争，打破了美国"先欧后亚"、"孤立主义"、绥靖政策等等不切实际的幻想，从而深刻地影响了第二次世界大战的进程。

苏军的空降作战

偷袭入侵

1941年6月22日（星期日）凌晨4时许，法西斯德国撕毁了苏德互不侵犯条约，开始了名为"巴巴罗萨"（红胡子）的战争计划。德军以190个师、550万人、3700余辆坦克、5900余架飞机、近5万门火炮和迫击炮，分编为3个方面军集群，在巴伦支海到里海的长达3000公里的战线上，同时向苏联发起猛烈进攻。从此，伟大的卫国战争开始了，第二次世界大战进入一个新的阶段。

德军以"闪击"战略，首先以航空兵猛烈轰炸苏联的重要城市。铁路交通、通讯枢纽和海空军基地等重要战略目标。然后，以优势的坦克兵团进行猛烈突击，向苏联防御纵深迅速发起进攻。其北方方面军集群沿波罗的海沿岸攻取列宁格勒，中央方面军集群沿明斯克、斯摩棱斯克攻取莫斯科，南方方面军集群攻取基辅、哈尔科夫和顿巴斯。德国企图在1个半月到2个月之内打败苏联。

当时，苏联对德国的背信弃义、突然进犯估计不足。战前，苏联驻德武官和驻英使馆都曾获得德国准备进攻苏联的情报，特别是德军入侵前夕，曾有一德国逃兵报告了德军已经接到于6月22日进攻苏联的命令，但这些都未引起苏军最高统帅部的重视，对德军的突然袭击毫无准备，再加上苏军在西部边境部署的兵力与德军相比十分悬殊，所以，德军很快突破苏军的防线，并取得了制空权和主动权。经过一场军事历史上最大的持续进攻战役，德军已把罪恶的刺刀直插苏维埃共和国的心脏。1941年12月2日，德军的一个侦察营已突入莫斯科近郊，德军士兵已能清楚地看到克里姆林宫的尖顶。苏军连连遭受严重失败，苏联人民陷入战争灾难之中。

然而，苏联人民没有被吓倒，苏联军队也没有丧失元气。德国法西斯的背信弃义，激起了苏联人民的无比愤慨，德军在苏联领土上的疯狂屠杀，千百倍地增强了苏联人民消灭法西斯的战斗决心。"崇高的愤怒，像浪潮一样翻滚——人民战争，神圣的战争到处奔腾！"

这激奋的战歌，响遍苏联大地，苏联人民万众一心，奋起抗敌。全军将士发出了钢铁誓言：

"为保卫祖国，消灭法西斯，流尽最后一滴血！"苏联共产党和苏维埃社会主义共和国以极大的凝聚力，把苏联人民紧密团结起来，形成一股消灭法西斯的革命洪流。苏联人民用自己的心血培养起来的红色伞兵，也满怀对法西斯的仇恨，投入了这场伟大的战争。

在德军侵苏战争初期，苏军曾拥有世界上最大的经过长期精心训练的空降兵部队。但是，由于苏军所处战略态势极为不利，许多战线的缺口没有兵力防守，为了保护苏军的整体实力，不得不把这支强大的空降兵部队当作地面部队，用在这些战线的缺口上进行作战，结果被强大的德军所击溃。这样，牺牲了好几个训练有素的伞兵师和滑翔师，付出了重大的代价。当时，苏军除伞兵规模比德军大以外，还有几个受过机降训练的步兵师，但是，由于缺乏运输机，也无法将他们运送到急需的战场上去投入战斗。后来，苏军曾试图用轰炸机空运伞兵，但由于轰炸机空勤人员都没有受过空降作战的专门训练，再加上轰炸机的机舱容量、机身结构和舱门设计都不适合运载伞兵和实施空降作战，因此难度很大，效率很低。尽管如此，

最新整理图文珍藏版

在战争爆发一个月后，苏军仍连续使用空降兵对德军实施空降突击作战。从此，一朵朵红色伞花开始在反法西斯战场上盛开怒放。

伞兵复仇

苏军首次使用空降兵对德军实施空降作战是在 1941 年 7 月 26 日。当时，德军以"闪击战"突破苏军边境防御后，向纵深进展很快，使苏军许多大型军用仓库未来得及转移就落入德军之手，一些重要的桥梁和交通枢纽未来得及炸毁就被德军占领。苏军组织的首次空降作战，目的就是对基辅地区被德军占用的军械仓库和交通要道进行一系列破坏。执行这次空降作战任务的是空降兵第 104 旅和第 202 旅的骨干。他们共 300 余人，组成 10 个战斗破坏组，于当天夜间秘密跳伞，首先

苏军向德军发射喀秋莎火箭炮

奔袭主要攻击目标，炸毁了基辅军械仓库。然后，各组按预定方案对附近地区德军占据的桥梁和交通要道进行破坏，由于执行任务的空降兵原来就驻在这个地区，对当地情况非常熟悉，所以各战斗组都能在较好地完成任务后，顺利返回自己的防区。

1941 年 8 月中旬，德军攻占了赫莫斯季河上的两座桥，后续主力部队企图经过这两座大桥向前推进。22 日深夜，苏军用空降兵一个连在大桥所在的亚尔采沃地区伞降，执行炸毁这两座桥梁的任务。空降场选在一片森林的边缘，离两桥约 5 公里。苏军伞兵着陆后没有遇到任何抵抗，连长捷列丰科上尉将全连分成两个行动组，凌晨 4 点，两组同时向两座桥梁的守军发起进攻，在夜暗的掩护下，他们顺利地接近目标，消灭了守桥的德军哨兵，完成了破坏任务。然后，全连又集中起来，在附近的交通线上开展袭击敌军的活动。在当地群众的积极支持下，他们在敌后巧妙地打击敌人，坚持战斗 45 天，于 10 月上旬返回自己部队。

在亚尔采沃空降作战以后，苏空降兵又在敖德萨进行了一次配合海军陆战队反突击作战。从

1941 年 8 月初开始，苏军独立滨海集团军和里海舰队与敖德萨人民一起，展开了敖德萨保卫战。9 月 21 日，在德军南方集团军群编制内的罗马尼亚第 4 集团军一部突入敖德萨东郊地区，并用炮兵对港口进行袭击封锁，企图阻止支援敖德萨的苏军在此登陆。22 日，苏军的两个步兵师对推进中的罗马尼亚第 4 集团军进行联合突击，同时，海军少将戈尔什科夫指挥的战舰正运送海军陆战队第 3 团在格里哥里耶夫卡地域登陆。为了配合陆海军的联合反突击作战，在反突击开始时，先进行了 30 分钟的炮火准备。接着以 23 名空降兵在敌阵地后部实施伞降。伞降地域是敌军预备队向登陆地带行进时必经的道路枢纽部。伞兵着陆后，立即对预定的交通枢纽进行破坏，并袭击了罗军一个营的指挥所。由于伞兵分散着陆，散布面积很大，造成大部队空降的假象，敌军一时惊慌失措。经过苏军陆、海、空三军的联合突击，罗军被击退 5～8 公里。苏海军陆战队也顺利登陆，敌军攻占敖德萨的企图失败。

接着，在 10 月 3 日和 4 日，苏军又在奥廖尔实施了一次较大规模的空降作战。1941 年 9 月 30

日，德军向奥廖尔地区投入了主力军团。10 月 3 日，敌先头部队进到奥廖尔，并沿奥廖尔－图拉公路向前推进，对莫斯科构成严重威胁。苏军为了组织新的坚强防御，迟滞德军进攻，迅速在姆岭斯克地区集结部队，组建了步兵第 1 军。同时，决定将空降兵第 5 军紧急空运至奥廖尔，任务是在步兵第 1 军未完成防御准备前，将德军坦克部队阻截在奥廖尔和姆岭斯克之间。为了配合空降兵作战，苏军还以一个坦克旅用最快速度向奥廖尔开进。

10 月 3 日 5 时 40 分，空降兵第 5 军接到出击命令。参战兵力有第 5 军所属的第 10 空降旅和第 201 空降旅，共 600 余人，80 架 ПС－84 型和 ТБ－3 型运输机担任空运任务，空运距离 500 公里，由军长格尔杰夫少将组织指挥。6 时 30 分，空运 201 旅的飞机开始起飞，2 小时后飞至奥廖尔机场上空时，遭到德军猛烈炮击，空降兵冒着敌人的炮火空降着陆，紧急驰援正在奥廖尔西北部与敌正面作战的地面部队。正当第 5 军主力在奥廖尔机场实施空降时，第 201 旅第 3 营也在奥廖尔东北 8 公里的奥图哈机场空降，着陆后，他们迅速破坏了通向奥廖尔和姆岭斯克的公路。10月4日，空降兵第5军各作战部队全部空降完毕，第2天，从地面快速开进的一个坦克旅也按预定方案到达第5军的作战区域。此后，这两支部队密切协同，在奥廖尔和姆岭斯克之间的40多公里的区域内进行机动防御作战，经过10昼夜的持续战斗，有效地阻止了敌军，为步兵第1军组织防御赢得了时间，为莫斯科保卫战的胜利做出了贡献。

伟大的苏联军民经过近半年的浴血奋战，狠狠打击了法西斯的嚣张气焰，稳住了战场态势。1942年2月5日拂晓，苏军加里宁方面军的左翼部队对德军实施了突击。6日凌晨，苏军西方面军的突击集群和西南方面军的右翼突击集群，在航空兵的协同下，转入了对德军的反攻。从此，伟大的卫国战争进入了局部反攻阶段。在这个阶段里，苏军多次组织实施了空降作战。

1941年12月初，在苏军首次对包围莫斯科之德军实施反击时，苏军第30集团军和第1集团军将德军坦克第3、第4集群的一部分围困在克林地区，德军处境十分困难，拼命向沃洛科拉姆斯方向撤退，企图在拉马河、鲁扎河沿

岸组织起新的防御。为了破坏和阻塞德军撤退，苏军空降兵第214旅的1个营共415人，于12月14日夜间在克林地区伞降。伞兵着陆后，在营长斯塔尔恰上尉的指挥下，持续战斗19个昼夜，破坏了29座桥梁，袭击了德军撤退中的行军纵队，切断了由克林至沃洛科拉姆斯、沃洛科拉姆斯克至洛托希洛及克林至新彼得罗夫斯卡亚等3条公路，破坏了沙霍斯卡亚至新彼得罗夫斯卡亚的铁路线，击毁敌汽车10余辆，击毙德军700余人，阻滞了撤退中的德军坦克部队。完成任务后，空降兵与地面作战部队会合。

1941年12月底，苏军在夺回刻赤半岛的登陆战役中又一次成功地进行了空降作战。1941年11月中旬，德军占领了刻赤半岛，苏军进入局部反攻后，为夺回刻赤半岛，歼灭费奥多西亚地区的德军集团，决定于1941年12月5日至1942年1月2日进行刻赤—费奥多西亚登陆作战。在这一战役中，苏军以空降兵第2军的一个营共450人进行空降作战，原定任务是夺取刻赤西面的桥头阵地，掩护登陆部队登陆。后因登陆部队的船只在亚速海被坚冰所阻，空降兵的任务改为在阿拉巴

特峰的腰部伞降，切断德军在阿拉巴特地区的所有通道，协同苏44集团军歼灭费奥多西亚地区的德军。

空降前一周，苏军先在刻赤半岛空降了数个带电台的侦察组，及时而全面地收集、汇报了该岛的敌情和地形资料，并为空降着陆做好了准备。

1941年12月31日深夜，由苏军空降兵司令部直接指挥的几十架满载着苏军空降兵的ТБ－3型飞机，在克拉斯诺达尔机场起飞，顺利到达空降地域，实施了空降。伞兵着陆后，很快夺取了附近的敌军炮兵阵地，并在交通线上派出若干破坏组，袭击德军的交通枢纽和指挥所。由于空降兵在该岛的活动面积很大，德军误认为是大规模空降，引起了惊恐和混乱，后方工作也一度陷入瘫痪，从而保证了第44集团军的登陆。

1942年刚一开始，苏军又在

德军突击队占领石台地，以便飞机降落。

大法季扬诺沃机场进行了一次空降作战。1月初，苏军西方面军向西发起进攻，前出到纳曼弗明斯克、卡卢加和别列夫一线。为了破坏德军的物资补给和阻滞德军的增援，乘胜围歼位于维亚兹马地区的德军第4装甲集团军，苏军决定以苏第23集团军从维亚兹马西南实施正面进攻，第10集团军实施两翼包围，同时派空降兵在德军第4装甲集团军防御区域内的大法季扬诺沃机场实施空降，夺取该机场和附近的米亚特列沃火车站，切断德军交通线，从敌防线内部实施突击，配合正面部队围歼敌人。原计划首先由苏伞兵第1支队202人组成伞兵先遣队，在大法季扬诺沃机场实施伞降，夺取该机场，并做好迎接机降准备。同时，由空降兵第201旅1营，约300余人，在美登西北12～15公里的古谢沃、布尔都科沃和萨科沃等地实施伞降，直插尤赫诺夫—美登公路，破坏爱沙尼亚河上的桥梁。然后，步兵第205团约1300人，在大法季扬诺沃机场机降，夺取米亚特沃车站，切断德军交通，从内部打击敌人，配合正面部队进攻。计划用21架ТБ－3型和10架ПС－84型运输机，从费努科沃机场起飞，用4

个航程完成全部空运任务。

1月3日夜，在空降行动开始前，计划有所改变。由伞兵第1支队组成的先遣队和伞兵1营都同时在大法季扬诺沃机场伞降，共空投了416人，按突击队、保障队、预备队和场地组的顺序伞降着陆，着陆后，当天只集合起15%的伞兵，由于德军拼死抵抗，直到第二天晚上才占领该机场。但机场上积雪太厚，飞机不能着陆。伞兵们只好一面抗击德军的疯狂反扑，一面连夜抓紧时间清除跑道上的积雪，到第三天凌晨，当伞兵们完成迎接机降各项保障时，暴风雪突然来临，步兵第205团的机降被迫取消。空降着陆的伞兵就在敌占区内独立地进行游击战，他们破坏了米亚特列沃火车站，偷袭了两列运载坦克和技术兵器的列车，切断了通向卢卡加的交通线，并俘获了一支拥有100余辆马车的运输队。1月19日，他们与正面进攻的部队会合。

在大法季扬诺沃空降作战以后，苏西方面军已从南北两个方面包围了尤赫诺夫地区的德军第4装甲集团军，为切断该敌所占据的维亚兹马—尤赫诺夫之间的交通要道，割断该敌的主要补给线，配合正面部队一举歼灭该敌，苏军决定在热拉尼亚地区进行一次空降。参战部队是空降兵第201旅第2、3营和步兵第250团。空降地域选在维亚兹马西南40公里处一个纵深为40～50公里的地带。计划首先由空降兵的2个营实施伞降，夺取并守住兹纳缅卡机场，作好迎接机降准备。然后，步兵250团机降，由民航总局21架ПС-84型客机进行空运。

飞机在起飞前临时装备了一些自卫武器。另由第23轰炸师的TB-3型轰炸机空投反坦克炮和其他作战物资。

1月18日凌晨3时35分，16架运输机满载着第201旅2个营的空降兵在费努科沃机场起飞，到上午9时止，共伞降了452人。他们着陆后很快与当地游击队取得联系，并立即向兹纳缅卡机场发起进攻，但由于遇到德军的有力抵抗，未能夺取机场。因此，第2批4架载有指挥组和机场勤务人员的飞机临空后被迫改变计划，于17时改在游击队控制的另一个机场机降。着陆后，由于天色已晚，再加上跑道积雪太厚、飞机不能起飞返航。第二天，德军向该机场发起猛烈攻击，击毁了所有飞机，并夺取了机场。1月20日，空降兵在当地游击队的大力支持下，很快又在普列斯涅沃西北开辟了一个简易机场，并及时报告了空降兵司令部。当天夜间，步兵第 250 团开始在该机场机降，由于运输机太少，机降过程一直持续了 3 个夜晚，机降了 1643 人，由于德军的攻击，损失了 3 架飞机，伤亡 30 余人。

德军发现苏军空降后，21 日调遣 4 个步兵连抢占了乌格腊河上的铁路大桥。空降兵在地方游击队的支持和配合下，包围了这支部队和大桥，消灭了守桥之敌，占领了大桥，同时还切断了德军后方从尤赫诺夫到维亚兹马的公路运输。他们在敌占区坚持战斗 12 昼夜。30 日，苏军近卫骑兵第 1 军突破德军在尤赫诺夫以西的防线，进入该地区与空降兵会合。

维亚兹马空降失利

接着，苏军在维亚兹马进行了首次大规模的空降战役。

1942 年 1 月中旬前，苏军已经从北面和东南面完成了对德军中央集团军群的纵深包围，但未能攻占德军在尤赫诺夫和维亚兹马之间坚固的抵抗枢纽部，这些枢纽部不仅钳制着苏西方面军中路集团军的进攻，而且还严重阻滞着苏第 3 集团军和骑兵第 1 军向维亚兹马的进攻。苏军为了消除这些抵抗枢纽部，歼灭该区域内的德中央集团军群，决定让加里宁方面军骑兵第 1 军南下，西方面军的近卫骑兵第 1 军北上，第 33 集团军从东南向维亚兹马进攻；同时，空降兵第 4 军于维亚兹马以西地区实施空降作战。

这是一次极其艰难的空降战役，原计划空降从 1 月 21 日开始，但由于运输途中铁路被德军破坏，空降兵未及时到达集结地域，开始时间不得不推迟到 1 月 27 日。整个战役分两个阶段进行。

第一阶段是从 1 月 27 日到 2 月 1 日，在奥泽列奇尼地区的空降作战。参战部队是空降兵第 4 军军部及所辖的第 8 旅、第 9 旅和第 214 旅，约 1 万人，由空降兵司令员格拉祖诺夫少将直接指挥。由 40 架 ПС－84 型民航客机和 25 架 ТБ－3 型轰炸机承担空运，另有 30 架战斗机掩护空降兵出发地域，72 架战斗机掩护空降，指挥所设在卡卢加，出发机场是卡卢加附近的格拉布采沃、扎什科沃和勒扎韦 3 个野战机场，空运距离为 180～200 公里。

1 月 24 日，西方面军司令员朱可夫向空降兵第 4 军军长列瓦绍夫下达了作战命令。26 日，军长列瓦绍夫向所属 3 个旅下达了实施空降作战任务：第8旅第2营作为军的先遣队，于27日在奥奇列奇尼亚地区空降，夺取空降场，保障主力空降；第8旅其余部队都于27日夜间跟进第2营空降，占领并扼守格拉金、别列兹尼基地区，切断德军退路；第9旅在第8旅之后于格里亚依诺沃地区空降，控制公路，阻断德军增援；第2军军部和所配属的独立坦克营、炮兵营为预备队，在维尔茨科耶地区空降。同时命令：在空降开始时，首先于维亚兹马，瓦基津卡和耶尔尼亚地区空降7个破坏群，每群20～30人，实施对敌侦察、破坏活动。

1月27日黄昏，空降战役开始时，原计划实施空运的65架运输机，只到了61架，掩护空降出发地的30架战斗机只到了19架，掩护空降的72架战斗机1架也未到。

27日16时，首先在德军预备队行动路线上空投了7个侦察破坏战斗组。同时，空降兵第8旅第二营638人也登机起飞。由于飞行员没有判定好方位，结果把第2营错投在预定目标以南20公里的塔博雷地区，空降时因遇到德军高射炮的猛烈射击，使伞降分布地域过大，其半径达到20～

25公里，直到28日晨，才集合起476人。同时空降下的作战物资，如弹药、食品、滑雪工具等，大部分都未找到。更为严重的是，第2营着陆后，因电台损坏，与旅司令部失去了联系。在这种情况下，营长为完成先遣队的作战任务，除留少部分人在当地活动外，他带领全营主力，前往预定的空降地域，占领空降机场，迎接旅主力空降。28日晚，第2营到达预定的奥泽列奇尼亚地区，但该地机场已被德军占领。当夜，第2营就向机场守敌发起攻击，并夺取了机场，随之便点起迎接主力空降的篝火，设置对空联络信号。但由于电台没有修好，通信联络中断，一直未见苏军飞机临空。第8旅在得不到第2营空降报告的情况下，按原计划，于当日夜间，实施第二批空降。这次空降和第2营一样，不仅未空投到预定地域，伞降分布也很大，随部队空投的作战物资全部散失，而且，部队空降后也因电台损坏，与旅司令部失去了联系。由于旅司令部找不到空降后的部队，而且与军司令部也失去了联系。军司令部曾两次派联络军官到旅司令部了解情况。29日，军司令部又派侦察处副处长何克先诺夫上

世界通史

最新整理图文珍藏版

尉乘飞机前往空降地域了解情况，飞机在寻找部队的过程中因油料耗尽，被迫降落在沃朗佐沃村附近。着陆后，他没有找到各营指挥员，但集合起该地区的213名伞兵，组织他们攻占了沃朗佐沃村，歼灭了数名德军。随后，他们又攻占了附近的博尔迪列沃村和莫洛佐沃村。当时，旅司令部虽然还未与空降地域取得联系，但为了完成预定作战任务，29日晚又在原空降地域伞降了540人，30日白天伞降了120人。30日夜，空降兵第8旅旅长、政委亲自带领215人空降到敌后，并带去了电台。31日旅长沟通了与各营的联络，并向军司令部报告了空降作战情况。随后，又在该地区空降了389人。到2月1日止，历时6昼夜，第8旅共空降了2500人，及许多作战物资。然而，最后集合起来的只有1320人，空投的作战物资大都丢失。

这次空降战役开始后，德军侦察飞机很快发现了苏军的空降出发机场，从28日起，就连续多批次使用轰炸机和歼击机，对出发机场进行轮番轰炸和扫射，使苏军的三个出发机场有两个被严重破坏而不能使用。运输飞机也受了很大损失，最后只保留下

12架。

2月初，维亚兹马地区的作战形势发生了变化，德军的防御有所加强，苏军的正面进攻受挫。根据当时的战场态势，空降兵第4军只好暂时停止空降。这一战役的第一阶段就此结束。

第二阶段是2月18日至24日在尤赫诺夫的空降作战。参战部队有空降兵第4军军部及所属的第214旅、第9旅和第8旅第4营。空降地域选在尤赫诺夫以西的热拉尼耶游击队活动区。当时，苏军在这里的战场态势日趋恶化，德军增援了新的力量，连续对苏军实施反突击。此次空降的任务，是从敌后突破德军防御，前出到尤赫诺夫西南25~30公里的华沙公路附近，与正面进攻到那里的苏第50集团军会合，然后合击德军后方，以协助西方面军主力歼灭尤赫诺夫地区的德军集团。参战飞机有41架ПС-84型和23架ТБ-3型飞机，空运距离250公里。由于飞机数量不足，计划用3个夜间完成空降，每架飞机每夜出动两次。

2月17日夜，首批20架飞机在莫斯科附近的柳别尔齐机场飞向夜空，将作为先遣队的第8旅第4营投向预定空降目标。但是，

由于飞行员经验不足，其中19架飞机因为未找到空降场而返回，只剩一架飞机还把伞兵投错了地方，这些伞兵空降后便杳无音信。接着，从18日到21日，第9旅和第214旅实施空降，到22日第4军军部完成空降后，整个空降结束。在空运过程中，第4军军长列瓦绍夫少将乘坐的飞机遭德军飞机袭击，军长中弹牺牲。此后，该军由参谋长赞金上校指挥。

这次空降，经过6个昼夜，出动飞机612架次，空降7373人，到24日才集合起一半的人员，空投作战物资1500余件，几乎全部散失。造成这样结果的原因，首先是跳伞高度过高。为了减少敌方地面火力对飞机的威胁，跳伞高度由原定的600米提高到1200米。其次是地空联络信号选择不当。苏军确定空降和空投的地面信号都是点燃篝火。由于当时天气很冷，苏军游击队和德军都到处点火取暖，后来德军还特意到处点火以迷惑苏军航空兵。因此，篝火遍布战场，使运输机很难找到空降场。

2月25日，空降后汇集起来的部队开始执行预定的战斗任务，向南发动进攻。但由于当时天寒地冻，气候十分恶劣，地面行动相当困难，加之德军又在空降兵预定的前进道路上占领阵地，步步阻击，部队进展很慢。27日，由于缺少弹药，又遇德军猛烈反击，他们被迫停止进攻，转入防御。这时，正在正面进攻该地德军的苏第50集团军也因作战失利，未能按预定计划进到华沙公路与空降兵会合。根据战场情况变化，上级命令他们改变计划，在当地与游击队结合，进行游击战。3月14日，他们接到方面军指示，对开进中的一支德军进行伏击，由于敌强我弱，兵力过于悬殊，未能完成作战任务。

维亚兹马空降战役是苏军第一次大规模空降作战。由于当时的困难局势，运输机严重不足，空降保障不力，组织指挥缺乏经验，空降兵与航空兵、空降兵与地面部队、航空兵与地面部队协调不好等多方面原因，致使战役失利。战役结束后，空降兵司令员格拉祖诺夫少将被解除职务，改任步兵兵团指挥员。

对这一战役的功过，贬者甚多。不过，在空降战役中，空降兵第4军在德军防线内部持续战斗近6个月，击毙德军1万多人，摧毁德军大量的武器装备，在很大程度上破坏了德军的交通补给

世界通史

最新整理图文珍藏版

线，扰乱了敌占领区域内的军事活动，其贡献是不可抹杀的。同时，红色伞兵在极度困难的条件下，舍生忘死，不惜一切代价，积极主动，独立作战，奋勇杀敌，他们这种顽强意志和英勇无畏的精神也永远值得后人学习。

红色伞兵的巨大贡献

在维亚兹马空降战役进行过程中，苏军还在尔热夫地区为支援被围困的苏军部队突围，进行了一次空降作战。

1942年2月，在西方面军第33集团军被德军包围的同时，加里宁方面军第29集团军司令部及部分部队也在尔热夫地区被德军包围。方面军决定，将空降兵第204旅的一个营空降到尔热夫地区，支持第29集团军的突围战斗。

2月16日夜，运送空降兵的飞机分两批在莫斯科附近的柳别尔齐机场起飞，采用单机跟进、梯次进入、围绕空降场上空作圆圈飞行的方法，在300米低空伞降了312人，另有38人未在预定地区降落，还有75人因所乘飞机没有找到空降场而返回机场。

当时，被德军包围的苏第29集团军所扼守的东西长8公里、南北宽7公里的地域，全部处于德军炮火的威胁之下。空降时，其中一个伞兵群正好降落在德军的一个炮兵阵地上。他们着陆后，立即攻占了这个炮兵阵地和附近的德军支撑点。与此同时，德军也有一个连攻入第29集团军司令部防守地域，双方展开了激战。空降兵着陆后，立即投入歼灭这股敌人的战斗。17日晚，全营集合起166人，当天夜里，第29集团军开始突围，空降兵担负后方和两翼掩护，21日夜，被围苏军全部突出德军包围。

尔热夫空降作战以后，苏军在局部反攻阶段还进行过两次空降作战。

一次是抢占洛云河渡口的小规模空降突击。1942年4月，苏军西北方面军为加速第3、4集团军的展开和推进，4月9日，在洛云河畔伞降了200人。空降兵着陆后，迅速占领了洛云河渡口，并控制了通向渡口的交通枢纽，在地面部队到达之前，他们出色地完成了预定任务，做好了保障部队渡河的各项准备工作。第二天，第4集团军先头部队抵达空降地域，迅速通过渡口，向前推进。

另一次是在高加索北部袭击迈科普机场的空降作战。1942年7

最新整理图文珍藏版

月，德军开始向高加索进攻，7 月
25 日至 1943 年 1 月 2 日，苏军进
行了顽强的防御作战。在此期间，
苏军且战已退，在运动防御中，
曾采用多种方式打击和削弱德军，
以改变力量对比，为反攻创造条
件。其中，用空降小分队袭击迈
科普机场，就是在防御过程中削
弱德空军的一个举措。

1942 年 10 月，苏军从海军航
空兵抽调了 40 人，组成了一个空
降兵小分队，执行这次空降袭击
任务。小分队分为破坏、掩护和
指挥 3 个小组，各组根据自己的
任务配备相应武器装备，并进行
专门训练。另有两名当地的游击
队员，也参加小分队的训练和作
战，以便在完成任务后，将小分
队带入游击队所在地。在小分队
组建和训练过程中，苏黑海舰队
战地司令部还组织了对迈科普机
场的空中侦察，获取了机场停放
飞机数量、机型、警卫及每天变
化等多方面情报。

10 月 23 日深夜，空降行动开
始，苏军轰炸机编队穿过云层向
迈科普机场飞去。前面轰炸机的
任务是压制德军地面火力和摧毁
敌探照灯，轰炸迈科普车站，吸
引和牵制德军火力，封锁德军向
机场的增援。但他们没有完成这

项任务。当后面满载执行空降作
战任务伞兵的 4 架轰炸机飞临机
场上空时，遇到德军地面炮火的
凶猛射击，有两架飞机相继偏离
编队，剩下两架飞机在炮火中伞
降了 20 人。他们着陆后，没有集
合，就各自执行自己的作战任务，
经过 40 分钟的激战，将敌机场上
的 54 架飞机击毁 22 架、击伤 20
架，并击伤击毙了一些德军。待
德军增援部队赶到时，小分队因
人员伤亡过半，已经主动撤出战
斗，转入到游击队活动区。

在苏联人民反法西斯战争的
最艰难的时刻，莫斯科郊外初开
的这一朵朵红色伞花，不仅给德
国法西斯以有力的打击，为苏联
人民由战略防御转入战略进攻做
出了一定贡献，而且还初步展示
了红色伞兵的英雄气概和巨大的
潜力。它为红色伞兵的建设和发
展提供了极其宝贵的经验。红色
伞兵在反法西斯战争中所创造的
英雄业绩将永垂青史。

日军的空降作战

组建空降部队

第二次世界大战初期，德、
意法西斯在欧洲军事进攻的连连

世界通史

最新整理图文珍藏版

得逞，极大地助长了日本军国主义者争夺霸权的狂妄野心。在欧洲战场上，正当法西斯德国军队对莫斯科进行疯狂进攻，企图一举拿下莫斯科、彻底打败苏联，实现其欧洲和世界霸权的时候，日本，这个东方法西斯帝国，也跟随其轴心国——德国和意大利，踏上了争夺亚洲和世界霸权的战争道路。

1941年12月7日华盛顿时间1时20分（东京时间8日3时20分），日本帝国不宣而战，突然偷袭了美国驻珍珠港的太平洋舰队，接着又对美、英、荷在太平洋地域和东南亚地区的主要军事基地发动了连续猛烈进攻。太平洋战争从此开始，第二次世界大战扩大到太平洋、印度洋、东南亚、印度、南洋地区和澳大利亚等辽阔的土地。美国和太平洋、印度洋沿岸许多国家都直接卷入了战争。由日本挑起的太平洋战争，反而增强了全世界反法西斯的力量，加速了法西斯的灭亡。

由于日本用卑劣的外交谈判掩盖其军事进攻的准备，使美英等国对日军的突然进攻毫无精神准备。因此在战争初期，日军一直处于战略进攻的有利态势，而美英等国盟军则处于极为不利的战略防御和退却之中。日军统帅部计划原来分三个阶段完成战争初期的战役任务，结果头两个阶段就已经完成了战争初期的全部战役任务。而在第一个阶段，日军就首次使用空降兵、实施了对盟军的空降突击作战。这是日军在太平洋上空撒下的第一束伞花。然而，这是一束不祥之花、罪恶之花、灾难之花。它落在哪里，就给哪里的人民带去战争、恐怖和死神；同时，也在那里播种下对法西斯日本帝国仇恨的种子，点燃了那里消灭法西斯的烈火。因此，它又是日本法西斯的一束葬花。

1940年，日本军国主义者看到德国空降兵在进攻丹麦、挪威、荷兰、比利时等战役中发挥了重要作用，于是当年年底就在德国伞兵专家的帮助下组建自己的空降兵部队。1941年12月，日本陆军建成了一个伞兵旅，海军建成一个伞兵加强营，当时日军都把这个营称之为横须贺海军特种登陆部队。这就是太平洋战争初期，日军所拥有的全部空降兵实力。

1942年初，日军南部方面军第16集团军对垂涎已久的荷属东印度群岛发动了进攻，兵分三路，东路于1942年1月进攻西里伯斯岛，从该岛的万雅志、肯达里和望加锡三地登陆。在万雅志登陆作战中，日本海军首次使用伞兵营对万雅志机场进行空降突击。这是日军有史以来第一次空降作战。

实施空降作战

1941年底，伞兵营受命进驻菲律宾达瓦奥机场，进行空降作战准备。1942年1月10日，营长侯立鸟基率各连连长对万雅志进行空中侦察，根据侦察和在万雅志附近海域日军潜艇的报告，日海军司令部决定第二天实施空降突击。当天晚上，侯立鸟基向全营500人下达了在万雅志机场空降作战的命令，任务是占领该机场和附近区域，保障日军航空兵按时进驻和使用万雅志机场，并支持海军陆战队登陆作战。第1、2连第一批空降，夺取机场后，第1连迅速攻占附近的兰格安城，并扼守住兰格安通往万雅志机场公路的重要目标；第2连沿卡卡斯公路向前进攻，占领并守住卡卡斯水上机场。营长侯立鸟基随第1连行动。第3连为预备队。

1月11日晨，夺取万雅志机场的空降突击行动开始。第一批340人，乘30架运输机从菲律宾起飞，经过集合编队，直向西里伯斯岛飞去。在海上飞行中，遇到了雷雨，机群只好降低高度，贴着海面飞行，因为气候不好，能见度差，飞行高度低，为预防飞机坠入海中，机上伞兵都进行了海上救生准备。脱离雷雨区以后，飞机升到6000米高空，机上伞兵又迅速做好实施伞降和战斗准备。在航行过程中，由于气象复杂，特别是因为日军歼击航空兵与运输航空兵协调不好，结果有两架运输机被日军自己的战斗机击落。上午9时许，运输机群以100～150米高度进入目标上空，这时遇到机场守军高射炮的射击，但飞机无一损伤。9时44分，这也就是日军第16集团军向西里伯斯岛发起突击后约4小时，日本海军空降兵第一批两个连队，在万雅志上空冒着地面炮火，伞降下234名伞兵。由于着陆点离守军阵地太近，最近的只有30米，再加上地形开阔，在守军机枪火力的压制下，伞兵很难活动，空投的武器也无法收集。他们只好以随身携带的武器进行战斗，以伞刀和头盔挖掘掩体。接着机场守军在装甲车掩护下向伞兵进攻，伞兵处境十分危险。为了摆脱困境，他们不得不拼死在守军火力压制下找回空投的重机枪，对守军进行猛烈还击。不久，预备队（第 3 连）伞降成功，伞兵力量得到加强，他们就集中起来，向机场守军发起进攻。经过激烈战斗，到中午，他们俘虏了守卫机场的荷兰军队 1500 人，占领了机场。随后，按照预定计划，第 1 连很快就攻下了兰格安城，第 2 连沿着卡卡斯公路向前进攻，于当天下午攻占了卡卡斯水上机场。12 月，第二批日军 185 人在机场机降。当天夜间，日海军陆战队在万雅志登陆，与伞兵会合。13 日，日军航空兵进驻机场。以后，伞兵还顺利地完成了在万雅志地区搜歼残敌的任务。日军航空兵占领万雅志机场以后，为日军飞机提供了半径为 400 公里的活动区，日海军在这支航空兵的掩护和支持下，很快就连续攻取了肯达里、望加锡港口，以及西里伯斯岛的其他港口和机场。14 日，日军第 16 集团军完全控制了该岛。

日军第 16 集团军在占领西里伯斯岛以后，又于 2 月 20 日向南进攻帝汶岛。在进攻帝汉岛时，日海军伞兵营又一次实施了空降突击作战。

帝汶岛又名的摩尔岛，当时有 3000 余荷兰、澳大利亚军队驻守。日军在进攻帝汶岛时，下达

给伞兵营的任务是，在海军陆战队登陆时，伞兵在该岛南部的邦富伊机场附近空降，占领机场，保障航空兵按时进驻和使用机场，同时切断守岛的荷、澳军队的退路。实施空降前，伞兵营根据万雅志空降作战的经验，对空降作战的组织工作进行了一系列改进，如伞降地域不要靠机场太近，而是在离机场几公里以外，轻重机枪不要与伞兵分开空投，而由伞兵携带空降。空降分两个梯队，第一梯队 450 人，由第 1、第 3 连和营部组成；第二梯队 250 人，主要由第 2 连组成。

2 月 21 日拂晓，日海军陆战队两个营在数辆坦克配合下，开始在帝汶岛南端古邦登陆。10 时，空运伞兵营第一梯队的 30 架运输机在根达利机场起飞，在战斗机的掩护下，航行 700 公里，直达古邦以东 28 公里的邦富伊机场。当时机场上空天气很好，飞机从 700 米降为 100 米后开始伞降，伞兵着陆后只遇到微弱抵抗。第 1、3 连很快集中起来，收集完空投物资后，立即向机场前进。此时，海军陆战队正在古邦登陆，伞兵为了加快行进速度，放松了对守岛敌军的警惕，在前往机场途中，遭到守卫机场荷军的突然袭击。经过激烈

战斗，伞兵两个连的人员伤亡都过半，各排排长全部阵亡。伞兵无力前进，当夜只好就地休息。第二天凌晨再发起进攻时，邦富伊机场已被日军登陆部队占领。伞兵第二梯队在第一梯队与机场守敌遭遇时，在原空降地域伞降，第二天上午赶到机场，与第一梯队会合。

日军空降兵的另一支部队，即日本陆军伞兵第1旅，在太平洋战争初期日军第25集团军进攻苏门答腊战役中，首次在巴邻旁机场进行了空降作战。

盛产石油和橡胶的苏门答腊，一开始就是日军作战计划中必夺的重要目标之一。1942年2月中旬，日军第25集团军司令官山下奉文中将决定，首先在巴邻旁实施空降突击，以此迅速进攻和占领苏门答腊。

巴邻旁又名巨港，位于苏门答腊岛慕西河下游，距东海岸110公里，是个内河港口城市。该市有一个重要的机场和两个大型炼油厂，是苏门答腊的炼油中心。当时防守该岛的盟军由荷兰、澳大利亚和英国军队组成，由一名荷兰上校军官指挥。守卫巴邻旁机场的兵力为530人，配有13门高射炮和5挺机枪；守卫两座炼油厂的兵力为550人，有10门高射炮和5挺机枪。日军为了在敌军未来得及破坏之前，确保在两个炼油厂的设备不受损失的前提下，完整地占领这个炼油中心，在陆军攻占该岛的登陆作战前，先派由久米精一大佐指挥的伞兵第1旅实施空降突击，突然占领机场和炼油厂。

久米精一指挥的伞兵第1旅，于1941年12月1日在日本九州新田原机场组建后，在南部方面军指挥下，一直在金边执行任务。1941年1月31日，久米精一接到第3航空大队指挥官的命令，率伞兵1旅开赴新加坡以北640公里的马来西亚双溪大年机场集结，2月6日，第1旅抵达双溪大年机场后，领受了在巴邻旁实施空降、夺取机场和炼油厂的任务。2月8日，又奉命转场到空降出发机场，即新加坡的居銮机场和卡杭机场，空降时间拟定为2月9日。

日军计划以步兵第38师从海上溯慕西河而上，于2月11日在巴邻旁登陆。在登陆前两天，以伞兵第1旅第2营在机场和炼油厂附近空降，夺取机场和炼油厂。同时切断交通线，阻止守军后撤和预备队增援。伞兵第2营共有700余人，分3个梯队：第一梯队为第2、4连及1个机枪排、2个工兵排和1个通信队，共240人，由营长甲村武雄亲自指挥，负责攻占机场。担负空中运送和掩护的航空兵，由两个运输机中队、飞行第98战队（缺1个中队）、飞行第64战队和飞行第81战队之一部组成。第二梯队为第1连和1个机枪排，共90人，由中尾中尉指挥，负责攻占巴邻旁东部的双溪格隆炼油厂和乌约迪拉弗炼油厂。担负空运和掩护的航空兵，由约两个运输机中队、飞行第98战队的1个中队、飞行第59战队和飞行第81战队之一部组成。第三梯队为第3连和1个工兵排，共96人，作为预备队。旅长久米精一上校随同伞兵第2营一起参加空降突击战斗。计划用于配合空降突击的飞机有：陆军方面，侦察机9架，战斗机约70架，袭击机约20架，重型轰炸机约30架，总共129架；海军方面，海上攻击机100架，战斗机约30架，陆上侦察机6架，水上侦察机约40架，总共176架。

2月6日，日军出动33架轰炸机和32架战斗机，对巴邻旁机场和地面防御设施进行空袭。盟军战斗机起飞迎战日军机群，并在日军飞机抵达目标上空以前，击退日军轰炸机。这时，日军轰炸机虽放弃了对巴邻旁的空中打击，但把攻击目标转向了邦加岛的蒙托克城。当他们飞抵该城上空进行轰炸时，未遇盟军的任何抵抗。7日，日军又派6架轰炸机，在31架战斗机的掩护下，成功地飞临巴邻旁机场上空，摧毁了盟军地面上的一些飞机。由于盟军的反击，日军被击落两架飞机。8日，日军又出动轰炸机，在25架战斗机掩护下，第三次对巴邻旁机场进行袭击，击落了盟军两架迎战飞机，击毁了盟军在机场上停放的所有飞机。这样，日军就取得了巴邻旁地区的制空权。在此期间，经过佐佐木中尉的多次空中侦察照相，对巴邻旁地区的地形也获得了很详细的资料。

日军原计划2月11日登陆，但由于运送步兵第38师的海运部队未能按时到达起运港口，所以整个计划向后推迟了5天。在这5天中，日军航空兵仍然连续对巴邻旁进行空中袭击。这种空中打击，一方面削弱了盟军的战斗力，严重挫伤了盟军的士气，为空降突击提供了有利条件；另一方面，它也使空降突击失去了突然性，使所有守岛盟军都进入战斗状态，做好了各种应急准备，因而也给空降突击带来一些困难。

2月14日8时30分，70架运输机在新加坡卡杭机场和居銮机场腾空而起，伞兵第1旅第2营第一、二梯队空降突击行动开始了。两个场地起飞的飞机集合编队后一直向南飞行。当时，由于日军占领新加坡南部的战斗正在激烈进行，机群经过新加坡南部上空时，曾遭到地面盟军炮火的猛烈射击，但飞机未遭损失。不过，从新加坡往南，一直到苏门答腊，整个航线都被在新加坡战火中点燃的油库所散发出来的浓烟所笼罩，给空中飞行带来很大困难。上午11时，当飞机降低高度，进行低空搜索时，领航员发现他们已经到达慕西河口上空。这时，整个机群按计划分成两队，溯慕西河而上，飞往巴邻旁，第一梯队飞向机场，第二梯队飞向炼油厂。当时，尽管所有飞机都伪装上英国飞机的识别信号，但并没有骗过盟军的眼睛，守岛盟军以猛烈炮火向他们射击，但由于不准确，只击毁1架空投作战物资的运输机；击伤1架运送伞兵的运输机，该机中途迫降。其余飞机仍保持编队，继续向前飞行。

11时26分，攻占机场的第一梯队开始伞降，当飞机降至100～150米，伞兵正准备跳伞时，遭到机场守军高射炮的射击，由于距离近，高度低，火力猛，瞬时就有16架飞机被击中坠毁，其他飞机上的伞兵顶着炮火，一部分在机场北侧一个密林环绕的地带跳伞。由于灌木丛生，观察困难，有的伞兵还被挂在树上，同时，机场守军的高射炮和高射机枪都开始向他们平射，给这部分伞兵的集合和收集空投的作战物资带来极大困难。他们只好按预定方案中的三人小组进行集合，以随身配带的手枪应战，缓慢地向公路匍匐前进。待甲村营长在公路上集合起近100人时，他们就开始向守军的高炮阵地发起进攻。另一部分伞兵伞降在机场南侧的一个开阔地上。当时，一支巴邻旁守军的增援部队，正乘车疾驰而来，准备加强机场的防御。这些伞兵着陆后，以奇袭手段打败了这支增援部队，随后又攻占了一个高炮阵地和一个兵营。接着，伞兵就从南北两个方向开始向机场进攻。战斗非常激烈，许多地方进行了白刃格斗，整个下午，争夺机场的战斗一直僵持不下，直到晚上9时，即着陆10个小时后，伞兵第一梯队才南北会合，占领了机场。

攻占炼油厂的第二梯队，又

世界通史

最新整理图文珍藏版

分成两个小分队在两个不同地点着陆，分别攻占两个炼油厂。其中攻占双溪格隆炼油厂的小分队，伞降在炼油厂附近的一个深沼泽地里，他们费了很长时间和很大体力才从泥潭中挣扎出来。当时，炼油厂的大门紧闭着，外有铁丝网和地堡护卫。伞兵首先向地堡发起攻击，消灭了各地堡守军。12时30分，攻入炼油厂办公大楼，随后开始对技术人员的搜捕和对技术资料的收集，同时把日本国旗升起在瞭望台上。下午14时10分，该厂守军在迫击炮的支援下，向伞兵进行反击，一直激战到次日凌晨3时，守军才停止反击，全部撤走。8时40分，伞兵占领了该炼油厂。

攻占乌约迪拉弗炼油厂的小分队，着陆在炼油厂前面的湖面上，湖水深1.5～3米，湖中有小船可直通炼油厂。伞兵落水后，有的游向岸边小路，有的用小船靠岸，但他们刚一集合起来，就遭到护厂地堡机枪火力的扫射封锁，使他们无法向油厂靠近，至晚9点，他们摸清了情况，利用夜暗，向炼油厂发起进攻。23时攻入炼油厂，占领了办公大楼。第二天肃清了残敌，占领了整个炼油厂。

在这次突击作战中，驻岛盟军在许多方面占优势，然而在战斗中则处处挨打，节节败退，战战失利，其原因是多方面的，最主要是组织指挥不力；荷、英、澳三国军队之间协调不好；守岛官兵普遍存在怯敌情绪。日军空降前的轰炸，就大伤了他们的士气；空降突击后，派往机场的增援部队遭阻击失败、机场陷落后，各部队守军都胆战心惊，处于一片混乱之中。

15日10时，日军航空兵参谋长和伞兵第一旅旅长机降到巴邻旁机场，他们立即命令伞兵第二梯队——预备队投入战斗。下午1时40分，预备队在巴邻旁机场伞降。接着，他们用从守岛荷军手中缴获的车辆和武器，向巴邻旁发起冲击。在慕西河桥与守军短促交火之后，不久就开进巴邻旁市内。空降兵在巴邻旁驻守两周后，于24日离开该城，返回金边。

日军通过太平洋战争初期海军和陆军首次实施的空降突击作战，更加深刻地感受到空降突击作战的重要作用和建立强大的空降兵部队的意义。然而，这已为时过晚，力不从心了。他们既不可能在短时间内很快生产出足够数量的运输机和空降兵的武器装备，更没有时间组织训练所需要的伞兵。因此，在以后的若干战役中，他们只好坐失许多空降突击的战机，却又无可奈何。

列宁格勒保卫战

苏德战争的前18天，苏军在西北方向丧失了立陶宛、拉脱维亚和俄罗斯联邦的部分土地，从而使德军可以由卢加进逼列宁格勒。列宁格勒当时有300多万人口，是前苏联第二大城市，重要

保卫列宁格勒的英勇的苏军战士

的文化和工业中心，重要的海港和铁路交通枢纽，又是前苏联波罗的海舰队的主要基地。希特勒在制定"巴巴罗萨"计划时，一再强调要攻占"布尔什维克主义的发祥地"——列宁格勒，并叫嚣一定要把这座城市"从地球上抹掉"。德军"北方"集团军群（司令莱布元帅）辖第十六、第十八集团军和坦克第四集群共23个师，以及芬兰东南集团军和卡累利阿集团军共15个师又3个旅，在德军第五航空队及芬兰空军共1600多架飞机的支援下，企图从南面和北面向列宁格勒进攻，迅速歼灭列宁格勒方向的苏军，攻占列宁格勒。希特勒准备在"中央"集团军群进到斯摩棱斯克以东地区时，将其坦克第三集群北调以加强"北方"集团军群。

在西北方向作战的苏军是：北方面军和西北方面军，辖5个集团军和1个战役集群，计47个师又3个旅。北方面军（司令员波波夫中将），辖第七、第二十三集团军（共8个师）和卢加战役集群（共8个师又1个旅），在列宁格勒北面和西南接近地沿卢加河担任防御。西北方面军（司令员索边尼科夫少将）辖第八、第十一、第二十七集团军（共31个

师又 2 个旅，大部分师兵力缺额很大，满员师只有 7 个），在列宁格勒西南和南面担任防御。苏军决心坚守列宁格勒，牵制和消耗德军，稳定西北战场，以减轻对莫斯科方向苏军的压力，然后伺机转入反攻。

自 1941 年 7 月 10 日至 1944 年 8 月 10 日，苏军坚守列宁格勒达 3 年零 1 个月，其中城市被围时间为 900 天。1941 年 7 月 10 日至 12 月 31 日，为列宁格勒保卫战的第一阶段。

7 月 10 日，德军从列宁格勒西南、芬兰军队从北面对列宁格勒发起进攻，几乎同时在卢加、诺夫哥罗德、旧鲁萨、爱沙尼亚和彼得罗扎沃茨克以及奥洛涅茨方向实施了突击。

卢加、诺夫哥罗德方向

德军坦克第四集群以两个突

克罗地亚指挥官斯坦将军视察波斯尼亚军团的炮兵装备

斯大林（左）和未来的敌人德国外交部长冯·里宾特洛甫握手

击集群沿两条相互分隔的轴线继续北进：摩托化第四十一军向卢加进攻，摩托化第五十六军向诺夫哥罗德突击，企图从南面和东南突入列宁格勒。7 月中旬，德军摩托化第四十一军在卢加以南遭到苏军顽强抵抗，进攻受阻，于是转而向西北进攻，在金吉谢普东南前突到卢加河，又为苏军卢加战役集群所阻。德军摩托化第五十六军突至施姆斯克以西卢加河防御地带时，苏军西北方面军第十一集团军在索利齐地区以 4 个师实施了反突击，打击了德军坦克第八师、摩托化第三师和摩托化第五十六军的后方，7 月 18 日迫使德军后退了 40 公里。

苏军 7 月防御，虽然阻止了德军的进攻，但德军距离列宁格勒只有 100 公里，情况仍十分危

2475

坦克引导和掩护下，苏军向德军发起反攻。

急。苏军除加强列宁格勒近接近地的防御外，还加强了城市防御军队，7月下旬将卢加战役集群扩编为3个独立战役军团。8月初，预备队方面军第三十四集团军转隶给西北方面军。列宁格勒党组织紧急动员居民，组建了3个民兵师，另有4个民兵师在组建。

7月底至8月初德军调整部署，以第十六集团军从东南保障坦克第四集群的翼侧，以第十八集团军的大部兵力与坦克第四集群组成3个突击集团：左集团共5个师，经赤卫队城向列宁格勒进攻；中集团共3个师由卢加向列宁格勒进攻；右集团共7个师，准备向诺夫哥罗德、楚多沃进攻，从东南迂回列宁格勒，并企图与由北进攻的芬兰军队会合。进攻由第八航空兵军进行支援。

8月8日德军在赤卫队城方向，10日在卢加—列宁格勒和诺夫哥罗德—楚多沃方向先后展开进攻。苏军第八、第四十二集团军和卢加战役集群以及第四十八集团军，分别抗击德军各集团的突击。至8月21日左集团逼近赤卫队城，切断了列宁格勒—卢加铁路和公路。右集团于8月15日和20日先后攻占诺夫哥罗德和楚多沃，切断了莫斯科—列宁格勒的公路和铁路。形势十分严峻，苏军第三十四集团军和第十一集团军在旧鲁萨地区对德军实施了反突击，迫使德军从斯摩棱斯克方向将坦克第三集群所属第三十九摩托化军调至旧鲁萨地区。苏军抵挡不住德军新锐兵力的突击，于8月25日退至洛瓦特河对岸。

在列宁格勒面临被合围的情况下，苏军最高统帅部为加强列宁格勒南面和东南接近地的防御，于8月23日将北方面军分编为卡

苏军踏着白雪覆盖的战场发动猛烈反击

累利阿方面军（司令员弗罗洛夫中将）和列宁格勒方面军（司令员波波夫中将，9月5日起为前苏联元帅伏罗希洛夫，9月10日起为朱可夫大将，10月10日起为费久宁斯基少将，10月26日起为霍津中将），卡累利阿方面军辖第七、第十四集团军和北方舰队。列宁格勒方面军辖第二十三、第八、第四十八集团军，后又增加了第五十二、第五十四、第五十五集团军。8月29日，苏军最高统帅部撤销了西北方向指挥部，各方面军由最高统帅部直接指挥。

8月25日，德军"北方"集团军群得到"中央"集团军群坦克第三集群的加强，以9个师的兵力向列宁格勒再次发动进攻。8月底德军进抵涅瓦河，切断了列宁格勒通往各地的交通线。并进至距列宁格勒城南20公里的斯卢茨克—科尔平诺筑垒地域。苏军虽采取措施，改进军队的领导，组织对空、对坦克防御，组织方面军炮兵和波罗的海舰队的协同，但未能收到预期效果。德军快速兵团利用苏军防线已出现的缺口，于9月8日经姆加突入拉多加湖南岸的什利谢利堡，从陆上封锁了列宁格勒。列宁格勒保卫者的处境更加困难，只能经过拉多加湖和空中同外地保持联系。

9月9日，德军集中11个师发起进攻，企图从南和东南方向突入列宁格勒。进攻前对市区进行了猛烈的炮击和轰炸。德军已突至城市近郊，情况异常紧急。9月10日，朱可夫大将被任命为列宁格勒方面军司令员，当日由莫斯科飞抵被围的列宁格勒。9月11日，列宁格勒方面军采取了紧急措施，加强城防：由于反坦克火炮严重缺乏，决定以部分高炮加强最危险地段的对坦克防御；全部舰炮集中火力支援从乌里茨克到普尔科沃高地地段的第四十二集团军；在重要方向建立纵深梯次的防御，埋设地雷，在部分地区设置电网；从卡累利阿地峡抽调第二十三集团军部分兵力到乌里茨克防御地域；以波罗的海舰队水兵、列宁格勒各军事院校和内务人民委员部人员组建5至6个独立步兵旅。

这是德军躲在炮后观察苏军已燃烧的运输车辆

列宁格勒的接近地的战斗非常激烈。德军企图一两天内攻下列宁格勒，但是苏军第八、第四十二和第五十五集团军顽强抗击，终于粉碎了德军的进攻。至9月底，列宁格勒西南郊和南郊的战线趋于稳定，德军夺取列宁格勒的计划未能实现。

在德军向列宁格勒近郊猛攻的同时，其第十六集团军在坦克第三集群所属摩托化第五十七军的支援下，向伊尔门湖以南、旧鲁萨和霍尔姆之间的苏军第三十四、第二十七集团军发动进攻。9月中旬，德军进抵杰米扬斯克和奥斯塔什科夫之间的湖滨地区，并攻占了杰米扬斯克。

爱沙尼亚方向

德军第十八集团军于7月10日向爱沙尼亚各港口，主要是向爱沙尼亚首都塔林发起进攻，遇到苏军第八集团军在皮亚尔努、塔尔图地区的顽强抵抗。8月7日，德军在增援3个步兵师后突破了苏军防御，进至孔达地区的芬兰湾沿岸地带，将苏军第八集团军分割成两部分；步兵第十一军向纳尔瓦地区退去，步兵第十军退至塔林。此时防守塔林的苏军波罗的海舰队海军陆战队和步兵第十军共2.7万人，而德军集中了4个步兵师约6万人从陆上向塔林发动猛攻。8月27日，德军突入塔林。苏军100余艘舰艇和2万余人退至列宁格勒和喀琅施塔得。9月初，德军占领芬兰湾南岸。

彼得罗扎沃茨克、奥洛涅茨方向

芬兰卡累利阿集团军于7月10日在拉多加湖与奥涅加湖之间，从北向南发起进攻，苏军第七集团军未能阻止芬军优势兵力的突击，至7月底芬军南进120公里。8月10日芬军补充4个师后继续进攻，苏军边战边退，至10月初撤至斯维里河地区。战线从此稳定下来。

卡累利阿地峡

芬兰东南集团军于7月31日在卡累利阿地峡由北向南发动进

列宁格勒苏联游击队抓获的德军俘虏

世界通史

最新整理图文珍藏版

攻。8月，芬军突破苏军第二十三集团军的防御，9月初苏军退至1939年旧国境线一带。9、10月间，美国和英国警告芬兰不要超过1939年边界线，芬兰公开宣称不理会这些警告，但此后芬军再没有采取积极行动。德军最高统帅部参谋长凯特尔，奉希特勒之命要芬军总司令曼纳海姆渡过斯维里河，与德军会合。但曼纳海姆认为芬军已收复了芬兰1939年以前的领土，不愿再承担任务，于是藉口气候恶劣，没有继续向南推进。这样就使苏军得以将第二十三集团军一部从卡累利阿地峡调出，以加强列宁格勒的防御。

苏军季赫温防御战役（1941

德军元帅李斯特同保加利亚国王鲍里斯讨论战局

年10月16～11月18日）

德军"北方"集团军群未能实现从南面夺取列宁格勒的计划，便决定以第十六集团军所属第三十九军和第一军（2个坦克师、2个摩托化师、4个步兵师）向季赫温和沃尔霍夫发动进攻，企图进至斯维里河与芬军会合，完全封锁列宁格勒。苏军列宁格勒方面军第五十四集团军、大本营第四、第五十二集团军和西北方面军一个战役集群，沿沃尔霍夫河向南直至伊尔门湖长经200公里的地区进行防御。10月16日德军转入进攻，20日突入第四、第五十二集团军接合部，主力向季赫温方向突进，23日向沃尔霍夫方向进攻，以保障季赫温集团的翼侧，苏军最高统帅部从列宁格勒方面军抽调4个师，从统帅部预备队抽调3个师，从西北方面军抽调1个师加强季赫温方向的防御和反击力量。德军进攻受阻后，从小维舍拉地段向季赫温方向调来1个坦克师和1个摩托化师加强突击集团。11月8日德军攻占季赫温，切断了从前苏联内地通往拉多加湖的唯一铁路干线。

苏军季赫温进攻战役（1941年11月10日～12月30日）

苏军进攻企图是，歼灭德军

最新整理图文珍藏版

季赫温集团，缓和列宁格勒的严重局势，同时配合苏军在西部和西南战略方向的反攻，牵制德军主力于西北方向，阻止它调往莫斯科方向。苏军季赫温进攻战役的准备是在防御战役过程中进行的。最高统帅部给列宁格勒方面军增调了大本营预备队9个步兵师、1个坦克师和1个坦克旅。自11月10日起至12月初，苏军西北方面军诺夫哥罗德战役集群和列宁格勒方面军第五十四、第四、第五十二集团军，先后在诺夫哥罗德以北、小维舍拉以北及以南、季赫温东北和沃尔霍夫以西转入进攻。12月9日，苏军第四集团军解放季赫温，为了改进对部队的指挥，苏军最高统帅部于12月17日以第四、第五十二集团军编成沃尔霍夫方面军（司令员麦列茨科夫大将）。12月底，沃尔霍夫方面军进抵沃尔霍夫河。季赫温进攻战役，是苏军在卫国战争中发动的最初几个大规模战役之一。苏军这次进攻，重创了德军10个师，推进100至120公里，恢复了季赭温—沃尔霍夫铁路交通，改善了列宁格勒的防御态势，配合了苏军在莫斯科方向的反攻。

摩尔曼斯克和坎达拉克沙方向

在苏德战场北翼，苏军第十四集团军于1941年7月至10月先后以5个师和第二十三筑垒地域部队，在北方舰队支援下防守巴伦支海和白海沿岸。7月，德军"挪威"集团军（辖3个军共7个师）在第五航空队部分飞机（160架）支援下，分别向摩尔曼斯克和坎达拉克沙方向进攻，为苏军

苏联武装力量最高统帅斯大林

1942年6月22日凌晨，希特勒空军狂轰滥炸苏联本土。

所阻。9月，德军"挪威"山地步兵军在约300架飞机支援下，重新对摩尔曼斯克发动进攻，再次为苏军所阻，于10月转入防御。苏军保卫了前苏联北方港口和北部陆海交通线。前苏联在摩尔曼斯克—沃尔霍夫铁路被切断时，修建了一条铁路支线，把摩尔曼斯克、阿尔汉格尔斯克、莫斯科连结起来，这条铁路于11月通车。前苏联在卫国战争年代进口物资的1/4，是经过北方港口运往国内的。

至12月底，苏军列宁格勒保卫战第一阶段结束，德军占领了波罗的海沿岸地区，以及诺夫哥罗德、旧鲁萨和彼得罗扎沃茨克等城市，由陆路封锁了列宁格勒。

早在9月上旬，当德军"北

苏德战争形势图

方"集团军群向列宁格勒近接近地进攻时，希特勒便改变了主意，决定集中兵力进攻莫斯科，他命令"北方"集团军群完成对列宁格勒封锁后，将机动部队及第八航空兵军调往莫斯科方向，对列宁格勒暂不强攻，而是围困和封锁，妄图以野蛮的轰炸和炮击切断城市与外界的联系，将全城困死。

德军从"北方"集团军群抽调兵力加强莫斯科方向后，即在列宁格勒附近和整个西北方向失去主动权，德军未能达成与芬军在斯维里河会师并攻占列宁格勒的企图。

1941年9、10月份，德军对城市进行了猛烈的空袭，共投弹9.3116万枚。9月下旬，德军连续空袭喀琅施塔得湾和列宁格勒港口，炸沉苏军战列舰"玛拉托"号。10月4日这1天，德军空袭持续达9个多小时。列宁格勒被围期间，军民的粮食和燃料供应急剧恶化。9至11月，居民面包定量先后降低5次，11月20日降到最低限量：高温车间工人每人每天375克，一般工人和技术人员250克，职员和儿童125克。军队的面包定量也先后降低3次，饥饿和疾病威胁着列宁格勒人，

德军一贯打先锋的装甲部队

死亡率直线上升，列宁格勒市委及时组织生产各种代用食品、人造蛋白，以缓解食品和医药的供应之急。

列宁格勒军民在被封锁中度过了严冬，忍受了一切艰难困苦，经受了最严峻的考验。他们顽强战斗，不怕牺牲，终于守住了城市。直到1944年3月初，苏军胜利结束对敌第一次突击，才彻底解除了德军对列宁格勒的封锁。

1941年下半年，前苏联军民坚守列宁格勒，具有重大的政治和军事战略意义。列宁格勒保卫战坚定了前苏联人民抵抗德国法西斯的斗志，鼓舞了他们的胜利信心。苏军在这一方向上牵制了德军大量兵力和全部芬军，不但使希特勒"闪击战"计划的重要战略任务破产，而且对苏德战场它其方向的作战进程也产生了很大影响。当德军"中央"集团军群对莫斯科发动秋季攻势时，只能从"北方"集团军群调走4个坦克师和2个摩托化师。

列宁格勒保卫战，是苏军在被迫退却的过程中开始的，起初由于缺乏建立纵深防御的兵力和兵器，因而在优势德军的进攻下节节后退。但苏军在城市接近地的防御中陆续积聚了预备队，在防御的全纵深和城市周围建立了坚强的防御，实施了兵力和兵器的机动和反突击，终于将德军阻止在列宁格勒近郊。苏军组织了各方面军之间的战略和战役协同，以及各方面军与舰队、区舰队之间的协同。波罗的海舰队、拉多加湖区舰队和列宁格勒的防空兵力，在作战上隶属列宁格勒方面军，为合理地集中使用兵力和兵器提供了条件。列宁格勒方面军和波罗的海舰队的炮兵同企图摧毁城市的德军炮兵进行了有效的斗争。波罗的海舰队破坏了德军的海上交通。各方面军航空兵、海军航空兵、国土防空军合编为航空兵战役集群，对德军实施了集中的轰炸和强击。所有航空兵和高射炮兵成功地进行了对空防御，保卫了城市和交通补给线。

列宁格勒军民在联共（布）的领导下团结奋战，是取得保卫战胜利的重要条件。居民和军队一起在城市周围建立了由数道环形地带组成的防御体系，在卢加、诺夫哥罗德、旧鲁萨附近和卡累利阿地峡宽900公里的地带构筑了坚固的防御工事。城市居民同时又是在被围条件下军队补充兵员的主要来源。在被围的第一个冬春，列宁格勒为部队输送了10万多名新兵。1941年7月至9月，列宁格勒党组织在市内组建了10个民兵师，其中7个后来改编为正规师。

各方面的支援是列宁格勒保卫战胜利的重要原因。为了援助这座被围困的城市，前苏联政府从9月开始，连续不断地向列宁格勒调拨了大量生活和作战所需的各种物资，9至12月共空运6700吨急需品。11月下半月，德军加强炮击和轰炸，城市开始处于饥饿状态，燃料很快用尽，列宁格勒的处境非常危急。从11月14日至28日，苏军总后勤部向列宁格勒空投了1200吨高热量食品，苏军除组织空中运输外，还在拉多加湖开辟了一条联结列宁格勒和前苏联后方的运输线，结冰期间则在冰上开辟军用汽车路，这条航线被前苏联称为"生命之路"。列宁格勒通过水上和冰上交通线，运送战斗和生活必需品，撤走居民以及工业设备等。在列宁格勒被封锁的第一个冬天，"生命之路"具有特别重要的意义。沿该线给列宁格勒运来了36万余吨物资和6个步兵师、1个坦克旅，运出约55万人、3700节车皮的工厂设备、文化珍品及其资财。

希特勒攻占列宁格勒以及用封锁和饥饿来毁灭这座城市的企图，被列宁格勒的英勇保卫者粉碎了。

莫斯科保卫战

1941年初秋，元首想当然地认为苏联已经完蛋了，因为它的两个最大的城市列宁格勒和莫斯科一个已成孤城一座，马上就能被从地球上消灭，另一个则只需刮起一股强劲"台风"就会被拿下。然而事与愿违。英雄的列宁格勒人民忍受着难以想象的艰难困苦，尤其是饥饿，抗住了德军的围攻，使这座孤城在长达900天的围困中保持着活力，直到

德自行火炮是战争中最有杀伤力的火炮之一

德军俘虏在通向集中营的路上看到
腐烂不可辨认的尸骨

1944 年 1 月 27 日在苏军全线大反攻中胜利解围。莫斯科的保卫者们更是屹立不动，使侵略者只能在离该城 20 公里之处看到克里姆林宫顶端的红星，却从未能以一个征服者的姿态进入克里姆林宫。

不过到 1941 年 9 月底，苏军的确面临极其严峻的战斗形势。在苏德战线的北端是孤城列宁格勒，命运难测；南方的基辅已落入敌手；现在黑海港口敖德萨又危在旦夕。9 月 6 日希特勒发布第三十五号指令，代号"台风"，向莫斯科发动进攻，企图实现"巴罗萨"的预定目标，但德军的处境也并非很妙。由于春天的巴尔干战役和苏德战争爆发后为攻打乌克兰而要求中路暂停推进，使攻打莫斯科的战役推迟了至少一个月。它不仅给苏军以时间，在中部地区集结防守兵力，做好保卫首都的准备，而且俄罗斯的严寒冬季也将使战线已长到极点的德军体会到当年拿破仑的感受。

9 月 30 日，中路德军以 180 万人，1700 辆坦克和约 1390 架飞机的兵力实施进攻莫斯科的"台风"行动。苏军已有准备，用三个方面军保卫莫斯科，西方方面军准备阻止德军沿主要方向突入首都；预备方面军准备击退突破西方方面军的来犯之敌；布良斯克方面军的任务是阻止德军沿莫斯科外围防御阵地对布良斯克的突破。10月2日德军以闪击式炮击和轰炸拉开了莫斯科战役的序幕。由于苏军对形势估计错误，又未认真进行侦察防御和建立纵深防御地区，加上坦克的缺乏，因此初期再次失利，使古德里安的装甲先头部队轻易突破布良斯克的苏军阵地，迅即占领奥廖尔和布良斯克，60万苏军被合围于维亚兹马和布良斯克之间。13日莫斯科西南100英里的卡卢加失守，接着西北的加里宁陷落。10月中旬"台风"行动初战告捷，苏军的5000门大炮，1200辆坦克和上万红军落入敌手。莫斯科处于万分危机之中。

从10月15日开始，苏联政府的部分机构和外交使团撤往古比雪夫，但斯大林留在了莫斯科，这是对恐慌的居民的镇定剂。全市人民在斯大林和新任西方方面军（这时该军已与预备方面军合并）总司令的朱可夫的指挥下迅速动员，组织了3个工人师，10几万人的民兵师，几百个巷战小组和摧毁坦克班，全市约45万人修筑防御工事，其中3/4是妇女，她们在严寒的气候中建成了令德军吃惊的3道防御圈：上百公里长的防坦克障碍物和防步兵障碍物，几千个发射点和支撑点，增强了莫斯科的防守能力。同时来自全国的支援物资也源源不断。人民发誓决不能让纳粹玷污列宁的陵墓。

这时上苍似乎也要惩罚邪恶，这一年俄罗斯的冬天提前到来。10月6日冬雪初降，雪随降随融，不久地面和道路便成为深陷的泥潭，以后开始降大雨和零星雪花，并连绵不断，于是对大量没有履带的德国机动车辆和步兵来说，道路状况之糟已成为灾难性的。加上由于缺少御寒装备，使疾病和寒冷造成的减员已比作战伤亡还大，因此德军的推进速度被迫减低下来。到10月底11月初，德军终于在全线逐渐停止战斗，以待大地封冻再做打算。

然而在莫斯科城内，严寒似乎给人以更高的战斗激情。11月6日兵临城下的莫斯科人民在地铁马雅可夫斯基车站里举行了"十月革命"24周年庆祝大会，斯大林庄严宣布：我们的事业是正义的，胜利一定属于我们！第二天，斯大林在红场检阅了直接开赴前线的红军队伍，大长了人民的斗志，气壮山河。

经过半个月的整顿，11月15

日德军在晴朗而寒冷的天气里重新开始了向莫斯科的进攻，他们打算用西、南、北三面钳形包围莫斯科，最后会师莫斯科以东的战略，一举占领苏联首都。但是，尽管德国的摩托化尖兵深入到离莫斯科仅20公里之处，但再想前进一步都已十分不易。这不仅由于苏军已有所准备，更由于无数军用列车已不分昼夜地把驻防西伯利亚的苏军调往西线保卫莫斯科，因为杰出的情报人员佐尔格已及时从东京发来日本已决定南进，不会攻打苏联的电报。另外，骤然下降的气温，使德军飞机、坦克、汽车、大炮难以发动，使冻残冻伤冻病的士兵数量激增。苏军得利于天时地利人民团结一心，乘德军不得不转入防御而又立足未稳，于12月6日开始快速大反击，迅速打退了从北、南及中路企图包抄莫斯科的德军。到1941年底，中路德军被击退100～250公里，收复克林、加里宁、卡卢加等城市，解除了德军对图拉的包围，德军损失惨重，终未能会师莫斯科以东。

在保卫莫斯科的激战之际，红军在北方解放了齐赫文等城市，在西南收复罗斯托夫，从而配合了保卫首都的战役。希特勒虽在一怒之下撤销了立下大功的古德里安和陆军总司令勃劳希契等人的职务，自己亲任陆军总司令，但最终不得不接受在莫斯科城下惨败的事实。

莫斯科保卫战是德国陆军在二战中遭到的第一次大失败，东线德军伤亡75万人，损失坦克1000多辆，大炮2500多门，"闪击战"终于破产。希特勒必须进行一场持久的两线作战。

地中海与非洲的较量

法国崩溃前，地中海由英法舰队共同控制，意大利对法宣战后，墨索里尼便算计着把地中海拿到手里，以圆其地中海作为意大利内湖的迷梦。为此意大利必须从英国人手中夺取马耳他岛，

意大利侵略军队庆祝胜利

世界通史

最新整理图文珍藏版

德军绕过法国所谓"不可逾越的"马其诺防线，并将盟军逼入敦刻尔克一隅。

这不仅可以切断英国直布罗陀分舰队和亚历山大分舰队的联络，还能排除意大利到北非的障碍。于是意大利海军开始进行潜艇战并在西西里海峡布雷，还用了几个夜晚切断了马耳他岛上的英国人对外联络的海底电缆。这使英国不能容忍，立即加强了他们在地中海的舰队和马耳他的防御。法国败降后，盟国在地中海的力量遭到削弱，英国便决定先发制人，采取主动出击的方式打击意大利舰队。

6月28日，英空军发现从意大利向北非运送军火的三艘驱逐舰，立即引导英舰队前来实施打击，击沉一艘。7月9日英意海军在卡拉布里亚进行遭遇战，这是意大利海军对英国的第一次战斗，双方各有2艘舰只受伤。但这一战发生在离意大利海岸不远之处，明显暴露了意大利海军侦察工作和海空合作之落后。7月19日双方又在克里特岛的斯巴达角发生冲突，一艘意大利巡洋舰被击沉。

为保住马耳他和东地中海，驻亚历山大港的英海军上将坎宁安认为必须重创意大利海军，丘吉尔表示支持，并不顾不列颠之战尚未结束和大西洋运输的需要，给坎宁安派去增援部队。11月11日英"光辉"号航空母舰载着携带鱼雷、炸弹或照明弹的轰炸机从马耳他出发直向意海军基地塔兰托驶去。夜幕降临后不久，这些飞机即对塔兰托港进行轰炸，意大利舰队在一片火光和爆炸声中损失惨重：3艘战列舰被击中，其中一艘完全失去战斗力，另2艘也要在4—6个月后才能修好，而英军只有2架飞机被击落。对塔兰托港的攻击，使意大利暂时只剩2艘战列舰能够服役，而且为保护其他船只免遭同样命运，意大利不得不把它们转移到那不勒斯港去。英国人得力于这大胆的一击，终于使意大利舰队在东—中地中海失去了立足之地。

在地中海战场上，德国最初并没有向它的老朋友伸出援助之手，从而丧失了在地中海给英国以致命打击的机会。那么这段时间内希特勒在干些什么？原来希特勒始终在盘算进攻苏联的计划，并已在东方集结部队。虽然他在雷德尔的劝说下开始考虑在地中海和北非采取一些行动，但他缺少洲际战略的宏大眼光，并不真正理解地中海的重要性，也不想把地中海作为德军的主战场，他只想在那儿封锁英国，增加英国的困难以逼它屈服；同时在西北非和大西洋诸岛采取防御战略，以防英国或许还有美国人

从大西洋通过非洲进攻他的"欧洲堡垒"。因此希特勒的目的十分有限，他不打算在南方有太大动作，而是指望他的拉丁语系的朋友们为他做这件事，即让西班牙承担保卫西地中海的主要责任，靠维希法国防御西北非，让意大利自己照看东地中海。所以当意大利与英国频频交锋时，希特勒正在对佛朗哥和贝当展开外交攻势。但是出乎他的意料，前者不肯承担任何义务，后者也是推诿回避，使希特勒大为光火。这样一来，不仅元首想建立一个拉丁语系法西斯集团以封锁地中海的计划告吹，而且白白坐失了在地中海的机会。然而当墨索里尼在北非遭到巨大失败时，希特勒却不能无动于衷了。

北非始终是墨索里尼的觊觎之地，当英国困守本土面临入侵之际，墨索里尼以为建立他的非洲帝国的时机已到，现在在利比亚和意属东非的意军和其殖民部队约50万人，难道还打不败仅5万人的英军吗？他下了决心：这次要用自己的胜利向希特勒证明他作为一个平等伙伴的价值。不过他对意军的估计是太高了。

英意双方在北非的前线是埃及境内的西沙漠。7月英新任中东

被德军俘虏的法军士兵

总司令、陆军上将韦维尔尽管被丘吉尔认为进取心不强，但不愿被动挨打，便先发制人，派第七装甲师的部分兵力直入沙漠并不断越过边境到利比亚进行一系列袭击，皇家"马蒂尔达"坦克起了决定性作用，因此该师不久就以"沙漠之鼠"而闻名。直到9月中旬，意军才集结6个师的兵力小心地进入西沙漠，但迟迟不予出击，而韦维尔得到丘吉尔的增援部队再次出击，竟产生惊人效果，不仅使意军全军覆灭，而且使他们在北非固守的阵地也差点儿崩溃。遗憾的是，在取得压倒优势的胜利后，英军没有做好充分准备乘胜追击，致使入侵意军得以逃脱。直到1941年初，英军才对巴尔迪亚发动进攻，意军防线迅速崩溃，守军全部投降；1月21日托卜鲁克也告陷落，英军进入昔兰尼加。

但是部分是由于英军进展太快，后勤供给不上，部分是由于丘吉尔突发奇想，要在巴尔干建立抗德同盟，要求韦维尔派出部分坦克部队和炮兵增援希腊，尽管当时由于希腊的反对而暂未实行这个计划，但也使英军一时止步不前。直到2月3日英军才再次推进，7日便取得贝达富姆大捷，

以3千人和38辆坦克的兵力俘虏意军2万，缴获坦克100多辆。

但胜利的光辉不久便暗淡下来。希腊首相梅塔克塞斯于1月29日突然去世，新首相不像他的前任那样难以对付。丘吉尔看到他念念不忘的巴尔干反德同盟又有了希望，便立即说服希腊新首相接受了他的建议，于是5万英军分遣队于3月从北非开往希腊登陆。但这一计划的不现实性我们在后面很快就会谈到。由于力量的削弱，英军攻下的黎波里的计划成了泡影，但无论如何，墨索里尼在北非是大栽跟头。

意大利在东非的日子也不好过。到1940年底英军在东非展开反击，意军接连败北，1941年埃塞俄比亚在赶跑意军后光荣复国，意大利在东非的势力被肃清。

非洲的失利给了墨索里尼当头一棒，只好求助于希特勒。元首这次决定援助"领袖"了，不仅为了轴心国的威信，也为了保持北非这块战略要地。1941年2月希特勒派出年轻将军、在法国战役中立下殊功的隆美尔率领一小支德国机械化部队去北非援救意军并统一指挥北非的德意军队。他一到北非，便打起进攻战，德军部队虽少，但隆美尔用汽车在

沙漠上奔跑卷起的漫天尘埃以掩盖坦克的缺乏，并利用德军的机动性于3月31日发动迅雷不及掩耳的突击，到4月中旬就把英军逐出了昔兰尼加。这一次就如同英军先前占领昔兰尼加一样，而出手之快甚至有过之而无不及，英国只在托卜鲁克港保留了一个据点。看来英国在非洲还要付出加倍的代价，因为他们现在面对的是被丘吉尔称为"伟大将领"的"沙漠之狐"隆美尔。

为保持英国在埃及的地位并力图取得在非洲的胜利，丘吉尔要求英军死守托卜鲁克，于是被德军包围的托卜鲁克成为双方争夺的中心。尽管隆美尔曾于4月中旬和4月底两次进攻该港，但都因实力不足和英军防守严密而未得手；而韦维尔虽在5月中旬和6月中旬冒险分别实施解救该港英军的"短促作战计划"和

"沙漠之狐"隆美尔

"战斧作战计划"，也都遭失败。失败的重要原因之一是隆美尔机动地把88毫米高射炮极有成效地改为反坦克炮使用，从而使英军坦克在他们自己称为的"鬼门关"之地受到几乎全部毁灭的重创。

"战斧"不利，丘吉尔临阵换将，由驻印度总司令奥金莱克将军接替韦维尔。随后双方经过了5个月的休整，在此期间苏德战争已在激烈进行。北非英军得到较多援助，隆美尔则受援较少。11月中旬英军实施"十字军作战计划"，对德军发动大规模攻势。但隆美尔利用较少兵力，先诱使英军坦克似公牛般向前直冲，待落入德军反坦克炮火网中实施打击，然后反守为攻，使英军顿陷混乱，双方在利埃边境进行了一个月的拉锯战，随后战线才稳定下来。

马塔潘角战役

目光投向马塔潘角

一生扮演跳梁小丑角色的意大利法西斯头子墨索里尼，二战时期，一直跟在希特勒后面捡食残羹剩汤。这个野心勃勃而又无力斗勇的小丑生平最渴望的，就是在地中海地区重建一个比古罗

马时期更为显赫的帝国。他还大言不惭地将地中海称为"我们的海"。眼见德国军队势如破竹，几个月内就席卷欧洲，心急的墨索里尼再也按捺不住了。1940 年 6 月 10 日，这个泥瓦匠出身的意大利法西斯头子向有碍于他实现野心的两块绊脚石——英、法——正式宣战了。但是意大利最高统帅部根本就没有来得及制定完整的战略和战役计划。地中海上的防守战略更是无从谈起。

由于没有完整的战略计划，战争之初，意军就忽略了两个能够改善意大利战略态势的要地——突尼斯和马耳他。如果占领突尼斯港口和机场，意海空军就能利用突尼斯基地和对面的西西里岛基地，严密封锁突尼斯海峡，切断英国在地中海的交通线。而且突尼斯港口和海岸线可以作为意陆军的补给基地，安全而又经济。马耳他位于地中海中心，是英国舰船的一个中途停靠战，也是意大利中央阵地上唯一一块英国领地。但是这里最初只有 4 架作战飞机驻防，防守力量相对薄弱。对于这个理应成为第一个进攻目标的重要战略基地，意军除了进行一些小规模的空袭外，对其没有采取任何可靠的行动。战

略计划的不完备和行动上的盲目，注定了地中海战争中意大利军队的惨败。

而在足智多谋的温斯顿·丘吉尔领导下的英国人首先就在战略部署上略胜意军一筹。

深谋远虑的丘吉尔首相深知地中海战略地位的重要，在他看来，确保地中海交通线的畅通，是英国海军肩负的仅次于保卫英伦三岛的战略任务。这里有他使用了近 150 年的基地马耳他，有一支实力过硬的地中海舰队，还有不少盟国。对于英国人来说，控制了地中海，就意味着拥有了得天独厚的战略优势。

早在 1940 年 5 月中旬，英 4 艘战列舰和"鹰"号航空母舰就已悄抵地中海，同时地中海舰队司令部也由马耳他基地迁往埃及亚历山大港，进入临战状态。

1940 年 6 月 24 日，法国政府向希特勒投降，英国在地中海的地位受到严重威胁。6 月 27 日，丘吉尔果断签署命令，地中海舰队受命用武力摧毁了法国米尔斯克比尔舰队，并迫使亚历山大港舰队凿沉全部船只，不战而亡。

1940 年 11 月 25 日，意军在占领了东非肯尼亚的部分地区和英属索马里全境，西进至苏丹边

境和北非埃及的西迪巴腊尼后，便开始从一年半前占领的阿尔巴尼亚向希腊进攻。但到 1941 年初，意军仍被英勇的希腊军队逼得寸步难进。

希腊对于维护英国海上交通线具有重要意义，而且又是英国的盟国，因此，从 1941 年 3 月 4 日开始，英国便不断从埃及运送兵员和装备到希腊，实施援助希腊的"光泽"行动。

英国地中海舰队自然更是肩负重任。由于当时英国地中海舰队的主要基地正在由马耳他岛向亚历山大港转移，英国的运输船队往返如梭，海上一派繁忙。这无疑会给意军提供难得的出海机会，从而导致一场海上实力的大厮杀。

领导英地中海舰队的是在英国海军中被尊称为伟大的领导者"ABC"的海军上将安德鲁·坎宁安爵士。他一面坚守马耳他岛，一面作好各方面战略准备，意欲寻机痛歼意军。但他深知意军舰队实力雄厚，必须有强硬的作战舰队与之抗衡。因此，在他的建议下，地中海舰队在现有的 1 艘现代化航空母舰基础上，另外加进了新型装甲航空母舰"卓越"号。新改装的防空巡洋舰"加尔各答"号、"考文垂"号和经过现代化改装的旗舰"勇士"号。舰队的实力无论从数量上还是从质量上，都大大增强。

继 1940 年 11 月 1 日英军在克里特岛登陆之后，11 月 11 日，英国又出动海空军成功夜袭了意大利南方的海军基地塔兰托，使意军 3 艘战列舰和 2 艘巡洋舰遭受重创。这就使地中海英意双方的兵力对比变得对英国更为有利。

1941 年元月初，"卓越"号遭到德国轰炸机的重创，从而使英国失去了唯一一艘装甲航空母舰。但很快另一艘新型装甲航空母舰"无畏"号从大西洋绕道非洲南端，通过苏伊士运河，进入地中海。

英国方面至此已是万事俱备，只要决战时刻一到，地中海舰队就将全面出动，奔赴生死攸关的马塔潘角大战场。

德意联盟

1940 年 10 月，正当墨索里尼准备大肆入侵埃及之时，从柏林传来了希特勒将进军罗马尼亚的消息。这对于时刻做着"恺撒"梦的墨索里尼来说，简直是个惊人的打击。但他倒极有自知之明，明白自己无力与希特勒相争。于是，他贪婪的目光便立即投向了希腊版图。然而希军也并非弱者，他们凭着高地作战的优势将意军远远逐出希腊领地。1941年11月11日，意军海军基地塔兰托被袭之后，意舰队从此一蹶不振。事到如今，墨索里尼也不得不"屈尊"求助于希特勒了。

希特勒向墨索里尼致意

希特勒从自身的实际利益出发，慷慨地答应了墨索里尼的请求。1940年12月，希特勒从挪威抽调第10航空兵团进驻意大利南部地区，与意军联合作战。

德国空军进驻意大利，对英国地中海航线构成了严重威胁。1941年1月10日，坎宁安率舰队为一支前往马耳他的运输队护航，途经马耳他以西海域时，遭到50架德"斯图卡"式俯冲轰炸机的袭击。"光辉"号航母中弹多处，因起火而被迫退出战斗返回英国

大修，至此，地中海舰队只剩下1艘没有装甲防护、早已丧失护航能力的"鹰"号航母了。

1941年3月初，德国人准备大举干预希腊战局，并对意大利施压，要求意大利人对破坏英军补给线一事作出相应的努力。意大利最高统帅部只好命令其海军采取积极的行动，尽管他们明知希特勒是想让墨索里尼充当他的敢死队，借以消耗英军海上力量，坐收渔翁之利。

3月15日，刚被任命为意大利舰队司令的海军上将亚基诺应召来到罗马。迫于战争和政治的需要，意大利海军当局在德国人的压力下筹划了一个作战计划：首先在克里特岛一带对盟军的海上交通线实施破坏作战，切断英军海上交通线，并掩护德意向利比亚战场的运输。如此重大而危

英国战列舰"皇家橡树"号

险的任务自然而然落到亚基诺的肩上。

亚基诺深知当时的形势，他接受任务后，马上向元首提出破坏英方补给线所需的3个必不可少的先决条件，即出其不意，有效的空中侦察和空中掩护。第一个条件对于意军来说不算难办，但对于后两个，意大利人便深感忧虑了。希特勒此时便出来充当好人了，他许诺让第10航空兵团和意大利海军密切配合，在西西里岛东面大约350海里的地方为意大利海军提供空中掩护。为了进一步鼓励他的意大利小老弟，希特勒又宣称，他们的鱼雷机将于3月16日在克里特岛以西的亚历山大港对英军舰队的3艘战列舰中的2艘予以重创。

亚基诺自然不笨，他知道这种含糊其辞的承诺纯粹是"纸上谈兵"，很难有实际效果。他曾一再要求得到更为强大的实质性的空中保障，但得到的仍是一纸空文。而希特勒对意大利海军的消极态度也甚为不满，他再次以强硬的态度对意军施加压力。3月19日，一封带有命令口气的照会由德国海军总司令部发往意大利海军参谋部。照会电文说，英国人从亚历山大港至希腊港口之间的频繁海上运输，正为意大利海军提供了一个非常好的海上攻击目标，而英军舰队目前在东地中海只有"勇士"号唯一一艘战列舰。地中海现在的形势比以往任何时候都对意大利舰队有利。意大利海军应向克里特岛以南海域出击，威胁英国对希腊的供应线，甚至还会完全切断英国对希腊的兵力输送。这份颇具诱惑力的电报果然见效了。亚基诺顾虑顿消，开始一步步走向德国人设下的陷阱。他放下所有的担忧，意欲远离本土作战，冒可能丧失战列舰之险。此后的灾难和厄运自然而然地跟定了他。

希特勒软硬兼施，终于让意大利消除顾虑开始了袭击计划。德国人和亚基诺上将直接商定了德方空中协助作战的细节，其中规定在意海军从墨西拿海峡出来的第一天，由第10航空兵团进行护航和军舰识别的演习。

3月26日晚，意大利军舰分批出航。亚基诺率领由旗舰"维托里奥·威内托"号战列舰和两艘驱逐舰组成的第一舰群，从意大利西海岸基地那不勒斯出发了。由重巡洋舰"求拉"号、"波拉"号、"阜姆"号和4艘驱逐舰组编的第1分队以及由轻巡洋舰"阿布鲁齐"号、"加里博尔迪"号和两艘驱逐舰组编的第8分队分别从塔兰托港和布林迪西港出发。

3月27日拂晓，亚基诺率领的舰队安全通过墨西拿海峡，中午11时，连同由重巡洋舰"特里埃斯太"号、"塔兰托"号、"博尔藏诺"号和3艘驱逐舰编成的第3分队在内的4个舰群在浓浓海雾中悄悄会合。一场大海战即将爆发。

英舰队调兵遣将

自3月25日以后，意大利加强了对英国地中海舰队，特别是对亚历山大港的侦察活动。

英坎宁安上将对意军的这些行动作出了如下推测：要么是意大利人马上要发起一次大的舰队行动，最大可能是要袭击只有少数舰艇护航的英国运兵船队；要么就是意大利人要掩护他们自己的部队在希腊或者利比亚的昔兰

英国战列巡洋舰"胡德"号

尼加登陆或是进攻马耳他岛。与此同时，坎宁安又接到潜艇发来的报告，得知意大利舰队已经出航，于是他马上命令加强空中侦察。

3月27日，英国情报人员报告了亚基诺舰队的行踪。坎宁安对敌军的速度之快大感意外，他立即下令让正在海上航行的AGM运输船队天黑前继续前进，天黑后按原路返回。同时命令从比雷埃夫斯港向南开进的运输船取消行期，天黑以前，战列舰须在港内集结待命。

坎宁安导演的"暗渡陈仓"一计果真迷惑了意军。3月27日下午2点，1架意大利侦察机掠过亚历山大港上空时发回报告：看见3艘战列舰、2艘航空母舰和数目不详的巡洋舰停泊在港内。意大利人尚蒙在鼓里，丝毫不知假象后面正酝酿着一场大规模的海战。

当日下午，意大利间谍发现，坎宁安上将提着手提箱大模大样地上了岸，同时主要的参谋人员也随之离船登陆，船上的天篷也打开了，似乎意在"请人吃饭……"意军怎么也不会想到，这只不过是英国人在"明修栈道"罢了，真正"暗渡陈仓"的

还在后面呢。正在爱琴海担任护航任务并由海军中将普里德姆·威佩尔指挥的巡洋舰分队已奉命于3月28日早晨6时30分到达克里特岛以南20海里和加夫多斯岛以南30海里的海域待命。希腊一支驱逐舰编队也受命随时做好战斗的准备。

下午15点30分，"无畏"号神秘地驶离了港口。夜幕降临时，码头上人头攒动，一片忙碌，舰队正在加紧备战，军港的气氛紧张而凝重。19点整，舰队悄悄起航，借着夜幕的掩护，急速向西北方向驶去。

此时此刻的英国人士气高昂，个个摩拳擦掌，严阵以待。而倒霉的意大利人却对自己即将遭受的苦难毫无觉察。英军在同意大利军队作战过程中的战略战术优势已很明白地摆在眼前，意军要想取胜，实非易事。

海上斗智

马塔潘角海战的序幕已经开始，英、意两国舰队在地中海上玩起了互相欺诈的招数。

27日中午，"无畏"号航空母舰上起飞的一架"桑德兰"式侦察机飞临意舰上空。而此时，意大利舰队正眼巴巴地等待着参加演习的德国飞机的出现。12点20分，"桑德兰"出现在意军的视线中，但还只是一个黑点，亚基诺开始还以为是希特勒信守诺言而心生感激，但随着飞机轮廓的清晰显露，他满腔的喜悦和感激之情变成了惊恐和愤怒。他的舰队已经暴露，"出其不意"的先决条件就这样轻而易举地让英国人给破坏了。亚基诺于是发电请求返航，但海军参谋部却命令他继续航行，寻机作战。

无奈，亚基诺命令第3分队将航向由134°改为150°，企图以此迷惑英国人。

3月28日5时55分，"无畏"号航母上接连升起了8架飞机，试图进一步加强对敌情的侦察和搜索。当日拂晓，威佩尔中将率领的B战斗群按时赶到克里特岛以南海域。上午7时45分，威佩尔的旗舰"奥赖恩"号上的观察哨发现了舰尾10°方向有烟雾出现。约10分钟后，由3艘巡洋舰、3艘驱逐舰组成的舰队清晰地显示在望远镜里。这是意海军中将桑森尼蒂率领的第3舰群。威佩尔马上向坎宁安报告了这一情况。

其实，就在英军发现意舰的同时，意军也发现了英国人。6点35分时，从"维托里奥·维内托"号弹射出去的罗密欧—43型侦察机就发现了威佩尔的舰队。亚基诺当即下令给最先头的第3舰群，命令桑森尼蒂海军中将与英舰接触，他自己率"维托里奥·维内托"号予以支援。此时两舰队相距只有50海里。

威佩尔自然知道敌我力量对比悬殊，对方巡洋舰上装备的200毫米火炮射程远远超过他的150毫米大炮，航速也快自己2.5节。于是，他立即将航向改为140°，航速增至28节，意欲全舰向东南100海里处坎宁安上将的舰队行驶，把敌舰引向自己的主力舰队。

面对千载难逢的有利时机，桑森尼蒂岂会轻易放弃？他立即下令提高航速，死死咬住敌舰不放，双方距离眼看着越来越小。8时12分，意巡洋舰200毫米大炮开火了。威佩尔不敢应战，高速撤退，尽量避免遭受火炮的攻击。8点29分，当双方距离缩短到12海里时，在此之前曾躲过了炮火袭击的"格洛斯特"号开始还击意舰。但未中目标，只是让意舰一度被迫转变航向。

8时55分，意舰突然停止射击，向左转了一个圈，然后驶向西北。意舰何以会如此？亚基诺自有他的考虑。这位有着长期的海上作战指挥经验的海军上将对英国人的战斗作风了如指掌。他对英巡洋舰的撤退行动表示怀疑。而此时，意舰已远离加夫多斯岛，距托布鲁克港还有一半的路程，缺乏空中掩护的意舰队随时都可能遭到英军空袭。如不撤退，必定吃亏。于是便有了意军主动停止射击的一幕。

但亚基诺没有想到的是，他刚才中了威佩尔的"拖刀计"，此时已不知不觉向坎宁安舰队主力接近了约50海里。而此刻坎宁安正以22节的航速沿310°航向向他扑来。

威佩尔见意舰停止了追击，马上掉头跟踪敌舰，以免失去目标。于是，海上便出现了戏剧性的一幕，原来追赶的反过来成了被追赶的。而令威佩尔没有想到的是意大利人正在重演他刚才的伎俩，反施"拖刀计"，企图将其引入意军设置的海上陷阱。

此时的地中海上阳光明媚，全然没有即将开战的沉闷气息。威佩尔舰队上不知危险将至的炮兵们轻松地坐在炮塔上，大嚼炊事员送来的三明治和牛肉罐头。殊不知在他们左舷几海里处，那艘拥有380毫米口径火炮的战列舰"维托里奥·维内托"号，正虎视眈眈地注视着他们。

10点25分，"维托里奥·维内托"号上的火炮开火了。威佩尔加发三项紧急命令：

"全力放烟！"

"全体180°转向！"

"全速前进！"

英舰立刻掉头转向，飞快地向东南方撤去。

但很快，桑森尼蒂又向左舷调转航向，意军再次形成了钳击之势。此时的威佩尔真的是腹背受敌，危险万分。前有"维托里奥·维内托"，后有桑森尼蒂的火炮。威佩尔几乎绝望了！就在此时，"无畏"号航母上起飞的6架鱼雷机从天而降，毫不费力就冲破了意舰的航空火炮网，向"维托里奥·维内托"号连发6枚鱼雷，但全部偏离了目标。尽管如此，整个战场的形势已大有改变，威佩尔摆脱了灭顶之灾，意舰却处于九死一生的境地。惊魂未定的亚基诺无心追赶英舰，急令停止追击，全舰队以28节航速沿300°航向转航。

在鱼雷机袭击意舰的时候，威佩尔舰队已经在浓烟中向坎宁安主力舰队狂奔去了。

意舰全军覆没

几次交锋之后，英军逐渐掌握了战争的主动权。意舰却由主动慢慢走向被动。此次海战孰胜孰负已略见端倪。

威佩尔竭尽全力赶上了坎宁安主力舰队，但他万万没有想到，坎宁安下达给他的第一个任务就是要他打头阵追赶亚基诺；并要求他同敌舰保持目力接触。

此时，在克里特岛以南的亚基诺舰队正急急忙忙向塔兰托港驶去。而在其后东南方45海里的地方，坎宁安的3艘战列舰正以22节的稳定航速穷追不舍。但坎宁安明白，意舰在航速上占有明显的优势，如果仅是这样追下去，自己无论如何赶不上亚基诺，必须采取有效措施来迟滞敌舰。于是，他一面不断派飞机侦察，一面派飞机袭击意舰。

14时20分，3架鱼雷机和2架战斗机从"无畏"号航母上起飞，与皇家空军同时对意舰进行轰炸。2架鱼雷机看见"维托里奥·维内托"号正调转舰首，立即从2440米的高空猛冲下来，拼命用机关炮扫射舰桥指挥台和甲板。意舰周围立刻溅起巨大的白色水柱，舰上的水兵们惊恐地狂呼乱叫起来。戴利埃尔·斯特德驾驶的鱼雷机不顾一切危险，在敌舰机关炮的火舌前飞上滑下。领航员库克所在的鱼雷机多处中弹，在它坠海的同一刹那，它发射的鱼雷命中"维托里奥·维内托"号的舰尾。海水旋即汹涌而入。20分钟后，该舰引擎停止转动，舰体开始左倾，舰尾也开始下沉。

一番紧张的抢修之后，这艘受伤的战列舰又以16节的速度向前行驶了。但它此刻处境并不比刚才好多少，前方420海里的地方才是要去的塔兰托港，而在其后65海里的地方，坎宁安舰队正穷追不舍。

坎宁安一心想吃掉这艘战列舰。18点，他发出命令："如果威佩尔追上被击伤的战列舰，第2、第14驱逐舰小队将首先发起进

被英国海军征用的摩托艇

攻。如果敌战列舰没有受伤，主力舰队将随后跟进；如果巡洋舰不能确定敌战列舰的准确位置，我将慢慢向北迂回，然后再向西，明天早晨重新接触敌舰。"据此，驱逐舰摆好了夜间攻击阵势。沃勒舰长指挥的由驱逐舰"斯图亚特"号、"格里芬"号、"猎狗"号和"浩劫"号组成的第10驱逐舰小队在前面担任警戒；麦克舰长指挥的由驱逐舰"贾维斯"号、"两面神"号、"努比亚"号和"摩霍克"号组成的第14驱逐舰小队在舰队左舷前1海里处；民科尔舰长指挥的由驱逐舰"冬青"号、"赫里沃"号和"霹雳火"号组成的第2驱逐舰小队在舰队右舷前1海里处。这两个小队将在威佩尔与敌交火后立即发起鱼雷攻击。

经验丰富的老将亚基诺料定天黑前英国人追不上他，他目前面临的最大危险，是天黑前的空袭和天黑后的驱逐舰夜袭了。为确保安全，他以战列舰为核心将驱逐舰和巡洋舰紧密排列在一起。战列舰左翼是第1巡洋舰分队，右翼是第3巡洋舰分队。第8巡洋舰分队和第6驱逐舰小队则奉命返回布林迪西港。他还下令，敌机来临时，所有舰艇都施放黑烟，

同时，左右护航的巡洋舰和驱逐舰打开探照灯，以此迷惑英飞行员的眼睛。

天快黑时，8架英国飞机在暮色中像秃鹰般在意舰上空盘旋，意军的一举一动他们尽收眼底。但亚基诺对此只有叹气，因为对这些飞机意大利舰的对空火力够不到。他一面抱怨希特勒的失信，一面焦急地准备迎接凶多吉少的再一次海战。

19点15分，亚基诺下令左舷转向30°，向正西方向行驶，企图通过队形的变化来摆脱英国人或者打乱他们的进攻计划。

19点30分，在夜幕的掩护下，英国飞机迅速扑向了目标。意舰开始骚乱起来，大片的浓烟和急速转动的探照灯光把海面弄得一片狼藉。天空中高射炮火织出的火网更是让人头晕目眩。乱糟糟的海面上，威廉斯海军中尉错把"波拉"号巡洋舰当成了意大利战列舰，并予以重击。"波拉"号被鱼雷击中后，电力设备失灵，三个防火舱灌满海水，主机也停止了转动，整个舰体完全瘫痪。

心烦意乱的亚基诺当时最盼望的就是德国飞机的空中支援，但再三催促，第10航空兵团仍以

英舰位置不明。难以识别为由拒绝出兵——多么富丽堂皇的理由！亚基诺自然不信，但他又能怎样呢？兵权掌握在希特勒手中。

整整持续了15分钟的空袭停止后，海面再度恢复平静。亚基诺长长出了口气，好歹挺过了这次空袭。但很快他又想起了被鱼雷击中瘫痪在海上的"波拉"号巡洋舰。20时18分，亚基诺命令第1分队的卡塔尼奥司令前去援助"波拉"号。21时，卡塔尼奥司令率领"扎拉"号、"阜姆"号巡洋舰和4艘驱逐舰离开主力以16节的航速向东南方向行驶，前去搭救"波拉"号。真可谓一着不慎，满盘皆输。亚基诺上将一心只想搭救"波拉"号，却不知英方主力舰队正在前50海里处恭候他的大驾光临。

坎宁安一直误将"波拉"号当作他要寻找的那艘受伤的战列舰，并作出主力舰队投入交战，攻击进攻目标的命令。22时40分，"勇士"号发现在左舷船头方向4.5海里处有不明舰艇，坎宁安当即决定把左舷一侧的驱逐舰"猎狗"号和"格里劳"号调到右舷去占领攻击位置。但这道命令还未付诸行动，舰队右舷的"斯图亚特"号又发来警报，说在右

舷船头 250°方位，发现许多舰艇的巨大黑影，距离舰队正前方约两海里处，从左向右行驶。

这正是受命前来救护"波拉"号的 2 艘巡洋舰和 4 艘驱逐舰。尽管坎宁安派出的侦察机整天都在严密监视受伤的意大利战列舰；第 4 驱逐舰小队和威佩尔舰队也在海上不停搜索和追踪，但由于飞行员在敌舰航速上的错误报告，加上亚基诺为防万一而不断改变航向，坎宁安的舰队始终与意大利战列舰交错行驶。

坎宁安接到"斯图亚特"号的警报后，马上下令重新排成纵队迎敌。整个舰队死一般地寂静——马塔潘角海战的号角就要吹响了。

而此刻没有装备雷达的意舰就像瞎子一样，在暗夜里，冲着英军的黑洞洞的炮口越驶越近。意大利人没有想到，英舰 24 门 380 毫米火炮、20 门 150 毫米火炮和 20 门 115 毫米火炮正如箭在弦上，随时都可将所有的意舰炸成碎片。

22 时 27 分，排在最前面的"猎狗"号驱逐舰上的探照灯突然打开，巨大的光束射向"阜姆"号巡洋舰。"厌战"号和"勇士"号上的 380 毫米火炮同时开火，这艘倒霉的巡洋舰的前后炮塔立刻被掀上了天，不知所措的水兵们在甲板上四处乱窜。30 秒钟后，"阜姆"号再次受创，旋即起火。45 分钟后，它燃烧着沉入茫茫大海。

没有配备雷达、只能依靠观察哨侦察敌情的意舰根本不能进行夜战，大炮没有夜视器材，夜间舰炮火力指挥更是无从谈起。面对英军的狂轰滥炸，卡塔尼奥除了震惊和慌恐，再无计可施。"厌战"和"勇士"号在击沉"阜姆"号后，将攻击目标指向了"扎拉"号。"巴勒姆"号也紧随其后对其侧舷轰击。"扎拉"号在这种阵势下毫无还手招架之力，前炮塔被炸毁，其余的部分也被炸得东倒西歪。随后锅炉房爆炸，整个"扎拉"号成为一片火海。凌晨 2 时，麦克的第 14 驱逐舰小队赶到夜战现场，对它进行了最后致命的一击。2 时 40 分，"扎拉"号再也无力支撑下去，在惊天动地的巨响中，带着卡塔尼奥司令和大部分舰员一起魂归海底。

意大利舰队序列中的先头舰"阿尔菲耶里"号在两艘巡洋舰遭到攻击的同时也受到"巴勒姆"号的侧舷炮击。它曾一度脱离编队，但最终没能逃脱厄运。23 时

15 分，在舰身倾斜严重的情况下，舰长被迫下令弃舰，"阿尔菲耶里"号终于沉入海底。15 分钟后，驱逐舰"卡尔杜奇"号也在爆炸声中沉入大海。相比之下，"焦贝蒂"和"奥里亚尼"两艘驱逐舰要幸运得多。后者虽有一部轮机被击毁，但却利用另一部轮机侥幸撤出战斗。前者是整个战斗中唯一未受损伤的军舰。战斗打响后，"焦贝蒂"见势不妙，即借烟幕和夜色保护溜之大吉。

可怜的巡洋舰"波拉"号不但是意大利人这场悲剧的引子，而且也是这场悲剧的唯一旁观者。它完全失去了活动能力，重炮无法转动，辅助炮的弹药又无法运送上来，只能眼睁睁地看着自己的同伴一个个被消灭，并无可奈何地等待英国人来消灭自己。

战斗结束后，"贾维斯"号驱逐舰向"波拉"号抛去一条缆绳，狼狈不堪的意大利海军官兵沿着长条板走上"贾维斯"号，做了英军的俘虏。3 时 40 分，"贾维斯"号解开缆绳，脱离"波拉"号。不久，"波拉"号便被麦克舰队发射的鱼雷击沉。

1941 年 3 月 20 日 17 时 30 分，英军地中海舰队披着绚丽的晚霞，载誉凯旋。亚历山大港的欢呼声经久不息。但坎宁安将军在内心里仍为没有消灭意大利战列舰而深感遗憾。

这是二战中规模最大的一次夜间大海战，也是意大利海军最后一次像样的海战，意大利的重型舰只从此在地中海上销声匿迹。英国虽然取胜，但也是经过几番周折才最终控制和封锁住了意大利出海东进的大门，为北非战役的胜利和最后攻取意大利创造了先决条件。

世界反法西斯联盟

1941 年 6 月 22 日，法西斯德国向苏联发动大规模进攻，苏德战争爆发。苏联的参战大大扩大了世界反法西斯联盟的范围。

面对德国法西斯倾全力的进攻，苏联避免或至少推迟卷入战争的希望破灭了。苏联人民必须同全世界爱好和平的国家和人民一道为自己的生存而战斗。7 月 3 日，斯大林发表《告苏联人民书》。他说：我们为了保卫我们祖国的自由而进行的战争，将同欧洲和美国各国人民为争取他们的独立、民主、自由的斗争汇合在一起。这将是各国人民争取自由、反对希特勒法西斯军队的奴役和威胁而结成的统一战线。

希特勒德国对苏联的进攻，使英、美，特别是英国松了一口气。一年多来，英国承受着纳粹军队从空中到海上的凌厉攻势，但现在，正如丘吉尔所说，"由于俄国参战，转移了德国对大不列颠的空袭，并且减少了入侵的威胁。"这使英国在地中海区域得到了重大的解救，但是，希特勒"进攻俄国，只不过是企图进攻不列颠诸岛的前奏"，所以，在德国进攻苏联的当天晚上，丘吉尔在广播演说中说，"俄国的危难，就是我们的危难，也是美国的危难，正是俄国人为保卫家乡而战的事业，是世界各地的自由人民和自由民族的事业一样"。"我们将要对俄国和俄国人民进行我们能够给予的一切援助"。

罗斯福领导的美国政府眼看美国面临的基本现实是"作为一场欧洲战争开始的已经发展成为一场企图征服世界的世界战争"，而法西斯德国对苏联的进攻，只不过是希特勒"统治世界的真正目的和计划"的"进一步的证明"。"德国迅速地战胜俄国，既是英国的也是美国的灾难，因为这种胜利将使德国有可能从大西洋和太平洋来威胁美国"。6月23日，美国政府在《谴责德国侵略苏联的声明》中说，"任何防御希特勒主义的办法，任何集中力量——不论这种力量来自何方——的行动都将加速德国现在领袖逃不掉的失败，并因而有利于我们自己的国防和安全"。次日，罗斯福进一步声明，"美国决定在可能范围以内，全力援助苏联"。

希特勒的进攻和苏联的参战，进一步推动欧、亚、美洲各国共产党和各国人民积极投入反对希特勒、建立反法西斯统一战线的斗争，苏德战争爆发第二天，毛泽东指出，"苏联抵抗法西斯侵略的神圣战争，不仅是保卫苏联的，而且也是保卫正在进行反法西斯

由于美国的《租借法案》，罗斯福成为欧洲同盟国的亲密战友。

奴役的解放斗争的一切民族的。目前共产党人在全世界的任务是动员各国人民组织国际统一战线，为着反对法西斯而斗争，为着保卫苏联、保卫中国、保卫一切民族的自由和独立而斗争"。中国共产党要"同英美及其他国家一切反对德意日法西斯统治者的人们联合起来，反对共同的敌人。"英国共产党发表宣言，提出"我们要求同社会主义的苏联团结一致。我们要求英国同苏联立即签订军事和外交协定……让我们建立起英国人民同世界上第一个社会主义国家人民的强大统一战线"。美国共产党发表了"让我们以全面援助苏联、英国及所有同希特勒战斗的各国人民的行动来保卫美国"的宣言。被德国法西斯占领的欧洲各国人民也积极开展抵抗运动，以实际行动援助苏联和推动世界反法西斯统一战线建立。

1942 年 6 月 7 日，太平洋中途岛海战前的备战情景。

苏联、英国、美国和其他反法西斯国家面对共同敌人，产生了联合抗敌的共同愿望。斯大林指出，希特勒原来还想以进攻苏联来吸引英美参加反苏同盟，但是，英国和美国不仅没有参加德国法西斯侵略者的反苏进军，反而同苏联站在一个阵营里来反对希特勒德国。苏联不仅没有被孤立，反而有了新的盟国，如英国、美国以及其他被德国人占领的国家。苏德战争的爆发，加快了反法西斯力量的联合。

苏、英、美在战争中的合作关系迅速发展。1941 年 7 月 12 日，英国和苏联签订《为对德作战采取联合行动的协定》，相互承担"彼此给予各种援助和支持"、并且"除经彼此同意外，既不谈判也不缔结停战协定或和约"的义务。这个协定使得苏联和英国在反对希特勒德国的斗争中结成战斗的盟国。7 月底，罗斯福总统派霍普金斯访问莫斯科，了解苏联的抵抗能力和前途。霍普金斯的访问帮助美国政府最后确定了采取实际措施援助苏联抗击德国法西斯的方针。在这基础上，苏美两国于 8 月 2 日互换照会，美国政府决定"给予一切可以提供的经济协助，加强苏联反对武装侵略的斗争"。苏美互换照会正式肯定了美苏合作关系，是1941年7月12日苏英协定的一种"美国等价物"。

与此同时，苏联和其他一些宣布对希特勒德国作斗争的国家进行了广泛合作。1941年7～9月间，苏联政府和欧洲被占领国家驻伦敦的流亡政府——波兰、捷克斯洛伐克、南斯拉夫、挪威、比利时，以及"自由法国"运动建立了联系并商定相互给予支援和合作。当德国在伊朗加紧渗透，阴谋通过政变建立一个亲德政权，以策动伊朗站在德国一方参与对苏、英作战时，苏联和英国采取联合措施，派出军队进入伊朗，和伊朗缔结了保证伊朗在第二次世界大战时期同反希特勒盟国合作的条约，打乱了德国在中近东的计划，由此向全世界表明英国和苏联的军队已经实际上携起手来。

1941年8月，英、美两国首脑在大西洋纽芬兰的阿金夏海湾举行会议。这次会议通过的著名的《大西洋宪章》，在建立反法西斯联盟的过程中占有重要的地位。这是当时名义上仍属中立的美国和已经作为一个对德交战国的英国发表的联合宣言。《大西洋宪章》在当时历史条件下，起到了进一步动员和团结各个反法西斯国家，促进世界反法西斯联盟形成的作用。中国共产党在1941年8月19日发表声明指出：《大西洋宪章》"表示了英美打倒法西斯主义的决心，这种决心是完全有利于苏联，有利于英美，有利于中国，有利于世界的"，它"决定了英美苏三大强国坚固联合这种具有政治远见的政策。"1941年9月，苏联、英国、比利时、捷克斯洛伐克、希腊、波兰、荷兰、挪威、南斯拉夫、卢森堡和"自由法国"等国家的代表在伦敦举行同盟国会议，一致赞同《大西洋宪章》的基本原则。苏联代表团在会议上发表声明，进一步明确反希特勒战争的性质和任务是"要集中爱好自由各国人民的全部经济和军事资源，以便把呻吟于希特勒强盗压迫下的各国人民彻底地、尽可能迅速地解放出来"。

根据大西洋会议的建议，苏、英、美三国代表于1941年9月29日至10月1日在莫斯科举行会议研究互相援助和物资分配问题。这是已经参战的英、苏和尚未参战的美国在经济上、军事上联合起来的一次同盟国会议。会议达

1941年8月10日，美英两国首脑在纽芬兰阿金厦港军舰上讨论对德政策。

成了关于从1941年10月1日到1942年6月30日这一期间美、英向苏联提供援助的协定。10月30日，罗斯福写信给斯大林，表示美国已同意莫斯科协定的援助项目，并宣布向苏联提供10亿美元的无息贷款。11月7日，罗斯福说，苏联的防务，"对美国的防务来说，是至关重要的"。他宣布把苏联列入有资格享受租借援助的国家之内。莫斯科会议及其做出的决定，表明了苏、美、英三国决心用联合的力量来击败希特勒主义。苏联外长莫洛托夫在莫斯科会议的闭幕词中说，"爱自由的各国人民，由苏英美作先锋，已形成了反希特勒的强大阵线。"这样的大联合"预定了我们对希特勒匪徒的斗争必然能取得最后的胜利"。莫斯科会议以后，"英国、

美国和苏联结成了一个旨在粉碎希特勒帝国主义者及其侵略军的统一阵营"，这已经是一个无庸置疑的"事实"了。

法西斯集团扩大侵略的行径，促进了反法西斯国家的联合，推动了世界反法西斯联盟的最后形成。从1941年下半年起，由于德国潜艇加强在大西洋的活动，罗斯福政府采取一系列果断措施来加强对德"不宣而战的战争"。日本在太平洋地区虎视眈眈，准备南进。英国表示，如果美国同日本处于战争状态，英国就将"毫不犹豫地站在美国一方"，甚至"在一小时之内"对日宣战。假如说，直到1941年12月，罗斯福的行动多少还受到国内孤立主义者的掣肘，那么1941年12月7日，日本进攻美国的珍珠港海军基地，挑起太平洋战争以后，就使美国彻底地和英国"风雨同舟"了，珍珠港事件导致英、美对日宣战，接着德、美互相宣战。澳大利亚、荷兰、加拿大、新西兰、南非联邦、哥斯达黎加、古巴、尼加拉瓜、巴拿马、萨尔瓦多、"自由法国"民族委员会和波兰政府相继对日宣战，中国也向德、日、意宣战。战争波及世界五分之四人口。

1941 年 12 月 11 日，德、日、意签订联合作战协定，声称三国"有毫不动摇的决心"，在把这场战争"胜利结束前决不放下武器"，并"紧密合作"建立法西斯"新秩序"。罗斯福说，德国和日本"把不帮助轴心国家的一切民族和国家都当作全体和每个轴心国家的共同敌人，这就是他们简单明确的总战略。所以，美国人民必须认识到，只有类似的总战略才能够抗衡它"。

1941 年 12 月末，英、美首脑在华盛顿会晤（阿卡迪亚会议）。罗斯福倡议由所有对轴心国作战的同盟国家签署一项共同宣言。美国提出的宣言草案经与英国和苏联政府讨论修改后，又通过频繁的函电往来和会晤，通知给各同盟国政府。1942 年 1 月 1 日，美国、英国、苏联、中国等二十六个反法西斯国家在华盛顿签署《联合国家宣言》，签字国政府赞成《大

巴丹和柯里几多

12 英寸口径的迫击炮阵地

西洋宪章》所载之宗旨与原则。签字国政府宣告：

"（一）每一政府各自保证对与各该政府作战的三国同盟成员国及其附从者使用其全部资源，不论军事的或经济的。

（二）每一政府各自保证与本宣言签字国政府合作，并不与敌人缔结单独停战协定或和约。"

《联合国家宣言》把代表五大洲绝大多数居民的二十六个自由国家的决心和意志联合起来了。它的发展标志着世界反法西斯联盟经过曲折发展的道路，终于正式形成。随之，在英、美、苏、中等盟国之间签订了一系列双边协定，如《英美关于在进行反侵略战争中相互援助所适用原则的协定》（1942 年 2 月 23 日）、《苏英对希特勒德国及其欧洲与国作

战的同盟和战后合作互助条约》（1942年5月26日）、《美中抵抗侵略互助协定（租借协定）》（1942年6月2日）和《美苏关于在进行反侵略战争中相互援助所适用原则的协定》（1942年6月11日）等，这些协定是《联合国家宣言》的具体化和进一步发展。

这样，反对法西斯侵略国家和人民经过正反两方面的教训，特别是经过战争的洗礼，终于结成广泛的反法西斯统一战线，汇成不可抗拒的历史洪流。

世界反法西斯联盟的建立，标志着在希特勒德国强加于各国人民的战争的过程中，力量发生了根本的划分，形成了两个对立的阵营：以德、日、意同盟为核心的法西斯阵营和以英、美、苏同盟为核心的反法西斯阵营。在这个反法西斯阵营中，包括不同的民族和阶层、不同的社会制度和意识形态、不同的战争目的。这个阵营内部，也有各种矛盾和斗争——既有不同社会制度的国家、不同意识形态的矛盾，也有帝国主义国家为争夺海外市场和殖民地而引起的矛盾以及它们和弱小国家的矛盾，但是，这丝毫也不排斥他们采取共同行动，去反对使它们受奴役威胁的共同敌人。打败法西斯，就是他们斗争的共同目标，就是他们团结的共同旗帜。

世界反法西斯联盟的建立，其影响"不仅仅是在精神上和决心上，并且还在全面作战的各个阶段上"（罗斯福语）。它使得所有联合国家在人口、资源、生产能力、人心向背和团结互助方面协调合作，从而远远压倒与世界各国人民为敌的法西斯轴心国。反法西斯联盟建立以后，盟国军队在欧、亚、非战场发起的斯大林格勒会战，北非"火炬"战役、太平洋上中途岛和瓜岛战役的胜利，使第二次世界大战各个战场的形势发生了有利于同盟国的根本转折；而盟国首脑的开罗会议、德黑兰会议、雅尔塔会议和波茨坦会议对推动反法西斯战争的胜利前进和加速最后胜利的到来，都起了重要作用。世界反法西斯联盟的建立和巩固发展，是反法西斯战争取得最后胜利的决定性因素之一。

世界反法西斯联盟建立的影响，甚至还不仅仅限于第二次世界大战。《大西洋宪章》所确立的民主原则，通过《联合国家宣言》而建立起来的由同等尊严和同等重要的独立民族组成的联盟，是战后国际和平与安全组织——联合国的范本和雏形，对战后国际关系产生了深远的影响。

英、日马来亚海战

轻敌的英"Z"舰队自投罗网

马来亚也叫西马来西亚，是马来西亚的一部分，位于东南亚马来半岛的南部，东临南海，北临泰国，西南隔马六甲海峡与东印度群岛（现印度尼西亚）的苏门答腊岛相望，控制着太平洋和印度洋之间的主要航道——马六甲海峡，是南下东印度群岛、北上缅甸的跳板，其战略地位十分重要。

早在1921年日英同盟将要寿终正寝时，英国决定在新加坡建立一个海军基地，并把这个海军基地作为英国在远东太平洋地区进行军事部署的总根据地。

新加坡原为马来亚的一部分，位于马来半岛的最南端，地处马六甲海峡的入口处，其战略地位十分重要，而且是东南亚地区最大的海空交通中心。

1937年，日本全面掀起对华战争，日英、日美关系急剧恶化，英国开始逐渐认识到由舰队承担远东地区主要作战任务的必要性。

1938年末，英美两国开始协商在太平洋地区的联合作战计划，并在基本方针中第一次明确提出舰队派驻计划："一旦对日战争爆发，英国向新加坡派遣舰队，美国向夏威夷集结舰队，以实施作战。"然而，希特勒于1939年9月1日发动闪击波兰的战争，英法于9月3日不得不向德国宣战，英国海军随之被调往欧洲，就很难再抽调军舰派往新加坡方向了。

1941年8月9日，英国首相丘吉尔与美国总统罗斯福在加拿大纽芬兰举行会谈，丘吉尔答应了罗斯福的请求：向东方派遣至少有一艘新式快速战列舰在内的舰队，以遏制日本的侵略行动。

1941年10月底，伦敦的城市建筑和街道上已披上了一层薄薄的雪衣，到处是一派灰白色的阴郁景象。此时此刻，正在为远东太平洋上的日本军队屡次侵犯英国利益而深感不安的丘吉尔的心情则更加忧郁。面对强大的德国，他已感到有些力不从心了。可眼下，为了遏制日本的侵略扩张，迫使他不得不从已十分紧张的海军兵力中像挤牙膏似地挤出一部分，开赴远东战场。经反复考虑，丘吉尔最后决定组成以前皇家海军参谋部副参谋长、海军少将托姆·菲利普斯爵士为司令的新远东舰队，代号为"Z"舰队。

这支远东舰队的主力阵容包括：英国海军引以为豪的号称"不沉战舰"的最新式战列舰"威尔士亲王"号，快速旧式战列巡洋舰"反击"号，航空母舰"无畏"号，驱逐舰"厄勒克特拉"号、"快车"号、"朱庇特"号、"遭遇"号等。

但英国人低估了日本人的力量，认为只要派上几艘大型战舰，就能把日本人吓跑。因此，丘吉尔派舰队的主要目的不是去作战，而是去向日本人显示实力。新任舰队司令菲利普斯少将时年53岁，身材矮小，在同级与下属中素有"大拇指汤姆"的绰号。他于1903年参加英国皇家海军，是一位经验丰富的参谋军官，并且参与制定过许多成功的海上作战计划，但直接进行海上作战指挥尚属首次。另外，此人性格比较固执、保守，还是个十足的"大炮巨舰主义"者，他根本不相信小小的飞机能对巨大的战舰造成什么危害。所以，当他的舰队中唯一的一艘航空母舰"无畏"号在西印度洋触礁后，他干脆让它返回本土，自己仅带着战列舰"威尔斯亲王"号、"反击"号和

另外4艘驱逐舰开往远东，在新加坡驻扎下来。

就在珍珠港内密集的炸弹下冰雹般地落在美战列舰"亚利桑那"号和"田纳西"号上时，一支日本舰队运载着大量登陆部队，正全速侵入马来亚附近的暹罗湾。

12月8日清晨，正在新加坡港摩拳擦掌的大英帝国远东舰队司令、海军少将菲利普斯爵士立即获得了这一情报。于是，当夜幕降临新加坡湾的时候，菲利普斯率领着他的两艘巨舰和4艘护航驱逐舰组成的"Z"舰队，浩浩荡荡地驶出到海湾北部去截击日本舰队，准备给日军来一个下马威。由于当时英国在新加坡的几个机场已被日本人占领，所以"Z"舰队只能在没有飞机掩护的情况下，在海上冒险航行。但菲利普斯将军非常相信依靠奇袭、大炮和舰载高射炮的掩护，足以完成这一作战任务。

出发之际，菲利普斯一方面得到通知，新加坡附近的森巴旺有一支布鲁斯特"水牛"式战斗机中队已作好准备，可以随时起飞为"Z"舰队提供空中支援；另一方面还获悉，日军在西贡附近集结了一支规模可观的鱼雷轰炸机部队。这对即将出征的"Z"舰队无疑是一个很大的威胁，但菲

利普斯却认为日军的鱼雷机不会远离印度支那基地，不会飞越400海里来攻击他的舰队。

对于"Z"舰队的到来，日本海军早有准备。

其实，对于"Z"舰队的到来，日本海军早有准备。侦察机和潜艇被派往英舰队可能活动的各个海域，"Z"舰队已处在日军的严密监视之下。日军驻越南西贡的海军指挥部已将攻击"Z"舰队的任务交给了驻西贡机场的第22岸基航空战队。这支部队是日本海军中作战效率最高的航空兵部队之一，司令官是松永少将，下辖"元山"、"鹿屋"和"美幌"3个航空大队。"美幌"和"元山"航空队各拥有48架"96"式攻击机，"鹿屋"航空队拥有48架"1"式陆上攻击机。上述两种飞机均可携带250公斤、500公斤或800公斤的炸弹，或者携带91型鱼雷，既可用做高空轰炸机，又可以用作鱼雷攻击机。在即将来临的作战中，松永少将的手下拥有这144架最先进的攻击机和一批具有较高素质的飞行员，如壹起春大尉、高桥胜作大尉、高井上尉和石原上尉等等。

9日凌晨，天公不作美，暴雨如注，海面上风大浪急，视线几乎被完全遮住。这虽然给航行带来了极大的困难，但却便于舰队的隐蔽。9时左右，海上天气渐渐地放晴，迷雾消散。"Z"舰队在没有飞机掩护的情况下，孤单单地在海上航行。

当菲利普斯的舰队离开新加坡10多个小时之后，1架日本侦察机冒险飞抵新加坡上空进行侦察。幸运的是，日侦察机把港内的两艘大货船误认为是"威尔斯亲王"号和"反击"号，以致错误地发回电报："'威尔斯亲王'号和'反击'号在新加坡港内停泊!"日本人接电后便信以为真，并马上忙碌起来……

下午5时30分，日军潜艇"伊-65"号突然在潜望镜里发现了正在成纵队向北破浪前进的英国"Z"舰队。"伊-65"号立即向基地报告："发现目标，地点在昆山群岛的196°，225英里处，航向340°，航速14节。"

但是，由于种种原因，"伊－65"号所发出的这一急电，被耽误了很久后传到西贡时，天已完全黑了下来了。但是，53架鱼雷轰炸机和34架高空轰炸机仍然奉命从夜幕笼罩下的西贡机场紧急起飞，在大队长元山海军中佐的率领下，立即扑向英舰队。此时，夜幕笼罩着海空，浓云漫无边际，能见度非常低，在飞行中搜索目标更是难上加难。但是，第一次与英国海军交战的荣誉感激励着这些狂热的日本轰炸机飞行员，他们压低飞行高度，借助微弱的月光艰难地在黑沉沉的海面上搜寻着期待已久的目标。

"发现敌舰！"元山中佐的耳机里传来一名飞行员的呼叫。

"按攻击方案行动！"元山下达完命令，中队长高井海军上尉即率领他的中队立即加速冲向目标空域，在抵达目标上空区域时投了一颗照明弹。刹时，耀眼的白光将海面照得如同白天。海面上，一支舰队正在全速航行。

鱼雷轰炸机首先开始下滑，准备进入鱼雷攻击航线。为了首战告捷，高井想在尽可能近的距离实施攻击。据高井在事后回忆说："我们想让发动机使出最后一把劲，使飞机飞得快些，再快些。

就在实施攻击的一刹那，一面太阳旗突然出现在眼前。我不由得大吃一惊，浑身直冒冷汗，赶紧松开投雷操纵杆并大声叫道：停止攻击！停止攻击！自己的军舰。"

好险啊！原来这是小泽治三郎海军中将的旗舰"鸟海"号重型巡洋舰和由他率领的日本巡洋舰部队。原来，由于日机出战时太匆忙，连己方军舰的识别办法都没有来得及作出规定。因此，为了避免发生误伤，日本人决定飞回西贡，在天亮以后再进行空中搜索。

菲利普斯真是幸运儿！此时，他的舰队距小泽的巡洋舰部队仅仅只有30多海里，可是由于天黑和恶劣的气象条件，双方谁也没有发现谁。

出其不意大获全胜

然而，从小泽的巡洋舰上起飞的3架日侦察机却非常意外地在夜幕中发现了"Z"舰队，并马上向西贡报告了具体位置。12月10日，天还没亮，在西贡的日军航空基地，96架轰炸机上的飞行员已作好了起飞的一切准备。其中，"96"式陆上攻击机中有9架用来作为侦察机，25架挂上了鱼雷，36架装上了炸弹，还有26架

"1"式陆上攻击机也装上了鱼雷。此刻，飞行员们已经坐在自己的座舱里，随时准备起飞。

6时25分，西贡派出了3个中队向预定海区出击。他们根据昨晚情报飞至预定海区时，不禁大失所望：只见海水浩荡，根本没有"Z"舰队的踪影。日机几乎飞到新加坡，但也没有发现猎物。由于燃料消耗太多，他们被迫开始返航。"威尔斯亲王"号和"反击"号到底跑哪儿去了？

原来，9日深夜，正当"Z"舰队刚刚掉转船头准备驶向新加坡的时候，突然收到新加坡发来的一份急电，说日军正在关丹登陆。菲利普斯当然不知道这是一份误电，他认为这一战机不可错过，于是改变了主意，决定对关丹的日军发动一次海上突然袭击。舰队马上改变航向驶向关丹。

为了保持无线电静默，菲利普斯没有把要袭击关丹的决定通知司令部。因为他认为既然是新加坡来电，那里肯定会派出战斗机掩护自己。可惜，想象不是事实，实际上受命掩护的英国战斗机仍然停在机场上，他们对"Z"舰队攻击关丹一事毫无所知。

10日清晨，正当日军轰炸机搜索英舰队之际，菲利普斯的舰队也驶抵关丹附近，这才发现并无日军登陆之事。这时，菲利普斯没有马上返回新加坡，而是派出"特快"号驱逐舰和1架"海象"式侦察机在附近进行侦察，甚至为了察明在破晓时一度发现过的1艘日本运输驳船，整个"Z"舰队白白耽误了两个多小时。上午10时左右，天气晴朗，非常有利于日机攻击。在300～500米的空中，飘浮着朵朵白云，既不会严重妨碍能见度，又为飞机提供了掩护。1架正在返航的日本侦察机突然在关丹东南70海里处透过云层发现了英军战列舰和驱逐舰。电键启动，嘀嘀哒哒……发出了日机盼望已久的信号："发现两艘敌战列舰、4艘驱逐舰。关丹东南70海里。敌主力舰由驱逐舰4艘保护前进。"

正在返航的日轰炸机群接电后，整个机群就像注射了一针兴奋剂一样，立即改变航向，直扑"Z"舰队。没多久，一支舰队出现在日机的机翼下——这正是他们苦苦搜寻的"Z"舰队。

日机一架接一架钻出云层，重点向两艘主力舰"威尔斯亲王"号和"反击"号发起了猛攻。15

分钟后，即上午 10 时 30 分，"鹿屋"航空大队的 18 架鱼雷机，在第 3 中队队长壹起春大尉的率领下，首先冲向了"反击"号。

"威尔斯亲王"号右舷的高炮开火了，隆隆的炮声划破了海空的寂静。接着，"反击"号的大口径高射炮和驱逐舰的高射炮也一起开始射击。瞬间，在日本飞机周围的天空布满了密密麻麻的白色斑点，无数斑点又绽出了一个个由浓烟裹着的金色火球，在空中形成了一道炽热的火网。但是，日机仍然毫不在乎地照直前进。壹起春手下由 9 架鱼雷攻击机组成的中队素有"海军之冠"的美称，这次他急于用行动来表明他的中队是当之无愧的。

在"反击"号上，当时正好有一名《伦敦每日快报》的随军记者塞西尔·布朗，当时，他正在给一群玩牌的炮手和水兵们拍照。在军舰一转身时，他朝着在前面大约半海里开外的"威尔斯亲王"号拍了一张照片。可怎么也没想到，这张照片竟成了"威尔斯亲王"号的最后遗照。

据塞西尔·布朗回忆说："上午 11 时 07 分，我听见舰上的扩音器广播：'敌机向我逼近。各就各位！'……突然间，南面出现了 9 架飞机。我一点也不知该怎么办，只是呆呆地站在前甲板上，望着炸弹由小而大地落下来。这时，'反击'号舰上的帕姆炮及 4 英寸口径的高射炮一起怒吼，猛烈的炮声震天动地，我觉得自己的耳朵都快被震聋了。"

壹起春大尉率 9 架鱼雷机向"反击"号猛扑过来，其中 1 架将 1 条鱼雷一下子就直射在舰身上，"反击"号上顿时大火熊熊。但舰上的对空火力仍然异乎寻常地猛烈。有 1 架鱼雷机在被击毁的瞬间，所发出的鱼雷正好击中了军舰的中部。紧接着，又有 9 架鱼雷机非常巧妙地从几个方向一架接一架地向"反击"号猛攻，使这艘久负盛名的老舰先后被击中 4 条鱼雷。

就在这艘巨舰快要坚持不住的时候，一大批俯冲轰炸机又黑压压地飞临"反击"号的上空。就这样，"反击"号在遭受 6 条鱼雷的直接命中之后，在奄奄一息之际，又遭到大批重磅炸弹的轰炸。只见巨舰上空黑烟滚滚，舰体逐渐下沉。

此时，坦南特舰长通过扩音器冷静地宣布："准备全体离舰！"然后说了一句："愿上帝保佑你们。"此时，舰体已倾斜达 70°。

世界通史

最新整理图文珍藏版

"行了，诸位，马上开始离舰吧！"他对部下说完后，自己却挺立在舰桥上不走。最后，在几个军官的拉扯下，他还是被拽走了。随着舰内进水越来越多。舰首开始上翘，站在高层的人已有点站不住了。一个士兵从司令塔纵身跳入了50多米深的海水里，第二个人往下跳时摔倒在甲板上，第三个却一下子跳进了粗粗的烟囱。在舰尾，只见一群海军陆战队员往海里跳，但是，全被巨大的螺旋桨给卷走了……

12时33分，"反击"号倾覆了。那小山似的巨型战舰，瞬间便消逝于波涛海浪之中，海面上能看见的只是一个巨大的漩涡在慢慢漂移……

几乎就在壹起春大尉发起攻击的同时，高井上尉也率鱼雷攻击机冲向"威尔斯亲王"号的旗杆，其速度之快，令英国水手们大吃一惊。他们看惯了自己那笨拙的"剑鱼"式飞机，对日机这么快的速度，简直都有点不可思议。30多架鱼雷机将它团团围住，不时地有鱼雷乘风破浪向"威尔斯亲王"号袭来，只听"轰"的一声，舰身剧烈地摇晃起来，1条鱼雷击中了舰的右舷，将吃水线下部炸出一个大洞。

"威尔斯亲王"号装有10门356毫米的主炮，16门133毫米炮，48门40毫米炮，30门20毫米炮，全舰大小火炮近百门，每分钟能发射炮弹数万发。此时，该舰以全部火力，拼命对空射击，"威尔斯亲王"号上空的炮弹如同冰雹一样密集，天空一片黄色硝烟。炸裂的弹片，就像撒落的沙子，在海面上激起了一片浪花。

高井事后回忆当时的情形说："天空充满了炮弹的硝烟。弹片和高射炮与机枪发射的一道道曳光弹弹迹。我的飞机像被敌人的密集弹幕击中似的，一个劲地往下冲，差不多都要贴到水面了，速度表的指数超过了200节。我压根儿记不得我是怎样飞行，怎样瞄准，在离敌舰多远投下鱼雷的……"

这时，日机什么也不顾，只是一个劲地发射鱼雷，只见9条鱼雷径直驶向"威尔斯亲王"号，海面上立即出现了9条白色航迹，就像成群结队的鲨鱼向"威尔斯亲王"号扑来。"威尔斯亲王"号一连中了4条鱼雷，其中有正条正好击中原来的那个大洞，一下就将舰两弦完全击穿。

就这样，连续几批鱼雷的攻击，使"威尔斯亲王"号开始呈现出45°角的倾斜。然而，过了一会儿，奇怪的事出现了，只见倾斜的"威尔斯亲王"号又慢慢地正了过来，恢复了原状。就连见多识广的高井也感到大惑不解："中了几条鱼雷，怎么还能恢复呢？真不愧有'不沉主力舰'之称号。"

"威尔斯亲王"号真是"不沉的战舰"吗？其实不然，原来这是"威尔斯亲王"号的右舷又同时中了两条鱼雷，造成大量进水，才又将战舰重新扶正。

几分钟后，由高桥胜作大尉率领的6架鱼雷攻击机和9架俯冲轰炸机又飞临"威尔斯亲王"号的上空，铺天盖地的炸弹呼啸而下。"威尔斯亲王"号又开始急剧倾斜，在连续发出几声惊天动地的巨响之后，曾经出尽风头的这艘"不沉战舰"，中了8条鱼雷和无数枚重磅炸弹之后，就像一头受伤的河马似的，笨重地向左倾覆，被汹涌的马来海水吞了下去，几乎不到一分钟的光景，便从人们的视野里消失了。菲利普斯少将和近千名英国官兵也一起沉入大海。

就这样，日本海军仅以3架飞机的代价，就将英国远东舰队主力战舰几乎全部击沉。

再遭重创

"Z"舰队遭到全歼的消息传到伦敦时，丘吉尔正在开箱子，他床边的电话铃响了，电话里传来第一海军大臣达德利·庞德那有点奇特的声音："首相，我不得不向您报告，'威尔斯亲王'号和'反击'号都被日本人击沉了——我们认为是被飞机击沉的。汤姆·菲利普斯已经淹死。"

"你……你确信这是真的吗？"丘吉尔愕然失色，酷似当头挨了一棒，脑袋嗡嗡作响，半晌才反应过来。"毫无疑问，阁下。"庞德十分肯定地说。

丘吉尔痛苦地放下话筒，瘫坐在床上，这可怕消息犹如一股冰水刺入他的心间。此时此刻，他似乎感到末日就要来临。

但这位天性不服输的英国前海军大臣，仍然下决心一定要狠狠打击一下日本人的嚣张气焰。因此，尽管当时欧洲战场已经有点难以应付，丘吉尔还是下令马上重新组建一支新的远东舰队，番号仍为"Z"舰队，立即开赴太平洋海域，与日本人再较量一番。

为了避免重蹈"Z"舰队的覆辙，丘吉尔经过连续几天的反复考虑和商议，最后选中了海军中将詹姆斯·萨默维尔爵士担任新远东舰队的司令官。

世界通史

最新整理图文珍藏版

Z 舰队的覆灭

火考验的老战列舰和"无敌"号、"竞技神"号、"可怖"号3艘航空母舰，以及8艘巡洋舰、驱逐舰加盟，规模要比第一支舰队大得多。

1942年3月，詹姆斯·萨默维尔海军中将率领着这支英国庞大的远东舰队，浩浩荡荡地开往太平洋战区。3月底，日本人在得到新组建的英国远东舰队东进的消息后，立即命令南云中将率一支包括6艘航空母舰、4艘战列舰、1艘巡洋舰和11艘驱逐舰在内的舰队南下印度洋海域，前去截击英"Z"舰队，力争将英国舰队在海上彻底摧毁。

接到命令后的南云中将根本没把这么一支由第一次世界大战的"老古董"组成的舰队看在眼里。这位因珍珠港一战而闻名于世的日本海军战将，在心里期望着能充分发挥自己舰载机的特长，争取在英国舰队停泊地锡兰（今斯里兰卡）的科伦坡港敲掉这批"老古董舰队"。詹姆斯·萨默维尔爵士确实不负丘吉尔之所望，自从驶入远东海域以来，他真是小心加小心，谨慎加谨慎，稳扎稳打，步步为营。萨默维尔还及时向所有重要的海域派出侦察机。另外，英国情报局也开动所有情

詹姆斯·萨默维尔爵士和丘吉尔私交甚深，早在丘吉尔任海军大臣时，两人就是志同道合的莫逆之交。对詹姆斯·萨默维尔的性格、才干和能力，丘吉尔是非常了解和佩服的。这次丘吉尔之所以最后选中詹姆斯·萨默维尔，两人的互相了解和私交也是一个重要原因。

詹姆斯·萨默维尔海军中将具有丰富的海上作战指挥经验，是位头脑冷静、思维敏捷的英国资深海军军官。特别值得一提的是，此人很善于见机行事，非常注意保存实力，在历次参加和组织的大海战中，都能够做到以最小的损失来争得最大的战果。

新远东舰队由赫赫有名的重型战列舰"厌战"号担任旗舰，另有4艘经过第一次世界大战战

报系统，与远东舰队相配合，以尽可能全面可靠地了解日本舰队的行踪。

4月4日傍晚，正是复活节的前一天，萨默维尔将军得知，有一支日本舰队正向科伦坡驶来。于是，他马上命令舰队趁黑夜立即驶离科伦坡，开往锡兰南面约600海里处的一个叫阿杜环礁的海域。那里环礁丛生，非常便于隐蔽。

4月5日，天刚蒙蒙亮，318架日本飞机从"赤城"号、"加贺"号、"苍龙"号和"飞龙"号4艘航空母舰上起飞了，其中包括"99"式俯冲轰炸机、"97"式鱼雷攻击机和"零"式战斗机。为了对付可能遇到的英国远东舰队航空母舰舰载机的拦截，日军以"零"式战斗机打先锋，后面紧跟着黑压压的混合编队机群。

但是，日机群却在科伦坡港口扑了一个空。这时，扑空的日本人就像发怒的狮子一样，鱼雷攻击机将一条条鱼雷准确地投向港内停泊的几艘货船。待这些货船被击毁后，他们又将用来攻击水面舰艇的威力极大的鱼雷当作普通的炸弹投向岸上的各种目标，只见科伦坡就像发生了12级大地

震一样，火光浓烟冲上天空数百米。

科伦坡遭受了一场意想不到的大浩劫。

远在600海里之外的萨默维尔中将，真不愧是一员久经沙场的海战老手，他估计日本的舰载机大部离舰前往攻击科伦坡，航空母舰一定空虚，便马上决定抓住这一大好机会出击。于是，他命令舰队加速前进，搜寻日本的航空母舰，并先后派出了8架侦察机向几个方向实施侦察。整个舰队做好了一切准备，决心以其人之道，还治其人之身，乘虚袭击不可一世的日本舰队。为了以最快的速度找到敌舰，萨默维尔将军还决定将4艘速度比较慢的老式战列舰抛在后面。

这时，有两艘巡洋舰"康沃尔郡"号和"多塞特郡"号偏离了航向掉了队，正好被一艘日本潜艇发现，这艘潜艇马上唤来80多架鱼雷攻击机和俯冲轰炸机。这些日本飞机就像猫见到了腥鱼，直扑这两艘倒霉的英舰，只经过一个波次不到10分钟的轮番攻击，大英帝国的这两艘重型巡洋舰在饱尝日本飞机的雷弹攻击之后就沉入了大洋。

萨默维尔得到消息，真是大

吃一惊，没想到"偷鸡不成反而蚀把米"，不仅未攻击成日本航空母舰，还丢掉了自己的两艘重型巡洋舰，真是不划算。此时，经过近10个小时也没见到日本航空母舰影子的萨默维尔，却在舰队周围发现有日本侦察机出没。为了避免继续遭受更大的损失，萨默维尔非常果断地下达了"停止追击，马上返回阿杜环礁"的命令。

萨默维尔的决定真是太英明了，就在他的舰队与4艘落在后面的老战列舰会合后，日本280多架岸基飞机已抵达英舰队刚刚离开的海域上空。由于没有找到目标，南云中将命令这些飞机直接去攻击锡兰东海岸的一个英军港口。同科伦坡一模一样，日本飞机又将这座空港炸了个稀巴烂。

为预防返航途中万一遇到英舰队，这些日机并没有把炸弹投完，而是带着部分炸弹返航。萨默维尔做梦也不会料到，日本人歪打正着，这支日机群在返航途中正好和他的舰队碰上。这些憋足了劲的日本飞行员，将所剩不多的炸弹和鱼雷，一股脑地投向防空火力薄弱的"竞技神"号航空母舰。不一会儿，"竞技神"号航空母舰就沉入了海底，一艘离"竞技神"号航空母舰不远的驱逐舰也捎带着被炸沉了，其他几艘航空母舰也遭到了重创。

第2支"Z"舰队重蹈前"Z"舰队的覆辙，几乎被全歼。就这样，英国新组建的远东舰队在遭受了沉重的打击之后，剩下几艘伤痕累累的军舰也只有返回伦敦这一条路可走了。

"Z"舰队的覆没，是美英继珍珠港事件之后所遭受的又一次沉重打击。英远东舰队被击溃，对当时英国在远东的军事地位产生了灾难性的影响。从此，在海上称雄数百年之久的大英帝国在这一地区失去了制海权。

正如英国首相丘吉尔所说："在全部战争过程中，我从来没有受到过比这更直接的震惊……当我在床上辗转反侧时，可怕的消息死死地纠缠着我。无论是在印度洋还是太平洋，都没有英国或是美国的主力舰了。在这广漠的一大片海洋之上，日本独霸，而我们则到处都是脆弱和没有防御的。"

埃塞俄比亚独立

非洲的黄金宝地

1935年10月，意大利发动蓄

谋已久的战争，准备吞并埃塞俄比亚。埃塞俄比亚位于非洲东北部，红海西南岸，是世界最不发达国家之一。虽然它幅员辽阔，但因为地处沙漠地带，因而经济十分落后。不过，这里的地下资源却极为丰富。在一望无际的沙漠下面，埋藏着大量的黄金、白金（铂）以及许多其他金属。这些隐藏着的财富看似给埃塞俄比亚带来了希望，但还没有挖掘前就给它的子民带来了灾难。由于是红海的南大门，因而埃塞俄比亚具有极其重要的战略地位，成为兵家的必争之地。

从军事到经济，埃塞俄比亚根本无法和意大利相比。对于几乎处于原始社会状态的埃塞俄比亚来说，和意大利对攻，无异于以卵击石。我们难以想象，当意

亲临战场的埃塞俄比亚皇帝塞拉西

大利驾着飞机、开着坦克，携带着各式各样的枪炮开战时，那些拿着长矛、弓箭、棍棒等原始武器的埃塞俄比亚人如何抵挡？更何况，埃塞俄比亚却还没有统一的军队，有的只是属于海尔·塞拉西皇帝的卫队，以及各封建领主统领的私人军队。埃塞俄比亚该如何应对？

"誓死抗敌，宁死不屈！"

1935年10月17日，埃塞俄比亚首都亚的斯亚贝巴举行了威严的阅兵仪式。年轻的皇帝塞拉西走上检阅台，高声询问他的臣民"法西斯在侵犯我们的家园，鱼肉我们的人民，我们应该怎么办？"

"誓死抗敌，宁死不屈！"十

意大利军队在埃塞俄比亚的一处防御工事

世界通史

最新整理图文珍藏版

多万人同时发出震天的怒吼。

面对意大利的疯狂进攻，埃塞俄比亚人民凭着坚强的意志奋勇抵抗，以血肉之躯去对抗意军的长枪大炮。埃塞俄比亚誓死保卫国家的决心，让墨索里尼迅速结束战斗的计划落空了。战争进行到11月8日，意军仍然没有取得突破性进展。11月19日至21日，塞拉西皇帝多次到前线慰问士兵，这使前线的军队人心大振。在抵挡住意军的进攻后，他们开始用缴上来的枪炮进行反击，很快就收复了大片的失地，意大利

练习使用重机枪的政府军

军队遭受了沉重的打击。

由于埃塞俄比亚处于沙漠地区，因此这里的水源很重要。在高温的烘烤之下，意军有点支撑不住了。于是，他们发疯般地寻找水源。但更令他们发疯的是，水源大多已经被埃塞俄比亚人填死了。即使有一两口水井没来得及填死，意军尝完一口也不敢再喝了，因为里面已经被撒上了盐！沙漠炎日的烘烤，饥渴的逼迫，意军的战斗意志逐渐消沉了，战斗力也大不如前。

墨索里尼对战局的发展十分不满，他撤掉了驻非洲的意军总司令，然后派出了一批"黑衫军"进入埃塞俄比亚。"黑衫军"都是一些狂热的法西斯分子，也是墨索里尼借以打开埃塞俄比亚局势的法宝。果然，这些"黑衫军"一到战场上，就开始不分目标狂轰滥炸，甚至国际红十字会的救护队员也有五十多人死于炮火之下，次年2月，"黑衫军"又使用了毒气，致使大批无辜的平民惨死。

英勇斗争

意军的疯狂进攻，压迫着埃塞俄比亚不断后撤防线。1936年5月5日，埃塞俄比亚首都亚的斯亚贝巴被意军攻占，塞拉西皇帝被迫逃往英国。5月9日，墨索里

尼在罗马宣布，埃塞俄比亚政权由意大利掌管，意大利国王兼任埃塞俄比亚皇帝。从此，埃塞俄比亚成为意大利的领土。

但是，埃塞俄比亚的人民并没有屈服，国家的沦亡激起了更多人的愤怒，人们纷纷拿起武器，加入游击队进行顽强的抗争，他们发誓："打倒最后一个敌人，流尽最后一滴血！"

游击队的斗争方式十分巧妙，对游击队来说，意军兵营就是他们的"后勤部"。有这样一个有趣的故事：一天深夜，某个意军兵营的士兵正在熟睡，突然被一阵刺痛惊醒。睁眼一看，满屋子都是"嗡嗡"叫的蜜蜂。意军被吓懵了，从床上跳起来就往外跑。等他们一个个红头涨脸地回来时，却发现所有的武器都不见了。原来，这又是游击队来"借"武器来了。

埃塞俄比亚人民和意大利军队斗智斗勇，终于在 1941 年把意大利侵略军赶跑了，使自己的国家恢复了独立。

北极航线战役

开通北极航线

自闪击波兰，征服法国之后，

希特勒把目光瞄准了苏联。1941年 6 月 22 日，纳粹德国不宣而战，突然入侵苏联。尽管在这之前，苏联和英国的情报机关都向苏联高层发出了德国将要入侵的警报，但斯大林认为这是英国企图将苏联拖入战争的阴谋，因此不屑一顾，根本没有做好战争准备。战事爆发后，措手不及的苏联在德军强大攻势下，节节败退，一泻千里。

当晚，英国首相丘吉尔发表演讲说，他的政府将改变过去一贯反对共产主义苏联的立场，对苏联进行援助，并呼吁世界一切爱好和平的人们共同担负起援助苏联的责任。

6 月 23 日，美国代理国务卿韦尔斯也发表声明，对德国侵略苏联表示强烈谴责！

6 月 24 日，美国总统罗斯福召开记者招待会，宣布所有抵抗法西斯轴心国的国家，包括苏联在内，都将得到美国的援助。

7 月初，英国驻苏大使克里普斯与斯大林、苏联外交部长莫洛托夫在莫斯科举行会晤。7 月 12 日，英苏签署《对德作战联合行动协定》。

7 月底，美国总统特使霍普金斯访问苏联，与斯大林商讨援助苏联事宜。

8月初，美国总统罗斯福和英国首相丘吉尔举行大西洋会议，会议期间，两人决定联合致函斯大林，提议召开三国代表会议，商讨援助苏联事宜。斯大林对此欣然表示同意。

9月24日至10月1日，美英苏三国代表在莫斯科举行会议，并签署《对俄国供应第一号议定书》协定，规定从1941年10月1日至1942年6月30日美英每月向苏联提供包括400架飞机和500辆坦克在内的军事援助，苏联则向美英提供稀有金属等战略原料。

会后，罗斯福宣布向苏联提供10亿美元的无息贷款。

不久罗斯福又宣布苏联同样享受《租借法案》所规定的所有权利。

与此同时，英美在1941年的9月份就已开始将大批物资、装备运往苏联。当时通往苏联的国际交通线有三条：一是以海参崴为终点的太平洋航线；二是以黑海诸港口为终点的伊朗铁路；三是以北方诸港口为终点的北极航线。其中第一、第二条路线由于受到战火、政治或是地理上的限制，运输量微乎其微，因此美英向苏联运送物资的主要交通线就只有

北极航线了。

北极航线通常是指起点为冰岛，终点主要是苏联北方的两个港口——摩尔曼斯克和阿尔汉格尔斯克的航线，该航线从冰岛至摩尔曼斯克距离约1800海里，至阿尔汉格尔斯克距离约2200海里，普通运输船航行需10～14昼夜，其中阿尔汉格尔斯克港还有长达半年的冰封期。沿途经过海域基本在北极圈内，气候非常恶劣，终年严寒，航线上不时还会出现暴风、浓雾和流冰，夏季是极昼，冬季则是漫漫的极夜。如果在和平时期，这一航线是不会有航船通过的，然而在战争年代，为了援助苏联，盟国不得不选择了这条充满无数艰难险阻的航线。

其实，最危险的还不是气候的恶劣，德国在挪威还部署了大量的飞机、潜艇和军舰，随时可以投入作战，因此北极航线可以说是危机四伏的，但英勇的同盟国海员依然毫无畏惧勇闯北极航线，在千里冰海上谱写了一曲曲动人的篇章。

1941年9月28日，由1艘苏军巡洋舰和14艘运输船编成的第一支北极航线护航运输船队从阿尔汉格尔斯克前往冰岛，根据美英苏达成的协议，北极航线上的

护航运输船队，从苏联前往英国的空载船队代号为QP，从英国前往苏联的满载船队代号则为PQ，编号均从"1"开始，因此这支船队代号为QP—1。

9月29日，英军1艘巡洋舰、2艘驱逐舰和10艘运输船组成的PQ—1护航船队从冰岛起航，驶往苏联的摩尔曼斯克。北极航线正式开通。

苏联为了保护运输船队的安全，除了船队编成中的护航军舰外，一接到船队起航的通报，苏军北方舰队立即起飞侦察机侦察挪威海岸和熊岛海域敌情和天气情况，然后将相关情报由盟军驻苏军事代表团再转告英国海军部，最后确定船队进入熊岛以东海域之后的具体航线。与此同时苏军的轰炸机、强击机对德军在挪威北部和芬兰的航空基地进行压制，潜艇在德军水面舰艇基地航道上展开，监视并攻击出航的德军舰艇。护航船队进入北方舰队的作战海域后，苏军还派出驱逐舰、护卫舰和扫雷舰，加强护航船队的掩护兵力；海军航空兵也在船队上空始终保持6至8架飞机，以提供空中掩护，战斗机则在基地严阵以待，随时准备出动支援；在科拉湾和白海航道入口处投入反潜舰艇和反潜飞机进行反潜巡逻，搜索攻击在该海域活动的德军潜艇；扫雷舰艇在可能有水雷的海域进行扫雷作业；冬季还出动破冰船为船队破冰导航。

除此之外，英国也出动舰艇为船队进行直接护航，还派出巡洋舰和驱逐舰的混合编队进行近距海上掩护，必要时甚至不惜出动本土舰队包括战列舰、航母在内的大型主力军舰为船队进行远距掩护，而驻扎在冰岛的岸基航空兵也经常出动为船队提供空中掩护。

由于采取这些切实可行的措施，从1941年9月至12月，PQ—1到PQ—6船队以及QP—1到QP—6共十二支船队没有任何损失，总共有包括669辆坦克、873架战斗机、1400辆卡车和10万吨弹药在内的物资顺利到达苏联。这些作战物资不仅从物质上有力支援了苏联战场，而且还作为世界反法西斯同盟联合抗战的象征，极大鼓舞了苏联军民的士气。

争夺北极航线

苏联战场上越来越多的英美武器装备引起了德军的警惕，希特勒敏锐地意识到北极航线的价值，尤其令希特勒担心的是若英苏联手进攻挪威，切断对德国的铁矿石供应，后果将不堪设想。鉴于此，德军开始向挪威调集兵力，一方面加强挪威的防御，一方面切断北极航线。

1941 年 12 月下旬，德军首次在熊岛以南展开一个由 3 艘潜艇组成的"乌兰"艇群，用于攻击同盟国的北极航线运输。

同月月底，PQ—7 护航船队的第一部分 PQ—7A 船队 2 艘运输船从冰岛起航。

两天后，德军乌兰艇群中的 U—134 号潜艇在北极海域发现并首次攻击了 PQ—7A 船队，击沉英国"瓦齐里斯坦"号运输船，这是同盟国在北极航线上损失的第一艘运输船。船队另一艘运输船安全到达目的地。

为了打击盟军的运输活动，1942 年 1 月 12 日，希特勒召集海军司令雷德尔元帅、空军参谋长耶修尼克上将和战斗机部队司令加拉德中将举行秘密军事会议，讨论在法国布勒斯特港的"沙恩霍斯特"号战列巡洋舰、"格奈森瑙"号战列巡洋舰和"欧根亲王"号重巡洋舰突破英国海空军的封锁，转移到挪威的计划。尽管与会者认为这一行动非常冒险，一旦行动走漏风声，这 3 艘军舰不

但会遭到英国本土空中力量猛烈打击，还将受到屯兵北海强大的英国本土舰队迎头拦截，后果难以设想。但在希特勒的坚持下，还是经过周密研究，制定了作战计划。

具体分工是：空军负责对舰队的空中掩护；海军任务则相当艰巨既要进行扫雷、护航、防空甚至海战，还要进行战役欺骗。雷德尔指派西里西阿科斯海军中将为战役总指挥，作战代号"瑟布鲁斯"，瑟布鲁斯是希腊神话中地狱的看门狗，长着三个头和龙的尾巴，凶猛无比，最后由大力士赫尔克里斯把它制服并从地狱带回了米克涅，使用这一名称的潜台词就是完成了被认为是无法完成的事情。从布勒斯特到挪威主要有两条航线，一条是经过爱尔兰的西航线，另一条则是穿越英吉利海峡的东航线。西航线距离较远，如果没有强大的空中掩护，将会长时间遭到英国海空军的大力围剿，危险较大；东航线距离虽短，但要穿越英国海军的禁区——英吉利海峡，海峡中英军布有大片水雷区，英军在多佛尔部署有大口径岸炮，可有效封锁海峡，而且沿海峡港湾中英军还驻有大量的驱逐舰和鱼雷艇部

最新整理图文珍藏版

队，可随时出动拦截，但德军考虑到英军认为英吉利海峡设防严密，德军不敢轻易穿越，思想上比较麻痹，只要采取严格的保密措施和伪装欺骗，达成隐蔽性和突然性，不等英军作出反应，舰队就已突破封锁了，因此选择东航线。

计划实施当天，德国空军投入第2和第26战斗机大队，共180架ME—109和FW—190战斗机，还有60架ME—109和30架ME—110战斗机为预备队，保证舰队上空时刻有36架战斗机掩护。并将整个航行区域划分为三个区域，每个区域机场配备了足够的地勤人员和设备，以便使飞机能在着陆后半小时内完成加油加弹重新起飞，各机场之间采用多线路通讯网联系，并加强配备了一部带高速密码机的长波电台。加拉德中将还派通讯业务能力过硬的依贝尔上校随舰队旗舰"沙恩霍斯特"行动，担任海空联络组长，并在每艘军舰上加装对空、对岸电台，以加强海空、海岸联系。

1月17日，德国海军最大的军舰，满载排水量达4.8万吨的"提尔比兹"号战列舰，从德国基尔到达挪威阿尔塔峡湾。

1月中旬起，德国海军出动第1、第2、第4、第5和第12扫雷支队及第2、第3和第4摩托扫雷艇支队，共约80艘扫雷舰艇对英吉利海峡和北海南部海域进行持续近一个月的扫雷作业，共清扫出98枚锚雷和21枚磁性水雷，在此过程中，德军损失驱逐舰和扫雷艇各一艘。

为了获取准确的气象信息，德军还专门派出3艘潜艇侦察海峡天气、水文和潮汐，随后根据取得的天气、水文和潮汐情况，分析确定突围行动只能在2月11日至13日3天中，又因为2月13日是星期五，是黑色的倒霉日，所以德军确定2月11日晚8时开始行动，12日白天通过海峡。

1942年1月底至2月初，战斗机部队和三舰进行了为期8天的联合演习。

为了使盟国不致识破轴心国的作战意图，德军散布消息声称三舰将开赴大西洋或太平洋作战，西里西阿科斯还煞有介事在巴黎采购大批热带军服和遮阳墨镜，并委托法国海军准备热带使用的火炮润滑油。

2月11日，德军在布勒斯特实行戒严，淡水、食品、燃料和弹药被秘密运上军舰，在大批卡

世界通史

最新整理图文珍藏版

车开足马力的噪音中三舰开始试车。而作为欺骗计划的一部分，德国海军举办盛大宴会，邀请布勒斯特各界名流参加。

黄昏时分，西里西阿科斯向设在各地的海空军指挥部发出密码电报："一切准备就绪！"

晚上20时30分，三艘军舰起锚缓缓出港，"沙恩霍斯特"号（以下简称沙舰）为首，"格奈森瑙"号（以下简称格舰）居中，"欧根亲王"号（以下简称欧舰）断后，由于长期没有出海，欧舰的锚链升起一半就被卡死，舰长林克曼上校只得下令砍断锚链。当时天黑雾浓，能见度很低，沙舰出港后不久就迷失了方向，舰长霍夫曼上校只好凭着友舰的发动机声音来航行。

舰队还未驶远，20余架英军轰炸机飞临布勒斯特进行轰炸，三舰赶紧返回港内，并打开探照灯组织对空射击，造成三舰还在港内的假象。

当英机返航后，三舰再重新出港，经过这一番折腾，比预定计划延迟了两个多小时。但总算一切顺利，出海后三舰都以31节的高速航行，在这三舰的侧翼，6艘驱逐舰和14艘鱼雷艇担负警戒，空中德军战斗机也按时赶到，

提供空中掩护，所有军舰和飞机都保持着严格的无线电沉默。由于鱼雷艇吨位较小，携带燃料也少，所以不断有新的鱼雷艇赶来换班，一切都井然有序。

2月12日晨8日50分，经过大半夜的高速航行，又是顺风顺水，三舰竟把出海时耽误的两个多小时的路程全都补了回来，按照原计划驶过科汤坦半岛的阿格角，而英军此时还蒙在鼓里一无所知。

天亮后，厚厚的云层低垂，能见度依然很低，使德军成功地逃脱英军的雷达监视，大模大样地行驰在英吉利海峡。

敌方舰队大白天在英吉利海峡航行，这是自1588年西班牙无敌舰队进犯英国以来从来没有过的。虽然如此英军最近布设的水雷区，仍使德艇提心吊胆，德军紧急出动4艘扫雷艇为舰队开路。

10时14分，三舰驶过塞纳河口，接近多佛尔。

10时42分，一架英军侦察机掠过舰队上空，飞行员向基地报告：3艘战列舰和20多艘其他舰艇正高速逼近多佛尔。西里西阿科斯下令升起防空警戒旗，并进入最高戒备，准备战斗，同时向海空军各指挥部通报被英机发现。

德军部署在沿海机场的大批战斗机迅速进入高度戒备，飞行员全部进入坐舱，发动引擎，随时准备升空作战。

然而英军指挥部接到侦察机报告，却根本不相信德军舰队敢于白天进入海峡，认为是飞行员看错了，因此不以为然。

11时25分，三舰驶到多佛尔海峡最窄处，此时因为海峡水浅，德舰不得不降低航速。三舰经过布格涅时，德军又有15艘鱼雷艇加入舰队，而且德国空军的电子对抗也达到最高潮，不但沿海地面干扰站开足马力施放干扰，还有多架带有干扰设备的轰炸机在海峡上空实施强电子干扰，使英军雷达站彻底瘫痪。

当德舰驶到勒图盖时，终于被英军岸炮目视发现，随即遭到英军岸炮的猛烈炮击，但没有任何损失。

直到此时，英军才终于清醒过来，但为时已晚！为了维护大英帝国的海权尊严，英国海军采取一切措施实施拦截，首先从多佛尔和拉姆斯盖特两地分别出动5艘和3艘鱼雷艇，但德军驱逐舰击伤3艘鱼雷艇，成功击退英军鱼雷艇的攻击。接着英军第825中队的6架"剑鱼"鱼雷机从曼斯顿机场紧急起飞，领队长机是曾经参加过攻击德军"俾斯麦"号战列舰的埃斯蒙德少校，他深知战况紧急，所以没有等护航战斗机起飞就匆匆率队投入攻击，这些时速仅225千米的老式飞机在德舰密集对空火力和德军战斗机的联合打击下，刚一接近德舰就有4架被击落，只有2架投下了鱼雷，也被德舰轻易规避过去，而这2架飞机也没逃脱被击落的厄运。埃斯蒙德少校在战斗中阵亡，因他在此次战斗中英勇表现，被追授英国最高荣誉维多利亚十字勋章。

尽管德舰接连成功摆脱英军的海空攻击，但西里西阿科斯处境仍很艰难，舰队正航行在英吉利海峡最狭窄处，西侧是英军的岸炮，东侧又是危险的水雷区，而西北方英军密布的军港里大批舰艇也随时可能出海拦截，形势并不容乐观。

英军接下来从康沃尔、朴茨茅斯、曼斯顿、诺福克等地出动一切可以出动的飞机，竭尽全力进行攻击，力求击沉德舰。但英军从指挥员到飞行员，根本没有想到德舰会在白天闯入英吉利海峡，既没有预先计划，又没有应急方案，准备仓促，先后出动550

架次轰炸机、360架次战斗机，却只有39架轰炸机实施了攻击，投掷炸弹千余吨，仅击沉1艘巡逻艇，击伤2艘鱼雷艇，3艘主力舰毫发无损。反观德军，早有充分准备，海空联络通畅，战斗机在军舰上的联络组准确引导下，及时占据有利阵位，与德舰高射火力形成有效的舰空协同火力，给予英机沉重打击。在激战中，英军损失飞机49架，德军仅损失飞机17架。

中午过后，德舰从距比利时海岸18海里处通过多佛尔海峡，进入开阔的荷兰海域，三舰航速恢复到27节，胜利在望！

但英军仍不放过最后机会，正在多佛尔以北60海里哈里奇港进行战备训练的驱逐舰编队是英国海军水面舰艇部队中唯一来得及截击德舰的部队，编队指挥员皮兹海军上校明知荷兰海域密布水雷，而且德舰主炮火力比英舰强得多，仍毫不犹豫地率领编队出海，并成功赶上了德舰，毕竟德舰火力要比英舰强得多，在德舰猛烈火力反击下，英舰的最后攻击还是以失败告终，英军"伍斯特"号驱逐舰遭重创，艰难返回哈里奇港。

正当德军3艘主力舰安全突出英军封锁，眼看大功告成之际，沙舰突然触雷，丧失动力，西里西阿科斯只得率领其指挥部人员转移至Z—29号驱逐舰。转至Z—29号驱逐舰上不多时，驱逐舰的主机却因长期高速行驶而损坏，速度逐渐慢下来，直至完全停车。急不可待的西里西阿科斯换乘汽艇追赶舰队，不料沙舰却经过抢修恢复了正常航行，从汽艇旁驶过，令西里西阿科斯哭笑不得，经过这番折腾，西里西阿科斯再次回到沙舰。

19时55分，舰队行驶到荷兰西北西弗西亚得群岛海域，沙舰和格舰相继触雷，沙舰已经是第二次触雷了，伤势相当严重，好在经过抢修，两舰又很快恢复了航行。

2月13日凌晨，德舰驶入德国海域，沙舰和格舰前往杰得湾船厂修理，只有福星高照的欧舰毫发无损，经基尔运河前往挪威。

这一事件在英国国内引起了轩然大波，朝野上下纷纷指责英国海军的无能，因为自1588年西班牙无敌舰队入侵英国以来，数百年间还没有任何力量敢于如此挑战大英帝国的制海权！但是从战略上而言，这一使英国海军蒙受奇耻大辱的行动，却是一次糟糕的行动，因为德国海军硕果仅存的大型水面舰艇调往挪威，离开了大西洋这一主要战场，在天寒地冻的挪威海，即使尽显神威，对整个战争的影响和作用也大为降低。尽管德国海空军在此次作战行动中，表现出了少有的足智多谋。

1944年红旗波罗的海舰队的舰艇在执行战斗任务

2月21日，德军"舍尔海军上将"号袖珍战列舰和"欧根亲王"号重巡洋舰在4艘驱逐舰的护卫下，从德国布龙斯比特尔科克港起航，前往挪威。德军舰队刚一出航就在北海南部被英军侦察机发现，英军随即出动轰炸机进行攻击，却只有1架轰炸机找到德舰，在对"欧根亲王"号重巡洋舰投下炸弹后被德舰高炮击落。

次日，德军舰队驶入挪威格里姆斯坦峡湾锚泊，进行短暂休整后于当天黄昏再次起航。

不久，部署在特隆赫姆海域的英军4艘潜艇组成的潜艇群发现了德军舰队，"三叉戟"号潜艇对德舰实施了攻击，击伤"欧根亲王"号。

英军本土舰队司令托维海军上将闻知德舰出海的讯息后，亲自率领"胜利"号航母、"英皇乔治五世"号战列舰、"贝里克"号重巡洋舰和4艘驱逐舰组成的舰队，出海前去截击德军舰队，也未获成功。

终于，"沙恩霍斯特"号修复完毕，也北上进入挪威，而她的姐妹舰"格奈森瑙"号在船坞修理中又遭英军空袭，被一枚454千克穿甲弹命中上甲板，死112人，伤21人，军舰也遭到了重创，只好在船坞中继续修理。此后多次遭到空袭，修理工程一拖再拖，直至1943年2月，因战局恶化，海军总司令邓尼兹下令终止了修复工程，将修复的原料转用于其他工程，并拆除舰上的火炮和装备。

至此，德军在挪威共集结了包括"提尔比兹"号战列舰、"舍尔海军上将"号和"希尔海军上将"号袖珍战列舰、"沙恩霍斯特"号战列巡洋舰、"欧根亲王"号重巡洋舰等主力水面舰艇在内的大批军舰，还有 4 个潜艇群约20 艘潜艇。航空兵为第 5 航空队，拥有各型飞机约 200 架，并于1942 年 3 月成立北方海军指挥部，统一指挥、协调所有在挪威的海空兵力，盟国的北极运输线面临严峻考验。

狙击北极航线

希特勒不惜代价以地中海调集海空力量支持挪威是为了阻止盟军对苏联的援助，尽早结束德苏战争，以腾出手来对付美苏实现其称霸全球的野心。然而，随着战争的继续，盟国军事力量日渐强大，他的这一图谋也逐渐破产，请看如下记录：

1942 年 1 月 17 日，德军乌兰艇群所辖的 U—454 号潜艇发现从冰岛起航的编有 8 艘运输船和 2 艘驱逐舰的 PQ—8 护航船队。立即攻击了该船队，击伤 1 艘运输船，击沉 1 艘驱逐舰，该驱逐舰上的官兵除 2 人以外，全部葬身大海。

1942 年 2 月间，同盟国的PQ—9、PQ—10 和 PQ—11 三支船队均未遭损失，安全抵达目的地。

3 月 1 日，编有 16 艘运输船的 PQ—12 船队和编有 15 艘运输船的 QP—8 船队分别从冰岛和苏联科拉湾起航，为了保护这两支船队，英国海军本土舰队首次出动 3 艘战列舰、1 艘航母、1 艘巡洋舰和 12 艘驱逐舰组成的舰艇编队，进行远距离掩护。3 月 5 日，德军侦察机发现了 PQ—12 船队，德军北方海军指挥部随即派出了 4 艘潜艇前往截击。3 月 6 日，德军"提尔比兹"号战列舰和 4 艘驱逐舰也从挪威阿尔塔峡湾紧急出航，傍晚英军"海狼"号潜艇发现德军舰队马上向海军部报告。午夜英国海军部将这一情况转告正在PQ—12 船队以南的掩护编队。掩护编队接到通报，便全速向东，以迎击德军舰队。3 月 7 日中午，PQ—12 船队和 QP—8 船队在熊岛以南约 200 海里处相遇，随即又交错而过。此时，德军舰队正从PQ—12 船队后面数海里处，即QP—8 船队前方数海里处通过，虽然彼此距离仅数千米，但因为能见度太低，双方都未发现对方。直到黄昏时分，德军舰队才发现QP—8 船队的一艘掉队船只，将其击沉。而两支船队的其余船只则安全抵达目的地。

3 月 8 日，远距力掩护编队的"胜利"号航母起飞 12 架舰载鱼雷机攻击了德军"提尔比兹"号战列舰，而从挪威起飞的德军3架容克—88轰炸机也攻击了"胜利"号，双方均无收获。

3月20日，PQ—13船队从冰岛起航，该船队编有19艘运输船，护航军舰为1艘巡洋舰、2艘驱逐舰、2艘扫雷舰和2艘猎潜艇。3月21日，由19艘运输船组成的QP—9船队从苏联摩尔曼斯克起航。3月22日，英军本土舰队出动2艘战列舰、1艘航母、1艘巡洋舰和10艘驱逐舰，为上述两支船队提供远距离掩护。

3月23日，QP—9船队在通过德军4艘潜艇组成的巡逻线时，护航兵力中的一艘扫雷舰发现并撞沉德军U—655号潜艇。

3月24日，海面突起风暴，PQ—13船队在风暴中队形完全被打乱，19艘运输船分散在熊岛以南方圆150海里的广阔海域。船队指挥竭尽全力收拢船只，重新集队。3月27日，德军侦察机发现该船队，随即德军出动6艘潜艇和第8驱逐舰支队的3艘驱逐舰前去攻击。3月28日，德军出动28架容克—88轰炸机空袭该船队，先后击沉2艘运输船。3月29日凌晨，德军驱逐舰击沉1艘掉队的巴拿马籍运输船，并从俘虏的该船船员口供中了解到大量关

于船队的情况，根据这些情况，德军3艘驱逐舰调整了搜索航向，9时许便追上了船队，护航军舰中的主力战舰英军"特立尼达"号巡洋舰和另2艘驱逐舰立即上前迎战，双方随即展开激战，德军Z—26号驱逐舰被击沉，Z—24号和Z—25号驱逐舰则重创英军1艘驱逐舰，然后见难以突破护航军舰的掩护，便救起Z—26号的96名落水官兵后匆匆返航。英军"特立尼达"号巡洋舰在战斗中被己方驱逐舰所发射的鱼雷误击，遭到重创，但仍坚持航行。途中德军U—585号潜艇企图趁火打劫，攻击蹒跚而行的"特立尼达"号，结果偷鸡不成反蚀米，反被掩护的英军驱逐舰击沉。

3月30日，德军U—376号和U—435号潜艇分别击沉1艘掉队运输船。3月31日和4月1日，PQ—13船队的其余船只陆续抵达苏联摩尔曼斯克。4月2日，QP—9船队顺利到达冰岛。

此次护航战中，同盟国PQ—13船队损失5艘运输船，总吨位约2.8万吨，还有巡洋舰和驱逐舰各1艘遭重创。德军损失驱逐舰和潜艇各1艘。

4月3日，德军出动大批轰炸机空袭苏联摩尔曼斯克港，PQ—

13 船队中 2 艘正在进行卸货作业的英国运输船被炸沉。

4 月 8 日，PQ—14 船队从冰岛出发，该船队编有 24 艘运输船，护航兵力为 5 艘驱逐舰、4 艘护卫舰、2 艘扫雷舰和 4 艘反潜拖网渔船，鉴于 PQ—13 船队曾遭遇德军驱逐舰，此次英军特意还派出 2 艘巡洋舰和 2 艘驱逐舰担任近距掩护。出航不久，船队就在扬马延岛附近遇到了大面积流冰，先后有 16 艘运输船和 2 艘扫雷舰被冰块撞伤，被迫返回冰岛。

4 月 10 日，编有 16 艘运输船的 QP—10 船队从苏联科拉湾起航，护航兵力为 1 艘英军巡洋舰、5 艘驱逐舰、1 艘扫雷舰和 2 艘反潜拖网渔船。次日，英国本土舰队派出了由 2 艘战列舰、1 艘航母、2 艘巡洋舰和 8 艘驱逐舰组成的舰艇编队，前往冰岛至挪威之间海域，以掩护这两支船队。同一天，苏军出动飞机空袭了德军基尔克内斯机场，以压制德军航空兵，减轻船队可能的空袭威胁，但收效甚微，德军当天仍从该机场出动 12 架容克—88 轰炸机空袭了 QP—10 船队，并击沉 1 艘运输船。

4 月 12 日夜间，德军 U—435 号潜艇突破 QP—10 船队的警戒，击沉 2 艘运输船。4 月 13 日清晨，德军出动 22 架容克—88 轰炸机再次攻击了 QP—10 船队，又击沉 1 艘运输船。不久，德军侦察机发现了 PQ—14 船队，因此德军潜艇和第 8 驱逐舰支队相继出动，前去截击。4 月 15 日至 17 日，德军飞机对 PQ—14 船队进行了多次攻击，由于船队护航军舰对空火力密集，船只规避得力，没有受到任何损失。而德军 U—376、U—377 和 U—456 号潜艇也对 QP—10 船队进行了多次攻击，也是一无所获。

4 月 17 日，德军 U—403 号潜艇找到并攻击了 PQ—14 船队，击沉 1 艘运输船，而德军驱逐舰因能见度太低，没有发现船队，无功而返。4 月 19 日，PQ—14 船队到达摩尔曼斯克，在 24 艘运输船中有 16 艘因被流冰撞伤而中途折返，1 艘被击沉，只有 7 艘到达目的地。

第二天，QP—10 船队抵达冰岛，该船队共损失 4 艘运输船。两支船队总共损失 5 艘运输船，总吨位约 3.1 万吨。

一周后，PQ—15 船队从冰岛起航，该船队编有 25 艘运输船，护航军舰有 6 艘驱逐舰、1 艘防空舰、1 艘飞机弹射母舰、4 艘扫雷舰和4艘反潜拖网渔船，护航军舰中新增加的防空舰和飞机弹射母舰是为了抗击德军飞机而专门派出的。近距支援兵力为2艘巡洋舰和2艘驱逐舰。

为了阻止德军主力战舰"提尔比兹"号出海，英军于4月27日和4月28日分别出动54架次"哈利法克斯"中型轰炸机和23架次"兰开斯特"重型轰炸机，连续对锚泊在挪威特隆赫姆"提尔比兹"号战列舰实施空袭，由于德军防空措施极其有效，防空火力部署得当，又施放烟雾进行隐蔽，加之德舰锚泊峡湾地形狭窄，英机难以发挥优势，因此损失7架飞机，却未对"提尔比兹"号造成任何损害。

随后，编有13艘运输船的QP—11船队从苏联摩尔曼斯克出航，护航兵力为4艘驱逐舰、4艘护卫舰、1艘反潜拖网渔船，近距支援兵力为1艘巡洋舰和2艘驱逐舰，船队在苏联领海航行时还得到苏军2艘驱逐舰和1艘扫雷舰的伴随护航。英国本土舰队照例在挪威至冰岛之间展开水面舰艇编队，以掩护两支船队安全，这支舰艇编队由2艘战列舰、1艘航母、3艘巡洋舰和8艘驱逐舰组成。

不久，德军侦察机发现QP—11船队，德军随即出动3艘驱逐舰和7艘潜艇前去攻击。德军潜艇追上了QP—11船队后，U—430号攻击了正在船队前方开道的近距支援编队中的英军"爱丁堡"号巡洋舰，"爱丁堡"号被两条鱼雷击中，舰尾被炸掉，只得在2艘驱逐舰护卫下返回摩尔曼斯克。而随后赶到的德军驱逐舰多次向船队发起攻击，都被护航军舰击退，只击沉1艘掉队的运输船。最后德军驱逐舰干脆放弃了对船队的攻击，转向寻找受伤返航的"爱丁堡"号。

为了救援"爱丁堡"号，英军从摩尔曼斯克紧急出航的4艘扫雷舰、1艘巡逻舰和1艘反潜拖网渔船与"爱丁堡"号会合，加入掩护其返航的队列。但由于担负远距掩护的本土舰队水面舰艇编队因能见度太低，发生舰艇碰撞事故，"庞杰比"号驱逐舰被"英皇乔治五世"号战列舰撞沉。

一天后，德军3艘驱逐舰追上了"爱丁堡"号，双方展开了激战，"爱丁堡"号虽然已遭重创，机动性大受影响，但火炮依然能够正常使用，其203毫米大口径主炮连连发威，重创德军"赫尔曼·舍曼"号驱逐舰，战斗中"爱丁堡"号又被一条鱼雷击中军舰中部，几乎被炸成两半，只好弃舰，最后由英军"远见"号驱逐舰发射鱼雷将其击沉。而德军另2艘驱逐舰Z—24号和Z—25号则发挥出色，接连重创2艘英军驱逐舰，后因把英军4艘扫雷舰误为4艘驱逐舰，不敢恋战，救起"赫尔曼·舍曼"号驱逐舰落水舰员，匆匆返航。

PQ—15船队由于其护航力量比较强，中途击退了德军潜艇和航空兵的攻击，毫发无损。直到后来德军使用6架亨克尔—111鱼雷机才攻击得手，击沉2艘运输船，击伤1艘运输船，后该船因伤掉队被德军U—251号潜艇击沉。

5月5日，PQ—15船队到达摩尔曼斯克。

随后，QP—11船队也驶抵冰岛。

此次护航战，尽管两支船队只损失了4艘运输船，总吨位约1.8万吨，但护航军舰损失惨重，沉没巡洋舰、驱逐舰和潜艇各1艘，还有2艘驱逐舰遭重创。

1942年5月21日，由35艘运输船编成的PQ—16船队从冰岛出发，5艘驱逐舰、4艘护卫舰、1艘扫雷舰、4艘反潜拖网渔船和

2艘潜艇担负护航，近距掩护兵力为4艘巡洋舰和3艘驱逐舰，还有8艘潜艇负责侧翼警戒。

5月25日，德军侦察机发现该船队，随即出动19架亨克尔—111鱼雷机和6架容克—88轰炸机前来攻击，盟军护航兵力比较强大，防空火力也相当猛烈，击落德机3架，只有1艘运输船被击伤，后被拖回冰岛。

天黑后，德军U—703号借助夜色掩护，对船队发起攻击，击沉1艘运输船。

次日，英国海军部考虑到附近海域德军潜艇活动猖獗，不愿其水面舰只遭到不必要的损失，遂命令近距掩护编队的4艘巡洋舰和3艘驱逐舰离开护航船队返回。

德军7架亨克尔—111鱼雷机和11架容克—88轰炸机乘机发动攻势，此次空袭战果显赫，共击沉5艘运输船，击伤3艘运输船和1艘驱逐舰，德军损失飞机4架。

尝到甜头的德军再次出动大批飞机攻击PQ—16船队，但均被护航军舰击退。中午前后，6艘从苏联科拉湾出航的英军扫雷舰加入船队。随后PQ—16船队一分为二，6艘运输船在1艘驱逐舰、1艘护卫舰和2艘扫雷舰的掩护下，

驶往阿尔汉格尔斯克港，其余船只则驶向科拉湾。

为了阻止 PQ—16 两支船队抵达目的地，稍后德军对 PQ—16 船队的两部分都发动猛烈空袭，此时船队已经接近苏联，苏军出动大批战斗机掩护船队，在护航军舰和苏军战斗机的出色掩护下，德军空袭一无所获。当天下午，船队两部分均到达目的地。

PQ—16 船队共有 35 艘运输船，装载 12.5 万吨武器装备，其中包括 468 辆坦克、201 架飞机和 3277 辆汽车，这是北极航线开通以后，英美对苏联最大一次物资援助，途中 1 艘运输船因伤返回冰岛，7 艘运输船被德军击沉，损失船舶吨位约 3.8 万吨，这些船只所运载的包括 147 辆坦克、77 架飞机和 770 辆车辆共约 3.2 万吨物资也沉入大海，好在还有 9 万余吨物资安全到达苏联，有力支援了苏联的抗战。

悲惨的船队

1942 年 5～6 月间，苏联战场上，德军在南线塞瓦斯托波尔、哈尔科夫、沃罗涅日等战役中接连取胜，兵锋直指苏联东南部重要城市斯大林格勒，战局对苏联极其不利。而苏联由于欧洲部分国土已损失大半，军工企业有的被德军占领；有的受到战争影响，军火生产很不正常；有的正在迁往西伯利亚，还不能马上恢复生产，因此美英的军事援助对于苏联是非常重要，也正是因为如此，斯大林三次致函丘吉尔，请求其迅速派出船队，以支援苏联抗击德寇的战争。

在这种情况下，英国重新组织了 PQ—17 船队，并作了相当周密的准备。该船队规模之大，载货之多，是北极航线前所未有的，总共有 34 艘运输船、2 艘油船和 3 艘救生船，载有 20 万吨武器装备和军事物资，护航兵力也是空前庞大，共有 6 艘驱逐舰、4 艘护卫舰、2 艘防空舰、3 艘扫雷舰、4 艘反潜拖网渔船和 2 艘潜艇，这些兵力用以抗击德军潜艇和飞机是绰绰有余的。

汉密尔顿海军少将指挥的 4 艘巡洋舰（其中 2 艘美舰）和 3 艘驱逐舰，负责迎战德军驱逐舰编队。

英国本土舰队司令托维海军上将亲自指挥的 2 艘战列舰（其中 1 艘美舰）、1 艘航母、2 艘巡洋舰和 14 艘驱逐舰进行远距离掩护，这支编队是真正的主力舰队，无论在近距离还是远距离都具有消灭"提尔比兹"号的实力。英军还有一个如意打算，就是将PQ—17作为诱饵，引出"提尔比兹"号，将其一举消灭，彻底消除北极航线的巨大威胁。因此，这支远程掩护编队在船队后面，相距仅四、五小时的航程，并保持严格的无线电静默。

在挪威北角海域，盟军还展开9艘英军潜艇和2艘苏军潜艇，组成警戒线，严密监视德军水面舰艇的活动。

驻冰岛的盟军岸基航空兵还将出动"卡塔林那"远程飞机，一直到熊岛以东海域为船队提供空中掩护。

此外，为了迷惑欺骗德军，英军还组织了一支假船队，由4艘运煤船、5艘布雷舰伪装运输船、2艘巡洋舰、5艘驱逐舰担任护航。在PQ—17船队出海的同时出航，以吸引德军注意，分散德军兵力。可惜这一煞费苦心的计划，因德军没有发现而毫无作用。

德军根据各种情报，也已掌握了盟军船队即将出动的情况，决定以航空兵、潜艇和水面舰艇组织协同作战，消灭这支船队，作战代号"跳马"。计划规定水面舰艇分为两部分，一个是特隆赫姆舰群，由"提尔比兹"号战列舰、"希尔海军上将"号重巡洋舰

和6艘驱逐舰组成，另一个是纳尔维克舰群，由"吕佐夫"号袖珍战列舰、"舍尔海军上将"号重巡洋舰和6艘驱逐舰组成。一旦发现PQ—17船队出动，特隆赫姆舰群将进入韦斯特峡湾，纳尔维克舰群则进入阿尔塔峡湾随时待命出航。潜艇部队则于6月10日前派出3艘潜艇抵达冰岛东北海域，进行侦察和监视，另以5艘潜艇在熊岛海域组成巡逻线。第5航空队则负责空中侦察，并在挪威北部各机场进驻了大批飞机。战役指挥由北方海军指挥部统一指挥，战术指挥则由随"提尔比兹"号出海的舰队司令全权负责。根据希特勒关于避免主力军舰遭到损失的指示，特别规定作战原则是水面舰艇将尽量避免与敌优势兵力交战，如果发现敌军战列舰掩护编队，北方海军指挥部和舰队司令均有权取消作战。

6月27日，PQ—17船队从冰岛浩浩荡荡出发，谁想刚出海不久，就遇上了浓雾，有2艘运输船在浓雾中搁浅或撞上流冰，被迫返航，其余船只则不得不以只有最高航速一半的低速继续航行。此时雨雪交加，气候相当恶劣，船身四周很快布满了冰凌，由于积冰太厚，船只重心逐渐升高，

随时有倾覆翻沉的可能，因此船员冒着雨雪奋力除冰，以保证航行安全。

3 天后，船队通过扬马延岛，然后航向稍向北偏，以尽可能远离挪威海岸。德军部署在熊岛附近海域的潜艇发现了船队，立即向海军指挥部报告。当天下午，就有德军侦察机飞来跟踪监视，并有 2 艘潜艇对船队实施了攻击，但均被护航军舰击退，运输船毫无损失。

后来船队航行海域又出现大雾，船队这次因祸得福，借助浓雾的天然掩护，猛然赶了两天的路程，没遇到一点麻烦。

但德军根据侦察机拍摄的相片，还是掌握了船队的编成，认为单靠潜艇和飞机，在雄厚的护航兵力面前是难占便宜的。遂决定出动"提尔比兹"号战列舰为核心的水面舰艇编队，而在水面舰艇出击前，仍派出飞机空袭船队，以疲惫消耗护航兵力。就这样，德国空军从 7 月 2 日开始了持续三天的大规模空袭。

云消雾散后，正值北极海域的极昼，德军飞机异常肆虐，这天德军空袭也达到了高潮！已到达熊岛附近的 PQ—17 船队遭到了德军飞机一波接一波的猛烈轰炸，

先后出动数十架次的容克—88 轰炸机和亨克尔—111 鱼雷机，盟军船队的护航舰竭尽全力，战斗相当激烈，尽管德军损失飞机 5 架，但还是有 3 艘运输船被击沉，1 艘油船遭重创。

船队克服恶劣天气和德军狂轰乱炸，严格保持着队形，护航军舰竭尽所能，组织反潜和防空作战，有效掩护了船队，最大限度保全了船队安全。但是船队所面临的形势更为严峻——两天前，德军水面舰艇编队刚从特隆赫姆出航，立即被监视的苏军 K—21 号潜艇发现，并向德军战列舰实施了鱼雷攻击，但未奏效。而部署在挪威海域的英军潜艇不久也发出报告，发现德军战列舰和驱逐舰编队正以 27 节的航速驶出劳普海继续向东北方向航行。

根据事先计划，近距掩护编队司令汉密尔顿少将迅即致电远距掩护编队司令托维上将，要求他迅速指挥强大的打击编队全速向船队靠拢，迎战德军"提尔比兹"号战列舰。但一直与船队保持四、五小时航程的托维舰队此时却遭遇了大片的流冰，托维在计算了双方的航速、航向之后，只得打破出航以来的无线电静默，电告汉密尔顿，远距掩护编队因

遇流冰，无法按时赶到，一切情况由其全权处置。这一情况，使原来诱歼"提尔比兹"的计划彻底破产，PQ—17陷入了非常不利的危险境地。

这天晚上，英国伦敦，特拉法尔加广场西侧的海军部大楼里，英国海军部第一大臣庞德海军上将正在召开紧急会议，讨论PQ—17船队所面临的危急局面，根据双方的航速、航向推算，10小时之后，PQ—17船队就将进入"提尔比兹"的主炮射程，到那时，对付德军潜艇和飞机绰绰有余的护航军舰和近距掩护编队，将要面对"提尔比兹"号令人生畏的8门381毫米主炮，而英军所有军舰中最大口径的舰炮也不过203毫米，德舰可以在英舰的有效射程之外，毫不费力地将英军军舰和运输船一一击沉！参谋军官出身的庞德，没有舰队指挥的实际经验，并不知道战场形势的千变万化，只是单纯地根据图上作业和炮火口径的计算，认为PQ—17已难逃全军覆没的命运，如果船队继续前进，就会将运输船和护航军舰一起葬送，与其这样，不如解散船队，撤出护航军舰，那样还可以保全全部军舰和部分运输船，而且时间紧迫，因此庞德

海军上将在数小时里连续向汉密尔顿和PQ—17船队发出3道命令：

1. 巡洋舰编队应以最快航速向西撤退。

2. 鉴于德军水面舰艇的威胁，运输船队应立即解散，各自驶向俄国港口。

3. 重申4日21时23分的命令，运输船队应立即解散。

这是二战史上最著名的错误命令之一，堪与希特勒在诺曼底战役中禁止第15集团军调往诺曼底和日军南云中将在中途岛战役中"换弹"命令相媲美。

汉密尔顿接到连续3道命令，只好忍痛向船队下达解散令，率领直接护航军舰和近距掩护编队的全部军舰向西撤退，运输船则分散，船员们知道将在毫无护航的情况下单船闯过北极航线，但这些船员面对恶劣的天气和凶恶的德军，表现出了视死如归的大无畏精神。

然而，让庞德吐血的是，最令英军胆战心寒的"提尔比兹"号战列舰却根本没有参加战斗，原来德军截获了汉密尔顿和托维之间的往来电讯，意识到在PQ—17船队后面有一支强大的舰队，从特隆赫姆和纳尔维克两地出航

的"提尔比兹"号战列舰、"吕佐夫"号袖珍战列舰、"希尔海军上将"号和"舍尔海军上将"号重巡洋舰及12艘驱逐舰在海上会合后，一直在等待有关英军船队动向的详细情报，德军特别担心英军本土舰队的航母和战列舰，并不敢轻举妄动。当得知船队后面还有一支舰队，而德军空中侦察又没有英军的确切情报，加之希特勒力求大型军舰不受损失的指示，所以"提尔比兹"号战列舰在海上游弋了10多小时后，又掉头返回阿尔塔峡湾。

运输船分散后，遭到了德军潜艇和飞机单独或联合屠杀，这是一场世界海运史上前所未有的恐怖屠杀！对于德军潜艇而言，对运输船的攻击简直就是"一场游戏一场梦"！所谓游戏是因为对于训练有素的德军潜艇官兵来讲，攻击没有武装也没有护航的低速运输船，完全可以轻松地占据最有利的攻击阵位，选择最有利的攻击角度和距离，从容实施鱼雷攻击，然后再欣赏着运输船起火爆炸的情景——那不是游戏吗？所谓梦想是因为这样的攻击情景，没有护航舰艇的干扰，没有反潜飞机的追杀，悠闲地攻击理想的目标——那不是梦寐以求的吗？

德军潜艇唯一的困难就是在击沉运输船之后，由于船队分散，在浩瀚的冰海上难以迅速发现下一个目标，于是干脆浮在海面上，用无线电呼叫指挥部，请求指示目标。应潜艇的紧急呼叫，德军指挥部派出了FW—200远程侦察机，在目标海域搜寻，一发现运输船就直接电告附近潜艇前去攻击，同时出动轰炸机和鱼雷机加入对运输船的攻击，德国海军共有8艘潜艇参与了屠杀，第5航空队也出动飞机202架次，其中容克—88轰炸机130架次，亨克尔—111鱼雷机43架次，FW—200侦察机29架次。

就这样，巴伦支海西北广阔海域上，PQ—17船队所属的运输船，一艘接一艘被击中，烈焰翻腾在冰海上，冒着滚滚浓烟逐渐下沉，数百名被击沉运输船的船员漂浮在冰海上，由于气温很低，大部分人很快就被冻死，小部分被救生船救起，但许多人已经因严重冻伤而终身残疾。

PQ—17船队遭到如此惨重的损失，主要原因是英国海军部解散船队的错误命令，即使德军舰队真的与船队遭遇，巡洋舰、驱逐舰等护航舰艇也还可以与其周旋，至少可以拖住德军舰队一段时间，使被流冰阻隔的打击舰队能赶来参战，继续执行预定围歼德军"提尔比兹"号的计划，如果德军水面舰队中途返回，那德军潜艇和飞机就不可能那么轻而易举击沉运输船了。英国海军缺乏对战区实际情况的了解和对德军作战意图的判断，加之对北极航线恶劣天气的低估和对德军"提尔比兹"号的恐惧，错误判断了形势，贸然解散了船队，使运输船失去了有组织的对空对潜防御，作为这一错误的代价，付出了巨大损失，共有23艘运输船和1艘救生船被击沉。因此PQ—17船队成为北极航线所有船队中最悲惨的船队，整个航行充满了血腥和悲壮。

PQ—17船队36艘运输船和2艘救生船中，除2艘运输船出航不久就因搁浅而返回冰岛，其余34艘船中有23艘运输船和1艘救生船被击沉，其中13艘运输船和1艘救生船是被德军飞机击沉，10艘运输船是被潜艇击沉，损失船舶吨位14.4万吨，损失运载物资包括210架飞机、430辆坦克、3350辆汽车和9.9万吨其他军需物资在内的总计13万吨，几乎相当于所有物资的2/3！最后到达苏联的只有包括97架飞机、164辆

坦克、896辆汽车和5.7万吨其他军需物资，总共约7万吨，这些挂满冰凌的飞机、坦克和汽车，仿佛在讲述着一个个不忍卒听的故事。

北极航线保卫战

遭受了如此重大的损失后，英国曾一度拒绝再向苏联运送物资，万般无奈的情况下，斯大林只好求助美国总统罗斯福。美国于8月12日组织军舰，运载约3000吨物资，从英国格里诺克起航，经斯卡帕湾到达冰岛，于8月19日再从冰岛出发，8月24日顺利抵达苏联，卸下所载物资后又迅速从苏联返航，8月28日安全回到冰岛。虽然船队在往返途中都遭到德军侦察机的监视，却没有遭到任何攻击，安全完成了此次航行。

2个月之后，英国在美苏一再要求下又派出了PQ—18船队。该船队9月2日从英国埃韦湾起航，编有39艘运输船、3艘油船和1艘救生船，由1艘护航航母、4艘驱逐舰、4艘护卫舰、2艘防空舰、3艘扫雷舰、4艘反潜拖网渔船和2艘潜艇担任护航。近距掩护编队分为两部分，一部分由1艘巡洋舰和16艘驱逐舰组成，另一部分则由3艘重巡洋舰组成，

远距掩护编队由本土舰队出动2艘战列舰、1艘巡洋舰和5艘驱逐舰，还有7艘潜艇担负侧翼掩护。PQ—18船队不仅拥有较强的护航兵力，还首次在船队中编入搭载15架舰载机的护航航母，并吸取PQ—17船队的教训，在数艘运输船上安装了76毫米火炮和20毫米机关炮，以加强运输船的自我保护能力。

德军侦察机不久就发现了船队，德军指挥部随即命令附近海域活动的潜艇前去截击。德军U—405号潜艇和U—589号潜艇在激战中各击沉1艘运输船，但U—589号潜艇也被护航军舰击沉。9月13日下午，德军大举空袭，先是数十架容克—88轰炸机实施高空轰炸，但战果甚微，接着约40架亨克尔—111鱼雷机对船队实施低空攻击，尽管护航军舰防空火力相当猛烈，仍先后有7艘运输船被击沉，在护航军舰全力抗击下，德军有5架飞机被击落，另有6架被击伤。

英军的护航火力虽然强大，却仍然抵不住德舰的攻击。德军U—457号潜艇不顾一切突破船队警戒，击伤1艘油船，后该船因伤势过重而由护航军舰击沉，但U—457号也没能逃脱追杀，被护

航军舰击沉。接着，德军22架容克—88轰炸机飞临船队上空，进行了轰炸，击沉1艘运输船，德机被击落8架。

两天后，德军U—88号潜艇在试图接近船队时被护航军舰击沉。而德国空军则由于天气恶劣，没有出动飞机。

船队在天气的掩护下，摆脱德舰的追杀后，9月17日，再次被发现，德军立即出动19架容克—88轰炸机前去轰炸，但白白损失了7架，毫无收获。

眼看船队即将进入苏联岸基航空兵的掩护半径，德军不惜一切代价，出动大批飞机全力投入攻击，由于能见度太低，亨克尔—111鱼雷机投下的鱼雷无一命中，倒是容克—88轰炸机，击沉1艘运输船，击伤1艘运输船，该船后艰难驶往苏联科拉湾抢滩搁浅，德军飞机也损失惨重，被击落约20架。

此次护航作战，驻挪威的德国空军第5航空队可以说是全力以赴，总共出动飞机达600架次，取得击沉10艘运输船的战绩，但代价巨大，损失约40架，几乎占第5航空队飞机总数的20%！如此巨大的战损，是德军无法承受的，从此之后，德军再也没有在

北极航线破交作战中投入如此规模的空中力量。而德军潜艇战果欠佳，只击沉3艘运输船，同样付出了3艘潜艇被击沉的代价。PQ—18船队共有12艘运输船和1艘油船被击沉，损失船舶总吨位7.5万吨。

就在PQ—18船队出海后不久，9月13日，QP—14船队从苏联阿尔汉格尔斯克起航，共编有15艘运输船和2艘救生船，由2艘防空舰和11艘护卫舰、扫雷舰等轻型军舰护航。船队驶抵北纬75度，东经48度预定海域，与英国海军少将伯恩特指挥的舰队会合，该舰队由1艘航母、1艘巡洋舰和16艘驱逐舰组成，担负对船队的近距掩护。

此时在北极海域，德军共展开7艘潜艇准备攻击QP—14船队。

9月20日，德军U—435号首先发起攻击，击沉"莱达"号扫雷舰，英军航母立即起飞舰载机和驱逐舰进行协同搜潜，却没有取得战果。天黑后，德军U—255号潜艇突破船队警戒，击沉1艘运输船。此时伯恩特认为德军空中威胁已经过去，潜艇活动却反而比较猖獗，为使航母免遭潜艇暗算，命令航母和巡洋舰在3艘

驱逐舰掩护下直接返回英国，这样船队就失去了令德军潜艇畏惧的空中反潜力量。德军U—703号潜艇乘机发动攻击，击伤"索马里人"号驱逐舰，该舰数小时后的风暴中伤重沉没。

起航两天后，伯恩特因部分军舰燃油耗尽，只得率领这些军舰离开船队前往就近基地补给，此时船队还有11艘驱逐舰和9艘轻型军舰护航，但实力已经大为削弱，就在伯恩特率舰离开后约1小时，德军U—435号潜艇就突入船队，连续实施攻击，在短短几分钟里一口气竟然击沉了2艘运输船和1艘油船。

不久，船队接近冰岛海域，开始得到从冰岛起飞的英军岸基航空兵大力掩护，英军"卡塔林那"反潜飞机在为船队进行空中掩护时就发现并击沉U—253号潜艇。

9月26日，QP—14船队余下的船只到达英国埃韦湾。此次护航战，QP—14船队共损失运输船3艘、油船1艘，总吨位约2万吨，还损失驱逐舰和扫雷舰各1艘，德军仅损失1艘潜艇。

1942年10月～12月，美英由于全力投入北非登陆战役的准备，大批护航军舰被抽调到地中海，

因此没有组织前往苏联的大型护航船队，只是利用北极海区秋季夜长日短，德军侦察机活动大大减少的有利时机，采取单船没有护航以偷渡形式向苏联运送物资，先后派出37艘次运输船，有9艘被德军击沉，其余28艘安全到达。其中10月29日，盟国陆续有13艘运输船从冰岛以不定间隔出海，形成了首尾长达200余海里的狭长队形，同时还有5艘运输船从苏联相继出发。

一天，德军U—586号潜艇击沉6600吨的"吉尔伯特帝国"号运输船。

11月4日，德军侦察机发现驶向苏联的船只，随即出动10架容克—88轰炸机进行攻击，先后击沉1艘苏联运输船，击伤2艘运输船。2艘被击伤的运输船后来分别被德军U—354号和U—625号潜艇击沉。时隔一日，德军U—625号再建新功，又击沉1艘运输船。随后，德军水面舰艇编队发现1艘从苏联开往英国的油船，德军Z—27号驱逐舰当即将其击沉，正在该海域活动的苏军BO—78号猎潜艇也被德军舰队击沉。

11月17日，QP—15船队从苏联阿尔汉格尔斯克起航，该船队共有28艘运输船，由1艘防空舰、5艘扫雷舰、4艘护卫舰和1艘反潜渔船以及2艘苏军驱逐舰担任护航。船队驶抵巴伦支海时还得到5艘英军驱逐舰的加强护航。在熊岛以西，则有2艘巡洋舰和3艘驱逐舰负责近距掩护。另有3艘英军潜艇和1艘苏军潜艇组成巡逻线，监视阿尔塔峡湾德军水面舰艇。

QP—15船队出航不久即遭遇暴风雪袭击，船队队形被彻底打乱，数十艘船只分散在非常广阔的海域，经过护航军舰的艰苦努力，到达熊岛附近海域，才好不容易将分散的运输船集合成数个小船队。苏军2艘驱逐舰在暴风雪中损失最为惨重，"巴库"号上层建筑被刮去大半，军舰首部出现大裂口，最后在全体官兵的努力下，终于艰难地驶入熊岛港口。而"强击"号则在狂风中一折两段，于22日沉没。恶劣的天气也严重阻碍了德军，德军侦察机和水面舰艇都无法出动，只有潜艇实施了攻击。

11月23日，德军U—601号和U—625号分别击沉1艘运输船。

其余船只安全到达冰岛，然后集中并与冰岛的其他船只重新编组，再由护航军舰掩护驶往英国埃韦湾。QP—15 船队是 PQ—QP 系列船队中的最后一支，从 1942 年 12 月起，同盟国出于安全考虑，将北极航线的护航船队代号 PQ 和 QP 改为 JW 和 RA，并从 51 开始编号。

12 月 15 日，第一支 JW—RA 系列船队中的船队 JW—51A 从英国埃韦湾出航，船队编有 15 艘运输船和 1 艘油船，护航军舰为 7 艘驱逐舰、2 艘护卫舰、1 艘扫雷舰和 2 艘反潜拖网渔船。该船队未被德军发现，12 月 25 日安全抵达目的地苏联摩尔曼斯克。

一周后，JW—51B 船队从英国埃韦湾起航，有 14 艘运输船组成，7 艘驱逐舰、2 艘护卫舰、1 艘扫雷舰和 2 艘反潜拖网渔船担任护航，还有 2 艘巡洋舰和 2 艘驱逐舰进行近距掩护，远距掩护编队则由本土舰队派出 1 艘战列舰、1 艘巡洋舰和 3 艘驱逐舰，4 艘潜艇负责侧翼警戒。德军侦察机发现该船队，接着德军 U—354 号潜艇再次发现船队，但船队并没有像以往那样遭到攻击。

不幸的是船队遭遇暴风，队形被吹散，5 艘运输船和 2 艘护卫舰掉队。德军根据侦察机和潜艇报告，由袖珍战列舰"吕佐夫"号、重巡洋舰"希尔海军上将"号和第 5 驱逐舰支队的 6 艘驱逐舰组成的编队从阿尔塔峡湾出动，编队司令是库梅兹海军中将。德军舰艇编队到达潜艇报告船队所在海域，很快就找到了船队，"希尔海军上将"号首先投入攻击，船队的护航军舰立即上前迎战，同时施放烟雾，掩护运输船迅速撤出危险海域。随即双方军舰展开了混战，由于英军护航军舰与德军编队实力相差悬殊，先后有 1 艘驱逐舰和 1 艘扫雷舰被击沉，但护航军舰的英勇战斗，有效掩护了运输船，仅有 1 艘运输船被"吕佐夫"号击伤，其他船只均安全撤出。

不久，英军近距掩护编队闻讯赶来加入战斗，"希尔海军上将"号被英军巡洋舰击中 3 发大口径炮弹，航速锐减；另 1 艘驱逐舰则被英军"谢菲尔德"号巡洋舰击沉。英军只有 1 艘驱逐舰被"吕佐夫"号袖珍战列舰重创。此时，库梅兹海军中将接到德国海军司令部的电令："不管作战命令如何规定，如果与实力相当的敌军交战，作战活动必须谨慎，必须保证大型水面舰艇不受损失。"这一电令是德国海军根据希特勒力求大型水面舰艇不受损失的指示精神发出的，库梅兹见当时战斗场面已经十分混乱，而且能见度又差，尽管己方占有优势，但"希尔海军上将"号已经受伤，为了避免更大的损失，便下令撤出战斗。

这支德军编队原计划在攻击了JW—51B船队后，将不返回阿尔塔峡湾，直接进入大西洋执行巡洋破交作战，但由于"希尔海军上将"号已经受伤，原计划无法实施，只得返回阿尔塔峡湾。"希尔海军上将"号后来虽然修复了损伤，却再也没有参战。希特勒对此次作战极其不满，德国海军总司令雷德尔上将因此被解职，由潜艇部队司令邓尼兹接任海军总司令。

JW—51B船队的主队顺利驶抵苏联科拉湾，掉队的5艘运输船也于1月6日驶入苏联阿尔汉格尔斯克。英军护航军舰有驱逐舰和扫雷舰各1艘被击沉，1艘驱逐舰遭重创，还有2艘驱逐舰被击伤，但却以英勇的战斗粉碎了德军消灭运输船的企图，在船队全部的14艘运输船中，只有1艘被德军"吕佐夫"号袖珍战列舰击伤而在科拉湾入口处搁浅。并击沉德军1艘驱逐舰，击伤1艘重巡洋舰，还挫败了德军水面舰艇突入大西洋的企图。

同盟国自1941年9月至1942年底，共组织前往苏联的东行护航船队21支，运输船总计301艘次，损失53艘，约占17.6%，从苏联至冰岛或英国的西行船队16支，运输船总计232艘次，损失16艘，约占6.9%，合计运输船533艘次，损失69艘，占运输船总数的12.9%，总吨位约40万吨。护航军舰损失2艘轻巡洋舰、5艘驱逐舰、4艘扫雷舰、1艘猎潜艇和1艘潜艇。

1943年盟国的援苏船只继续源源开进苏联。1月份，盟国编有14艘运输船的JW—52船队从英国埃韦湾出发，随伴护航兵力为8艘驱逐舰、2艘护卫舰、1艘扫雷舰和2艘反潜拖网渔船，近距掩护兵力为3艘巡洋舰，远距掩护兵力则由本土舰队出动3艘战列舰、5艘巡洋舰、20艘驱逐舰组成的庞大编队担纲，还有5艘潜艇负责侧翼掩护。德军一架水上飞机发现该船队，立即向德指挥部报告。不久，德军出动4架亨克尔—111鱼雷机对船队实施攻击，由于护航兵力强大，德军不但没有取得任何战绩，反而损失2架飞机。9艘德军潜艇闻讯赶来，但护航军舰有效利用高频测向仪，极大地限制了德军潜艇的活动，只有 U—625 号潜艇接近船队并发射了鱼雷，却没有命中。

经过 10 天的航行，JW—52 船队毫无损失，13 艘运输船安全抵达科拉湾，另 1 艘运输船则因航速太慢无法跟上船队，中途就近驶入冰岛。

其后，RA—52 船队从科拉湾起航，共编有 11 艘运输船，由 JW—52 船队的护航军舰护航。出行不远，德军 U—622 号潜艇发现并攻击了船队，但未获战果。

2 月 3 日，德军 U—255 号潜艇接着发动攻击，总算有所收获，击沉 1 艘运输船。RA—52 船队其余的 10 艘运输船安全到达英国埃韦湾。

随后，盟军新编 JW—53 船队再次从英国埃韦湾起航，该船队共有 28 艘运输船，护航军舰有 3 艘驱逐舰、3 艘护卫舰、2 艘扫雷舰和 2 艘反潜拖网渔船。当船队到达冰岛后，护航军舰改为 1 艘护航航母、1 艘巡洋舰、10 艘驱逐舰，近距掩护兵力为 3 艘巡洋舰，远距掩护兵力为 2 艘战列舰、5 艘巡洋舰和 20 艘驱逐舰。

不幸的是，船队在海上遭遇特大暴风，船只全被狂风吹散，有 6 艘运输船改变航向，驶向冰岛；1 艘护航航母和 1 艘巡洋舰则

在暴风中受损被迫返回基地。

经过两天的不懈努力，护航军舰又将分散的运输船聚拢到一起，重新编成航行队形。

不久，德军侦察机发现该船队，随即召唤潜艇前来攻击。

一架英军护航军舰凭借高频测向仪，准确测出德军潜艇位置，因此迅速掩护船队改变航向，避开德军潜艇的巡逻线，使其失去了攻击机会。

德军又出动 10 架容克—88 轰炸机空袭船队，只击伤 1 艘运输船。

2 月 26 日，德军组织空、潜协同攻击，但在护航军舰的有力抗击下，没有取得任何战果。当天 22 艘运输船驶入苏联摩尔曼斯克。

后来，德军多次出动大批容克—88 轰炸机空袭摩尔曼斯克，正在该港进行卸货作业的 JW—53 船队船只有 1 艘被击沉，3 艘遭重创，1 艘被击伤。

3 月 1 日，由 30 艘运输船组成的 RA—53 船队满载着苏联人民的深情厚谊和美英急需的军用原料，从苏联科拉湾起航，驶向英国埃韦湾。护航任务由经过一周休整的 JW—53 船队的护航兵力担任。

第二天，德军 U—255 号潜艇即发现船队，其一面进行跟踪，一面报告北方海军指挥部。

跟踪船队 4 天之后，U—255 号终于觅得良机，突破船队的警戒，击沉、击伤运输船各 1 艘，被击伤的运输船 3 月 9 日在风暴中沉没。同一天德军 12 架容克—88 轰炸机也对船队实施了攻击，却在护航军舰的有力抗击下，毫无收获。

随后，英军侦察机发现德军"沙恩霍斯特"号战列巡洋舰离开了波兰格丁尼亚锚地，英军立即作出反应，本土舰队一面组织力量严防德舰进入大西洋，一面派出巡洋舰接应 JW—53 船队。

1 艘掉队的运输船被前来攻击的 U—586 号潜艇击沉了。

一直尾随船队的 U—255 号乘机发起攻击，又击沉 1 艘运输船。

3 月 12 日，RA—53 船队的其余 26 艘运输船安全抵达英国埃韦湾。

此后，大西洋护航战逐渐进入高潮，同盟国运输船损失惨重，迫切需要大量护航军舰，因此从 3 月至 11 月英美只得暂停北极航线的运输，将护航军舰调往大西洋。

1943 年 4 月，盟军在北非战场取得了彻底胜利，地中海航线

的航行已经十分安全，在此阶段，向苏联运送物资就主要经直布罗陀——苏伊士运河——波斯湾这一航线，尽管该航线航程距离要比北极航线远，但无德军袭击之忧，可以安全抵达目的地。

丘吉尔发怒了

以德国历史上著名的海军大臣提尔比兹的名字命名的"提尔比兹"号战列舰，是德国海军最具威力的"俾斯麦"级战列舰的二号舰。该舰标准排水量 4.2 万吨，满载排水量 4.8 万吨，长 2.4 万米，宽 36 米，吃水 10 米，航速 30 节，续航力 9125 海里（19 节时）。动力为 3 台涡轮主机，12 台锅炉，总功率 13.6 万马力，14 台发电机，总发电量 7910 千瓦。武备为 4 座双联 381 毫米主炮，6 座双联 150 毫米副炮，8 座双联 105 毫米高炮，8 座双联 37 毫米高炮，2 座四联 20 毫米高炮，2 座单管 20 毫米高炮，2 座四联 533 毫米鱼雷管。舰员 1927 人。加上坚固的装甲防护和周密的水密设计，一度被誉为"不沉的海上堡垒"，是一匹牙尖爪利的海狼。

由于它的姐妹舰"俾斯麦"号被击沉，它已成为德国海军最大的军舰，所以英国将它视为最大的威胁，"提尔比兹"还在威廉

港造船厂的船台上建造时，英国就多次出动飞机进行轰炸，先后出动飞机1042架次，投弹670吨。英军的轰炸虽然没有能炸毁它，却使该舰的建造工程直到1941年2月25日才完成，1941年3月16日起在波罗的海试航，1941年7月20日在基尔港服役。1942年1月17日转移至挪威阿尔塔峡湾，用以攻击盟军北极航线上的护航船队。

"提尔比兹"的存在，一度使英国首相丘吉尔寝食难安，所以他在英军未能按照他的指令摧毁该舰时，曾在海军部大发雷霆，严令英军海空部队采取一切手段务必将其击沉或重创，当它进驻阿尔塔峡湾后，英军根据丘吉尔首相的命令，多次派出飞机进行空袭。但是由于阿尔塔峡湾周围群山环抱，地势险要，德军凭借地形部署了大量防空兵力，并对该舰进行了伪装，还在山上设置百余部发烟装置，作为辅助防御手段，所以英军的空袭均未奏效。

后来，盟军又组织2条代号为"双轮车"的人操鱼雷进行偷袭，可惜在航行途中遇到风浪，牵引钢索断裂，"双轮车"被风浪卷走，偷袭没有成功。

"双轮车"的计划失败后，英军又制造了X型袖珍潜艇（简称X艇）实施偷袭。X艇实际上是一种在有限距离内使用的潜航器，长约14.6米，直径约1.8米，耐压艇壳，动力装置为一部供水上航行的柴油发动机和一部供潜航使用的电动机，艇员4人，通常艇员分为"战斗艇员"和"航行艇员"，实战中一般先由潜艇将其拖带至目标海域附近的出发阵位，拖带航行中由航行艇员驾驶，战斗艇员则在潜艇上养精蓄锐，到达出发阵位后，X艇与潜艇脱离，战斗艇员再接替航行艇员，驾驶X艇接近目标，将炸药筒放置在目标军舰下方，点燃引信后撤离。

1943年9月，英国海军获悉德军"提尔比兹"号战列舰和"沙恩霍斯特"号战列巡洋舰都停泊在阿尔塔峡湾，"吕佐夫"号袖珍战列舰则停泊在阿尔塔峡湾外侧的兰吉峡湾，便决定使用X艇攻击这三艘德舰，计划出动6艘X艇，由6艘潜艇拖带，每艘X艇携带2个装有1.1万千克TNT的炸药筒，其中X—5号，X—6号，X—7号攻击"提尔比兹"，X—8号，X—9号攻击"沙恩霍斯特"号战列巡洋舰，X—10号攻击"吕佐夫"号袖珍战列舰，攻击时间预定在9月22日1时，爆炸时间预定在 9 月 22 日 8 时 12 分。

9 月 19 日夜，4 艘 X 艇到达距离海岸 15 海里（约 27 千米）的预定展开海域，在航行途中 X—8 号和 X—9 因拖索断裂而沉没。X 艇解开拖缆与潜艇脱离，向阿尔塔峡湾前进。其中 X—10 号因机械故障无法保持平衡，加上潜望镜失灵，只得放弃攻击，返回会合点，与拖带潜艇会合后返航。其余拖带 X 艇的潜艇则留在会合点进行警戒和接应。

不料，次日 X—5 号在突破卡亚峡湾的防潜网时被德军发现，随即被击沉。X—6 号和 X—7 号则利用夜间以水面状态航行顺利通过德军水雷区。两艘 X 艇白天以潜航状态通过斯特杰恩峡湾，于黄昏时分到达阿尔塔峡湾口，随后进行充电。充电完毕后，就以潜航状态缓缓向德舰锚地进发。

9 月 22 日 5 时许，X—6 号发现一艘德军交通艇正在进入德舰锚地，艇长立即加速尾随德军的交通艇顺利通过两道防潜网和 90 米长的防雷网，在距"提尔比兹" 80 米处被德军发现，随即遭到德军轻武器的猛烈射击，艇身中弹，发生倾斜，电罗盘失灵，艇长只好指挥 X 艇向目标的大概位置驶去，在"提尔比兹"左舷边解下

炸药筒，艇长意识到 X 艇已严重受伤，无法撤离峡湾，便将艇凿沉，艇员离艇后被俘。

X—7 号则没有 X—6 号那么顺利，几经周折直到将近 7 时 22 分，才摆脱防雷网的缠绕，进入峡湾后浮出水面观察时，发现距"提尔比兹"仅 30 米，迅即下潜，在下潜时与"提尔比兹"相撞，并沿着舰舷滑到其龙骨下方，艇长乘势解下炸药筒，此时该艇的电罗盘也已失灵，艇长只得按照估计的大致方向撤离，7 时 40 分德军发现，遭到舰炮射击而受伤，艇内进水，不久沉没。只有艇长及时离艇，随即被俘，其余艇员随艇沉入海底。

22 日 8 时 12 分，两艘 X 艇所放置的四个炸药筒同时起爆，"提尔比兹"号虽有铁锚固定，仍被巨大的爆炸冲击波震出水面，受到严重损伤，主机全部损坏，轮机舱和电机舱进水，一座主炮炮塔被掀翻，舰身龙骨变形，肋骨扭曲，舰体左倾 5°，舰员死 1 人，伤 40 人。

"沙恩霍斯特"的命运

随着盟军在大西洋上的节节胜利，部分护航军舰又可以被抽调于北极航线，这样北极航线再次开通。

1943 年 12 月 12 日，有 19 艘运输船的 JW—55A 船队正式从英国埃韦湾出发驰向苏联科拉湾。途经熊岛以东海域时，一艘在该处活动的德军 U—636 号潜艇发现了船队的行踪，但因护航军舰的压制无法接近船队，也就无法实施攻击。德军指挥部接到这一情报时，已经太晚，来不及采取措施进行拦截。航行 18 天后，船队安全抵达目的地。

由英国海军本土舰队司令弗雷泽海军上将亲自指挥的由 1 艘战列舰、1 艘巡洋舰和 4 艘驱逐舰组成的远距掩护编队，因为担心德军水面舰艇的攻击，破例一直将船队护送到科拉湾，并于 18 日前往冰岛加油，然后出航为 JW—55B 和 RA—55A 两支船队提供远距掩护。

12 月 20 日，编有 19 艘运输船的 JW—55B 船队从英国埃韦湾出发，护航兵力为 10 艘驱逐舰、2 艘护卫舰和 1 艘扫雷舰。3 天后，RA—55A 船队则从苏联科拉湾起航，该船队由 22 艘运输船组成，由 10 艘驱逐舰、3 艘护卫舰和 1 艘扫雷舰护航。伯内特海军中将指挥的 3 艘巡洋舰活动于巴伦支海，作为近距掩护。

JW—55B 船队出航的第二天被德军侦察机发现。12 月 23 日，德军十几架容克—88 轰炸机前来攻击，但在护航军舰的有效抗击下，被击落 2 架未获战果。同时，德军向熊岛海域派出了由 8 艘潜艇组成的艇群，准备拦截该船队，并命水面舰艇作好出海准备，随时准备出发。德军侦察机不断飞来，跟踪监视 JW—55B 船队，弗雷泽判断德军水面舰艇必将出动，因此命令 JW—55B 船队反向航行 3 小时，以干扰德军推算船队航速，同时亲率远距掩护编队以 19 节航速赶来接应。弗雷泽认为 RA—55A 船队尚未被德军发现，而且不久将驶离德军水面舰艇活动的危险海域，而 JW—55B 船队距离阿尔塔峡湾比较近，较有可能遭到德军攻击，便命令从 RA—55A 船队的护航军舰中抽出 4 艘驱逐舰加强 JW—55B 船队的护航力量，并命令 JW—55B 船队航向进一步偏北，以尽可能远离危险海域。

12 月 25 日，德军北方海军指挥部下令出动水面舰艇对 JW—55B 船队实施攻击。晚上 7 时，埃里克·贝伊海军少将指挥"沙恩霍斯特"号战列巡洋舰和 5 艘驱逐舰从阿尔塔峡湾出航，此时正是北极海的极夜时期，全天只有

最新整理图文珍藏版

被击毁的美国战舰

两三个小时的日照，能见度很低，海上作战全靠雷达，尽管"沙恩霍斯特"号装有两部雷达，但无论工作距离，还是探测性能都远远比不上英舰装备的雷达。此时该舰上还有约80名见习军官和100名毫无经验的新兵，虽然出海前临时从"提尔比兹"号战列舰上抽调了部分有战斗经验的军官和老兵，但没有经过磨合，总体上人员素质很低。如果发生战斗，结局难以预料，因此贝伊少将曾请求推迟出海作战，但被海军总司令邓尼兹严词拒绝。

邓尼兹为了消灭JW—55B船队，除了出动水面舰艇外，还要求驻挪威的德国空军提供空中掩护，并在贝伊率领舰队出海后特别指示，强调要采取巧妙而果敢的战术，如果遭遇英军大型水面舰艇编队，应迅速放弃对船队的攻击，主动撤出战斗，保证"沙恩霍斯特"号的安全，因为德军此时在挪威，能够投入使用的大型军舰就只剩下"沙恩霍斯特"号了。

贝伊的舰队刚一出动，在阿尔塔峡湾的英国特工就向英国海军部发出了报告，弗雷泽很快就得到了这一情报，立即命令RA—55船队转向北航行，以借助熊岛以北海面大面积流冰的掩护；增援JW—55B船队的4艘驱逐舰则加入伯内特的巡洋舰编队，该巡洋舰编队加速航行，赶在JW—55B船队与德军舰队之间，然后由东向西，自己率领战列舰编队由西向东，形成对德舰的包围。

德军U—601号潜艇和U—716号潜艇克服能见度低的困难，发现了船队，并将船队的位置、航速、航向等通报给贝伊舰队。

德军舰队到达熊岛东南约40海里海域后（这是德军根据侦察机的报告，推算出的截击同盟国船队海域），贝伊下令各舰拉开距离，向南搜索船队。

此时，伯内特的旗舰"贝尔法斯特"号巡洋舰雷达在3.1万米距离上捕捉到了一个微弱的信号。而英军另一艘巡洋舰"谢菲尔德"号巡洋舰的了望台也发现约 1.1 万米外的德舰，这时 RA—55A 船队已经脱离了危险，JW—55B 船队则吉凶未卜，弗雷泽的编队还有 150 海里（约合 270 千米）距离。英舰首先向德舰发射照明弹，德舰意识到英舰就在附近，但德舰正是顶风航行，风雪交加扑面而来，了望根本无法发现目标，而德舰雷达性能又差，也无法迅速发现目标，就在德舰茫然不知所措的时候，英舰 203 毫米的主炮开火了，密集的炮火在德舰四周掀起了巨大水柱，德舰只能按照英舰炮火大致位置还击，交战中德舰雷达刚发现英舰，正要确定其方位，英军"诺福克"号巡洋舰的一发炮弹正好命中主桅，桅杆顶部被炸飞，安装在主桅上的顶部雷达被彻底炸毁。贝伊深知在暗无天日的北极海上，没有雷达是根本无法作战的，因此下令转舵撤退，但仍接连被英舰两发炮弹击中，好在其中一发是哑弹，才没有造成严重损害。"沙恩霍斯特"号凭借着航速，很快就与英舰拉开了距离。

当"沙恩霍斯特"号摆脱英舰之后，如果凭借其航速优势，迅速掉头返航，是完全有可能逃脱英军的包围，但贝伊没有这样做，因为他深知，消灭 JW—55B 船队，可以使苏军的作战准备推迟一个月之久，所以他决定利用中午前后短暂的日照时间，再次搜寻 JW—55B 船队，做最后的努力。于是贝伊指挥"沙恩霍斯特"号改向东北。

紧追"沙恩霍斯特"号的英舰没有料到德舰会突然改变航向，雷达失去了接触，但伯内特准确判断出德舰的企图，敌变我变，立即停止追击，改向西北航行，准备在 JW—55B 船队前方抢占有利阵位。但是德、英双方，一个向东北，一个向西北，分道而行，距离越来越大。

上午 10 点左右，德军侦察机发现弗雷泽编队，由于天气恶劣，能见度很低，飞行员发回的报告含糊不清——北角西北 100 海里发现一支东向舰队，其中可能有一艘战列舰。而接到报告的德军指挥官处事呆板，要求报告必须准确清楚，不能有可能、大概之类的语句，便将关键的"可能有一艘战列舰"这一句删去，然后才转发给贝伊。贝伊认为这肯定是英军军舰，但距离尚远，决定不予理睬。

1 小时后，贝伊下令转向西行，正好与英军巡洋舰编队相对而行。

最新整理图文珍藏版

时间不长，伯内特旗舰"贝尔法斯特"号的雷达在2.8万米距离上发现目标，伯内特毫不怀疑地确定这就是"沙恩霍斯特"号！立即向弗雷泽报告，同时命令JW—55B船队转向东南，自己率领掩护编队则向东北接敌。

中午时分，"沙恩霍斯特"号的了望发现约在1万米外出现军舰桅杆，贝伊立即下令火炮测距仪开机，为主炮测定距离，同时主炮准备射击。随着枪炮军官的一声令下，"沙恩霍斯特"号280毫米主炮首先开火！伯内特随即下令巡洋舰开火，驱逐舰则全速接敌，实施鱼雷攻击。此时海面风浪很大，英军驱逐舰难以占领有利发射阵位，也就无法发射鱼雷，而英军巡洋舰则与德舰展开了激烈的炮战，战斗整整持续了20分钟，英军"诺福克"号被击中两发炮弹，上层建筑起火，伤亡13人。"沙恩霍斯特"号也被多发炮弹命中，而贝伊根据英军近失弹所激起的巨大水柱，错误判断英军为战列舰。他见已方雷达受损；驱逐舰也不在附近，孤立无援；海面风暴又大，寄予厚望的午间日照也被风暴驱走，能见度相当低；形势非常险恶，便决定迅速脱离接触，掉头返航。

但德舰的撤退航线正好与弗雷泽的航线交错，这为弗雷泽提供了绝佳的机会。

午后1时，向南搜索的德军驱逐舰与JW—55B船队相距仅10海里（约合18千米），但海面一片昏暗，德军什么也没有发现，双方擦肩而过。

贝伊通知驱逐舰返航。

伯内特率领编队紧紧尾随着"沙恩霍斯特"号，此时"谢菲尔德"号因发动机故障，没有追赶，只有2艘巡洋舰和4艘驱逐舰紧追不舍。贝伊见状，曾一度企图掉头杀个回马枪，但德舰刚一掉头，英舰也随之退后，避免与德舰交火，始终与德舰保持着不即不离的距离，同时不断向弗雷泽报告德舰的位置和航速。

弗雷泽的旗舰"约克公爵"号战列舰雷达在22海里（约合4万米）距离发现德舰，弗雷泽下令准备射击，尽管天色一片漆黑，炮手根本看不到德舰的踪影，但凭借着炮瞄雷达，"约克公爵"356毫米主炮已经牢牢盯住了德舰！

不久，"约克公爵"号与德舰的距离已经缩短到2万米，弗雷泽命令伯内特向德舰发射照明弹。很快德舰尾部出现了一颗光点，随即将德舰照得透亮，贝伊不知道英军会从哪里发起攻击，只好盲目命令主炮瞄准正前方，并让左舷高射炮击落照明弹。

只到"约克公爵"号主炮开火后，德舰才根据英舰炮口的火光发现英舰位置，贝伊意识到陷入了英军包围，不敢恋战，只得一边还击，一边以31节的高速撤退，但还是没能逃出英舰的炮火射程，"约克公爵"的一发主炮炮弹命中德舰的一座前主炮炮塔，炮塔顿时起火，尽管德舰上的损管人员奋力抢修，迅速控制了火势，但这座主炮却被摧毁，德舰火力因此锐减。德舰且战且走，"约克公爵"号也数次被德舰击中，主桅杆也被炸断，但弗雷泽没有丝毫退缩，仍旧猛烈攻击，又一发356毫米炮弹命中"沙恩霍斯特"号后甲板，剧烈的爆炸引发了大火，并很快波及到了上层建筑，熊熊大火使德舰在昏暗的海面上成为非常醒目的目标，"约克公爵"继续攻击，德舰连连中弹，前主炮的排烟装置被毁，炮塔里硝烟弥漫，炮手根本无法操炮；前甲板上的150毫米副炮也多被击毁；锅炉舱中弹，德舰航速开始下降，但损管人员和轮机人员拼死抢修，终于修复损伤，航速又逐渐恢复，渐渐与英舰拉开了距离。

德舰上甲板已经遍体鳞伤，上层建筑面目全非，舰员死伤累累，但仍能保持着26节的航速，只需再航行1小时就能回到挪威海岸。

但此时此刻，英舰岂肯让到手的"大鱼"轻易脱逃，4艘英军驱逐舰兵分两路，左右夹击而来，德舰迅速开火，右侧的"蝎子"号和"斯托尔德"号驱逐舰在2000米距离上各发射了8条鱼雷，"沙恩霍斯特"号的舰长欣兹上校立即指挥军舰满舵作大回转，以规避鱼雷，但还是有1条鱼雷命中舰桥下方，紧接着左侧的"索马斯"号和"野人"号也接近到1800米，分别发射6条鱼雷，德舰因为已经中了1条鱼雷，机动性降低，规避也没有刚才那样灵活，此次鱼雷攻击共有3条鱼雷命中，海水从破口大量涌入，航速下降至22节。

这时，"约克公爵"号也追了上来，它再次用威力强大的356毫米主炮猛轰，"贝尔法斯特"号和"诺福克"号巡洋舰也加入战斗，"沙恩霍斯特"号连连中弹，多处起火，全舰都被烈火浓烟所笼罩，舰员死伤惨重，顽固的贝伊仍组织最后战斗，下令将前主炮的炮弹全部运到尚能使用的后主炮，拼死抵抗。但他也意识到将难逃此劫，命令销毁所有机密文件，并致电海军总司令邓尼兹："我舰正与敌主力战舰交战，决心战至最后一弹！"

至晚7时，"沙恩霍斯特"号的航速已降至10节，而且唯一的后主炮也被"约克公爵"号摧毁，只剩下几门150毫米副炮，几乎丧失了还手之力！弗雷泽见光靠炮火难以迅速结束战斗，也不愿宝贵的战列舰和巡洋舰在最后战斗中受损，下令战列舰和巡洋舰后撤，由驱逐舰实施鱼雷攻击。

渐渐德舰航速仅为5节，并开始倾斜，欣兹舰长见已无法挽回，只得下达弃舰命令。

此时英军数艘驱逐舰一边用炮火轰击，一边逼近德舰发射鱼雷，英军先后射出55条鱼雷，共有11条命中，猛烈的爆炸接二连三，最终引发了弹药舱的大爆炸，"沙恩霍斯特"号在经过震耳欲聋的阵阵轰鸣之后，终于化成一阵浓烟沉入了海底。英军驱逐舰随即开始营救落水德军官兵，德舰上共有约2000人，只有36人获救。

12月29日，JW—55B船队安全到达苏联科拉湾。1944年1月1日，RA—55A船队也安全抵达英国埃韦湾，这两支船队均无损失。

英军参战的两支水面舰艇编队在苏联进行修理和休整后，于4月4日返回英国。

此次作战，英国海军采取正确的战略战术，情报保障及时得力，各编队之间协同密切，配合默契，技术装备尤其是雷达性能优异，使指挥官准确掌握战场形势，官兵训练有素，在昏暗的低能见度条件下，所进行的机动和编队航行几乎与白昼毫无区别。反观德军，战术上贸然将驱逐舰分散，使战列舰失去了有效的保护，侦察保障不力，对战场情况了解极少，而且雷达性能不理想，最后还在战斗中被毁，种种原因，导致德海军威力最大、令盟军头痛的"沙恩霍斯特"葬身海底，德军所依赖的海上优势也随之土崩瓦解。

"提尔比兹"号的末日

随着"沙恩霍斯特"号被击沉，北极航线的态势发生了重大转折。由于该舰被击沉，北极航线遭受德军大型水面舰艇威胁的局面已不复存在，此后德军在该海域能够使用的兵力就只有潜艇、驱逐舰等轻型水面舰艇和为数不多的航空兵，大大减低了对同盟国海上运输的威胁。由此英军得以将"光辉"号航母、"伊丽莎白"号战列舰、"荣誉"号战列巡洋舰等大型军舰调往远东，加入对日作战。因此，"沙恩霍斯特"的沉没，不但对北极航线产生了直接影响，还对太平洋战场产生了间接影响。

鉴于威胁北极航线的德军大型水面舰艇只剩下"提尔比兹"号战列舰，为消除这一威胁，苏军于2月11日晚出动15架挂载1000千克重磅炸弹的重型轰炸机，飞往"提尔比兹"号的锚泊地挪威阿尔塔峡湾。由于苏军飞行员地形不熟，天色又黑，最终只有4架飞机发现德舰并实施了攻击，投下的炸弹只有1枚近失弹给德舰造成了轻微损伤。

早在1944年初，英国海军就决定在"提尔比兹"号修复被X艇所造成的损伤之前再发动袭击，力求击沉或重创它，以彻底消除对北极航线的威胁。由于德军采取了更为严密的防范措施，X艇已难再奏效，所以英军准备以航母舰载机进行攻击。计划出动2艘大型航母和4艘护航航母，搭载150架舰载机。为取得预期效果，英军组织参战的飞行员在地形与阿尔塔峡湾相似的洛奇·博

奇尔湾进行了长达数月近似实战的临战训练。

1944年3月30日英国海军本土舰队司令弗雷泽上将亲自率领A编队，共有1艘大型航母、2艘战列舰、1艘巡洋舰、5艘驱逐舰。下午，比塞特海军少将率领的B编队，共有1艘大型航母、4艘护航航母、3艘巡洋舰、10艘驱逐舰，分别从斯卡帕湾起航。原计划两编队于4月3日会合，4月4日发起攻击。由于北极海出现了少见的好天气，使盟军的北极护航运输船队遭到德军攻击的危险大大增加，弗雷泽当机立断，决定提前24小时发起攻击。

4月2日，A编队与B编队在阿尔塔峡湾西北2海里处会合。4月3日，攻击编队到达攻击阵位，航母开始起飞舰载机，第一波包括21架梭鱼轰炸机、10架海盗战斗机、10架恶妇战斗机、20架野猫战斗机，共61架。考虑到德军在阿尔塔峡湾设有防雷网，所以轰炸机不携带鱼雷，而是携带炸弹，总共携有7枚720千克穿甲弹、24枚225千克半穿甲弹、12枚225千克爆破弹、4枚270千克深水炸弹。战斗机的机枪都配备12.7毫米穿甲弹，海盗式负责空中掩护，恶妇式压制"提尔比兹"

的舰炮，野猫式压制岸上的高炮。舰载机编队以超低空向目标飞去。德军发出了凄厉的空袭警报，虽然德军雷达早在5时05分就发现英机，但因值班人员耽误了时间，所以直到15分钟后才发出警报。这时"提尔比兹"正在准备出航，来不及采取损管措施，有1/5的水密门还未关闭。5时20分，英机飞临上空，此时德军没有战斗机掩护，高射炮来不及开火，烟雾也未施放，英机的轰炸非常从容，仅一分钟就投下所有的炸弹。"提尔比兹"号舰身上共命中3枚720千克穿甲弹、5枚225千克爆破弹和1枚270千克深水炸弹。由于英军飞行员为确保命中率，投弹高度偏低，因此炸弹下落速度不够大，没能够炸穿主甲板。结果主甲板上伤痕累累，多处起火。还有1枚270千克深水炸弹落到右舷海里，在水下9米处爆炸。深水炸弹在水下爆炸比直接命中更具威力，强大的冲击波使德舰右舷凹进一个长15米、宽5米，深1米的大坑，龙骨严重变形。

　　5分钟后，英军航母起飞第二攻击波，原本和第一波机型、数量都一样，但有一架梭鱼因引擎故障而无法起飞，另一架梭鱼在编队时坠海，这样第二波就只有

19架梭鱼和40架战斗机，共携2枚720千克穿甲弹、39枚225千克半穿甲弹、9枚225千克爆破弹、2枚270千克深水炸弹。6时32分，英机飞临目标上空开始轰炸。此时"提尔比兹"已被烟雾遮掩住，军舰和岸上的高炮也猛烈射击，有一架梭鱼在投弹前就被击落，另有一架因开关失灵无法投弹，其余17架梭鱼投下了所有的炸弹，共命中1枚720千克穿甲弹、2枚225千克半穿甲弹、2枚225千克爆破弹。炸毁了首楼和1座150毫米副炮，并将上甲板炸开一个直径近2米的破洞，还有1枚近失弹炸伤了右螺旋桨。空袭中，德军高炮火力非常猛烈，仅"提尔比兹"号上的高炮就发射506发105毫米炮弹、400发37毫米炮弹、8260发20毫米炮弹，加上岸上98门高炮的射击，共击落了英军2架梭鱼和1架野猫飞机。但这点损失与德舰相比不过是九牛一毛。这次空袭，"提尔比兹"号又受到重创，舰员亡122人，伤316人。

　　1944年5月15日至8月，英国海军又4次出动航母，使用舰载机攻击了"提尔比兹"号，4次共出动舰载机284架次，投弹约200吨。但或是由于德军极为

有效地利用烟雾掩护，或是由于恶劣天气的影响，效果微乎其微。通过这几次的攻击，英国海军觉得以舰载轰炸机使用720千克穿甲弹的攻击很难取得成效，于是便与英国空军磋商，请求空军以重型轰炸机使用重磅炸弹进行攻击，空军欣然应允，派出了最精锐的第617中队和第9中队执行这一任务。

由于从苏格兰到阿尔塔峡湾的距离超出了"兰开斯特"重轰炸机的航程，所以英便和苏联商议，借用苏军机场，获得同意后，于9月11日，第617中队和第9中队从苏格兰起飞36架"兰开斯特"转场到苏联雅戈德尼克机场，由于地球北极的磁场变化干扰了飞机罗盘正常工作，加上飞行员地形不熟，只有30架飞机到达，另外6架则因迷航而返回。

4天后，英军从苏联雅戈德尼克起飞27架"兰开斯特"号轰炸机，其中21架各携1枚5500千克穿甲弹，另6架则携182千克炸弹，没有战斗机护航，以4800米高度取西北航向直取目标。在距目标50千米处，下降到3350米高度，分为4队，以间距1600米鱼贯而入。德军高炮火力猛烈，并施放大量烟雾。使得英军投下的炸弹只有1枚5500千克炸弹命中"提尔比兹"号的首部，炸开一条长14.6米、宽9.7米的大洞。还有大量近失弹在军舰四周爆炸，强烈的震动和冲击波使舰上许多光学仪器和火控设备损毁。英军参战的27架飞机无一损失，安然返航。

由于战局恶化，德军于1944年9月23日决定中止修复"提尔比兹"，将其调往挪威特罗姆塞港，作为浮动炮台为守军提供火力支援。10月15日，4艘拖轮驶入阿尔塔峡湾，将"提尔比兹"拖往新锚地。英军一架侦察机发现其踪迹，由于当时盟军在北极海没有护航运输船队，所以英军摸不清德军的意图，没有贸然进行攻击，只是派出飞机严密监视。10月18日，"提尔比兹"号驶入新锚地特罗姆塞港林根峡湾。德军原以为新锚地水深12米，而且淤泥下是岩基，军舰只要坐底2米就是岩石层，没有翻沉危险。后来发现锚地水深17米，淤泥下是砂层，一旦进水就有翻沉危险，德军只得计划投下2.8万立方米碎石填底来作为弥补。这一工程还未完成，英军的空袭就来临了。英国空军第617中队、第9中队出动32架经过改装增加航程的兰开斯特重轰炸机，直接从苏格兰沃西默思起飞。林根峡湾不像阿尔塔峡湾两侧有山峰环抱，而且水面开阔，因此德军施放的烟雾很快被风吹散，无法有效掩护军舰。只是天气不作美，海面上空阴云密布，英军飞机根本无法进行瞄准，只好胡乱投弹，结果"提尔比兹"号只挨了一枚近失弹，并无大碍。英机在空袭中有一架飞机被击伤，飞往瑞典紧急迫降。

1944年11月12日，天空晴朗，英军第617中队、第9中队又从苏格兰沃西默斯起飞29架兰开斯特，前往攻击。为麻痹德军，英机没有编队，以单机分散飞向目标。直到距目标50千米处才会合集中，然后再分为4队，直扑"提尔比兹"。早上8时许，德军雷达就发现一架英机正在飞来，不久，又陆续发现另3架英机，"提尔比兹"号舰长荣格海军上校接到报告后，要求负责空中掩护的驻巴杜福斯机场的战斗机起飞拦截，但该机场的指挥官以敌情不明为由拒绝出动战斗机。8时28分，"提尔比兹"号上的了望哨已发现来袭的英机，附近岸上的发烟装置开始施放烟雾。随即，德军高炮和舰上的火炮开始射击。9时41分，英机飞临锚地开始轰

炸，一连有4枚5500千克重磅炸弹命中目标，"提尔比兹"号左舷被炸开长67米的破口，海水大量涌入，舰体开始左倾。几分钟后，左倾达到70°，而且燃起的大火蔓延到C炮塔的弹药库，引起大爆炸。不久，左倾135°，终于翻沉在挪威特罗姆塞以西4海里的林根峡湾哈依岛南侧海域。全舰有902人随舰沉没。

"提尔比兹"号从未参加过任何一场堂堂正正的海战，但是作为一艘超级战舰，它的存在迫使英国海军本土舰队在北海部署了大量的兵力，丝毫不敢掉以轻心。1942年7月3日，它的出航迫使盟军的PQ—17护航运输船队解散了护航队，召回了护航舰，最后使得失去保护的运输船遭到惨重损失，而"提尔比兹"号在这场战斗中竟然一炮未发就大获全胜，这就是它的价值！

为了击沉这艘超级战列舰，英军曾出动过人操鱼雷、袖珍潜艇，还组织过13次大规模空袭，出动过600架次飞机。历时多年才如愿以偿。英军表现出的执着和顽强精神，令人敬佩。

北极航线的胜利终结

1944年5月，美英为全力准备诺曼底登陆战役，暂停了北极

世界通史

最新整理图文珍藏版

航线。

随着诺曼底战役的胜利结束，同盟国决定再次开通北极航线。1944年8月15日，JW—59船队从英国埃韦湾起航，该船队共编有33艘运输船、1艘救生船以及11艘根据租借法案移交苏联的美国猎潜艇，护航兵力为2艘护航航母、1艘巡洋舰、7艘驱逐舰和11艘护卫舰。

8月17日，英国移交给苏联的"君主"号战列舰更名为"阿尔汉格尔斯克"号，由苏军官兵驾驶，在1艘驱逐舰的护卫下从斯卡帕湾出发。出海后不久便与赶来接应的苏军8艘驱逐舰会合，一起掩护JW—59船队直至熊岛以西海域，再离开船队直接驶往科拉湾。

刚接替弗雷泽出任本土舰队司令的亨利·穆尔海军上将亲自率领本土舰队主力于8月18日从斯卡帕湾出海。这支舰队分为两部分，一部分是由穆尔率领的由3艘航母、1艘战列舰、2艘巡洋舰和14艘驱逐舰组成的编队，另一部分则由2艘护航航母、1艘巡洋舰和6艘驱逐舰组成，此外还有2艘油船在4艘护卫舰掩护下，随同舰队行动，以便随时提供海上加油，这支舰队出海的目的就是

为JW—59船队提供远距掩护，并出动舰载机攻击当时德军尚未丧命的德军"提尔比兹"号战列舰。

8月21日，船队进入由德军5艘潜艇组成的巡逻线，U—344号潜艇发现船队并用音响自导鱼雷击沉"凯特"号护卫舰。根据U—344号的报告，德军又迅速调集4艘潜艇在船队航线前方组成新的巡逻线，企图在22日实施截击。

次日，尽管天气非常恶劣，但英军还是全部起飞攻击机群的31架鱼雷机和53架战斗机。当攻击机群到达德舰锚泊的阿尔塔峡湾时，整个峡湾全被浓雾所笼罩，根本无法看清目标，鱼雷机无法实施攻击只好返航，部分挂载炸弹的战斗机虽发现德舰并发动了攻击，但没有获得战果，反而白白损失了3架飞机。

黄昏前后，正当英军舰队准备进行海上加油时，德军U—354号潜艇发现了英军舰队，并立即投入攻击，击沉"比克顿"号护卫舰，重创"大富翁"号护航航母。

而在JW—59船队附近，企图接近船队的德军多艘潜艇，则遭到了护航舰艇的有力反击，U—344号被护航航母上起飞的剑鱼反

潜机击沉，其他潜艇也全部被护航军舰和舰载机赶走。

8月25日，JW—59船队安全驶入苏联科拉湾，没受一点损失。

此后，由9艘运输船编成的RA—59船队从苏联科拉湾出发，直抵英国的埃韦湾，也是一路平安。

从9月上旬至10月上旬的一个月时间，盟军在北极航线的几次航行也都是有惊无险，损失很小，相反，德军却遭受了一定的损失。

10月20日，JW—61船队从英国埃韦湾起航，船队由29艘运输船和6艘移交苏联的美军猎潜艇组成。鉴于RA—60船队遭到德军潜艇的攻击，英军为这支船队精心组织了强大的护航力量，计有3艘护航航母、1艘巡洋舰、19艘驱逐舰和5艘护卫舰。

在强大护航兵力掩护下，船队安全通过了德军19艘潜艇组成的巡逻线，其间德军潜艇多次使用音响自导鱼雷攻击护航军舰，均未奏效。

获悉船队出发后，苏联海军出动4艘驱逐舰和4艘扫雷舰前来接应。

与此同时，又一支船队从英国出航，船队代号为JW—61A，这是一支特别船队，只有2艘客轮，共载有1.1万名被英美军解放的苏军战俘，护航兵力为1艘护航航母、1艘巡洋舰和6艘驱逐舰。

一天后，JW—61船队顺利到达苏联科拉湾，随后部分运输船在苏军舰艇护送下进入白海港口。

11月2日，RA—61船队驶离科拉湾，该船队由33艘运输船组成，由JW—61船队的护航舰艇承担护航。

这支船队不久就被德军发现，德军U—295号潜艇用音响自导鱼雷击伤1艘驱逐舰，但护航舰艇反潜战术得当，将所有企图接近船队的德军潜艇全部赶走，只是由于所在海域的水文情况复杂，护航军舰的声纳难以准确捕捉到目标，才没有取得击沉德军潜艇的战绩。

第四天，载有被解放苏军战俘的JW—61A船队安全到达摩尔曼斯克港。

一周后，RA—61船队的33艘运输船毫无损失地驶入英国埃韦湾。

为保证运输船的航行安全，12月8日英军和苏军携手出动包括2艘护航航母和16艘驱逐舰在内的舰艇编队，对集结在科拉湾入口处的德军潜艇组织了扫荡，并于次日击沉了德军 U—387 号潜艇。

打击了集结在科拉湾入口的德军后，又一支船队 RA—62 船队从苏联科拉湾出航，船队由 28 艘运输船组成。

次日，德军 U—365 号潜艇发现船队，并击伤英军"卡桑德拉"号驱逐舰。英军和苏军携手组织反潜行动后，U—365 号潜艇是唯一幸存并与船队接触的潜艇。

德军接到报告后，迅速派出 9 架容克—88 轰炸机攻击船队，在护航军舰和舰载机的协同抗击下，最后丢下 2 架被击落的飞机，仓皇撤退，同一天，护航军舰中的一艘挪威护卫舰触雷沉没。

在船队即将安抵英国埃韦湾时，为船队护航的"坎帕尼亚"护航航母起飞的剑鱼反潜机击沉了一直跟踪船队的德军 U—365 号潜艇。

1945 年 2 月 3 日，从苏格兰格里诺克起航的 JW—64 船队，被德军一架气象侦察机发现，德军立即在船队航线前方展开了一个由 8 艘潜艇组成的"拉斯穆斯"艇群，并在科拉湾附近海域展开了一个由 4 艘潜艇组成的艇群。

另外，德军还出动 48 架容克—88 轰炸机前来攻击，但没有找到船队，却在搜索途中损失 7 架。

不久，德军一架 FW—200 远程侦察机再次发现船队。

2 月 10 日，德军根据侦察机的报告派出了 20 架容克—88 轰炸机，分成两个波次对船队实施攻击，但由于船队护航兵力雄厚，防空火力密集猛烈，德军飞机没有取得战果。

德军"拉斯穆斯"艇群在强大的护航舰艇面前同样没有收获。

只有 2 月 12 日晚，当船队驶入科拉湾时，德军 U—992 号潜艇突破船队警戒圈，根据声纳发现的螺旋桨声音发射音响自导鱼雷，击伤一艘护卫舰，这艘护卫舰虽被拖到港内，最终还是因伤势过重而报废。除此之外，船队没有任何损失。

此时在科拉湾入口海域德军集结了 10 艘潜艇，为确保 RA—64 船队的安全，英军于船队出发前一天，就投入几乎所有在科拉湾的舰艇部队，共计 2 艘护航航母、1 艘巡洋舰和 16 艘驱逐舰、护卫舰。苏联海军也同时出动大批驱逐舰、扫雷舰、猎潜艇和鱼雷艇，配合英军舰艇进行反潜扫荡。当晚，英军"百灵鸟"号和"阿尼克城堡"号护卫舰密切协同，一举击沉 U—425 号潜艇。

2月17日，编有34艘运输船的 RA—64 船队从科拉湾出发，护航兵力为2艘护航航母、1艘巡洋舰和17艘驱逐舰、护卫舰。出海后不久，在船队最前方开路的"百灵鸟"号护卫舰被德军 U—968 号潜艇发射的鱼雷炸掉船尾，只得返回科拉湾。随后"野风信子"号护卫舰和一艘运输船相继被德军潜艇击沉。

第二天，德军潜艇失去了与船队的接触，便分成两个艇群，6艘潜艇判断船队将沿熊岛航道航行而向熊岛海域转移，另3艘潜艇则位于摩尔曼斯克附近海域待机。

此时，船队遇到的更大的威胁却并不是德军潜艇，而是海上突发的大风暴，船队的正常队形完全被打乱，运输船非常分散，护航军舰竭尽全力收拢船只，经过两天的努力，除4艘运输船外，其余船只全部聚拢，恢复了航行队形。

随后，德军侦察机发现船队，德军立即出动40架容克—88轰炸机前来攻击，由于船队护航军舰实力颇为强劲，防空火力非常密集，德军被击落6架飞机后，狼狈而退。后来德国又随即调集潜艇前往攻击，仍然一无所获。

2月23日，不甘心失败的德军发动第二波空袭，才击沉了3艘掉队的运输船回去交差。

3月1日，船队抵达英国克莱德。在航行途中，船队共损失4艘运输船和1艘护卫舰，还有1艘护卫舰遭到重创。另有12艘驱逐舰在风暴中受损，不得不进入船坞大修。

经过休整后，JW—65 船队驶离英国克莱德，船队共有24艘运输船，由2艘护航航母、1艘巡洋舰及16艘驱逐舰和护卫舰护航。

德军通过无线电侦听获悉盟国船队已经出航，便在熊岛海域展开6艘潜艇，在科拉湾入口部署了1艘潜艇。后又向熊岛和科拉湾分别增派1艘和2艘潜艇准备截击。

但几天过去了，德军在北极海域进行了空中侦察，却并但未发现盟国船队。因此德军命令所有潜艇均转至科拉湾入口，组成两道潜艇巡逻线，随时准备战斗。

3月20日，船队驶近德军潜艇巡逻线，就在这关键时刻，海面起了风暴，护航航母因此无法起飞舰载机进行空中掩护，从而使德军潜艇有了绝佳的攻击机会，先后有2艘运输船和1艘护卫舰被击沉。黄昏前后，JW—65 船队其余船只驶入目的地。

4 月 16 日，二战期间同盟国最后一支援苏船队编有 22 艘运输船的 JW—66 船队从克莱德起航，船队护航兵力为 2 艘护航航母、1 艘巡洋舰、18 艘驱逐舰和护卫舰，此外还有 3 艘驱逐舰和 2 艘护卫舰先于船队出发，在船队航线上德军潜艇活跃海域进行反潜扫荡，为船队开辟安全航道。

次日，德军通过无线电侦听察觉了盟国船队已经出海，遂向熊岛海域派出 6 艘潜艇。

但德军空中侦察一直未发现船队，只得将这 6 艘潜艇调往科拉湾，并将刚出航不久的另 10 艘潜艇也调往科拉湾。

这些潜艇中，只有突入科拉湾的 U—711 号于 4 月 24 日发现了船队，并实施了攻击，但没有取得战果。船队安全驶抵科拉湾。

4 月底，德军部署在科拉湾海域的潜艇多达 14 艘，严重威胁着出入科拉湾的船只安全，为保证返回英国的 RA—66 船队的安全，英军在科拉湾的两个护航大队共 4 艘驱逐舰和 4 艘护卫舰在苏军扫雷舰和猎潜艇的支援下，对科拉湾海域实施了反潜搜索，击沉 2 艘潜艇，并将绝大多数潜艇驱逐

出科拉湾入口航道。

随后，RA—66 船队驶离苏联摩尔曼斯克，船队共有 24 艘运输船，由 JW—66 船队的护航军舰负责护航。

由于船队出海前的反潜作战比较有效，只有 2 艘德军潜艇与船队发生接触，其中 U—968 号击沉了"古尔多"号护卫舰，U—427 号攻击未果，反遭护航军舰的猛烈反击，逃跑之际，还差点被深水炸弹击中。

5 月 8 日，船队安全抵达英国克莱德。这也是北极航线最后一支船队。

同盟国从 1941 年 9 月至 1945 年 5 月，先后向苏联派出 37 支护航船队和 37 艘单独航行船只，共计 743 艘运输船，其中 29 艘折返英国或冰岛，56 艘被德军海空军击沉，最终有 658 艘到达苏联，将包括 1.4 万架飞机、7056 辆坦克、5105 辆自行火炮、近 41 万辆汽车、1 万辆吉普车、8218 门高射炮、13.16 万挺机枪等在内的约 400 万吨物资运到苏联。

美、英、加等国向苏联提供的物资极大提高了苏军的机动能力和战斗力，尤其是粮食和汽车，粮食几乎相当于苏军战时消耗粮食的 11%，汽车则占苏军装备汽

车总数的三分之二。尽管美英提供的飞机仅占苏联战时飞机生产总数 10.8 万架的 12.96%，提供的坦克和自行火炮仅占苏联战时生产总数 9.5 万辆的 12.63%，但在苏联军事工业最困难的 1942 年和 1943 年，每月 400 架飞机和 500 辆坦克的援助对于苏联而言，绝对是雪中送炭，而且这些援助作为同盟国团结一致的象征，极大鼓舞了苏联军民的士气和民心，对于国际反法西斯联盟最终消灭法西斯具有非常重大的现实意义和历史意义。

瓜岛之战

日军偷袭珍珠港的当天，同时对中太平洋和东南亚发起进攻，在不到 4 个月的时间里，先后占领了关岛、威克岛、吉尔伯特群岛、泰国（以所谓"同盟条约"的形式）、香港、马来西亚、菲律宾、荷属东印度群岛、缅甸，以及太平洋中的一些小岛，达到了日军计划中的全部目的，即建立所谓的"大东亚共荣圈"。

日军在南方战场上的进军如此势如破竹轻易取胜，盟军在战斗中如此连遭败绩威信扫地，这

美军向所罗群岛中最大的布根维尔岛运送物资

不得不归咎于英美长期以来对日本的绥靖政策。然而当穷兵黩武的日本军队让太阳旗在如此广大的地区处处飘扬之时，也正是日军战线拉得太长就快要断裂之时，但骄狂的胜利者却看不到这一点，他们还要继续扩大战果，只是为"如何扩大"争论不休。4 月 18 日美军 16 架 B25 型轰炸机对东京、

美军巡逻队在瓜岛滩头阵地外围的丛林中侦察

塞班海岸的战斗

横滨、名古屋和神户等城市的轰炸，使日本举国震惊，军方的争论也有了结果：要向西南太平洋和中太平洋两个方向同时推进，摧毁美国舰队，扩大日本本土的"防御圈"，使轰炸日本本土之事不再发生。为此必须占领萨摩亚、斐济、新喀里多尼亚以及莫尔兹比港。

但是日本打算进一步夺取的地区正是美国要极力保护的地区。太平洋战场初期的失利，使美国在"先欧后亚"的战略总原则下重新部署太平洋上的军队。3月

17日原美远东陆军总司令麦克阿瑟上将被任命为西南太平洋地区盟军总司令，统帅该地区的陆海空三军；4月，美太平洋舰队司令尼米兹海军上将被任命为太平洋地区总司令（不包括西南太平洋）。尼米兹的任务虽是牵制性的，但他要守住阿留申群岛——夏威夷——中途岛——萨摩亚——斐济——新喀里多尼亚——莫尔兹比港——新几内亚一线，确保美国与澳大利亚的交通线。日美两国的战略如此针锋相对，冲突自然不可避免，而两国在西南太平洋的第一仗就发生在珊瑚海。

珊瑚海海战的直接起因是日军企图夺取新几内亚东南部的澳大利亚海空军基地莫尔兹比港，其目的在于确保已在日军之手的新不列颠岛的良港腊包尔的安全，并为以后进攻新喀里多尼亚、斐

参加瓜岛海战的日本主力航母"翔鹤"号

太平洋舰队司令尼米兹

济和萨摩亚打下基础，珊瑚海则是从腊包尔到莫尔兹比的必经之路。

1942年4月18日，日军大本营决定于5月10日前后坚决攻占莫尔兹比。5月4日运输船队满载准备登陆的士兵，在轻航空母舰"祥凤"号和巡洋舰队护送下从腊包尔向珊瑚海驶去。为保证船队在盟国空军威力圈之内安全横穿3昼夜，日军还以最新航空母舰"瑞鹤"号和"翔鹤号"为主力的特遣舰队紧随其后担任掩护。但日军的行动计划已为美军知晓，尼米兹立即把航空母舰"列克星敦"号和"约克敦"号派往该水域，搜索日舰以便进攻。5月6日敌对舰群曾一度仅相距70英里，却戏剧性的擦肩而过，互未接触。

5月7日日本搜索飞机报称发现美军航空母舰和巡洋舰各一艘，日机立即从舰上起飞全力轰炸，但当战斗轻松结束时，才发现不过是一艘油船和一艘驱逐舰。与此同时，美机也出现同样侦察错误，但在阴错阳差之中却击沉日军"祥凤"号航空母舰，从而使日军不得不推迟对莫尔兹比的登陆。第二天，双方的索敌机几乎同时发现了对方的目标，于是战争史上第一次完全由舰载机攻击对方船只的海战拉开战幕。双方大致出动数目相同的舰载飞机（日方121架，美方122架），在两支舰队未曾相见之前开始了空中交锋，互炸对方战舰。其结果是美舰"列克星敦"号中弹爆炸葬身海底，"约克敦"号仅中一弹立即撤出战斗。日方"翔鹤"号亦遭重创。

珊瑚海之战，双方损失相当，但美国从此挫败日军占领莫尔兹比港的战略目标，阻止了日军对澳大利亚的进攻。日军虽出师不利，却并未罢手，它还要在中途岛再来一次规模更大的海空大战。

进攻美海空军基地中途岛的计划是在日美珊瑚海交火之前的5月5日决定的，因为气焰嚣张、踌躇满志的山本五十六决心消灭美国舰队。山本手中的王牌是他的数量上占优势的海军，他要把整个联合舰队，包括 8 艘航空母舰的总计约 200 艘军舰全部投入战斗，外加 600 多架飞机助战。与此相比，尼米兹当时只能凑集包括 3 艘航空母舰在内的 76 艘军舰。看来山本是胜券在握了。

然而美军情报部门已破译了山本的五位数密码，使尼米兹了解了日本的全部计划，于是他决定暂时放弃日本佯攻目标阿留申群岛，把 3 艘航母和 223 架飞机停泊于日军准备偷袭的中途岛东北，这样既不易被日军发现，又可以在侧翼攻击日本舰队。

5 月 27 日——为纪念日本海军在日俄战争中大败沙俄海军而定下的海军纪念日，进攻中途岛的作战开始实施，南云中将麾下的 4 艘航空母舰从濑户内海起航，向中途岛方向驶去。6 月 3 日到达距该岛以西 600 英里处。山本和南云根本没有想到，在中途岛东北 350 英里处美舰已进入阵地。

6 月 4 日凌晨，南云派出 108 架飞机去轰炸中途岛，企图一举把美军飞机全炸毁于地。然而在日机接近目标 30 英里之处，岛上的 119 架飞机已腾空而起，去迎击敌机和逃避轰炸，于是日机偷

袭不成。但前去轰炸日舰的美军飞机亦未命中目标，并被日机击沉多架。

美机对日舰的轰炸，使南云认为还需进一步摧毁中途岛的机场，加上返航回来的日机指挥官也认为对该岛要进行第二次轰炸，因此南云命令已装上鱼雷准备攻击美舰的第二批飞机卸下鱼雷改装重磅炸弹。正当舰上人员又装又卸一片忙乱之时，南云又接到发现美舰的报告，于是又是一阵手忙脚乱：卸下炸弹装上鱼雷。当人们还未来得及把卸下的炸弹送走，飞机尚未起飞之时，美军轰炸机已呼啸而来，从天而降，俯冲而下，对准南云的旗舰"赤城"号首先开火，霎时火舌四处蔓延，爆炸声震耳欲聋，舰身被炸得东倒西歪，舰上飞机不是烧毁就是落入大海……呆若木鸡的南云不得不离开他心爱的旗舰。"加驾"号和"苍龙"号航母也遭同样命运。不久这三个煊赫一时的庞然大物便缓缓沉入太平洋之中，只有"飞龙"号因距离较远才免遭此难。它立即实施报复性进攻，派出飞机对"约克敦"号狂轰滥炸，使这艘在珊瑚海战中负伤而尚未完全复元、又在炸毁"苍龙"号中立下大功的航母遍体

鳞伤，于 7 日早晨消失在大洋深处。但"飞龙"号的死期也将来临，在美机轮番轰炸下很快变成一片火海。6 月 5 日凌晨该舰指挥官同"飞龙"号一同沉入海底。山本见败局已定，只得于 5 日清晨取消了占领中途岛的行动。

6 月 4 日的中途岛之战是海军史上成败瞬息万变的一战，是美国海军以少胜多的一个战例。美军以 1 艘航母，1 艘巡洋舰，140 多架飞机的代价，换来日军损失了 4 艘航母，1 艘巡洋舰，400 多架飞机和大批一流飞行员的巨大胜利，使日军从此失去了在太平洋的战略主动权。中途岛之战成为太平洋战场上的战略转折点。

中途岛的惨败，并未制止日本在西南太平洋的进攻，他们仍然要占领莫尔兹比港，并要在所罗门群岛南部的瓜达尔卡纳尔岛修建基地，以阻碍美澳交通线。但瓜岛也是美国为遏制日军南下而必须控制的地方，因此当日军

岸边沙地上到处都是被击毙的日军尸体

先发制人于 7 月初登上瓜岛并着手修建机场时，争夺该岛的战斗便不可避免了。

瓜岛，长约 90 英里，宽 25 英里，北离腊包尔 550 英里，岛上是树木茂密的山岭，雨量极大，气候恶劣，有着五花八门的热带昆虫，不是个适宜打仗的地方。8 月 7 日美军在南太平洋司令、海军中将罗伯特·戈姆利的指挥下，对瓜岛进行猛烈轰炸，然后海军陆战队开始登陆，8 日即占领该岛。日军以为美军的行动不过是一次侦察性进攻，并不是反攻的开始，因此回击虽很迅速，但派来增援的部队并不多，以为夺回瓜岛轻而易举。但是没有想到一次次少量增援的部队又一次次被岛上的美军击败，使这场双方原来都想象的快速战争变成了一场真正的持久战，几乎与斯大林格勒保卫战同步进行。

日军在瓜岛一再受挫之后，才认识到美军并非侦察，而是要永占瓜岛。他们自然不肯罢休，遂开始用驱逐舰把陆军一批批运到岛上，这种运输被日军称为"鼠式运输"，因为主要是趁黑夜像老鼠那样行动，而美军则称之为"东京特快"。美军虽已准备在北非登陆，但仍尽最大可能增援

该岛，于是从 10 月起，两国在岛上的兵力都保持在 2～3 万左右，然而美军士兵在给养的不断供应下，一直坚守阵地，而日本经济此时已每况愈下，侵略战线的过长使他们无法维持对瓜岛日军的及时后勤供应，加上热带丛林病毒流行，日军死于疾病与饥饿者数以千计，因此终使夺回瓜岛的努力化为泡影。

瓜岛之战并非只是岛上争夺。由于两国的增兵和供给全要靠海上运输，因此海战时有发生。在持续半年的交战中，较大规模的海战有 6 次，其中既有双方以空战为主的战斗，又有巨大战舰之间的直接交锋。在海战中，日美各有一艘航空母舰被击沉，日本联合舰队总损失一半以上，飞机损失约 900 架。瓜岛一战，打断了日本联合舰队的脊梁骨。

美军舰载轰炸机开始俯冲轰炸日军舰队

1943 年 1 月 4 日，日军大本营不得不下达了从瓜岛撤退的"K号作战"命令，但双方战斗并未停止，直到 2 月 1 日，日军败将残兵才开始在 300 架飞机掩护下由 20 艘驱逐舰运送撤离该岛，在 7 天的撤退中共撤出约 1 万人。

历时半年的瓜岛争夺战，在日美双方各付出上万人的生命之后，日军终因力竭而败退。这是日本陆海军协同作战的第一次大败北，也是盟军在西南太平洋诸岛登陆作战的首次告捷。从此盟军在西南太平洋也掌握了战略主动权，盟军手握制空权和制海权，在太平洋上的反攻只是时间问题了。不过山本五十六并未看到他的联合舰队的彻底失败，4 月 13 日他因其座机遭到美军伏击而身亡。

中途岛大战

1942 年 4 月 18 日，美国太平

被击沉前 2 小时的美国"约克敦"号航母

洋舰队总司令尼米兹组织轰炸日本本土的计划付诸实施。这之前的4月2号，美国特混舰队航空母舰"企业"号、"大黄蜂"号在6艘战列舰的护航下，经15天到达日本海军远程警戒区，在离日本本土只有700海里的海域，被日本伪装成渔船的"东丸"号发现。美军为避免日本特混舰队的飞机赶来作战，不等舰队进入预定位置，就命令轰炸机起飞。4月18日，杜利特中校率领的16架B—25轰炸机快速低空飞行600多海里，进入东京、名古屋、神户和横须贺军港上空投弹轰炸。然后又在向东飞行后绕道到中国南昌机场和丽水机场着陆，以防日战

山本五十六

斗机追踪发生空战。这次空袭震动了日本朝野，从居民到天皇都惊恐不已。日本联合舰队总司令山本五十六为此三次向天皇请罪，同时暗下决心要歼灭美国太平洋舰队中的航空母舰，以杜绝舰载飞机飞临日本本土。为此，山本制定了发动中途岛海战的计划。

1942年5月5日，日本大本营决定组织海空军攻取中途岛和阿留申群岛。此战由山本作总指挥。进攻中途岛的军队由"赤诚号"、"加贺号"、"飞龙号"、"苍龙"号4艘航空母舰、297架舰载飞机及其他一些舰艇组成，总兵力5800余人。山本的作战意图，包括夺取战略要地中途岛，但主要之点，是以优势兵力诱歼美国的3艘航空母舰。按山本掌握的情报，中途岛海域当时没有美国的航空母舰。因此计划日本航空母舰在中途岛附近海域隐蔽，待美国航空母舰赶来支援中途岛作战时，日本处于主动的地位，预计可以取胜。另一支军队进攻阿留申群岛，作战意图之一是使美国分散兵力，二是使尼米兹难以分析判断日军的攻击方向和实际目的。然而，由于美军事先截获、破译出了日本海军的大批电报密码，因而已基本掌握了日军进攻

世界通史

最新整理图文珍藏版

中途岛的作战计划和具体部署。原来，早在1942年3月，日本海军电报密码中就出现过"AF"这一地名的代词。到5月份，日军电报中反映出将有一次大规模军事行动的迹象，这一行动与一再出现的"AF"一词有关。美军情报人员为分析"AF"所代表的地名，查阅了原来集存的日军堆积如山的电报。后来查到一份电报，电文写的是一架飞机通过"AF"附近的空域到中途岛以东弗伦奇弗里格特礁由潜艇为其加油。据此，已可初步判断"AF"代表的正是中途岛，并由此可见日军计划中的大规模军事行动与中途岛有关。为了进一步弄清"AF"的含义，在尼米兹总司令的特许下，情报人员从中途岛故意发出一份低级密码电报，称"本地淡水蒸馏设备发生故障"。这里说的"低级"，是指用英语以一般密码发出的。当时美国军用通讯电报，是以印第安人的语言组成的文字，用复杂的密码构成的。这种高级军情电报密码，日本情报人员虽挖空心思，也是无法破译的。此后不多久，日军果然在电报中提到了"AF"可能缺乏淡水的内容。这样，美海军情报机构经过破译电报和大力侦察，已相当细致地弄清了日本将进攻中途岛，以及舰队、兵员数量、番号、进攻航线和时间、舰长姓名等具体情况。

1942年6月3日前，美国第十六、十七两支特混舰队离开珍珠港到中途岛东北200海里处隐蔽。同一天，日本南云忠一中将率4艘航空母舰及整个编队到中途岛西北240海里处准备进攻。也在这一天，日本担负在中途岛周围侦察巡逻任务的第五潜艇队，比原定计划迟到两天才到达中途岛附近阵位，错过了发现美特混舰队越过西经167°西去行踪的机会。山本亲自率领的舰队在中途岛以北500海里处等待，预期美特混舰队在中途岛附近出现，即南下和南云舰队合击而歼灭之。6月4日凌晨4时30分，日军从航空母舰上出动108架轰炸机袭击中途岛，意图摧毁岛上的防御体系。岛上美军因原已有所准备，

中途岛海战中被击沉的日本航母"加贺"号

日本航母特遣队司令南云忠一

由陆基派出119架飞机起飞迎击。这场空战美空军损失过半，但日军的轰炸收效甚微。7时许，日第一批飞机飞回航空母舰加油，第二批轰炸机等待起飞。这时，日侦察机发现东北方向200海里处有美国舰队，报告给南云中将。南云为攻击美国舰队，立即命令航母上的飞机卸下炸弹，改挂鱼雷。在10时5分，即在日本这批飞机起飞前的5分钟，美空军37架无畏式俯冲轰炸机从"企业"号上起飞到达日航空母舰上空。这时，日航空母舰正处于毫无空中掩护的状态。霎时间，美俯冲轰炸机把一枚枚重磅炸弹投落在日航空母舰"加贺"号、"赤诚"

号上，两舰立即火光熊熊，浓烟滚滚。"加贺"号舰长冈田次作大佐当即被炸身亡。16时40分，全体舰员被迫转上两艘驱逐舰，3.85万吨的"加贺"号沉没。"赤诚"号是南云的旗舰，当日"赤诚"破损严重，南云和舰长青木及舰员转上两艘驱逐舰。6月5日晨，由山本五十六批准以鱼雷70多枚将这一3.65万吨的"赤诚"号击沉。"苍龙"号于6月4日10时30分许中弹，10分钟后主机停车，10时50分舰长柳本柳作大佐下令弃舰。19时13分，舰长拒绝离舰，与1.59万吨的"苍龙"号一起沉没。同日10时许，"飞龙"号派出18架俯冲轰炸机并由6架"零"式战斗机掩护，在搜索中发现并轰炸了美航母"约克城"号。"约克城"号中了3枚重磅炸弹和多枚鱼雷，延至6月7日沉没。当日，在从"企业"、"大黄蜂"、"约克城"号起飞的79架飞机的轰炸和鱼雷的攻击下，"飞龙"号在火海、爆炸中破损不堪。6月5日5时10分，舰长山口多闻与这艘1.73万吨的航母一起沉没。6月5日晨，日本尚存的一些将校就下一步行动展开争论，有的主张调集当时所有力量攻占中途岛，山本五十六在沉默了许久之后，宣布"取消占领中途岛的行动"并发布了命令。

中途岛大海战以美国的胜利告终。在这次海战中，日军损失航母4艘，重巡洋舰1艘，飞机400多架，兵员3500人。美军损失航母1艘，巡洋舰1艘，飞机147架，兵员307人。这次海战日本失败的主要原因，一是美军截获破译了日军的情报，基本达到了知彼知己，而日军带有很大的盲目性，以致计谋落空；二是日军潜艇侦察、巡逻活动未能按计划完成任务，贻误军机。日本雷达技术落后，航空母舰到敌机飞临上空，才发现危急，为时已晚；三是尼米兹指挥有方，对策得力。他越级提拔斯普鲁恩斯少将为美特混舰队司令，重点攻击日航空母舰稳准及时，起了关键作用。

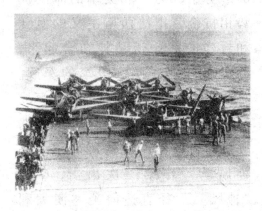

太平洋中途岛海战前的备战情景

中途岛海战是美日太平洋战争的转折点，此后，海战的优势、主动权已开始向美方倾斜。

日本在中途岛战败后，一边决定把重兵转向中国战场，妄图尽快结束中国的战争，以争主动；一边在太平洋中争夺战略要地，把目标放在莫尔兹比港和瓜达尔卡纳尔岛（瓜岛）上。日美间的瓜岛争夺战十分激烈，从1942年8月一直打到1943年2月，日军战败撤出。此后，美国开始组织攻势作战，1943年4月17日，美海军情报机构"2246室"破译日本"五码乱数密码"绝密电报一则成功，得知山本五十六4月18日将视察前线布干维尔岛。经海军部长诺克斯和罗斯福总统研究，决定截击山本座机，并将命令下达给尼米兹。命令末尾规定"此电报不得转抄和保存。战斗结束后立即销毁。"尼米兹为考虑美国此后敌手的才能，以对国家高度负责的精神向海军部提出，如山本被击毙，联合舰队司令一职会不会有更好的人选，海军部回答看不出有更好人选。9月18日9时45分，美机截击成功，山本机毁人亡。事后，美国派多架战斗机在布干维尔岛一带活动，以制造截击山本座机是偶然事件的假象。结果，日本海军军令部对山本座机失事一案得出了是偶然事件的结论。这样，才使美、英破译日本密码以打击日军的做法，一直使用到二战结束。

1943 年 8 月以后，美国对攻占日军所占太平洋岛屿采取跳岛战术，以达到强占一岛数岛后，使被美军跳过的日占岛屿失去后勤支援，从而在缺乏弹药和饥饿中自败。瓜岛之战后，美又对日海军和商船扩大了潜艇战，切断了日一些海、空基地的物资联系。1944 年 6 月，美军攻占关岛，海军进入菲律宾以西海域。7 月 6 日，日本中太平洋舰队司令南云忠一自杀身亡。

太平洋战争进行到 1944 年底，日本的败局已定。日本的海空军装备、兵员损失后，虽竭尽全力也已难以充分补充。而美国海军力量不但损失能充分补充，而且增长迅速。从 1941 年底到 1944 年，舰艇增长巨大，大体情况如下表：

美国海军舰艇增长表

舰　　　种	1941	1944
航空母舰（包括轻型护航母舰）	7	25
战列舰	16	23
巡洋舰	36	67
驱逐舰、护卫舰	180	879
潜艇	112	351
猎潜艇	—	900

日军在明显劣势、节节败退的形势下，为了和美军的海空优势相抗衡，把法西斯主义的疯狂和封建的武士道精神结合起来，以亡命自杀来换取美军的军舰。早在 1944 年 4 月 21 日菲律宾海战激烈的时候，日本就曾以飞机驾驶员驾机撞击军舰的所谓"海空神风队"作第一次出击，6 架"神风队"径直撞向美"澳大利亚"号航空母舰，使该舰被重创。

日本帝国海军总司令山本五十六

1944年10月，日本第二十一航空队201飞行中队正式组织"海空神风队"（又称"敢死队"、"特攻队"），将航空学校学员中狂热性强、学业成绩差的16～20岁学员编入该队，给予一周到几周的集中训练。出发前穿上礼服，佩带上荣誉徽章，然后去参加一去不复返的攻击。在准备出发的日子里，这些青年都既很疯狂，又极度恐惧、苦闷。而空军当局还大力组织这样的行动，其用心之残忍，面目之狰狞，是不难想象的。这种"神风队"在1945年初曾发展到数千人，在美国进攻冲绳岛时曾大量使用，也曾使美国海军带来不小的损失。后来美海军加强警戒，装置远程警戒雷达，及时派战斗机迎击"神风队"，在航空母舰前沿、周围配置驱逐舰和护卫舰，"神风"机得逞的机会就减少了。1945年4月7日这一天，美舰载机和舰上炮火就击落

美军与日军在太平洋地区展开了规模空前的海空大战

"神风"机93架。此后直到5月28日，又组织一次自杀飞机的大规模进攻，但大批队员死于炮火，而效果甚微。此后，就不再见"神风队"的大规模活动了。

1945年2月，美军攻击菲律宾。同月，美军攻占硫磺岛。6月21日，美军攻占冲绳岛。两战都十分激烈。冲绳岛一战，日军被歼灭9万人。日本残留的战列舰10艘也被全歼，其中包括日联合舰队司令的旗舰、6.4万吨的"大和"号。冲绳战役是太平洋战争中最后一次海空大战；整个太平洋战争，终于以猖獗一时的日本的彻底失败而告终。8月6日和9日，美国以舰载飞机向日本广岛、长崎各投下一颗原子弹。8月10日，日本天皇宣布向反法西斯盟国无条件投降。8月14日，日本政府宣布无条件投降。9月2日，受降仪式在泊于东京湾的美国"密苏里"号战列舰上举行。至此，二战全部结束。

瓜达尔卡纳尔海空战

夺取南所罗门群岛

日本在中途岛失手后，一心想南下切断美澳交通线的大本营

和陆军旧曲重弹，欲一举破除美国从澳大利亚经新几内亚威逼荷属东印度的希望。无独有偶，美国人在中途岛战役之前就准备沿澳大利亚以东的所罗门群岛北上，发动攻势防御。所谓攻势防御，旨在战略上采取守势，而在战术上采取攻势，夺取日军尚未站稳脚的要地，让日本人不停地忙，无法以战养战，逐渐耗尽自己的体能。

中途岛海战之后，尼米兹和麦克阿瑟两位将军虽然都主张尽早对所罗门群岛、新几内亚之敌发动反攻，但对如何实施反攻却持有不同的意见。尼米兹海军上将和麦克阿瑟陆军上将都提出了各自的理由，力图证明这一地区的整个作战应由自己指挥。麦克阿瑟认为，日军正在日益加强所罗门群岛北部重镇拉包尔基地的兵力，盟军反攻的时间越晚，就越难攻占这个要地。而盟军一旦夺回拉包尔，就能完全消除日军对澳大利亚和美澳海上交通线的威胁，并使侵入所罗门群岛和新几内亚东部的日军陷入孤立无援的绝望境地，从而为进兵菲律宾打开条通道。麦克阿瑟说："如果把包括航空母舰和海军陆战队第1师的兵力全部交给我指挥，我就

来个连续作战，一举夺回拉包尔。"对于麦克阿瑟陆军上将的大胆设想，尼米兹为首的美太平洋海军表示坚决反对。海军的作战计划是，在航空母舰的支援下，海军陆战队第1师首先在所罗门群岛东南部登陆，然后在该地修建机场，以便夺取其他岛屿，接着再在新占的岛屿上修建机场，把轰炸机的作战范围向前扩展，使其更加接近主要目标，这样经过几次战役，就可将拉包尔置于航空兵的猛烈袭击之下，而且每一战役的登陆阶段均能得到飞机的支援。尼米兹认为，这种逐步进逼的战法既容易获胜，又可以避免遭到严重损失。不用说，海军陆战队第1师、输送陆军部队在敌岸登陆的运输船，以及登陆作战所需要的航空兵力和舰炮火力支援部队，都由美海军太平洋舰队司令兼太平洋战区司令尼米兹海军上将统辖，可是要实施作战的所罗门群岛却位于麦克阿瑟陆军上将管辖的西南太平洋战区。两个战区的最高指挥官僵持不下，分歧只能靠华盛顿解决了。连续召开多次参谋长联席会议之后，马歇尔陆军上将和金海军上将取得了一致意见，实际上采纳了海军的建议。为了便于指挥，参谋

长联席会议把西南太平洋战区和太平洋战区的分界线改在东经159°，即瓜达尔卡纳尔岛的西面。尼米兹担任战役第一阶段的战略指挥，夺取圣克鲁斯岛、图拉吉岛等南所罗门群岛要地。一俟在图拉吉地区站稳脚跟，战役进入第二阶段，由麦克阿瑟担任战略指挥，陆军向新几内亚东部挺进的同时，南太平洋海军部队转归西南太平洋战区领导，沿所罗门群岛北上，完成对拉包尔日军的钳形攻势。

1942年7月的第一周，尼米兹大体完成了战役第一阶段——"瞭望台"作战的基本计划。海军中将戈姆利代表尼米兹，在南太平洋地区担任战略指挥，珊瑚海和中途岛两次海战中威名远扬的弗莱彻海军中将担任登陆掩护支援舰队的战术指挥，特纳海军少将负责指挥两栖作战部队，范德格里夫特陆战队少将是执行登陆上岸任务的海军陆战队第1师师长。正当几位将军忙于集结部队，制定详细的作战计划，进行两栖作战那种极其复杂的训练和战前演练时，他们收到了美军巡逻机的报告，得知日军正在瓜达尔卡纳尔岛修建飞机跑道，这一消息令他们感到十分震惊。如若日军

轰炸机和鱼雷机进驻该机场，无疑将是对弗莱彻特混舰队和特纳两栖登陆编队的严重威胁。显然，美军必须把瓜岛登陆纳入夺取图拉吉岛和圣克鲁斯群岛的作战计划之中，抢在日军修完机场前夺取该地。因此，虽然作战规模比原来扩大了，但是海军作战部长金和太平洋舰队司令尼米兹只批准戈姆利增加一周的准备时间，即8月7日为预定登陆日。日美双方谁在作战中首先使用瓜岛机场，谁就能赢得胜利。

瓜达尔卡纳尔岛，这个有着一个奇怪的西班牙文名字的小岛，位于死火山山脉形成的所罗门群岛的南部。该岛的南海岸虽有一条很窄的平川，但紧挨着的就是山地。在该岛的北部有一片可供修建机场的平地，登陆的日军已在此地开工。这块平地几乎全被热带森林覆盖，到处都是椰子林和茂盛的野草，一下雨，交通便被无数的河川沟壑阻断。这片平川就是盟军所要夺取的主要目标。盟军拟攻占的第二个目标是此地以北约20海里的图拉吉岛，日军在岛上有一个水上飞机基地。

太平洋破袭战

"瞭望台"作战的盟军参战部队约80艘舰船，分别从相隔很远

的惠灵顿（新西兰）、悉尼、努美阿（新喀里多尼亚岛）、圣迭戈和珍珠港等地出发，于7月26日在斐济群岛以南海域集结。弗莱彻海军中将在旗舰"萨拉托加"号航空母舰上召开了作战会议。已将司令部移至努美阿的戈姆利将军未能出席会议，他坐镇后方，实际上既看不到自己的舰队，也不能同所属的主要指挥官一起研究作战方案。舰队在斐济举行了不太理想的登陆演习后，向西进发，在珊瑚海转向北上，冒雨向瓜达尔卡纳尔岛驶去。天气恶劣，使日军包括侦察机在内的所有飞机都不能起飞。8月7日凌晨，以"萨拉托加"号、"企业"号和"黄蜂"号航空母舰为首组成的航母特混部队驶抵瓜岛以南的指定海域，特纳指挥的两栖作战编队则悄悄地沿着瓜岛西海岸北上，驶到面积很小的萨沃岛附近时，兵分两路，进入了后来被称为"铁底湾"（在此后长达数月的战斗中，双方都有许多舰船被击沉于此，因而得名）的水域，一路直扑瓜岛，另一路指向图拉吉岛及另两个小岛。5时30分，从航空母舰上起飞的"无畏"式俯冲轰炸机开始轰炸两岛。6时15分，两栖编队的舰炮开火。瓜岛上的

2000名日军工兵还在睡梦之中，毫无防备，唯有小股部队隐蔽起来进行狙击，或用机枪扫射，大多数日军见美军杀来，纷纷拔腿逃入丛林。8日，为纪念在中途岛上空战死的陆战队飞行英雄洛夫坦·亨德森中校，海军陆战队第1师将得手的瓜岛机场命名为"亨德森"机场。

日军上下全然没有察觉美军进攻，直到图拉吉来电，称"敌重兵压境，我军誓死坚守，祈愿武运长久"，才知两岛已失。日本人很快从震惊中清醒过来，立即组织反击。8月7日黄昏，第8舰队司令三川军一海军中将亲率5艘重巡洋舰、2艘轻巡洋舰和1艘驱逐舰从拉包尔起航，准备在大白天冒险通过新乔治亚群岛和圣伊萨贝尔岛之间的海峡（即后来被称为"槽海"的狭窄水域），8日晚驶入铁底湾，袭击盟军运输舰船。从开战前几年开始，日本海军就常常利用恶劣天气和夜暗条件苦练杀敌本领，准备同优势的美国海军作战。日本舰队的训练多是在波涛汹涌的北太平洋进行，夜以继日的反复训练，使不少水兵丢了性命。为了夜战的需要，日本研制出高质量的望远镜、可靠性较大的照明弹和破坏力最

大的氧气鱼雷。这种鱼雷直径610毫米，雷头装药量454公斤，航速可达49节，岛国资源有限，因此日本海军往往指望以奇袭取胜，反较资源丰富的对手更加重视利用自然条件。三川军一是一员足智多谋、勇于冒险的猛将，正因为如此，山本才同意他白天冒着遭空袭的危险，去夜袭盟军。

在三川巡洋舰舰队起程前，拉包尔基地的日军轰炸机和战斗机就飞临了"铁底湾"上空。弗莱彻的航空母舰以战斗机组成强有力的空中警戒网，将大部分日机击落，其余日机逃走。8日晨，日军鱼雷机向美军袭来，特纳将军便把运输船和警戒舰只编成航行序列，当日机攻击时，全体舰船以最大航速进行规避。50多艘舰船的对空炮火，加上担任空中掩护的战斗机，构成了一张从高空到低空的火网，几乎把日军的鱼雷机群全部击落。盟军的登陆编队虽然遭到日飞机的袭击，但所受的损失比预料的小。到8月8日傍晚，运输船的卸载尚不到25%，特纳估计在"铁底湾"的运输船至少还得再停留2天。可是，就在这时，他收到了两封令他的船队处境险恶的电报。一封电报是弗莱彻以战斗机受到损失和燃料需补给为理由，准备将航空母舰撤出瓜岛海域。显然，弗莱彻对日军鱼雷机和轰炸机的攻舰能力心有余悸，不久前他刚丢了"列克星敦"号和"约克城"号2艘大型航空母舰，所以此次他唯恐再受损失，不愿继续留在这个危险区冒风险，一心找借口想尽快离开。另一封电报是，一架澳大利亚巡逻机发现日舰队正向"槽海"驶来。特纳认为，两栖作战部队既得不到航空母舰的支援，又有受到空袭的危险，因此只好中止卸载作业，准备第二天撤离。8日晚20时30分，他请范德格里夫特师长和警戒部队指挥官、英国海军少将克拉奇利来旗舰开会，以便传达上述决定，并征求他们的意见。特纳在会议上宣布："由于航空母舰的撤走，两栖作战兵力将处于日机空袭之下，因此，海军陆战队要在今天夜里把必要的补给品运到岸上，使运输船明早返航。"范德格里夫特陆战队少将一听，就忍不住大声发起牢骚："瓜岛作战物资补给远远不够，现在又要把未卸完物资的运输船全部撤走，我们像地地道道的傻瓜一样被别人抛弃了！"克拉奇利问特纳："您对澳大利亚飞行员的报告有何看法？"

最新整理图文珍藏版

特纳颇为自信地断定："日军这支舰队将在所罗门群岛中部的某地停泊，企图在那里建立一个水上机场，以派出携带鱼雷的水上飞机袭击我们的运输船队。因此为了先发制人，我已令岸基飞机明天早晨轰炸他们。"然而，此时的三川舰队并没有如特纳想象的那样夜泊下来，他们正劈开惊涛骇浪，在茫茫黑夜中通过"槽海"，航向直指瓜岛。

克拉奇利海军少将因急于乘着"澳大利亚"号巡洋舰去参加特纳召开的紧急会议，因而既未制定对付日军海上夜袭的作战方案，也没有指定代理人指挥所属的警戒船只，致使这些盟军巡洋舰和驱逐舰处于战备等级较低的状态，配置分散，相距甚远，难以及时相互支援。几艘驱逐舰和扫雷艇等轻型舰艇负责保护停在瓜岛登陆水域和图拉吉岛登陆水域的运输船队。一个巡洋舰、驱逐舰编队组成北区巡逻队，设在萨沃岛和佛罗里达岛之间的海面上；另一个巡洋舰、驱逐舰编队组成南区巡逻队，设于萨沃岛和瓜岛之间的水道上；第三个编队负责封锁东面的"铁底湾"水道。此外，另有 2 艘驱逐舰"布卢"号和"塔尔波特"号监视着萨沃岛西北方向的海面。当日军从 2 艘巡洋舰上派出水上飞机，先于舰队飞至"铁底湾"上空侦察敌情时，"塔尔波特"号发现了这一异常情况，并试图向特纳报告，但不巧电讯受雷电干扰，仅仅相隔 20 海里的旗舰竟未能收到。由于未发出空袭警报，其他发现飞机的盟军舰只丝毫没有引起警惕，误以为是友机在巡视。浓浓的雨云弥漫在墨一般漆黑的海面上，远方的闪电霍霍地发亮。午夜 1 时稍过，日舰上的一个瞭望哨在黑暗中隐隐约约地看见了担任警戒的"布卢"号驱逐舰，于是全体立即准备投入战斗，各炮位均做好了射击瞄准。可是"布卢"号似乎什么也没有发现，仍旧按西南航向行进，"真是活见鬼了。"三川觉得好生奇怪，怀疑其中有诈，遂遣一艘驱逐舰暗自跟踪，并命令："如果敌舰向我军接近，就把它击沉。"三川则率舰队继续航进，神不知鬼不觉地直插盟军南区巡逻队警戒的萨沃岛—瓜岛水道。

9 日凌晨 1 时 33 分，三川下达了总攻击令，日机凌空投下了照明弹，把周围照得通亮。直到这时，美国驱逐舰"帕特森"号才用报话机发出警报："注意！注意！发现可疑舰只侵入港内！"可是为时已迟，南区巡逻队的盟军舰只还未来得及开炮，惊慌失措的鱼雷兵还未做好鱼雷射击准备，一条接着一条的日军鱼雷已开始飞蹿。美重巡洋舰"芝加哥"号和澳重巡洋舰"堪培拉"号的威武舰身在强光的映照下格处雄壮，三川的旗舰"鸟海"号重巡洋舰及另2艘日重巡洋舰迅速用主炮轰击，弹雨中有24发炮弹打在"堪培拉"号船舷上。几分钟前发射的鱼雷此刻也飞身杀到，该舰右舷被两雷击中，霎时主机停转，浓烟滚滚，焚烧的甲板上布满了尸体。一些已受伤的水兵仍拼命地把被烈焰烤得灼手的炸弹抛到水里，以防引起连锁爆炸，但这是徒劳的，"堪培拉"号开始倾侧。"芝加哥"号作高速机动转向，力图躲过鱼雷航迹，但终未能逃脱厄运。1时47分，重巡洋舰舰首被命中，爆炸掀起的水柱涌入前舰身，不一会儿便成了一堆漂浮在海面上的废铁。最先发现日舰队的"帕特森"号驱逐舰舰员在随即爆发的炮战中，慌乱得竟听不到舰长"发射鱼雷"的命令，舰炮也被炸成了哑巴。当"巴格雷"号重巡洋舰从措手不及中缓过劲来，旋转了半天才瞄准

敌舰时，日舰队已快速向东北方向驶去，再快的鱼雷也望尘莫及了。

历时6分钟的战斗，三川未损半根羽翼，却将盟军南区巡逻队打得溃不成军。1时50分，三川下令舰队兵分两路，3艘重巡洋舰向北区巡逻队的前方急进，4艘巡洋舰从后方迂回。"鸟海"号强烈的探照灯光捕捉住美"阿斯托里亚"号重巡洋舰，炮弹劈头袭来。"阿斯托里亚"号一些炮塔开始自发地组织还击。被爆炸声从梦中惊醒的舰长格瑞曼海军上校冲到舰桥，厉声喝问："是谁下的战斗命令？这是在打自己的船！"没收到任何敌情通报的舰长下令停止射击，然而"鸟海"号的齐射炮弹很快就使其上层建筑淹没在一片火海中。"文森斯"号重巡洋舰舰长里科尔海军上校刚开始还对探照灯光大为恼火，认为这肯定是南区同行们干的，气愤地命令："用无线电告诉他们，马上把探照灯关掉！"话音未落，日舰的炮火席卷而来，弹射器上的飞机立即起火，耀眼的火光把舰体完全暴露了。"文森斯"号转身欲走，数条鱼雷呈扇面扑来，结果4条鱼雷命中。日舰"青叶"号从后面接近"昆西"号重巡洋舰，

突然打开探照灯，齐射随之而来，穆尔舰长下令朝着亮着探照灯的日舰开火，两发炮弹一举击中敌旗舰"鸟海"号，其中一发准确地炸穿了三川的司令部海图室，34名参谋军官当场被击毙。可是，"昆西"号两次齐射之后，穆尔海军上校仍怀疑这是在自相残杀，下令打开识别灯。但没过多久，无情的日舰组织起更为凶猛的交叉火力，"昆西"号顿成黑暗中一支巨大的火把，舰体缓缓下沉。

盟军北区巡逻队几乎全军覆没，日舰无一重伤。此时，三川若转身杀向瓜岛登陆水域，那么扫荡盟军运输船，犹如囊中取物，无人可挡。然而，三川并不知道弗莱彻的航空母舰特混舰队已越离越远，还担心天明后弗莱彻的舰载机来袭，他想起临行前军令部总长永野修身的嘱咐："日本海军与美国海军不同。如果损失一艘舰，需要许多年才能补上。"于是，三川下令舰队全速返航，结束了太平洋海战中这场罕见的夜袭战。这一仗使美国海军蒙受了不亚于珍珠港的奇耻大辱，重巡洋舰4艘沉没，1艘重伤；驱逐舰2艘重伤；1000余名舰员牺牲，成为"铁底湾"海底墓场的第一批殉难者。这清楚地证明，日本海军善于夜战的自信是有根据的。

萨沃岛炮声隆隆的夜战刚一停息下来，美国水兵和陆战队队员就继续卸载。8月9日傍晚，当特纳所属两栖作战部队的最后一艘运输船撤离"铁底湾"时，带走了一半以上未来得及卸下的补给物资。这样，在瓜岛和图拉吉岛登陆的1.6万名海军陆战队第1师官兵，每日只能两餐，赖以充饥的食品是随身携带的B型和C型口粮，辅之以缴获的大米。

所罗门群岛东海大战

为加强新几内亚东部的作战和夺回瓜岛机场，日军不断向南太平洋地区集结兵力。至1942年8月中旬，倾巢而出的日海军联合舰队的所有舰艇，在驶离本土基地后，均集中到了特鲁克基地。1.7万名地面部队有的已经到达，有的还在南下途中。日军指挥部主观臆断地认为，美军在南所罗门群岛登陆的兵力不超过2000人。因此，竟从派来增援的兵力中，抽出1.1万人，火速加强新几内亚岛东部的作战，只把6000人的部队投入夺回瓜岛的战斗，而且这6000人也不是同时出击。第一次登陆兵力为2100名，由田中赖三海军少将指挥。由于南太平洋的日本运输船大部分用来加强莫尔兹比的作战，因而就连这第一次组织的登陆运输队也要分成两批实施。第一批由 6 艘驱逐舰组成，8 月 16 日拂晓从特鲁克出发，以 22 节航速驶往瓜岛，两天后的深夜，一木上校率领的 900 余名日军在亨德森机场以西上陆。第二批约 1300 名登陆兵分乘 3 艘航速仅为 8.5 节的低速运输船，也随后从特鲁克出发，为运输船担任直接护航的是田中海军少将的旗舰"神通"号轻巡洋舰和 4 艘巡逻艇。

　　田中海军少将同几艘低速运输船一起航渡的途中，先后收到 3 份敌情报告，使他和联合舰队司令部完全改变了原来的作战方案。根据第一份敌情报告获悉，8 月 20 日，弗莱彻的航空母舰特混舰队在瓜岛的东南海域活动；从第二份敌情报告中得知，美军飞机已开始使用亨德森机场；第三份敌情更令他们受到莫大的冲击，一木的登陆支队 8 月 21 日凌晨，在特纳鲁河的战斗中全军覆没。基于这个形势，坐镇拉包尔的山本司令长官立即命令近藤信竹海军中将率领航空母舰机动部队出发，前往增援田中的登陆编队，并伺机袭击弗莱彻的特混舰队。山本的这个临时决定，导致了瓜

岛战役中的第二次海战，即所罗门群岛以东海战。

　　8 月 23 日早晨，弗莱彻海军中将指挥的美第 61 特混舰队整装齐员，游弋于距亨德森机场 150 海里的洋面。这支实力强大的航母编队由三股海上航空作战兵力组成：一是弗莱彻直接指挥的以"萨拉托加"号航空母舰为首、2 艘巡洋舰和 5 艘驱逐舰护航的第 11 特混大队；二是由金凯德海军少将指挥的以"企业"号航空母舰为首、2 艘巡洋舰和 6 艘驱逐舰护舰的第 16 特混大队；三是诺伊斯海军少将指挥的以"黄蜂"号航空母舰为主的第 18 特混舰队。当侦察机发现田中的日军登陆编队时，弗莱彻接电后马上行动起来，决心痛歼这股弱敌。31 架俯冲轰炸机和 6 架鱼雷机呼啸着飞往目标区域，一个半小时后，亨德森机场也飞出 23 架轰炸机赶去助战。可是，当美空袭机群飞抵时，令飞行员们大为扫兴的是，只见海面茫茫一片，日舰船队早已无影无踪，搜索一阵后仍一无所获，只得在黄昏时刻悻悻而返。原来，狡猾的田中见自己被美侦察机发现，顿感事态不妙，为确保船队安全，即令船队全速转向，规避到美军攻击机的作战半径之

外。这时，跟在田中后面行进的近藤航母编队也随之转向，以暂避美机的锋芒。由于几批美机都没有发现日舰队，因此美太平洋舰队情报部门认为：日军的航空母舰必定还远在特鲁克一带。弗莱彻也断言："在最近的几天内不会发生大的战斗。"于是，弗莱彻便放心地让"黄蜂"号航空母舰特混大队返回南方补充燃料去了。

8月24日拂晓，日舰队从黑云密布的海域驶出，向南航行。9时，田中的登陆编队位于瓜岛以北250海里处。近藤海军中将率领的"翔鹤"号和"瑞鹤"号航空母舰为掩护田中编队的翼侧，在其东面40海里航进。在近藤部队的前方是以轻型航空母舰"龙骧"号为首的第三编队，"龙骧"号的任务是以舰载机压制亨德森机场。9时5分，一架美军水上飞机发现了日军轻型航空母舰，并立即发回报告："第61特混舰队西北280海里，发现敌航空母舰1艘、巡洋舰1艘、驱逐舰2艘。"弗莱彻闻讯后非常吃惊，因为要同兵力不明的日舰队发生海战，他眼下所能使用的航空兵力只有2艘航空母舰。弗莱彻决定展开先发制人的攻击，命令30架俯冲轰炸机和8架鱼雷机去袭击被发现的日军航母，同时为使自己的舰队免遭日机的攻击，让"企业"号和"萨拉托加"号上的53架"野猫"式战斗机全部担任空中掩护。下午3时左右，美机群开始围剿飞行甲板上已空无一机的"龙骧"号，俯冲轰炸机抓住了有利的攻击时机，从高空飞扑下来，刹那间就有4颗炸弹在敌舰上炸开了花，与此同时美鱼雷机队转入协同攻击，从目标前方两面夹击，在60米高度、800米距离果断投雷，"龙骧"号被命中后立刻笼罩于大火与浓烟之中，转眼的功夫，轻型航母已不可救药，难逃覆亡的命运。

就在弗莱彻令攻击机群出发后不久，美侦察机又发来了一连串不祥的情报，"在日轻型航空母舰东北60海里，又有一艘日军大型航空母舰"，"发现2艘敌大型航空母舰，方位340度，距离230海里，时间14时30分"，"14时40分，发现日军4艘巡洋舰和多艘驱逐舰，方位347度，距离225海里"。弗莱彻欲令那批已前往攻击"龙骧"号的美机中途转向，去攻击新发现的日军2艘大型航空母舰，但苦于通讯联络极不通畅，只好组织现有兵力应战。他让"企业"号特混大队司令金凯德负责指挥战斗机阻截敌机，并下令"萨拉托加"号特混大队与"企业"号分离，两舰群相隔10海里，以分散日机的突击力量。16时刚过，"企业"号上的雷达发现日机群正从北面接近，弗莱彻急忙让2艘航母上所有的轰炸机和鱼雷机起飞，对日本航空母舰实施反攻击。53架"野猫"式战斗机在距离"企业"号25海里的浓云密雾中摆开了阵势，与日机展开了残酷的空中格斗。美机勇敢的冲击，打乱了日机群队形，日机在进入轰炸航线前，就被击落了6架。

不久，30架日本俯冲轰炸机在混战中突破拦截网，直取"企业"号航空母舰，"企业"号奋力抗击，防空炮弹在空中纷纷开花，染黑了雪白的云朵。"北卡罗来纳"号战列舰射出的炮弹在空中砰砰炸响，纷飞的弹片在航空母舰上空构成了一道钢铁屏幕，一架架日机如扑火飞蛾般地拖着浓烟坠入大海。但是，终有数架俯冲轰炸机接连突破火网，呼啸着俯冲到500米的高度投下了重磅炸弹。一个美海军军官竟激动地用他的小手枪朝着直冲下来的日机射击，直到把子弹全部打光。"企业"号舰长戴维斯海军上校拼

命用大舷角急转弯，但日机不顾死活的冲锋还是起了作用，3颗炸弹直接命中飞行甲板。第一颗炸弹发出刺耳的尖叫，斜向落入甲板，这大概是一种定时的穿甲弹，当其穿过航母第一、二层甲板时并未起爆，而在更下面的第三层轰然发出可怕的巨响，数十名水兵当场阵亡，并引起大火；第二颗炸弹命中"企业"号舰尾升降机右侧10米处，2台升降机报废；第三颗炸弹落在舰舷，炸坏水密隔舱，海水无情地涌入破口。日机对"企业"号的攻击持续了6分钟后，残存的日机开始向北回撤，美战斗机全力追击。一小时后，经过损管队的出色抢修，受伤的"企业"号消除了轻微的倾斜，一边以24节航速向南撤退，一边回收尚未着舰的舰载机。

激战中，日机没有发现远处的"萨拉托加"号航空母舰，使其避过了这场劫难。同样，弗莱彻的第二批空袭机群也没有找到近藤编队的"翔鹤"号和"瑞鹤"号航空母舰，只在返航时意外地发现了一个单独行动的日军舰群，并将其中的日军水上飞机供应母舰"千岁"号击伤。近藤海军中将损失了1艘轻型航空母舰和90多架舰载机后，8月24日午夜开

始向特鲁克基地撤退，而田中海军少将率领的登陆运输队则在驱逐舰的护送下，利用夜暗继续向南方的瓜岛驶去。25日天亮时，亨德森机场的8架"无畏"式俯冲轰炸机集中攻击并重创了"神通"号轻巡洋舰，"睦月"号驱逐舰见状急忙靠近，去救援他们的司令官。这时，由圣埃斯皮里图岛起飞的B—17陆军轰炸机嗡嗡地飞来了，"睦月"号舰长烟野海军中校对这种高空水平轰炸机满不在乎。在他的印象中，这种飞机对海面目标的击中率几乎为零。不料恰恰有3颗炸弹准确地落在了他的舰上，当水兵们把落汤鸡似的烟野舰长从海里打捞上来时，他看着沉没的军舰愤愤不平地说："混蛋！连B—17也有机会逞能了！"在拉包尔的山本司令长官见瓜岛登陆运输队处境险恶，只好命令田中返航。日军此次夺回瓜岛的作战计划就这样夭折了。

所罗门群岛以东的海战落幕了，日美两国海军基本打了个平手。但是，海战的结局，粉碎了日军迅速夺回瓜岛机场的企图，进一步使血腥的瓜岛之战陷入了旷日持久的局面。

夜袭"东京快车"

田中海军少将的登陆运输队在所罗门群岛以东海战中尝到了苦头，此后，日本海军在向瓜岛接近、给坚守岛上阵地的部队提供增援补给时，行动更加慎重。天黑前，日军驱逐舰和运输船总是在"槽海"北部徘徊，入夜后，才进入"铁底湾"，待人员上陆和物资卸载完毕，日舰常对亨德森机场进行炮击，尔后再经"槽海"北上，于天亮前跑出美轰炸机的作战半径之外。盟军的驱逐舰曾在夜里被擅长夜战的日军驱逐舰击沉多艘，迫使盟军舰船也变得小心起来，天色一黑即撤离"铁底湾"。日军的这种行动很有规律，被美海军陆战队称为"东京快车"。这一时期瓜岛附近的制海权，白天掌握在美军手中，夜间则转入日军手中。双方水面舰艇在"铁底湾"发生的几次小规模海战，不外乎两种情况：一是盟军舰只昼间在"铁底湾"活动时间过长，日落后与日舰相遇而引起交战；二是盟军舰只夜间冒险进入这一水域而同日舰发生遭遇战。

到1942年9月10日，日军在瓜岛上的部队已有6000名，分别部署在美军阵地的东、西两侧。为了夺回亨德森机场，日本陆军准备发起第二次反攻，于是近藤海军中将率领联合舰队的部分兵力再次从特鲁克出发，去支援陆军在岛上的反攻。然而，日本陆军指挥官对美军的兵力估计过低，12日夜，其主力部队在亨德森机场稍南的地方，沿着一个后来被称为"血染的山岭"的山头发起突击时，遭到了美海军陆战队的迎头痛击。美军在105毫米榴弹炮的有力支援下，用迫击炮和机枪打退了日军一次又一次的冲锋。至14日凌晨，没有炮兵的日军伤亡惨重，虽曾接近机场，但终被击溃。天亮后，从亨德森机场起飞的美军飞机又对丛林中的顽敌进行了猛烈扫射。结果，日军的第二次反攻在扔下1500具尸体后，以失败而告终，近藤舰队一无所获地返回了特鲁克。"血染的山岭"一战，使日军在惊魂稍定后觉察到，美军在瓜岛已布有重兵，只有采取更加有力的措施才能夺回，否则瓜岛将永远陷于敌手。9月18日，日军大本营决定新几内亚的作战行动为瓜岛之战让路，命令进攻莫尔兹比港的部队停止前进，再次翻越大山撤回布纳，以期在夺回瓜岛之前先暂时固守新几内亚东部。根据这一新的战略布署，日本海军增加了"东京快车"的运行次数。日本陆军的一个精锐师、大量的重炮、坦克及弹药云集肖特兰岛，陆续运往瓜岛。

在这一时期，弗莱彻强大的航空母舰特混舰队遭到了日军潜艇前所未有的打击。8月31日，"萨拉托加"号被日本潜艇发射的鱼雷击伤，伤势之重使其在尔后的3个月内无法重返战场。两周后，航空母舰"黄蜂"号、新式战列舰"北卡罗来纳"号在15分钟内相继遭到鱼雷攻击，2条鱼雷命中"黄蜂"号，使其供油系统起火，舰上的消防水泵也被炸坏，因而不能有效地进行消防作业。舰长谢尔曼海军上校虽竭力控制火势，使没有受到损伤的舰尾迎风，但没有效果。最后，谢尔曼下令弃舰，驱逐舰用鱼雷将"黄蜂"号击沉。不幸的事件接连发生，加之"企业"号又刚刚在所罗门群岛以东海战中受伤，这样盟军在整个太平洋海域能够进行作战任务的航空母舰只剩下了"大黄蜂"号，完好无损的战列舰只有"华盛顿"号。因此，当运输船队载着陆军部队去增援范德格里夫特的海军陆战队第1师，以对抗日军增援瓜岛的部队时，只能靠"大黄蜂"号一艘航空母舰为其担任空中掩护。

进入 10 月份以后，给瓜岛日军输血的"东京快车"几乎每夜不断，而且日本海军自恃盟军舰队不是其夜战的对手，更加肆无忌惮地用舰炮轰击亨德森机场。为教训一下狂妄的日本人，美国海军决心在 10 月 11 日深夜打一场水面舰艇夜袭战。根据侦察机的敌情报告，美海军少将斯科特受命出征，率"旧金山"号、"盐城湖"号 2 艘重巡洋舰、"海伦娜"号、"博伊斯"号 2 艘轻巡洋舰和 5 艘驱逐舰直驶瓜岛西北端的埃斯佩兰斯角附近海域，欲抢在"东京快车"通过之前布阵以待。此时，日军定岛海军少将率领的登陆运输队和后藤海军少将率领的舰炮支援群正从瓜岛北面和西北面海域渐渐驰来，后藤的 3 艘重巡洋舰和 2 艘驱逐舰除负责掩护定岛外，还要在当夜炮击亨德森机场。

夜越来越深，后藤的巡洋舰编队在雾气迷蒙的黑夜里像幽灵一样悄然航进，能见度太低，就连日本水兵练就的猫一般的眼睛此时也没有发觉前方几海里处的美国军舰。23 时 25 分，"海伦娜"号轻巡洋舰上的新式雷达首先发现目标，斯科特大胆地命令鱼贯而行的舰队立即转向。按理说，

在敌人近在咫尺的情况下，进行这种转向运动是非常危险的，因为这样做既妨碍舰炮发扬火力，又给敌舰提供了一个相对固定的瞄准点。然而这回美国人交上了好运，斯科特安然完成了这一战术机动，而后藤却毫无觉察，继续向已占据"丫"字横头阵位的美巡洋舰靠近，舰炮战斗中无疑美军将掌握主动权。23 时 46 分，火光划破夜空，重炮震撼海面，位于日舰队最前面的旗舰"青叶"号重巡洋舰突然被照明弹照得雪亮，首先遭到美巡洋舰的集中炮击。几秒钟后，一发炮弹击中"青叶"号，舰上顿时腾起一团火球。在惊恐和混乱中，后藤以为射击他的是定岛指挥下的登陆运输队，因而下令各舰由向后相继转向，脱离接触。岂料命令刚一下达，一颗重磅炮弹便在他所站的舰桥烧望台爆炸，破片横飞，烈焰升腾，后藤被弹片击中后，破口大骂，临死前还认为自己是被友舰误击。

日重巡洋舰"古鹰"号也燃起了大火，惟有"衣笠"号重巡洋舰和"初雪"号驱逐舰自作主张地从左向后转向，反而逃过了美舰雨点般的齐射。美驱逐舰"邓肯"号紧紧咬住受伤后退的

世界通史

最新整理图文珍藏版

"古鹰"号，并迅速发射了鱼雷，12时0点40分，这艘8700吨级的日重巡洋舰被海水吞噬，从此长眠于"铁底湾"。"邓肯"号由于对敌舰穷追不舍，跑到了己方巡洋舰与敌舰之间，不幸遭致双方舰炮的猛烈夹击，最终命丧大海。随后，斯科特下令追击残敌，他乘坐的旗舰"旧金山"号一马当先，突然发现在其右舷的黑暗里有一艘敌我不明的舰只在航行，为防再误伤友舰，"旧金山"号忙打开探照灯辨认，才认出这是一艘已被打得奄奄一息的日军驱逐舰，仅2分钟，这艘日驱逐舰"初雪"号便化作了碎片。美轻巡洋舰"博伊斯"号也在右后方发现了目标，但它却很不走运，打开探照灯后反而将自己暴露给了日军两艘尚有战斗力的重巡洋舰，若不是"盐湖城"号奋勇救援，及时用炮火将敌压制住，"博伊斯"号差点呜呼哀哉。

这时，日舰队已连损两舰，且司令官后藤海军少将也被炸死，受伤幸存的两艘重巡洋舰和一艘驱逐舰见大势已去，只得后撤保命，已根本顾不上炮轰亨德森机场的原定计划。而定岛的登陆运输队却趁夜战的混乱靠泊瓜岛，卸下了增援部队和补给物资。12

日天明后，盟军飞机从亨德森机场起飞，轰炸了堆积在滩头上的日军物资，并追击了溃逃的日舰队，但战果不大。埃斯佩兰斯角的夜战，虽未能给日军以重大损失，但毕竟第一次使自以为是夜战行家的日本海军损兵折将。

夜行的"东京快车"再也不敢无所顾忌地横行瓜岛海域。这一仗的胜利也使瓜岛上的美海军陆战队队员的士气为之一振，使他们在艰苦卓绝的斗争环境中看到了胜利的曙光。

"航母"大战

在特鲁克基地掩蔽所里指挥瓜岛争夺战的山本司令长官并没有因为埃斯佩兰斯角海战遭败绩而动摇他夺回瓜岛的决心，海战后的第二天夜里，他就派遣2艘战列舰独闯"铁底湾"，对亨德森机场进行系统的轰击。在一个半小时里，2艘战列舰发射数百发大口径炮弹，使机场跑道严重破损，飞机也半数被毁。次日昼间，日机发动两次空袭，深夜，日重巡洋舰又卷土重来，几次袭击把亨德森机场弄得满目疮痍。因此，10月15日拂晓，当6艘日本运输船把4500名援兵送到瓜岛登陆时，美军仅有很少量的飞机予以抗击。这样，日军的岛上兵力增至 2.2 万人，且其中大部分为精锐部队。与日军对峙的美地面部队虽有 2.3 万人，但多属疲惫不堪、疟疾缠身的陆战队员。正当岛上的日军重整旗鼓、为夺回亨德森机场而积极准备时，山本也出动了中途岛海战后联合舰队最强大的阵容去配合陆军的进攻，并企图寻机歼灭可能出现的美航空母舰特混舰队。日军这支强大的舰队共拥有"翔鹤"号和"瑞鹤"号 2 艘大型航空母舰、"瑞凤"号和"隼鹰"号 2 艘轻型航空母舰、4 艘战列舰、14 艘重轻巡洋舰以及 44 艘驱逐舰。

面对准备如此充分的日陆海军，尼米兹觉得有必要对南太平洋战区的高级指挥官进行调整，以扭转目前危机的局势。尼米兹认为，在迄今的瓜岛争夺战中，美军作战不利、士气低落的一个重要原因是指挥上有问题。特纳海军中将认为，海军陆战队第 1 师不应囿于环形防御阵地，应从瓜岛沿岸的几个地段发动进攻。但是师长范德格里夫特陆战队少将却抱怨得不到海军舰船火力和物资的充分支援。而戈姆利海军中将作为战区司令官，既不能解决这些分歧意见，在指挥作战时又不完全信赖自己的部下，且一

开始就对瓜岛登陆战持怀疑态度，因而受到了各方面的指责。于是，尼米兹决定起用自信心强、骁勇善战的哈尔西海军中将继任南太平洋战区司令。在瓜岛争夺战处于白热化、登陆美军处境困难、海战日趋激烈的时刻，接到任命通知的哈尔西，这个一向敢打敢冲、外号"蛮牛"的老牌舰队指挥官深感担子不轻："这可真是上帝交给我的最烫手的土豆了！"

哈尔西走马上任后，立即召开军事会议，会上他支持范德格里夫特的主张，解决了舰队与陆战队之间在战略上的意见分歧。他问范德格里夫特："我们是打算从瓜岛撤退呢，还是要固守？"范德格里夫特回答："我能够守住，但是希望得到舰队更为积极的支援。"哈尔西毫不犹豫地说道："好的，那你就放心大胆地干吧！我把海军的全部家底都用来支援你。"为了履行自己的诺言，哈尔西指派"华盛顿"号战列舰大胆出击，前往危险的"铁底湾"水域阻止日军舰只对瓜岛进行增援和炮击。接着，他又对刚接替弗莱彻任航空母舰特混舰队司令的金凯德海军少将下达了一道更具胆略的命令：率领两个航空母舰特混大队前出，进入瓜岛东北海

域作战。10月24日起，由刚修复好的"企业"号航空母舰、战列舰"南达科他"号、2艘巡洋舰和8艘驱逐舰所组成的第16特混大队，以及由"大黄蜂"号、4艘巡洋舰和6艘驱逐舰所组成的第17特混大队开始在圣克鲁斯群岛附近的洋面巡航，准备随时同日本航母舰队交战。

瓜岛争夺战的重点现在转移到了海上，日美双方的航母舰队展开了一场规模巨大的捉迷藏游戏，直到10月26日，太阳在5时23分升起时，"企业"号上的金凯德海军少将和他的参谋人员仍然弄不清他们应该进攻的那支敌舰队现在何方。不过，为了执行哈尔西用电报传来的"攻击！反复攻击！"的催战命令，金凯德还是果断地下令16架携有500磅炸弹的"无畏"式俯冲轰炸机起飞，对西北方向进行搜索。这个决定非常得当，一小时后，金凯德接到了哈尔西从圣埃斯皮里图岛发来的电报，指明日本舰队的大致方位及航向，同时他派出的俯冲轰炸机队也发现了近藤的前哨战列舰队。李德海军少校率机群飞过日战列舰群上空，继续往北搜索更值得他们首要攻击的目标。到早上6时50分，无线电传来了李德的报告，说已经发现日军3艘航空母舰。李德领着他的战友们钻进厚厚的云层，避开了正在爬高准备拦截的大批"零"式战斗机，他将队形整好，对准轻型航空母舰俯冲，两颗炸弹命中，将"瑞凤"号飞行甲板的尾部炸开一个50英尺的大洞。"瑞凤"号舰长眼看无法回收飞机，只得让舰上剩下的飞机全部升空，然后拖着熊熊燃烧的舰尾往北撤返。

南云海军中将站在大型航空母舰"翔鹤"号的舰桥上，冷静地看着"瑞凤"号撤离，他已经收到巡逻机发回的敌情报告，说他们终于找到了已搜寻了整整5天的美国特混舰队。这份7时收到的电报说，"见到大群敌舰只，计有1艘航空母舰、5艘其他舰艇"。南云立即命令60架飞机出击。半小时后，机群隆隆地向南飞去。这些飞机没有看到来自"大黄蜂"号的第一攻击波29架飞机正飞向他们的航空母舰，不过却发现了从"企业"号上飞来的19架美机，于是"零"式战斗机马上脱离自己护送的鱼雷机队和俯冲轰炸机队，投入了拦截战。这场空战将不走运的"企业"号19架美机挡在了离他们要攻击的目标100海里远的地方，而"大

第四编 世界现代史

最新整理图文珍藏版

2593

黄蜂"号的第二攻击波23架飞机却恰好从一旁飞过，没有受到任何阻拦。"企业"号的雷达屏上出现了大批亮点，然而在"瞭望台"战役之前，仅有战列舰和巡洋舰作战经验的金凯德海军少将，采用了前任指挥官弗莱彻的作战指挥方式，即所有战斗机均由"企业"号来指挥。这种指挥方式，既不够准确，也不很得力。当38架"野猫"式战斗机还未来得及升到一定高度时，就不得不在低空迎击临空的敌机。更糟糕的是，这波日机都集中飞往突击离"企业"号10海里远、防空火力相对薄弱的"大黄蜂"号，轰炸机从高空穿过高射炮火直扑下来。"大黄蜂"号遭受的第一个损伤是日机飞行队长自杀性俯冲造成的，他驾驶着中弹起火的座机直撞航空母舰的飞行甲板，两颗炸弹接连爆炸，舰内机库立即起火。紧接着，鱼雷机从舰后方向发动攻击，低空飞至桅顶高度，2条鱼雷在机舱爆炸，炸断了电缆和消防管道，海水进入锅炉舱。又有3颗炸弹穿透前甲板在舰内爆炸，并摧毁了升降机。持续10分钟的攻击使"大黄蜂"号轮机停转，通信中断，浮在水面上动弹不得，滚滚浓烟冲天而起。驱逐舰迅速

赶来，设法抛缆救助这艘已失去航行能力的军舰。

与此同时，在北面200海里处，受重创的"大黄蜂"号上的舰载机发起了以牙还牙的第一次攻击。威德赫尔姆海军上尉的"无畏"式俯冲轰炸机猛烈轰炸"翔鹤"号，他的护航战斗机与敌"零"式战斗机在空中角斗。这艘日军旗舰的飞行甲板被6颗1000磅的炸弹撕开，使南云万分担忧。但是美俯冲轰炸机的攻击没有得到携带鱼雷的"复仇者"式飞机很好的配合，好几分钟后，"复仇者"们才飞到，但全被日机一一击落。"翔鹤"号乘机逃跑了，虽已不能供飞机起降，但其舱室和轮机基本无损。"大黄蜂"号的第二攻击波没有找到要攻击的敌航母目标，将日重巡洋舰"筑摩"号打了个半死。"企业"号的舰载机飞行员们被中途的遭遇战缠得精疲力竭，最后终于甩掉敌机飞临战区时，攻击效力已如强弩之末。

南云不得不在战斗中下令他的参谋人员把舰队司令旗从"翔鹤"号航空母舰转移到一艘巡洋舰上去。不过，他这次的处境要比中途岛海战时有利：大型航空母舰"瑞鹤"号仍具正常的战斗

力，舰上的飞机和轻型航空母舰"隼鹰"号上的飞机偕同近藤的战列舰编队，早已出发前去攻打美军了。他从纪律不严的美军飞行员的交谈中，截听到美军只有2艘航空母舰，而且其中一艘已严重瘫痪。现在全看一小时前派出的由64架飞机组成的第二攻击波是否能够得手了。

金凯德的处境甚为不妙。他的攻击机群已悉数派出，现正等待他们的返航，甲板上一部分战斗机正在加油，为下一步的空战作准备。上午10时刚过，"南达科他"号战列舰突然从雷达上收到警报：敌人的第2攻击波正从西北方向50海里处逼近。这次，"企业"号是日机的主攻目标。俯冲轰炸机不等鱼雷机飞来，就不断地从高空和低空轮番发起进攻。有5架日机冲过了"野猫"式战斗机的拦击，但全被特混舰队所配备的"博福斯"高炮击落。"南达科他"号的防空火炮打得猛烈而准确，因而"企业"号没有受到太大损伤，只有飞行甲板被击中3颗炸弹。在日机第2攻击波和第3攻击波之间有将近40分钟的间歇，美国2艘航空母舰上的飞机得以利用这段时间集结在一起，共同保护"企业"号。11时，从

"隼鹰"号轻型航空母舰上飞来的四架日机被严阵以待的"野猫"式战斗机打得一败涂地，密集的炮火击落了10架敌机。金凯德的旗舰再一次死里逃生，但"南达科他"号战列舰和"圣胡安"号巡洋舰中弹受创。金凯德下令第16特混大队向东面撤退。

日军损失的舰载机超过了100架，但南云并不想让美国人溜掉。幸存下来的"瑞鹤"号和"隼鹰"号航空母舰已回收了相当数量的飞机，且重新加了油。下午1时，南云准备好了发动第4次攻击波。一小时后，从"瑞鹤"号起飞的日机群发现了正被拖着行驶的"大黄蜂"号。一条鱼雷击中了这艘伤痕累累的航空母舰，海水迅速涌入机舱，舰体倾斜得更加厉害了，救火队员再次得到了弃舰的命令，驱逐舰将跳海的舰员一一救起。此时"隼鹰"号的10架俯冲轰炸机因找不到"企业"号的踪迹，只得将炸弹扔向"大黄蜂"号。第17特混舰队的2艘驱逐舰对准这艘弃舰发射了鱼雷，但最终击沉"大黄蜂"号的任务交给了近藤海军中将的战列舰编队。晚11时，当4艘日本战列舰驶近大火滔天的"大黄蜂"号后，发现它已伤得连拖走也不可能了，

遂用4条鱼雷将它打发到了海底。

圣克鲁斯海战使美南太平洋海军遭到了挫败,美国沉没了一艘宝贵的航空母舰,另一艘受伤,而日本只损伤了一大一小2艘航空母舰。这场较量的结果让哈尔西觉得他以后的日子不会太好过,他只剩下一艘受创的航空母舰和一艘战列舰,用以保持向被围困的瓜岛数万名陆战队员和陆军官兵提供给养的海上补给线的畅通。但珍珠港分析的瓜岛战略态势远比哈尔西乐观,"瓜达尔卡纳尔岛总的形势并非不利",太平洋舰队司令部的参谋们在这场战斗结束后总结说。在尼米兹看来,圣克鲁斯海战只是日方一次战术性的失利,美军付出了高昂的代价,换来了长远战略上的胜利。日本海军损失了100多架飞机,美国海军损失了74架飞机,但这次海战给日军造成的损失是难以用双方飞机数量的损失所能说明的,因为联合舰队再也损失不起有经验的舰载机飞行员了,作战报告表明,日机发动进攻时已明显不如以往机敏和老道。而美国培训飞行员和制造飞机的速度是日本所望尘莫及的,因此美太平洋舰队只会越来越强大,而日联合舰队却将逐渐衰弱下去。

美日瓜岛大海战

圣克鲁斯航母大战的胜果使日军大本营确信,只要再坚持一下就能夺回瓜岛,因此,11月初,夜间赶运的"东京快车"又加快了速度,使瓜岛的日陆军部队超过了美军兵力数千人。但是,山本认为这种小规模的逐次增兵的方法只是权宜之计,他决心组成一支规模空前的"东京快车"去增援瓜岛,以一劳永逸地解决问题。11月12日,素以英勇顽强著称的田中海军少将在肖特兰岛完成集结,他将率领11艘快速运输船在11艘驱逐舰的护航下,运载陆军第38师1.35万人于当晚出发,准备突破"槽海"南下。山本的计划是,14日田中编队在瓜岛登陆,在此之前的12~13日夜间,用战列舰编队和巡洋舰编队连续对亨德森机场实施炮击,昼间则用轰炸机对其实施空袭,航空母舰机动舰队在所罗门群岛北面活动,为田中编队提供空中掩护,但避免与美军进行舰队决战。

日军再次集中力量设法夺回瓜岛的企图瞒不过美太平洋舰队的密码专家们,盟军急忙从各地调来增援部队。在罗斯福总统的亲自关注下,一批巡洋舰、驱逐舰和潜艇被增派到南太平洋,又从夏威夷和澳大利亚调来了轰炸机和战斗机。大战已迫在眉睫，金凯德海军少将率领"企业"号航空母舰特混舰队从努美阿出航，其中包括"华盛顿"号战列舰和受创的"南达科他"号战列舰。焊工也随"企业"号出发了，因为时间紧迫，所以不得不边航行边来修理它受伤的舰首部，可前升降机是再也无法使用了。看来哈尔西海军中将从圣克鲁斯海战中学到了行动谨慎这条经验，他指示金凯德："企业"号无论如何不要进入所罗门群岛以北海域。11月11日，特纳海军少将虽及时地把陆军和海军陆战队约6000人的援兵送到了瓜岛，但这不难被日军发现，卸货作业屡屡被日军的舰载轰炸机和岸基轰炸机打断。12日黄昏，特纳根据侦察机的报告获悉，日军一支重型舰艇部队正直下"槽海"。于是，他令运输船队向东南方向撤离，并从护航舰只中抽出5艘巡洋舰和8艘驱逐舰，由卡拉汉海军少将指挥，前往"铁底湾"，挫败日军即将发起的对亨德森机场的夜袭。

11月12日夜晚，南太平洋的天气闷热，夜空中没有月亮，只有点点星光。形势对卡拉汉很不利，因为日军的阿部弘毅编队除拥有1艘轻巡洋舰和14艘驱逐舰外，还有"比睿"号和"雾岛"号2艘战列舰。卡拉汉海军少将心里明白他的军舰比对手少，但不知道敌人的优势究竟有多大。他只好仰仗战神保佑了，因为现在他已来不及对敌情进行侦察，也来不及制定出一个妥当的作战方案。他仿效斯科特海军少将在埃斯佩兰斯角海战中的战法，采取单纵队队形，5艘巡洋舰居中，前后各配置4艘驱逐舰。卡拉汉又把雷达性能较差的重巡洋舰"旧金山"号作为旗舰。斯科特这次担任卡拉汉的副手，其座舰"亚特兰大"号轻巡洋舰也没有装备新型的对海搜索雷达。13日凌晨1时半，"海伦娜"号轻巡洋舰上的大功率雷达在距日舰14海里处发现目标，并用无线电向旗舰作了报告。可惜，卡拉汉没能正确利用领先几分钟发现敌舰的优势，而是先后两次命令其编队向右转向，意图像斯科特在埃斯佩兰斯角海战时那样，通过上述机动，占领T字横头阵位。航行在最前面的驱逐舰"库欣"号突然发现日军前卫驱逐舰就在其前方，于是立即转舵，致使随后的3艘美驱逐舰发生混乱。为避免碰撞己方驱逐舰，居中的卡拉汉巡洋舰队又向左转向。就这样，日美双方的舰只在暗夜中不知不觉地混杂在一起了。

阿部弘毅也被"发现敌人"的报告弄得惊慌失措，舰上立即发出换上穿甲弹的紧急命令。升降机和炮塔忙个不停，卸下高爆弹，装上穿甲弹，足足花了一刻钟的时间。凌晨1时50分，当"比睿"号的探照灯光透过夜幕照见"亚特兰大"号时，斯科特一看危险，不等卡拉汉的指示，急忙下令"开火！反照射！"5英寸大炮迸发出耀眼的闪光，但为时已晚，从2英里外黑森森海面上飞来的敌舰上的第1阵排炮击中了这艘轻巡洋舰。"亚特兰大"号的舰桥当即被炸飞，舰桥上的军官连同斯科特海军少将全部阵亡。卡拉汉的旗舰发出信号："单数军舰向右舷开火，双数军舰向左舷开火！"他发现他的舰队两侧都是敌舰，一边是战列舰，另一边是巡洋舰和驱逐舰。战斗演变成相互近距离的交火，漆黑的水面上升起一串串耀眼的黄色、朱红色闪光。鱼雷的翻腾航迹不时在激战双方的驱逐舰之间穿来穿去，美舰接连受创，队列被打乱了。"亚特兰大"号中了2条鱼雷，动弹不得。"库欣"号驱逐舰赶去救

援，将鱼雷射向敌舰，但是它自己也被"比睿"号的探照灯照住，立即被击中起火。它的姊妹舰"拉菲"号勇敢地发起进攻，但未击中敌舰，却被两发14英寸（356毫米）的日战列舰主炮炮弹炸得稀烂。

美军驱逐舰和巡洋舰的小口径炮弹打在"比睿"号和"雾岛"号上，都被战列舰厚重的装甲弹飞了，战斗开始后那几分钟盲目的慌乱，迫使卡拉汉暂时停火，以便让他的巡洋舰能找准目标。"我们要干掉的是大家伙！"他吼道，"首先瞄准大的！"这竟然成了卡拉汉的最后一道命令。日本人也利用这段间歇调整了部署，再次列队投入战斗。探照灯投向了"旧金山"号，"雾岛"号上的舷侧炮一阵齐射，击穿了这艘美军旗舰的上层建筑，卡拉汉成了这场海战中美军阵亡的第二个将官。跟在其后的"波特兰"号重巡洋舰中了一条鱼雷，舰尾钢板弯曲变形，成了舵的形状，"波特兰"号在原地打起转来，然而其火炮依然不断轰击"比睿"号。轻巡洋舰"朱诺"号的机舱被鱼雷击中，失去了动力。"巴顿"号驱逐舰被劈成两半，逐渐下沉。它的伙伴"蒙森"号鲁莽地打开

一束探照灯，旋即燃起熊熊烈火。战斗持续了24分钟后，"铁底湾"上隆隆的炮声静寂了下来，美国军舰上摇晃不停的火光或明或暗，映照出海面上浮着的黑色油层、尸体和污物。"亚特兰大"号勉强行驶，最后不幸触礁沉没。"朱诺"号轻巡洋舰拖着残体刚刚驶出"铁底湾"，就遭日军潜艇攻击，全舰700余名官兵，除少数逃生外，大多与军舰同归于尽，或死于鲨鱼的利齿。该舰的沉没使依阿华州的托马斯·沙利文夫妇一下子失去了5个儿子，为此美国海军颁布条令，今后不准一家人在同一艘舰艇上服役。

将近1000名美国海军人员，包括两名海军少将，在这场被金海军上将称之为"空前剧烈的海战"中，于1942年11月12日深夜献出了生命，卡拉汉的5艘巡洋舰和8艘驱逐舰，仅有2艘巡洋舰和3艘驱逐舰满身挂彩地返回了基地。但是，卡拉汉巡洋舰编队的英勇牺牲，却使阿部占绝对优势的战列舰编队撤退了。日舰队旗舰"比睿"号被炸坏了罗盘，两艘驱逐舰沉没了，而最令美军感到快慰的是，阿部的过分谨慎战胜了他完成轰击机场任务的使命感，从而失去了在第二天早上

戴上胜利者桂冠的资格。13日天一放亮，美军的飞机就撵上了北撤的"比睿"号。联合舰队司令部命令"雾岛"号把它的仍在冒烟的姊妹舰拖走，但是阿部已让"雾岛"号赶紧逃走，只让一艘轻巡洋舰留下对付空袭。"企业"号上的俯冲轰炸机飞临上空，将炸弹倾泻在"比睿"号上，亨德森机场起飞的B-17轰炸机群也加入了攻击行列。下午4时，日本天皇的照片被转移到"夕风"号上后，阿部下令凿沉他的旗舰。这一举动令山本深为震怒，认为阿部再也不配指挥军舰了。

阿部使命的破产，迫使田中的运兵船队返回肖特兰岛暂留24小时，山本决定派出三川海军中将的重巡洋舰编队继续完成战列舰没有执行的炮击任务。这次，附近已没有美国军舰阻挡它们，图拉吉的鱼雷快艇对日军的袭扰也无济于事，几艘重巡洋舰一共向亨德森机场发射了1000多发炮弹，但显然203毫米舰炮的威力要比战列舰356毫米的舰炮威力小得多。13日晚上的炮击给美军修建大队留下了填平跑道上累累弹坑的任务，经过通宵达旦的拼命苦干，到11月14日太阳升起时，工程兵们终于又能让海军陆

战队飞行员驾驶"复仇者"式鱼雷机起飞了。

11月14日拂晓，美军侦察机发现两支日军舰船编队：一支是三川的巡洋舰编队，他们完成了夜间炮击任务，正在新乔治亚群岛以南海域向西撤驶；另一支是田中的护航运输队，经由"槽海"南下，正向瓜岛航进。上午10时，亨德森机场的陆战队飞机和"企业"号航空母舰的舰载机很快炸沉了"衣笠"号巡洋舰、"五十铃"号、"摩耶"号以及三川的旗舰。"鸟海"号同时受创。接着，美军飞机集中力量向防御薄弱的运输船队发起攻击。田中的驱逐舰作着蛇行运动，同时以高射炮火回击美机的轮番进攻。14日上午和下午，运输船上的日本兵遭到了一场真正的浩劫，那可怖的情景使那些九死一生的幸运儿终生难忘。高空飞行的B-17轰炸机丢下的炸弹摇摇晃晃往下掉，舰载轰炸机朝着目标呼啸飞来，好像要往海里钻，投完炸弹后又迅速爬升起来。近矢弹激起冲天水柱，浪花四溅，每颗命中的炸弹腾起浓烟和烈火，运输船一艘接一艘中弹，令人作呕地倾斜着，预示着末日即将来临。空袭的飞机离去后，浓烟散去，现出一幅悲惨的景象，水兵们从正在下沉的舰船是纷纷跳入水中逃生。日军遭受的苦难整整延续了一天，夜幕降临时，执意奋进的田中仅仅剩下了4艘运输船和3艘驱逐舰。这时，山本司令长官发来电令，支持田中继续他无异于"蛮干"的突进，同时指派近藤海军中将亲自率领"雾岛"号战列舰、4艘巡洋舰和9艘驱逐舰南下，企图再次炮击亨德森机场。

瓜岛的三天海战即将进入最后一次交锋。哈尔西把挡住日军的全部希望寄托在"企业"号航空母舰特混舰队的2艘战列舰上，他命令威利斯·李海军少将带着"华盛顿"号、"南达科他"号战列舰和4艘驱逐舰离开特混舰队北上，务必堵住敌人的夜袭进路。李海军少将是"美国海军中最聪明的智囊之一"，也是舰载雷达专家。他预料这场夜战将极为艰苦，所以制定了一个审慎的作战方案：在埃斯佩兰斯角附近较为开阔的海域里展开战斗。当晚，李乘坐的旗舰"华盛顿"号驶过"铁底湾"。受水下大量沉舰的影响，战列舰上的磁性罗盘不停地来回转动。岸上吹来的风，过去时常带有浓烈的腐臭味，今夜竟然令人惊奇地弥漫着一股金银花的香味，甲板上的美国水兵认为这是一种吉兆。深夜，月光映出了埃斯佩兰斯角山峦起伏的轮廓，美国的两艘巨型战舰以4艘驱逐舰为前驱，沿着一条东南向的航道通过了萨沃岛。李估计日军将在晚上11时来临。果然，等到预计的战斗时刻临近时，"华盛顿"号的雷达屏幕发现了敌舰群。

这是近藤编队以"川内"号轻巡洋舰为前导、几艘驱逐舰组成的日军前哨突击舰群。李把军舰拐弯冲西，横在日舰前进的航道上，静候日舰驶近。11时17分，李下令开火。日舰上的观察哨将美军战列舰呈现的细长黑影误认为是2艘巡洋舰，直至16英寸（406毫米）的炮弹激起了巨大水柱，倒霉的"川内"号才赶紧放出浓浓的烟幕掉头撤回。数艘日巡洋舰、驱逐舰从萨沃岛的另一侧摸了过来，在照明弹的强光照耀下，李的4艘驱逐舰首先投入战斗。刚一交手，日舰发射的炮弹和鱼雷就占了上风，美军2艘驱逐舰很快沉入海底，其余2艘失去机动能力，而日军只有一艘驱逐舰被击沉。于是，"华盛顿"号急忙向左转舵，"南达科他"号冲着敌舰向右转舵，以避开失去机动能力的舰只。美国战

列舰是在战斗的危急时刻，无奈采取这种各自为战的行动的。这时，近藤编队准备再次发起攻击，由战列舰"雾岛"号、2艘重巡洋舰和2艘驱逐舰组成的主力舰群正从萨沃岛西北方向接敌。日军主力舰群从萨沃岛背面一出现，就炮击了距离较近的"南达科他"号，该舰天线塔被打掉，上层舱室好几处着火，不得不退出战斗。这样，"华盛顿"号现在就要同整个近藤舰队进行较量。李海军少将以己之长，击敌之短，利用雷达指挥射击。李的训练有素的雷达兵测准了敌舰距离，总算救了"南达科他"号，7分钟内，50余发406毫米和127毫米炮弹连续击中"雾岛"号，将它的塔形上层建筑击成了碎片，舵也卡住了，舰身不由自主地打起转来。接着，李转向西北航行一段时间，以便把日舰从美军的伤舰附近诱开，尔后折回去和"南达科他"号会合，"南达科他"号上的舰员正在设法将上层舱室的余火扑灭。

日军驱逐舰仍围着燃烧的"雾岛"号残躯打转。凌晨3时后，近藤海军中将不得不放弃原来的作战企图，令"雾岛"号和2艘无法行动的驱逐舰自沉，然后撤离了战场。但是田中没有辜负

自己"顽强者"的诨号，在战列舰决斗的最后阶段，他悄悄地驶向瓜岛塔萨法朗加滩头。山本批准了他提出的孤注一掷的计划：冒着空袭危险派部队抢滩上岸。黎明来临，美海军陆战队"复仇者"式鱼雷机猛攻靠岸的运输船。日本兵顶着猛烈的轰炸和扫射，死命地冲出来，攀着缆绳跳进海水里。这次空袭将田中最后的4艘运输船全部炸毁，把日陆军第38师2000名挣扎上岸的士兵的给养和装备统统炸飞了。

11月12日夜里开始至15日早晨结束的这场海战，标志着瓜岛争夺战的一个决定性转折。日军只有10吨物资和2000人的陆军部队被送上了岸，而日本海军为之付出的代价是：2艘战列舰、1艘巡洋舰、11艘运输船和10余艘驱逐舰。山本司令长官至此认识到，联合舰队再也承受不住如此沉重的代价去支援陆军的作战行动了。这场海战后，"东京快车"虽然仍在坚持运行，但每次只运进了很少的增援力量和物资，而这些少得可怜的东西显然已难以维持3.2万人的日军部队，正如日本人自己所形容的那样，瓜达尔卡纳尔岛已是"死亡之岛"，岛上日军无衣无食，尸骸狼藉，只

得在翌年初溜走。

角逐马里亚纳群岛

1942年下半年旷日持久的瓜达尔卡纳尔岛争夺战，使日本在太平洋战场上丧失了战略主动权，日本陆海军逐步退缩，再也不能自由地选择战斗时间和地点，盟军在哪里进攻，日军就被迫在那里应战。但美国海军实力尚未完全恢复，还无力大举反攻。美英联合参谋委员会在卡萨布兰卡会议中决定，1943年前十个月，盟军在太平洋方向只收复阿留申群岛西缘的阿图岛和基斯卡岛，主要任务是在南太平洋向拉包尔发动攻势，待下半年美国"埃塞克斯"级大型航空母舰服役后，再从中太平洋大举反攻，占领日本人称为"太平洋防波堤"的马里亚纳群岛，叩响日本本土的大门。

南太平洋的钳形攻势

瓜岛战役之后，山本五十六坐镇于加罗林群岛首府特鲁克，密切不安地注视着步步逼近拉包尔的美军。美军在南太平洋上的战略部署是形成对日本西南太平洋最重要的海空军基地拉包尔的钳形攻势，拉包尔位于俾斯麦群岛中的新不列颠岛的东北部，靠近所罗门群岛的最北端。对拉包尔的钳形攻势由麦克阿瑟陆军上

将负责统一指挥，麦克阿瑟亲自率领西南太平洋战区陆海空三军部队从新几内亚向西，哈尔西海军上将率领美太平洋第3舰队沿所罗门群岛北上，从两个方向实施分进合围。所罗门群岛日军岌岌可危的防御态势，使山本五十六司令长官不得不亲赴拉包尔指挥作战，1943年4月下旬，就在山本积极策划新一轮空中攻势，前往前线视察空勤部队途中，其座机遭到事先破译了密码而掌握情报的美军战斗机的伏击，坠落于所罗门群岛北部的莽莽丛林中。山本因成功地奇袭美太平洋舰队基地珍珠港而名噪一时，其被击毙无疑大大鼓舞了美军将士取得胜利的信心。哈尔西海军上将的两栖部队在舰队和航空兵部队的有力支援下，在中所罗门群岛岛链上粉碎了日军的顽强抵抗，以及日水面舰艇和航空兵对驻岛守军的增援，于1943年11月夺取了所罗门群岛北部最大的海岛布干维尔岛，爬上了使拉包尔失去作用的战略阶梯的最后一级。工兵部队开始在岛上修建机场，这个机场离拉包尔仅仅220海里，哈尔西海军上将的轰炸机在战斗机的掩护下，可对拉包尔及俾斯麦群岛所有地区实施轰炸。在钳形攻势的另一头，麦克阿瑟陆军上将经过一次接一次的速决战，完全控制了新几内亚岛的东北地区，继而在新不列颠岛实施登陆，西南太平洋美军突破了日军以俾斯麦群岛为基地的空中防线和海上防线。拉包尔要塞陷入了盟军的坚固包围圈中，丧失了制海权和制空权的其他几个残存日军据点也已经完全瘫痪。接替山本出任联合舰队司令长官的古贺海军上将不得不放弃了对拉包尔的防御，将分散在俾斯麦群岛和北所罗门群岛的12.5万名守岛日军远远地抛弃在了盟军的大后方。

1943年底对拉包尔的封锁围困基本完成后，经过大半年实力补充和充分准备的美国海军中太平洋部队终于开始向中太平洋方面的日军展开了大规模攻势。在中太平洋发动攻势，从一开始就遭到西南太平洋战区司令麦克阿瑟陆军上将的强烈反对。他主张，一经占领或封锁了拉包尔，集结在珍珠港的美军即可横渡太平洋，应利用盟军在南太平洋和西南太平洋地区已经建立的空海军基地，沿新几内亚－棉兰老岛轴线进军，直取菲律宾，直至日本本土。而尼米兹等美国海军首脑认为，直接横渡中太平洋是一条最佳的进兵路线，不仅运输线较短，气象条件较好，而且既可切断日本本土通往南太平洋的海上交通线，又可集中优势兵力去攻占中太平洋那些相距甚远、难以相互支援的小岛和环礁，此外还能把战线迅速推进到日本近海，使日本本土遭到袭击。海军认为，沿麦克阿瑟的新几内亚—棉兰老岛轴线进兵是舍近求远，既浪费兵力，又必须经过一条漫长的、易受盘踞在中太平洋群岛上的日军袭击的海上航路，而且日军容易判断美军下一攻势的矛头所向，便可在进军路上相互支援，集中兵力予以抵抗。地面部队还会受到疟疾等热带丛林病的威胁，进兵速度会相当缓慢。经过一番争执，海军的计划最后得到了美参谋长联席会议的认可，决定开辟中太平洋轴线，以此作为向日本进军的主要战略方向。但是考虑到西南太平洋部队已在追击退却之敌和麦克阿瑟陆军上将对全世界许下的"保卫菲律宾、打回马尼拉"的誓言，参联会同意麦克阿瑟沿新内亚—棉兰老岛轴线继续向前推进。这样，盟军双管齐下，从两个作战方向向西进攻，又形成了一个新的对菲律宾的钳形攻势，这个钳形攻势的规模，比对拉包尔的钳形攻势要大得多。日军将不得不分散兵力，时刻处于顾此失彼的紧张状态之中，搞不清美军下一步攻势将指向何处。况且，美国新型航空母舰已经完成临战准备，其威力和机动能力足以抵消日军在内线作战的有利地位，以这些堪称海上活动基地的航空母舰为前锋，中太平洋部队即使没有岸基航空兵支援，也可对日占岛屿实施跳跃式的越岛登陆作战。美军在太平洋上的制海权和制空权的范围，随着航母特混舰队的前移而不断扩大。

1942年底至1943年初，太平洋战争朝有利于盟军发生转折的背景是，美国庞大的经济和工业潜力完全转入了战时轨道，军工生产蓬勃发展，其造舰能力3倍于日本，飞机制造能力10倍于日本。1943年春天以后，9艘新型快速航空母舰加入中太平洋部队的主力第5舰队，其中4艘是载机100多架的27000吨"埃塞克斯"级大型航空母舰，即"埃塞克斯"号、"列克星敦"号（Ⅱ世）、"邦克山"号和"约克城（Ⅱ世）"号，这些航速可达32节的海上堡垒，不仅航速快，而且装备好，相当于日本"翔鹤"级、"独立"号等5艘轻型航空母舰，能载机 35 架，相当于日本"瑞鹤"级。美国海军占据了太平洋上航空母舰力量对比的优势，它们与 8 艘护航航空母舰、5 艘新式战列舰、7 艘老式战列舰、9 艘重巡洋舰、5 艘轻巡洋舰、56 艘驱逐舰、29 艘运输舰及大量的登陆舰艇一道，组成了第 5 舰队能实施远程突击的强大兵力，这支新的特混舰队与 1942 年美国海军在太平洋上只剩下"萨拉托加"号和受伤的"企业"号两艘航母的艰苦岁月相比，形成了鲜明对照，它们现在拥有 6 艘大型航空母舰、5 艘轻型航空母舰。海军舰载机和岸基飞机在数量上不仅有了大幅度提高，而且在性能上也占有一定的优势。F6F"恶妇"式舰载战斗机尽管装甲和自密油箱较重，因而不如日军"零"式舰载战斗机灵活，但飞行速度、高度、攻击和防护性能都比"零"式略胜一筹。SB 式俯冲轰炸机比过去的 SBD"无畏"式速度快、作战半径大、携弹量多。F4V"海盗"式战斗机适于岸基作战，时速可以超过 400 海里，爬高性能优于任何一种日机。

美国巨大而又不断加速的生产能力，为其在太平洋上展开大规模海空攻势提供了雄厚的物质基础，与此相比，日本则走入了战时经济不堪重负的阶段。由于国土狭小，资源贫乏，生产能力有限，已无法满足陆海两军日益增加的战争消耗。瓜岛争夺战使日本运输船蒙受空前损失，南洋资源在盟军潜艇攻击下，海运量急剧萎缩，陆海军在如何分配有限的战略物资问题上长期对立和争吵，国力的衰弱已容不得日军再同美军展开大规模消耗战了。但是，日军指挥官们没有吸取瓜岛教训，仍一味强调死守，在 1943 年新几内亚和所罗门群岛防御作战中，为阻止盟军对拉包尔的钳形攻势，没有利用居于内线作战的有利条件，集中兵力对来自两个方向上的麦克阿瑟部队和哈尔西部队实施各个击破，反而层层设防，分散了兵力。尤其致命的是联合舰队山本五十六司令长官及其继任者古贺海军上将过分轻率地使用海军舰载机和岸基飞机，把已经十分宝贵的航空母舰孤注一掷地投入到一个接一个的消耗性海空战中，耗尽了最后一批经验丰富的舰载机飞行员精华。

盟军在夺取瓜岛后，迅速扩建了岛上原有的亨德森机场，驻有美陆军第 5 航空队和所罗门航空队约 300 余架战斗机和轰炸机。这些来自海军、海军陆战队、陆军等不同系统所属的飞机，加上澳大利亚空军和新西兰空军的几个飞行中队，都在瓜岛所罗门空军司令部统一指挥下密切协同，并与盟军设在新几内亚的几个航空基地相互配合支援，形成了一支强有力的空中打击力量，他们的主要任务是掌握所罗门群岛、俾斯麦群岛、新几内亚岛东部的制空权、轰炸拉包尔日军基地。山本司令长官对战局的恶化十分震惊，为急于挽回颓势，不合时宜地甩出了他的最后一张王牌——集中"瑞鹤"号、"瑞凤"号、"隼鹰"号、"飞鹰"号 4 艘航空母舰上的 96 架"零"式战斗机和 54 架 99 式轰炸机南下飞往拉包尔，加上各岛上原来的海军岸基飞机约 200 架，组成一支实力雄厚的航空集团，企图发动凌厉的空中战役，摧毁盟军在新几内亚东部、中所罗门群岛上的海空军基地，极大地杀伤盟军舰船和飞机，以此来支援陆军坚守拉包尔的防线，阻滞盟军在两个方向上的猛烈进攻。停泊在特鲁克基地的航空母舰就此永远告别了它们赖以生存的仅剩下来的最后一批精英飞行员，大批优秀舰载机

飞行员已经在珊瑚海、中途岛海战、瓜岛血战中阵亡。1943 年 4 月 7 日、11 日、12 日、14 日，日海军航空兵与美第 5 航空队、所罗门航空队连续 4 次在瓜岛、新几内亚岛东部上空发生空战，美军"海盗"式战斗机首次与"零"式战斗机较量，就显示出不凡的战斗力，多次将敌机击落。这场空中较量的结果，日军轰炸机只击沉盟军驱逐舰、护卫舰、油船各 1 艘和运输船 2 艘，而日军则损失了 46 架舰载机及其飞行员。

山本死后，接任联合舰队司令长官的古贺海军上将沿袭了消耗性使用舰载机和岸基航空兵打击盟军的做法。1943 年 7 月至 10 月，哈尔西向中所罗门群岛的新乔治亚群岛发动猛攻，在激烈的海战和登陆战的同时，美军航空兵与日本海军航空兵在护航运输队。登陆点上空、机场展开了积极的对攻战，日军飞机共被击落22 余架。11 月 1 日，哈尔西向布干维尔岛大举进攻，同时对拉包尔实施大规模系统性轰炸。为救援拉包尔，古贺司令长官拿出山本七个月前将舰载机倾囊而出的老办法，从"翔鹤"号和"瑞鹤"号飞行队各调出 63 架舰载机，从"瑞凤"号调出 26 架舰载机，共

152架增援拉包尔，再一次把赌注摆在了航空兵发起的空中攻势上，"我们死了，谁还能在母舰上起飞？""要让国内的飞行员成为舰载机飞行员，至少要一年时间！"听到要移驻拉包尔消息的舰载机飞行员们预感到前景的暗淡，出发前，他们将照片、遗物、遗书等都留在了母舰上，准备投入到一场有去无回的海空大战中，作出无谓的牺牲。11月2日清晨，65架"零"式舰载机。18架99式舰载俯冲轰炸机突袭刚刚从奥古斯塔皇后湾夜战中胜利返航的美第39轻巡洋舰特混舰队，结果只有两颗炸弹命中美军两舰，而日机被舰队防空炮火击落17架，被随后赶到的所罗门航空队击落8架，其余飞机落荒而逃。当日中午，美第5航空队75架B25重型轰炸机在57架P38"闪电"式战斗机的护航下空袭拉包尔，日美双方展开了一场空中遭遇战，132架"零"式战斗机被击落19架，而美军只损失了9架轰炸机和9架战斗机。11月5日，谢尔曼海军少将指挥的以"萨拉托加"号、"普林斯顿"号航空母舰为首组成的航母特混大队空袭拉包尔，52架"恶妇"式战斗机迎战47架"零"式战斗机，其余45架舰载

轰炸机和攻击机对港内的巡洋舰和驱逐舰实施了猛烈攻击，结果美机被击落7架，而日本"零"式战斗机损失了25架。11月8日，从拉包尔起飞的71架"零"式战斗机和26架俯冲轰炸机，袭击了美军在登陆点附近的一支护航运输队，空战过后，美军28架战斗机损失了4架，只有两三艘运输舰被炸伤，而日机被击落12架。11月11日，蒙哥马利海军少将指挥的"埃塞克斯"号、"邦克山"号、"独立"号航母特混大队从第5舰队借调至布干维尔岛，协同谢尔曼的航母特混大队，用压倒优势的海空兵力打击拉包尔日军，日军14架战斗机、门架俯冲轰炸机被击落，14架鱼雷机全军覆灭，却没有给美舰造成任何损失。11月2日至N日的布干维尔岛海空大战结束后，古贺的152架舰载机损失了126架，换来的是微不足道的战果。可古贺还是不甘心失败，又从"飞鹰"号、"龙凤"号航母飞行队中抽出舰载机进驻拉包尔。日军飞行员的空中苦战一直延续到1944年2月底拉包尔被正式放弃为止。

南太平洋战线上这场持续了将近一年多时间的对拉包尔的钳形攻势，极大地消耗了日陆海军

的精锐部队，为1943年底中太平洋美军的大跃进奠定了胜利基础。同美军的损失相比，日军的损失更是触目惊心，特别是日军的海军航空兵力量被彻底打垮了，古贺不得不命令"瑞鹤"号、"翔鹤'"号、"瑞凤"号等几艘空荡荡的航空母舰离开特鲁克，回日本本土进行补充和休整，重新装备飞机和培训飞行员。1943年底开始，日军大本营虽然将航空兵器从优先发展提高为绝对优先发展，飞机在几个月内得到了迅速的补充，但被消耗殆尽的优秀舰载机飞行员却是难以弥补的。奉行"精兵主义"的日本海军不仅将最优秀的舰载机飞行员都集中于航母作战第一线，而且极不重视培训后备人员。经突击培训匆忙上阵的飞行员在作战中只能充当盟军训练有素的飞行员和防空炮火的活靶子，其恶果已经在1943年秋季的布干维尔岛海空战中一览无余了。太平洋战争初期日海军航空兵飞机性能与飞行员素质占优的有利条件已经荡然无存。

挺进"绝对防御圈"

美海军第5舰队的中太平洋攻势终于在哈尔西海军上将的两栖部队布干维尔岛登陆10天之后

开始了。统率第5舰队这支强大舰队的司令官是雷蒙德·斯普鲁恩斯海军上将，他与易于冲动、精明能干的哈尔西性格极不相同，斯普鲁恩斯深谋远虑，态度谦和，中途岛海战中指挥"大黄蜂"号、"企业"号航母特混舰队作战，表现出非凡的思考力和正确的判断力。他是一位才略过人、要求严格的海军军官，在海军参谋学院任教时成绩斐然，被誉为战略家。第5舰队的突击兵力和作战核心是第58航母特混舰队，指挥官是马克·米彻尔海军中将，头发鬓白的米彻尔待人亲切，有时沉默寡言，虽未表现出斯普鲁恩斯那样的非凡智慧，但作为老一代海军飞行员，30年来为发展美海军航空兵事业所作的贡献，使他在这场攻势中成为指挥太平洋海军最强大的"活动航空基地"的最合适人选，他在中途岛海战中是"大黄蜂"号航空母舰舰长。

1943年秋天编成的第58航母特混舰队的主要任务是支援登陆作战，诸如为封锁登陆地域而实施远程突击，在登陆部队突击上陆前实施航空火力准备，对登陆部队实施战术支援，对威胁两栖作战舰船的空中和海上来敌进行截击等。这支快速航母特混舰队下辖4个特混大队。每个特混大队一般辖有大型航空母舰和轻型航空母舰3~4艘,驱逐舰12~15艘。这4个特混大队具有极大的灵活性,既可与其他部队协调作战,亦可单独执行作战任务。作为掌握海上制空权的浮动航空基地,第5舰队的两栖作战部队不再局限于依靠岸基航空兵的掩护,只能攻击岸基机作战半径以内的近处目标,强大的航母特混舰队以其在辽阔海洋上的特有威力,保证了海军陆战队可以选择太平洋上任何地方作为攻击点,而处于守势的日军只能被动地推测美军下一次的突击目标。

1943年11月20日,第5舰队首先向中太平洋吉尔伯特群岛发动进攻,经过5天付出重大代价的速决战,攻克了日军顽强抵抗的两个坚固堡垒塔拉瓦环礁和马金岛。1944年1月起,进攻矛头指向吉尔伯特群岛西北的马绍尔群岛,丧失了元气的日本联合舰队已无力再进行海空支援了,只得听任第58特混舰队的4个特混大队轮番对马绍尔群岛日军各目标实施毁灭性集中空袭,岛上150架飞机几乎都被炸毁,日军守岛部队相当大一部分在美军第一批登陆部队上岸之前就被炸死炸

伤,剩余的日军则陷入了混乱之中,无法真正组织起像塔瓦拉那样的有力抵抗,海军极高的轰炸效率使陆战队在征服一个有8000多日军扼守的要塞作战中只牺牲了400人。作为攻克马绍尔群岛最西部的埃尼威托克岛的前奏,第58特混舰队在向西奔袭4天后,2月17、18日连续两天一夜,空袭了日本在太平洋的"直布罗陀"——联合舰队司令部所在地特鲁克要塞,打破了"坚不可摧的特鲁克"的神话,消灭了日机270余架、15艘中小舰只和24艘运输船只,虽然古贺的联合舰队主力都事先西撤或北逃了,但特鲁克,这个昔日日本的珍珠港陷入了全面瘫痪。

美军的进攻势如破竹,接连攻克了吉尔伯特群岛和马绍尔群岛,粉碎了日军外层防御圈,为向千岛群岛—小笠原群岛—马里亚纳群岛—加罗林群岛中西部—新几内亚西部一线构成的内层"绝对防御圈"挺进开辟了道路。位于"绝对防御圈"中央的特鲁克基地遭美国航空母舰致命性打击后,紧接着,2月22日、23日两天,其北部的据点关岛、塞班岛、提尼安岛又遭到迅速北上的美两个航母特混大队的袭击,使守军损失了200多架飞机。日军

大本营万分惊恐，感到已不能指望依据重重岛屿屏障来阻滞美军的进军速度，必须尽早完成同美航母舰队的决战准备，在内层防御圈上抓住有利时机，依靠联合舰队的岸基航空兵部队和残存的航母舰队主力给锋芒毕露的美第58特混舰队予以沉重打击，一举改变连遭败绩的战局。1943年3月初，大本营海军部制定出与美航母舰队进行一场海上大决战的"阿号作战"计划，"迅速整备我决战兵力，大致在5月下旬以后，在从太平洋中部方面至菲律宾方面的海域，捕捉敌舰队主力，以图歼灭之……"要同美强大的第58航母特混舰队决战，日本海军认为现有的航母和飞机数量已经具备了与敌相抗衡的实力。新近竣工的"大风"号大型航空母舰，是所有日美航母中惟一安装装甲飞行甲板的航母，同木质飞行甲板相比，其75毫米厚的钢板，比装甲航母的首创国英国的航母还厚25毫米，即使命中美军500公斤航空炸弹也安然无恙。此外还第一次在航母上装备了12门100毫米高平两用炮以加强防空火力。采用于装甲飞行甲板的"大风"号虽然载机量不得不减少到50多架，相当于中型航母，但新开发

装备的部分新型舰载机弥补了攻击力下降的问题。改进后的"零"式舰载战斗机，马力提高10%，时速增加到350海里，还能挂一颗250公斤炸弹，适于执行俯冲轰炸、空战双重任务。"天山"式舰载鱼雷攻击机比九七式鱼雷机最大速度提高25%，达到250海里，速度和续航力更比美军"复仇者"式鱼雷机先进得多。"彗星"式舰载俯冲轰炸机比99式俯冲轰炸机机体强度更抗耐大角度俯冲，时速提高35%，增至300海里。在这些新兵器加盟的情况下，加之在过去一年多古贺司令长官一直将航空母舰深居简出，不轻易出动，联合舰队迅速组建了与第58特混舰队数量上相匹敌的第1机动部队，拥有大型航母3艘、中型航母2艘。轻型航母4艘，以及450架舰载机。为配合航母舰队执行"阿号作战"计划，联合舰队还为各航空基地补充了1000多架岸基飞机，编成第1航空舰队协调统一行动，在消灭美第58特混舰队之前，尽量避免同美陆军航空队交战，以保存实力。日本海军的意图是，一旦美第58航母特混舰队主攻方向确定后，首先集中岸基航空兵进行突击，至少消灭敌1/3的兵力，然后第

一机动部队赶到迎敌决战，一举歼灭美舰队。

古贺司令长官的联合舰队司令部遭美第58特混舰队的狂轰滥炸。被驱逐出特鲁克后，他一面命令航空母舰部队分散在新加坡林加基地及日本本土领海基地加紧作战训练，一面将联合舰队司令部及一部分水面舰艇移驻西加罗林群岛的帛琉群岛（今贝劳群岛）。但是好景不长，第58特混舰队紧追不放，3月30日开始连续两天空袭帛琉群岛，击沉日军驱逐舰2艘和运输船12艘，击落几乎所有的近150架飞机，并使帛琉的海军基地成了无法停泊军舰的废港。就在古贺准备继续向西转移司令部，飞往菲律宾棉兰老岛南部达沃港途中，他乘坐的水上飞机因突然遇到暴风雨而坠毁，一场决定性大海战之前，联合舰队再次失去了他们的司令长官。

1944年4月中旬开始，美第58特混舰队再次出击，支援沿新几内亚岛北海岸西进的麦克阿瑟的西南太平洋部队，在夺取北部重港荷兰第亚（今查亚普拉）后，陆续向伊里安湾发动了猛攻。盟军在新几内亚方面的强大攻势，使继任联合舰队司令长官的丰田

副武海军上将错误地判断同美军决一胜负的大海战将在新几内亚北部的西南太平洋海域展开。5月3日，按照"阿号作战"计划，他下令从马里亚纳群岛、加罗林群岛等地抽出大部分岸基航空兵向南集中，并命令在新加坡和本土的航母部队迅速向塔威塔威集结。他选中塔威塔威作为集结地，是因为它位于菲律宾群岛与婆罗洲之间的苏禄群岛，不仅便于向决战海域出击，而且不必依靠屡遭潜艇袭击破坏的海上交通线来补给十分短缺的燃料，婆罗洲的高纯度挥发性原油，不经冶炼就可供军舰锅炉直接使用。但是到了塔威塔威以后，飞行训练几乎不得不停止，因为岛上没有机场，航母出海训练又频频受到盟军众多潜艇的跟踪和袭击，而且由于正好处于赤道无风带内，舰载机起降都十分困难。尽管如此，急于想挽回败局的日军首脑已顾不得飞行员的技术问题了。

他们已决心要把这些平均只有270个飞行小时、起降都不很熟练的飞行员投入到未来的航空大决战中，去同平均飞行小时达520小时、疲劳时又有换班机组的美军飞行员作一番殊死的搏斗。

无限的焦躁情绪笼罩着停泊在

塔威塔威的日本海军第1机动部队。每天黄昏，在旗舰"大风"号航母上都有一支军乐队在演奏。嘹亮的进行曲和75毫米的钢铁甲板能给即将出征的海军官兵带来征战的信心吗？

攻击"太平洋防波堤"

美国海军太平洋舰队司令尼米兹海军上将决定第5舰队向马里亚纳群岛进军的出发日为1944年6月6日，同一天，盟军横渡英吉利海峡，在法国实施诺曼底登陆，突破了德军的内防线。马里亚纳群岛也恰好是日军内防线的关键性链环，是保护日本本土极为重要的南部屏障。盟军攻占了马里亚纳，就可以开辟其南部的关岛、塞班岛、提尼安岛等几个大岛作为前进基地，并能从此反攻菲律宾，或经小笠原群岛直接进击日本本土。由于其重要的战略位置，日本人视马里亚纳群岛为"太平洋防波堤"。

6月6日，第5舰队司令斯普鲁恩斯海军上将以"印第安纳波利斯"号重巡洋舰为旗舰，米彻尔海军中将乘坐"列克星教"号航空母舰，率领第58特混舰队从马绍尔群岛出发向西北航进。在特混舰队之后，有一支两栖作战编队跟进，它由535艘舰船组成，

运送12.7万余名陆战队员和陆军部队，他们的主攻目标先是塞班岛和提尼安岛，后是关岛。在第5舰队航渡期间，马绍尔群岛和西南太平洋战区的陆军航空队对加罗林群岛的日军基地反复实施轰炸，以便牵制和削弱日军航空兵力。6月11日，第58特混舰队刚一驶抵关岛以东200海里的海域，米彻尔海军中将就令其战斗机和轰炸机起飞，空袭南马里亚纳群岛日军事基地。突袭完全出乎日军的意料，日军大部分飞机已被调往增援新几内亚作战，驻岛岸基航空兵没能进行有力的抵抗，不仅损失了100架飞机，而且机场。防空设施和对岸防御的发射阵地都遭到了严重破坏，美军舰载机获得了塞班岛上的绝对制空权。连续几天猛烈的航空火力和舰炮火力准备，为6月15日塞班岛登陆铺平了道路。

美军的狂轰滥炸给了丰田司令长官当头棒喝，使他从在西南太平洋海域进行大海战的一厢情愿中清醒过来。他立即下令中止支援新几内亚作战，命令第1机动部队实施"阿号作战"，向马里亚纳群岛出击。6月13日，第1机动部队司令长官小泽治三郎海军中将亲率大小航空母舰9艘从

塔威塔威出发，6月16日在菲律宾东部海域，与增援新几内亚方向急速赶回的战列舰、巡洋舰部队会合。

如果日军事先查明美军的作战企图，不是匆匆忙忙地赶往马里亚纳决战海域，而是在美舰队到达之前，隐蔽地将其全部航空母舰集结到马里亚纳群岛海域，那么中途岛海战的情况可能会再次出现，不过这次获胜的将是小泽的第1机动部队。然而，此时已是1944年6月，美军的侦察能力与战争初期相比已不可同日而语，"小银鱼"、"飞鱼"、"海马"等几艘潜艇不断地向斯普鲁恩斯报告小泽舰队的出航情况、舰队编成、航向及最新位置情报。根据这些情报，斯普鲁恩斯判断一场大海战已经迫在眉睫。6月15日清晨塞班岛登陆开始后，他下令推迟原定于18日实施的关岛登陆作战，从塞班岛两栖登陆部队中抽出8艘巡洋舰和21艘驱逐舰调归第58特混舰队。在精确计算小泽舰队的前进速度后，他命令克拉克海军少将率领两个航母特混大队在三天内完成北上袭击硫黄岛和关岛的任务。6月15日、16日，克拉克的二个特混大队共击毁日军岸基飞机130多架，并破坏了机场，

消除了小泽舰队可能与硫黄岛岸基航空兵协同夹击第58特混舰队的威胁。

6月18日中午，米彻尔海军中将的第58特混舰队向西驶入塞班岛西南部海面。新编成的水面舰艇特混大队由李海军中将指挥，位于最西侧，准备随时投入可能发生的舰炮大战，辖有新式快速战列舰7艘、重巡洋舰4艘。驱逐舰14艘；在李海军中将编队的东北方向至东南方向，依次是第4航母特混大队、第1航母特混大队、第3舰母特混大队和第二舰母特混大队。第1航母特混大队由克拉克海军少将指挥，辖有"大黄蜂"号、"约克城"号两艘大型航母。2艘轻型航母，重巡洋舰3艘、轻巡洋舰2艘，驱逐舰1艘。第2航母特混大队由蒙哥马利海军少将指挥，辖有"邦克山"号、"黄蜂"号2艘大型航母、2艘轻型航母，3艘轻巡洋舰，12艘驱逐舰。第3舰母特混大队由里夫斯海军少将指挥，编有"企业"号、"列克星敦"号两艘大型航母、2艘轻型航母、1艘重巡洋舰。4艘轻巡洋舰，13艘驱逐舰。第4航母特混大队由哈里尔海军少将指挥，编有"埃塞克斯"号大型航母1艘、2艘轻型航母、1

最新整理图文珍藏版

艘重巡洋舰、2 艘轻巡洋舰、14 艘驱逐舰。第 58 特混舰队 5 个特混大队的舰只均呈环形队形，为便于机动，每个大队相距 12～15 海里，各航空母舰与风向成 90 度角摆开，以便随时转向西顶风让飞机起飞，向东顺风收回飞机。由大型航母 7 艘、轻型航母 8 艘、战列舰 7 艘、重轻巡洋舰 21 艘、驱逐舰 69 艘。舰载机 956 架组成的美太平洋海军第 5 舰队第 58 特混舰队已完成了临战准备。

6 月 18 日下午，吸取中途岛战败教训的小泽司令长官毫不吝惜地将舰队全部的 42 架水上侦察机撒向西部海空，果然数次发现美第 58 特混舰队正在塞班岛以西约 200 海里的海域活动。小泽立即开始调整部置，准备第二天进行攻击。由栗田海军中将指挥的前卫编队分为 3 个大队，各大队分别以 1 艘轻型航母，即"千岁"号、"瑞凤"号为中心排成环形队形，大部队大型水面舰艇，包括"大和"号、"武藏"号、"金刚"号、"榛名"号四艘战列舰，8 艘重巡洋舰，7 艘驱逐舰都编在栗田的前卫编队。小泽直接指挥的机动部队主力，在前卫编队后面 100 海里跟进，分为 2 个大队，也以航母为

中心排成环形。第 1 大队编有旗舰"大凤"号、"翔鹤"号。"瑞鹤"号三艘大型航母，以及 3 艘巡洋舰，6 艘驱逐舰。第 2 大队编有"隼鹰"、"飞鹰"两艘中型航母，"龙凤"号轻型航母，1 艘战列舰，1 艘巡洋舰，5 艘驱逐舰。其后还有一支油船、运输船等组成的远洋补给部队。日本海军的 5 艘大中型航母、4 艘轻型航母。5 艘战列舰、13 艘巡洋舰、28 艘驱逐舰以及 430 架舰载机在小泽海军中将的率领下，经过 5 昼夜的长途跋涉，已完成了临战布阵，劈波斩浪、气势汹汹地杀向已是血火如荼的塞班岛战场。

情况对米彻尔的第 58 特混舰队甚为不利。日本海军舰载机没有重装甲和自密式油箱，战斗行动半径可达 300 海里以上，而美机的战斗行动半径仅 200 海里。入夜后收到"小泽舰队在己方西南偏西 355 海里位置"报告的米彻尔，认为应该改变在待机迎敌期间，舰队昼间西进、夜间东撤，以保护塞班岛登陆编队免遭敌夜袭的预定计划，为达成在次日晨首先对日航母舰队发起攻击的作战目的，第 58 特混舰队应利用天亮前的几个小时继续向西航进，

世界通史

最新整理图文珍藏版

以期接近到美机必要的攻击距离。米彻尔担心，若拂晓后再西进，就会贻误战机，因为舰载机起飞时，航母必须迎风向东航行，导致敌我之间距离加大，而这正是小泽舰队求之不得的。米彻尔星夜西进的作战意图报告斯普鲁恩斯之后，"印第安那波利斯"号旗舰的作战室里立即展开了紧张的讨论，午夜过后，斯普鲁恩斯向米彻尔复电：不能采纳你的建议，攻击与防守塞班岛、提尼安岛和关岛是我们的首要任务。斯普鲁恩斯认为，美军侦察机直至这时还未捕捉到日本舰队，而珍珠港无线电方位测定站所提供的敌舰队位置报告与潜艇的报告又有较大出入，因此小泽舰队的准确位置尚不清楚。鉴于日军在海战中惯用翼侧突击战术迂回到掩护兵力的背后去袭击两栖登陆编队，斯普鲁恩斯决定第58特混舰队必须首先确保塞班岛登陆地域的绝对安全，虽然他内心同米彻尔一样，迫切希望对小泽舰队予以毁灭性打击。这一决定当然令米彻尔及他手下的航母特混大队指挥官们十分不满，他们不理解斯普鲁恩斯司令竟然会把拥有强大航空兵力的第58特混舰队当作一支"要塞舰队"来部署。

马里亚纳决战

1944年6月19日清晨，通宵东撤的第58特混舰队位于塞班岛西南90海里、关岛西北90海里的海域，随后开始转向，航向西南。经过拂晓时分的一场小规模空战，美军舰载机消灭了最后一批来自关岛机场的30多架日军轰炸机和攻击机，至此，"阿号作战"要求岸基航空兵配合小泽机动部队作战的计划全部落空。

"发现敌舰队！"小泽司令部内顿时一阵欢呼。美第58特混舰队与栗田前卫编队相距300海里，与小泽的航母主力相距400海里，这正是小泽梦寐以求的理想打击距离，在美舰载机作战半径之外，日机终于抓住了抢先攻击的绝好战机。只要令美军航母的木质飞行甲板中上炸弹，即使只命中一颗，就能破坏敌舰载机的起飞和降落。更不用说威力更大的鱼雷了。"大凤"号旗舰桅杆上再次升起奇袭珍珠港时南云机动部队所挂的Z字作战旗。联合舰队司令长官丰田海军上将也发来了训示："皇国兴亡，在此一举，全体官兵尽须努力奋战！"30多年前，东乡平八郎司令长官就是用这句话来激励即将同沙皇俄国舰队决战的官兵斗志的。

6月19日7时25分，第一攻

击波从栗田前卫编队的 3 艘轻型舰母上迎风起飞，14 架"零"式战斗机、43 架"零"式战斗轰炸机、7 架"天山"式鱼雷攻击机共 64 架舰载机组成的突击机群在 6000 米高空向东直扑过去。2 个多小时以后，美军雷达发现了从西面飞来的日机，距离 150 海里。米彻尔命令每一架可以起飞作战的"恶妇"式战斗机起飞，截击日本飞机。地勤人员在航空母舰整个飞行甲板上立刻忙碌起来，蓝衣蓝帽的机械员、黄衣黄帽的滑行信号员、绿衣绿帽的拦阻挂钩员、紫衣紫帽的轮挡员以及红衣红帽的消防员各自散开，准备飞机起飞。飞行员们跨进各自飞机的座舱，身大体魁的"恶妇"在马达的阵阵轰鸣声中腾空而起，在作战情报中心的引导下扑向目标。为了腾出飞行甲板让战斗机降落、加油和补充弹药，鱼雷机和俯冲轰炸机也全部起飞，在特混舰队东侧上空待机。约 450 余架"恶妇"式战斗机组成的机群在离第 58 航母特混舰队 70 海里空域，遭遇日军第一攻击波。"恶妇"式战斗机抢先升入高空，飞行员们紧紧扣住 6 门 12.7 毫米航炮的射击按柄，用瞄准镜对准敌机，居高临下朝着下方稀稀落落

的 64 架日机俯冲。"埃塞克斯"号战斗机中队长布鲁尔海军中校首次点射就让一架"零"式开了花，在这架日机的破片掉入海面之前，布鲁尔又紧紧咬住了另一架"零"式战斗机。日军舰载机像树叶一样哗哗地往下落，数架侥幸未被击落的日机飞临李海军中将的战列舰编队，舰队顿时巨炮齐鸣，装有近爆引信的空爆炮弹立刻将中太平洋的碧海染成了黑色。总算有一架"零"式战斗轰炸机在被击落前，将一颗 250 公斤航弹扔在"南达科他"号战列舰上，但战列舰的战斗力丝毫没有被减弱。日机第一攻击波仅有 26 架飞机返回母舰，而美军只损失了 1 架飞机。

第一攻击波出发后半小时，48 架"零"式战斗机、13 架"彗星"式俯冲轰炸机和 27 架"天山"式鱼雷攻击机在 2 架搜索机的引导下，组成了更大规模的第 2 攻击波，它们从"大凤"号、"翔鹤"号。"瑞鹤"号航母升空后，成编队向东进击，很明显，这个日机群的指挥官从无指挥大编队作战的经验，竟带领机群朝栗田前卫编队的上空飞去，造成海面上的战列舰、巡洋舰开炮误伤了己方的 6 架飞机。10 时 40 分，

"猎杀马里亚纳火鸡"式的空战开始了，美军飞行大队长麦坎普贝尔海军中校身先士卒，第2次投入战斗，他一次次冲入"彗星"俯冲轰炸机队列，一举击落4架，直至把炮弹打光。"恶妇"式战斗机占据了绝对优势，只要有一架日机企图带领几架飞机冲出队列，"恶妇"式战斗机飞行员就会像牧童那样，把它们重新赶回机群里，防止日机散开。"嗨，这真像古代捕杀火鸡啊！"一位飞行员欣喜若狂地叫起来，无线电里充满了乱哄哄的狂叫和咒骂声，警告和鼓励战友的喊声。大约有20余架日机顽强地突破了"恶妇"式战斗机的重重包围，但是刚一接近战列舰群就被防空火网收拾了。两架"天山"式鱼雷攻击机勇猛地扑向美环形舰阵的中心，即李海军中将的旗舰"印第安纳"号战列舰，对准其巨大的舰身射了鱼雷后，随即便被炮火撕成了碎片，日机飞行员至死都未看见两条鱼雷均偏离了目标。就在这同一时刻，又一架"天山"式突入"印第安纳"号右舷，但是未能投下鱼雷就被击中起火，燃烧的日军攻击机带着桔黄色火焰猛然撞向战列舰舷侧，炸裂的飞机破片击中了正好在附近甲板上的5名舰员，"印第安纳"号右舷留下了重重的擦痕。11时50分，6架日军"彗星"式舰载俯冲轰炸机突破被美军战斗机封锁的空战区域，向西扑向蒙哥马利海军少将的第2航母特混大队，其中4架对"黄蜂"号航母扔下4颗炸弹，均未直接命中，只有1颗炸弹在"黄蜂"号上方爆炸，引燃了飞行甲板上的一些燃烧弹，造成一场小火灾。另外两架向"邦克山"号航母急剧俯冲，投下了两颗近失弹。炸弹在水中爆炸，弹片击穿了飞机升降机和附近的舰体，引起几处火灾，但立刻被扑灭了。日第二攻击波的128架舰载机损失非常惨重，只有28架飞机返回了母舰。

第2攻击波离舰半小时以后，虽然日军第1机动部队第2大队的"鹰隼"号、"龙凤"号出动引架舰载机组成了第3攻击波，但由于飞行员大多训练不足，造成迷航，只有13架"零"式战斗机、9架"零"式战斗轰炸机和9架"天山"鱼雷攻击队形成了攻击力量。惟一的战果是在"埃塞克斯"号航母90米处投下一颗近失弹，自己却反而丢了几架飞机。

正当日军第2攻击波的舰载机一架一架飞去与美舰队较量时，它们的母舰也快大祸临头了。站在甲板上挥手向舰载机告别的水兵突然惊恐地发现一架潜望镜在汹涌的海面上划开"人"字形浪尾，向"大风"号逼近，并不失时机地在右舷前方5000多米处采用大扇面射击角度，接连发射了6条鱼雷。鱼雷吐着气泡，冒着一缕轻烟直奔"大风"号而来，只见最后一架飞出甲板的彗星式俯冲轰炸机一个右急拐弯，俯下机头冲向飞蹿而来的鱼雷，企图将鱼雷撞爆，可是奇迹终归没有发生。眼看高速航进的"大风"号将5条鱼雷都甩到了舰后，但是终没能躲过射向舰首的第6条鱼雷，鱼雷无情地将右舷前部升降机处炸开一个大洞。"大风"号不愧是集日本海军造船精粹的装甲航母，右舷大洞被舰员们用饭桌、木板等堵住后又恢复了战斗航行。但不久，婆罗洲的高挥发性原油帮了美军的大忙，鱼雷爆炸后造成前部燃料舱和加油管道破损，大量刺激性有毒燃油蒸汽开始弥漫整个"大风"号。下午2时30分，中雷后又坚持了6个多小时的"大风"号终于发生了惊天动地的大爆炸，继而舰内全部停电，火势越烧越旺，装甲飞行甲板上下弯曲，严重变形，小泽司令长官不得不下令弃舰转移，将舰队

司令部移至"羽黑"号重巡洋舰。不一会儿，"大风"号便悄然消失在海底。

祸不单行，从菲律宾海域一直尾随跟踪小泽舰队而来的美军潜艇"刺鳍"号，继"大青花鱼"号击中"大风"号后，盯上了日本"翔鹤"号航空母舰。"翔鹤"号能载机96架，是参加过奇袭珍珠港及珊瑚海海战的老舰。负责保护这艘航母的日军驱逐舰装备的水下声纳装置十分落后，碰上这样大规模的舰队机动作战，根本捕捉不到美军潜艇移动时微小的声波变化。"速来领取战斗口粮！"已是接近中午，"翔鹤"号喇叭开始提醒忙碌的舰员们。突然，广播员的声音陡然变得急促而不安："反潜警戒！"可是已经来不及了，"刺鳍"号在右舷前方只有1500米处射出了鱼雷，海面上立刻出现6条白色航迹，直驱"翔鹤"号。3条鱼雷直接命中右舷，巨爆声此起彼伏，海水大量涌入舰体，舰体严重失去平衡，2小时后，1271名舰员和飞行员随同"翔鹤"号一同葬身于马里亚纳海。战功卓著的"刺鳍"号也不轻松，日军驱逐舰对它进行了长达3个小时的追击，投放了105颗深水炸弹。走运的美国潜艇只是负了点轻伤，好歹逃到了已被占领的

塞班岛海岸。

"翔鹤"号、"大凤"号中弹后，小泽依然组织起第4攻击波，82架舰载机分别从舰队剩下的"瑞鹤"、"隼鹰"、"飞鹰"、"龙凤"号上出发。但是，日机都未能直接找到美舰位置。一队已准备飞向罗塔岛的日机途中碰巧发现了正在回收飞机的"大黄蜂"号和"邦克山"号，觉得有机可乘，可结果只有一颗炸弹命中，给"邦克山"号造成轻微损伤，而机群则大部被歼。另一队失去目标的日机扔掉炸弹后，准备在关岛机场弹痕累累的跑道上强行着陆，却被"恶妇"式战斗机逮住机会，49架舰载机30架被击落，其余全部毁伤。

6月19日的海空大战告一段落，转移到"羽黑"号重巡洋舰上的小泽司令长官起初听信返航飞行员夸大其辞的报告，确信第58特混舰队已经受到重创，遂命令第二天黎明时分再度实施航空突击，以求决战。当他查明430架舰载机只剩下了100架时，才意识到自己损失惨重，而且取得的战果也并非那么令人乐观。当天夜晚，小泽决定机动部队暂向西北方向撤退，准备边补给燃料边休整，拟在22日再与美舰队决一死战。

大获全胜

当第58特混舰队收回最后一架"猎取火鸡"的舰载机时，天色已黑。斯普鲁恩斯海军上将如释重负，确信日军舰载机已被击溃，遭敌侧背攻击的威胁也解除了。于是，他通知米彻尔作好追击日机动部队的准备。米彻尔留下哈里尔的第4航母特混大队继续掩护塞班岛和封锁关岛，自己则亲率其他3个特混大队彻夜向南偏西航进。由于对日舰队位置判断失误，因此尽管美军舰队的航速比小泽舰队快5节，但是双方之间的距离并没有缩短。20日上午派出去的侦察机还是没有发现逃跑的小泽舰队，为保障侦察机的起飞和降落，航母不得不数次转向，迎着东风航进，这也耽误了追击日军的速度。

20日下午4时许，第58特混舰队终于等来了盼望已久的报告。一架巡逻机发现，日本机动部队正在第58特混舰队西北偏西220海里以20节航速向西退却。米彻尔陷入了进退两难之中：若命令舰载机飞这样远的距离去实施攻击，不能保证他们一定能完成任务，况且返航时已是黑夜，飞行员必须在暗夜中着舰，而绝大多数飞行员都没有受过夜间降落的训练；但是如果等到第二天天亮，必然要失掉摧毁敌舰队的最后机会。"飞机起飞！"沉默寡言的米彻尔海军中将别无选择了，平素有着慈父般心肠、尽量避免派遣飞行员执行冒险任务的他，果断地下达了命令。各航空母舰飞行员待机室内鸦雀无声，飞行员屏住呼吸看着他们的指挥官用6英寸的大字把米彻尔的命令用粉笔写在黑板上："攻击敌航空母舰！"不到10分钟，三个特混大队的11艘航空母舰上，84架"恶妇"式战斗机、54架"复仇者"式鱼雷攻击机。51架新式SB2C俯冲轰炸机、26架"无畏"式SBD俯冲轰炸机，共215架舰载机腾空而起，直追小泽舰队而去。

"大和"号战列舰的大型雷达迅速报告了美军机群从东方袭来的可怕消息。小泽的主力舰队加速到24节，不得不扔下了4艘泊船和为它们护航的3艘驱逐舰。日第1特混大队、第2特混大队和第3特混大队最后34架"零"式战斗机临危受命，去迎战优势之敌。轰炸机和鱼雷机也起飞远离了舰队上空，以减少母舰挨炸时的损失。此时太阳已经西沉，正在慢慢接近水平线，再过20分

钟，日本舰队就能躲藏在黑暗之中。

"首先攻击日军航空母舰！"美机群指挥官迫不及待地大声命令道，迅速摆脱最后几架"零"式战斗机纠缠的美机群在夕阳的余光下发起了冲锋。十几架俯冲轰炸机从3000米高空轮番向"飞鹰"号中型航母俯冲投弹，一颗炸弹在舰桥上方爆炸，炸裂的弹片彻底摧毁了作战指挥所和防空指挥所，随后4架"复仇者"鱼雷机结队向其右前方旅回，"飞鹰"号急速躲避并展开猛烈反击，乔治·布朗海军中尉的机翼被打飞了，报务员和炮手不得不跳伞逃生，但身负重伤的布朗中尉仍顽强地驾驶着冒着火光的"复仇者"发射鱼雷，一举命中"飞鹰"号右舷机舱，婆罗洲原油的挥发性油气和爆炸性瓦斯立即燃起凶猛的大火，"飞鹰"号不久就舰首朝天，开始下沉，而布朗中尉和他的已经不堪驾驶的座机也没有回到他的母舰。"瑞鹤"号大型航母、"隼鹰"号中型航母、"千代田"号轻型航母虽然加足马力闪避逃跑，但仍被击中数枚炸弹，受到重创。

天很快就黑了下来，损失了20架舰载机的空袭机群在投光炸

弹和鱼雷后开始返航。一些轰炸机和鱼雷机的油量表已经远远低于满载量的一半，几架损伤严重的舰载机首先坠入大海，接着那些不注意节约汽油的飞行员也随着飞机掉入大海。一个舰载机分队通过无线电约定，待燃料耗尽后一同降落在海面上。晚上8时，已一片漆黑，返航的第一批飞机即将临空，一直全速西进的航空母舰转而向东迎风航进，准备回收飞机。

返航的飞机在特混舰队上空盘旋，只有个别技术娴熟的飞行员或者运气极佳的飞行员在黑暗的甲板上顺利降落，大多数飞行员则连航空母舰和大型军舰都辨认不清，有些飞机只好在茫茫夜海中迫降，有些飞机则喘着粗气，发动机发出燃油耗尽时那种劈劈啪啪的响声。米彻尔坐在"列克星敦"号航空母舰作战室里，默默地吸着烟，凝神沉思，假如他解除特混舰队的灯火管制，可能会暴露目标，受到日军潜艇和航空兵的袭击。然而米彻尔更清楚，航空母舰如果失去了舰载机和飞行员，它就不再是锐利的武器，只能是累赘。大家的眼睛都集中在他们的司令身上，米彻尔转过身来，坚决地命令他

的参谋长阿利·伯克海军上校："开灯！"

航空母舰全部打开了红色桅顶灯，飞行甲板上灯火辉煌，探照灯光柱刺破了夜空，有的军舰还发射了信号弹，令一些飞行员兴奋地感到"好莱坞的彩排、中国的春节和美国独立纪念日赶到一起了"。飞机被命令可在任何一艘航母上降落。有一名飞行员着急得竟不顾"列克星敦"号发出的等待着航的信号，硬是向舰上降落。结果与刚刚降停的6架飞机相撞。有两架飞机争先恐后地在"邦克山"号上降落，造成相互冲撞。甚至有一架飞机把驱逐舰的桅顶灯当作引导员发出的降落信号，干脆利落地降落在驱逐舰旁边的海上。22时30分，因着舰损失了80余架飞机的第58特混舰队又启程向黄昏追击战的战场方向驶去，当夜和次日一整天都是沿着飞机返航的航线搜索前进，驱逐舰和水上飞机救起了许多落水飞行员。

美舰为援救飞行员不得不低速航行，而小泽舰队是全速撤退，经过6月21日一整天的航行，斯普鲁恩斯下令第5舰队停止追击，向东返航。至此，太平洋战争中的最大一场航空母舰大决战——马里亚

纳大海战拉上了帷幕，美第58特混舰队大获全胜。

尽管战后对美第58特混舰队没有全歼日本航母舰队，6月18日夜晚斯普鲁恩斯为掩护登陆地域没能西进、抓住抢先攻击敌航母的战机等等战术问题意见不一，但马里亚纳的大海战仍不失为一场意义重大、战果辉煌的大海战。日航空母舰被击沉3艘，受伤3艘，舰载机430架只残存下70余架。从此以后，以航空母舰和海军航空兵为主力的日本海军不再是太平洋战场上的劲旅。第58特混舰队在马里亚纳大海战中的巨大胜利，有力地支援了塞班岛登陆作战。同时，这一胜利也减轻了麦克阿瑟的西南太平洋部队沿新几内亚－棉兰老岛轴线夺回菲律宾的作战压力。

巴基斯坦独立

律师生涯

1876年12月25日，穆罕默德·阿里·真纳在卡拉奇市一个商人的家庭出生。真纳小时候结识了一位在卡拉奇当经纪人的英国人，他们几乎成了忘年之交。真纳中学毕业后，这个英国人帮助他进入了英国伦敦林肯律师学院攻读法律专业。天赋很高的真纳，在这里学习异常刻苦，他在不到两年的时间里就学完了全部课程。1896年，二十岁的真纳取得了高级律师资格。

真纳取得律师资格证后，并没有在英国谋职，他在去英国学习之初就没有打算留在那里。他很快收拾行李返回故乡，然后到孟买创办了一家律师事务所。在这里，真纳充分发挥了他非凡的辩才，而且渊博的学识也让他在犀利的话语中含有不可辩驳的力量。当时，只要他掌握了案情，并决定为其辩护时，就很少有人能辩论过他。有些时候，法官还要接受他尖锐的反驳。

在一次开庭中，一位法官非常轻蔑地对他说："真纳先生，请

年轻时的穆罕默德·阿里·真纳

世界通史

最新整理图文珍藏版

你说话大声点，我们总不能伸长耳朵去听吧？"

真纳立刻回答："我是一名律师，不是演员！"

过了一会儿，那位法官又用同样的语气提出了相同的问题，真纳立即回敬道："法官先生，请把您面前那堆将要堵住您视线的书挪开，这样就会听到了。"

投身政治

1906年，真纳结束了律师生涯，加入了印度国民大会党，从此开始了自己的政治生涯。

三年后，由于出色的表现，他取得了孟买伊斯兰教徒的信任，并当选为印度立法议会议员。1913年，他加入全印度穆斯林联盟，也就是"穆盟"，并于1924年成功当选为"穆盟"主席。但是，领导"穆盟"并不是一件简单的事。当时，印度还处于英国

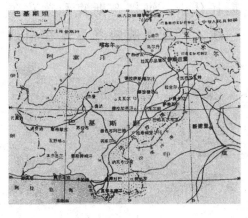

巴基斯坦地图

的殖民统治之下，宗教情况很复杂，东孟加拉的居民以信仰伊斯兰教为主，西孟加拉则以信仰印度教的居多。

两支宗教产生了很大的摩擦，积聚了大量的矛盾，经常会有大规模的宗教纷争发生。真纳在当选"穆盟"领导人之前，就坚决反对英国殖民统治，但要想实现印度独立，伊斯兰教必须和印度教联合起来。在第一次世界大战期间，真纳十分真诚地向伊斯兰教徒发出呼吁："我们应该埋葬我们的分歧，组成联合阵线！"在当上"穆盟"的主席后，真纳再次呼吁："英国统治印度就是因为印度教徒与伊斯兰教徒不能团结起来，只有印度教徒与伊斯兰教徒团结在一起，印度才有可能独立！"

然而，真纳的呼吁没有得到任何响应，两支宗教之间的矛盾仍然在加剧。真纳感到非常失望，他再次来到伦敦，重新拾回了自己的律师职业。后来，"穆盟"派人前往伦敦，竭力劝说真纳返回印度："人民非常需要你，所以你必须回去。只有你才能让穆斯林联盟获得新生！"真纳并没有完全抛弃"穆盟"，他开始在印度和伦敦之间穿梭。随后，真纳又被推举为"穆盟"的终身主席。

印巴实现分治

1935 年，英国国王批准了印度政府法，印度有十一个省开始享有自治权。听到消息后，真纳异常兴奋，他立刻返回印度，继续领导"穆盟"。但是，在国内大选中获得多数票的国大党，拒绝和"穆盟"合作，他们坚持由一党组织内阁。

真纳感到很失望，于是他决定建立自己独立的伊斯兰国家。1940 年 3 月，真纳主持的"穆盟"年会通过了《巴基斯坦决议》，要求建立独立的伊斯兰国家，将伊斯兰教徒聚居的省份脱离印度。这个决议很快得到了伊斯兰教徒大部分人的拥护，真纳理所当然地成为他们的领袖。

但反对真纳的组织也展开了各种破坏活动，并多次用死亡威胁真纳。真纳的信念丝毫没有动摇，他一直坚持争取建立巴基斯坦国。1942 年 2 月，英国政府宣布印度完全自治。此后不久，新任印度总督蒙巴顿又宣布了《印度独立法》，将印、巴实行分治。国大党与"穆盟"争执了多年的问题，终于得到了解决。1942 年 8 月 14 日，真纳在他出生的地方——卡拉奇宣誓就任巴基斯坦首任总督。

苏军的战略反攻

苏军于 1943 年在列宁格勒、斯大林格勒、北高加索、斯摩棱斯克、库尔斯克和第聂伯河左岸乌克兰地区进行的战斗，重创了德军的重要战略集团，歼灭了大量德军。夺取和巩固了战略主动权，战场形势发生了有利于苏军的根本变化。

苏军作战的胜利，使双方战线有了很大改变。在战线北段，苏军已突破了德军对列宁格勒的封锁，并在列宁格勒和诺夫哥罗德附近地区进攻德军北翼集团，同时牢固地坚守着卡累利阿地峡、南卡累利阿至北极圈内佩特萨莫地域的防线。在战线中段，苏军向西推进了 500 公里，前凸到普斯托什卡、维捷布斯克和莫孜尔一线，严重地威胁着盘踞在白俄

德装甲部队展开攻击

罗斯境内的德军集团。在战线南段，苏军西进了1300公里，前凸到基辅以西地域，并开始越过第聂伯河，抢占了一些具有战略意义的登陆场，从北面重重包围了德军整个南部集团。至此，苏军已解放了大约2/3的沦陷国土，极大地鼓舞了全体前苏联人民的反法西斯斗志。

苏军作战的胜利，使德军遭到严重损失，改变了双方的力量对比。1943年内，德军损失人员近400万，同时由于战线过长，补充又十分困难，因此到1944年初德军投入苏德战场的兵力已大大少于苏军。苏军兵力610万人，而德军只有490.6万人，苏军兵力已超过德军近25%。在武器装备方面，1943年德军损失火炮和

迫击炮4万多门、坦克和强击火炮2500多辆、飞机1.4万多架，而武器生产又远远落后于前苏联。1943年，前苏联人民以极大的爱国热情大力发展生产，经济实力大大加强，伏尔加河沿岸地区、乌拉尔山区和西伯利亚西部等几个主要军工基地的武器产生都大幅度增长。全国生产火炮13万门、迫击炮6.9万门、坦克和自行火炮2.4万辆、飞机3.5万架。而在同期内，德国只生产火炮和迫击炮7.35万门、坦克和强击火炮1.2万辆、飞机2.5万架。到1944年1月1日，苏军有火炮和迫击炮8.89万门，德军有5.4万多门；苏军有坦克和自行火炮4914辆，德军有5400辆；苏军有

德军主力在几天内占领布列斯特——里托夫斯克，继续向北推进。

苏军用缴获的德军榴弹炮猛烈轰击德军

飞机8500架，德军有3073架。到1944年初，除坦克和强击火炮德军还略占优势外，其他武器装备

苏军在数量上都大大超过德军。苏军大批装备了 T—34 型坦克，其性能已优于德军坦克。飞机性能也逐渐赶了上来。部队已大量装备雅克—3、雅克—9 和拉—7 等新型歼击机，被称为"黑死神"的伊尔—2 强击机亦优于德国同类飞机，波—2 俯冲轰炸机和杜—2 大航速轰炸机也有很大改进。喀秋莎火箭炮对敌人构成了更大威胁。因此，如果说 1943 年初苏德双方兵力兵器是势均力敌的话，那么那 1944 年初，苏军已占有明显的优势。苏军已有足够的兵力兵器实施大规模的进攻。

苏军作战的胜利，使全国军民增强了把法西斯寇彻底赶出前苏联领土的信心。苏军在长期的作战实践中，积累了指挥和作战经验，掌握了防御和进攻作战的有效方法，特别是在突破德军防御、合围其重兵集团、夜间作战和强渡江河等方面，都有了成功的经验，为苏军在 1944 年实施大规模的战略进攻，把德军全部赶出前苏联领土，创造了有利条件。

1944 年初的国际形势对苏军进攻也十分有利。盟军已经肃清了北非的德、意军队，控制了地中海和大西洋的局势，又在意大利南部登陆成功，并正在集结力量准备在西欧登陆，开辟第二战场。中国的抗日战争牵制了大量日军，敌后战场已展开了局部反攻。美、英军在太平洋战场上也使日军受到严重损失，削弱了日本的军事、经济实力。因此，日本已失去了进攻苏联的可能性。苏军解除了两线作战的后顾之忧，可集中力量对德作战。

德军在形势不利的情况下，已被迫转入战略防御来稳定战局。到 1944 年初，德军及其仆从军除坚守卡累利阿地峡以北防线外，还占领着苏联的列宁格勒州、加里宁州、波罗的海沿岸的爱沙尼亚、拉脱维亚和立陶宛，以及白俄罗斯、第聂伯河右岸乌克兰、克里木和摩尔达维亚等广大地区。德军统帅部决定，在战场北翼和中段扼守所占地区，以掩护通往德国的接近地。在南翼力图恢复第聂伯河沿岸的防御，阻止苏军向克里木和罗马尼亚推进，把苏德战争拖延下去。同时，积极准备力量对付美、英军队可能在西线发起的进攻。为此，德军统帅部将 198 个师又 6 个旅和仆从国军队的 38 个师又 18 个旅部署在苏德战场，将 64 个师又 1 个旅用于防御美、英军队在西线的进攻，把 38 个师又 2 个旅部署在意大利。

苏军最高统帅部在 1943 年底曾多次召开会议，研究如何利用有利形势发展胜利的问题。苏军总的企图是，在 1944 年把德军全部赶出前苏联领土，把战争推到国外进行，并迫使德国的仆从国退出战争。为此，苏军制定了集中兵力连续实施数个高速度、大规模的战略性进攻战役计划。于是，苏军从 1944 年 1 月中旬开始，便从北起巴伦支海南到黑海大约 45000 公里的战线上，连续对德军及其仆从军实施了 10 次歼灭性打击。这就是前苏联卫国战争中著名的"十次突击"。

苏军的 10 次突击是在 2 个战局中实施的。在 1944 年 1 月至 5 月的第一个战局中，苏军在战场的两翼实施了 3 次突击，目的是

削弱战场两翼的德军力量，为尔后在中部战场歼灭德军集团，顺利实施第二个战局创造有利条件。

斯大林的十大打击

经过 1943 年夏秋季的进攻性战役，苏军已收复沦陷领土的 2/3，取得对德国的战略优势。它的作战经验更加丰富，指挥艺术更为成熟，兵器装备威力更大，军队士气更为高涨。1944 年将是全线大规模追歼敌军，解放苏联全境的时候了。

一位母亲正同将要赴前线的儿子吻别

凭着大大优势于敌的兵力，工业生产的恢复和英美援助物资源源不断的供应，1944 年苏军一改上一年间歇进攻状态，在从巴伦支海到黑海的几千公里战线上，集中兵力主动选择出击地点，从一个地区到另一个地区连续不断实施相互联系的大规模进攻，使德军难以辨认苏军主攻方向，顾

苏联工业发展象征——世界上最大的电站大坝，也被红军撤退时炸毁。

此失彼，疲于奔命，无法喘息，唯有不断溃退。这一年苏军共实施了十次重大战略性进攻，史称斯大林式的"十大打击"。在这些攻击中，苏军的主要战术是采用钳形攻势，首先突破德军比较脆弱的两翼，然后包抄围歼中路主力，继而全线推进。

1944年1月，苏军在战线北端实施第一次打击。德军在苏军南北夹击下全线后撤到波罗的海沿岸，希特勒的"北方堡垒"彻底崩溃。1月27日，艰苦奋战900天的英雄之城列宁格勒在20响礼炮声中胜利解围。

第一次打击尚未结束，苏军又在第聂伯河发动规模更大的第二次打击，他们向西推进400公里，解放了第聂伯河西岸的乌克兰地区，进抵到苏联与罗马尼亚国境线普鲁特河。

紧接这次胜利的是苏军在克里米亚实施的第三次打击，苏军陆海空军协同作战，希特勒的不得后撤的命令只能给德军造成更大灾难。苏军相继解放敖德萨，收复塞瓦斯托波尔，终于在5月把敌人赶出克里米亚半岛。

经过上述三大打击，苏军已解放了3/4以上的被占国土，有些地方甚至到达或越过边境。5月

1日最高统帅斯大林发布命令，指出苏军的任务不能只限于把敌军驱逐出苏联国境，"必须跟踪这只受了伤的德国野兽，并把它打死在自己的洞穴里"，同时要解放波兰、捷克斯洛伐克以及处于德国铁蹄之下的西欧人民。在这一命令指导下，苏军借助英美已在诺曼底登陆，希特勒终于完全陷入两线作战的有利时机，发动了新的攻势。

被称为第四次打击的是6月10日到6月底苏军对芬兰展开的强大攻势，将芬兰军队赶回1940年苏芬划定的边界以西，迫使芬兰当局停战求和。

在苏芬战役进行的过程中，苏军于6月23日发动最著名的第五次打击，即白俄罗斯战役。此时盟军不仅在诺曼底站稳了脚跟，在意大利战场也进展顺利，德军四面受敌，为苏军发动这场攻势提供了有利条件。苏军投入140万兵力和14万游击队配合作战，从几处同时发动进攻，德军统帅部在慌乱中判断错误，把预备队中的80%的坦克和机械化师集中于苏联南部，造成中路空虚，使攻势凌厉的苏军得以于7月3日长驱直入明斯克，并乘胜向东普鲁士推进。与此同时苏军于7月24

日攻入卢布林，26日进抵维斯瓦河，第五次打击胜利结束。

为从战略上支援和配合白俄罗斯战役，7月中旬苏军发动第六次打击，进击西乌克兰。27日收复利沃夫和布列斯特—立托夫斯克，解放了西乌克兰，并强渡维斯瓦河，逼近喀尔巴阡山和捷克斯洛伐克边境。

8月中旬开始了针对罗马尼亚战线的第七次打击。23日罗马尼亚人民在罗共领导下武装起义，推翻安东尼斯库法西斯政权，建立新政府，立即宣布与同盟国媾和并向德国开战。30日苏军占领重要石油工业城市普洛耶什蒂，切断了德军最重要的汽油的供应。31日布加勒斯特获得解放。与此同时，苏军进逼保加利亚边境，迫使保加利亚退出战争。9月底，保加利亚人民在苏军协助下解放全国。

苏军乘胜前进，于9月～12月连续进行三次打击。第八次，把德军赶出整个爱沙尼亚和大部分拉脱维亚领土，并使芬兰对德宣战。第九次，苏军进入匈牙利大平原，包围首都布达佩斯，并进入捷克斯洛伐克和南斯拉夫，与铁托的游击队会师，11月10日解放首都贝尔格莱德。第十次再

击芬兰，并把德军打到挪威境内。

1944年苏德战场的大反攻，共歼敌138个师160万人，击毁或缴获坦克6700辆，飞机1.2万架，大炮2.8万门，收复了几乎全部国土，并协同各国反法西斯武装力量，把德军驱出部分东欧国家，为最后打败纳粹德国奠定了坚实基础。

第一次突击

1944年1月14日至3月1日，苏军在列宁格勒和诺夫哥罗德附近实施了第一次突击。这次突击也称列宁格勒—诺夫哥罗德战役。

苏军虽然在1943年突破了德军对列宁格勒的封锁，打开了一条通往内陆的通道，但是并没有完全解除德军对列宁格勒的威胁，城区和通往内地的狭窄通道仍遭德军炮击，这座前苏联的第二大城市仍然有被德军重新封锁围困的危险。

德军统帅部判断，苏军在1943年取得胜利的基础上，必将迅速在列宁格勒和诺夫哥罗德地区发动进攻，因此命令"北方"集团军群（司令屈希勒元帅）不惜任何代价坚守这一地区，以保障德国舰队在波罗的海自由行动，保证德国同瑞典与芬兰的联系畅

通，保持德军对列宁格勒和整个苏军北翼的威胁。德军"北方"集团军群，辖第十八、第十六集团军，1944年1月上半月兵力为48个师（含野战航空兵师、警卫师、教导师）又5个旅和1个集群（17个营），共74.1万人，有火炮和迫击炮1万余门、坦克和强击火炮385辆、飞机370架。德军利用围困列宁格勒27个月的时间，构筑了大纵深配置的永备工事，企图长期坚守。

为了彻底解除德军对列宁格勒的威胁，歼灭战场北翼的法西斯行军集团，苏军最高统帅部决定以列宁格勒方面军（司令员戈沃罗夫大将）和沃尔霍夫方面军（司令员麦列茨科夫大将），与波罗的海沿岸第二方面军（司令员波波夫大将）协同，在波罗的海舰队（司令员特里布茨海军上将）

德炮兵击中一民房后，狂喜欢呼。

和远程航空兵（司令员戈洛瓦诺夫空军元帅）的配合支援下，对德军"北方"集团军群展开强大进攻。苏军3个方面军辖8个集团军，步兵比敌人多0.7倍，火炮和迫击炮多1倍，坦克和自行火炮多3.1倍，作战飞机多2.7倍。在整个战役实施过程中，3个方面军还可得到波罗的海舰队和远程航空兵的火力支援。此外，还有游击兵团13个旅共3.5万人也参加了这次战役。

1月14日开始，列宁格勒方面军和沃尔霍夫方面军在波罗的海舰队和远程航空兵的支援下，首先在列宁格勒南、西南和诺夫哥罗德西、西南方对备第十八集团军实施翼侧突击，歼灭其翼侧集团，为尔后向纳尔瓦和卢加两个方向发起进攻，歼灭该集团军主力创造条件。由于波罗的海沿岸第二方面军在德第十六集团军当面实施了牵制性进攻，从而保障了列宁格勒方面军和沃尔霍夫方面军顺利地完成了预定的任务。1月20日，列宁格勒方面军进至红村、罗普沙，沃尔霍夫方面军解放了诺夫哥罗德。至1月30日，列宁格勒方面军推进60至100公里，前凸到卢加河地区。沃尔霍夫方面军推进50至80公里，肃清了诺夫哥罗德附近的德军。

从1月31日开始，列宁格勒方面军和沃尔霍夫方面军向纳尔瓦和卢加两个方向发起进攻。2月3日，列宁格勒方面军前凸到纳尔瓦河及楚德湖东岸，并在纳尔瓦河西岸夺取了登陆场，开始进入爱沙尼亚境内，2月13日攻占卢加，向前推进100至120公里。德军第十八集团军的失败，使第十六集团军的翼侧和后方受到威胁而被迫向西撤退。这时，战线大大缩短，因此苏军撤销了沃尔霍夫方面军。2月16日，列宁格勒方面军和波罗的海沿岸第二方面军开始追击退却的德军。到2月底，苏军攻打到普斯科夫、新尔热夫和普斯托什卡一线。至此，第一次突击结束。

第一次突击的结果，全歼德军3个师，击溃23个师。苏军西

苏德战争期间，莫斯科学校的孩子们在地下隐蔽处就餐。

进220至280公里，使列宁格勒从德军的长期围困中彻底解脱出来。苏军解放了列宁格勒州和加里宁州的部分土地，为尔后解放波罗的海沿岸地区创造了条件。

第二次突击

1944年1月24日至4月17日，苏军在第聂伯河右岸乌克兰地区实施了第二次突击。这是苏军实施的一次大规模的战略进攻，被称为第聂伯河右岸乌克兰进攻战役。

第聂伯河右岸乌克兰既是重要的经济区，又是重要的战略区。这一地区不仅是巨大的粮食和工业原料基地，而且还掩护着克里木和巴尔干半岛的接近地。德军认为坚守这一地区对于阻止苏军继续推进，拖延苏德战争具有重要意义，甚至"将决定德军在整个东战场的命运"。因此，德军统帅部决定建立强大预备队，以其"南方"集团军群（司令曼施泰因元帅）和"A"集团军群（司令克莱斯特元帅）的强大兵力，固守第聂伯河左岸某些地段和右岸广大地区。德军"南方"集团军群辖坦克第一、第四集团军和第六、第八野战集团军，部署在普里皮亚特河经科尔松——舍甫琴柯夫斯基至尼科波尔一带。"A"

集团军群辖德独立第四十四军和罗马尼亚第三集团军，部署在第聂伯河口附近地区。德军第四航空队和罗马尼亚空军负责支援，另有1个集团军为预备队。这是德军两个庞大的战略集团，共有96个师，180万人。其中坦克师占苏德战场德军坦克师总数的70%以上，摩托化师近半数。德军装备火炮和迫击炮1.68万门、坦克和强击火炮2200辆、飞机1460架。

苏军最高统帅部根据总的战略计划，决定在2月至3月在第聂伯河右岸地区实施一次战略性进攻战役，目的是彻底歼灭战场南翼的德军集团，解放整个第聂伯河右岸乌克兰地区，并为尔后向巴尔干进攻和从南面歼灭白俄罗斯境内的德"中央"集团军群创造条件。参加作战的苏军有乌克兰第一方面军（司令员瓦杜丁大将。瓦杜丁巡视部队负伤后，3月

饱受战争创伤的平民百姓居无定所，四处流浪。

1日由大本营代表朱可夫元帅接替指挥）、乌克兰第二方面军（司令员科涅夫大将）、乌克兰第三方面军（司令员马利诺夫斯基大将）和乌克兰第四方面军（司令员托尔布欣大将），兵力为220万人，有火炮和迫击炮2.8654万门、坦克和自行火炮2015辆、飞机2600架。大本营代表前苏联元帅朱可夫和华西列夫斯基分别负责协调乌克兰第一、第二方面军和乌克兰第三、第四方面军的行动。此外，白俄罗斯第二方面军也在北翼进行配合。

战败的法西斯军人向苏军投降

第二次突击是在北起萨尔内以西、南至第聂伯河河口1300多公里的宽大正面和东起第聂伯河、西至喀尔巴阡山山麓500公里的深远纵深内展开的，作战行动可分为两个阶段。

1. 第一阶段（1月24日至2

月29日)

在这一阶段，苏军沿进攻正面连续实施了3次进攻战役。

第一次战役是在1月24日至2月17日期间，首先在战线中央由乌克兰第一、第二方面军共同实施的科尔松—舍甫琴科夫斯基战役。1944年初第聂伯河会战结束后，德军防线在科尔松—舍甫琴科夫斯基地域形成了一个底宽130公里，面积约1万平方公里的突出部，由德"南方"集团军群所属9个步兵师、1个坦克师和1个摩托化旅在突出部内防守特诺夫卡、卡涅夫、卡尼日一线，威胁苏军乌克兰第一、第二方面军的翼侧。因此，苏军最高统帅部决定，以乌克兰第一、第二方面军的5个合成集团军（欠一部）、2个坦克集团军、1个空军集团军

和1个航空兵军的优势兵力，合围并歼灭这一德军重兵集团。1月24日和26日，乌克兰第二、第一方面军先后转入进攻，从突出部的根部急速对进，至28日完成了对科尔松—舍甫琴科夫斯基德军集团的合围，并及时建立了合围的对外正面。德军统帅部慌忙从其他地方调集约8个坦克师和6个步兵师来解围，被苏军击退。被围德军企图突围也未得逞。2月12日，苏军开始围歼被围德军，至17日，该集团被歼灭。德军损失7.3万人，15个师受重创，从而大大削弱了"南方"集团军群的战斗力。

第二次战役是乌克兰第一方面军右翼2个集团军于1月27日至2月11日实施的罗夫诺—卢茨克战役。目的是歼灭罗夫诺和卢

德军号称"飞机坦克"的装甲攻击机，在"台风"攻势的初期阶段疯狂攻击。

茨克地域的德军，占领重要的交通枢纽和支撑点。1月27日，苏军开始进攻，2月2日解放了卢茨克和罗夫诺，至2月11日，攻占了舍佩托夫卡，达到了预期目的。苏军击溃了该地德军，在德"中央"集团军群和"南方"集团军群中间打开一个缺口，占据了对德"南方"集团军群深远纵深合围的有利态势。

第三次战役是1月30日至2月29日由乌克兰第三、第四方面军以7个合成集团军和2个空军集团军共同实施的尼科波尔—克里沃罗格战役。战役前，德军在尼科波尔附近第聂伯河左岸占据着一个较大的登陆场。实施这一战役的目的是清除德军占据的登陆场并全歼该敌，德军在这一地域进行坚固防御的是由第六集团军20个师编成的重兵集团。苏军参战兵力略多于德军，除坦克少于德军外，炮兵和航空兵均占1至2倍的优势。1月30日，苏军开始进攻。2月8日前，苏军清除德军占据的登陆场，并攻占了重要工业城市尼科波尔。2月17日，乌克兰第三方面军向克里沃罗格方向突击，于22日攻占该城。乌克兰第四方面军于2月下半月发起进攻，29日抵达新阿尔汉格尔斯

克和杜德契诺地区。苏军进抵因古列茨河，切断了盘踞在克里木的德军集团同"A"集团军群的联系，为以后解放克里木创造了有利条件。

2. 第二阶段（3月初至3月末基本结束，个别战斗持续到4月中）

德军在战役第一阶段遭到失败后，其1000多公里的防线发生了动摇。德军统帅部害怕苏军推进到喀尔巴阡山，切断"南方"和"A"集团军群同本土的联系，因此调集兵力企图在普罗斯库罗夫方向、乌曼方向和别列滋涅戈瓦托耶方向坚守。苏军为发展第一阶段的胜利，决定以得到补充的乌克兰第一、第二、第三方面军同时对德军防御全纵深实施强大突击，分割并全歼第聂伯河右岸乌克兰之敌。

乌克兰第一方面军以5个合成集团军、3个坦克集团军和1个空军集团军，于3月4日至4月17日，实施了普罗斯库罗夫—切尔诺维策进攻战役。3月4日乌克兰第一方面军主要集团发起进攻。从3月12日至20日，苏军暂时停止了主要方向上的进攻，以抗击德军反突击。在击退德军反突击后，方面军于3月29日攻占了切

尔诺维策城。接着方面军继续向南和西南方向发起进攻，使德军在喀尔巴阡山山麓遭到惨败，但与乌克兰第二方面军协同合围德军的企图未能实现。至3月31日，该方面军解放了4万多平方公里的领土和57座城市，使德军29个师和一些其他部队遭到重大损伤。作战中，白俄罗斯第二方面军在北翼进行了支援。

4月8日，乌克兰第一方面军在宽200公里的正面上抵达前苏联与捷、波交界的国境线上（均指1940年以后的新国境线。后同），开始把德军整个防线分成两个部分。

乌克兰第二方面军以5个合成集团军和3个坦克集团军于3月5日至4月17日实施了乌曼—博托沙尼进攻战役。方面军从维诺格勒、兹韦尼戈罗德卡、什波拉一线向乌曼方向实施主要突击，3月10日攻占乌曼，并在南布格河抢占了登陆场，开始解放摩尔达维亚。方面军的这一进攻，使德"南方"集团军群被分割，德第八集团军失去了同集团军群的联系而转隶"A"集团军群。于是乌克兰第二方面军便以主力向"A"集团军群进攻。3月26日，方面军在温格内以北85公里正面上抵达

边境线，27日夜强渡普鲁特河，把作战行动转移到罗马尼亚境内。4月中，该方面军攻占博托沙尼，其右翼进至喀尔巴阡山，中央前凸到雅西接近地，左翼前凸到基什尼奥夫接近地，为尔后实施第七次突击创造了条件。方面军的这一进攻，使德军10个师损失50～75%的人员和几乎全部重型装备。

乌克兰第三方面军以7个合成集团军和1个空军集团，于3月6日至18日实施了别列兹涅戈瓦托耶—斯尼吉廖夫卡进攻战役。其目的是歼灭因古列茨河和南布格河下游地域的德军。3月6日，方面军发起进攻，德军在强大的突击下开始退却。3月8日苏军到达新布格河，尔后向南突击，将别列兹涅戈瓦托耶和斯尼吉廖夫卡地域的德军击退到南布格河彼岸。这样，在尼科波尔和克里沃罗格遭到惨败的德第六集团军，又一次遭到沉重打击，有10个师被击溃。乌克兰第三方面军前凸到南布格河下游，占据了向敖德萨实施突击的有利态势。

第二次突击是一次战略性进攻战役。苏军投入兵力兵器多，战果显著。粉碎德军66个师，其中全歼10个师又1个旅，解放了整个第聂伯河右岸乌克兰。苏军

在 400 公里的正面上前凸到国境线，战争已开始转移到敌占国领土上进行。德军遭到惨重失败后，"南方"集团军群司令曼施泰因和"A"集团军群司令克莱斯特先后被免职。

在这次战役中，苏军先采取合围作战样式，歼灭了浅近纵深内的敌军重兵集团，使敌人的防线发生动摇，尔后又以数个方面军同时对敌防御全纵深实施分割突击，迫使德军撤退，从而在整个德军防线上打开了一个宽 650 公里、纵深 450 公里的巨大突破口，实现了卫国战争以来的第一次战略突破。德军为了堵塞这个大缺口，恢复防线，慌忙从匈牙利、保加利亚、南斯拉夫、德国本土和预备队中调来 40 个师又 2 个旅，大大削弱了其他方向的防御力量，严重影响了尔后的全线防御作战。

第三次突击

1944 年 3 月 26 日至 5 月 12 日，苏军在敖德萨地域和克里木半岛实施了第三次突击。

敖德萨地域和克里木半岛的战略地位非常重要。德军在这里占据的海军基地和建立的机场网，对苏德战场南翼的苏军和黑海舰队的行动构成了很大威胁。这里

掩护着罗马尼亚和整个巴尔干半岛的接近地。希特勒认为，如果丢掉了克里木和敖德萨，德国就将失去巴尔干这个重要的人员和石油、原料的补充供应基地，因此决心在这里固守。敖德萨地域守军是"A"集团军群（4 月 5 日起称"南乌克兰"集团军群，司令克莱斯特元帅，后为舍尔内尔上将）所属的德第六集团军和罗马尼亚第三集团军，克里木守敌是德第十七集团军（司令埃仙凯上将）。

苏军女兵

为了彻底解除德军对苏军整个南翼的威胁，苏军最高统帅部决定，以乌克兰第三、第四方面军和独立滨海集团军（司令员叶廖缅科大将）在黑海舰队（司令员奥克佳布里斯基海军中将）和

亚速海区舰队的配合下，先后实施敖德萨战役和克里木战役，歼灭敖德萨地域和克里木半岛上的德军，为把德军彻底赶出苏联领土创造条件。

苏军从3月26日到4月14日实施了敖德萨战役。这次战役是在东起南布格河西至德涅斯特河，北起基什尼奥夫南到康斯坦丁诺夫卡大约2万平方公里的地域内进行的。战役企图是，乌克兰第三方面军利用第二次突击后所形成的有利态势，以4个合成集团军、1个骑兵机械化集群和1个坦克军的兵力从南布格河向拉兹杰利纳亚、季拉斯波尔总方向实施主要突击，从西北面包围德军，将德军向海边压缩，并在乌克兰第二方面军左翼军队协同下，围歼德第五集团军和罗第三集团军。另以3个集团军的兵力，在黑海舰队航空兵支援下，向尼古拉耶夫、敖德萨总方向进攻。3月26日，方面军发起进攻，于4月10日解放了敖德萨。11日至14日进抵德涅斯特河，解放了季拉斯波尔，夺占了登陆场。苏军推进180公里，重创了德军第六集团军和罗马尼亚第三集团军，解放了尼古拉耶夫州和敖德萨州，为完全解放摩尔达维亚，并向罗马尼亚

和巴尔干推进创造了条件。

从4月8日开始，苏军实施克里木进攻战役。战役企图是，以乌克兰第四方面军和独立滨海集团军分别从彼列科普地域和刻赤登陆场发起进攻，共同向辛菲罗波尔和塞瓦斯托波尔总方向实施突击，在黑海舰队和亚速海区舰队的配合下合围德第十七集团军，尔后加以分割歼灭。参加这次作战的苏军共有3个集团军、1个坦克军和2个筑垒地域，并有2个空军集团军和黑海舰队航空兵支援，共47万人，有火炮和迫击炮5982门、坦克和自行火炮559辆、飞机1250架。德第十七集团军辖5个德国师和7个罗马尼亚师，近20万人，有火炮和迫击炮3600门、坦克和强击火炮215辆、飞机148架（另有从罗马尼亚机场起飞的飞机支援）。苏军兵力兵器均占优势。乌克兰第四方面军和独立滨海集团军分别于4月8日和10日夜转入进攻，4月12日突破敌军防御，迫使德军退守塞瓦斯托波尔筑垒地域。4月15日，苏军追至城下，各兵种密切协同，并采用小分队行动的攻城经验，于5月9日解放了该城。至5月12日，德第十七集团军被歼灭。德军陆上损失10万多人，在海上

撤退时又损失 4 万多人，并且几乎损失了所有的装备。至此，第三次突击以克里木半岛全部解放而告结束。

第三次突击完成后，苏军进行休整，苏德战场出现了 28 天短暂的间歇。这一间歇标志着苏军 1944 年第一个进攻战局的结束。

苏军在 1944 年 1 至 5 月的战略进攻中实施了 3 次突击，取得了重大胜利，达到了预期目的。德军有 30 个师又 6 个旅被全歼，142 个师又 1 个旅损失过半，共损失 100 多万人和大批武器装备。苏军在战场北、南两翼前进 300 至 500 公里，严重削弱了德军两翼的防御力量，并且使在白俄罗

斯境内的德"中央"集团军群翼侧暴露，处于不利的态势；这就为苏军在白俄罗斯发动进攻创造了有利条件。

第四次突击

苏军 1944 年夏季的进攻，是在美、英军队已在法国北部登陆开辟了第二战场之后开始的。第二战场的开辟，使希特勒德国处于东西两线夹击的不利地位，德国不得不抽调部分兵力去西线作战。这时，苏德战场上的德军兵力减少到 430 万人，兵力兵器只有苏军的 60%。1944 年上半年，前苏联工业迅速发展，军工生产大幅度增长，生产飞机 1.6 万架，坦克和自行火炮 1.4 万辆、76 毫米以上口径火炮（不含高射炮）2.6 万门、各种炮弹和炸弹 9000 多万发。由于经济迅速发展，前苏联已有强大的物质基础来保障大规模进攻战役的实施。与此同时，德国内部矛盾加剧，仆从国已在酝酿退出战争，美、英又对德国及其仆从国进行战略轰炸，德国经济更加困难。在这样有利的形势下，苏军开始了 1944 年夏季及尔后的进攻战役，连续实施了 7 次突击。

1944 年 6 月 10 日至 8 月 9 日，苏军列宁格勒方面军（司令

一位头部受重伤的苏军指挥员仍在顽强地指挥战斗

伤病、饥饿、寒冷的德国士兵

员戈沃罗夫元帅）右翼军队和卡累利阿方面军（司令员麦列茨科夫大将）左翼军队，在卡累利阿地峡和南卡累利阿实施了第四次突击。

1940年苏芬战争以后，前苏联在卡累利阿地峡和卡累利阿边界上，同芬兰有1000多公里的国境线。1941年夏秋，德、芬军队越过这条国境线，与苏军在1939年以前的旧国境线上对峙了3年之久。1944年1月苏军在列宁格勒和诺夫哥罗德附近实施了第一次突击后，迫使芬兰不得不考虑如何退出战争的问题。2月中，芬

兰政府曾通过驻斯德哥尔摩的代表，征询前苏联政府关于芬兰退出战争的条件，前苏联政府提出恢复1940年苏芬条约规定的国境线等条件，芬兰政府没有接受。因此，芬军仍继续坚守旧国境线。

为了坚守防线，芬兰几乎集中了所有的陆军，共14个步兵师、1个坦克师、4个步兵旅、1个骑兵旅、2个岸防旅和1个边防营，编成2个战役集群，有飞机280多架支援。芬军兵力虽然不多，但工事构筑得很坚固。他们在从1941年9月至1944年6月近3年的时间里，充分利用难以通行的地形，构筑了3至6道坚固的防御地带。

苏军最高统帅部为了迫使芬兰加速退出战争，瓦解德军北翼，解除西进的后顾之忧，决定在1944年进攻作战中在苏、芬边界实施突击。根据芬军的防御情况，苏军在第四次突击中实施了两个战役：一个是列宁格勒方面军右翼军队在波罗的海舰队配合下，

坦克引导和掩护下，苏军向德军发起反攻。

2639

在卡累利阿地峡实施的维堡战役；另一个是卡累利阿方面军左翼军队在拉多加湖区舰队和奥涅加湖区舰队配合下，在南卡累利阿实施的斯维里河—彼得罗扎沃茨克战役。

6月9日晨，苏军开始以航空兵火力破坏维堡方向的芬军永备工事。6月10日，列宁格勒方面军以2个集团军转入进攻，从芬兰湾东北部向维堡总方向实施主要突击。由于苏军兵力比芬军多1倍，炮兵和坦克多5倍，航空兵多2倍，所以进攻顺利。连续突破芬军3道防线，于6月20日晚即攻占维堡，肃清了维堡湾内15个岛屿上的芬军。苏军前进110～130公里，前凸到沃克萨群湖一带。列宁格勒方面军的进攻，使芬兰军队惊恐万状，急忙从南卡累利阿调来4个步兵师又1个步兵旅，德军也增援1个步兵师和1个强击火炮旅。这样芬军有2/3的兵力集中在地峡方向，大大有利于卡累利阿方面军在南卡累利阿的进攻。

6月21日，卡累利阿方面军左翼2个集团军转入进攻，开始实施斯维里河—彼得罗扎沃莎克战役。为了歼灭南卡累利阿境内奥涅加湖与拉多加湖之间的芬军

集团，苏军沿两个方向发起进攻：第七集团由洛杰伊诺耶波列地域沿拉多加湖向奥洛涅茨、索尔塔瓦拉总方向进攻；第三十二集团军主力由梅德韦日耶戈尔斯克东北地域向苏奥耶尔维方向进攻，而以一部兵力向彼德罗扎沃茨克进攻。苏军进攻当日突破芬军防御，芬军惧歼，开始退却。6月25日，沿拉多加湖进攻的苏军在由拉多加湖登陆的海军陆战队的配合下，解放了奥洛涅茨市。6月28日，沿奥涅加湖进攻的苏军在奥涅加湖区舰队登陆兵的配合下，解放了卡累利阿苏维埃共和国首都彼得罗扎沃茨克。接着苏军胜利挺进，至7月底，全线进抵1940年苏、芬国境线。苏军从国内和战线其他地段调来大批增援部队，经过激烈交战，至8月9日，战线稳定在库达姆古巴、库奥利马斯、洛伊莫拉以东、皮特

苏军庆祝斯大林格勒保卫战胜利

凯兰塔一线。在这次战役中，苏军向前推进160至250公里。

苏军第四次突击的胜利，进一步改变了苏德战场北翼的战略态势，迫使芬兰于9月初退出战争，从而减轻了对苏军北翼的威胁，同时也为苏军尔后在波罗的海沿岸作战创造了有利条件。

第五次突击

苏军实施的第五次突击，是著名的白俄罗斯战役，代号为"巴格拉季昂"。这次战役是1944年6月23日至8月29日，由波罗的海沿岸第一方面军（司令员巴格拉米扬大将）、白俄罗斯第三方面军（司令员切尔尼亚霍夫斯基上将）、白俄罗斯第二方面军（司令员扎哈罗夫上将）、白俄罗斯第一方面军（司令员波普拉夫斯基中将）在白俄罗斯境内实施的一次大规模战略性进攻战役。

对苏军来说，解放白俄罗斯对于迅速进入波兰、攻占东普鲁士和开辟通往德国本土的捷径有着十分重要的意义。对德军来讲，白俄罗斯是其在前苏联境内最重要的一块立足之地。保住白俄罗斯，德远程航空兵还可以对莫斯科地域构成威胁，并可保证全线德军的协同动作；失去白俄罗斯，不仅使华沙至柏林这个重要方向

立即受到苏军的威胁，同时，整个战略正面要被苏军分割，这对尔后的作战行动大为不利。

鉴于白俄罗斯具有重要的战略地位，德军统帅部企图不惜任何代价，依托完备的防御工事和天然森林、沼泽地区，固守白俄罗斯。德军在这里配置了下辖3个野战集团军和1个坦克集团军的"中央"集团军群（司令布施元帅），以及"北方"集团军群和"北乌克兰"集团军群的部分兵团，共计66个师又3个旅（含统帅部3个直辖师），120万人、火炮和迫击炮近1万门、坦克和强击火炮1000辆、作战飞机近1400架。

为了粉碎白俄罗斯境内的强大德军集团，苏军最高统帅部从1944年春就开始制定战役计划，进行周密的战役准备。苏军成功地进行了战役伪装，使德军错误地判断了苏军的主突方向。德军统帅部判断：1944年夏秋季苏军主突方向在南翼，不会在白俄罗斯实施大规模进攻，因而没有在这一方向作好大规模作战的准备，反而把坦克兵团大部调到战场南翼。苏军由于前4次突击歼灭了德军两翼强大集团，波罗的海沿岸第一方面军和白俄罗斯第三、

第二、第一方面军得以在西方向沿波洛茨克、维捷布斯克、奥尔沙、莫吉廖夫、博布鲁伊斯克直到科维尔一线大约980公里的大弧形，形成对德军集团半圆形包围的态势。苏军最高统帅部充分利用这一有利的战略态势，决定首先从6个地段同时实施突破，围歼当面德军翼侧集团，继之以主力实施向心突击，合围德"中央"集团军群基本兵力，尔后扩大进攻正面，连续进攻，前凸到前苏联西部边境。苏军参战的4个方面军辖19个合成集团军、2个坦克集团军，计166个师、12坦克军和机械化军、21个步兵旅、坦克旅和机械旅及其他部队，共140万人，有火炮和迫击炮3.1万门，坦克和自行火炮5200辆，并有5个空军集团军的5000架飞机负责支援。新组建的波兰第一集团军在白俄罗斯第一方面军编成内参加这一战役。大本营代表朱

4名被纳粹屠杀的苏军士兵

可夫和华西列夫斯基协调各方面军行动。战役分两个阶段进行。

1. 第一阶段（6月23日～7月4日）

在这一阶段中，苏军实施了维捷布斯克—奥尔沙战役、莫吉廖夫战役、博布鲁伊斯克战役、波洛茨克战役和明斯克战役。波罗的海沿岸第一方面军协同白俄罗斯第三方面军首先在右翼发起进攻，于27日前合围并歼灭了维捷布斯克以西德军5个师，28日前凸到明斯克以北的列佩利市。与此同时，白俄罗斯第一方面军在左翼发起进攻，于29日前合围并歼灭了博布鲁伊斯克地域德军6

德国步兵隐蔽在装甲战车后，艰难向前推进。

个多师，前凸到明斯克方向上的奥西波维奇等地。在中央地段的白俄罗斯第三、第二方面军也进行了牵制性进攻，并分别解放了波里索夫和莫吉廖夫两市。接着，两翼苏军高速向明斯克发起进攻，于7月3日解放白俄罗斯首府明斯克，德军第四、第九集团军各兵团10万余人被合围在明斯克以东地域。波罗的海沿岸第一方面军解放了波洛茨克，并向希奥利艾发起进攻。至7月5日，苏军推进225至280公里，解放了白俄罗斯大部分领土。

2. 第二阶段（7月5日~8月29日）

在第二阶段中，苏军首先利用6天时间歼灭了明斯克以东德军被围集团。7月11日，被俘的德军5.7万人，经莫斯科送往前苏联东部地区战俘营。这一胜利极大地鼓舞了前苏联军民的士气。尔后，苏军便在宽大正面上连续向西高速发起进攻，胜利地实施了希奥利艾战役、维尔纽斯战役、考纳斯战役、比亚威斯托克和卢布林—布列斯特战役，击溃了退却的德"中央"集团军群的军队，重创了从其他方向调来的部队，以及新建的兵团，解放了白俄罗斯全境和立陶宛、拉脱维亚的部分领土。苏军于7月18日进入波兰境内。波兰第一集团军在解放祖国东部领土作战中，作出了贡献。特别是在维斯瓦河接近地和强渡该河的作战中，英勇地同苏军并肩作战，终于夺占了马格努舍夫和普瓦维登陆场，为尔后在华沙至柏林方向作战创造了条件。7月底德军在东普鲁士接近地、那雷夫河和维斯瓦河一带建立了绵

德军俘虏

亘的防御正面，并不断对苏军实施强大的反突击。苏军由于经过前一阶段的作战，已相当疲惫，损失很大，因此在整个8月，进攻无在进展。至8月29日，苏军在多别列、苏瓦乌基、华沙以东近郊、维斯瓦河一线，暂时转入防御。

第五次突击中，苏军全歼德军17个师又3个旅，使其50个师损失过半，约2000架飞机被击毁。德军整个"中央"集团军群被击溃，从而引起了战局的新变化。苏军在这次突击中再次突破了德军的战略防线，打开了宽500多公里、深550至600公里的巨大突破口，把德军防线分割成两部分。德军了为堵塞这一突破口，先后从其他地方调来30多个师，其中从"北方"集团军群调来5个师，从"南方"集团军群调来5个坦克师和1个步兵师，这就进一步削弱了德军两翼，为苏军尔后在南北两翼对德军连续实施突击创造了有利条件。

白俄罗斯战役是一次大规模战略性进攻战役。苏军在实施战役过程中沿正面同时在6个地段上突破德军防御，向纵深连续实施数个一定规模的战役（每个方面军都连续实施了2至4个突击）；不仅在战术纵深内合围德军，而且在追击时在战役纵深内也合围德军重兵集团；出敌意料地选择主突方向并集中兵力兵器于主要方向等，都是成功的作战经验，这些经验在以后作战中都得到了运用。

第六次突击

当白俄罗斯战役正在激烈进行时，乌克兰第一方面军于1944年7月13日至8月29日，在乌克兰西部和波兰东南部实施了第六次突击。这次突击是在利沃夫和桑多梅日两个方向上实施的，因此也称利沃夫—桑多梅日战役。

由于第二次突击的结果，德军整个防线已在喀尔巴阡山前被分割。在喀尔巴阡山以北的德军防线，又被苏军在白俄罗斯突破。这样就造成了苏军在喀尔巴阡山至白俄罗斯一段西乌克兰地区进攻的有利条件。德军企图固守西乌克兰地区，阻止苏军向和日沃夫和西乌克兰重要工业和石油地域——德罗戈贝奇方向突进。为此，德军在这里修筑3道完备的防御地带，纵深为40至50公里。在西乌克兰防御的德军是"北乌克兰"集团军群（司令哈尔佩上将），约40个师另2个旅，除后勤部队外，共有官兵60万人，配备火炮和迫击炮 6300 门、坦克和强击火炮 900 辆、飞机 700 架。

苏军最高统帅部决定，以乌克兰第一方面军实施一次进攻战役，歼灭乌克兰西部的德军，为尔后向波兰进攻创造条件。战役规定方面军应同时实施两个突击：右翼军队由卢茨克地域向俄罗斯拉瓦方向实施突击；中央集团由捷尔诺波尔地域向利沃夫总方向实施突击。为保障整个战役的胜利，方面军在左翼军队也同时向斯坦尼斯拉夫、德罗戈贝奇方向进攻。该方面军有 82 个师、10 个坦克军和机械化军、4 个独立坦克旅和机械化旅，共 120 万人，火炮和迫击炮 1.3 万门、坦克和自行火炮 2200 辆、飞机 3000 余架。战役分两个阶段进行。

苏军第 5 近卫坦克军指挥员诺特米斯特夫在库尔斯克战役中

1. 第一阶段（7 月 13 日～27 日）

在这一阶段中，乌克兰第一方面军右翼 2 个合成集团军于 7 月 13 日发起进攻。15 至 16 日快速部队进入突破口。18 日进攻军队在多布罗钦地域强渡了西布格河，并切断了德军布罗德集团的退路，为合围该集团创造了条件。在中央利沃夫方向，方面军投入了 3 个合成集团军、2 个坦克集团和 1 个快速集群。14 日，苏军发起进攻。15 日，德军实施反突击。经过 3 天激战，苏军推进 18 公里，建立一条宽 4 到 6 公里的科尔托夫走廊。16 日，主力冒着德军从翼侧射击的危险，沿这条走廊进入突破口。至 18 日，与另一路苏军在杰列夫利亚内会合，合围了德军布罗德集团近 8 个师。22 日，布罗德集团被击溃。尔后，方面军的基本兵力向利沃夫挺进，在俄罗斯拉瓦地域强渡了桑河。27 日，攻占了利沃夫。苏军向纵深推进 200 至 220 公里，占领了亚努夫以西、索科武夫、多布罗米利一线，迫使德军一部向维斯瓦河，一部向喀尔巴阡山败退。

2. 第二阶段（7 月 28 日至 8 月 29 日）

方面军主力由利沃夫方向转到

德军士兵难以忍受苏联漫长而寒冷的冬季

德军军官普拉斯到达苏军指挥部谈判投降事项

右翼桑多梅日方向，并与白俄罗斯第一方面军协同，全力向维斯瓦河推进。30日方面军一部渡过维斯瓦河，夺占了数个登陆场。至8月初，德军调来大量兵力对苏军实施反突击。苏军击退德军多次反突击，于8月18日攻占桑多梅日。战斗持续到8月末，苏军在维斯瓦河西岸建立了一个正面为75公里、纵深约55公里的桑多梅日登陆场。方面军左翼军队向喀尔巴阡山追击溃退之敌，于8月初攻占德罗戈贝奇后，于8月8日编入重新组建的乌克兰第四方面军（司令员彼得罗夫上将），继续攻占喀尔巴阡山各山口。

第六次突击取得了重大的战果：击溃德军23个师，全歼13个师；解放了西乌克兰和波兰东南

部；强渡了维斯瓦河，建立了巨大的登陆场，为尔后在华沙至柏林方向进攻占据了有利地位。地德军为了稳定和加强维斯瓦河的防御，调来了1个集团军司令部和20个师的兵力，其中有13个师是从战略预备队中抽出的，一部分师是从"南乌克兰"集团军调来的，这就进一步加深了德军预备队不足的危机，也为尔后苏军在罗马尼亚实施第七次突击创造了有利条件。

这次突击是由1个方面军独立实施的一次战略性进攻战役，被苏军称为是作战指导上的一个新范例。突出的一个特点是，充分发挥快速部队在进攻中的作用。快速集群往往脱离步兵向德军防御纵深迅猛突进，抢先夺占德军预有准备的中间地区和后方目标，

从而保障了战役的顺利实施。此外，在适时转用主力和从行进间的宽大正面上强渡江河等方面，都有成功的经验。

第七次突击

苏军第七次突击是 1944 年 8 月 20 日至 9 月末，在苏、罗边境地区和罗马尼亚、保加利亚境内进行的一次进攻战役。雅西一基

1944 年春，在冰雪消融中实施机动战术的德军。

什尼奥夫战役是这次突击的重要组成部分。

冬季战斗中被击毙的德军尸体，
在春季冰雪消融时露了出来。

纳粹德国非常重视对苏、罗边境地防御。德军一旦在罗马尼亚失败，不仅会失去石油、粮食和供应基地，而且希特勒反动联盟也会很快瓦解。因此，德军统帅部在苏、罗边境的雅西一基什尼奥夫地域部署了实力强大的"南乌克兰"集团军群（司令弗里斯纳上将）。该集团军群辖德军第六、第八集团军、独立第七军和罗军第三、第四集团军，兵力为90 万人，共 50 个师，其中 25 个德国师。有火炮和迫击炮 7600 门、坦克和强击火炮 400 余辆，由德、罗航空兵 810 架飞机支援。敌人利用山地与河流建立了 3 道防御地带，并以战斗力最强的德第六集团军坚守基什尼奥夫突出部，两翼侧由罗军掩护。

苏军在第二次突击中，追击德、罗军队已越过了苏、罗边境。苏军乌克兰第二方面军自北面，乌克兰第三方面军从东面，对在雅西和基什尼奥夫地域的德军"南乌克兰"集团军群的基本兵力形成了包围的有利态势。前苏联政府曾于 1944 年 4 月 12 日敦促罗马尼亚政府与纳粹德国断绝关系，参加"旨在恢复罗马尼亚独立和主权的抗德战争"，但前苏联的这一建议遭到安东尼斯库反动政府

的拒绝。罗马尼亚和保加利亚反动政府仍然追随德国进行战争。苏军实施第七次突击的目的是，歼灭摩尔达维亚、罗马尼亚和保加利亚境内的德军集团，全部解放前苏联西南方国土，并迫使罗、保两国政府退出侵占战争。参加作战的苏军有乌克兰第二、第三方面军以及乌克兰第四方面军的部分兵力，黑海舰队和多瑙河区舰队进行支援。乌克兰第二、第三方面军的兵力为125万人，有火炮和迫击炮1.6万门、坦克和自行火炮1870辆、作战飞机2200架（含舰队航空兵飞机）。在苏军编成内还有罗马尼亚志愿步兵第一师。苏军在兵力兵器上比德、罗军队占有明显优势。

　　1944年8月20日，苏军利用有利态势，发起了强大进攻。整个战役分两个阶段进行。

　　1. 第一阶段（8月20日～27日）

　　苏军在这一阶段的企图是合围并歼灭基什尼奥夫地域内的德第六集团军。为此，乌克兰第二方面军突击集团从雅西以北、乌克兰第三方面军突击集团在宾杰里以南同时发起进攻，突破德军防御后向胡希、弗尔丘方向实施向心突击，围歼基什尼奥夫地域

德军。乌克兰第二方面军进攻迅猛，打破了德军增援计划，连克3道防御地带，在第二日日终前攻占了雅西、特尔古—弗鲁莫斯市，于23日进至胡希地域。乌克兰第三方面军从德、罗军接合部发起进攻后，很快切断了德军第六集团军同罗军第三集团军的联系，于23日进至普鲁特河。至此，苏军完成了对基什尼奥夫德军集团18个师的合围，同时在多瑙河区舰队配合下对罗和经3集团军也达成了合围。这一天，罗马尼亚人民在共产党领导下举行了反法西斯起义，赶走了驻扎在布加勒斯特的德军，成立了新政府。24日，罗政府声明脱离德国，退出侵略战争。于是罗马尼亚第三集团军停止抵抗，并很快将枪口转向法西斯德军。希特勒为了拖住这个同盟者，于8月24日命令德军向布加勒斯特进攻，结果被罗军击退，德军被迫放弃夺取罗马尼亚首都的计划，撤出了布加勒斯特地域。在此期间，苏军解放摩尔达维亚首都基什尼奥夫。接着苏军以34个师的兵力歼灭被围的德军集团，于27日日终前，全歼该敌于普鲁特河以东地域。

　　2. 第二阶段（8月28日～9月30日）

苏军在这一阶段的任务是歼灭罗马尼亚和保加利亚境内的德军。为此，苏军在围歼基什尼奥夫地域德军集团的同时，即以2个方面军的基本兵力50多个师，在合围的对外正面上向罗马尼亚胜利地发起进攻。乌克兰第二方面军以一部兵力向喀尔巴阡山进攻，以主力迅速向西南方向挺进。至30日攻占了罗马尼亚巨大的石油工业中心——普洛耶什蒂。8月31日，苏军进入罗马尼亚首都布加勒斯特。尔后，便向特兰西瓦尼亚进军。乌克兰第三方面军沿多瑙河向南疾进，9月5日前到达罗、保边境。保加利亚政府虽宣布中立，但未同德国断绝联系。9月5日，前苏联向保加利亚宣战。苏军从9月8日开始越过罗、保边境。这一天，保加利亚首都索菲亚和其他一些城市爆发了武装起义，保军大部投诚到起义者一边。9月9日，保加利亚建立了新政权，并对德宣战。15日，苏军进入索菲亚。尔后苏军与保加利亚军队联合行动，向西方和南方向挺进，21日前凸到保、南边境。至月底，保加利亚境内的法西斯德军即被全部清除出去。

苏军第七次突击的胜利，在军事和政治上产生了很大影响。

德军陆军元帅弗雷德里·冯·鲍卢在斯大林格勒投降

在作战过程中，苏军击溃了47个德国和罗马尼亚师和旅，缴获了大量技术兵器，使德军整个"南乌克兰"集团军群几乎全部覆没。苏军推进800至1000公里，前凸到南斯拉夫东部边界，不仅造成了对巴尔干半岛法西斯军队的威胁，而且打开了通向德国在欧洲最后一个盟国匈牙利的通道。

第七次突击是一次成功的战略性进攻战役，其特点是：1. 苏军选择对方防御的薄弱部位作为主要突击方向。乌克兰第二方面军把主突方向选在雅西以北，因为那里是由士气低落、战斗力不强的罗马尼亚军队防守。乌克兰第三方面军把主突方向选在宾杰里以南，因为那里是德、罗军队的接合部。2. 在主突方向上高度集中兵力兵器。各方面军在主突方向上集中了 67~72% 的步兵、约 61% 的炮兵、85% 的坦克和自行火炮和几乎 100% 的航空兵。这样，在选定的突破地段上形成了很大优势（人员 4:1 至 8:1；炮兵 6:1 至 11:1；坦克和自行火炮 6:1），保持了每昼夜 20 至 25 公里的高速度进攻。3. 采用了以钳形突击合围德军重兵集团的作战样式。在实施雅西—基什尼奥夫战役时，两个方面军在沿正面相隔 200 公里的地段上同时实施两个强大的向心突击，在纵深 100 至 120 公里的地方会合，达成对德军重兵集

1943 年秋季在苏军反攻中，德国牧民慌忙从乌克兰农场赶着牲畜，赶在苏军到达前撤走。

团合围。尔后，苏军只以一部兵力歼灭被围集团，主力则高速向纵深发起进攻。

第八次突击

苏军为解放西部最后一块沦陷的国土——波罗的海沿岸地区，实施了第八次突击。这次突击从 1944 年 9 月 14 日开始，主要作战行动到 10 月 22 日结束，但解放蒙海峡群岛的任务直到 11 月 24 日才最后完成。

波罗的海沿岸地区战略地位十分重要。对德国来说，它既掩护着东普鲁士，又保护着德国舰队在波罗的海行动的安全，同时德国还可以从这里与北欧各国保持联系。因此，德军统帅部决心不惜任何代价坚守这一地区。在这里组织防御的德军"北方"集团军群（司令舍尔内尔上将），在列宁格勒和诺夫哥罗德附近遭到苏军沉重打击后，进行了调整和补充，修筑了大量工事，企图依托预有准备的防线，阻止苏军进入波罗的海沿岸地区。德军采取从海、空军中抽调士兵、解散集团军中的后勤部队和机关、动员老年人和未成年人参战等办法，增加步兵兵力，同时还调来一些预备队和新组建的党卫军。到 9 月初，这个集团军群共有 59 个兵

世界通史

最新整理图文珍藏版

团（师、战斗群和旅），70余万人，装备火炮和迫击炮约7000门、坦克和强击火炮1200辆、作战飞机近400架。

当时，国际形势对前苏联非常有利。意大利战场美、英军队已突破了哥特防线，正迅速向意大利北部推行。从法国南部登陆的盟军攻占了土伦和马赛。在西欧作战的盟军正在追击法国东北部和比利时境内的德军。芬兰和罗马尼亚已经正式退出侵略战争，德国处境更加困难。苏军最高统帅部为了尽快解放波罗的海沿岸地区沦陷的国土，决定利用有利的形势，对德军"北方"集团军群实施一次强大的突击。苏军总的企图是，切断波罗的海沿岸德军集团同东普鲁士的联系，并将其分割歼灭。参加作战的苏军有列宁格勒方面军（司令员戈沃罗夫元帅）、波罗的海沿岸第一方面军（司令员巴格拉米场大将）、波

被德盖世太保活埋的敖德萨公民

罗的海沿岸第二方面军（司令员叶廖缅科大将）和波罗的海沿岸第三方面军（司令员马斯连尼科夫大将）。4个方面军共有90万人，约1.75万门火炮和迫击炮，3080辆坦克和自行火炮，2640架作战飞机。此外，白俄罗斯第三方面军的部队军队和波罗的海舰队也进行了配合作战。大本营代表华西列夫斯基元帅协调各方面军的行动（从9月24日起，波罗的海沿岸第二、第三方面军的行动，由列宁格勒方面军司令员戈沃罗夫元帅负责协调）。苏军与德军的兵力兵器对比是：人员1.3:1，炮兵和坦克2.5:1，飞机6.5:1。9月14日，苏军在北起芬兰湾、经楚德湖、塔尔图、瓦尔加、米塔瓦、希奥利艾以西，南至涅曼河大约1000公里的战线上发起了进攻。这次突击分为两个阶段。

1. 第一阶段（9月14日～9月27日）

波罗的海沿岸第三、第二、第一方面军向里加地域实施向心突击，歼灭德军第十六、第十八集团军的基本兵力。当进攻的苏军进抵距里加25至60公里处时，德军依托早已构筑好的"锡古尔达"坚固防御地区进行顽强抵抗，

最新整理图文珍藏版

2651

并多次实施反突击突击，迟滞了苏军的进攻。但在苏军发起进攻的第二天，德军"北方"集团军群司令舍尔内尔便向陆军总参谋长请求批准实施所谓"翠菊"战役计划，以便把他的集团军群撤退到东普鲁士。德军统帅部于16日同意了他的撤退请求。苏军为了切断德军退路，于9月24日决定将波罗的海沿岸第一方面军调往梅梅尔方向，会同白俄罗斯第三方面军一部兵力向梅梅尔实施进攻。与此同时，列宁格勒方面军于17日至26日实施了塔林战役，重创了敌"纳尔瓦"战役集群，解放了爱沙尼亚首都塔林和爱沙尼亚整个陆地部分的领土。27日，该方面军进抵滨海地带，其左翼进抵"锡古尔达"防御地区，牵制了这一地区的德军。但这时苏军并未能切断"北方"集团军群与东普鲁士的联系。

2. 第二阶段（9月28日~11月24日）

在这一阶段中，波罗的海沿岸第一方面军在白俄罗斯第三方面军配合下，实施了梅梅尔战役。10月5日，方面军从希奥利艾地域出发，向梅梅尔方向突击。德军由于在这里的兵力薄弱，从北面调来3个坦克师，对进攻的苏军实施反突击，但未能阻止苏军的进攻。苏军顺利前凸到波罗的海沿岸，楔入东普鲁士领土。虽然梅梅尔没有解放，但苏军已切断了整个德"北方"集团军群同东普鲁士的联系，打破了德军的撤退计划。波罗的海沿岸第三、第二方面军从10月6日开始继续实施里加战役，并利用梅梅尔方向的战果，于10月13日解放了里加。16日，波罗的海沿岸第三方面军因战线缩短而被撤销，由波罗的海沿岸第二方面军继续追歼敌人，至22日，里加战役结束，德军"北方"集团军群余部被封锁在库尔兰半岛狭窄地域内，以后由波罗的海沿岸第二方面军负责将其最后歼灭。列宁格勒方面军在波罗的海舰队协同下，从9月27日开始实施蒙海峡群岛登陆战役，只用11天的时间就解放了

1942年，德军撤离克里米亚时留下了许多苏军的尸体，人们在尸体中寻找自己的亲人。

穆胡岛（蒙岛）、达格岛（希乌马岛）、厄塞尔岛（萨列马岛），但在解放面积不大的谢尔维半岛时，由于守军构筑了纵深防御，加以敌海军舰炮火力支援，直到11月24日苏军才肃清了半岛上的德军。

苏军在第八次突击中，击溃了德军29个兵团，解放了波罗的海沿岸大部地区，战线由1000公里缩短到250公里，从而使苏军有可能腾出更多兵力用于东普鲁士和柏林方向上的进攻。但这次突击规模大，费时多，战果并不显著。苏军不但没能围歼大量德军，而且梅梅尔市和库尔兰半岛直到战役结束之后才获解放。

第九次突击

为了进一步粉碎苏德战场南翼的法西斯德军，苏军继第七次突击胜利之后，于1944年9月28日至翌年2月13日，在南斯拉夫、匈牙利、罗马尼亚北部和捷克斯洛伐克东部地区实施了第九次

敖德萨街头堆放的德车辆残骸

突击。

苏军在罗马尼亚、保加利亚胜利后，又成功地越过东喀尔巴阡山。这样，各乌克兰方面军就在战场南段前凸到南斯拉夫、匈牙利和捷克斯洛伐克边境，并造成了对外喀尔巴阡乌克兰和北特兰西瓦尼亚德军集团的包围态势。

南斯拉夫和匈牙利是德国主要的粮食和航空工业原料供应基地，并且匈牙利西部多瑙河沿岸又是从未受到大规模轰炸的军事工业基地。因此，德国决心稳定战场南翼态势，保住这些重要的基地，并拖住欧洲最后一个盟友匈牙利。为此，德军不得不放弃阿尔巴尼亚和希腊，并把那里的军队大部撤到匈牙利，以建立强大预备防。德军还从法国、德国本土等地把大批军队调到匈牙利东部，并在匈牙利内地建立了3道防御地区。

德军统帅部根据在罗马尼亚和保加利亚失败后所形成的态势，

1944年2月5日至17日被围歼德军战场一角。

企图在坚守林区喀尔巴阡山的同时，以"南方"集团军群和在南斯拉夫防御的军队共同向罗马尼亚西部反攻，把突入匈牙利的乌克兰第二方面军击退，将防御正面恢复到特兰西瓦尼亚阿尔卑斯山一线，并把林区喀尔巴阡山、特兰西瓦尼亚阿尔卑斯山和南斯拉夫防线连接起来，阻止苏军继续推进。

为了粉碎德军的防御计划，苏军最高统帅部决定在第七次突击胜利后，不给德军以喘息机会，迅速向布达佩斯实施主要突击，同时在右翼向乌日哥罗德，在左翼向贝尔格莱德进攻。参加作战的苏军有乌克兰第四、第二、第三方面军。罗马尼亚第一、第四集团军在乌克兰第二方面军编成内行动，南斯拉夫第三集团军和保加利亚第一集团军在乌克兰第三方面军编成内行动。作战开始前，乌克兰第四方面军配置在林区喀尔巴阡山地域，占有3个山口。在当面防守的是德军"A"集团军群所属的德、匈军队共20个师，配置在捷克斯洛伐克东部、外喀尔巴阡乌克兰和特兰西瓦尼亚北部地区。乌克兰第二方面军左翼和中路军队已前凸到匈牙利，右翼军队正在特兰西瓦尼亚东部

和南部作战。在乌克兰第二方面军当面防御的敌军是"南方"集团军群所属德军第六、第八集团军和匈牙利第三、第二集团军，共36个师。乌克兰第三方面军及其编成内的保加利亚、南斯拉夫军队主力配置在保加利亚和南斯拉夫边境内上，在巴尔干防守的是德军"F"集团军群共26个师，其中13个师配置在南斯拉夫境内。

9月28日，苏军发起进攻。进攻分为两个阶段。

1. 第一阶段（9月29日~10月28日）

乌克幸第二方面军突入匈牙利后，其翼侧受到德重兵集团严

德军溃退时烧毁所有的东西

重威胁。苏军认为在此情况下，不宜向布达佩斯进攻，因此，必须首先歼灭翼侧德军集团。这时，匈牙利和德国的关系恶化起来。匈牙利政府曾于1944年10月5日

试图向反希特勒联盟各国提出缔结停战协定的建议，但第二天希特勒扶持的萨拉希集团攫取了匈牙利政权。这个傀儡集团向希特勒保证同德国一起继续进行战争，这给苏军进攻匈牙利带来了新的困难。

为了完成进攻第一阶段粉碎敌军翼侧集团的任务，苏军同时实施了两次大规模进攻战役：一次战役在捷克斯洛伐克东部、外喀尔巴阡山区和特兰西瓦尼亚北部实施；另一次战役在南斯拉夫东部多瑙河流域及贝尔格莱德地域实施。

第一次战役由乌克兰第四方面军在乌克兰第一方面军左翼和乌克兰第二方面军右翼军队协同下实施。乌克兰第四、第二方面军的进攻，使特兰西瓦尼亚突出部敌军集团的后方受到威胁而被迫撤退。至10月25日，乌克兰第二方面军攻占了卡雷伊和萨图马雷，特兰西瓦尼亚完全解放。乌克兰第四方面军在乌克兰第一方面军协同下越过了喀尔巴阡山，于10月26日和27日攻了穆卡切沃、乌日哥罗德，解放了外喀尔巴阡乌克兰，并于10月28日进入捷克斯洛伐克。与此同时，乌克兰第二方面军中路军队前凸到匈牙利的蒂萨河一带。

另一次战役由乌克兰第三方面军和南斯拉夫人民解放军，在乌克兰第二方面军左翼军队协同下实施。经过7天战斗，突破了东谢尔比亚山的防御正面，并在发起进攻时很快切断了德军退路，于10月14日抵达贝尔格莱德南郊，展开了争夺城市的战斗。10月19日，南、苏军队在城东南围歼敌军2万人，次日傍晚解放了贝尔格莱德。贝尔格莱德解放后，南斯拉夫军民在铁托的领导下继续为解放祖国全部领土而战斗，乌克兰第三方面军主力则转向多瑙河右岸进攻，并夺占了登陆场。至此，在匈牙利方向进攻的苏军翼侧已不受敌军威胁，战线由1400公里缩短到700公里，3个乌克兰方面军前凸到多瑙河中游平原，因此实施布达佩斯战役，解放整个匈牙利的条件已经成熟。

2. 第二阶段（1944年10月29日~1945年2月13日）

乌克兰第二方面军在中路向布达佩斯实施主攻，乌克兰第四方面军在右翼向昂达瓦河方向进攻，左翼乌克兰第三方面军在渡过多瑙河后向德拉瓦河至巴拉顿湖方向进攻。

最新整理图文珍藏版

白俄罗斯前线，护士在检查一位伤员。

乌克兰第四方面军的进攻开始时不大顺利，后来乌克兰第二方面军从南面夹攻，才迫使敌人仓促撤退。乌克兰第四方面军乘胜追击，于11月28日前凸到昂达瓦河。乌克兰第二方面军10月29日转入进攻后，以一部兵力在右翼强渡蒂萨河后向西北发起进攻，切断了布拉佩斯敌军集团与撤退的特兰西瓦尼亚和林区喀尔巴阡山敌军的联系。方面军主力从正面进攻，于11月26日占领了哈特万城，从东面前凸到布达佩斯的外围廊。为切断布达佩斯敌军集团的退路，方面军继续向黑沙方向进攻，于12月9日攻占黑沙城，并前凸到多瑙河。与此同时，方面军以一部兵力从西南方向迂回布达佩斯。乌克兰第三方面军渡

过多瑙河，于11月29日建立了宽180公里、纵深50公里的登陆场。12月1日方面军开始向西、北方向发起进攻，并根据统帅部的决定，参加解放布达佩斯的作战。12月26日，乌克兰第二、第三方面军在埃斯泰尔戈姆会师，完成了对德、匈布达佩斯集团18.8万人的合围。这时，匈牙利各民主团体在德布勒森召开临时国民会议，成立了临时政府，并于12月28日对德宣战。

苏军从1944年12月27日至1945年1月18日进行了攻占匈牙利首都东部佩斯的战斗，从1月22日至2月13日进行了攻占首都西部布达的战斗。1月，法西斯德军在布达佩斯以西向苏军实施了3次反突击，企图解救被围集团。乌克兰第三方面军巧妙地组织了防御，打破了德军的解围企图。苏军经过1个半月的激战，终于在1945年2月13日歼灭了德军集团，攻占了整个布达佩斯。

在第九次突击中，苏军共歼敌军50多个师，其中全歼20个师。德军为弥补损失，在作战过程中先后从其他方向调来36个师，其中从华沙至柏林方向调来11个坦克机械化师和16个步兵师，因此，第九次突击的胜利，

不仅为苏军尔后在维也纳方向的进攻创造了前提，同时也为苏军尔后实施维斯瓦河—奥德河战役提供了条件。

第十次突击

从 1944 年 10 月 7 日开始至 11 月 1 日，苏军在北极圈内实施了 1944 年最后一次具有战略意义的进攻战役。这次战役是在前苏联的佩特萨莫和挪威的希尔克内斯北极地域实施的，因而也称佩特萨莫—希尔克内斯进攻战役。

苏军第四次突击和第八次突击的胜利，已使战场北翼的战略形势发生了有利于苏军的变化。芬兰不仅停止了对苏的军事行动，还承担了解除当时芬兰境内德军武装的义务。这样，德军从 1944 年 9 月开始便把军队撤向挪威北部。但德军为了利用佩特萨莫至希尔克内斯地域的重要矿藏和不冻港，仍以加强的山地第二十集团军第十九军防守该地域。德军

1944 年 5 月 10 日，塞瓦斯托波儿德军向苏军投降。

在这里建立了完备的纵深梯次配置的防御，由 3 道防御地带组成，正面约 60 公里，纵深达 150 公里，左边临海，右翼暴露。

苏军最高统帅部根据战场上形成的有利形势，决定抓住战机实施一次进攻战役，歼灭这一德军集团。苏军企图是，在左翼由恰普尔湖以南向卢奥斯塔里、持萨莫总方向实施主要突击，前凸到德军后方，并向挪威边界发起进攻；左右翼向北实施辅助突击，牵制德军，尔后会同 2 个海军陆战旅进攻佩特萨莫。参加作战的苏军是卡累利阿方面军右翼第十四集团军，由空军第七集团军支援和北方舰队（司令员戈洛夫科海军上将）配合。得到加强的第十四集团军，人员比德军多 0.8 倍、火炮多 1.8 倍、飞机多 5.3 倍、坦克多 1.5 倍。

10 月 7 日苏军开始进攻，3 天后德军被迫开始撤退。这时，北方舰队海军陆战旅从 9 日至 12 日在佩特萨莫以北海岸登陆并从北面进攻该城，15 日解放了佩特萨莫。北方舰队陆战部队于 10 月 18 日至 25 日再次从瓦兰格尔湾登陆，配合陆上进攻军队于 25 日攻占了希尔克内斯市。至 10 月底，苏军完成了北极地区的进攻，推

进150公里，前凸到挪威北部沿海，第十次突击结束。

第十次突击是在江湖密布、山重林密难以通行的地形和风雪严寒的极区气候条件下实施的一次进攻战役。苏军部队顽强的战斗精神、灵活的机动能力以及陆海空密切的协同动作，是这次战役的突出特点。

苏军的10次突击，使德军遭到极其严重的损失。据前苏联统计，1944年上半年，德军就有30个师又6个旅被全歼，142个师又1个旅损失过半，共损失100多万人和大量武器装备。1944年夏秋，德军又有96个师又24个旅被歼俘，在219个师又22个旅损失50%～70%。这一期间，德军又损失160万人、坦克6700辆、火炮和迫击炮2.8万门、飞机1.2万架。苏军通过10次歼灭性突击，取得了对德作战的决定性胜利。除拉脱维亚一小块土地外，前苏联几乎全部恢复了战前的国境线，并协同东欧一些国家的反法西斯武装力量，解放了他们的国家。苏德战线已由4450公里缩短到2250公里，苏军腾出了更多兵力集中到主要方向作战，为1945年最后战胜法西斯德国打下了可靠的基础。

斯大林格勒会战

斯大林格勒位于宽阔美丽的伏尔加河西岸，是苏联南方重要的铁路交通枢纽和工业中心，也是苏联内河航运干线即伏尔加河上的重要港口。在它以西和以南，是辽阔富饶的顿河与伏尔加河冲积平原。这里是苏联的粮食、石油和煤炭等多种工农业原料的主要产地。1941年德军侵占乌克兰后，斯大林格勒还成了由苏联中央地区通往南方重要区域的唯一交通要道，战略位置十分重要。在第二次世界大战中，德军和苏军在这里进行了一次大决战，这次决战，决定了苏德战争，以及这次世界大战的胜败。此次战役

德军最新式的"豹"式坦克

世界通史

最新整理图文珍藏版

以后，胜败已分，盟国走向胜利，法西斯走向灭亡，已是不争的事实了。

自从德国突袭波兰之后，希特勒又以闪电式速度从欧洲的西、北、东南几个方向发动大规模进攻，并取得了惊人的胜利。

1940年3月，希特勒签署代号为"威悉河演习"的作战指令，决定占领丹麦和挪威。4月9日，德国政府用34个小时占领了丹麦；5月10日，只有30万人口的卢森堡政府不战而降；5月13日，德军突破法国防线，进入法国领土；5月17日，德国占领比利时首都布鲁塞尔；6月10日，德军占领挪威全境；6月14日，德军占领法国巴黎，并于22日迫使法国投降。

1940年秋，德军开进匈牙利。罗马尼亚和保加利亚，迫使三国加入了德、意、日同盟。1941年春，德军又征服了南斯拉夫和希腊。至此为止，欧洲大陆的14个国家全部成为希特勒的囊中之物。

1940年9月，意大利占领了英属索马里、肯尼亚和埃及的部分地区，不过等意军入侵希腊时，受到很大挫折，英国乘机占领了埃塞俄比亚首都。希特勒对此非常不妥，派隆美尔在非洲重创英军，控制了整个北非。

法国投降后，希特勒签署了"海狮作战计划"，企图攻破英伦三岛。8月13日开始，德军出动近2000架次飞机对英国海军和空军基地进行狂轰滥炸。9月15日，德军对英国的轰炸达到了高潮，在这次轰炸中，德军损失了290架飞机，英同也损失惨重。但是德军始终不能夺得英国的制空权，因此希特勒无限期推迟了"海狮作战计划"，转而将攻击目标转向东边的苏联。

希特勒在东线聚集了190个师共550万人，近5000架飞机，4300辆坦克。1941年6月22日，德军在北起波罗的海、南至喀尔巴阡山的战线上开始突袭苏联，苏联被打得措手不及，德军迅速占领了拉脱维亚、立陶宛、白俄罗斯和乌克兰的大部分地区。到12月1日，苏联损失了700万军队，此后德军发起了莫斯科大会战。

但是在莫斯科会战中，德军遭到苏联红军的重创：苏联红军粉碎了包围莫斯科的德军突击集团，将德军向西击退100～250公里，使德军损失了将近50个师，约有30万人被击毙，并且还损失了1100架飞机和近3000辆坦克。

应该说，莫斯科大会战是德军遭到的最大一次失败，使希特勒的"闪电战"计划彻底破产。

1942年初，战争的规模空前扩大，东边的太平洋中部、西边的大西洋西部、北边的北极圈、南边的北非、新几内亚，都发生了战争。反法西斯国家节节败退，处于最艰苦的阶段。

1942年4月5日，希特勒下达了第四十一号作战指令，决定发动夏季攻势，预谋攻克斯大林格勒，沿伏尔加河北上，西向迂回包围莫斯科，然后越过土耳其和伊朗，从印度洋上和日本的军队会合，最后回师进攻英、美，最终夺取世界霸权。

斯大林格勒原名察里津，1918年后改称斯大林格勒。它位于伏尔加河下游西岸，是苏联内河航运干线伏尔加河的重要港口，又是苏联南方铁路交通的枢纽和重要工业城市，也是来自高加索的石油转运站和重要的军事工业基地。

为此，德军最高统帅部拟定了代号为"蓝色作战"的作战计划，改组了原南方集团军群，将其分为A、B两个集团军群。德军在苏德战场部署了150万以上的兵力，包括60个德国师，其中10个装甲师、6个摩托化师，另外还有43个师的附庸国部队。希特勒还为围攻斯大林格勒的德军配备了1640架飞机、1200辆坦克和几万门火炮。

斯大林及苏军最高统帅部判断德军在1942年夏季很可能会向莫斯科方向和南方发动大规模的进攻，并以莫斯科为主要突击目标。因此，苏军最高统帅部决定将苏军的大部分兵力集中在莫斯科方向。苏军希望在短期先进行积极的战略防御，同时在克里米亚、斯摩棱斯克方向，列宁格勒和杰米扬斯克地域实施一系列进攻战役。

1942年5月8日，德国上将曼施泰因指挥第十一集团军首先在克里米亚发起了春季攻势，一周后占领了刻赤半岛，苏军被俘17万人。7月4日，德军攻占了塞瓦斯托波尔要塞，再次俘虏苏军10万人，至此，整个克里米亚都被德军占领。

6月28日，德军两个集团军群从库尔斯克东北到斯大林诺一带发动全面进攻，很快攻入了顿河河曲和高加索地区，苏军被迫后撤100～300公里。7月，德军越过顿河，南面的德A集团军群继续向高加索油田区推进，北面的 B 集团军群则以斯大林格勒为目标。

此时苏军才意识到德军的真正意图，苏军最高统帅部决心在斯大林格勒组织会战。因此，苏军在西南方面军的基础上组建了斯大林格勒方面军，包括从苏军战略预备队调来的第六十二、第六十三、第六十四集团军和原西南方面军的第二十一、第二十八、第三十八、第五十七集团军及空军第八集团军，外加苏海军伏尔加河区舰队。斯大林格勒方面军包括 12 个师约 16 万人、近 400 辆坦克、2200 门火炮和迫击炮、454 架飞机。显然，苏军的力量大大低于德军。

7 月 17 日，德军和苏军在斯大林格勒远近地展开了激烈的交战，斯大林格勒战役正式开始，希特勒甚至定下了 7 月 25 日以前攻占斯大林格勒的计划。从此到 1943 年 2 月 2 日，斯大林格勒会战历时 6 个半月。

德军第六集团军分成南北两个突击集团，企图突破苏军防御，向卡拉奇总方向发起进攻，围歼顿河右岸的苏军，从西南方向对斯大林格勒发起进攻。第六集团军首先向苏军 62 集团军实施包围，同时为了吸引苏军注意力，

以部分兵力向苏军第六十四集团军发起佯攻。7 月 23 日，德军突破苏军的 62 集团军右翼防线，形势告急。

斯大林对苏军的战绩非常失望，撤换了斯大林格勒集团军的原司令员，由第六十四集团军司令戈尔多夫中将接任，并派苏军总参谋长、素有"苏军智多星"的华西列夫斯基上将作为最高统帅部代表协助指挥战事。同时，斯大林将预备队的坦克第一、第四集团军和守卫远东的 10 个师调往斯大林格勒，以加强防御。随后，斯大林发布了第二二七号命令，严厉要求苏军"绝对不许后退一步"。

7 月 25 日，德军两个步兵师和 1 个装甲师对由苏军第六十四集团军的右翼阵地发起攻击，企图在卡拉奇附近强渡顿河，从西面直扑斯大林格勒。苏军刚调来的坦克第一和第四集团军起到了很大的作用，德第六集团军由于装甲兵力不够强大而被迫转入防御态势。

7 月 30 日，希特勒又决定从 A 集团军群抽调兵力以增强 B 集团军群。8 月 1 日，装备得到了加强的 B 集团军群霍特部奉命沿科捷尔尼科沃——斯大林格勒铁路

向东北方向出击，突破了苏第五一集团军的防线，在占领了列蒙特纳亚后，开始向科捷尔尼科沃逼近。

8月3日，苏军守卫的科捷尔尼科沃失陷。5日，苏第六十四集团军的防御被攻破，但在阿勃加涅罗沃地域遭到苏军顽强的抵抗和反击。不得已，霍特只好放弃了独立攻占斯大林格勒的想法，并随之转入守势。

8月19日，德军调整部署，准备从西北、南部两个方向对斯大林格勒发起"钳形攻势"。为此，德军准备以第六集团军和霍克的第四装甲集团军的21万人，600辆坦克和1000多架飞机向斯大林格勒发动攻势。

22日，德第六集团军突破苏第六十二集团军在韦尔加奇和彼斯科瓦特卡地段的防线，强渡顿河，占领了卡拉奇，从此苏军第六十二集团军和斯大林格勒集团军切断了联系。

23日，德军迅速推进到斯大林格勒北郊的叶尔佐夫卡，并马上推进到伏尔加河，霍特第四装甲集团军从南面向北进攻，突破了苏第六十四集团军的防御，29日进至加夫里洛夫卡地域，威胁到斯大林格勒正面防御的苏军后

方。同日，德军第四航空队出动了2000多架次的飞机对斯大林格勒进行了有史以来最为强烈的狂轰滥炸，斯大林格勒陷入一片火海之中。

斯大林格勒军民对德军的进攻进行了顽强的抵抗，"市民们也拿起了武器，表现得非常英勇，在战场上可以看到被打死的身穿工作服的工人，他们那已僵硬的手还握着步枪和手枪，在被击毁的战车驾驶舱里，呆坐着被打死的工人"。

斯大林对斯大林格勒的严峻形势非常愤怒，决定将一切能够动员的兵员物资，都派往斯大林格勒地区，并任命朱可夫为最高副统帅坐镇斯大林格勒。

8月中旬，朱可夫飞到斯大林格勒，立即着手组织苏军从南北两面对德军发起几次反击。但是这些反击虽然减轻了斯大林格勒城区的压力，但还是没能歼灭伏

苏军坦克隆隆驶过已被放弃的德国小镇

尔加河的德军。而且苏军也损失惨重。

9月5日，朱可夫命令3个新锐集团军投入反击。但从早上到傍晚，苏第一集团军才向前推进了2—4公里。在斯大林强硬命令下，朱可夫命令苏军在次日再次发起冲击，但是这次冲击又一次被德军击退。10日，苏军试图通过突袭来恢复和第六十二集团军的联系，又遭到失败。到12日，苏军撤至城郭，外围防御地带已全部丧失，德军突击集团军从东北和西南方向直接指向斯大林格勒市区，斯大林格勒面临巨大威胁。

9月13日，部分德军进入市区，市区争夺战全面展开。德军首先向市中心和南部发起进攻，但是遭到守城部队的顽强抵抗。从14日开始，双方在马马耶夫岗和一号车站等城郊进行激烈的街巷战斗。苏军利用建筑物和各种路障对德军进行阻击，市区争夺战达到白热化程度。为了争夺火车站，德苏双方争夺激烈，一周内火车站13次易手。

参战的德国将军汉斯·德尔在其回忆录中写道："敌我双方为争夺每一座房屋、车间、水塔、铁路路基，甚至为争夺一堵墙、

一个地下室和每一堆瓦砾都展开了激烈的战斗。其激烈程度是前所未有的，甚至第一次世界大战也不能相比。我们早晨攻占了20公尺，可是一到晚上，俄国人又夺了回去。"

从9月27日开始，德军开始往斯大林格勒增派军队，向苏联红军发起猛攻。11月初，苏联倒霉的冬天即将来临，但是德军始终未能完全占领斯大林格勒。由于没有多少越冬物资储备，希特勒命令德军在气候完全变冷之前发动最后一次大规模进攻。一天之内，双方为争夺每寸土地、每一座房屋，都进行了异常激烈的战斗。但是由于伤亡过于惨重，德军被迫于次日停止了进攻。

红军指挥官在研究作战计划。左起为特利金、朱可夫、马里宁。

苏联最高统帅部决定发动全面反攻行动，围歼该地域的德国军队。最高统帅部也向战线两翼调集了西南方面军、顿河方面军

和斯大林格勒方面军共 110 万兵力，准备从两翼向德军实施钳形突击，围歼斯大林格勒附近的德军主力。此后，苏联开始反攻。

11 月 19 日早晨，苏军突破罗马尼亚军防线，并于次日和北翼苏军配合向卡拉奇发动钳形包围。23 日，苏军包围了德军第六集团军和第四坦克集团军，把 33 万德军困在了包围圈中。

德军司令鲍罗斯向希特勒发出冲围撤退的请求。但是刚从阿尔卑斯山赏雪归来的希特勒给鲍罗斯的回复却是：第六军团必须死守阵地，直至一兵一卒一枪一弹。

到 1943 年 1 月初，德第六集团军的阵地被压缩得越来越小，此外还要受到苏军的空中封锁，德军濒于弹尽粮绝的地步。

1 月 8 日，苏军向被围的德军发出最后通牒，敦促其投降。德军司令鲍罗斯要求希特勒准予他见机行事的权力，但希特勒再次驳回了他的请求。23 日，苏军向被围德军发起攻击行动，并占领了马马耶夫岗。此后，斯大林格勒方面军和守城的第六十二集团军胜利会师。

1 月 31 日，包括鲍罗斯在内的德军高级将领被迫投降。两天后，斯大林格勒附近的所有德军全部投降，包括 9 万名士兵和几千名军官。至此，历时 6 个半月的斯大林格勒会战结束。

斯大林格勒战役经过苏联军民艰苦的战斗，终于获得了胜利。此次战役是苏德战场的转折点，也是整个第二次世界大战的转折点。此后，反法西斯国家开始进入大反攻，而德国、日本等国家则开始步步败退。苏联红军在获得斯大林格勒会战的胜利之后，陆续收复了原先失去的苏联领土，并攻入德国本土。正如德国陆军总参谋长蔡茨勒将军所说的："我们在斯大林格勒损失 25 万官兵，那就等于打断了我们在整个东线的脊梁骨。"

1942 年 7 月 7 日，希特勒先后动用 150 万人以上的兵力，对斯大林格勒发动了进攻。希特勒的目的是打算切断伏尔加河，控制高加索，为北上莫斯科打开一条通路。苏联红军在顽强的防御中消灭了入侵的德军，结束了苏德战争中苏军的被动局面，成为第二次世界大战的一个转折点。

1942 年 4 月下旬，苏德军经过 10 个月的激战，德军已在莫斯科城下受挫。至此，希特勒打算一鼓作气攻占莫斯科的希望化为泡影。

苏军完成了保卫莫斯科的伟大使命，但是，由于兵力、兵器上的不足，没有能够实现在各个战略方向上的预定反攻。到 1942 年 5 月，德军仍然占据着波罗的海沿岸地区、白俄罗斯、乌克兰、摩尔达维亚以及俄罗斯联邦的许多州。苏联失去了乌克兰的农业区、顿巴斯的煤和南方的巨大企业区。列宁格勒仍然没有打破德军的包围，德军距离莫斯科也只有 150 公里。

然而，整个国际政治军事形势却发生了很大的变化。1941 年 12 月 2 日，日本军国主义发动了太平洋战争，美国等一系列国家开始了对德、日宣战。1942 年 1 月 1 日，美、英，苏、中等 26 个国家在华盛顿签署了联合国家宣告，宣告参加联盟的国家与"柏林条约"成员德、意、日及其仆从国处于战争状态，在反对"柏林条约"成员国的战争中承担提供军事和经济资源的义务，不得单独与敌人缔结停战协定和条约。1942 年 5 月 26 日，苏、英签订了对德作战的同盟条约。6 月 11 日，苏、美缔结了在反法西斯斗争中的互助协定。至此，国际力量对比的变化已使法西斯德国处于不

哥萨克骑兵乘胜追击德寇

利的地位。

1942 年 5 月，德军开始调兵遣将。他们在苏德战场上投入了 620 万人的兵力，坦克和强击火炮及迫击火炮 3229 辆，火炮和迫击炮约 57000 门，作战飞机 3395 架。他们准备对苏联发动新的攻势。

勇猛的哥萨克骑兵给战马饮水

德军在莫斯科的失利，是自苏德战争爆发以来第一次受到的不可逾越的阻挡。无奈，希特勒只好放弃全面进攻的计划，而改

为重点进攻。

希特勒认为，这个重点要放在能给苏联的战争经济以最严重的破坏，同时又能给德国的战争经济开辟新的原料来源的那条战线上发动。最重要的目标是高加索的油田，夺取高加索的油田可以减轻德国过度紧张的燃料补给。为此，希特勒决定进攻斯大林格勒。

面对德军即将发动的大规模进攻，苏军最高统帅部于7月12日成立了斯大林格勒方面军，这个方面军由预备队的第六十二、第六十三、第六十四集团军，原西南方面军的第二十一、第二十八、第三十八、第五十七集团军和空军第八集团军及伏尔加河航队编成。开始由铁木辛哥任方面军司令员，后改为戈尔道夫中将任司令员。斯大林格勒方面军中38个师中只有18个师为满员师，因为原西南方面军在战斗中损失较大。

苏军和当地居民还从顿河到伏尔加河一线，修建了工程浩大的防御工事。在斯大林格勒外围，从北、西、南三个方面构筑了四道防御线，但这四条防御线均为野战线，并不十分坚固。

会战开始时，德军兵力是苏军的 1.3 倍，坦克是苏军的 2 倍，飞机是苏军的 3.6 倍。

德军最高统帅部预定在 7 月 25 日占领斯大林格勒。

1942 年 7 月 17 日，德军第六集团军主力分为两个突击集团，开始发动钳形攻势。北路突击集团以 8 个师的兵力从彼弄列拉佐夫斯基地域，分别向卡拉奇实施向心突击，企图围歼在顿河大弯曲部的苏军，尔后从西南一举攻占斯大林格勒。

德军第六集团军先头部队首先在顿河的切尔河和齐姆良河地区对苏军的第六十二、第六十四集团军的前沿阵地发动了猛烈地进攻。苏军进行顽强地抵抗，数天后，苏军边打边退，到了 22 日各支队已退守到主要防御地带。

7 月 23 日，希特勒命令德军在加强顿河一线防御的基础上，猛攻斯大林格勒，迅速消灭那里的苏军，占领该城，封锁顿河至伏尔加河之间的陆上交通和顿河上的航运。

紧接着，德军以 5 个师的兵力对苏军第六十二集团军的阵地发动了进攻，并进至苏军主要防御地带前。

情况非常危急，7 月 28 日，斯大林发布第二二七号令，指出

遭苏军突然袭击后的德军机场飞机残骸

苏德战场南部的危险，要求苏军坚决进行抵抗，寸土不让，直至最后一滴血……并提出了"绝不后退一步"的口号。

德军为了迅速地拿下斯大林格勒，重新部署了战局。7月30日，德军又将第四坦克集团军调到了斯大林格勒西南方向，沿科捷尔尼沃一斯大林格勒铁路线发动了新的进攻。与此同时，希特勒还向德军下达了命令：从行进间实施突击，从南面攻入斯大林格勒，造成对斯大林格勒方面军两面夹击之势。

苏军第五十七集团军的防御战线长达200公里，而且兵员不足，只能一面阻击一面后撤。

8月中旬，德军又加强了南北两个突击集团。8月19日。德军从北路和南路同时对斯大林格勒进行向心突击。德军动用了21万人，2700门大炮，百辆坦克，千架飞机，经过3天的艰苦作战，德军北路终于突破了苏军的防御强渡顿河，于8月23日进至斯大林格勒市区以北的伏尔加河畔，对市区造成了严重的威胁。从南路进攻的德军也于8月29日前凸到加夫里洛卡地域，威胁着斯大林格勒正面担任防御的苏军后方。9月13日，德军两路人马开始对城市南部和中部发起进攻。

苏军最高统帅部也下达命令，要求斯大林格勒地区的苏军采取一切措施守住阵地，消灭步步逼近的德军。于是苏军从南北两个方向对德军侧翼实施了强大的反击，削弱了德军的力量。8月23日，为了消灭伏尔加河畔的德军，斯大林格勒方面军曾一度进到伏尔加河畔，将德军切为两段。但第二天，德军就以其强大的反突击又恢复了他们的联系。8月25日，斯大林格勒方面军司令部宣布全城处于戒严状态，并号召全市居民保卫自己的城市，苏联国防委员会还向斯大林格勒地区补充了兵力、弹药，并以物资进行支援。

8月26日，苏联国防委员会任命朱可夫为最高副统帅。

8月29日，朱可夫飞抵斯大

林格勒前线卡拉奇以北约3公里的卡梅申—斯大林格勒方面军野战指挥所，与总参谋长华西列夫斯基和司令员戈尔道夫等高级指挥官共同研究战局后，决定9月3日从北面由近卫第一集团军发动攻势，但进展不大。

9月3日，苏军第二十四、第六十六集团军和近卫第一集团军，于9月5日拂晓对德军进行了空袭和轰炸，随后又进行了冲击，但由于德军的顽强抵抗，苏军只前进了2~4公里。

同天中午12时，德军出动飞机大炮，开始了全线进攻。100辆坦克排成方队，向北面方向进攻，最后距苏军指挥所只有2公里之遥，苏第六十二、第六十四集团军在强大的德军压力下，不得不向后撤退，一直退到了斯大林格勒城下的最后阵地。

此时，斯大林格勒的苏军防御前沿，距市区只有2~10公里。德军的突击集团已从东北和西南直接指向斯大林格勒市区。

在经过连续13天的战斗后，德军终于于9月25日占领了市南和市中心的部分地区，并前进到伏尔加河河面，所有渡口都处在了德军的枪炮火力控制之下。斯大林格勒，几乎没有一座建筑物、工厂、住宅保持完整。

9月28日，苏军最高统帅部将斯大林格勒方面军改为顿河方面军，命罗科索夫斯基中将为司令员；东南方面军改称斯大林格勒方面军，命叶廖缅科上将为司令员。两个方面军直接由苏联最高统帅部指挥。

10月5日，斯大林命令叶廖缅科在任何情况下都要坚守城市，把每幢楼帛，每条街道作为堡垒，抗击德军的进攻。每一座房屋，只要有苏联的军人，哪怕只有一个人，也要成为敌人攻不破的堡垒。于是，苏军在连营里，除了已有的班之外，又组织了新的战术单位——突击小组。

尽管炮火连天，弹片横飞，炮击和轰炸的喧器声此起彼伏，震耳欲聋，被炸毁的工厂成了苏联人的抵抗中心。一些工厂就是在炮火纷飞中修理坦克和其他武器的。如果工厂被炸得无法生产，工人们便拿起武器与正规部队一样，投入战斗。

10月14日，希特勒向德军下达了命令：除斯大林格勒外，整个苏德战场转入战略防御。在斯大林格勒方面，德军又开始了第三次进攻，企图通过这次攻击来夺取决定性的胜利。德军的进攻，

世界通史

最新整理图文珍藏版

最后进至伏尔加河，在约 5 公里宽的地段上，集中了 2 个坦克师、3 个步兵师，出动了 2000 架次飞机作为支援轰炸市区。战斗空前激烈，仅朱可夫元帅的司令部里就有 61 人牺牲。

10 月 15 日，德军突破防线攻占了拖拉机厂，冲到了伏尔加河边。17 日，苏军第一三八师赶来增援工厂区的战斗。苏军的顽强抵抗，大量的杀伤了德军，终于迫使德军减弱了进攻的势头。

1942 年 11 月 19 日，苏联红军完成了集结，开始了战略大反攻。

参加反攻的苏军有 110 万人，15000 余门大炮，1400 余辆坦克和 1400 架飞机，共编成 3 个方面军：顿河方面军、斯大林格勒方面军和西南方面军。

苏军部队召集丹泽市民集会，市民大多怀有恐惧心理。

此时，在斯大林格勒方面作战的德国军队共计 80 个师计 101 万人，1 万余门大炮，600 余辆坦克和 1200 架飞机。

苏德两军的军力对比发生了变化。苏军在坦克和火炮上已有优势。双方的航空兵几乎是拥有同等数量的飞机，但此时德军的燃料基本上已消耗殆尽，而且苏军飞机发动机在性能上也较德军优良。

苏最高统帅部考虑到交通线的重要，首先恢复已被德军破坏

被苏军解放的波兰城镇难民返回家园

的铁路、桥梁、车站，并修建了新的交通线。从1942年10月到1943年2月共修建了1160公里长的铁路支线，恢复了1958公里的路线和293座铁路桥，保证了斯大林格勒地区的交通运输。

1942年11月19日7时30分，苏最高统帅部下达了进攻命令。按照这一命令，集结在3个狭长突击地带上（总长度28公里）的大炮和迫击炮向预先侦察到的目标一齐开火。在实施了一个小时的破坏性射击和20分钟的压制性射击后，8时50分，支援步兵的坦克群首先发起进攻。苏军在斯大林格勒的大反攻正式开始了。

22日夜间，苏军占领了顿河桥，并分批强渡顿河。

为了迅速断敌退路，防止德军龟缩，苏军第二十六坦克军军长罗金少将决定利用夜晚，先夺取敌纵深卡拉奇附近顿河上唯一剩下的一座桥梁。22日凌晨3时，他命先头部队的上百辆坦克全部打开车灯，成纵队沿着从奥斯特罗夫到卡拉奇的公路，穿过德军数十公里的防御阵地向大桥开进。

苏军的先头部队迅速控制了左右河岸，并发出信号弹，通知后续部队加速前进。德军发现中计，但为时已晚，苏军坦克里应外合，迫使德军向两翼败退。苏军第二十六坦克军固守在桥梁附近，切断了敌军的退路，粉碎了敌人向西面德军靠拢的企图。4天之后，苏军两支先头部队在斯大林格勒的正西面、德军第六集团军背后20公里的地方会师，这一会师不仅决定了斯大林格勒城内25万德军士兵的命运，而且标志着第二次世界大战在苏联战场上的转折。

斯大林格勒方面军于11月20日拂晓从城南发起反攻，突破了罗马尼亚第四集团军的防线后，向西北推进。

伏尔加河东岸的苏军也开始了反击。他们向城内的德军阵地发起了猛烈地炮击。斯大林格勒正北面的顿河方面军也发动了攻势。自11月22日起，他们与斯大林格勒方面军一起对德军进行压缩。至11月30日，苏军已完成了对德军共22个师33万人合围，将其压缩在1500平方公里的地域之内。

希特勒在苏军的强大攻势面前，并没有认清形势。他一再命令被围的德第六集团军守住斯大林格勒和伏尔加前线，第六集团军的处境已是非常艰难，甚至可以说是毫无希望。他们天天盼望的是希特勒大发慈悲，对他们采取援救行动。

为了稳住战局，希特勒又在高加索、沃罗涅什、奥廖尔和法国等各战场搜罗了10个师的兵力，拼成"顿河集团军群"，委派列宁格勒前线的曼施泰因指挥，前去解救斯大林格勒的第六集团军。希特勒向"顿河集团军群"下达的命令是坚守斯大林格勒。

12月12日，援军沿着铁路线北上，不顾一切伤亡地向斯大林格勒方向猛冲。

12月19日，援军同苏军在卡尔穆克草原展开了激战。21日打到了米什科沃地区。这时，德援军同第六集团军防守的外围只有40公里。精疲力竭的德军人员与技术兵器受到了重大损失。苏军发动了新的攻势，紧追退却之敌。12月20日苏军占领了科捷利尼科夫斯基，把德军其他部队从斯大林格勒推出200至250公里以外，德军的阵地被压缩得越来越小，空运补给几乎中断，已是弹尽粮绝。

德第六集团军对于他们的处境非常清楚，他们一再请求希特勒准许他们突围。但希特勒却要求他们"死守斯大林格勒"。

在东普鲁士战中，苏军自行火炮向前推进，德军退向柏林。

气温下降到零下30度，德军大批官兵被冻伤。另有数千人患有伤寒痢疾。由于苏军的空中封锁，靠空运维持供给日甚艰难。德军每日所需的作战物资最少为750吨，但实际上运到的每天还不足100吨。1943年1月6日只运到了45吨，1月21日起空运则停止。

1月8日，苏军指挥部向被围德军发出了最后通牒，命令他们停止抵抗，缴械投降。但德第六集团军拒绝了苏军的要求。

1月10日，苏军围歼德军的代号为"指环"的作战计划开始实施。5000门大炮一齐射向包围圈内的德军。在炮兵强大火力掩护下，苏军的坦克和步兵发起冲击，德军全线溃退。仅6天的时间，德军的阵地就缩小了一半。

苏军再次敦促德军投降，德军再次拒绝。1月16日晨，苏军占领了皮托姆尼克机场。22日苏军发起全线总攻，切断了古姆拉克的铁路线，占领了斯大林格勒南部，夺取了古姆拉克机场，激战4天后，德军只剩下南北长20公里，东西长3.5公里地带。

1月26日晨，苏军实施了决定性的突击。当天傍晚，苏第二十一集团军由西向东进攻，驻守市区的第六十二集团军由东向西进攻，在"红十月"工厂住宅区和马马耶夫高地胜利会师，将德第六集团军切割成南北两部分。1月27日起，苏军开始缩小包围圈。1月29日，苏军前凸到市中心。三天的时间里，德军15000人放下武器。一支罗马尼亚部队带着全部武器和装备集体向苏军投降。

1月30日，苏军直逼市中心。1月31日中午12时，刚被希特勒擢升为陆军元帅的德第六集团军司令保卢斯和他的助手们向苏军宣布投降，他们先被送往苏第六十四集团军司令部，然后又从那里出发送往顿河方面军司令部。

但德军北部集群拒绝投降。在苏军的突击下，他们企图向城北逃窜。苏军决定用炮兵猛烈轰击德军。2月1日，全部炮火轰鸣起来，空军也实施了轰炸。2月2日，德军残部集群终于投降了，伏尔加河岸的战斗停止了。

至此，被围德军全部投降。1名陆军元帅，24名将军以及大约9万名官兵成为苏军的俘虏。

苏军胜利了，经过200个昼夜的激战，苏军总共消灭德军66个师，约150万人，占其苏德战场总兵力的1/4，击毁和缴获德军坦克及强击大炮3500多辆，火炮和迫击炮12000多门，飞机3000架。从此，苏军掌握了苏德战场的战略主动权，为第二次世界大战中反法西斯力量走向胜利奠定了基础。

希特勒为了挽回颓势，实行全国总动员。他乘西线还没有开辟第二战场，调集东线的精锐部队，配备了新型武器、大量弹药和装备，并委任了经验丰富的优秀指挥官（曼斯坦因等），于1943年7月在苏德战场上发动了第三次夏季攻势。德军在库尔斯克100多公里长的狭窄地段，以90万兵力，配备了包括新式的"虎型"、"豹型"坦克和"裴迪南"自行火炮在内的近2700辆坦克，上万门火炮和2000多架飞机，实行重点进攻，从南北两个方向夹击在库尔斯克突出部的苏联两个方面军，企图来一个"德国的斯大林格勒"，再次夺回战场主动权。由于1943年夏季苏军在兵员和装备的数量和质量上已占优势，事前又获悉了德军的意图和可能进攻的具体时间，所以不像在莫斯科和斯大林格勒那样被迫应战，而是先敌行动，调集了约133万兵力，3400多辆坦克，近2万门火炮和2100多架飞机，还在后方集中了大量预备队待命。这是苏军预先计划好的一次以逸待劳后发制人的防守反击战。

战役从7月5日开始到8月23日结束，大体分为两个阶段。7月5日至11日是苏军防御阶段，7月12日至8月23日是反攻阶段。7月12日在普罗霍罗夫卡发生了二战中最大的坦克战，双方投入了约1200辆坦克。德军损失惨重，战役由此转折，苏军经过50天浴血奋战，歼灭德军约12万，消灭坦克师和机械化师约1/3。经过莫斯科、斯大林格勒和库尔斯克三次鏖战，德军一蹶不振。第三次夏季攻势也是它在苏德战场上最后一次攻势。库尔斯克战役标志苏德战场转折的完成。从此，苏军完全掌握了战略主动权，并展开全线反攻。

"火炬"作战计划

英军在阿拉曼发动进攻两星期以后，美英联军在法属北非登陆，实行"火炬"作战计划。

1942年6月，丘吉尔提出实行由美英联军在北非登陆的"体育家"计划。对英国来说，把作战的重点放在北非，既可以避开德国的主力，减少损失，又可以确保英国在中近东和非洲的战略地位。6月17日，丘吉尔偕同英

盟军士兵登上战船开始撤退

国三军参谋长飞往华盛顿。丘吉尔在罗斯福面前强调在法国过早登陆的缺点和危险，力主暂时放弃在法国登陆、开辟第二战场的

计划，而执行"体育家"计划。

罗斯福考虑到，如果轴心国在北非取得胜利，立即会危及苏伊士运河和中东油田的安全，敌人还可能占领法属北非和西非，使南大西洋航线、甚至南美洲西海岸都面临危险。此外，德军有可能利用西班牙、葡萄牙及它们的属地。罗斯福排除了美国三军参谋长的反对，于7月25日同意实行"体育家"计划，其条件是不放弃1943年春天在欧洲登陆的计划。在丘吉尔的建议下，这一计划的代号改名"火炬"。双方同意由美国人担任司令官。

7月26日，马歇尔通知艾森豪威尔出任这次战役的总司令。登陆时间定在11月8日。登陆地点选在卡萨布兰卡、奥兰和阿尔及尔。罗斯福提出，为了减少和避免北非法军的抵抗，应使这次

登陆部队保持纯美军的外表。因为英军曾在奥兰、达喀尔和叙利亚同法军发生过武装冲突，法国人敌视英国。丘吉尔同意了罗斯福的意见。

8月12日，丘吉尔飞往莫斯科，向斯大林通报了"火炬"作战计划，并说这就是准备在1942年开辟的第二战场。他解释了1942年不能在法国登陆的原因，企图取得苏联方面的谅解和支持。

法国在北非拥有20万人的兵力，能否把这支部队争取到盟国方面来或使法军的抵抗减弱到最低限度，这是盟军能否顺利登陆作战的关键。为争取法军的合作，美国驻北非的首席外交代表罗伯特·墨菲展开了积极的外交活动。他说服法国驻阿尔及尔防区部队司令马斯特将军、卡萨布兰卡防区司令贝图阿尔将军与盟军合作。

1940年，敦刻尔克海岸，等待渡海撤退的盟军。

世界通史

最新整理图文珍藏版

应马斯特的请求，艾森豪威尔的副手马克·克拉克将军秘密潜入阿尔及尔以西约60英里的一所别墅与法国代表会晤，商讨策应办法。这次秘密会议决定让吉罗出面号召法军停止抵抗并与盟军合作。吉罗在1940年5月任陆军司令官，曾被德军俘虏，越狱逃跑到法国南部。11月7日，美国人设法把吉罗从法国南海岸的一个地方接到直布罗陀艾森豪威尔的临时司令部。盟军许诺让他作北非法国军政首脑。

11月8日凌晨，由650多艘船舰组成的三支特混舰队，浩浩荡荡分别开到卡萨布兰卡、奥兰和阿尔及尔。三路盟军在预定的地点登陆。由于得到马斯特、贝图阿尔等法国将军的策应，登陆比较顺利。

巴顿指挥的24500人的美国部队在卡萨布兰卡附近几个地点同时登陆。由于法国驻摩洛哥总督诺盖将军和实际负责卡萨布兰卡地区防务的米歇勒海军上将开始不愿合作，对登陆作了一番抵抗。法军的火力很快被压下去。11月10日，诺盖收到达尔朗发布的停火令，遂命令法军停止抵抗。

一支18500名的美军在奥兰东西几个地方登陆，分东、西、南三路向奥兰城进军，在前进过程中遭到不同程度的抵抗。11月10日上午，美军两支轻装甲纵队从南面攻进奥兰城内，法军宣布投降。在三天战斗中，美军伤亡不到400人。

9000人组成的英美联军在阿尔及尔的登陆得到马斯特及其同僚的策应，更为顺利。英美军队在阿尔及尔东西两侧多处海滩同时登陆，法军只在几个地点作了一番抵抗，未能阻止盟军顺利推进。

11月9日早晨，克拉克和吉罗飞到阿尔及尔。在此以前，暗通盟军的法国人曾以吉罗的名义，作了一次广播讲话，宣布他将领导法属北非，并命令法军停止抵抗。但北非军政当局不愿接受吉罗的领导，他们要根据达尔朗的指示行事。盟军别无他法，求助于达尔朗。达尔朗是法国战斗部队的总司令，贝当的继承人。他正在阿尔及尔探望得了小儿麻痹症的儿子。在墨菲的周旋下，达尔朗于8日晨向贝当发出电报，说"局势日益恶化，守军将无法支持"，要求贝当授权他便宜行事。贝当复电授予他所要求的全权。8日下午6时45分，达尔朗向阿尔及尔地区的法军和舰只发布停火令。当天下午7时，阿尔及尔投降，达尔朗也落入盟军手中。

10日晨，克拉克要求达尔朗命令法属北非各地立即停火，否则就要扣留他。达尔朗被迫于10日上午10时20分发出停火令，他宣布"以贝当元帅的名义"，掌握法属北非的全部权力。

盟军在北非登陆以后，德国立即向维希政权施加压力，要后者接受德国的"军事援助"。没有等到维希当局正式答复，希特勒就撕毁1940年的停火协定，于11月10日命令他的部队同意大利军队一道在午夜开进未被占领的法国地区。意军占领了科西嘉岛。

德意军侵占法国南部反而有利于盟军稳定北非法国人的情绪。当这一消息于11日传到北非时，达尔朗说，由于德国人破坏了停战协定，他可以毫无拘束地与美国人合作了。

鉴于停泊在土伦的法国舰队有落入敌手的危险，达尔朗应克拉克的要求，打电报给土伦舰队司令，要他把法国舰队开到北非港口。达尔朗还命令突尼斯的法军参加盟军一方作战。

13日，达尔朗与艾森豪威尔达成协议。根据协议，达尔朗任法属北非高级专员兼海军总司令，吉罗任地面部队和空军部队总司令。盟军得到了利用港口、铁路

第二次世界大战中，盟国空军在B–18A轰炸机的鼻翼装上雷达，改成反潜飞机。

和其他设备的保证，并得到了在法属北非调度军队所需要的法律权利和特权。盟军为了把法国人拉到自己一边作战，小心翼翼地避免军事占领的做法。

达尔朗是一个声名狼藉的附敌分子。英、美两国同达尔朗达成的协议一经传开，立即引起抗议的浪潮。舆论谴责这是一桩卑鄙龌龊的勾当。12月24日，一名法国青年开枪打死达尔朗。这一事件使罗斯福和丘吉尔摆脱了窘境，也为戴高乐的"自由法国"运动与法属北非的法军合作扫清了道路。达尔朗死后，吉罗继任高级专员。

法国在土伦的主力舰队司令拉博德海军上将，既不愿把舰队

交给盟军，也不愿交给德军。11月26日，当德军企图夺取舰队时，法国海军按计划凿沉了军舰，这支被凿沉的舰队有各类舰艇51艘，计22万吨。盟军没有得到这支庞大的舰队非常惋惜，但它没有被德军夺到手却可聊以自慰。

轴心国不肯轻易放弃在北非的阵地，从11月9日开始，通过海运和空运，大举向突尼斯运兵。到11月底，突尼斯的德军增至15000人，还有9000名意军由陆路从的黎波里开来。

盟军在阿尔及尔登陆以后，英国将军安德森按计划接过这支盟军的指挥权。他指挥新建的第一集团军向东推进，去抢占突尼斯。11月17日，安德森命令部队在边境集结完毕后再向突尼斯进军。盟军兵力本来占压倒优势，因过于小心谨慎，行动太慢，未能在轴心国军队主力开到以前一举消灭它的先遣队，占领突尼斯，因此坐失良机。

盟军3000只舰船在西西里岛登陆

美英联军登陆船在北非港口准备前往西西里

12月9日，于尔根·阿尼姆元帅奉希特勒之命接替内林，任当时已称为第五装甲集团军的轴心国部队的最高司令官。他着手把德军占领的突尼斯和比塞大两个环形阵地扩大为一个总桥头堡，用绵亘100英里长的一连串哨所联结起来，分北、中、南三区防守。

盟军在11月下旬和12月发动的一系列进攻进展不顺利，不得不放弃立即攻占突尼斯的计划。而希特勒和墨索里尼受到初步胜利的鼓舞，源源不断地向突尼斯增派兵力，使轴心国的总兵力增至25万人以上。这为盟国大量消灭轴心国的有生力量提供了一个机会。

为了讨论结束突尼斯战争后盟国的战略计划，罗斯福总统和丘吉尔首相于1943年1月14日至24日在卡萨布兰卡举行重要会议。会议决定，盟军面临的任务是肃清北非的轴心国军队，并为攻占西西里岛、扩大地中海战场作准备。同盟国要在1943年动用一切力量打击法西斯国家，并支援苏联作战。会议决定任命艾森豪威尔为盟军总司令，英国亚历山大将军为副总司令，负责指挥突尼斯战线的盟军，在突尼斯战役结束以后，负责指挥西西里战役。

这次会议还促成了吉罗和戴高乐的合作。戴高乐应罗斯福总统的邀请，并在英国政府的催促下，于1月22日来到卡萨布兰卡，与吉罗商讨联合法兰西力量，争取法国解放的事宜，并于1月26日发表联合公报。

1943年1月15日，蒙哥马利向防守布埃拉特阵地的隆美尔残部发起进攻。隆美尔被迫退到突尼斯的马雷特防线。1月23日，英军在没有抵抗的情况下进入的黎波里。的黎波里港口和机场的开辟，为盟军提供了极为重要的供应基地，也为盟军加强空中攻击提供了条件。第八集团军加快了向西推进到突尼斯的速度。2月16日，蒙哥马利的先头师越过突尼斯边境，迫近有坚固设防阵地的马雷特防线。

2月23日，罗马发布命令，把轴心国在突尼斯的两个集团军组成集团军群，交给隆美尔指挥。

两个集团军共有兵力约30万人，其中有德军116000人。时过不久，隆美尔见轴心国在北非的败局已定，便于3月9日请病假，把德军交给阿尼姆指挥，飞回了欧洲。

3月20日，蒙哥马利以两倍于敌人的兵力（共约16万人）向梅塞指挥的第一集团军发起进攻，迫使轴心国部队放弃马雷特防线，于4月11日撤退到昂菲达维尔阵地。马雷特战役的胜利使第八集团军与从西向东推进的英美军队会合。盟军的兵力达20个师，30多万人，拥有1400辆坦克，以优势兵力向敌人发起总进攻。

这时，轴心国军队的地位已完全动摇。盟军海、空军的拦截活动几乎完全切断了敌人的补给线。到5月初，敌人的空军已撤到西西里，其地面部队失去空中掩护，燃料和弹药也快耗光，完全陷于绝望的境地。敌人的抵抗崩溃了。5月7日，盟军分别攻下突尼斯和比塞大两个城市。5月9日，防守北部地区的轴心国部队指挥官韦尔斯特率其残部正式投降。盟军在这一地区俘获近四万人。

5月13日，继隆美尔负责指挥轴心国部队的梅塞陆军元帅向第八集团军投降。冯·阿尼姆也带领德军向盟军投降。除了大约100人渡海或乘飞机逃到西西里岛以外，余下的轴心国部队全部被俘，总数达25万人。

盟军在北非战场的胜利，肃清了北非的轴心国军队。这一重大胜利同苏联军队在斯大林格勒战役所取得的伟大胜利以及美军在太平洋战场取得的重大胜利一起，使第二次世界大战发生了有利于反法西斯国家的根本转折。轴心国在北非的失败使意大利丧失了多年经营的海外帝国，动摇了意大利法西斯政权的基础，为最后把意大利从法西斯阵营中分离出来创造了条件。

盟军在北非战场消灭了轴心国部队大量的有生力量。在整个北非战场，轴心国军队被毙伤和俘虏90余万人，损失飞机8000架，船舰240万吨。这一重大胜利挫伤了敌军的锐气，鼓舞了反法西斯国家军队和人民的胜利信心，也在一定程度上减轻了德军对苏联的压力。

北非的轴心国军队被肃清以后，同盟国就可以比较安全地使用地中海航线了。北非的机场为地中海的航行提供了空中保护，北非的一系列港口可资利用。盟国在中东和印度的护航队不必再

英军坦克从一辆被击毁的德军坦克旁急驰而过

绕道好望角。这一胜利还确保了中东石油基地的安全，粉碎了纳粹军队通过中东与日本会师印度的狂妄计划。

盟军在北非的胜利使意大利本土和附近的岛屿都暴露在盟军的轰炸机火力之下，为盟军进攻西西里岛和意大利本土，为最后打回欧洲大陆铺平了道路。

"火炬"战役显示了同盟国联合作战的可能性。盟军在这一战役中形成了比较完整的指挥系统，为英美联军1944年6月在诺曼底登陆作战提供了经验。

鏖战大西洋

大西洋是第二次世界大战的又一重要战场，在它浩瀚的洋面上忽起忽落的战事几乎与6年的大战同时并进，因为德国人明白，只要切断这条大英帝国的海上命脉，帝国

的大厦就会倾覆，英国的抵抗就难以支撑。因此德国在发动大战前便已做了与英国争夺大西洋制海权的准备。然而由于德国在大型水面舰只方面无法与英国抗衡，仅在潜艇方面与后者相差无几，所以在大西洋海战中，德国除了以分散使用大型水面舰只，以1—2艘战列舰或巡洋舰组成小编队，把商船改装成袭击舰与盟军正面交火实行破袭战之外，还展开潜艇战，在广阔的大西洋海域对英国航运实行"打了就跑"的战术。

1939年9月3日，英法对德宣战。当天德国的早已进入大西洋的潜艇U—30号便初战告捷，击沉英邮轮"雅典娜"号，由此大西洋海战拉开序幕。9月19日德潜艇U—29号又击沉英航空母舰"勇敢"号，使英国朝野震惊；10月中旬德潜艇U—47号单艇驶

1941年12月7日，珍珠港事件结束了美国20年的孤立主义。

入英海军斯卡帕湾基地，击沉战列舰"皇家橡树"号，而U—47号却安然无恙。除袭击战舰外，德国潜艇更攻击商船，仅9月一个月，被德潜艇击沉的盟国和中立国船只就有41艘，达15.4万吨。尽管英国于9月5日便建立起护航制度，但损失仍然惨重。大西洋海战之初，英国就尝到了当年绥靖德国、愚蠢地允许纳粹发展潜艇的苦果。

为了更好地封锁破坏盟国交通线，德国还利用水面军舰不断骚扰攻击盟国运输船队，一度牵制了盟国海军很大一部分力量。从1939年10月起，盟国不得不派出大批战列舰、巡洋舰和航空母

1941年12月8日，表情凝重的美国总统罗斯福请求国会对日宣战。

舰在辽阔的海面上搜索德舰，予以打击。这种打击取得的第一个重大成果便是英国攻击在南大西洋的德国袖珍战列舰"格拉夫·施佩海军上将"号，该舰受伤后被困于乌拉圭蒙得维的亚港。由于乌拉圭政府不允许它在港内维修并限期令其离港，该舰走投无路，被迫于12月自行凿沉。

1940年德国在欧陆的胜利使它的海上形势也为之一新：希特勒获得了离大西洋更近的大陆西海岸的海港和潜艇基地，英国则失去了法国这一保卫大西洋航道的得力伙伴。一时间英国的护航力量薄弱得不堪一击，而德国海军却咄咄逼人，准备控制大西洋航线。仅战略形势骤变的第一个月6月份，德国潜艇便击沉英船

美军驱逐舰爆炸时的情景

日军袭击珍珠港

58艘，计28.4万吨。丘吉尔急呼罗斯福援助驱逐舰，直到达成"战舰换基地"的协定后，英国在大西洋的护航形势才得以改观。

但是1940年9月德国开始使用一种潜艇战新战术——"狼群战术"，即多艘潜艇结群协同作战，一旦发现盟国护航队，便由一艘搜索追击，并用无线电引导其余潜艇到场集合，抢占护航队上风，然后在水上连续数日夜袭，直到歼灭猎物为止。这种新战术初试锋芒便显示威力。9月21—22日夜，德5艘潜艇首次结群在北海攻击从加拿大驶往英国的HX—72护航运输队，击沉12艘货船；10月17—20日夜，8艘潜艇在同一水域再次袭击盟国护航队，击沉货船31艘；12月1—2日夜，又有10艘货船和1艘护航巡洋舰葬于7艘德国潜艇之手，而在这些攻击中德艇无一损失。只是冬季到来大西洋风大浪险，加上英

最新整理图文珍藏版

国护航力量的增强，以及美国扩大泛美安全巡逻区并把获悉的德国舰只的地点通报英国，使英国多次击沉德王牌潜艇，才使"狼群"受到限制而一度收敛。

1941 年春天，随着气候的回温，不仅"狼群"再度出现，而且德国大型水面舰只也再次活跃起来。刚过 5 月中旬，德国新造的航速最快的巨型战列舰"俾斯麦"号便随带新巡洋舰"欧根亲王"号驶入大西洋，以图扩大战果。5 月 24 日晨光初现之时，即与出击拦截的英舰"胡德"号和"威尔士亲王"号遭遇，于是在间距仅 14 英里之处四舰同时开火。德国两舰集中对付虽为最大但最不堪一击的"胡德"号，使其爆炸起火，几分钟内便沉入海底，"威尔士亲王"号也重弹撤离战场。随后英国派出多艘舰只和飞机搜索追击已受伤的"俾斯麦"号，终于在 5 月 26 日使其受到致命伤害，27 日这艘坚固的钢铁之躯终于在鱼雷、重炮、炸弹的轰击下成为一团火焰，缓缓沉入波涛之中。"俾斯麦"号的沉没，标志着德国计划并努力用大型水面舰只赢得大西洋之战的战略的失败，从此潜艇成为盟国航运的主要威胁。

1941 年 12 月美国参战后，德国即开始实行全面无限制潜艇战，在大西洋活动的潜艇平均每天 75 艘。1942 年，盟国船只被击沉 1160 艘，总吨位达 769.9 万吨，超过了英美建造的新舰吨位。1943 年 3 月，上百艘德潜艇集中于北大西洋中部盟国护航兵力薄弱环节，其中 40 多艘集中攻击 2 支盟国运输队，击沉 21 艘盟国船只，而德方只损失 1 艘潜艇，这是"狼群战术"最成功的运用。从英国参战到 1943 年 4 月，盟国共损失约 1000 万吨船舰，其中 80% 为潜艇击沉，德国则损失 155 艘潜艇。

"狼群"的肆虐，不仅影响到 1942 年同盟国的一切战略计划，也影响到对 1943 年的战略安排。为确保大西洋航路安全，1942 年夏天盟国调整了大西洋护航体系，英国成立了以丘吉尔为首的反潜艇战委员会，调集和投入 1000 多艘舰艇和 2000 多架飞机进行反潜艇作战，并广泛使用护航航空母舰、新式雷达、高频投影仪及深水炸弹，将护航由消极防御转为积极进攻。

盟国的战略调整在 1943 年 5 月终见成效。当月盟国以牺牲 5 艘船只的代价，击沉 31 艘德国潜艇，使大西洋潜艇战出现了根本转折，"狼群"不得不暂停在北大西洋的活动。9月—10月，"狼群"虽再度出现但又遭惨败。至此潜艇战实际已降帷幕。直到大战胜利，继续在大西洋上忽隐忽现的德国潜艇不过是为牵制盟军而进行的垂死挣扎罢了。

1943年5月大西洋战局的根本转折，与中途岛之战、阿拉曼之战和斯大林格勒战役一起，使战争局势更为明朗，盟国在全球各条战线已掌握了战略主动权。在做出新的战略决定之后，盟国将在1944年开始大反攻。

马里亚纳海空战

进攻路线之争

马里亚纳群岛是西太平洋上的一组岛屿，在东京以南大约1000余海里处。它位于琉球、台湾和菲律宾以东，北望硫磺列岛，南临加罗林群岛，由北向南成弓形延伸，形成一条长约400余海里的绵亘弧线。其中最大的岛屿为关岛、塞班岛、提尼安岛和罗塔岛。

马里亚纳群岛战略地位极其重要，它正扼中太平洋航道的咽喉，居亚洲与美洲的海上交通要冲，是美军进攻日本本土和远东的必经之路。如果马里亚纳群岛被美军占领，日本本土与东南亚的海上生命线就将被切断，台湾和菲律宾也将处在美军直接打击范围内。更为严重的是，从马里亚纳起飞的美军B-29轰炸机可以将日本本土纳入其轰炸半径。正因为马里亚纳群岛如此至关重要，日军才誉之为"太平洋的防波堤"。

美军对日本的进攻路线有3条，一是北太平洋，一是中太平洋，另一是西南太平洋，把哪里作为主攻方向是美军发动战略进攻最重要的问题。

北太平洋天气严寒，海面上风大浪急，不利于实施大部队作战，而且对日本维持其战争的生命线——本土与东南亚的海上交通起不了多大作用，无法迅速解决战争。因此，美军自1943年5月收复阿留申群岛后，就未在这个方向采取进一步攻势。

中太平洋或西南太平洋作为主攻方向的争论，在美军上层产生了尖锐的分歧。以麦克阿瑟陆军上将为代表的一方，主张在占领或封锁腊包尔之后，沿新几内亚——菲律宾轴线的西南太平洋发动进攻。他们认为这条进攻路线可以充分利用美军在西南太平洋和南太平洋业已建立的一系列海空基地，始终能够得到岸基航空兵有力支援。而且，这条路线对于进攻目标有着较大的选择余地，能够绕过日军重兵守备的地区，攻击日军防御薄弱之处。

而以尼米兹海军上将为代表的一方，认为这条进攻路线上的主要岛屿面积都比较大，日军部署的兵力也相应较多，所以遭到的抵抗一定较激烈，付出的伤亡也会大一些。而且这条进攻路线的侧翼和后方都暴露在中太平洋地区日军面前，进攻态势并不理想，只能采取步步为营的战略逐步推进，其攻击速度可想而知。相反，从中太平洋发动攻势，可将日军在太平洋上的部署拦腰截断，切断日本本土与东南亚之间的海上交通线，这对于日本而言是致命的。而且中太平洋所要夺取的，大多是相距遥远的一些面积较小的珊瑚礁和岛屿，即便日军在这些岛屿上的防御比较坚固，也会由于面积小而力量单薄、彼此距离远而难以得到增援和补充，容易为美军各个击破。加之这条路线与美军后方基地之间的路程较近，能节省部队与运输船只，

从而迅速结束战争。

表面上看是进攻路线之争，实际上却反映出美国陆海军之间的深刻矛盾。因为如果从西南太平洋发起攻击，主要依靠陆军实施地面进攻，海军只不过担任保护海上运输、以海空火力支援地面作战，并掩护陆军近海侧翼的次要任务。而从中太平洋展开进攻，关键是掌握制空权与制海权，海军的航母编队将是绝对的主力。由于所需占领的岛屿面积较小，地面战斗只需要小规模陆军部队，海军才是主角。因此这场争论，双方都分别得到了陆海军头面人物——陆军参谋总长马歇尔上将和海军总司令金上将的鼎力支持。

由于这个问题事关重大，美国参谋长联席会议进行了极其慎重和细致的研究，最后决定采取以中太平洋为主、西南太平洋为辅的双管齐下战略。这样既可避免单线进攻易遭日军集中全力抗击和暴露侧后的危险，又能迷惑日军，使其难以判断美军的主攻方向，分散日军兵力和注意力，为战略进攻的顺利实施创造有利条件。

之所以选择中太平洋为主攻方向，还有一个原因，就是随着美国军事工业全面转入战时生产，

大批航空母舰和登陆舰艇的建成服役，使中太平洋的海军部队拥有了一支以航母为核心的具有极高机动力和极强突击力的舰队，能够确实保证掌握制空权和制海权。

根据参谋长联席会议的决定，美军先后组织了新乔治亚岛战役、吉尔伯特群岛战役、马绍尔群岛战役，随后的进攻矛头直指马里亚纳群岛。

"阿"号作战计划

日本海军联合舰队在1944年1月开始的马绍尔群岛战役中，不但没能出海迎战，反而退至帛琉群岛，直接导致了马绍尔群岛于4月失守。这引起了日本内阁和陆军对海军的强烈不信任，甚至有些人提出放弃马里亚纳群岛，但日本大本营非常清楚马里亚纳的重要性，决定沿千岛群岛、小笠原群岛、马里亚纳群岛、加罗林群岛和新几内亚群岛西部建立必须绝对予以确保的防线——"绝对国防圈"，马里亚纳是该防线的核心。

日军自1944年2月起，开始着手加强该地区的防御。由于以前马里亚纳群岛是海军负责防御，岛上的陆军部队很有限，大本营计划将中国战场上的第3和第13师团调往中太平洋，以加强该地区的地面部队。但这两个师团在中国战场上一时无法脱身，大本营只好于2月10日将驻中国东北的关东军第29师团调到马里亚纳，陆军部还将新组建的8个支队也调到该地区。

2月25日，日军大本营将中太平洋地区所有陆军部队整编为第31军，由小烟英良中将任军长，规定该军服从于联合舰队司令的调遣。从3月起，日军进一步动员大批船只向该地区调集部队，至5月下旬，31军已拥有5个师团又8个旅团，分别防守马里亚纳、特鲁克、小笠原和帛琉等岛屿。其中部署在马里亚纳群岛的是2个师团又2个旅团，约6万余人。但防御工事才完成工程量的一半，计划要到11月方能完成。此时，火炮掩体几乎没有，地雷和铁丝网也没铺设，总体防御根本谈不上坚固。

日军企图在第一航空舰队和第一机动舰队实力有所恢复后，寻找战机与美军决战，争取扭转战局。决战计划原是联合舰队司令古贺峰一海军大将（1943年4月18日，山本五十六在从新不列颠岛北端的腊包尔起程，前往位于腊包尔东南方的前线航空基地视察途中，被美海军少将米切尔成功拦截，山本死后由古贺峰一接任联合舰队司令）主持制定的，代号为"阿"号作战。

根据"阿"号作战计划，第5岸基航空队和第1机动舰队的舰载航空兵将在马里亚纳群岛对来犯之敌实施两面夹击，以抵消美军航母编队舰载机在数量上的优势。日本海军计划用于马里亚纳群岛决战的主力第1机动舰队是1944年2月由第2第3舰队合并组成的，几乎包括了联合舰队所有主要水面舰艇，共有航母9艘，战列舰5艘，巡洋舰14艘，驱逐舰31艘，舰载机439架，由小泽治三郎海军中将任司令，具体编制如下：第一航空战队：大凤、瑞鹤、翔鹤3艘航空母舰，第601航空队，作战飞机225架；第2航空战队：隼鹰、飞鹰、龙凤3艘航空母舰，第652航空队，作战飞机130余架；第3航空战队：千代田、千岁、瑞凤3艘航空母舰，第653航空队，作战飞机90架。

日军大本营也深知这支舰队与美军太平洋舰队的航母编队在实力上存在较大差距，所以决定第5岸基航空队与之配合作战，充分发挥舰载航空兵与岸基航空兵的协同威力。第5岸基航空队

分为3部分，分别部署在帕琉、马里亚纳和雅浦3地，每一处的航空队都拥有战斗机、轰炸机、攻击机和侦察机。日本大本营还在"阿"号作战计划中明确指出："集中我大部分决战兵力，准备在敌军主要反攻的正面，一举歼灭敌舰队，以挫败敌军的反攻企图。"

自圣克鲁斯航空母舰大战之后，日本人还重建了自己的航空母舰兵力。第一机动舰队现拥有的9艘航空母舰之一的3.3万吨级的"大凤"号就装上了厚厚的装甲飞行甲板，可以承受住美军俯冲轰炸机投下的炸弹攻击。同时，还得到了一大批新型的舰载机，其中包括改进型"零"式战斗机、"天山"式舰载鱼雷攻击机。这种舰载机全长10.86米，翼展14.89米，重5.2吨，时速为482公里，可携带1枚800公斤炸弹或1条改进型鱼雷，机载2挺7.7毫米机枪。这些新型战机的特点是：速度快、灵活性好、攻击力强。

但是，由于飞行员损失过多，来不及补充，使日军缺少具有实战经验的飞行员和机组人员，派到航空母舰上去的飞行员几乎没有经过多少训练。一位日军飞行教官这样说："海军迫切需要飞行

员，那些在战前甚至连做梦也没想过能接近战斗机的人，现在都被派去驾机打仗了。"

3月31日，古贺在前往菲律宾途中座机遭遇暴风，机毁人亡。丰田副武海军大将接任联合舰队司令。

5月3日，丰田接到了大本营发起"阿"号作战的指令，他随即向所属各部下达了作战指令。但是，日军大本营被美军的"双管齐下"所迷惑，一直认为美军的主攻方向是在新几内亚群岛西北部和加罗林群岛西部，将帕琉群岛海域作为决战地域。因此，错误地将兵力调往新几内亚群岛，而马里亚纳群岛的防御被严重忽视了。

6月11日，美军航母编队开始袭击马里亚纳群岛，日军仍认为这是美军牵制性的行动。直到6月13日，美军登陆编队出现在塞班岛海域，并开始炮击塞班岛，这才清楚美军的意图。联合舰队司令丰田副武于当天下午17时30分下令暂停在新几内亚群岛的作战，并命令第17机动舰队和第5岸基航空部队调去新几内亚群岛参战的部队火速归还建制。

此时，第5岸基航空部队已在新几内亚群岛遭到不小的消耗，

而且飞行员中很多人得了"登革热"病，无法执行作战任务，日军只得从横须贺海军航空兵中抽调120架飞机组成8幡航空队，由松永贞市中将任司令，火速南下参战。

6月15日，丰田副武大将下达执行"阿"号作战计划的决战令，并命令小泽治三郎海军中将"进攻马里亚纳群岛海域之敌，歼灭美舰队"。5分钟后，丰田大将又发出另一封电报，重复了东乡元帅在对马海战时所发出的名言："皇国兴废，在此一战，我军将士务须全力奋战。"

小泽不敢怠慢，火速率第1机动舰队向马里亚纳出击，气势汹汹地杀向烽火连天的塞班岛海面。

"火鸡"大捕杀

在美军攻占马绍尔群岛之际，尼米兹即决定绕过日军坚固设防的加罗林群岛，直接向马里亚纳群岛开刀。以夺取西太平洋的海空控制权，切断日本本岛与南太平洋之间的海上交通线，为下一步向帕琉、菲律宾、台湾和小笠原群岛进攻打开通路，并为对日本本土实施远程轰炸创造条件。

1944年3月11日清晨，美海军司令金上将和太平洋舰队司令

尼米兹上将来到白宫，请求罗斯福总统批准立即向马里亚纳进军的作战计划。罗斯福在椭圆形办公室里接见了他们。这一天，罗斯福的身体看起来不大好，面色憔悴，双手颤抖，但他仍然是满脸笑容，充满必胜的信心。他坐在轮椅上，很仔细地听着部下的报告，并当即批准了两位将军的作战部署。同时又指出，即将打响的马里亚纳群岛之战，很可能是太平洋战争最后的一次大海空战，必须抓住这一战机，彻底打垮敌人。最后议定，此次马里亚纳作战的主攻方向是塞班岛、关岛和提尼安岛。

商定完作战计划之后，罗斯福又用手中长长的指示杆指点着墙上那幅太平洋海图。只见他手中的指示杆从琉磺列岛起，经塞班岛、关岛向东，一直点到雅皮岛附近为止。罗斯福两眼坚定而冷峻地注视着海图，就像一位严谨的教师向学生提出问题一样，对尼米兹将军问道："请问将军，你知道这一带是什么地方吗？"

"报告总统阁下，这一带长约2000公里，海水深度约8000余米，最深处1.1万多米，是已知的太平洋最深处。总统阁下，您所指的这一条弧线被称作马里亚纳海沟，也称作西太平洋大海沟。"

尼米兹海军上将出于一种职业的本能和丰富的海洋知识，对罗斯福的提问对答如流。

"哈哈，切斯特，你真不愧是美国海军的统帅！"罗斯福眨动着绿色的眼睛，高兴地说，转而又严肃地叮咛道："我以盟军最高统帅的名义命令你，并请你向麦克阿瑟将军转达，你的舰队在麦克阿瑟将军配合下，必须在马里亚纳海域给日本联合舰队开掘一个最后的坟场。"

"是，总统阁下！"

当天中午，他们在总统办公室里共进午餐。饭后，尼米兹将军立即飞回太平洋，带着美国总统的命令冲锋陷阵去了。

尼米兹将军到达珍珠港后，马上亲自组织制定了代号为"征粮者战役"的马里亚纳作战计划，并将 D 日（登陆日）定在 6 月 15 日。

为保证"征粮者战役"的顺利进行，尼米兹将军在战前积极进行了各项战役准备。在马绍尔群岛扩建和新建的海空军基地，集中了尽可能多的兵力：登陆兵力 12 万多人，支援作战的舰只 640 余艘，其中仅米切尔海军中将的第 58 快速航空母舰特混舰队就有各型舰只 90 余艘，轻重航空母舰 15 艘，作战飞机 956 架。这样，再加上第 7 航空队的岸基飞机 620 架，就有将近 1600 架作战飞机。

1944 年 6 月 6 日清晨，几乎和盟军在欧洲开始的人类历史上最大的登陆战——诺曼底登陆战发起的同一时刻，在中太平洋上，尼米兹将军麾下气势不凡的第 5 舰队，以米切尔中将庞大的第 58 特混舰队为开路先锋，从马绍尔群岛出航了。紧接着，500 余艘各型舰船，载运着 4 个半加强师，总计 12 万余人及大量作战武器，也从四面八方浩浩荡荡地杀向马里亚纳。

就这样，日美双方共有近 3000 架飞机、21 艘航空母舰及近千艘各型战舰，一起劈波斩浪，杀气腾腾地向马里亚纳海域汇集而来，人类战争史上最大规模的航空母舰大战就要爆发了。

1944 年 6 月 12 日至 14 日，为保证登陆部队顺利上岸，美军第 58 航空母舰特混舰队在关岛以东 170 海里的海面上，出动了 208 架"恶妇"式战斗机和 240 架舰载轰炸机，对塞班岛、提尼安岛和关岛等日军基地和机场进行了猛烈的轰炸，使日军岸基航空兵

为遭到了沉重打击。据不完全统计，日军仅飞机就损失 500 余架，一下子就使第 61 航空战队的战力损失过半，这就为美军下一步的登陆和海战减轻了很大的压力。

6 月 15 日清晨，就在丰田副武海军大将下达发动"阿"号作战令的同时，美海军陆战队指挥官史密斯中将指挥两个师共计 2 万余人，于 8 时 30 分开始了对塞班岛的大举登陆，与守岛日军展开了殊死拼杀。

此时，正在指挥日军第一机动舰队向马里亚纳进击的小泽治三郎中将，闻此消息更是心急如焚，赶紧命令舰队全速前进。

小泽舰队正向马里亚纳开来的消息，正是美国人盼望已久的。因为美国太平洋舰队早就想同日军航空母舰舰队一决雌雄，想不到这一次它们竟然倾巢出动了。

真是冤家路窄，当年参加偷袭珍珠港的"翔鹤"号和"瑞鹤"号航空母舰也随小泽出动了，它们企图再展当年的辉煌。但是，小泽的第 1 机动舰队只有各型舰载机 400 余架，而其主要对手米切尔的第 58 特混舰队共有各型飞机 900 多架。小泽的兵力明显处在劣势，但小泽认为形势比较有利。小泽预计，战斗将会在关岛

最新整理图文珍藏版

附近海域日军岸基飞机的作战半径之内、美军飞机的作战半径以外的海域展开。这就是说，他可以攻击美国人的航空母舰，同时又能使自己的舰队处在美机的攻击距离之外。另外，还有一点对他有利的是，他不用像美军那样去保护登陆的滩头阵地。

这次的战阵布局与两年前的中途岛海空战非常相似，只是在角色上打了个颠倒。中途岛是日军入侵，美国人严阵以待；而马里亚纳则是美国人进攻，日本人防守。两次战役唯一的相同之处就是都以日本人失败告终。

当尼米兹将军得知日军航空母舰中有3年前偷袭珍珠港的"翔鹤"号和"瑞鹤"号时，眉开眼笑地对一位参谋说道："你赶快把电报拍给斯普鲁恩斯将军和米切尔将军，通知他们，这次海空战只要一打响，就不要放跑我们的死对头。"

"死对头？"参谋不解地问道。

"是的，日军的航空母舰'翔鹤'号和'瑞鹤'号。"

"是，将军，我立即发报。"

"告诉他们，我希望几天后就能收到他们击沉这两艘航空母舰的告捷电报。欧洲的盟军已经在法国诺曼底登陆了，这是历史上伟大的军事创举。我们太平洋舰队也不能比他们逊色。打好马里亚纳群岛这最后一次大海空战，回头我邀请在这次大海空战中有功的官兵们，到东京去共进午餐。这些话请你都写在电文里。"

"是，将军。"

1944年6月17日，收到尼米兹上将的电报后，美军中太平洋舰队司令斯普鲁恩斯将军立即向米切尔将军下达了作战命令："我航空兵力首先应摧毁敌航空母舰，然后攻击敌战列舰和巡洋舰，使其减速或丧失战斗力。以后，如敌继续求战，战列舰编队应以舰队行动歼灭敌舰队；如敌人撤退，则击沉其掉队或受伤的军舰。对敌作战，必须全力发动猛烈攻击，务求全歼。"

第58特混舰队在奉命驶入塞班岛西部海域时，为了便于作战，米切尔将舰队分为5个突击大队。具体是：

克拉克海军少将指挥的第1特混大队、蒙哥马利海军少将指挥的第2特混大队、里夫斯海军少将指挥的第3特混大队、哈里尔海军少将指挥的第4特混大队和李海军少将指挥的第5特混大队。

每个特混大队之间相距约12

海里，全部与风向成90度角一线展开。这样，每艘航空母舰就可以互不干扰，随时都能同时转向顶风方向，让飞机起飞，或者转向顺风方向，来收回自己的舰载机。就这样，米切尔庞大的第58特混舰队，在波涛汹涌的马里亚纳西部海面上已摆开阵势，严阵以待。

6月19日凌晨，马里亚纳西部海域乌云低垂，狂风大作，恶浪滚滚。作为攻击日，气候极不理想。凌晨3时30分，小泽海军中将派出了第一批16架侦察机；4点15分，又派出第2批13架侦察机；24点25分，第3批13架侦察机又腾空而起。战幕尚未拉开，小泽的3批侦察机已先后振翅向东方380海里远的海空飞去。

6时34分，首批侦察机在塞班岛以西160海里处发现了由美5艘大型航空母舰组成的一支特混舰队；第2批侦察机也发现了另一支美舰队；第3批侦察机则在关岛以西70海里处发现了由3艘大型航空母舰组成的美特混舰队。这样，小泽基本摸清了美军全部兵力的分布状况。

得到这些情报后，小泽立即制定了出击计划。他自恃日本经过改进的轰炸机和鱼雷机已成功

地将作战半径延伸到400海里，他还知道美国人的各种类型飞机由于"恶妇"式战斗机续航力的限制，仅能在220~280海里的范围内作战。因此，小泽决定从380海里的距离上实施第一次进攻，给美舰队以先发制人的打击。然后，乘美舰队混乱之机，再发起200海里乃至250海里的攻击。这就是小泽自己为之得意的新"外围歼击"战术。另外，小泽还把取胜的希望寄托于关岛等处的日本机场和岸基飞机上，事实上这些飞机根本不可能帮上他的忙。

尽管小泽还不知道大部分岸基飞机已被美国人的战机所摧毁，但当时整个形势对日本人来说还是比较有利的。因为当时发现的美舰队与小泽舰队前卫相距约为300海里，与小泽主力相距约为400海里，这正是小泽中将梦寐以求的先发制人的理想打击距离。更令小泽庆幸的是，由于美国人的侦察机巡逻半径比较小，美方至今还没有发现小泽舰队！

在这千钧一发的关键时刻，小泽海军中将一声令下，日航空母舰立即逆风向行驶，甲板上飞机的引擎瞬间即发出雷鸣般的轰鸣，决战的时刻终于来到了！

战斗进程按照小泽中将的作

战计划顺利展开：清晨 7 时 30 分，经过充分准备的第一攻击波庞大机群的引擎发出了震耳欲聋的巨响，129 架飞机，其中包括战斗机 48 架、轰炸机 54 架、鱼雷攻击机 27 架，从航空母舰飞行甲板上腾空而起，向美舰扑去。紧接着，第 2 航空母舰战队和第 3 航空母舰战队的 30 架战斗机、15 架轰炸机和 72 架俯冲轰炸机，共计 117 架飞机也不失时机地咆哮着升空。

就这样，第一攻击波由 246 架各型战机组成的庞大机群，杀气冲天地向美舰队杀来。上午 10 点整，第 2 攻击波的 82 架飞机（战斗机 20 架、轰炸机 36 架、俯冲轰炸机 26 架）又呼啸着升空，再次向美舰队冲去。11 时 10 分，第 3 攻击波的 69 架攻击机又开始了向美舰队的第 3 次冲击。

小泽中将几乎是孤注一掷地先后射出的 3 支"利箭"，共有近 400 架飞机组成，真可谓规模空前。当首批飞机全部起飞后，旗舰上的小泽司令官、吉村参谋长等人人面带喜色，确信好久没有举杯祝贺的机会终于又要来到了。舰桥上的人似乎毫不怀疑，这必将是日本帝国海军有历史意义的一天，也许是又一次对马海战。

然而，有一点却是小泽海军中将所万万没有想到的。这就是美国人新近装备的先进雷达，使小泽那近乎天衣无缝的"外围歼击"战术完全化为泡影。

上午 10 时左右，当日机第一攻击波的 246 架飞机渐渐飞到距美航空母舰编队 150 海里位置时，"列克星顿"号航空母舰上不停转动的雷达荧光屏上便出现了一片密密麻麻的亮点。

"正西 150 海里处，发现敌攻击机群！"雷达操作员立即报告。

米切尔海军中将盼望已久的与日航空母舰决战的时刻终于如愿到来了。他立即下令出击，300 多架美舰载战斗机紧急起飞，前往迎敌。不一会儿，在距美舰队 70 海里的西部海空，日美双方爆发了举世瞩目的大空战，马里亚纳海空战正式爆发了。

美军方面率首批战斗机前往迎击的是查尔斯·布鲁尔少校，只见他一马当先，11 名部下紧紧跟上来，一架接一架朝敌机飞去。布鲁尔少校首开纪录，他一开炮就使 1 架"零"式机凌空开花，当这架日机的碎片还没有坠落到大海时，布鲁尔又打断了另 1 架日机的机翼，尔后他又巧妙地甩掉 1 架"零"式机并把它打得起了火。

此时，天空中"恶妇"式战斗机与日改进型"零"式战斗机搅成一团。改进型"零"式机就像蚊子一样灵活地绕着圈，使身体粗壮的"恶妇"式战机难以接近开火。鉴于这种情况，美机马上兵分两路，一支与"零"式机继续纠缠，另一支集中力量专打轰炸机。在密集的弹雨中，10多架"1"式轰炸机先后坠入大海。片刻功夫，日轰炸机就全被打落。尔后，两支机群又一起夹击"零"式机，将日机打得只有招架之力。

美机射出的12.7或20毫米口径的燃烧弹、穿甲弹打中日机即起火，而日机的7.7毫米机枪子弹，除非击中要害部位，否则对美机根本不起作用。其中有1架"恶妇"式飞机的机翼被机枪子弹打得全是窟窿，仍然能威风凛凛地继续格斗。10分钟后，第一攻击波的日机几乎全部被击落。

此刻，为腾出飞行甲板使战斗机能够返航补充弹药、油料，米切尔将军又使出惊人的一着。他命令航空母舰上的所有攻击机全部升空，让这些既因机载火力弱无法参加空战，又因距离远无法攻击的鱼雷机、俯冲轰炸机在安全空域盘旋待命。这一出奇的招术，不仅大大地鼓舞了美军飞

行员的斗志，而且为即将来到的空战创造了有利条件。

返回的美机刚刚加油挂弹后，日军的第2波攻击机群又来临了，美机立即投入第2次大空战。只见从"爱塞克斯"号航空母舰起飞的"恶妇"式战斗机冲上去，其他航空母舰上起飞的战斗机也迅速围上来，不到几分钟就打下近70架日机。

空战最激烈时，竟有近20架日机同时中弹起火，其残骸就如同燃烧着的火炬一样慢慢坠入大海。由于前一个时期的空战使许多经验丰富的日军飞行员大量减员，这次补充的多是刚刚从航校临时抓来的学员，不仅驾驶技术不过关，而且毫无实践经验。只见天空中一架架日机，就像被猎枪打伤的水鸭子，噼哩啪啦地直向海水里扎。

就在空战最激烈的时候，米切尔将军却在飞行指挥塔里饶有兴趣地听着无线电里传出来的乱哄哄的声音。这些由叫骂声、机枪机炮射击声、爆炸声组合成的大杂烩，对于米切尔来说，就像是一曲威武雄壮的战争交响曲，一首他终生难忘、永远也欣赏不够的美妙乐曲。突然，一个清晰的声音传入米切尔的耳中："嘿！

这真像古代的捕杀火鸡呀！"米切尔将军牢牢地记住了这句话。因此，这场空前规模的大海空战就以"马里亚纳火鸡大捕杀"而著称于世了。

日军第3攻击波的69架飞机，在预定的攻击区域内没有发现美舰队，大部分飞机不战而归。其余约有24架飞机在寻找目标的途中被美雷达发现，随即从航空母舰"大黄蜂"号和"受塞克斯"号上紧急起飞了50多架"恶妇"式战斗机前往截击，不一会儿，天空中的日机便纷纷爆炸，碎片满天飞舞，20多架日机转眼之间便无影无踪了。只见空中有红色的近爆闪光、有黑色的硝烟弥漫、有洁白的降落伞穿插其间，把中太平洋那碧海蓝天搅得昏天黑地。

就这样，马里亚纳海空战以日本人的彻底失败、美国人的完全胜利而告结束。

此次航空母舰舰载机的空中搏杀，美军共出动战斗机350多架，只损失了23架飞机。而日本小泽舰队先后共出动各型飞机397架，仅有100架左右的飞机幸免于难。另外，加上随日本航空母舰一起沉没的飞机，仅在6月19日这一天，日方就损失各类飞机373架。太平洋战争中规模最大的

一次航空母舰大海空战，美国人已是稳操胜券了。

航母接连沉海

激战至此，日本人不仅空战损失惨重，航空母舰的命运也是同样不济。

19日上午8时10分，就在小泽的旗舰"大凤"号航母送走攻击队最后1架飞机时，却被正急于寻找"猎物"的美潜艇"大青花鱼"号发现了。美潜艇立即向"大凤"号发射了6条鱼雷，其中1条鱼雷准确无误地击中了"大凤"号的燃料舱。这艘标准排水量为3.3万吨、1个月以前才服役的新型大型装甲航空母舰，曾被日本海军自豪地称为"不沉的航空母舰"。按说，两三枚鱼雷的攻击对这样规模的大型航母起不了多大的作用。可不巧的是，"大凤"号中雷后产生的猛烈爆炸将舰上的升降梯毁坏，并堵塞了通

风口，使得大量可燃气体在舱内聚集起来。大约在下午2时32分左右，由于电火花而引起了惊天动地的大爆炸。当时站在舰桥上的高级参谋大前敏一大佐看见"大凤"号的飞行甲板突然"像富士山那样鲜花盛开"！下午4时28分，在夜幕降临之际，"大凤"终于在塞班岛以西500海里处沉没了。在它沉没之前，2150名舰员中只逃出了不到500人。

就在"大凤"号航空母舰遭到美潜艇攻击后几小时，即11时20分，另一艘大型航空母舰"翔鹤"号又遭到美"飞鱼"号潜艇的攻击。"飞鱼"号巧妙地突破警戒，抢占有利攻击阵位，隐蔽地向"翔鹤"号发射了6条鱼雷，有3条鱼雷直接命中。这艘饱经战火考验、曾经参加过偷袭珍珠港和珊瑚海大战的"老兵"，于下午2时，先于"大凤"号沉入马里亚纳大海沟之中。该舰上的许多舰员还不知发生了什么事，就糊里糊涂地随同他们的战舰一起沉入海底，1263名舰员中只有在甲板上的少数人员获救。

潜艇在数小时内一连击沉日军2艘巨型航空母舰，尤其是"翔鹤"号被击沉，令米切尔大喜过望。在胜利面前，他并没有过

早地满足，他想到的是如何再扩大战果。在他的一生中，指挥如此大规模海空战的机会不会太多了，他想再打一个更漂亮的胜仗。战斗机和潜艇的表现使他非常满意，但还有近200架攻击机在空中作无谓的消耗，应当让它们也去充分地表现一下。

想到这里，他马上发出命令："攻击机群注意，现在我命令你们去轰炸关岛日军机场，扔完炸弹、鱼雷后立即返航。"

半小时后，捷报传来。关岛日军机场基本被摧毁，米切尔将军终于露出了欣慰的笑容。

19日傍晚，小泽根据联合舰队司令部的命令，已开始在夜幕的掩护下向西北方后撤。此时，一封特急电报摆到了斯普鲁恩斯将军的办公桌上：我特混舰队已击沉日军2艘航空母舰，击毁日机373架，敌人已无力反抗，正在组织撤退，请求追击。落款是："海军中将米切尔，1944年6月19日16时48分。

斯普鲁恩斯将军当即同意了米切尔的请求。"追击敌航空母舰！"米切尔海军中将兴致勃勃地向全舰队发出命令。

1944年6月20日清晨，经过一夜休整补充的美第58特混舰队

4个航空母舰群中的3个立即开始追击日机动舰队。但是由于弄错了方向，向西南追去，所以直到下午4时零5分、"企业"号的侦察机才发回报告："在北纬15度35分，东经134度35分的海域发现日机动舰队，距离275海里。"

米切尔接报后，真是处于进退两难之中。如果进攻，美机就要往返700余海里的航程，这几乎是美俯冲轰炸机和鱼雷攻击机的极限，其中还不包括在作战过程中必不可少的燃油消耗。另外，此时天色已晚，攻击完后舰载机肯定要在夜间摸索返航，而他手下的飞行员只有少数人能在夜间降落，危险太大。但如等到天亮再攻击，又会白白失掉这次摧毁日舰队的机会。

"飞机起飞！"经过反复考虑，米切尔还是决定要冒一次险。

不到10分钟，216架飞机，其中包括77架SBD"无畏"式俯冲轰炸机、53架TB"复仇者"式鱼雷攻击机和86架"恶妇"式战斗机，从10艘航空母舰的甲板上腾空而起，迎着夕阳向西飞去。

18时23分，美机发现海面上的日军油船；18时30分，终于发现了庞大的小泽舰队。该舰队有6艘航空母舰、4艘战列舰、11艘巡洋舰和22艘驱逐舰，分为3路纵队，每路纵队间隔10海里，舰尾部划出的白色航迹给美机指明了攻击的目标。

"首先攻击敌航空母舰！"空中指挥官命令道。美各型战机迅速进入攻击航向，美JB"复仇者"式鱼雷机开始降低高度，SBD"无畏"式俯冲轰炸机开始爬高，只有"恶妇"式战斗机仍保持原先的飞行高度，整个美攻击机群形成立体攻势，就像一阵龙卷风般袭向日舰。

小泽见状，赶紧下令所有的舰载机全部升空迎战。虽说是全部，但也只是很勉强地拼凑了75架飞机。这点可怜的兵力又怎么能够阻挡得了强大的美攻击机群呢！小泽的心中非常下安。

只见天空中美"恶妇"式战斗机就像老鹰捉小鸡似地冲向日机，将这些倒霉的日机一架接一架地打落海中。"复仇者"式鱼雷攻击机冒着日舰几乎呈齐射状态的高射炮火，开始投雷，一条条鱼雷在光线很暗的海面上高速向日航空母舰冲去。俯冲轰炸机如饿虎扑食，在夕阳的余晖下冒死攻击，冰雹般的高爆炸弹凌空而下，在海面上掀起森林般的冲天水柱。

日本"飞鹰"号航空母舰在炸弹和鱼雷的联合攻击下，舰面腾起熊熊大火，很快就摇摆着巨大的身子一头扎入海底；"瑞鹤"号航空母舰、"隼鹰"号航空母舰和"千代田"号航空母舰也分别被雷弹打得伤痕累累，舰身严重损坏。激战中，小泽又损失了65架飞机。

另外，美部分俯冲轰炸机误将跟在航母后面的2艘油轮当作航空母舰，对其进行了猛烈的俯冲攻击，500公斤炸弹就像冰雹般地砸向日油轮，仅两三分钟，2艘油轮先后爆炸起火，瞬间即沉入大海。

乐极生悲

19时，空战结束。当时天空既没有月亮，也没有星星。

返航的漫长旅程对美飞行员来说犹如噩梦一般，飞行员一个接一个地报告燃料即将用完。

20时15分，美机在暗夜之中总算返回了自己的"家"。可为了防止日机和日潜艇的袭击，美特混舰队实行严格的灯火管制，"家"中一片漆黑。正如米切尔所预料的，当这些美机飞回的时候天已全黑，只有少数技术娴熟的飞行员在黑暗的甲板上顺利降落。此时，在航空母舰上的人可以清楚地听到飞机在头顶上盘旋；可大多数飞行员只能辨认出军舰的航迹，根本认不出哪一艘是航空母舰。有的飞机打开了红色和绿色识别灯，发动机喘着粗气，发出燃油耗尽时的那种噼噼啪啪的响声。

派这些飞行员出击本来就是一个冒险的大胆决定，此时，米切尔又作出了另一个大胆的决定：他命令所有航空母舰全部开灯。

刹那间，所有的航空母舰都打开了红色桅杆灯，飞行甲板上灯火辉煌，探照灯光柱刺破了夜空，将这片海区装点得犹如美国的狂欢节，从空中观看又像神话中的世界。一位飞行员说：这种场面犹如"好莱坞的彩排、中国的春节和美国独立纪念日赶到一起了"。

然而，更确切地说，这真是一场狂欢中的悲剧：这些天之骄子们在灯光的指引下，本可以在任何一艘它们发现的航空母舰上降落。但由于大多数飞机的燃油已经耗尽，飞行员急于降落，一发现他们盼望已久的美妙灯光，就蜂拥着朝甲板飞来。结果发生了一连串的冲撞爆炸事故，不少飞机一架接一架地掉到海里。有一架飞机在降落时撞在前面已降落的飞机上，还有一架飞机甚至把一艘驱逐舰的桅杆灯当成了引导信号，干净利落地降落在驱逐舰旁边的海面上……

至 22 时，全部美机完成降落，这一灾难性的夜间返航，使美机损失了 77 架飞机，是刚结束的空战中损失的 4 倍，但落水的飞行员大部分被救。

就在美国人忙于搭救落水飞行员时，小泽舰队也很快撤出了战斗。至此，马里亚纳海空战宣告结束。

在此次海战中，美军仅有 2 艘航母、2 艘战列舰和 1 艘巡洋舰受轻伤，无一艘军舰沉没，舰载机损失 117 架。日军被击沉航母 3 艘、油船 2 艘；被击伤航母 3 艘；战列舰、巡洋舰和油船各 1 艘，舰载机损失 404 架，占全部舰载机的 92%；岸基飞机损失 247 架，几乎全军覆没；此外，日军出动的 36 艘潜艇也被击沉 20 艘。

这场海战，日军投入了联合舰队的全部主力舰只和大部分岸基航空兵，原想一举扭转战局，不料又以惨败而告终。特别是舰载航空兵损失高达 92%，这对于日军而言是致命的。没有一年半载的时间，根本无法恢复成一支现代化的舰队。尤其是飞行员的损失更是难以弥补。在短时期里，日军的航母部队不能成为有战斗力的部队，从而使中太平洋上的制空权、制海权彻底落入美军之手，美军继而取得了战略进攻更有利的条件。

俗话说"兵不厌诈"。美军的"双管齐下"战略使日军大本营以为美军的战略主攻方向是新几内亚——棉兰老岛，特别是当 5 月 27 日麦克阿瑟指挥的西南太平洋战区的部队在比阿岛登陆后，日军更是认为美军太平洋舰队将到达新几内亚以北海域，立即迅速向该方向调集兵力，并准备在帛琉海域与敌决战。同时，将潜艇部队配置于加罗林群岛以南，以尽早发现美军舰队，甚至当美军 6 月 11 日开始对马里亚纳群岛实施炮火准备，日军仍然认为是美军的牵制性行动，对此不以为然。直到 6 月 15 日美军的大批登陆舰艇到达塞班岛海域，并开始换乘，这才意识到美军的主攻方向是在马里亚纳，但为时已晚。

小泽本来计划借助部署在马里亚纳群岛的 500 余架岸基飞机，来与舰载航空兵协同对美军实施两面夹击。但由于日军对美军战略进攻方向判断失误，将马里亚纳群岛的岸基航空兵大部调往新几内亚，待判明美军攻击方向后再往回调，已经来不及了。

现代海空战的决定性力量是航母及其舰载机。尽管日本联合舰队根据形势的发展进行了改组，将战列舰为核心改为以航母为核心的第一机动舰队，并为航母配置了基本满额的舰载机。然而，日军战争初期那些训练有素的飞行员几乎都已在战争中消耗殆尽，补充的飞行员缺乏必要的训练，机战术水平非常有限。靠这些没有经过正规训练的"菜鸟"飞行员，哪里能抵挡住美军强大航母编队的进攻呢？小泽出于扬长避短的考虑，决定在美军作战半径之外发动攻击，然后在马里亚纳群岛机场上降落加油挂弹，再从陆地机场起飞攻击美军，形成"穿梭攻击"之势，从字面上看，好像很不错，既可有效打击美军，又能避免美军的攻击。但他忽视了其飞行员的战术技术水平有限这一重要因素，实施"超距攻击"必须在极限航程起飞，飞行员在飞行过程中，要尽量节约燃料，要考虑气象条件的影响，要随时警惕周围敌情……连技术熟练的飞行员都不容易做到，何况日军飞行员大都是新手，经历如此漫长的航程后还没投入战斗就已经精疲力竭了，哪里还有足够的精力应付美机的拦截？

马里亚纳海战的结局告诉人们，战场上的胜利不仅来自于正确的战略判断和战役上的正确指挥，而且需要战斗员凭借精湛的战术和技术去实现指挥员的战役目标，没有一系列具体的战术上成功和胜利，那种所谓正确的战略意图最终只能是"纸上谈兵"。

德黑兰会议

1943 年 11 月 28 日至 12 月 1 日，苏、美、英三国首脑斯大林、罗斯福、丘吉尔在伊朗首都德黑兰举行会议。这是第二次世界大战期间反法西斯联盟三大国首脑的第一次会晤。会议就加速击溃德国法西斯，尽早开辟第二战场和战后世界的安排问题交换了意见。这次会议对大战的进程及战后国际关系的发展产生了重大影响。

1943 年是反法西斯国家捷报频传的一年。苏联红军接连取得震惊世界的斯大林格勒战役和库尔斯克战役的胜利。美英联军占领北非后，又在西西里岛登陆，迫使意大利投降。美国在太平洋战场上也夺回战争的主动权。这一切标志着第二次世界大战已经发生了根本转折，德、日法西斯的覆灭已不可避免。在这种形势下，美、英、苏三国为了尽快结束对德、对日战争，商讨战后世界安排问题，都希望举行首脑会议，其中罗斯福尤为积极。

罗斯福认为，第二次世界大战是美国建立世界霸权的大好时机。早在大战初期，罗斯福就下令成立专门机构，研究如何"从美国的最大利益出发"，"建立一个理想的世界秩序"。1943年以后，罗斯福更明确地表示：美国"已经取得的权力——道义、政治、经济和军事的权力"，"给我们带来领导国际社会的责任和随之而来的机会"，为了美国的"最高利益"，美国"不能、不应、也不要回避这种责任"。同时，罗斯福看到，随着希特勒德国临近崩溃，苏联在国际舞台上的地位将日益重要。而美英在军事战略方面存在严重分歧，在战后世界安排方面也潜伏着深刻矛盾。为了实现美国的战略目标，罗斯福急于同斯大林和丘吉尔会晤，以便协调对德作战部署，争取苏联早日参加对日作战。他特别希望能在有关战后世界安排和处理德国问题方面取得斯大林的支持与合作。

还在1942年12月，当苏军在斯大林格勒和顿河战线完成对德军的包围之后不久，罗斯福即一再向斯大林提议：他和斯大林、丘吉尔"应当早日会晤"，共同"作出重大的战略决定"，并"对德国一旦崩溃时应当采取的处置办法获致某种初步谅解"，还可讨论"有关在北非和远东和未来政策的其他事项"。

1943年5月初，罗斯福派前驻苏大使约瑟夫·戴维斯专程前往莫斯科，把他的一封"私人信件"送交斯大林，提出要跟斯大林进行几天"不带参谋人员"、"不拘形式的极其简单的会晤"和"谈心"。罗斯福还建议会晤地点可在白令海峡两岸的苏联或美国一边，而不要在英国属地或冰岛。因为那样做"很难不同时邀请"丘吉尔。斯大林复电罗斯福，表示同意两人会晤，但因苏联"正在准备击退德国人的攻势"，所以他不能离开莫斯科。

英国首相丘吉尔从维护大英帝国的利益出发，既要依靠美国，联合苏联，以抗击德国，又要提防美国挖英国的墙脚，还担心苏联称雄欧洲。他看到美苏在第二战场问题上，观点比较一致，因而他不愿举行"三巨头"会议讨论这一类问题；但他又怕美苏撇开英国单独就重大问题达成协议。因此，他在1943年7月建议举行美、英、苏三国首脑会议。这一建议得到罗斯福和斯大林的赞同。

1943年8月，三国商定在首脑会议前先举行外长会议。英美两国提出外长会议在英国或某个中立地点举行，但斯大林坚持要在莫斯科开会。9月10日，英美作了让步。

10月19日至30日，苏、美、英三国外长莫洛托夫、赫尔、艾登在莫斯科举行会议。参加会议的还有苏联元帅伏罗希洛夫、美国驻苏大使哈里曼、英国国防部参谋长伊斯梅将军等人。

外长会议的第一项议程是缩短战争时间的措施和开辟第二战场问题。这是反法西斯联盟内部争论的焦点。1941年希特勒进犯苏联后，德军主力投入苏德战场，使苏联蒙受巨大损失。为了减轻战争压力，尽快打败希特勒，苏联一直要求英美两国在西欧开辟第二战场。但是，丘吉尔首先关心的是英国本土和整个大英帝国的安全。他坚持在北非登陆，以维护大英帝国从直布罗陀经苏伊士到远东的生命线；然后进军意大利和巴尔干，恢复英国在那里的势力范围，阻止苏联进入东南欧，故而借故拖延开辟第二战场。在1943年1月的卡萨布兰卡会议上，美国军方力主横渡英吉利海峡，在法国北部登陆，直捣德国。但罗斯福的态度不够坚决，以致第二战场的开辟被一再推迟。8月间的魁北克会议虽批准了登陆西欧的"霸王"计划，并决定给予优先地位。但由于英国的掣肘，攻击日期又一次推迟。

在莫斯科外长会议上，苏联代表主张明确规定开辟第二战场的日期。英美代表对此不愿承担明确义务，反而提出了种种条件：（1）"如果英吉利海峡的气候有利"；（2）"在西北欧的德国空军力量大量缩减"；（3）发起进攻时，德军在法国的预备队不得超过12个师，而且两个月内德国没有可能从其他战场向法国调遣15个师以上的兵力；（4）最后根据苏联的建议，会议公报只笼统地提到三国的"首要目标是尽快地结束战争"。

外长会议接着讨论了由美国起草、得到英国同意的《苏、美、英、中四国关于普遍安全的宣言》。最后决定这个文件用四大国名义发表，中国驻苏大使傅秉常代表中国政府签署了这个宣言。四国宣言宣布四国战时的"联合行动将为组织及维持和平与安全而继续下去"。它们将尽速"根据一切爱好和平国家主权平等的原则，建立一个普遍性的国际组织，所有这些国家无论大小，均得加入会员国，以维持国际和平与安全"。

外长会议着重讨论了德国问题，并根据艾登的建议，决定在伦敦成立"欧洲咨询委员会"。其任务是研究与战事发展有关的欧洲问题，首先是德国问题。

会议还发表了关于意大利、奥地利、德国暴行的三个宣言。宣布盟国对意大利政策必须根据彻底消灭法西斯主义的基本原则，并决定成立由苏联、美国、英国、法兰西民族解放委员会、希腊、南斯拉夫代表组成的意大利问题咨询委员会。宣布1938年德国对奥地利的强迫兼并无效，表示"希望看到重新建立一个自由和独立的奥地利"。对负责或同意参加暴行的德国官兵和纳粹党徒，将押回犯罪地点进行审判，对于罪行不限于某一地区的首要罪犯则将"由各盟国政府共同决定加以惩处"。

会上，英国提出战后欧洲小国建立联邦或邦联的方案，英美代表提出苏联与在伦敦的波兰流亡政府恢复外交关系问题，均遭到苏联的反对。美国还向会议提出了三个文件，包括战后各国经济关系的指导原则宣言和关于附属国人民托管的宣言，主张实行"自由贸易"原则，把殖民地变为国际托管。英国断然拒绝了这些主张。

10月30日外长会议结束时，斯大林设宴招待美、英代表。他在宴会上对赫尔表示：在打败德国后，苏联将参加对日作战。

在筹备首脑会议过程中，美苏两国为会议地点问题进行了激烈的争论。斯大林提出以伊朗首都德黑兰作为会议地点。罗斯福从他个人和美国的"威望"考虑，不愿跑到苏联的家门口同斯大林会晤。他说，"我决不考虑这样的事实：我必须从美国领土旅行到离俄国领土不到六百英里的地方"。他建议到伊拉克的巴士拉去开会。他最后说，"如果只是由于几百英里"而使三国首脑会晤不能举行，"后代子孙将认为这是一个悲剧"。但斯大林强调"由于前线极其复杂"，"我身为最高统帅，不可能到比德黑兰更远的地方去"。罗斯福急切希望同斯大林会晤，最后只好让步。

德黑兰会议前还有两个插曲。一是丘吉尔希望在会前先同罗斯福单独会谈，以协调彼此的立场。但罗斯福不愿在这个时候单独会见丘吉尔。他提出，他与丘吉尔、蒋介石在开罗会谈，并希望莫洛托夫代表斯大林出席。斯大林在得知蒋介石前往开罗后，不同意让莫洛托夫前往开罗，并向罗斯福指出，"德黑兰应该只是三国政府首脑之间的事，""应当绝对排斥任何其他国家的代表参加"。二是罗斯福在开罗期间向斯大林提出他在德黑兰开会时的住处问题；他不同近在咫尺的丘吉尔商量，却致电远在莫斯科的斯大林说，美国驻伊朗使馆，距苏联和英国的使馆较远，驱车往来会议地点，"会冒不必要的风险"。他问斯大林："您想我们应当住在哪里？"斯大林便顺水推舟，邀请罗斯福下榻在苏联使馆。这两个小小的插曲，反映了当时罗斯福、丘吉尔、斯大林之间的微妙关系。

1943 年 11 月 28 日至 12 月 1 日，斯大林、罗斯福、丘吉尔在德黑兰举行会谈。罗斯福被推为会议主席。三国首脑除举行正式会议外，还利用午餐、晚餐时间非正式地交换意见。斯大林还分别同罗斯福、丘吉尔进行了几次单独谈话，在这期间，三方外交和军事负责人也进行了会谈。会谈广泛涉及协调军事行动和战后世界安排等重大问题。

1. 关于在西欧开辟第二战场问题。德黑兰会议开始时，罗斯福在第二战场问题上既想取悦斯大林，又不愿得罪丘吉尔，因而模棱两可，不愿明确表态。11 月 28 日下午，罗斯福在第一次全体会议上表白说，他同丘吉尔一直考虑如何减轻德国对苏联的压力问题；但又说，"英吉利海峡是一个难于对付的水域"，在 1944 年 5 月份以前开始渡海战役"是不安全的"，他提到"让地中海的盟军能最大限度地支援东线的苏联军队"，也许会使横渡英吉利海峡的战役推迟几个月；但又说，渡海战役"不应当因次要的军事行动而推迟"。

丘吉尔坚持英国的"地中海战略"，但他并不公开反对在法国北部登陆。他首先表白，英国"很早就同美国商定从法国北部或西北部向德国进攻，为此正进行大规模的准备"。接着话锋一转，说现在距实行"霸王"战役的"期限尚远"，在此期间应该"更好地使用我们在地中海的兵力来帮助俄国人"。他强调"首要的任务是占领罗马"。

斯大林认为，丘吉尔的地中海战役会破坏"霸王"计划，而且抱有难以告人的政治考虑。但斯大林并不想揭穿丘吉尔的政治意图，只是从军事观点上阐明意大利战场"对进一步对德作战并无意义"。他主张放弃攻占罗马。他说，"最好是把'霸王'战役作为1944年一切战役的基础"，"进行两个战役：一个是'霸王'战役，一个是支援它的在法国南部的登陆战役"。

罗斯福对丘吉尔的意图也看得很清楚。他表示，"如果不进行地中海战役，我们就能按期实施'霸王'战役"；如果进行地中海战役，那么势必推迟'霸王'战役，而他"是不想推迟'霸王'战役的"。丘吉尔仍然坚持"不能确定5月1日作为开始发动'霸王'战役的日期"，说"确定这个日期将是一个很大的错误，我不能仅仅为了确保5月1日这个时期而牺牲地中海战役"。最后只好决定这个问题交军事专家讨论。

会后，罗斯福对他的儿子伊利奥说，"当丘吉尔为他的巴尔干战役辩护的时候，屋子里每一个人都明白他的真正用意何在。大家都知道他很迫切地想在欧洲中部打进一个楔子，使红军无法进入奥地利和罗马尼亚，如果可能，甚至匈牙利也不让红军进入。斯大林知道这一点，我知道这一点，每个人都知道这一点"。"问题是丘吉尔太关心战后世界与英国的地位了。他怕苏联变得太强大"。

29日上午，三国军事代表举行会议。英国布鲁克将军基本上重复了丘吉尔前一天的论点，为"霸王"战役不能在5月1日前进行作辩解。苏联伏罗希洛夫元帅说，"美国人认为'霸王'战役是主要战役"，"布鲁克将军作为英国的总参谋长是否也认为这个战役是主要战役"？是否认为"在地中海或其他某个地区进行的某个其他的战役能够代替这个战役"？布鲁克含其辞地承认"霸王"战役"非常重要"，但又强调横渡英吉利海峡的困难。于是，伏罗希洛夫列举英美在北非和意大利的胜利、对德国的空袭、英美军队的组织程度和海上威力、美国雄厚的技术装备。然后指出：这一切说明，只要有决心，"霸王"战役是能够成功的。他希望会议就通过哪些决议达成协议。但布鲁克不同意，要求11月30日继续开会。

就在这天上午参谋长们讨论军事问题的时候，丘吉尔派人送信邀请罗斯福共进午餐。罗斯福估计丘吉尔是想同他单独商谈地中海战役问题，为了避免这场不愉快的会面，便谢绝了邀请。

当天下午举行第二次全体会议，斯大林和丘吉尔短兵相接，争论十分激烈。三国军事代表简要地汇报了上午会议的情况以后，斯大林问："谁将被任命为'霸王'战役的总司令？"罗斯福说："还没有决定"。斯大林说："如果这点都不明确，'霸王'战役不过是一场空谈"。丘吉尔继续鼓吹进行地中海战役。斯大林紧紧抓住"霸王"战役不放，强调"霸王"战役是"主要的决定性的问题"。他建议给军事委员会做出三点指示：第一、"霸王"战役的日期不得拖延，五月份为最后期限；第二、配合"霸王"战役，在法国南部发动一次辅助性战役；第三、抓紧任命"霸王"战役的总司令。他要求在德黑兰会议期间解决这些问题。

在斯大林和丘吉尔争论过程中，罗斯福的态度逐渐明朗。他表示，"霸王"战役的日期"已在魁北克确定"，他反对推迟"霸王"战役。丘吉尔仍坚持"莫斯科会议上提出的条件"。这时，斯大林陡然从座位上站起，对莫洛托夫和伏罗希洛夫说，"我们走吧！我们在这里没有什么事好干了。我们在前线还有许多事要做呢！"罗斯福赶忙打圆场，提议休会，让军事人员次日继续开会。在这种情况下，丘吉尔提议他和罗斯福商量一下，然后提出共同意见。斯大林追问：第二天丘吉尔和罗斯福能否把方案准备好，罗斯福无法回避，只能表示："方案能准备好"。当晚罗斯福派霍普金斯去英国大使馆，劝说丘吉尔改变态度。

11月30日是决定性的一天。丘吉尔看到罗斯福已明确表示支持苏联的主张，他不得不放弃拖延战术。上午，英美参谋长们开会，英国方面终于同意确定"霸王"战役开始的日期，还同意在法国南部发动一次配合性进攻。不过美国对英国也作了让步，同意单独设立地中海战区司令部，由英国人担任统帅。

午餐时，罗斯福告诉斯大林，英美联合参谋长委员会通过决议："'霸王'战役定于1944年5月进行，并将得到法国南部登陆作战的配合"。斯大林表示对这个决定

最新整理图文珍藏版

很满意，并声明，在"霸王"战役开始时，苏联"将准备好给德寇以沉重打击"。至此，美、英、苏终于就长期争论的第二战场问题达成协议。几天来德黑兰会议上的紧张气氛一下子缓和下来。三国首脑商定第二天开始讨论政治问题。

2.关于苏联参加对日作战问题。斯大林在11月28日第一次会议上正式表示，"一旦德国最后垮台，那时苏联就有可能把必要的增援部队调到西伯利亚，然后我们将联合起来打击日本"。11月30日午餐时，在罗斯福宣布美英两国同意于1944年5月开始"霸王"战役后，三国首脑在比较融洽的气氛中，就苏联参加对日作战的条件进行了试探。丘吉尔问斯大林对《开罗宣言》有何看法。斯大林提到希望达达尼尔海峡的管制放松一点。罗斯福则提出波罗的海入口和基尔运河的通航自由问题。然后斯大林问：在远东能够为苏联做些什么。丘吉尔说，正是为了这个理由，他特别愿意听听斯大林对《开罗宣言》的看法，"因为他对于弄清楚苏联政府对远东和那里的不冻港问题的看法感兴趣"。斯大林回答说，这也许等到我们参加远东战争时再说

比较好些。不过，他又说，苏联在远东没有一个完全不冻的港口。罗斯福因大连成为自由港问题已在开罗会议期间取得蒋介石的同意，便说"自由港的主张"也许还适用于远东，大连就有这种可能性。斯大林说，他认为中国人不会喜欢这样的方案。罗斯福用肯定的语气回答说，他认为，他们会喜欢在国际保证之下的自由港的主张。斯大林立即称赞说，"那将是不坏的"。据后来罗斯福在太平洋战争委员会上的讲话中透露，当时斯大林还表示希望归还整个库页岛，并得到千岛群岛。

3.关于建立国际组织问题。在德黑兰会议期间，罗斯福努力争取斯大林支持他的关于建立国际组织的计划。11月29日，罗斯福向斯大林提出，未来国际组织包括三个独立的机构。一个是由大约35个联合国家组成的庞大机构，这个组织要定期在不同的地方开会，进行讨论，并向一个较小的机构提出建议；第二个是由苏联、美国、英国和中国，再加上欧洲两个国家、南美一个国家、近东一个国家、远东一个国家和英帝国一个自治领所组成的执行委员会，这个执行委员会应处理所有非军事问题，诸如农业、粮

食、卫生和经济问题；第三个机构是由苏、美、英、中组成的"四警察"。他提出和平受到威胁时的两种对付办法。一种情况是，威胁起因于一个小国的革命或扩张，可能采取隔离办法，封锁有问题国家的边界和实行禁运。第二种情况是，如果威胁更为严重，四大国要以"警察"身份行事，向有问题的国家发出最后通牒，要求停止危及和平的行动。如被拒绝，就会对那个国家立即进行轰炸，甚至占领。

斯大林建议建立两个组织：一个是欧洲组织，最好有美、英、苏三国或者还有一个欧洲国家参加；另一个是远东组织或世界组织。罗斯福说，斯大林的建议在某种程度上和丘吉尔的建议相吻合，"但问题是美国不能成为欧洲组织的成员"。后来斯大林在12月1日最后一次同罗斯福会谈时，表示同意罗斯福的意见，即新的国际组织应当是世界性的，而不是地区性的。

4. 关于处置德国问题。德黑兰会议就战后如何处置德国问题进行了初步讨论。三国首脑在这方面存在着严重分歧。罗斯福从称霸世界的全球战略考虑，主张削弱德国，分割德国，提出把德

国分成五部分的方案：（1）普鲁士，尽可能缩小和削弱；（2）汉诺威和德国西北部地区；（3）萨克森和莱比锡地区；（4）黑森——达姆斯达特、黑森——卡塞尔和莱茵河南部地区；（5）巴伐利亚、巴登和符腾堡地区。这五个地区应当自治。此外，还有基尔运河区和汉堡市、鲁尔和萨尔，这两个地区应当由联合国家管制或采取某种国际共管形式。

丘吉尔另有考虑。他既想适当地削弱德国，分割德国；又想在西欧建立某种联邦，以抗衡苏联。他提出两点意见。第一，把普鲁士同德意志的其他部分分开，将普鲁士置于十分苛刻的条件下。第二，让巴伐利亚、巴登、符腾堡同德国的其余部分脱离关系，使它们成为多瑙河联邦的一部分。

斯大林不同意丘吉尔的看法。11月29日，他与罗斯福单独会晤时表示，如果对德国不加任何控制，德国会在15年至20年内完全恢复过来，在12月1日举行的第四次会议上，斯大林明确表示，不赞成建立联邦的计划，主张让匈牙利、奥地利、罗马尼亚、保加利亚重新独立。他认为，"把德国的几个地区包括在庞大的联邦体制内，只会给德国佬提供复活

一个强大国家的机会"。他强调任何维护和平的国际组织的全部目标都是要抵消德国人的这种倾向，要采取各种措施，包括使用武力来防止德国的重新统一和复活。他说，如果德国人敢于发动战争，战胜国必须有力地打击他们。

由于意见不能取得一致，三国首脑决定把这个问题提交欧洲咨询委员会研究。

5. 关于波兰问题。1943 年 3 月，居留在苏联的波兰爱国人士，以共产党人为骨干，组成了"波兰爱国者同盟"。4 月，苏联政府指责在伦敦的波兰流亡政府"对苏联采取了敌对态度"，宣布与其断绝外交关系。这时，英美两国担心波兰民主力量在波兰国内建立政权机构，不得不改变态度，打算用边界问题上的让步，换取苏联同波兰流亡政府恢复外交关系，以保障流亡政府将来在波兰国内的统治地位。基于上述考虑，丘吉尔和罗斯福在德黑兰会议期间都力图调解苏联与波兰流亡政府的关系。丘吉尔强调英国对波兰十分关注。他说，"我们对波兰做了保证"，"我们对德国宣战就是因为德国进攻波兰"。他用三根火柴代表德国、波兰和苏联，主张这三根火柴都向西移动，以确

保苏联的西部边界，至于波兰的要求，"应该由德国来满足"，然后苏联与波兰流亡政府开始谈判和恢复关系，罗斯福表示，他赞成丘吉尔的主张。不过由于政治上的理由，他不能参与关于这一问题的任何决定。

斯大林表示"赞成恢复波兰，加强波兰，让德国作出牺牲。不过，苏联把波兰和伦敦流亡政府分开"，"如果波兰流亡政府能和游击队合作，如果能向我们保证他的代理人将不与在波兰的德国人勾结，那我们准备与他们谈判"。关于边界问题，斯大林坚持苏波边界"应是 1939 年的边界线"。

在德黑兰会议快要结束时，丘吉尔又提出波兰问题，并宣读了他的提案："原则上通过，波兰国家和人民的领土应该位于寇松线和奥德河之间，包括东普鲁士和奥别尔省。但边界的最后划定还需要仔细研究，有些地区可能进行移民。"斯大林说："俄国人在波罗的海没有不冻港。因此，俄国人需要哥尼斯堡和默默尔这两个不冻港及东普鲁士相应的部分领土"。"如果英国人同意移交给我们上述领土，我们将同意丘吉尔的提案"。丘吉尔表示"一定要加以研究"。

6. 关于芬兰问题。1939 年至 1940 年苏芬战争后，两国签订和约，芬兰将卡累利阿地峡及维堡等地割让给苏联，汉科半岛租给苏联 30 年作海军基地。1941 年 6 月，芬兰参与希特勒侵略苏联的战争。到 1943 年苏德战局发生根本转折后，芬兰又通过美国、瑞典向苏联进行和平试探。

12 月 1 日，罗斯福在午餐会上提出，他愿意帮助芬兰退出战争，他建议让芬兰人派一个代表团去莫斯科去谈判。丘吉尔表示，首先要考虑"保证列宁格勒的安全"，"保证苏联作为波罗的海的一个主要海军和空军强国的地位"；但他"对损害芬兰独立的任何行为，将感到非常遗憾"。他不赞成"向芬兰这样贫穷的国家要赔款"。

斯大林表示，不反对芬兰人到莫斯科谈判；但是，以 1939 年边界作为基础是无法接受的。最后他提出了苏联的条件：（1）恢复 1940 年条约，可能以贝柴摩换汉科，贝柴摩将为苏联永久占有；（2）芬兰赔偿给苏联造成的损失的一半，其确数另作讨论；（3）芬兰同德国脱离，把德国人逐出芬兰；（4）改编芬兰军队。

7. 关于殖民地和战略据点问题。斯大林和罗斯福第一次会晤时就讨论了英法殖民地的问题。罗斯福告诉斯大林，他曾同蒋介石讨论"在印度实行托管的可能性"。他认为这个原则同样适用于其他殖民地。他说："丘吉尔不愿意在实现关于托管制的建议方面采取坚决行动，因为他怕不得不对其他的殖民地也实行这个原则"。罗斯福希望将来同斯大林谈谈印度问题，说"在印度问题上局外人比有直接关系的人能更好地解决这个问题"。斯大林表示同意。

11 月 29 日，斯大林和罗斯福又单独会晤，在谈过未来的国际组织问题后，斯大林提出为了防止德国和日本再次走上侵略道路，他认为除了建立国际组织外，还必须要德国境内靠近边界处、甚至更遥远的地方，控制某些牢固的据点。为维护和平而成立的任何委员会或机构应有权占领这种用以对付德国和日本的牢固据点。罗斯福表示"百分之百地同意"。

当天下午八时，三国首脑共进晚餐时，斯大林再次提出，为了防止德国和日本重新发动战争，盟国必须占领上述的重要战略据点。罗斯福主张对靠近德国、日本的基地和战略据点实行托管制。丘吉尔表示，"英国不想得到任何新的领土或基地，但打算保持原来他们所有的一切"。他甚至说，"不通过战争，就不能从英国夺去任何东西"。

第二天，11月30日，霍普金斯、艾登、莫洛托夫共进午餐时，霍普金斯又提出了战略据点问题。莫洛托夫说，斯大林认为，战后为了保证将来不再有大的战争，那些在保证和平方面负有特殊责任的国家，应该做到使重要的战略基地处于他们控制之下，他说，法国与德国合作，因而应当受到惩罚。艾登表示，从德国和日本取得的战略据点，可以由英美联合控制或由联合国家控制。艾登认为对法国的基地要慎重考虑。霍普金斯谈到使用比利时的战略据点和空军基地的可能性。他还希望在菲律宾独立和台湾交还中国后，美国在那里应有海陆空基地。艾登表示同意。最后霍普金斯说三大国应当对有关战略基地和由谁控制这些战略基地的基本问题作出决定。

德黑兰会议的最后成果是签订了《苏美英三国德黑兰宣言》和《苏美英三国德黑兰协定》。三国还发表了关于伊朗的宣言，表示完全赞成伊朗政府维持独立、主权和领土完整的愿望，并期望伊朗在战后参加建立国际和平、安全和繁荣的工作。

德黑兰会议是在世界反法西斯战争进程中极为重要的一次会议。这次会议对战争的进程和结局产生了巨大的作用和影响，因而是一次成功的会议。

罗斯福认为：他"确信它是一件历史性的事件"。斯大林说，"德黑兰会议关于对德共同行动的决议以及这个决议的光辉实现，是反希特勒联盟战线巩固的鲜明标志之一。"这次会议本身以及在这之前举行的外长会议，反映了三大国继续合作打败法西斯的愿望。这对正在反对法西斯侵略和奴役的各国人民是一个巨大的鼓舞。会议就对德作战，尤其是开辟第二战场问题达成了协议，从而结束了苏、美、英之间一场长达两年多的争论，协调了三国的军事战略行动。会议还就建立国际组织及其他政治问题交换了意见。这对于维护和加强盟国间的团结与合作，加速反法西斯战争的胜利，具有重大意义。然而这次会议也有消极的一面。美、英、苏三国在会议期间从各自本身利益考虑，达成了一些损害他国利益的妥协或默契，给战后国际关系的发展造成了不良影响。

诺曼底空降大战

战前迷惑

诺曼底登陆战役代号为"霸王战役",是第二次世界大战中一次战略性的登陆行动。战役从1944年6月6日起,至7月24日止,投入的兵力为4个集团军,共39个师、12个独立旅,以及大量海、空军部队,共计287.6万人,由盟军司令艾森豪威尔上将指挥。战役计划是,由美第1集团军、英第2集团军、加拿大第1集团军以及3个空降兵师,组成第21集团军群,横渡拉芒什海峡,在诺曼底的奥恩河口至奎纳维尔之间约100公里的正面登陆。美第3集团军为战役预备队。

空降兵的任务是在登陆地区的两侧距海岸10~15公里的纵深

艾森豪威尔对美伞兵下达最后指示

地域空降,阻止敌预备队开进,从侧后攻击敌海岸防御阵地,配合海上登陆部队夺取最初目标,而后向内地推进。由于各种原因,第一天的登陆部队只限于6个步兵师;在步兵师建立可供坦克展开的登陆场后,装甲师才可海运登陆。在装甲师未上防前,如果德坦克部队突破了空降兵的防御,即使兵力不大,也会给登陆部队带来灾难,因此,空降兵的行动对保障战役的顺利实施至关重要。

参加空降作战的部队为美军第82空降师、第101空降师、英军第6空降师。这是当时美、英军所具有的全部空降部队。由美军第9运输机指挥部(辖3个联队)及英军2个运输机大队担任空中输送,英国南部的15个机场为出发机场,空降距离200~250公里。各空降师均编成突击、后续、海运3个梯队。伞兵团组成突击梯队,于登陆前4~5小时伞降;滑翔机步兵团组成后续梯队,于登陆当天的黄昏机降;海运梯队包括坦克、推土机、卡车及其他重型装备,在登陆场巩固后海运上陆。计划登陆部队6月6日6时30分和7时30分开始登陆,空降兵突击梯队6月6日1时开始空降。

空降地域是德军第 7 集团军第 84 军的防区。空降地域的地形有利于防守，而不适合机动作战。它地势平坦，浅水海滩的后面为沙丘，沙丘后面为德军决堤泛滥所造成的沼泽地，只有 4 条堤道可以通行，再往后，由于 2 条河流的限制，只能在几条道路上通行。空降前 3 小时，进行了一次直接航空火力准备，美、英军出动轰炸机 4500 架次，投弹 1 万余枚。

与此同时，采取了一系列迷惑德军的措施。如在加来地区实施大规模的轰炸，投弹量为诺曼底地区的两倍；用 18 艘军舰，拖着空中拦阻气球，以每小时 7 海里的速度向加来方向运动，造成德军雷达荧光屏上出现大量舰队的信号；向加来方向出动一个夜航轰炸机中队，在 20×13 公里的空域活动，并逐渐接近加来海岸；以轰炸机群在康坦丁半岛南端和叶夫多特地区上空投撒锡箔片，造成德雷达荧光屏上出现机群的信号。空降开始，以 24 架飞机在英吉利海峡上空实施电子干扰，在德防御纵深的广大地域投放 200 多具假伞兵，由 8 名士兵操纵音响模拟器，造成到处都有空降的假象。

6 月 5 日 22 时，派出 26 架运输机，每架运载一个 13 人的空降引导组，于 6 日零时 16 分在预定空降地域伞降，以标志空降场。这 26 个引导组，除 2 个组被德军歼灭，1 个组未投到预定地域外，都按要求设置了引导信标。

美军空降成功

6 月 5 日 23 时，3 个空降师的突击梯队开始起飞，共 24 个伞兵营，17210 人，分乘 1052 架 C—47 运输机。为了避免受到自己部队的袭击，每架飞机的尾部都涂有 3 道很宽的白杠作为识别标志。执行任务的飞机分为若干个飞行梯队，每个梯队为 36～45 架飞机，各飞行梯队之间为 6 分钟的间隔。每个梯队又编 45 个小队，每小队 9 架飞机成密集的 3 机"品"字队形，航线飞行高度为 1500～1800 米。航行中遇到低云、浓雾和大风，编队偏离了航线，队形混乱。由于德军高射火器的射击，跳伞高度由计划的 150 米改为 500 米～600 米，时速由 180 公里改为 330 公里。空降从 6 月 6 日 1 时开始，至 2 时 40 分结束。由于跳伞高度和飞行速度增大，同时地面风速每秒 10～15 米，因此，着陆很分散，但基本上降落在预定地域。

第 82 师突击梯队由伞兵第505、507、508 团及加强分队组成，共 6400 人，由师长李奇微少将指挥，使用运输机 369 架，滑翔机 52 架，计划在圣曼伊格里斯以西的梅特勒河两岸空降，任务是攻占交通要点圣曼伊格里斯，控制拉菲埃尔、薛夫杜邦之间的梅特勒河桥梁和渡口，保障美第 7 军通过梅特勒河，尔后在该军左翼发起进攻，向科康坦半岛逼进。

第 505 团计划在梅特勒河东岸空降，任务是夺取多曼伊格里斯、诺维尔奥普兰、拉菲埃尔。第 1 营的任务是夺取拉菲埃尔，由于飞机偏离了目标，空降散布又大，着陆后只收拢了少数人，在向目标前进途中，与德军遭遇，营长和代理营长先后阵亡，没有完成预定任务。第 2 营在预定地域着陆，任务是夺取诺维尔奥普兰，并封锁北面道路。集合了一半人，营长被打断了踝骨，由士

艾森豪威尔对美伞兵下达最后指示

兵用农家小车推着参加战斗，凌晨 4 时完成了进攻准备。由于着陆后团没有得到第 3 营的消息，团长命令第 2 营改变任务，接替 3 营夺取圣曼伊格里斯。第 2 营留下 42 人监视诺维尔奥普兰之敌，其余人员向南进攻。留在诺维尔奥普兰的伞兵，挫败了德军反击，坚守了 8 小时，其他人员支援了第 3 营战斗。第 3 营在预定地域着陆后，集合了 180 人，在法国向导的带领下，利用夜暗，以偷袭手段夺取了圣曼伊格里斯，但未及时向团报告。德军撤出圣曼伊格里斯后，组织了反击，第 3 营在城外进行防御，正当情况紧急时，第 2 营赶到，共同击退了反击的德军，控制了这一交通要点，战斗中，3 营营长两次负伤。

第 507、508 团计划在梅特勒河以西、杜佛河以北的三角地带空降。因为引导组被德军歼灭，没有标志空降场，空降兵大部分错降在梅特勒河两岸被德军放水淹没的沼泽地里。直到上午，两个团只集合 500 余人。

第 507 团的任务是向西北方向发起进攻，夺取勃凡斯，封锁从西北通向梅特勒河的道路。第 1 营集合了 100 人，进攻拉菲埃尔。第 2 营集合了 50 余人，在向恩第

雷维尔方向进攻时受挫，被迫就地组织防御。第3营由于降落分散而未集合起来。中午，全团在拉菲埃尔附近集合了3个连的兵力，企图夺取梅特勒河上的桥梁，向西进入自己的战斗地域。经两个小时战斗，一个连过河与第2营部分人员会合，两个连仍被阻于河的东岸。全团在3天后才集合起来，团长在第2天被俘。

第508团的任务是向西南方向发起进攻，夺取邦拉佩，控制杜佛河上的渡口。第1、2营大部分误降在波考维尔西北的一个坚固设防地区。1营营长阵亡，代理营长集合了少数士兵，与2营合在一起。第2营在波考维尔附近集合了少数人，与1营部分人员扼守了薛夫杜邦渡口。第3营为师的预备队，在预定空降场南1600米处着陆，全营未集合起来。

6日2时，空降第82师后续梯队220人及装备起飞，共使用52架滑翔机，由于云厚和德军高射火器射击，只有一半人在预定地域着陆。下午，又有1174人及装备起飞，使用滑翔机176架。由于着陆场被德军占领，改在其他地域降落，未完成预定任务。

至6日日落，第82师共集合了2000余人，占领了圣曼伊格里斯，但没有完成师的全部任务。7日17时，登陆部队进至该师活动地域，该师从此作为地面部队参加作战，至7月8日撤离战场。

美第101空降师的突击梯队由第501、502、506团及加强分队组成，共6500人，由师长泰勒少将指挥，使用运输机432架，计划在卡朗坦以北地区空降，夺取从犹他海滩开始的4条通路，控制杜佛河上的桥梁和渡口，尔后通过卡朗坦向南发起进攻。由于着陆分散，全师散布在25×40公里的广阔地域内。

第501团1、2营的任务是占领卡朗坦附近杜佛河上的桥梁，阻止德军预备队向登陆场开进。由于着陆在德军反空降地域附近，遭到很大伤亡。1营营长阵亡，代理营长受伤后被俘，各连连长都失踪。拂晓前，由团长集合了该营150人，占领了卡朗坦水闸，后又收集了一部分人，企图向西进攻，夺取杜佛河上的桥梁。前进中被德军拦阻，被迫就地组织防御。第2营集合了大部人员，由于德军反击，无力向卡朗坦桥梁进攻，进到卡朗坦水闸与1营合在一起。第3营为师预备队，最初任务是为滑翔机机降场设置标志和担任警戒，着陆后，师长根据当时情况，改变了计划，命令该营开往波佩维尔的海滩第1号出口，以完成师的主要任务。该营8时击退了德军反击，占领了预定目标，并与登陆先遣部队会合。

第502团的任务是歼灭在瓦雷维尔的1个德军炮兵连，并掩护登陆场的北翼。全团散布很大，并与其他部队混杂在一起，团长着陆时腿部骨折。第1营在圣杰门特伐拉维尔附近着陆，集合了少数人向瓦雷维尔进攻。占领了该地的德军炮兵阵地，下午占领了瓦雷维尔。第2营人员第一天未集合起来。第3营在圣曼伊格里斯东侧着陆，与错降在该地的其他人员共70人向圣马丁特伐拉维尔方向进攻，未遇德军抵抗，于6日7时30分控制了第3、第4号出口，13时与登陆部队会合。配属该团的6门火炮只有1门可用，炮手集合了150人当步兵使用。

第506团1、2营的任务是攻占1、2号通路。空降时81架运输机只有10架将人员空投在预定地域，其余偏离目标很远，最远的达32公里。1营营长只集合50人，进到1号通路时，通路已为友邻占领，遂返回团指挥所。第2营错降在第502团的地域内，集合了200人，因电台丢失，与团失去联系，下午，前出到霍登维尔，夺取了2号出口。

第506团3营单独在师的最南端空降。任务是扼守或炸毁勒波特的两座桥梁，向南实施警戒。其预定的空降场地形平坦，德军预料盟军将会在此处空降，进行了反空降准备，如在农村小房上浇了汽油，一旦点着，在夜间可将整个地域照亮。四周部署了步枪手，并有机枪和迫击炮支援。第3营大部落在空降场外，降落在空降场内的人员，包括营长在内，一着陆就被德军消灭。开始全营失去指挥，没有集合起来，后团的1名作战参谋从1架迷航的飞机上跳伞。错降在该营空降地域，前后收集了540人，进到勒波特，占领了该地的两座桥梁。

师的后续梯队第1批150人及防坦克炮，乘52架滑翔机于6日1时19分起飞，4时在预定地域着陆。第2批157人及补给品乘32架滑翔机着陆。着落场内有德军设置的反空降木桩，滑翔机受到很大损坏。

6日日落，空降兵第101师共集合2500余人，攻占了第1、2、3、4号海滩通路，并于登陆部队第7军的先头部队会合，基本上完成了预定任务。

英军空降成功

英军第6空降师的突击梯队由第3、5旅组成，共4310人，由师长盖尔少将指挥，使用运输机237架，计划在冈城东北空降，任务是夺取奥温河、卡昂运河上的两座桥梁和渡口，切断德军预备队向海岸开进的道路，以及摧毁在默维尔设有坚固筑垒的1个炮兵连，支援英第1军登陆，基本上空降在预定地域。

第3旅的任务是夺取默维尔炮兵连阵地和杜佛河上的桥梁，以及11公里侧翼上的交叉路口，旅下辖第8、9营及加拿大第1营。第9营任务是攻占1个炮兵连阵地。该炮兵连有4门75毫米加农炮，如不能一举将其摧毁，第6师各空降场及步兵第3师登陆场

将会受到严重威胁。第9营计划将滑翔机直接降落在炮兵阵地上，另一部分人在炮兵阵地附近伞降，炸毁这一地域的防御设施。飞机在飞越海岸时，遭到德军猛烈的高炮射击，飞行员为躲避炮火，偏离了航线，结果全营降落在远离空降场的地方，营长降落在德军1个营司令部的后面，他集合起150人，在接近炮兵阵地时，有两架滑翔机在他们附近降落，力量得到增强，当即发起进攻，4时45分将炮兵连阵地摧毁。第8营和加拿大第1营任务是占领迪夫桥和设置路障，基本完成任务。

第5旅的任务是夺取奥恩河桥梁及其附近的交叉路口，其中最重要的是奥恩河及卡昂运河上的两座桥梁。首先由6个排负责突击，乘6架滑翔机直接在目标附近着陆，半小时内，第5旅1营

在一些地段上，登陆部队必须在敌人设置水中障碍前下船，涉水登陆。

在桥东900米处空降，支援该突击分队。6架滑翔机在距桥360米处着陆，完整地夺取了这两座桥梁，只伤2人，亡14人。第5旅1营在两座桥的东面构筑了防御阵地，打退了德军反击。

师后续梯队第1批在拂晓前开始空降，98架滑翔机，载运493人及装备物资，由于风大，20架拖绳折断，未着陆在预定地域，其他着陆时发生的事故也很多。第2批在黄昏时空降，256架滑翔机有246架着陆在预定地域。午夜进行了第3批空降，50架滑翔机，由于遭到德军舰炮射击。只有20%的补给品送到部队手中。以后又进行了4次小规模的补给，都比较成功。

英空降第6师着陆后只遇到德军轻微抵抗，完成了预定作战任务。当天下午，与英第2集团军会合，并转肃该集团军，担任先遣支队，于8日进至塞纳河，尔后撤出战场。

美、英军在诺曼底登陆战役中，共空降3.5万余人（伞降1.76万余人），以及504门火炮，110余辆轻型坦克，1000余吨作战物资，共使用运输机2400余架次，滑翔机1130余架。战斗中伤亡人数，美空降兵第82师占65%，第101师占20%，英空降兵第6师占20%。运输机被击落42架，击伤510架。

诺曼底空降作战，是盟军第一次使用数个师进行的大规模空降作战，当时对于如何正确使用空降兵，在盟军高层领导中有着不同的意见。盟军总司令艾森豪威尔主张使用强大空降部队于决定意义的各点，以配合海上登陆和夺取最初目标。美陆军航空队司令官阿诺德主张在深远纵深空降，夺取通往巴黎的沿途目标。美陆军参谋长马歇尔支持这一意见，他倾向用4个空降师对法国的埃勒实施突击，夺取4个机场，建立起一个巨大的足以切断德军战略机动的空降地区，而后增加机降部队，进攻德军的交通线。有的则主张把空降部队分散降落在整个海岸地区用以小规模袭击和骚扰。也有的反对进行这样大规模的空降作战。如盟军英军司令、英国空军上将利马洛里认为，进行这样的空降突击是不明智的，它所造成的伤亡将在50%以上，而且一无所得，是投机性质的作战。经过反复研究，最后确定要大规模使用空降兵，但采取折衷的使用方法，既不是在深远纵深空降，也不是分散空降在整个海岸地区。事后证明这样做是比较正确的。在组织实施方法上，根据以往几次空降作战的经验教训，也作了很大改进。如由战区最高司令部负责空降作战的组织计划工作，较好地解决了空降作战部队之间和空降作战部队与登陆部队、海军的全部协同问题；采取了有效的伪装欺骗措施，隐蔽了空降兵的行动，达成了空降的突然性；建立了引导队，使空降场有明确标志，保障了比较准确的实施空降。在诺曼底空降作战中，空降兵的重要作用得到证实，从此，盟军的空降作战进入一个新的阶段。

诺曼底登陆

苏德战争爆发后，苏、美、英三国曾多次商讨在西欧开辟第二战场，共同打击希特勒德国的问题。几经周折，直到1943年11月，苏、美、英三国首脑在德黑兰会议上，才最后达成协议，确定开辟第二战场的日期不迟于1944年5月1日，届时苏军将发动大规模进攻相配合。1943年12月7日，艾森豪威尔被任命为盟军最高司令，统一指挥盟军在西欧的登陆作战，并在伦敦市郊的布歇公园区设立盟国远征军最高统帅部。1944年初，盟军开始进行登陆作战的准备工作。

艾森豪威尔将军

1944年上半年的世界形势，对盟军在西欧登陆开辟战场极为有利。在亚洲太平洋战场，日本陆军深陷中国大陆，海、空军也在太平洋上连遭失败，日本政府

德军摧毁了莱茵河上的桥梁阻止盟军行动，英军部队乘水陆两用装甲车过河。

自顾不暇，无力与德国进行战略配合。在意大利战场，由于意大利政府投降，德国不得不把大批兵力部署在那里，以对付美、英军队的进攻。在苏德战场，苏军已经发动了大规模的战略进攻，法西斯德军一再溃退，希特勒不得不把大量预备队的西线兵力调去阻止苏军的推进。在西欧各国，大规模的反法西斯运动正蓬勃发展，各国人民展开了反对占领制度的武装斗争，德军在各占领国已立脚不稳。6月底以前，仅在法国就有近50万人在进行反对法西斯占领军的战斗，有的城市正在酝酿起义。在地中海和大西洋，盟军已控制了那里的海上通道。所有这些，都为盟军在西欧登陆开辟第二战场提供了最有利的条件。

盟军开辟第二战场总的目的是，在法国西北部登陆，夺占登陆场和港口，保障主力上陆和后勤供应，然后发动攻势占领整个法国西北部地区，并与在法国南部登陆的部队配合，向德国内地进攻，协同苏军最后战胜法西斯德国。盟军认为，在法国西北部有三处比较合适的登陆地区，即康坦丁半岛、诺曼底地区和加来地区。从康斯坦丁半岛登陆虽易

成功，但该半岛地形狭窄，登陆后不易展开兵力向纵深发起进攻。加来地区距英国海岸最近点只有33公里，有其登陆的有利条件，但该地区距英国海港较远，运送人员和物资不便，同时又是德军重点设防地区，登陆必遭激烈抵抗。加之这一地区缺乏内陆通道，即使登陆成功，也不易向纵深发展。诺曼底地区与其他两个地区相比，登陆条件优越得多。这里沿海地势开阔，可同时展开26至30个师，距英国西南海岸的各大港口较近，便于输送部队和运送物资，德军在这里兵力薄弱，登陆容易成功。这里虽然缺乏良港，但可用人造港补救。因此，盟军在权衡利弊后决定把在法国西北部登陆地区选在诺曼底，规定登陆作战的代号为"霸王"（登陆阶段代号为"海王"）。

为了确保在诺曼底登陆成功，盟军进行了周密的准备工作。参加战役的盟军共36个师，总兵力约288万人，其中陆军为153万人；空军飞机1.37万余架，其中轰炸机5800架、战斗机4900架、运输机（包括滑翔机）300架；海军各型舰艇9000余艘，其中登陆艇4000艘。地面部队编为4个集团军。美第一集团军、英第二

集团军和加拿大第一集团军组成第二十一集团军群，由英军蒙哥马利将军指挥，美第三集团军直属远征军总部。登陆前对诺曼底地区进行了长期空中侦察，查明了德军海岸防御配系、预备队集结地域、弹药和补给品贮存位置，以及纵深内交通枢纽、桥梁、机场和军工生产基地的位置，并于登陆前50天就开始轰炸上述目标，摧毁德军海岸防御配系，削弱德军空军力量，破坏德国军工生产能力。为了在登陆地点和时机上迷惑德军，盟军进行了一系列战役伪装。例如，在加来地区所投炸弹吨数比在诺曼底地区所投炸弹超过2倍；登陆前对加来地区德军海岸炮兵阵地、防御支撑点及其他防御设施进行了集中轰炸，在加来海峡的英国海港设置了大量假登陆艇和假的物资器材堆积场，并以一部兵力在加来当面运动。这些伪装措施给德军造成了错觉，以为盟军要在加来地区登陆，从而忽视了对诺曼底地区的防御。盟军还对天气、水文进行了周密的调查，并进行了大规模的登陆预演，以保障登陆成功。

希特勒为了预防盟军在西欧登陆，曾下令从挪威到西班牙修筑一道由坚固支撑点构成的"大西洋壁垒"。但由于工程量过大，到1943年末还远远没有完成。德军统帅部判断，盟军可能在1944年进攻西欧，并认为盟军在西欧登陆可能会带来两种后果：一是造成德军的总崩溃；二是成为德军扭转败局的好时机。如果不能击退盟军的登陆部队，就可能导致前一种结果。但倘若能一举歼灭盟军的登陆部队，就会使盟军与苏军两面夹击的企图破产，德军就可腾出50个师的兵力加强东线，从而阻止住苏军的进攻。为争取达成后一种结果，德军研究制定了抗登陆的方针，即集中大部兵力、兵器于敌人可能登陆的主要方向上，对已登陆的敌军实施决定性的反突击，一举歼灭登陆之敌。为此，德军必须在漫长的海岸线上确定一个盟军可能突击登陆的主要方向。希特勒本人和德军总参谋部都认为，盟军将横渡加来海峡在加来地区登陆，向法国东北沿海地区实施主要突击。德军根据这一判断进行了部署。这时，德军在法、比、荷的兵力有"B"集团军群（司令隆美尔元帅）、"G"集团军群和独立第八十八军，共60个师（含统帅部预备队4个师），飞机450

架、舰艇 301 艘，统一由龙德斯泰特元帅指挥。"B"集团军群辖第十五、第七集团军共 39 个师，其中十五集团军 23 个师（14 个海防师、4 个步兵师、5 个装甲师）配置在加来地区 900 公里的海岸线上。其余部队都分散地配置在荷兰、诺曼底地区、康坦丁半岛和布列塔尼半岛沿海地区。诺曼底地区只部署了第七集团军的 6 个师又 3 个团，地面部队兵力不超过 9 万人，"G"集团军群共 17 个师，防守法国南部和西南部海岸。在加来地区，德军沿海岸修筑了一道纵深 5～6 公里的防御地带，设有岸炮阵地以及由坦克陷阱、防坦克壕、钢筋混凝土隐蔽

一名阿登战役中的德国士兵

部构成的坚固支撑点，各支撑点之间敷设有大量地雷和障碍物。水中设置了障碍物和水雷区。诺曼底地区的海防工事远不如加来地区。这里只构筑了若干个独立支撑点，且大部是野战工事，纵深内只设置了防空降障碍物。

1944 年 6 月 6 日晨，盟军利用涨潮时机和刚刚出现的短暂的好天气，开始在诺曼底地区登陆。在登陆兵登陆前 4 至 5 小时，美空降第八十二师、第一零一师和英第六师在登陆地域两翼距海岸 10 至 15 公里的纵深处实施了空降，占领登陆地域内的交通枢纽、渡口、桥梁和其他设施，配合了登陆兵登陆。美第一集团军所属第七军步兵第四师、第五军步兵第一师（配属 1 个团）和英第二集团军所属第三十军步兵第五十师（加强 1 个装甲旅和 1 个突击营、第一军步兵第三师及加拿大步兵第三师其他部队）参加了登陆作战。6 日 5 时，盟军开始火力准备。1 个半小时之后，美、英军第一批登陆部队陆续登陆。由于盟军掌握着制空权，德军抗登陆的准备又不足，所以登陆部队未遇德军强大的反击，日终前已夺占了数个纵深 8 至 10 公里的登陆场。但各登陆场未建立起联系。有的

地段，登陆兵上陆的速度非常缓慢，有的师在6日日终只前进了1.6公里。从6月7日起，登陆部队开始建立统一登陆场。经过激战后，于6月12日各登陆场连成一片，正面宽约80公里，纵深12～18公里。

这时，德国为了干扰和阻止盟军大批上陆，迫使美、英妥协，使用了所谓"新式秘密武器"V—1型飞弹。（这是一种小型火箭，总重量2300公斤，弹头炸药量为850至1000公斤，最大时速240公里，最大射程280公里，可由地面发射架或由飞机载运发射，由于飞行中发出可怕的声响，因而也叫"嗡嗡飞弹"。8月初，德国还使用了射程为350公里，时速5800公里的V—2型火箭。）6月12日，第一枚飞弹落入伦敦。同时，德军统帅部还调来4个师先后投入战斗。但德军采取的这些措施，对盟军登陆没有产生多

1944年，美步兵乘步兵登陆艇冲向诺曼底登陆。

艾森豪威尔的副手蒙哥马利，在诺曼底举行第一次战地会议。

大影响。从6月中起，盟军开始扩大登陆场。盟军在扩大登陆场的战斗中，于6月21日包围了瑟堡，并于26日攻占了该港城，从而使登陆部队的物资供应有了保障。6月底，盟军占领了正面100公里、纵深50公里的登陆场。7月底，盟军已有13个美国师、11个英国师和1个加拿大师，100万人在诺曼底登陆场登陆，有近56.7万吨物资和17.2万辆车辆被运送上岸，而这时在那里抵抗的德军只有13个师。7月9日，英军攻占了卡昂西北部，至7月18日完全占领该城。与此同时，向圣洛方向进攻的盟军占领圣洛，从而在西欧大陆上建立起从卡昂，经科蒙、圣洛，一直延伸到来赛的稳固战线。至此，盟军已具备了收复西欧大陆的条件。从6月6日到7月18日，德军伤亡11.7万

人，盟军伤亡12.2万人。

诺曼底登陆战役，是第二次世界大战中规模最大的一次登陆战役。这次登陆作战历时43天，主要特点是：第一，战前进行了长期周密的准备。战役准备时间长在半年之久。兵力与物资器材准备充足，对登陆地区的天气、水文、地形调查清楚，战役伪装成功，为保障登陆提供了必要的条件。第二，登陆是在掌握绝对制空制海权的条件下实施的。在整个登陆战役过程中，盟军可能使用的各型飞机1万余架，而德军不超过500架，盟军空军超过德军空军实力20倍。因而盟军能在登陆前和登陆过程中以强大的航空兵进行猛烈的轰炸。仅在航空火力准备阶段，就在整个登陆正面上投下了1万吨炸弹，平均每公里正面达100吨，这对于摧毁德军海岸防御，掩护登陆兵上

诺曼底滩头阵地一片繁忙

陆起了重要作用。第三，有大规模空降相配合。登陆前在德军防御战术纵深内同时空降了3个师，支援了登陆兵上陆和扩大登陆场的战斗。第四，采取了严密的伪装措施。盟军出敌不意地选定登陆地区，隐蔽地进行战役准备，以及在加来地区当面进行佯动等措施，使德军错误地判断了主要登陆方向。德军把大量兵力配置在加来地区，而在诺曼底地区部署兵力较少，使盟军登陆得以成功。

收复西欧大陆

正当西线盟军即将转入大规模陆上进攻、东线苏军胜利推进的时候，法西斯德国内部矛盾进一步激化。暗杀希特勒事件随之发生。1944年7月20日，德军国内驻防军总司令弗洛姆将军的参谋长施道芬堡上校，借开最高军事会议之机，在会议室桌下放置定时炸弹，企图炸死希特勒，同一些高级将领发动政变。但希特勒侥幸活命，政变未成。暗杀希特勒虽未成功，但这一事件本身证明法西斯集团内部已经出现了较大的裂痕。德国内部这种分

裂状况，有利于盟军在西欧的
进攻。

盟军登陆成功，使欧洲战局
对德国更加不利。希特勒撤换了
龙德斯泰特的指挥，代之以克卢
格，并把法国西北部的兵力增至
26 个师，企图阻止已登陆盟军向
内陆推进。但德军的 26 个师缺额
较大，装备不齐，坦克和强击火
炮只有 900 辆，飞机不超过 500
架。德军以 14 个师防守塞纳河口
到科蒙一线，10 个师防守科蒙到
德律特海峡沿岸，另外 2 个师驻
守布列塔尼半岛。

7 月 25 日，盟军转入进攻，
盟军统帅部的目的是，美军从圣
洛以西地段上向南实施主要突击，
经咽喉要地阿弗朗什，占领布列
塔尼半岛及其各重要港口；尔后，
以其基本兵力挥师东进，向塞纳河
进攻，占领法国西北部。英、加军
队则在圣洛以东实施牵制性进攻。
盟军集中了 4 个集团军（美国第
一、第三集团军、英国第二集团军
和加拿大第一集团军），共 39 个师
（20 个美国师、14 个英国师、3 个
加拿大师、1 个法国师和 1 个波兰
师），其中有 24 个步兵师、11 个装
甲师和 4 个空降师，共有坦克 4000
辆、飞机 6500 多架。盟军同德军
实力对比为人员 2.5∶1，坦克（强

在雅尔塔会议上的丘吉尔、罗斯福、斯大林

击火炮）4.2∶1，飞机 13∶1，盟军
占有很大的优势。

7 月 25 日晨，美第一集团军
部队发起攻击。部队发起攻击前，
没有实施炮火准备，有 2000 架重
轰炸机进行了航空火力准备。但
由于判断目标出现错误，进攻的
美军遭到了自己飞机的轰炸，造
成伤亡，因而进攻进展缓慢。7 月
27 日美军突破德防御战术纵深 15
至 20 公里，德军开始撤退。到 7
月 31 日，美第一集团军向南推进
60 公里，前凸到塞楞河地区。翌
日，美第三集团军在这一地区进
入交战，在法国游击队配合下，
向布列塔尼半岛推进。由于布列
塔尼半岛上的德军抵抗微弱，盟
军统帅部改变了原来计划，命令
美第三集团军留下一部兵力继续
作战，主力回师东进，向塞纳河
进攻。

根据作战需要，盟军统帅部于8月1日把整个远征军编成两个集团军群：美第一、第三集团军编成为第十二集团军群，由布莱德雷指挥，美第九航空队负责支援；英第二集团军和加拿大第一集团军编成第二十一集团军群，由蒙哥马利统率，英国空军负责支援。8月6日，盟军挥师东进，第十二集团军群在南、第二十一集团军群在北，展开了大规模的陆上进攻。

盟军东进，立即使德军第七集团军受到严重威胁。德军统帅部为改变不利态势，决定在莫当地区向西实施反突击，经过阿弗朗什前凸到海岸，以分割当地盟军，并切断美第三集团军的后方供应线，阻止其继续推进。但德军的反突击遭到了失败，盟军在两翼继续推进，希望把当地德军围歼在法来兹地区。8月13日，艾森豪威尔命令所有的步兵应坚决而迅速地向指定目标前进，不让一个德国人逃跑。但由于北翼军队推进缓慢，全歼德军的目标未能实现。德军利用其控制的一条走廊，从法来兹地区撤出了大约1/3的部队。德军有8个步兵师和2个装甲师几乎全部被俘。至8月25日，盟军全线前凸到塞纳河，并在河东岸默伦、埃夫勒以东夺占了登陆场。至此，除布列塔尼半岛的几个港口外（这几个港口的守军分别在9月和战后投降），盟军已经占领了整个法国西北部。

8月25日，是法国人民为之庆贺的一天。这一天，盟军与法国爱国者密切配合，未经大规模战斗，即攻占了法国首都巴黎。当日下午，法国第二师师长勒克来尔将军接受了巴黎德国守军的投降。戴高乐将军作为法国抵抗力量的领导人立即进入巴黎。8月27日，艾森豪威尔进城对戴高乐进行了正式访问。9月9日，在巴黎成立了以戴高乐为首的法国临时政府。

盟军攻占法国西北部和首都巴黎的重大胜利，极大地鼓舞了盟军士气，沉重地打击了德军。从6月6日盟军开始登陆到8月底，德军有3个元帅和1个集团军司令被撤职或离职，有1个集团军司令、3个军长和15个师长被打死或被俘。德军损失人员40万、坦克1300辆、车辆2万辆、强击火炮500门、火炮1500门、飞机3500余架。德军受到东西两线夹击，已预感到末日来临，士气更加低落。

正当美、英军队在法国西北部节节胜利的时候，美、英军队于1944年8月15日又在法国南部戛纳市以西实施了登陆，开始执行"龙骑兵"行动计划，由美军德弗斯将军指挥。登陆军队共有10个师和1个空降群，其中7个步兵师、2个装甲师、1个摩托化师，合编为美国第七集团军，装备坦克1000辆，调用各型飞机4700余架，出动战斗舰船850艘。这时，在法国南部驻守的德军第十九集团军，共有9个师，其中8个步兵师、1个坦克师。但在美、法军队登陆的80公里地段上，只有5个营的兵力防守，飞机、坦克和舰船数量都极为有限，对美、法军队的登陆作战很有利。

8月15日晨，美、法军队首先实施了空降，当日下午登陆兵开始登陆，德军抵抗微弱。强大的火力支援使登陆进展顺利，日终前登陆兵即占领了3个登陆场。至19日，美、法军队建立起正面90公里，纵深50至60公里的统一登陆场，已登陆的部队达7个师，16万人，并把2500门火炮和迫击炮、600辆坦克、2.1万辆汽车运上了岸。8月28日，美、法军攻占了法国重要海港马赛和土伦，并向北推进到蒙太利马尔。8月31日逼近里昂。这时里昂的爱国力量已控制了整个城市，9月3日，美、法军队开进里昂。之后，在美、法军队追击德军过程中，法军于9月10日进入第戎地域，次日与从巴黎向东南推进的美第三集团军先头部队在第戎以西会师。盟军会师后，留在法国西南部的德军很快投降，德军第十九和第一集团军被迫向东北方向溃逃，退守齐格菲防线。

从9月15日起，由法国南部登陆的美、法军编成第六集团军群（司令美军德弗斯将军，辖法国第一集团军和美国第七集团军），归由艾森豪威尔统一指挥，盟军在西欧的整个战线已由法国西北部扩大到南起地中海北至莱茵河口广大地区，盟军前出至贝尔福、南锡、梅斯、卢森堡、列日、安特卫普、根特一线，在部分地段已逼近或楔入齐格菲防线，至此，盟军不仅攻占了法国，还几乎占领了比利时全境，进逼荷兰边界。

这时，在荷、比边境防守的德军是德"B"集团军群（司令莫德尔元帅）的第十五集团军和伞兵第一集团军，共9个师和2个战斗集群，盟军统帅部认为，为了从北面迂回齐格菲防线和尔后向鲁尔工业区进攻，必须首先歼灭荷兰境内的

世界通史

最新整理图文珍藏版

德军。因此盟军决定从 9 月 17 日开始，由英军第二集团军和加拿大第一集团军组成的第二十一集团军群的兵力（共 16 个师，其中 5 个装甲师）实施荷兰战役。英第二集团军的任务是，突破敌人防御，向阿纳姆发起进攻，在下莱茵河彼岸夺取登陆场，为尔后强渡莱茵河创造条件。加拿大第一集团军的任务是，歼灭被围在布伦、加来、敦刻尔克的德军集团，肃清埃斯考河口的敌人，尔后向鹿特丹和阿姆斯特丹发起进攻。

9 月 17 日，英第二集团得到盟军空降兵第一军（含美空降第一零一、第八十二师、英空降第一师和波兰伞兵旅）的加强后，以所属第三十军的兵力（辖 2 个步兵师和 1 个装甲师），在空降兵的配合下，向埃因侯曼、格拉费、奈梅根、阿纳姆一线实施主要突击，并以第八、第十二军在其两翼行动相配合。进攻前一个半小时，美空降兵第 101、第 82 师实施了空降。第三十军进攻顺利，到日终前进 6 至 8 公里。9 月 18 日，该军进抵埃因侯温，与空降第 101 师会合。9 月 20 日又与空降第八十二师在奈梅会合。但由于法西斯德军集中兵力对盟军翼侧和空降兵实施反突击，致使在两翼行动的第八、第十二军受阻，配合其作战的英空降第 1 师和波兰空降第 1 旅遭到很大损失。因此，进攻军队作战态势发生逆转，第三十军有被合围的危险。9 月 27 日，英军被迫在莱茵河南岸阿纳姆以西转入防御，没有完成在河彼岸夺取登陆场和分割德军的任务。但英军通过 10 天的进攻作战，在 20 至 40 公里宽的正面上突破了德军防御，向纵深推进 80 公里。

在英第二集团军发起进攻的同时，加拿大第一集团军对残存在沿海港口的德国发起攻击，于 9 月 22 日和 30 日先后攻占了布伦和加来，并于 9 月底进至埃斯考河口。

10 月和 11 月，盟军在德国边境地区展开了"秋季战斗"。在战线北段，第二十一集团军群为确保使用安特卫普港，进行了目标有限的进攻，结果在 200 公里宽的正面上，向纵深推进 45 至 90 公里；在战线中段，第十二集团军群试图突破齐格菲防线，但未获成功；在战线南段，第六集团军群在许多地方进行了一些规模不大的战斗，攻占了贝尔福山峡，先头部队进抵莱茵河。至 12 月上旬，盟军全线停止了进攻，着手进行突破齐格菲防线的作战准备。